新世纪多科性大学法学应用规划教材

总主编·陈光中　主编·张进德　潘牧天

新编民事诉讼法学

XINBIANMINSHISUSONGFAXUE

（第2版）

中国民主法制出版社

2015·北京

图书在版编目（CIP）数据

新编民事诉讼法学/张进德，潘牧天主编．—2版．
—北京：中国民主法制出版社，2015.7
新世纪多科性大学法学应用规划教材
ISBN 978-7-5162-0275-3

Ⅰ.①新…　Ⅱ.①张…　Ⅲ.①民事诉讼法—法的理论
—中国—高等学校—教材　Ⅳ.①D925.101

中国版本图书馆CIP数据核字（2013）第001203号

图书出品人：肖启明
出 版 统 筹：赵卜慧
责 任 编 辑：庞从容　唐仲江
责 任 校 对：姚丽娅

书名/ 新编民事诉讼法学
作者/ 张进德　潘牧天　主编

出版·发行/ 中国民主法制出版社
地址/ 北京市丰台区玉林里7号（100069）
电话/（010）63292534　63057714（发行部）　63055259（总编室）
传真/（010）63056975　63292520（编辑部）
http：//www.npcpub.com
E-mail：flxs2011@163.com
经销/ 新华书店
开本/ 16　787毫米×1092毫米
印张/ 33.5　**字数/** 655千字
版本/ 2015年7月第2版　2015年7月第1次印刷
印刷/ 永清县金鑫印刷有限公司

书号/ ISBN 978-7-5162-0275-3
定价/ 58.00元

新世纪多科性大学法学应用规划教材

新编民事诉讼法学

主　编　张进德　潘牧天

副主编　孙青平　徐　杨　刘英明

撰稿人：(以撰写章节先后为序)

徐　杨　胡绩成　张进德
刘英明　孙青平　任学强
孙彩虹　潘牧天

作者简介

（按撰写章节先后排序）

徐　杨　上海政法学院讲师，法学硕士。在《犯罪研究》《华东刑事司法评论》《上海公安高等专科学校学报》等刊物发表论文多篇。出版《诉讼法实务》（编著）、《刑事诉讼法学》（副主编）、《刑事诉讼法学案例教程》（副主编）、《证据法学》（参编）等教材多部。参加上海市司法局《上海市法律服务业发展战略研究》、上海市教委《刑事诉讼中权力配置与制约》、上海市人民检察院《检察机关执法公信力研究》等多项课题。（承担本书第1章、第12章、第15章的撰写）

胡绩成　上海政法学院讲师，资深兼职律师。华东师范大学理学士，曾就读于郑州大学法学院民商法学研究生班。参编教材5部，发表论文7篇，承担河南省科委课题1项、教委课题1项，参加国家教委世行贷款教改课题2项。（承担本书第2章的撰写）

张进德　上海政法学院副教授、诉讼法教研室主任，主要研究领域为诉讼法学、司法制度。华东政法大学法学学士（1997—2001年）、硕士（2001—2004年）、博士（2007—2010年），2004年起在上海政法学院任教。在《法学》《诉讼法论丛》等刊物发表论文30余篇，在《法制日报》《南方周末》等刊物发表学术短论70余篇。出版个人专著3部、参著或点校著作6部以及各类教材数种。代表性个人作品有：《司法文明与程序正义》《诉讼法通义》《通往文明的对抗——司法的理念与技艺》《民事诉讼法实训》等。（承担本书第3—7章的撰写和全书拓展思考题的编写，并承担全书统稿工作）

刘英明　上海政法学院讲师，法学博士，主要研究领域为民事诉讼法学、证据法学、谈判学。代表性专著为：《中国民事推定研究》，法律出版社2014年版；代表性论文主要为：《中美书证证据能力规则之比较与启示》，《学术交流》2012年第1

期;《环境侵权因果关系证明责任倒置合理性论证》,《北方法学》2010 年第 2 期;《也论推定规则适用中的证明责任与证明标准》,《证据科学》2009 年第 5 期。(承担本书第 8 章、第 9 章的撰写)

孙青平 上海政法学院副教授,法学硕士。曾发表学术论文近 30 篇,出版学术专著 2 部,副主编《民事诉讼法学》《刑事诉讼法学》《刑事诉讼法案例教程》等教材 5 部,参与校级、市级以及国外课题 10 余项。(承担本书第 10 章、第 17 章、第 18 章、第 20 章、第 21 章的撰写)

任学强 上海政法学院副教授,法学博士。在《中国刑事法杂志》《河北法学》等刊物上发表文章 20 余篇。(承担本书第 11 章的撰写)

孙彩虹 上海政法学院教授,法学博士。出版个人专著 1 部,在核心期刊等刊物公开发表论文近 40 篇,主编《刑事诉讼法学》("十一五"国家重点图书出版规划项目)、《证据法学》等教材 3 部,参编论著 1 部。主持完成厅局级以上课题 4 项,参与完成国家级课题 1 项,现参与在研国家级重大招标课题 1 项。相关成果获省级奖励 1 项,相关论著曾被《新华文摘》《人大复印资料》《高等学校文科学术文摘》等权威刊物转载或摘编。(承担本书第 13 章、第 16 章的撰写)

潘牧天 上海政法学院教授,诉讼法与司法改革研究中心主任,硕士生导师,法学博士,中国法学会宪法学研究会第五届理事、上海法学会诉讼法学研究会干事。在法学核心期刊发表学术论文近 40 篇,相关研究成果获省级奖励,并为《新华文摘》《高等学校文科学术文摘》《人大复印资料》等权威刊物转载或摘编。出版学术专著《美国商务法研究》《滥用民事诉权的侵权责任研究》2 部。主编《民事诉讼法学》《刑事诉讼法学》等教材 4 部,副主编《宪法学导论》《国际法学》等教材 6 部。承担省、部级课题多项。(承担本书第 14 章、第 19 章的撰写,并承担全书统稿工作)

总　序

陈光中

中国政法大学终身教授　博士生导师
中国法学会诉讼法学研究会会长
教育部社会科学委员会委员

经过二十多年的努力，我国的法学教育事业取得了辉煌的成就。就新世纪的法学教育而言，随着“依法治国”方略的大力推进和有中国特色的社会主义市场经济的快速发展，我们不仅需要一批学贯中西的法学家，更需要大量学以致用的法律人。怎样更好地适应当前我国高等教育跨越式发展的需要，满足我国高校对各类法学人才培养的要求，探索、建设适应这种需要的教材体系，便成为当前我国高校教学改革和教材建设中面临的一项十分重要的任务。

有鉴于此，中国民主法制出版社面向全国高等院校，遴选、组织了一批学术水平较高、治学作风较严谨、教学经验丰富、注意理论联系实际的年轻学者，拟在充分吸收已有的优秀教改成果、认真讨论和研究教学内容改革的基础上，编写一套以法学公共基础课和专业基础课为主的有特色、适用性强的教材及相应的教学辅导书，以满足高等学校法学人才培养的需要。目前，已有部分书稿顺利完成，出版在即。

我个人认为，这套教材突出的特点可用一个“新”字来概括。

首先，作者“新”。本套教材所聘主编及参编作者全是当前法学界的年轻学者，主持教材编写的各位年轻博士，均曾师从于我国著名法学院校的知名法学家；参加本套教材编写的作者，亦皆为具有较扎实的学术功底、学风踏实的各法学学科的青年学术骨干，且绝大多数拥有博士学位。尤为难能可贵的是，他们都参编或主编过不少教材，都有在高等院校教学和科研第一线工作的较长经历，不仅具有较为深厚的专业理论造诣，而且具有较为丰富的教学实践经验，形成了实力较强、朝气蓬勃的编写阵容。

其次，体例新。法学教育重在应用。为了尽可能避免当前教科书之流弊，突出本套教材理论性与实用性相结合的特点，除个别教材外，大部分教材的体例设计都由"重点提示"、"正文"、"理论探讨"、"司法应用"及"思考"五部分组成。点评诸家后的自为一言，焦点问题的理论探讨，精选案例的具体分析，使读者对知识的把握能有清晰的思路，能举一反三，灵活运用。鉴于当前法学教育中存在的强调法律理念的灌输而忽视实际能力的培养的倾向，本套教材注重法律在具体案件中的运用。

第三，内容新。本套教材既包括教育部所确定的法学专业 14 门核心课程"大"教材，更涵括法学各领域各新兴学科的方向性较强的"小"教材。在编写教材时，编写人员注意吸收改革开放以来我国法学研究的最新学术成果，注意国际学术发展的最新动向，力争使教材内容能够站在 21 世纪初的学术前沿，反映各学科成熟的理论，反映 20 世纪后期中国法学的水平。全套教材在编写中大胆剪除已经过时的理论内容，大胆吸收国内、国际特别是发达国家 20 世纪 80 年代以来较为成熟的理论和方法，同时注意反映和提炼我国法制建设中的最新理论与实践。全套教材在总体上，既注意创新，又注意守恒。另外，本套教材编写人员针对新时期本科教学和本科学生的特点，力求将深奥的法学专业术语及原理作简洁明了的表述，将学术性、新颖性、可读性有机结合起来，注意运用简明流畅的语言去阐释法律理论与制度。

本套教材实行严格的主编负责制。每位主编具体负责所主持教材的编写提纲审定和书稿终审终校工作。由各位主编组成的编委会则对各门课程教材进行宏观的指导。

早在两年前，中国民主法制出版社即毅然决定策划出版这样一套富有特色的法学教材，并在教材的设计、编写和出版方面做了大量开创性工作；中国政法大学的徐杰教授、郭成伟教授，中国人民大学的刘文华教授，西南政法大学的徐静村教授等著名法学家给予了大力支持并提出了许多宝贵的指导性意见；几名年轻学者则先行担当起写作的重任，在教材的学术品质和规范标准方面作了可贵的探索，取得了初步的经验。

超越是一种境界，也是一种风险。青年学者固然会有其盲点与失误，但其虎虎生气亦颇令人振奋与神往。"海阔凭鱼跃，天高任鸟飞"，这是一个智者尽情挥洒学识与才华的时代，青年学者尽可不必画地为牢。我们有理由相信，随着我国高等教育的发展和高校教学改革的不断深入，一批学风扎实、厚德明理的年轻法学家在这种荷重前行中，必将得到锻炼与提高，适格地担负起润泽法界学子、张扬法律精神的世纪重任；同时，大批具有示范性和适应人才培养的精品课程教材也必将进一步促进我国高校法学教育质量的提高。

凡事开头难。这套教材酝酿于2002年岁末、着墨于2003年岁初，迄今已近两载。我受各位青年学者及出版社赵卜慧女士的委托写这个序言，主要想为了后续的编写计划疏流求缘，恭请更多的优秀青年学者尽早动手，编写出富有个人特色或团体特点的教材，以为兰芷幽远的探索与创新。我期望并相信，经过组织者、编写者、出版者的共同努力，这套法学应用教材将以其质量效应、规模效应，成为奉献给新世纪的精品教材。

是为序。

2004年8月9日

新世纪多科性大学法学应用规划教材

主要法律法规全称与简称对照表

1.《中华人民共和国民事诉讼法》,简称《民事诉讼法》。

2.《最高人民法院关于适用〈中华人民共和国民事诉讼法〉的解释》,简称《民诉解释》。

3.《最高人民法院关于民事诉讼证据的若干规定》,简称《民事证据规定》。

4.《最高人民法院关于人民法院民事调解工作若干问题的规定》,简称《民事调解规定》。

5.《最高人民法院关于审理民事级别管辖异议案件若干问题的规定》,简称《级别管辖异议规定》。

6.《最高人民法院关于适用〈中华人民共和国民事诉讼法〉审判监督程序若干问题的解释》,简称《审监程序解释》。

7.《最高人民法院关于适用〈中华人民共和国民事诉讼法〉执行程序若干问题的解释》,简称《执行程序解释》。

8.《最高人民法院关于适用简易程序审理民事案件的若干规定》,简称《简易程序规定》。

9.《最高人民法院关于审理名誉权案件若干问题的解答》,简称《名誉案件解答》。

10.《最高人民法院关于审理名誉权案件若干问题的解释》,简称《名誉案件解释》。

11.《最高人民法院关于人民法院民事执行中查封、扣押、冻结财产的规定》,简称《查封扣押冻结规定》。

12.《最高人民法院关于人民法院民事执行中拍卖、变卖财产的规定》,简称《拍卖变卖规定》。

13.《最高人民法院关于第一审经济纠纷案件适用普通程序开庭审理的若干规定》,简称《一审普通程序开庭规定》。

14.《最高人民法院关于人民法院执行工作若干问题的规定(试行)》,简称《执行工作规定》。

15.《中华人民共和国仲裁法》,简称《仲裁法》。

目 录

导 论

制　度　篇

程　序　篇

一般程序论

特殊程序论

执行程序论

导　论

第一章

民事诉讼法概说

【内容提要】

本章重点阐释三个基本概念，即民事诉讼、民事诉讼法和民事诉讼法学。民事诉讼是一种解决民事纠纷的活动，民事诉讼法是对这类活动进行调整的法律规范，民事诉讼法学是以民事诉讼活动和民事诉讼法为研究对象的一门法律学科。这三个概念构建了民事诉讼法学这门课程的基础理论和知识体系，为后续内容的展开起到提纲挈领的指导作用。

第一节　民事诉讼

一、诉讼

（一）诉讼的字面解析

我国文字博大精深，从“诉”和“讼”两个字当中，已经浓缩和涵盖了诉讼法的全部基本要义。

“诉”，言词斥责。即为斥责，就有斥责者和被斥责者，斥责行为是一种双方的，而非单方的交互行为；即为斥责，斥责者和被斥责者之间的关系处于冲突、矛盾，而非正常、平和的状态；即为言词，斥责者和被斥责者是通过言词的和平方式，而非暴力的方式，来表达对矛盾冲突的观点和意见。从斥责本身的诉求来看，双方是希望通过言词表达的方式，使得双方的矛盾冲突得以解决。这里有两种可能的结果：一是通过双方自身的交涉和努力，对矛盾冲突的解决达成一致意见，使之化解，恢复正常、平静的生活；二是双方的斥责、争议无法达成一致意见，斥责也不能无休止地进行下去，矛盾冲突又需要化解，在这种情况下，“诉”就产生了对“讼”的内在需求。

“讼”，言之于公，即为“诉”的双方，将矛盾冲突交给“公”者处理。所谓“公”，代表了公权力和公信力，在“诉”的双方无法通过自身的交涉和努力达成解决方案时，需要有权威和公正中立的第三方介入，来帮助他们断明是非曲直，最终化解冲突，使他们的生活恢复正常和平静。

从上述简单字面意思的解释中，我们可以概括出诉讼的基本含义：诉讼是指矛盾冲突的双方，去有公信力的权威主体处，解决矛盾冲突的一种活动。

（二）诉讼的法理要义

用法学原理进一步分析，诉讼包含了以下要义：

1.“诉”的要义

“诉”，言词斥责，代表主体间的矛盾冲突，即是纠纷。

所谓“纠纷”一词，从普遍意义上讲，是指人们因对事物的看法、观点、立场、意见、处理方法等不一致或因利益归属争执不下而引起的矛盾冲突。从法律角度上观察，纠纷是指法律规定的主体间的权利义务关系处于不正常，或者说异常的状态。造成这种状态的原因可能是对法律理解的差异；也可能是行为过程中对法律的违反，包括一方、双方或者多方的违反；还可能是对法律所确定的权利义务关系的状态不确定、不明确而引发的争论。根据纠纷所处的法律关系的性质不同，可以分为民事法律关系异常的民事纠纷、刑事法律关系异常的刑事纠纷和行政法律关系异常的行政纠纷。

民事纠纷，又称民事争议、民事冲突，是指发生于法律地位平等的民事主体之间的，以民事权利义务为内容的矛盾冲突。简言之，就是民事法律调整的平等主体间的权利义务关系出现了异常现象。一般而言，民事纠纷发生的原因，可以是民事主体违反了民事法律规范，例如甲未经乙的许可而使用乙的商标进行经营，导致正常的法律关系发生变化；也可以是对民事法律规定本身的理解产生了差异，例如是否属于情势变更的情况，导致不同的处理结果，对正常法律关系的适用产生争议；还可以是对法律所确定的权利义务关系不明确、不确定而引起的争论，例如甲在自家土地里发现的财物所有权的确定；等等。

民事纠纷与刑事纠纷、行政纠纷比较，具有以下特点：

第一，民事纠纷主体之间法律地位平等。民事纠纷主体（即民事主体），不论性质如何（是自然人、法人，还是国家）、财产多寡、教育程度高低、职业背景悬殊，在民事活动中享有的民事权利和承担的民事义务都是平等的，不存在命令与服从的等级关系，也不存在包含与依附的种属关系。这种平等具体体现为民事纠纷主体间的权利义务关系平等，申言之，民事纠纷主体间要么享有同等的权利，要么享有对等的权利，即一方的权利是另一方的义务，反之亦然。

第二,民事纠纷的内容是民事权利义务关系处于不正常的法律状态。民事纠纷的内容,是民事主体之间的民事权利义务关系发生争议或者难以确定等情况,不涉及其他方面,这是区别民事纠纷与刑事纠纷、行政纠纷的关键要素。

第三,民事纠纷的解决方式和解决程序具有高度自治性。所谓"自治性",是指民事纠纷的主体在纠纷解决方式上以及在纠纷解决程序中,有着高度的选择权和处分权。这是由民事纠纷所涉及的内容的私权利性质决定的,即私法自治权在救济过程中的进一步延展。这种私法自治权对后面"讼"的程序产生了至关重要的影响,如民事诉讼法中的"处分原则"就是典型的体现。

2."讼"的要义

"讼",言之于公,到公家用公权力来解决纠纷,代表了一种纠纷解决机制,即公力救济。既是公力救济,则为最后之保障,贯彻"司法最终解决原则"。"诉",即纠纷,一旦产生,伴生的内在需求,就是对纠纷的解决,因为纠纷导致了正常法律关系的异化,小而言之,对纠纷主体的生活造成困扰和麻烦,推而广之,集合的纠纷主体构成的社会便失去安定和宁静,造成社会混乱和动荡,使得社会关系、规则、秩序被破坏,社会的进步和发展成为泡影。因此,纠纷必须予以缓解、消除。根据纠纷解决方式、方法的不同,可以分为私力救济、社会救济和公力救济。

(1)私力救济。私力救济,又称为自力救济,是指纠纷主体依靠自身或其他私人力量解决纠纷,实现权利。私力救济最为明显的特点是没有纠纷主体之外的、无利害关系的、中立的第三方介入,纠纷解决过程不受任何规范约束,解决途径是依靠武力、操纵、说服和权威等私人力量。

私力救济依据解决纠纷的方法不同,可以分为自决与和解。自决,是指纠纷主体一方凭借自己的力量强行使对方服从。和解,是指双方相互妥协和让步,协商解决纠纷。私力救济根据有无法律依据,可以分为法定的私力救济和法外的私力救济。法定的私力救济,或称为合法的私力救济,是指救济方式有明确的法律规定,允许纠纷主体采取的救济方式,如紧急避险等。法外的私力救济,或称为非法的私力救济,是指救济方式没有法律规定,纠纷主体采取的行为是法律所不允许的。例如债权人以拘禁债务人的方式向其讨债,或者债权人通过抢夺债务人的财物来实现债权等。

私力救济产生于生产力低下、文明程度不高的人类社会早期,具有野蛮、暴力、无序的特性,与现代法治精神格格不入,因而法律普遍禁止凭借自己的力量解决纠纷,只是在特殊情况下承认某些私力救济的合法性。和解作为私力救济的一种合法形式,是以民间风俗习惯或者纠纷主体自行约定的方式进行,通过谈判、协商、斡旋等形式来化解矛盾冲突，从感情因素着手，往往不伤害纠纷主体之间的情感，能够很好地维持纠纷主体之间原有的关系。和解的解决方式，较为符合我国“和为贵”的传统思想文化，并且有很好的社会效果，因此法律对此予以确认和提倡。当然，和解的程序和内容必须以不违背法律的禁止性规定、不违背公序良俗、不损害国家、社会和他人利益为前提，并且必须建立在纠纷主体自愿、平等和真实意志的基础上，不得欺诈、胁迫，不存在显失公平和重大误解的情形。

(2)社会救济。社会救济，是指依靠社会组织、个人以及国家机关的力量来解决民事纠纷的一种机制。社会救济与私力救济相比较，其显著特点是在纠纷解决中引入了纠纷主体之外的、无利害关系的、中立的第三方，纠纷的解决过程具有规范性、和平性、温和性。目前，我国社会救济主要包括调解和仲裁两种形式。

调解，是指除法院之外的第三方依据一定的道德准则、社会规范和法律规定居中调处，促使纠纷主体相互谅解、妥协，最终达成纠纷解决的一种方式和制度。我国现有的调解有多种表现方式，主要有人民调解委员会的调解、行政机关的调解、劳动争议调解委员会的调解以及其他社会组织(如消费者权益保护协会等)的调解等。调解具有以下四个特点：第一，调解主体的中立性。主持调解的第三方可以是国家机关、社会组织和个人，但是在调解中他们都是中立的第三方，不归属也不偏袒纠纷主体的任何一方。这是与和解关键的区别，和解中没有第三方的参与，即使有其他私权利的协助，他们在立场上也是属于纠纷主体的一方。第二，纠纷的解决由纠纷主体的合意性决定，不是第三方的意志体现。主持调解的第三方对于纠纷的解决和纠纷的主体都不具有强制力，只是以沟通、说服、协调等方式积极促成纠纷主体达成合意，从而解决纠纷。纠纷的解决是纠纷主体合意性的结果，并不体现主持调解的第三方的意志。第三，调解的程序较为松散和随意。与仲裁和诉讼相比，调解并非严格依据程序规范和实体规范来进行，主要是按照民间习惯、道德准则而开展，以情感和说教为主要手段，在调解的程序和结果上较为灵活和随意。第四，调解协议不具有强制执行力。调解所达成的调解协议不具有法律上的强制执行力，纠纷双方事后反悔不予自觉履行时，不能通过国家强制力予以实现，只能通过其他法定程序解决。

仲裁，又称公断，是指发生纠纷的主体，根据其在纠纷发生前或纠纷发生后所达成的协议，自愿将该争议提交专门的中立第三方进行裁判的一种解决方式和制度。仲裁与调解比较而言，具有以下特点：第一，仲裁的民间性。仲裁机构不是国家机关，而是民间组织或社团法人。仲裁员亦非国家工作人员，而是由争议双方在具有法定资质的人中选定。而调解中,行政机关的调解、劳动争议调解委员会的调解都有一定的官方性。第二,仲裁的规范性。仲裁活动有专门的仲裁法予以规范,其规范性远远高于调解。首先,仲裁活动应当遵守当事人选定或者法律规定必须适用的仲裁程序法和实体法;其次,仲裁裁决具有一定的稳定性,一旦作出,非经法定程序不得更改;最后,仲裁过程中的证据保全、财产保全以及仲裁裁决的执行,具有"准司法性"。虽然仲裁机构无权实施强制性措施,但法律赋予仲裁机构可借助法院予以强制执行。第三,仲裁的专业性和高效性。仲裁所适用的解决纠纷的范围具有专业性,仅限于民商、经济等领域的纠纷,仲裁员也是相关领域内的具有专业资质的人员。仲裁实行"一裁终局",仲裁裁决一旦作出即发生法律效力,能够快速高效地解决纠纷,这是调解所不具有的特点。

(3)公力救济。公力救济,是指利用国家公权力代表的国家专门机关作为第三方,通过公权力的干预来解决纠纷的一种机制。公力救济与社会救济相比较而言,两种解决机制都引入了纠纷主体之外的、无利害关系的、中立的第三方,但是二者的关键区别在于公力救济中的第三方与社会救济中的第三方的性质不同:公力救济中的第三方是由宪法和法律明确授权的国家公权力之代表的国家专门机关,而社会救济中的第三方,则主要由社会民间组织、个人等不具有国家公权属性的专门主体担任。虽然在社会救济中,行政机关的调解、劳动争议调解委员会的调解,调解主体属于国家机关,但是这些国家机关并不是社会救济中第三方的主导力量,并且调解工作也不是他们的主要职责,而是属于其行政权的一种补充和延伸。正因如此,公力救济具有严格的程序性、规范性和强制性等特点。

目前,从公力救济的公权力代表上来看,包括行政救济和法院救济两种方式,但从公权力性质上来讲,公力救济就是指法院救济,也就是现代法学概念上的"诉讼"。换言之,诉讼就是公力救济。理由如下:首先,从解决纠纷的范围来看,行政救济不具有普适性。所谓行政救济,是指由行政机关作为中立第三方,依照法律规定解决纠纷的一种途径和制度。行政救济依照行政程序法和行政实体法的规定,只适用于行政纠纷的解决,目前我国主要有行政申诉、行政复议等行政救济具体形式。其次,从行政机关所代表的国家公权力的性质来看,其主要职责在于行使国家行政权,并非专司纠纷解决的裁判权。再次,行政机关行使的部分裁判权,仅限于行政纠纷领域的部分案件的处理,这种裁判权是其行政权的必要延伸和补充,与完整意义上的裁判权不同。最后,当这部分行政纠纷不能通过行政救济来解决的时候,还可以依靠法院救济来实现。

法院救济,又称为司法救济,就是诉讼,是指由法院作为中立第三方,依照法律规定来解决纠纷主体间的矛盾和冲突的一种途径和制度。世界各国的立法和法律实践，都将对纠纷的审判权赋予法院，并且法院是国家审判之公权力行使的唯一代表，我国也不例外。我国《宪法》第123条明确规定：“中华人民共和国人民法院是国家的审判机关。”第126条进一步申明：“人民法院依照法律规定独立行使审判权，不受行政机关、社会团体和个人的干涉。”

法院作为国家审判权的唯一行使代表，其使命就是通过对纠纷的审理，查明案情，辨清是非曲直，按照法理将普适之法律应用到具体案件之中，以解决纠纷，彰显法的精神。因此，法院解决民事纠纷是众多纠纷解决方式中极为重要的一种途径，在穷尽其他救济手段后仍然不能解决纠纷时，最终可以适用法院诉讼的救济手段，民事诉讼是一种最终的兜底解决方式，此即“司法最终解决原则”。

3.“诉”与“讼”的关系

简而言之，“诉”是“讼”的基础，“讼”是“诉”的内在要求。“诉”所代表的纠纷，是“讼”所代表的救济途径产生的基础，也就是说没有“诉”就没有“讼”，没有纠纷，当然就不需要代表“公权力”的第三方法院来解决了。申言之，没有原告，就没有法官，表明了“言之于公”的被动性，也就是法院审判权启动的被动性，“不告不理”原则充分体现了这一精神。反过来，有了“诉”，并不一定会有“讼”，因为“诉”的主体可以通过其他的非“讼”的方式，如和解、调解等来解决他们的纠纷，通过法院的“讼”来解决纠纷的方式，并不是唯一的解决途径，只是其中的一种方式而已，尽管这种方式最为公正和权威。

4.“诉讼”的本质含义

一方面，诉讼是一个三方的构造。“诉”代表了纠纷，纠纷是一种双方的交互行为，诉的主体为双方；“讼”代表了公权力行使者的法院作为第三方来解决纠纷；“诉”“讼”集合起来，形成了纠纷双方当事人和纠纷解决方法院的三方结构。离开任何一方，便不构成诉讼。当事人与法院是不可或缺的诉讼主体。

另一方面，“诉”与“讼”都从“言”，即表明以言词手段来解决纠纷。以诉讼的方式来解决纠纷和争端，是一种和平的、非暴力的方式，当事人通过口头、言词的方式，表达主张、观点和意见；法官通过聆听，对当事人的主张、观点和意见进行了解、认识、判断，并以言词的方式来推动纠纷处理的进行，最终作出裁判。“言词原则”就是对这一要义的直接体现。

综上所述，诉讼，是指国家审判权的唯一代表——法院，作为中立第三方，处理当事人之间纠纷的一种活动机制和活动方式。本质上，诉讼是国家公权力对社会成员之间矛盾、冲突和争议的一种强制干预，其目的是为了保护当事人的合法权益，保证法律的正当适用，维持正常的社会关系和社会秩序。这种干预，对于国家而言，是其对公民权利负有保障义务的履行；对于纠纷当事人而言，是其要求国家履行保障义务来维护权益的一种手段。

二、民事诉讼

（一）民事诉讼的含义

对于民事诉讼的定义，由于法律传统和法律观念的不同，中外学者的认识和理解并不完全相同。西方学者一般从民法是"私法"的观念出发，把民事诉讼看成是私人要求国家司法机关保护其私法之权利或利益的程序或手续。如有人认为"民事诉讼是以国家权力解决以私法关系为内容的纠纷的程序"；有人认为"民事诉讼乃本诸国家公力保护私权之手续也"；有人认为"民事诉讼，就是人民法院根据当事人的请求，确定其权利的存否，以保护当事人的权利或利益的法定程序"；也有人认为"民事诉讼是个人、国家机关、社会团体、企业、事业及集体单位，要求人民法院保护正当权利和合法利益的审判程序制度"；还有人认为民事诉讼"是指人民法院在双方当事人和其他诉讼参与人参加下，审理和解决民事案件的活动，以及由这些活动所发生的诉讼关系"。[①] 虽然上述定义的理解和表述不尽相同，但都指出民事诉讼是解决民事权益纠纷的程序性活动，包含了当事人的诉讼行为、法院的审判行为和其他诉讼参与人的行为。同时，围绕着解决民事纠纷进行诉讼活动的各个主体之间，必然要发生各种相互关系，这些关系就是诉讼关系。

从上文分析中得知，纠纷是一种法律规定的主体间的权利义务关系处于不正常，或者说异常的状态。根据纠纷所处的法律关系的性质不同，也就是说权利义务关系所涉及范围不同，可以分为民事纠纷、刑事纠纷和行政纠纷。因此，法院在作为第三方处理和解决纠纷时，会面对民事纠纷、刑事纠纷和行政纠纷这三种不同性质的纠纷对象；当然，法院针对不同对象，在解决过程中所进行的活动、依据的制度、遵循的程序也会有所不同；进而，便产生了民事诉讼、刑事诉讼和行政诉讼三种诉讼类型。所以，民事诉讼是指国家审判权的唯一代表——法院，作为中立第三方，在当事人和其他诉讼参与人的参与下，处理当事人之间因民事权利义务关系不正常而产生的矛盾、冲突和争议的一种活动机制和活动方式，以及由这些活动所产生的诉讼关系的总称。

（二）民事诉讼的特点

由于民事纠纷所涉及的民事实体法律关系本身的特性，决定了民事诉讼与刑事诉讼和行政诉讼比较，具有以下特点：

---

① 谭兵主编：《民事诉讼法学》，法律出版社 2004 年版，第 5 页。

1. 诉讼对象的特定性

民事诉讼解决的纠纷对象是民事权利义务关系的争议，涉及的是平等民事主体之间的财产关系和人身关系，除此之外的争议不能成为民事诉讼的对象。对于无讼争性的非讼事件，虽然各国的普遍做法是由法院主管，但是都规定了与民事诉讼程序不同的非讼程序来处理。

2. 当事人在诉讼程序中有高度的意思自治性

意思自治原则是民法中的基本原则，由于民事诉讼解决的是民事权益之争，因而在处理的诉讼程序中民事纠纷主体，即当事人对于自己的实体权利和程序权利，都享有意思自治，也就是说可以依法自由、自主地处分。对于自己的合法权利，有行使的自由，也有不行使或放弃的自由，法院和诉讼参与人不得干涉。民事诉讼中的处分原则，就是民法中意思自治原则的集中和主要体现。在刑事诉讼和行政诉讼中情况则不同，当事人一般均不具有这种自治性，这是由实体法律关系中主体的权利(权力)性质所决定的。例如行政诉讼中就行政法律关系产生的争议，不得适用调解方式解决，作为当事人一方的行政主体胜诉后也无权放弃自己的权利。

3. 当事人诉讼权利的平等性

平等原则是民事实体法中的基本原则，民事主体在民事权利义务上完全平等，这种平等包括民事主体享有同等的权利，或者对等的权利(即一方主体的权利就是另一方主体的义务，反之亦然)。在对民事纠纷解决的诉讼过程中，这种平等精神也得到了承继。当事人诉讼权利平等成为民事诉讼的基本原则。

第二节 民事诉讼法

一、民事诉讼法的概念

法是用来调整和规范社会关系的，民事诉讼中形成的裁判者、当事人以及其他诉讼参与人的诉讼关系，是一种十分重要的社会关系，当然离不开法的调整，那么对这些因民事诉讼活动而形成的社会关系进行调整的法律、法规的总称，就是民事诉讼法。因此，民事诉讼法，是指国家制定和认可的，规范法院、当事人、其他诉讼参与人进行诉讼活动的、以诉讼权利和诉讼义务为内容的法律规范的总和。

民事诉讼法有广义和狭义之分。狭义的民事诉讼法，又称形式意义的民事诉讼法，是指最高权力机关制定和颁布的关于民事诉讼的专门性的法律或者法典，在我国就是指《中华人民共和国民事诉讼法》。广义的民事诉讼法，又称为实质意义的民事诉讼法，除了狭义的民事诉讼法典外，还包括宪法、专门法律和其他实体法、程序法中有关民事诉讼的规定，以及最高人民法院发布的指导民事诉讼的规定。

这些法律、法规和有关规定，虽然不是以民事诉讼法典的形式出现的，但对民事诉讼起着拘束力的作用。[1] 因此，也属于广义民事诉讼法的范畴。

二、民事诉讼法的性质

（一）民事诉讼法是公法

法律依照其调整的对象或者主体之间的关系，可以分为公法和私法。调整的对象包括国家公权力在内的法律规范，称为公法；仅以个人私权利为调整对象的法律规范，即为私法。民事诉讼法以调整国家审判权的运行和实现程序为主要调整对象，它不同于仅仅规范平等主体之间权利义务关系的私法，属于公法范畴。法院代表国家行使审判权，对当事人的私权纠纷作出法律上的强行解决，法院行使的审判权和强制执行权，均为公权力。法院判决所具有的确定力、执行力和形成力等效力，是公法上的效力，并非私法上的效力，当事人不得变更或撤销。[2] 但是，由于法院在民事诉讼活动中行使审判权所要解决的对象是民事纠纷，对民事纠纷进行实体权利义务关系调整的民法属于私法范畴，因此私法中的诸多原则，如意思自治原则、平等原则等，在民事诉讼法中也得到体现和应用，如民事诉讼中的处分原则，当事人对其诉讼权利在法律规定范围内享有自主权。可见，民事诉讼法与纯粹公法性质的刑事诉讼法、刑法等有所不同，它在一定程度上受到私法的影响。

（二）民事诉讼法是部门法

法律根据调整的社会关系的不同分成不同的部门法。每一个部门法都有其特定的调整对象，构成了一个独特的法律部门。民事诉讼法的调整对象是民事诉讼活动和民事诉讼关系，与其他法律部门存在根本的区别，成为专门的法律部门。

（三）民事诉讼法是基本法

基本法是从法律效力的位阶上来对民事诉讼法进行定位。相对于宪法和一般法而言，民事诉讼法效力低于宪法但高于一般法。在立法程序上，民事诉讼法作为基本法由全国人民代表大会制定和修改，一般法则是由全国人民代表大会常务委员会制定和修改。

（四）民事诉讼法是程序法

从法律调整的权利义务的性质上划分，可以分为程序法和实体法。所谓实体法是调整主体之间实实在在的权利义务关系的法律规范，如人身权、财产权。而程序法规定的则是实现民事主体之实体权利的方式、方法和步骤，调整的权利具有程序性、方式性、步骤性的特点，如起诉权、上诉权。民事诉讼法对实体权利义务关系

---

① 参见江伟主编：《民事诉讼法》，高等教育出版社 2003 年版，第 19 页。

② 参见江伟主编：《民事诉讼法学》，复旦大学出版社 2005 年版，第 24 页。

处于不正常状态后的救济方式、方法和步骤加以规范，主要解决如何公平、经济地处理民事案件，讲究如何以理性的技术方法解决民事纠纷。它规定当事人如何起诉、应诉、进行诉讼，法院如何循序渐进地，公正、公平地解决纠纷、化解矛盾，其他诉讼参与人如何进行诉讼行为等。因此，民事诉讼法的内容表现为一系列的、具有很强操作性的程序，故被称为程序法。

三、民事诉讼法的任务

民事诉讼法的任务，是指民事诉讼法对民事诉讼活动进行调整所应当发挥的作用和功能，也是制定和实施民事诉讼法所要达到的目的。我国《民事诉讼法》第2条明确规定了民事诉讼法的任务："中华人民共和国民事诉讼法的任务，是保护当事人行使诉讼权利，保证人民法院查明事实，分清是非，正确适用法律，及时审理民事案件，确认民事权利义务关系，制裁民事违法行为，保护当事人的合法权益，教育公民自觉遵守法律，维护社会秩序、经济秩序，保障社会主义建设事业顺利进行。"

第一，保护当事人行使诉讼权利。民事诉讼活动设立的初衷是通过公权力（审判权）的介入而处理民事纠纷，化解社会矛盾。诉讼程序的启动是由当事人向法院提起诉讼引起的，没有当事人提起的诉讼，法院审判权就无法行使和实现，民事纠纷的化解也无从谈起。因此，当事人诉讼权利的享有和正当行使是启动、推进和终结诉讼程序的主要力量，并进而维护和实现自己的实体权利。所以，民事诉讼法的首要任务就是对当事人的诉讼权利予以明确和彰显，并保护当事人正当行使。我国民事诉讼法赋予了当事人广泛的诉讼权利，并通过具体制度和规则予以保障。

第二，保证人民法院正确行使审判权。法院代表国家在诉讼中行使审判权，实现国家权力对个人权利的适度干预和保障。在民事诉讼中保证法院正确、正当地行使审判权，是保证查明事实、分清是非、正确适用法律、保护当事人合法权益的关键。因此，民事诉讼法应当明确法院的独立、中立、公正的法律地位，并通过相应的制度和措施予以保障，才能维系民事诉讼程序的基本功能和实现公平正义的法律精神。

第三，教育公民自觉遵守法律。民事诉讼法的教育职能，是通过法院对具体民事案件的审判来实现的。通过民事审判活动，使当事人、诉讼参与人和旁听者受到法制教育，增强法制观念，树立法律意识，知法、懂法，会用法律来判断自己或他人的行为是否合法，自觉遵守法律，预防纠纷，减少诉讼。

四、民事诉讼法的效力

民事诉讼法的效力，是指民事诉讼法对什么人，对什么事，在什么空间范围和时间范围内有效。具体表现为：

(一)对人的效力

民事诉讼法对人的效力,是指民事诉讼法对哪些人适用,即哪些人进行民事诉讼应当依照我国的民事诉讼法。根据《民事诉讼法》第4条规定:“凡在中华人民共和国领域内进行民事诉讼,必须遵守本法。”我国民事诉讼法适用于下列人员和组织:中国公民、法人和其他组织;居住在我国领域内的外国人、无国籍人以及在我国登记的外国企业和组织;申请在我国人民法院进行民事诉讼的外国人、无国籍人以及外国的企业和组织。同时,外国人、无国籍人、外国企业和组织在人民法院起诉、应诉,同我国公民、法人和其他组织有同等的诉讼权利义务。外国法院对我国公民、法人和其他组织的民事诉讼权利加以限制的,我国人民法院对该国公民、法人和其他组织的民事诉讼权利也加以限制。

另外,根据《民事诉讼法》第261条规定,对享有外交特权与豁免的外国人、外国组织或国际组织提起的民事诉讼,应当依照我国有关法律和我国缔结或参加的国际条约的规定办理。换言之,通常对涉及上述人员和组织的民事纠纷只能通过外交途径解决。但是,享有司法豁免权者的所属国明确宣布放弃司法豁免,或者享有司法豁免权者因私人事务与对方当事人发生民事纠纷,或者享有司法豁免权者提起民事诉讼而被反诉的情况下,则受到民事诉讼法的调整。

(二)对事的效力

民事诉讼法对事的效力,是指人民法院审理哪些案件应当适用民事诉讼法的规定。《民事诉讼法》第3条规定了民事诉讼法的对事效力:“人民法院受理公民之间、法人之间、其他组织之间以及他们相互之间因财产关系和人身关系提起的民事诉讼,适用本法的规定。”

(三)空间效力

民事诉讼法的空间效力,又称为地域效力,是指适用民事诉讼法的地域范围。《民事诉讼法》第4条规定:“凡在中华人民共和国领域内进行民事诉讼,必须遵守本法。”第260条规定:“中华人民共和国缔结或者参加的国际条约同本法有不同规定的,适用该国际条约的规定,但中华人民共和国声明保留的条款除外。”可见,我国民事诉讼法的空间效力包括我国整个领域,即我国的领土、领空、领海以及领土的延伸部分,如我国的驻外使领馆范围内,航行于我国领空、领海之外的在我国注册的航空器、航海器内等。

同时,《民事诉讼法》第16条规定:“民族自治地方的人民代表大会根据宪法和本法的原则,结合当地民族的具体情况,可以制定变通或者补充的规定。自治区的规定,报全国人民代表大会常务委员会批准。自治州、自治县的规定,报省或者自治区的人民代表大会常务委员会批准,并报全国人民代表大会常务委员会备案。”对民族自治地方适用民事诉讼法予以适当灵活规定。

（四）时间效力

民事诉讼法的时间效力，是指民事诉讼法的有效期间，包括民事诉讼法发生效力和终止效力的时间，以及对民事诉讼法生效前的民事案件有无溯及力等事项。民事诉讼法自施行之日生效，自废止之日失效。作为程序法，民事诉讼法一般具有溯及既往的效力，对于新民事诉讼法施行前受理的案件，已经按照旧法进行的诉讼活动仍然有效，但尚未审结的案件，则应适用新法。

五、民事诉讼法的渊源

（一）宪法

宪法规定了我国的社会制度、经济制度、政治制度、国家机构及其活动原则、公民的基本权利和义务等重要内容，是国家的根本大法，具有最高法律效力，是制定一切法律的基础。民事诉讼法是根据宪法制定的，宪法中也对民事诉讼程序进行了原则性的规定，如人民法院依法独立行使审判权原则、适用法律一律平等原则、民族语言文字原则等。

（二）民事诉讼法典

我国现行的民事诉讼法典是《中华人民共和国民事诉讼法》，它于 1991 年 4 月 9 日第七届全国人民代表大会第四次会议通过、自同日施行。该法在 2007 年 10 月 28 日由第十届全国人民代表大会常务委员会第三十次会议通过第一次修正，自 2008 年 4 月 1 日起施行；在 2012 年 8 月 31 日由第十一届全国人民代表大会常务委员会第二十八次会议通过第二次修正，自 2013 年 1 月 1 日起施行。

（三）有关法律规定

主要包括：《中华人民共和国民法通则》及若干民事实体法（如《中华人民共和国合同法》、《中华人民共和国婚姻法》）、《中华人民共和国人民法院组织法》、《中华人民共和国法官法》、《中华人民共和国律师法》、《中华人民共和国海事诉讼特别程序法》、《中华人民共和国仲裁法》、《中华人民共和国人民调解法》、《中华人民共和国劳动争议调解仲裁法》、《关于司法鉴定管理问题的决定》、《中华人民共和国外交特权与豁免条例》、《领事特权与豁免条例》等。

（四）行政法规

2006 年 12 月 8 日国务院通过、自 2007 年 4 月 1 日起施行的《诉讼费用交纳办法》，2001 年 12 月 19 日国务院通过、自 2002 年 1 月 1 日起施行的国务院《外国律师事务所驻华代表机构管理条例》。

（五）有关司法解释

主要包括：2014 年 12 月 18 日公布、自 2015 年 2 月 4 日起施行的《最高人民法院关于适用〈中华人民共和国民事诉讼法〉的解释》(原为1992年7月14日公布、同日实施的《最高人民法院关于适用〈中华人民共和国民事诉讼法〉若干问题的意见》),1998年7月18日施行的《最高人民法院关于人民法院执行工作若干问题的规定(试行)》,2000年1月31日公布的《最高人民法院关于审判人员严格执行回避制度的若干规定》,2002年4月1日实施的《最高人民法院关于民事诉讼证据的若干规定》等。

(六)地方性法规

是指地方人民代表大会及其常务委员会颁布的地方性法规中有关民事诉讼程序的规定。

(七)国际条约

条约是国际法的最主要渊源,缔约国忠实履行条约所确定的义务是国际法律秩序得以维护的基本条件。我国缔结或者参加的国际公约或者条约,也是民事诉讼法的渊源之一。如1975年11月25日我国加入《维也纳外交关系公约》,对我国进行涉外民事诉讼活动以及民事司法协助提供了国际法依据。

六、民事诉讼法与相邻部门法的关系

(一)民事诉讼法与民法的关系

民事诉讼法与民法之间的关系,就是程序法与实体法的关系。程序法与实体法的关系体现了诉讼价值观,我国传统理论上存在“重实体,轻程序”的观念,认为程序法的唯一正当目的是最大限度地实现实体法,这种工具主义价值观随着研究的深入,越来越受到学者的诟病。进而许多学者提出程序本位主义的观点,认为程序法具有独立于实体法的内在作用,有的学者甚至提出程序法是实体法之母的论点。从上述民事诉讼法性质的分析中可以看出,民事诉讼法是对民法实体权利实现的程序保障,而民法为民事诉讼法的程序救济提供基础支撑。简单讲,民事诉讼法是民法的保障,民法是民事诉讼法的基础,二者互相依赖,共同存在,不可缺少。

(1)民事诉讼法和民法中有交集之处,对有些制度的规范相互协调,互为补充。民事诉讼法中有一些体现民法实体权利义务的条款,民法中也常常包含程序性规范。而诸如法人、代理、诉讼时效等制度则很难由单个的法律部门规定完备,需要由民事诉讼法与民法相互协调予以规定。另外,某些法律如破产法,因其间有大量实体规范与程序规范交叉共存,很难将之单纯归入民事诉讼法或民法范畴,需借助二者共同调整。

(2)民事诉讼法是民法实现的程序保障。一方面,民事主体的合法权益受到侵犯或发生争议时需要依赖民事诉讼法所规定的强制性程序予以保护,民事实体权利可以通过民事诉讼加以贯彻。如果民法的实体权利不能通过民事诉讼途径获得救济,那么实体法上的权利也就成了空洞的权利,“无诉讼,无权利”就是这个道理。另一方面,民事诉讼程序还具有预防和警示功能,它的救济措施使投机者望而却步,为权益人壮胆生威,民事生活因此而得以保持自由与安全。

(3)民事诉讼法具有创制和促进民法发展的功能。程序法的工具价值是以实体法的完善为前提的。但实体法的完美无缺只是一种法制理想而已,立法者不可能对生活中可能出现的所有情况作出周密的规定,更无法遇见未来的变化。当新型纠纷出现后,往往不能将这些纠纷纳入现行法律所承认的权利体制或框架之中,然而,法官不得因此拒绝裁判。对于正当性利益,在实体法尚无明确规定的情况下,可以获得法院的保护。从这个意义上说,民事诉讼法具有创制和促进民法的功能,纠正实体法的滞后性和不周严性。

(4)民法是民事诉讼法的依据。民事诉讼法对民事纠纷的处理过程予以规范,对民事实体权利发生争议后予以救济,但是民事诉讼法本身并不包含民事纠纷或者民事权利本身的实体权利义务内容。也就是说,法院对民事纠纷进行裁判,就是要使因发生冲突、矛盾而变得不正常的民事法律关系恢复到正常状态,回归法律调整的范围。那么,其正常的状态是什么呢?这就是民法予以规定的。所以,民事诉讼法在解决民事纠纷时,是以民法的实体权利义务之规定为基础支撑的。

(二)民事诉讼法与人民法院组织法的关系

人民法院组织法主要是对人民法院的组织原则和活动原则进行调整,民事诉讼法主要规定人民法院审理民事案件应遵守的原则、制度和程序,两者调整的对象不同,属于不同的部门法。但人民法院组织法与民事诉讼法又都共同服务于民事案件的审判,可被共同称为审判法或者司法法,因此,两者在某些原则和制度的规定上又是相通的或者是一致的。人民法院审判民事案件,既要遵守民事诉讼法的规定,又要遵守人民法院组织法的规定。

(三)民事诉讼法与刑事诉讼法的关系

民事诉讼法与刑事诉讼法同属于程序法,都是法院行使审判权应当遵守的原则、制度和程序的规定。诉讼活动的共同规律和特点,决定了二者有不少相同或者相近的原则、制度和规定。但由于二者调整对象不同,存在以下区别:

(1)目的任务不同。民事诉讼法是为了解决民事纠纷,保护民事合法权益。而刑事诉讼法则是为了查明犯罪事实,惩罚犯罪、保障人权。

(2)提起诉讼的主体不同。民事诉讼是由与本案有直接利害关系的当事人向法院提起,而刑事诉讼则由检察机关代表国家提起公诉,除了法律规定的自诉案件外,被害人不能直接向法院提起刑事诉讼。

(3)某些基本原则不同。民事诉讼涉及私权,采取处分权原则、辩论原则、法院调解原则等,而刑事诉讼的特有原则是分工负责、互相配合、互相制约原则,犯罪嫌疑人和被告人有权获得辩护原则等。

(4)具体制度不同。如民事诉讼法规定有特别程序、破产程序等,而刑事诉讼法则规定有公诉程序、自诉程序以及死刑复核程序等。

(四)民事诉讼法与行政诉讼法的关系

民事诉讼法与行政诉讼法的关系比较密切。可以说,我国现行行政诉讼法以民事诉讼法为蓝本,根据行政实体法的一般原理和行政纠纷的特点,就行政诉讼的特殊问题作出相应规定。人民法院审判行政案件,除依照行政诉讼法以外,对于行政诉讼法没有规定的,在与行政诉讼原则没有冲突的前提下,可以参照适用民事诉讼法的有关规定。但是由于二者调整的对象不同,也存在差异。

(1)诉讼性质不同。行政诉讼争议的是行政权利义务的问题,是关于行政机关作出的具体行政行为是否合法适当的诉讼。而民事诉讼争议的是关于民事权利义务关系。

(2)基本原则不同。民事诉讼法的处分原则、调解原则等不适用于行政诉讼,但是行政诉讼法有其特殊原则:对具体行政行为合法性审查原则、当事人诉讼权利平衡原则、被告不得处分法定职权原则等。

(3)当事人不同。行政诉讼的当事人是恒定的,即原告是认为具体行政行为侵犯其合法权益的行政相对人,而被告则是实施该具体行政行为的行政机关或法律授权行使行政职权的组织。民事诉讼当事人是平等的诉讼主体,相互之间没有地位的差异,不存在隶属关系。

(4)证明责任不同。民事诉讼中规定“谁主张,谁举证”的原则,而行政诉讼法规定,行政诉讼的证明责任由被告承担。

(5)适用调解的范围不同。民事诉讼中,在自愿、合法的调解原则下,法院可以对当事人之间的争议进行调解,并最终以调解方式处理双方的争议。而行政诉讼中,除行政侵权损害赔偿之外,法院不能以调解方式处理行政争议,因为被告作为行政机关,执行的是国家的法律、法规,不允许更改或让步,根据法律作出的具体行政行为是否合法,不允许当事人之间以调解的形式处理,必须通过审判予以判定。

(6)执行机关不同。民事诉讼执行机关仅限于人民法院,而行政诉讼中,除人民法院外,行政机关也可成为执行机构,而且强制执行的对象,除财产和行为,还包括人身自由(如拘留等)。

(五)民事诉讼法与仲裁法的关系

民事诉讼法与仲裁法都是以解决民事争议为目的的民事程序法,因此,二者有密切的联系:

(1)案件主管方面。当事人达成仲裁协议的,只能由仲裁机构受理,法院不得受理,但仲裁协议无效的除外;当事人达成仲裁协议,一方向法院起诉未声明有仲裁协议,法院受理的,而另一方在首次开庭前未对法院受理该案件提出异议的,视为放弃仲裁协议,法院应当继续审理。

(2)当事人对仲裁协议效力提出异议的处理。当事人对仲裁协议效力有异议的,可以请求仲裁委员会作出决定或者请求法院作出裁定;一方请求仲裁委员会作出决定,另一方请求人民法院作出裁定的,由人民法院裁定。

(3)财产保全和证据保全。仲裁过程中,当事人申请财产保全的,仲裁委员会应当将该申请依照民事诉讼法的有关规定提交法院执行;当事人申请证据保全的,仲裁委员会应当将该申请提交证据所在地的法院执行。

(4)对申请撤销仲裁裁决的处理。当事人提出证据证明国内仲裁裁决有《仲裁法》第 58 条第 1 款规定的情形之一的、涉外仲裁裁决有《民事诉讼法》第 274 条第 1 款规定的情形之一的,可以向有关法院申请撤销仲裁裁决,法院审查核实的,裁定撤销;法院认为执行该裁决违背社会公共利益的,裁定不予执行。

但是,由于作为裁判者的法院与仲裁机构在性质上存在着实质性的区别,二者也存在以下不同:

(1)受理案件的范围不同。民事诉讼的受理范围包括合同纠纷和其他财产权益纠纷,以及婚姻、收养、监护、抚养、继承等涉及人身关系的纠纷。而仲裁的受理范围限于合同纠纷和其他财产权益纠纷,婚姻、收养、监护、抚养、继承等涉及人身关系的纠纷不属于仲裁的受理范围。

(2)启动程序的方式不同。民事诉讼不需要双方自愿,也不需要任何形式的协议,一方起诉只要符合起诉条件,法院就应当予以受理;而仲裁应当双方自愿,达成仲裁协议,没有仲裁协议,一方申请仲裁的,仲裁机构不予受理。

(3)管辖不同。民事诉讼实行严格的级别管辖和地域管辖,只有合同纠纷双方当事人才可以在一定范围内协议选择法院管辖,但不得违反级别管辖和专属管辖的规定;而仲裁不实行级别管辖和地域管辖,双方当事人可以协议选定仲裁委员会。

(4)审理组织和审理人员的确定不同。民事诉讼审判组织是实行独任制还是合议制,由人民法院自行决定,当事人无权决定,审判人员也由人民法院自行指定,当事人无权指定或委托人民法院选定;而仲裁庭的组成尊重当事人的意愿,当事人可以约定由一名仲裁员仲裁或三名仲裁员仲裁，当事人还可以选定仲裁员或委托仲裁委员会主任指定仲裁员。

(5)是否公开审理不同。民事诉讼实行公开审判原则，只有在涉及国家秘密等特殊情况下，才不公开进行；而仲裁不公开进行，只有当事人协议公开的，才可以公开进行。

(6)审级制度不同。民事诉讼实行两审终审制度，除特别程序等以外，当事人不服一审判决、裁定的，有权在上诉期内提起上诉；而仲裁实行一裁终局制度，裁决作出后，当事人就同一纠纷再申请仲裁或向人民法院起诉的，不予受理。

七、民事诉讼法的发展

(一)民事诉讼法的宪法化

民事诉讼法的宪法化是指民事诉讼法的基本原则和当事人的程序基本权由宪法规定并获得宪法保障。在人类漫长的民事诉讼制度发展历史中，形成了一些当事人诉讼权利的基本原则，随着自然法的陨落，当事人程序基本权的保障与民事诉讼的基本原则首先被法典所实定化，而后随着法治的发展而被宪法化，成为高级法，并在一定程度上制约立法机构。[①] 这些规则的保障与修改因被宪法化而应适用严格的宪法程序，其违反也适用特别的制裁与救济，如宣布法律违宪或者提起宪法诉讼。民事诉讼法的目的、基本原则、民事诉权、程序基本权、程序可预测性等问题的制度性规定，有的直接来源于宪法的明确规定，有的则是宪法精神的延伸。

(二)民事诉讼法的国际化

民事诉讼法的国际化，即当事人程序基本权保障的国际化，是指民事诉讼法一些共同的理念和制度呈现趋同化，并被国际条约所确认，有些国际条约甚至赋予当事人超国家的救济。如《世界人权宣言》第 8 条规定：“当宪法或法律赋予的基本权利遭受侵犯时，人们有权向有管辖权的法院请求有效的救济。”第 10 条进而规定：“在确定当事人的民事权利和义务或审理对被告人的刑事指控时，人们有权充分平等地获得独立、公正的法院的公正、公开的审理。”

(三)民事诉讼法的多元化

随着当事人程序主体地位的提升，民事诉讼法为当事人提供的可选择的程序已经呈现出多元化趋势。民事诉讼法关于普通程序与简易程序、小额诉讼程序以及非讼程序的设置，使当事人可以选择的救济途径日趋丰富。审前准备程序已日益成为一个相对独立的程序，除了具有准备功能外，还具有在审前解决纠纷的功

---

① 参见[意]莫诺·卡佩莱蒂：《当事人基本程序保障权与未来的民事诉讼》，徐昕译，法律出版社 2000 年版，第 12 页。

能。关于临时性救济制度,除保全制度外,现代各国都设立了权利暂时实现性制度,在我国有先予执行制度,使当事人在紧迫情况下提前获得保护,以暂时满足其权利请求。

(四)民事诉讼法的社会化

随着社会法治文明的发达,民事诉讼法的社会化潮流也非常明显。民事诉讼法的社会化首先表现为民事诉讼法对大众平等接近法院机会的保障。各国都在加强法院援助的国家责任,设立国家公共基金以补偿为贫穷当事人提供法律援助的律师,使贫穷当事人可以接近司法,以保障当事人在法律面前的实质平等。民事诉讼法的社会化还体现在民事诉讼法的便民性和近民性,通过民事诉讼程序规则的修订,使当事人更加便利地接近法院从而便利地实现其权利,通过法庭向社会开放,法律条文、裁判文书的通俗化等,使民事诉讼法更易为人民所了解、接受,从而避免人民因与司法隔离、疏远导致的对司法的不信任,也使民事诉讼法真正成为人民接近法院、接近正义的法律制度。

第三节　民事诉讼法学

一、民事诉讼法学概说

民事诉讼法学,是指以民事诉讼立法和民事诉讼实践为对象,研究民事诉讼法律规范和民事诉讼运行规律的科学,是法学研究的一门分支学科。

民事诉讼法学是一门实践性和操作性很强的应用法学,而不是纯理论性的法学。就民事诉讼法和民事诉讼法学的关系而言:一方面,民事诉讼法学依托于民事诉讼法而存在,以民事诉讼法为主要研究对象;民事诉讼法学的研究成果,反过来又指导民事诉讼立法活动,为民事诉讼法的修改完善提供理论依据,同时对民事诉讼实践活动提供理论指导和支持。另一方面,民事诉讼法是当事人和其他诉讼参与人进行民事诉讼活动的一种行为规范,是法院审理民事案件的操作规程;而民事诉讼法学则是研究民事诉讼法和民事诉讼实践的一门科学,是民事诉讼法的观念形态,是对民事诉讼立法和民事诉讼实践的理论概括和升华,它的内容远比民事诉讼法丰富。

二、民事诉讼法学的研究目的和研究对象

民事诉讼法学研究的日的,是要为民事诉讼法律制度的构建提供具有内在统一、协调、全面的理论支撑,并最终完成理论研究与司法实务的动态对接,揭示民事诉讼的本质和规律,完善民事诉讼立法,指导民事诉讼实践。民事诉讼法学具有自己的研究对象,它是法学体系中一门独立的学科。民事诉讼法学是专门研究民

事冲突、民事诉讼法律规范和对民事审判活动与诉讼活动进行理论探讨的科学。具体地说,民事诉讼法学研究的对象是:

(一)民事纠纷

对民事冲突的研究可以从社会学、人类学和法学的角度展开。民事诉讼法学研究民事冲突是从法的角度,从解决冲突的机制配置的角度展开的,其内容包括民事冲突何以产生,它有什么规律性,如何正确、合理地解决民事冲突,各种解决民事冲突的方式何以科学地衔接,民事诉讼在各种救济方式中的地位与作用,等等。

(二)民事审判实践和民事诉讼实践

民事诉讼法学是一门应用性很强的科学。此特点在客观上决定了研究民事诉讼法学绝不能离开审判实践和诉讼实践。一方面要从理论层次上全面准确地阐释立法的宗旨、原则和精神实质,使得民事诉讼实践有所遵循;另一方面要认真全面地总结审判实践和诉讼实践的正反两个方面的经验。剖析实践中出现的热点和难点,将各级法院应对这些热点和解决这些难点的经验、做法条理化、系统化和科学化,并提出科学的阐释和立法建议,使国家立法机关及时修正法律规范。比如,在构筑市场经济的过程中,多种经济成分同时并存,新的主体不断涌现,诉讼形式不停地翻新,如何确立新的经济实体和组织形式在民事诉讼中的法律地位,如何确立高新科技在诉讼证据中的运用,如何根据新的诉讼形式设计与之匹配的程序制度等,这些不但直接关系到社会生产力的发展问题,而且关系到民事救济方式能否与形势合拍的问题。

(三)民事诉讼法

一般地说,享有民事权利的人和负有民事义务的人都会自觉地完成自己应当完成的行为。但在有的时候权利人和义务人对权利义务的理解会出现分歧;有的时候义务人会有意无意地规避义务;有的时候权利人或义务人都急于改变权利义务的现状。凡此种种,极可能造成权利人的权利难以实现的态势。当双方当事人磋商不成又不愿求助其他救济方式时,权利人就会借助国家的力量来实现权利。向法院提起诉讼是当事人最后的选择。从公平正义的理念出发,法院必须搞清民事冲突的焦点,理清纠纷的来龙去脉。为此,需要遵循严密的程序和完善的制度,需要充分调动当事人的主动性和其他诉讼参与人的积极性,还需要正确架构审判权和诉权。这一切,均有待于理论的探讨和科学的研究。

(四)国外民事诉讼理论和实践

"他山之石,可以攻玉",世界上不少国家尤其是发达国家在建设市场经济的道路上是有不少法律和法学理论值得学习和借鉴的。就民事诉讼法学而言,法院在民事诉讼中的地位的理论、消费者保护诉讼的理论与实践、诉讼证据理论、诉权论、诉讼标的论、既判力理论、目的论、程序公正理论等，以及不少国家正在进行的民事诉讼改革实践有许多经验值得借鉴和吸取。要借鉴和吸取就必须准确地、全面地学习、研究国外民事诉讼理论和实践。①

三、我国民事诉讼法学的研究方法、研究方向和研究内容

（一）研究方法

以马克思主义唯物辩证法为指导，采用理论与实践相结合的方法、个性与共性相结合的方法、程序法与实体法相联系的方法、比较分析的方法来研究民事诉讼法学。

（二）研究方向

在当前的民事诉讼法学研究工作中，需要注意以下几点：首先，要把握民事诉讼法学研究的发展趋势，瞄准学科前沿，不断拓展研究的视野，开辟新的研究领域。其次，要继续突破原有的一些研究难点，并加强对新情况、新问题的研究。这两个方面应很好兼顾，绝不可顾此失彼。再次，对外国民事诉讼制度的比较研究，要注意其科学性、准确性和针对性。最后，要从只重视单一研究民事诉讼程序制度走向重视全面研究保护民事权益的综合体系。

（三）研究内容

当前民事诉讼法学研究的主要内容，可以概括为以下几个方面：基础理论研究、实务性内容和具体制度研究、非讼制度和非民事权益争议案件审判程序研究、海事诉讼特别程序研究、民事公益诉讼制度研究、刑民交叉案件的处理程序研究、宪法的司法化（即宪法的司法适用）研究、外国民事诉讼制度研究、港澳台民事诉讼制度研究、民事诉讼制度发展趋势研究、完善民事诉讼法学学科体系研究、修改和完善我国民事诉讼法研究。以上研究内容，应随着情况的变化及时加以调整。

拓展思考题

1. 我国现行的民事纠纷解决方式有哪些？如何理解民事诉讼在其中的地位？
2. 什么是民事诉讼法的渊源？我国民事诉讼法的渊源有哪些？
3. 如何理解21世纪以来世界范围内民事诉讼法的发展趋势？
4. 研究民事诉讼法学的意义有哪些方面？

---

① 参见田平安主编：《民事诉讼法》，中国人民大学出版社2003年版，第11页。

第二章

民事诉讼基本理论

【内容提要】

民事诉讼基本理论体系包括诉与诉权、诉讼法律关系、诉讼目的、诉讼价值和诉讼模式等方面内容。诉的基本含义指的是当事人行使自己的诉讼权利,向司法机关提出启动审判程序以维护自己合法权益的请求和行为。诉权是指当事人基于民事纠纷的发生,请求法院行使审判权解决民事纠纷或保护其民事权益的权利。诉讼法律关系是指人民法院和一切诉讼参与人之间在民事诉讼过程中发生的,由民事诉讼法所调整的诉讼上的权利义务关系。诉讼目的是指国家基于其客观需要和对民事诉讼本质属性及规律的认识而预先设立的,通过民事诉讼活动所期望达到的理想结果。确立诉讼目的的核心价值取向是公正和效率。民事诉讼程序价值包含了目的性价值和工具性价值两部分,前者是指民事诉讼程序自身所具有的满足程序主体需要的独立价值,后者是指民事诉讼程序作为一种手段或工具以实现实体性目的的价值。民事诉讼模式是指以一定的国情为背景,在一定的民事诉讼价值观的支配下,为实现一定的民事诉讼目的,通过在法院和当事人之间分配诉讼权利与义务而形成的法院与当事人之间不同的诉讼地位和相互关系。世界两大法系的民事诉讼模式分别为当事人主义诉讼模式和职权主义诉讼模式。我国长期以来采用的是职权主义诉讼模式,随着法制的发展,已逐步趋向采用当事人主义模式。

第一节　诉与诉权

一、诉

(一)诉的概念

“诉”作为一般词义,有“叙述”“表达”“倾吐”“控告”“求助”等多种含义,在词性上，都是动词性的。在诉讼法上，“诉”作为一个独特的概念，同样具有“告诉”“诉讼”等多种含义；在词性上，不仅有动词性，也有名词性。当诉作为动词出现时，意思是当事人向司法机关“提起诉讼”，着重在行为上，有“求助”“求判”的含义。当诉作为名词出现时，意思是当事人向司法机关“提起的诉讼”，着重在请求上，有“诉求”“诉愿”的含义，与“诉讼”的含义基本相同。因此，诉的本质是当事人行使自己“诉”的权利，向司法机关提出启动诉讼程序来维护自己合法权益的请求和行为，既包含了求诉也包含了诉求。总之，所谓诉，指的是当事人向法院提出裁判的请求，以及请求法院就自己的法律主张或权利主张进行裁判的诉讼行为。

诉具有以下特征：

(1)诉既是行为也是请求。诉在向法院提出时，是一种请求行为，希望法院启动诉讼程序进行审理和裁判；同时，诉也是一种行为请求，希望法院维护自己的合法权益。诉作为一种请求与“诉讼请求”不同：诉的请求是一种行为过程，而诉讼请求是目的。诉讼请求不是诉，提出、支持和反对诉讼请求的行为才是诉。

(2)诉的主体是当事人。诉只能由当事人提起。当事人是特定权利义务关系的主体，任何权利义务关系都存在相应的当事人；没有当事人，诉无从提起。因此，诉的主体只能是双方当事人。

(3)诉的内容是当事人请求法院解决的民事权益争议。当事人提起诉的目的是要求法院对自己受到侵犯的民事权益进行保护，因而，民事权益争议就是诉的内容。

(4)诉的指向对象是法院。诉并不是针对另一方当事人的行为，而是当事人向法院提出的对民事争议进行审理和裁判的请求。指向对方当事人的是诉讼标的，而不是诉(甚至诉讼请求也不是针对另一方当事人)。当事人只有向法院提出保护其民事权益的请求，才能引起民事诉讼程序的发生。

(二)诉的双重含义

由于诉既是一种行为又是一种请求，作为行为是要求法院启动诉讼程序，作为请求是希望法院进行裁判以维护自己的合法权益。因此，从法律性质上看，诉包含着双重含义，即程序意义上的诉和实体意义上的诉。

(1)程序意义上的诉，即当事人向人民法院提出诉的请求，其动机首先表现为请求人民法院行使审判权。这种请求使民事诉讼程序得以启动，是人民法院开始民事审判活动的前提和基础。诉在此表现为启动诉讼程序的功能。

(2)实体意义上的诉，即当事人向人民法院提出诉的请求，其根本目的是请求人民法院维护其民事权益，制裁他人违法行为的请求。诉在此表现为维护实体权益的功能。

(3)诉的双重含义不可分离。程序意义上的诉与实体意义上的诉虽然具有不同的内容和功能,但两者互相联系,互为一体,统一为诉的全部内容,不能割裂开来。没有程序意义上的诉——即当事人不向法院提出审判的请求——诉讼程序就不能发生,法院也无法对实体权利通过审判给予保护;而没有实体意义上的诉——即当事人只是向法院提出审判请求,而不向法院提出保护自己实体权利的请求——程序意义上的诉也就没有实际意义。简而言之,程序意义上的诉,以实体意义上的诉为基础,实体意义上的诉是程序意义上的诉的目的和内容;程序意义上的诉,是实体意义上的诉得以实现的保障。

(三)诉的界定

正确地理解诉的概念,有必要区分民事诉讼中诉与起诉、诉讼、诉讼请求的界限。

1. 诉与起诉

诉作为当事人向法院提出予以司法保护的一种请求,其表现形式有起诉、反诉、上诉、再审之诉和执行异议之诉等。起诉是诉的表现形式之一。诉与起诉的区别主要有:(1)诉的主体包括原告、被告和第三人,甚至案外人;而起诉的主体仅限于原告。(2)诉可以出现在一审程序、二审程序、再审程序和执行程序之中;而起诉则只限于一审程序。

2. 诉与诉讼

诉与诉讼是有区别的。民事诉讼是指人民法院和一切诉讼参与人,在审理民事案件的过程中所进行的各种诉讼活动和由此产生的各种诉讼关系的总和。诉与诉讼的联系表现在:诉的提起及其所引起的法律后果是诉讼的重要组成部分,但却不是诉讼的全部内容,诉讼与诉在概念上仍然是种属关系,诉包含在诉讼的内容之中。两者的区别在于:(1)从主体上看,诉讼所包含的是所有民事诉讼法律关系主体的全部诉讼行为,既包括双方当事人所进行的各种对抗性诉讼行为,又包括法院的审判行为,还包括证人、鉴定人和翻译人员的协助性诉讼行为。(2)就表现形式而言,诉讼涵盖了全部的诉讼活动;而诉只是诉方当事人的诉讼行为,只能看作是诉讼的组成部分。(3)从诉讼法律关系来看,诉讼既包含审判法律关系,又包含争讼法律关系;而诉是诉的当事人向人民法院提出的请求,仅仅表现为诉方当事人与法院之间的关系。

3. 诉与诉讼请求

诉作为当事人向法院提出的予以司法保护的一种请求,包括程序意义上的诉和实体意义上的诉两个方面的内容;而诉讼请求是诉方当事人所提出的解决民事纠纷的具体方案,也即诉方当事人向对方当事人提出的权利主张,仅限于实体方面的内容，相当于实体意义上的诉。可见，诉的外延比诉讼请求的外延宽，两者不是同一概念。但诉与诉讼请求也有一定联系，即诉讼请求是诉的要素之一，它存在于诉之中，并与程序意义上的诉一并提出。

(四)诉的种类

根据诉讼请求的性质和内容，可以将诉分为给付之诉、确认之诉和形成之诉，分别与实体法上的请求权、支配权和形成权相对应。

1. 确认之诉

确认之诉是指一方当事人要求人民法院确认他与另一方当事人之间是否存在某一民事法律关系的诉讼。确认之诉的特点在于：

第一，当事人仅要求确认当事人之间是否存在一定的民事法律关系，而不要求判令另一方当事人履行一定的民事义务，也不要求判令变更当事人之间的民事法律关系。

第二，确认之诉必须具有需要诉讼救济或保护的法律利益，即法律关系是否存在不明确，并且这种状态能够通过确认除去，也就是所谓的确认利益。法律之所以规定提起确认之诉必须具有确认利益，是因为如果对于可以请求确认的对象不以法律明文加以限制，那么当事人对于任何事情均可以请求予以确认，法院将不能发挥其应有的司法功能。一般情况下，当事人若能够通过其他诉讼得到救济，则不能提起确认之诉，但对于将来给付请求权以及对于作为请求权基础的借贷关系、所有权关系是否存在以及在确认判决足以满足债权行使的情况下，则可以提起确认之诉。对于确认的对象，大陆法系认为原告要求确认的必须是法律关系，纯粹事实不得提起确认之诉，例如占有为事实关系，不得提起确认占有之诉。各国为发挥确认之诉预防及解决纠纷的功能，趋向于扩大确认之诉的适用范围，例如对于作为法律关系的基础事实，在原告不能提起其他诉讼时，可以提起确认之诉。此外，确认之诉不限于双方当事人之间的法律关系，对于第三人间的法律关系也可以提起。

第三，确认之诉所要确认的民事法律关系必须是现存的，即只能对“现在的法律关系”才可以提起确认之诉。理由是：过去的法律关系可能已经发生了变动，现在没有必要对过去的法律关系作出确认；对将来法律关系作出确认判决，可能阻碍将来法律关系的合法变动。但如果过去的法律关系现在仍然存在利益，则容许提起确认之诉。

确认之诉往往与给付之诉相伴随，单纯的确认之诉为数不多。

确认之诉按照不同的标准具有不同的分类：

(1)以要求确认的目的为标准，可分为肯定的确认之诉和否定的确认之诉，或者称为积极的确认之诉和消极的确认之诉。所谓肯定的确认之诉，或称积极的确认之诉,是指一方当事人要求人民法院确认其与另一方当事人之间存在某一法律关系的诉讼,例如原告要求确认与被告之间存在合同关系。所谓否定的确认之诉,或称消极的确认之诉,是指一方当事人要求人民法院确认其与另一方当事人之间不存在某一法律关系。这两种确认之诉,其中肯定的或积极的发生较多,否定的或消极的则为数不多。如请求确认父子血缘关系。

(2)以提起的方式为标准,可以分为单纯的确认之诉和附带的确认之诉,又称独立的确认之诉和中间的确认之诉。所谓单纯的确认之诉或独立的确认之诉,是指当事人向人民法院提出的,仅仅要求确认某一民事法律关系是否存在的诉讼。所谓附带的确认之诉或中间的确认之诉,是指当事人向人民法院提出要求确认某一民事法律关系是否存在,以及以此为根据进而要求给付的诉讼,即既有确认请求,又有给付请求,给付请求以确认请求为前提的诉讼。如请求确认存在劳务关系进而要求给付劳务费用。

(3)以要求确认的标的为标准,将确认之诉分为法律关系确认之诉、民事权利确认之诉和法律事实确认之诉。前者如确认事实婚姻关系,后者如确认享有优先权、确认履行法定义务等。

以确认之诉为根据,经审理而作出的判决称为确认判决。

2. 给付之诉

给付之诉是一方当事人请求人民法院判令另一方当事人履行一定义务的诉。给付之诉发生的原因是请求者认为在实体法律关系上,其享有请求给付的权利;相反,被请求者负有给付的义务。因此,给付之诉与确认之诉有必然联系,解决给付之诉的前提是先解决确认之诉,即人民法院在裁判被告是否应当给付之前,必须首先确认原被告之间是否存在以给付为内容的民事权利义务关系。给付之诉具有以下特征:

第一,双方当事人之间存在权利义务关系,即一方当事人享有权利,另一方可能负有某种义务。即一方享有给付请求权,这是给付之诉的前提条件。

第二,双方当事人之间有权利和义务之争,即对于如何行使权利和履行义务存在分歧和争议,因而才请求法院予以裁判。

第三,法院在对案件进行审理后,要在确认当事人之间存在的民事法律关系的基础上判令义务人履行义务。

给付之诉按照不同的标准具有不同的分类:

(1)以请求给付的时间为标准,可以将给付之诉分为现在的给付之诉和将来的给付之诉。所谓现在的给付之诉,是指一方当事人请求人民法院判令另一方当事人在判决生效后立即履行给付义务的诉讼。所谓将来的给付之诉,是指一方当事人请求人民法院判令另一方当事人在判决生效后，在规定的期限内履行给付义务的诉讼。

(2)以请求给付的内容为标准，可以将给付之诉分为物的给付之诉和行为的给付之诉。物的给付之诉又因物的种类不同而分为特定物的给付之诉与种类物的给付之诉。所谓特定物的给付之诉，是指一方当事人请求人民法院判令另一方当事人履行给付不可替代的特定物的义务的诉讼。所谓种类物的给付之诉，是指一方当事人请求人民法院判令另一方当事人履行给付种类物的义务的诉讼。所谓行为的给付之诉，是指一方当事人请求人民法院判令另一方当事人履行一定行为义务的诉讼。

给付的方式分为两种，即一次给付和分期给付。履行给付之诉判决或调解协议可以根据不同情况而采用这两种方式中的一种。

给付之诉与确认之诉具有紧密的联系。在民事诉讼发展的早期，法院只承认给付之诉，诉讼的作用仅限于变更私人之间现实存在的利益关系。人们只有在纠纷涉及给付问题时，才能提起诉讼，并通过国家强制力来实现当事人的实体权利；而没有意识到确认之诉对解决民事争议有何价值，后来才逐渐认识到确认之诉对解决民事争议亦具有积极作用，即通过确认，有可能防止相关民事争议的发生。如果没有确认之诉，就只能在侵权行为发生之后，才能消极地通过给付之诉恢复原状或予以损害赔偿。此外，确认之诉的认可也与国家权力和中央集权的强化有密切关系，正是国家在社会中的地位不断加强，才使私人之间的民事法律关系的确认也纳入了国家司法权的干预范围。①

由于确认之诉对于民事纠纷的发生具有一定的预防性，且产生于给付之诉之后，所以对给付之诉具有补充性质。而实际上，法院在审理给付之诉时，首先要对给付的权利义务关系是否存在予以确认，因此，确认之诉就成为了给付之诉的前提。②

需要注意的是，给付之诉与确认之诉的区别巨大，确认之诉只涉及法律关系存在与否，不涉及权利义务问题，因此，确认之诉的判决不具有可执行性。而给付之诉的目的就是为了实现权利，因此，给付之诉的判决具有可执行性。当义务人不履行判决所确定的义务时，权利人可以申请法院强制执行。但并非所有的给付之诉都产生给付判决，对于给付请求不成立的判决，法院作出的不是给付判决而是确认判决。如驳回诉讼请求，实际是对原告给付请求权的否定确认。

---

① 转引自张卫平：《民事诉讼法学》(第2版)，法律出版社2009年版，第36—37页。

② 参见[日]兼子一、竹下守夫：《民事诉讼法》，白绿铉译，法律出版社1995年版，第47页。

3. 形成之诉

形成之诉,是指一方当事人请求人民法院根据新的法律事实,变更或解除其与另一方当事人之间的民事法律关系。大陆法系亦通称为“权利变更之诉”。在实体法上,变动和消灭一定的法律状态的实体权利被称为“形成权”,因此以此为基础的诉就相应称为“形成之诉”,形成之诉的判决就是“形成判决”,形成判决具有“形成力”。即经过形成之诉,一种法律关系形成了一种新的法律关系。法律设立形成之诉的目的,主要是使法律状态的变动效果不仅对当事人发生效力,而且对第三人也发生法律效力,所以形成之诉必须在法律有特别规定的情况下才可以提起。[①] 形成之诉大多集中在人事诉讼和公司诉讼领域,前者关涉人类社会生活基本身份关系,后者则涉及人数众多的利害关系,因此法律规定由法院以形成判决予以统一变更。变更之诉的特点在于:

第一,形成之诉以现存法律关系为前提。欲变更或解除当事人之间的民事法律关系,该民事法律关系必须是现存的且有效的。如果是单纯的变更之诉,当事人之间的民事法律关系的存在是肯定的、双方无争议的,否则须先经确认之诉才能决定是否进行形成之诉。

第二,单纯的形成之诉,不具有给付内容。如果一个案件既有形成之诉,又具有给付内容,那么其给付的内容是因给付之诉而发生的。形成之诉旨在变更或解除原有的民事法律关系,而不是设立新的民事法律关系。民事或经济纠纷案件,有的仅有一个形成之诉,例如仅要求解除收养关系的案件。有些案件中,形成之诉与确认之诉或给付之诉相伴随,例如原告提出要求解除婚姻关系的诉讼,被告反诉婚姻关系原本不存在,仅仅是非法同居关系,在这个案件中就存在两个诉,一个是确认婚姻关系的确认之诉,另一个是解除婚姻关系的形成之诉。就确认之诉审理裁判后所作的判决是确认判决,就形成之诉审理裁判后所作的判决是形成判决。

第三,在人民法院的形成判决生效以前,当事人之间的法律关系仍然保持不变。

形成之诉与确认之诉不同,确认之诉所要求确认的实体法律关系在客观上并不一定存在,而形成之诉所要变更的法律关系或法律状态是现实存在的。而且,形成之诉的提起必须有法律的明确规定。形成之诉也不同于给付之诉,但形成的结果往往与给付请求相联系,因此,在当事人提起形成之诉以后或者在提起形成之诉的同时,还会提起因法律关系变动所带来的给付请求。如离婚是形成之诉,同时伴随着分割财产的给付之诉。

---

① 参见陈荣宗、林庆苗:《民事诉讼法》,台湾三民书局2002年版,第348页。

（五）诉的要素

诉的要素，即构成一个诉必须具备的因素。确定诉的要素具有三方面的意义：

其一，诉的要素是诉形成的必备条件，判断诉是否成立主要是看诉的要素是否齐备，从而为法院受理案件提供基本依据，不具备诉的必备条件的，人民法院不予受理，可以令当事人补正。

其二，诉的要素是判断一诉区别于他诉的标准。诉的要素可以使诉特定化，将此诉与彼诉区分开来，以便于人民法院在收案过程中，避免一案重复受理的现象发生。如果诉的要素同一，则两诉相同；诉的要素不同一，则诉不相同。

其三，根据诉的要素的合并与变更，来确定诉的合并或者变更。

诉的要素构成，有两种不同观点，即"二要素说"和"三要素说"。"二要素说"认为诉的要素有两个，即诉讼标的和诉讼理由。"三要素说"认为诉的要素有三个，即当事人、诉讼标的和诉讼理由。一般以"三要素说"较为我国理论界所接受。本书也采纳"三要素说"。

1. 当事人

诉是原告基于实体法目的针对被告而向法院提起的。任何一个诉都必须要有当事人，因为只有权利义务主体之间发生了民事权益之争，才涉及诉的问题。诉首先遇到的问题是当事人是否客观存在以及当事人是否适格。没有当事人，诉就无从提起；当事人不合格，则会直接影响到诉讼程序的有效进行。作为诉的主体，当事人不同，诉自然也就不同。因此，当事人是诉的必备要素。

2. 诉讼标的

诉讼标的是指当事人提出的要求法院予以裁判，确定其某种民事实体法律地位或某种民事实体法律效果的请求或声明，也就是当事人向法院提出的实现其具体法律利益的要求。没有诉讼标的，诉就没有实体目的，失去了存在的意义。诉讼标的在民事诉讼中是不可缺少的，具有重要的地位，是诉的要素之一，其重要地位体现在：

（1）诉讼标的是诉讼发生的基础，没有诉讼标的就不会产生诉，一切诉讼活动都无从谈起。

（2）诉讼标的使诉特定化，是诉的主要构成因素，可以用来区别此诉与彼诉，决定诉的变更、合并、分离、追加、重复起诉和既判力的客观范围。

（3）诉讼标的是识别适格当事人的重要因素，也是确定人民法院的管辖、审判组织形式、适用的诉讼程序、证明对象等的重要因素。

（4）诉讼标的是法院审理和判决的对象，它决定了既判力的客观范围。法院的审理是围绕案件的诉讼标的进行的，法院的终局判决是对案件的诉讼标的之评判。根据处分原则,当事人对自己的民事权利享有主张或不主张的权利,对于当事人没有主张的诉讼标的,人民法院不得加以审理和裁判。

诉讼标的理论是民事诉讼理论的核心之一。围绕诉讼标的的概念界定和识别标准,民事诉讼法学界存在着传统诉讼标的理论、新诉讼标的理论和新实体法学说等几种主要学说的争论。

传统诉讼标的理论,即旧实体法说,又称为旧诉讼标的理论,认为诉讼标的是原告在诉状中所提出的一定的实体法上的权利主张,判定诉讼标的的多少,须以原告所享有的实体法上所规定的实体权利为标准。因此,旧诉讼标的理论虽然在概念方面已经认清应与实体法上的权利有所区别,但在识别诉讼标的的方法上仍然以实体法的规定为标准。旧诉讼标的理论因无法合理解释和处理请求权竞合问题而受到批判。

新诉讼标的理论,也即诉讼法说,是相对于旧实体法说而言的。这一学说主要将诉讼标的的概念从民事实体法上的权利加以分离,纯粹从诉讼法的立场出发,利用原告在诉状中提出的诉的声明以及事实理由,来构筑诉讼标的的概念与内容。这个学说最早由德国著名诉讼法学者罗森贝克创立,1931 年罗森贝克在《民事诉讼法教科书》、《民事诉讼法观念的变更》和《诉讼标的论》等著作中全面阐释了他的诉讼标的的新理论。诉讼法说先后经历了“二分支说”和“一分支说”两个阶段。首先出现的是罗森贝克提出的二分支说,即诉之声明与事实理由合并说,认为诉讼标的的内容,不能以实体法请求权为依据,而只能以原告陈述的事实理由和诉之声明为依据加以确认。后来又出现了一分支说,即以诉之声明来作为识别诉讼标的的标准。当前,日本与我国台湾地区的司法实践仍然采取旧诉讼标的理论,而德国采取新诉讼标的理论。

新实体法学说认为,诉讼标的的概念不应当过分强调诉讼法上的独立性,而应当考虑其与实体法的关系,区别诉讼标的的异同应当仍然以实体法上的权利主张为标准;在请求权竞合的情况下,无论诉讼法学者从纯粹诉讼法的角度作如何深入的研究都治标不治本,解决这一问题必须重新考量民事实体法的请求权理论,并建立新的实体法上的请求权概念或者民法上请求权新的复数形式,只有这样才能真正、彻底地解决请求权竞合导致诉讼标的为复数的问题,才能适应民事诉讼司法实践的需要。

不同的诉有不同的诉讼标的。给付之诉,诉讼标的就是当事人要求给付所依据的,原告声称在此享有被给付权利的民事法律关系。确认之诉,诉讼标的就是当事人之间发生争议的,要求人民法院通过裁判予以确认的法律关系。形成之诉,诉讼标的就是当事人请求予以变更的民事法律关系。

一般来说，三种类型的诉，因诉讼标的的性质不同，在司法实践中产生的结果也不相同。给付之诉以物质财产、非物质财产和行为等作为诉讼标的，具有物质属性，有具体的给付内容，法院作出的裁判可以被强制执行；而确认之诉和形成之诉，是以法律关系作为诉讼标的，不具有物质性而是一种抽象的概念或法律状态，法院以法律关系为对象作出的裁判，只能靠当事人和社会自觉的认知，而无法被单独强制执行。

3. 诉讼理由

诉讼理由是指当事人提出的诉讼请求得以成立的根据，包括事实根据和法律依据两方面内容。

事实根据，是指诉方当事人提出诉讼请求所根据的客观事实，包括当事人之间发生争议或受到侵害的民事法律关系发生、变更或消灭的事实，以及该民事法律关系发生争议的事实或受到侵害的事实。

法律依据，是指诉方当事人提出诉讼请求所依据的法律规定，包括程序法依据，也包括实体法依据。程序法的依据是用来证明起诉的理由，实体法的依据是用来证明胜诉的理由。诉讼理由是人民法院审理案件、依法裁判的重要根据，是人民法院审查证据或收集证据的主要依据。

在民事诉讼过程中，诉讼理由可以变更，这点与诉讼标的不同。诉讼标的不能变更，一旦诉讼标的变更，诉也随之发生变化，而变化了的诉就不再是原先的那个诉，而是一个新的诉。

(六)诉的变化

诉的变化是指因当事人、法院或其他原因致使原来的诉发生改变，包括诉的合并、分离、变更和追加。

1. 诉的合并与分离

诉的合并，是指法院将两个或两个以上彼此之间有一定关联的诉合并到一个诉讼程序中进行审理和裁判。在一般情形下，诉讼是由同一原告对同一被告提起的单一诉讼标的，但在特殊情况下，同一原告对同一被告同时有多项请求权存在，如果同一原告针对同一被告提起多个诉讼，对当事人和法院来讲都意味着时间、费用和精力的浪费，并且可能造成裁判之间的矛盾。从程序节省、减轻当事人和法院诉讼负担的角度，应当确立诉的合并制度。

从诉的合并的起因可以分为诉的主体合并和诉的客观合并。诉的主体合并是指当事人为多数的合并之诉，又称为共同诉讼；诉的客观合并是指诉讼标的为多数的合并之诉。

诉的合并具有诉讼经济、减轻当事人的诉讼负担以及对于相关联的纠纷一次解决的优点，但若不加任何限制则可能导致法院审理的混乱与诉讼迟延。为避免原告滥用诉讼合并,一般对诉的合并予以一定的限制。如诉的客观合并一般应具备下列条件:(1)必须是同一原告对同一被告提起的数个诉讼。(2)受诉法院至少对其中一个诉讼有管辖权,但若是其他法院有专属管辖权的诉则不能合并。(3)合并的数个诉讼必须适用同种类的诉讼程序。(4)合并之诉须属于法律未禁止合并的诉讼。

我国《民事诉讼法》规定了诉的主体合并,如共同诉讼、代表人诉讼等,但对诉的客观合并规定得不是很明确,2007 年修订的《民事诉讼法》第 126 条规定"原告增加诉讼请求,被告提出反诉,第三人提出与本案有关的诉讼请求,可以合并审理",对于该种合并的要件以及其他情况的合并没有具体的规定。2012 年修订的《民事诉讼法》将该条变更为第 140 条,但内容和规定没有任何改变。2015 年《最高人民法院关于适用〈中华人民共和国民事诉讼法〉的解释》第 221 条规定:"基于同一事实发生的纠纷,当事人分别向同一人民法院起诉的,人民法院可以合并审理。"第 232 条规定:"在案件受理后,法庭辩论结束前,原告增加诉讼请求,被告提出反诉,第三人提出与本案有关的诉讼请求,可以合并审理的,人民法院应当合并审理。"第 233 条第 2 款规定:"反诉与本诉的诉讼请求基于相同法律关系、诉讼请求之间具有因果关系,或者反诉与本诉的诉讼请求基于相同事实的,人民法院应当合并审理。"这些条款对主体的合并与客观的合并都在一定程度上进行了规定。

诉的分离,是指法院受理案件后,从一个案件中将符合诉的要素特征的几个诉分离出来,作为若干个独立的案件分别进行审理解决。诉的分离是针对诉的合并而言的,其目的在于避免诉讼程序的复杂化,加速对案件的审理。

一般认为,进行诉的分离应当具备两个条件:一是法院已经将几个诉合并受理;二是已经受理的几个诉合并审理将导致诉讼程序复杂化和不经济。

审判实践中,发生诉的分离主要有以下几种情况:

(1)将已经受理的普通共同诉讼作为若干起案件分别审理;

(2)将第三人之诉从本诉中分离出来作为独立的案件审理;

(3)将同一原告对同一被告提出的几个诉分开审理;

(4)将反诉与本诉分开审理;

(5)将不宜合并或者不应合并而又已经合并受理的几个诉分开审理。

2. 诉的变更和追加

诉的变更和追加是指诉的任一要素发生变更和追加,广义的诉的变更包括诉的追加,狭义的诉的变更并不包括诉的追加。我国民事诉讼法将追加与变更区分开来适用,如《民事诉讼法》第 51 条规定"原告可以放弃或者变更诉讼请求。被告可以承认或者反驳诉讼请求,有权提起反诉",这实际是规定了诉的变更。第 140

条规定了诉讼请求的增加。此外,我国大陆和台湾地区还区分了诉的主观变更和诉的客观变更。大陆法系一般认为诉的变更仅指诉的客观变更。依据不同的诉讼标的理论,对于确定诉是否变更会得出不同的结论。例如原告请求被告返还房屋的给付之诉中,将基于所有权请求的理由变更为基于租赁合同结束的请求理由,如果依据旧的诉讼标的理论,那么发生了诉的变更;但如果依据新诉讼标的理论,则只是攻击防御方法的变更,不会发生诉的变更。

诉的变更和追加制度应当根据公平、公正原则,对原告利益、法院利益以及被告利益的综合衡量进行设置,而不应仅从原告的利益考虑。从法院方面而言,法院希望彻底迅速地解决当事人之间的所有纷争;而从被告的角度而言,被告希望对原告已经在诉中确定的诉讼请求以及证据进行攻击防御,不希望原告任意变更。

因此,为保护被告的利益以及维护诉讼程序的稳定,诉的变更与追加宜经被告同意并以不影响被告防御,以及不会导致诉讼的过度迟延与程序混乱为要件。如果诉的变更与追加不能满足上述要求,则应该视为一个新的诉。

二、反诉

反诉制度是民事诉讼特有的一项重要制度,对提高办案效率、节省诉讼成本具有重要意义。反诉作为诉的一种形式,是当事人保护自己民事权益、行使司法请求权的一种表现,是当事人行使诉权的一种体现,也是当事人诉讼地位平等的一种体现。

反诉制度作为一项现代的法律制度在中国诉讼法律制度中,其历史是非常短的。我国有关反诉的成文法规最早只存在于新中国成立以后的规范性法律文件和司法解释中。1982 年《中华人民共和国民事诉讼法(试行)》第 46 条规定:“被告承认或者反驳诉讼请求,有权提起反诉。”第 109 条规定:“原告增加诉讼请求,第三人提出与本案有关的诉讼请求,可以合并审理。”这里我国法律明确提到了反诉,但也仅此而已,没有其他规定。1991 年《中华人民共和国民事诉讼法》有关反诉的内容与 1982 年《中华人民共和国民事诉讼法(试行)》的规定相同。1992 年《最高人民法院关于适用〈中华人民共和国民事诉讼法〉若干问题的意见》对反诉制度的具体做法作了一些补充规定,其第 156 条规定:“在案件受理后,法庭辩论结束前,原告增加诉讼请求,被告提出反诉,第三人提出本案有关的诉讼请求,可以合并审理的,人民法院应当合并审理。”第 184 条规定:“在第二审程序中,原审原告增加独立的诉讼请求或原审被告提出反诉的,第二审人民法院可以根据当事人自愿的原则就新增加的诉讼请求进行调解,调解不成的,告知当事人另行起诉。”2007 年《中华人民共和国民事诉讼法》有关反诉的内容,第 52 条规定:“原告可以放弃或者变更诉讼请求。被告可以承认或者反驳诉讼请求,有权提起反诉。”第 126 条规定:“原告增加诉讼请求,被告提出反诉,第三人提出与本案有关的诉讼请求,可以合并审理。”第129条规定:“原告经传票传唤,无正当理由拒不到庭的,或者未经法庭许可中途退庭的,可以按撤诉处理;被告反诉的,可以缺席判决。”这些仍然只是一些原则性规定。2001年12月6日通过的《最高人民法院关于民事诉讼证据的若干规定》第34条第3款规定:“当事人增加、变更诉讼请求或者提出反诉的,应当在举证期限届满前提出。”这条关于反诉的时间性规定应该是最具体的。2012年《中华人民共和国民事诉讼法》沿用了2007年《中华人民共和国民事诉讼法》关于反诉的相关条文,只是在具体条款上有所改变,但在内容上没有任何新的规定。2015年《最高人民法院关于适用〈中华人民共和国民事诉讼法〉的解释》沿用了1992年适用意见的规定,并未作出新的规定。总之,我国法律对反诉制度的规定总体上是比较原则性的,操作性不强。理论界对反诉制度的认识、理解分歧意见也较大,司法实践中也没有形成统一操作程序和标准。

随着我国新的经济形势和社会变革的深化,各民事主体之间的民事诉讼法律关系交叉重叠现象日趋普遍,彼此有关联的诉讼也随之增多。这样司法实践就对反诉制度的完善提出了迫切的要求。因此,有必要对反诉制度在理论上和立法上进一步完善,并在民事诉讼法中作出明确的规定。

(一)反诉的概念

反诉,是相对于本诉来说的一种诉。原告提起的诉,称为本诉。所谓反诉,是指在一个已经开始的民事诉讼(即本诉)程序中,本诉的被告以原告作为被告,向受理本诉的人民法院提出与本诉有牵连关系的,目的在于抵消或吞并本诉原告诉讼请求的独立的反请求。

在民事诉讼中,诉指的是当事人依照法律规定,向人民法院提出保护其合法权益的请求。当事人因合法权益受到侵害或与他人发生争执,有权依法向人民法院提出要求,通过审判方式予以保护,这相应地体现为原告的起诉权和被告的反诉权。反诉者只能是本诉的被告,反诉是民事诉讼法赋予被告的一项诉讼权利,本诉的原告不得就反诉再提出反诉。所以,反诉可以界定为在已经开始的诉讼程序中,本诉的被告向本诉的原告提出的一种独立的特殊之诉。

反诉作为当事人行使诉权的一种形式,是当事人法律地位平等原则的重要体现,是本诉被告所享有的重要权利,是保障本诉被告民事权益的一项重要制度。

(二)反诉的特征

第一,反诉只能由本诉的被告向法院提起。反诉实际上是变更本诉当事人的相互地位,本诉原告变为反诉被告,本诉被告变为反诉原告。反诉与本诉并存于同一诉讼程序之中,使双方当事人都同时居于原告与被告的双重诉讼地位。

有的学者主张在本诉的诉讼法律关系中,有独立请求权的第三人也可以以原告身份向本诉的原告提起反诉来保护自己的合法权益。此种说法并不准确,不应叫反诉。因为有独立请求权的第三人并非原告或被告,所提出的诉讼请求也是同时针对本诉的原告和被告,相当于以本诉的原、被告作为共同被告,而不只是针对本诉原告提出反诉,不符合原、被告诉讼地位双重性的特征。

第二,反诉是一种独立的但又与本诉有牵连关系的诉。相对于本诉而言,反诉既有独立性又有牵连性。所谓独立性,是指反诉符合诉讼的构成要件,反诉离开本诉也能独立存在,即使本诉撤诉,反诉作为一个独立存在之诉仍不受影响。所谓牵连性,是指反诉虽然从诉的角度和请求的内容上看具有独立性,但它又是与本诉有法律上或事实上以及其他某种关系的诉。

第三,反诉目的的对抗性。反诉是本诉被告为反对本诉原告的诉讼请求,以便抵消、吞并、排斥原告的诉讼请求,使原告的诉讼请求部分或全部失去作用,为自己争取到新的权利。因此,反诉的目的就是为了对抗本诉,反诉对本诉在目的上具有直接的对抗性。

第四,反诉时间的限制性。反诉是一个与本诉相对抗的诉,只能在本诉进行中发生,以本诉的存在为前提。如果本诉尚未开始或已经结束,也就不存在反诉的问题了。

简而言之,反诉的特征是诉讼主体的特定性和原、被告诉讼地位的双重性;诉讼内容的独立性与牵连性;诉讼目的的对抗性;提起时间的限定性。

(三)反诉和反驳的区别

诉讼中的反驳与反诉的不同之处在于:

(1)反驳是被告针对原告的诉讼主张、观点、理由所提出的相反的、否定性的意见,目的在于否定原告的诉讼请求但并不提出自己的诉讼请求,因此反驳不会引起新的诉讼;反诉是被告针对原告提出的,有自己的诉讼请求,因此反诉产生新的诉讼。

(2)反驳在本案的诉讼过程中发生,属于本诉的一种诉讼行为;反诉虽然也在本诉的诉讼过程中提出,但不属于本诉,是否和本诉合并审理,由人民法院根据案件的具体情况决定。

(3)被告在反驳原告的诉讼请求时,仍然是本案的被告;被告在反诉中,与本诉的原告交换了诉讼地位,成为了原告。

(4)被告反驳的目的,旨在通过反驳,对原告的诉讼请求予以否认,证明原告的诉讼请求部分或者全部不成立;被告反诉的目的,旨在通过反诉,抵消或者吞并本诉的诉讼请求,或者使本诉的诉讼请求失去存在的意义。

(四)反诉的要件

反诉的要件是指提起反诉和受理必须具备的条件。反诉,作为诉的一种,除了要具备起诉的一般条件外,还必须具备一些特殊条件。反诉的要件,是反诉制度中最基本和最核心的问题。换言之,反诉是否成立,取决于是否具备起诉的一般条件和反诉独有的条件。归结起来,反诉的要件主要是:

(1)时间条件。反诉必须在本诉进行中提起,如果本诉尚未提起,或者本诉已经审理终结,就不能提起反诉。在一审程序中,要求在举证期限届满前提起反诉,超过这个时间范围,将不能再提起反诉,只能提起一个独立的诉。

(2)对象条件。反诉应当由本诉的被告针对本诉原告提起,反诉当事人应当限定于本诉当事人的范围之内。反诉当事人可以在本诉当事人的基础上有所减少,但不得增加。例如,甲和乙起诉丙,此系本诉;丙可以反诉甲和乙,丙也可以只反诉甲,但丙不得反诉甲、乙和丁。

(3)牵连性条件。反诉与本诉的诉讼标的或者诉讼理由必须有牵连关系。

(4)对抗性条件。提起反诉的目的是为了抵消或者吞并本诉的诉讼请求,或者使本诉的诉讼请求失去存在的意义。

(5)管辖条件。反诉只能向受理本诉的法院提起且不属于其他法院专属管辖。

(6)程序条件。反诉与本诉能够适用同一种诉讼程序合并审理。

一般来说,反诉只能在一审程序中提起,才能被法院受理并与本诉合并审理。如果在二审程序中提起反诉,法院对原审被告的反诉请求,首先应当基于当事人自愿的原则进行调解,调解不成的,告知原审被告人另行起诉,而不能由二审法院径行审判。这是由我国民事诉讼两审终审制度决定的,因为,如果二审法院直接审判,则作出的判决就是终审判决,这就剥夺了对方当事人上诉的权利。因此,二审程序提起反诉不会被二审法院受理。

(五)反诉在司法实践中的积极意义

第一,通过反诉将两个有联系的诉讼请求合并审理,可以避免法院作出相互矛盾的判决。

第二,通过反诉与本诉的合并审理,节省人力、物力和时间,可以减少分别诉讼的成本。同时解决了两方面的争议,简化了诉讼程序,提高办案效率,达到诉讼经济的效果。

第三,通过反诉可以促使债务抵消。反诉与本诉往往是彼此对立的请求,这就为彼此之间债务的抵消提供了条件。

从反诉的立法本意来看,反诉制度的目的在于全面保护当事人的合法权益,使双方当事人能够平等地行使诉讼权利,平等地享有受国家保护的权利。因此,必须在民事诉讼法中明确规定反诉提出的条件,以使司法实践中有章可循,这样才能实现反诉制度的立法目的和任务,达到立法的预期效果。

综上所述,我国在民事诉讼法律制度中规定反诉制度的目的,是为了能在一个诉讼程序中将当事人之间的民事争议全面地、终局性地予以解决,避免多次诉讼造成诉讼资源和经济成本的浪费,减少当事人诉累,节约司法资源;同时,反诉制度的设立也可以减少或避免因多次诉讼可能产生的裁判之间的相互矛盾,维护司法程序的权威性。

三、诉权

(一)诉权的概念

民事诉权是国民所享有的请求国家给予民事诉讼保护的权利,亦即当事人基于民事纠纷的发生,请求法院行使审判权解决民事纠纷或保护其民事权益的权利。因此,也有人把诉权称为判决请求权。

诉权作为一种特殊的权利,与其他权利相比较,具有以下基本特征:

(1)诉权为纠纷当事人平等享有。诉权的行使,目的在于通过法院的审判对双方的权利义务关系予以确认,使争议得到解决,使自己的民事权益得到保护。因此,凡是与争议的权利义务关系有直接利害关系的当事人均享有诉权,而并非只有原告享有诉权,被告和第三人不享有诉权。如原告可以起诉,被告可以反诉等,区别只在于诉权的表现形态和行使诉权要求的条件不同而已。

(2)诉权贯穿于诉讼的全过程。诉权是当事人请求司法保护的权利。依照诉讼程序进行诉讼活动,实施各种诉讼行为,是当事人行使诉权的具体表现。因此,诉权的行使必然贯穿于诉讼的全过程,当事人在各个诉讼阶段实施的诉讼行为,如起诉、上诉、反诉等,都是当事人行使诉权的具体体现。

(3)诉权的行使必须以民事诉讼法和民事实体法为依据。诉权是法律赋予社会成员请求司法保护的权利。为了保障这种权利的正确行使,国家通过民事实体法规定在什么情况下可以请求法院解决民事权利义务争议,以实现权利;通过民事程序法规定根据什么条件可以向法院提起诉讼和依照什么程序进行诉讼活动。因此,诉权的行使要以民事诉讼法和民事实体法为依据。

(4)诉权的内容包括进行诉讼的权利和满足诉讼请求的权利。进行诉讼的权利,实际是指引起诉讼程序启动的权利;满足诉讼请求的权利,实际是指获得胜诉判决的权利,这也是当事人行使诉权的最终目的。前者受民事诉讼法调整,后者受民事实体法调整。[①]

① 参见谭兵主编:《民事诉讼法学》,法律出版社2004年版,第58页。

(二)诉权的双重含义

诉权的内涵与诉是相一致的,包含了程序意义和实体意义两个方面。

程序意义上的诉权是指在程序上请求法院给予司法救济的权利,其外延表现为原告的起诉权和被告的反诉权等。程序意义上的诉权的行使旨在启动诉讼程序,当事人凭借诉权将民事纠纷引导到诉讼程序中,请求人民法院行使审判权。程序意义上的诉权是以提起诉讼的形式而行使的,但是在制度上,是就行使起诉权或反诉权等具体的诉权形态规定行使要件,而并不直接就诉权规定行使要件。只要具备法律规定的条件,公民、法人和其他组织都可以行使。

实体意义上的诉权是指保护民事权益或解决民事纠纷的权利,亦即请求方获得实体上的具体法律地位或具体法律效果的主张。诉权的具体实体法内容是由诉权主体具体确定的,在特定诉讼中则转化为原告具体诉讼请求的实体内容。

民事诉讼是实体法和诉讼法综合作用的领域,程序意义上的诉权与实体意义上的诉权共同体现了诉权的两重性。他们是一个事物的两个方面,是形式与内容的关系,两者不能割裂开来。

对于诉权的双重含义可以从以下几个方面来理解:

(1)诉权是基本权利。诉权是当事人请求以国家公权力的方式来解决其私权纠纷和保护其私法权益的一种权利,因而诉权是连接民事实体法和民事诉讼法之间的桥梁的一种基本性权利,这就决定了诉权的内涵应当具有实体内容和程序内容两个方面。

(2)诉权是宪法性权利。从宪政的角度来考察,诉权的双重含义源于宪法所保障的"接受司法裁判权"。在现代法治社会中,宪法赋予和保障国民享有广泛的人身权利、财产权利和自由权利,当人们的人身权利、财产权利和自由权利受到他人侵害或与他人发生争执时,就可以依据宪法请求国家履行保障义务,其中民事诉讼制度即是国家设置的保障国民来源于宪法上的民事权益的法律化救济制度。国民利用民事诉讼制度来解决民事纠纷和保护其来源于宪法的民事权益的权利就是诉权,或称"接受司法裁判权"。由于国民通过民事诉讼所要实现和保护的这种来源于宪法的权利不仅包括实体权利,而且还包括程序权利,因而诉权的内涵就应当既包括国民请求实体正当权益或合宪法权益的实体含义,也包括在程序方面请求法院依法给予诉讼保护的程序含义。尽管我国宪法没有规定诉权,但这并不意味着我们不可以在理论上从宪法的角度探讨诉权问题。事实上,从我国宪法有关法院以及诉讼制度的规定,可以看出我国宪法事实上承认国民的诉权。

(3)诉权的双重含义与民事诉讼价值论以及目的论是相一致的。在民事诉讼程序的内在价值和外在价值相统一的诉讼价值观指导下,民事诉讼目的也是包括程序性目的和实体性目的在内的多重目的的统一,这种以实体和程序相结合的价值观和目的论必然要求赋予诉权双重含义。

(4)诉权的双重含义理论使当事人比较容易接近法院,清除其行使诉权的障碍,保护其合法权益。这也正是新诉权理论的立论宗旨。

(三)诉权的界定

1. 诉权与诉

诉权与诉既互相联系,又有区别,两者的关系主要体现在:

(1)诉权是当事人依法享有的请求司法保护的权利,诉是当事人依法提出的要求审判保护的请求;

(2)诉权是诉的前提条件,诉是行使诉权的结果;

(3)诉权是可能的诉,而诉是现实的诉权;

(4)诉权是诉的法律基础,诉是对诉权的保障。

2. 诉权与诉讼权利

诉权与诉讼权利的联系主要有:

(1)诉权的行使是当事人行使诉讼权利的前提条件,因为诉权的合法行使方可启动诉讼程序或者发生诉讼系属,诉讼系属后,当事人方可行使各项诉讼权利。

(2)诉权的行使要能现实地启动诉讼程序,必须通过行使起诉权或反诉权这些具体的诉讼权利;与之相应的,诉权的行使条件在制度上转化为法定的起诉条件和反诉条件。

(3)举证权、辩论权等诉讼权利的行使有助于诉权的实体内容或行使诉权目的的实现。

诉权与诉讼权利的区别主要有:

(1)两者的内涵和意义不同。诉权包含程序意义上的诉权和实体意义上的诉权两个方面的内容,分别指向诉讼程序的开始和对当事人民事权益的保护与强制实现,有无诉权直接关系到当事人能否获得司法保护。而诉讼权利是指民事诉讼法律关系主体为一定诉讼行为的可能性,它指向诉讼行为。

(2)两者存在的时间不同。诉权是自诉讼外加以利用的权能,即诉权是存在于诉讼外的权利;而诉讼权利是在诉讼过程中加以运用的权能,即诉讼权利存在于诉讼过程中。

(3)两者的权利主体不同。诉权主体是当事人,而诉讼权利不仅为当事人所拥有,当事人以外的其他诉讼参与人(如证人、鉴定人)均可拥有。

(4)根据一事不二讼原则,就同一纠纷或案件,其诉权仅可作一次行使,而许多诉讼权利可以由双方当事人及其他诉讼参与人多次行使。

(5)与诉权主体相对的是法院,而与诉讼权利主体相对的可能是法院、对方当事人或其他诉讼参与人。

(6)诉权是诉讼权利发生的根源,诉讼权利是诉权的实现形式。

(四)关于诉权学说的历史发展

诉权的概念来源于罗马法。但是在罗马时代,它只不过是根据不同性质的案件采取不同的诉讼形式,具有开始诉讼的技能的含义,并没有作为实质上的诉权赋予权利以何种地位。近代资产阶级对诉权理论做深入研究并有较大贡献的是德国。德国在19世纪曾先后形成了三种不同的诉权学说:一是"私法"诉权说(也称实体诉权说),二是公法诉权说(也称"抽象"诉权说),三是二元诉权说。

1. 私法诉权说

私法诉权说认为,诉权是基于私法而产生的一项私权,由权利主体指向义务主体。按照该学派对于诉权同实体权利之间具体关系的不同理解,又可划分为三种学说,分别为"发展阶段说"、"组成部分说"和"属性说"。

(1)发展阶段说。德国学者萨维尼是私法诉权说的创始人,萨维尼认为,权利因受到侵犯而发生变化,由此产生了旨在消除这种侵害的权能即诉权。诉权具有与债相近似的实体法本性,它作为潜在的能力内含于实体权利之中。在当事人提出诉讼后,诉权就由"债的法律关系的胚胎"变成"真正的债"。[①] 总之,萨维尼把诉权看作是民事权利的一个阶段,即只有在通过诉讼实现被侵害的权利时才会出现的一个阶段。

(2)组成部分说。德国法学家温德塞德继承了萨维尼的"发展阶段说"的诉权理论并且有所发展。他主张民事诉讼的目的在于保护权利,实际上就是保护已经存在的私权,而这种私权由于被侵害能够转化为要求排除侵害的请求权,当这种请求权得不到满足时,会由于权利人向法院的诉求而转化为诉权。这种观点为后来的学者所发展,形成了民事权利的"三要素"说,即民事权利由基础权、请求权和诉权三要素共同组成,各要素在不同阶段展示各自的内容。

(3)属性说。属性说认为诉权是民事权利的强制属性。

私法诉权说在以下两点难以自圆其说:第一,这一学说与诉讼的逻辑过程相悖,进而否定了起诉权的独立性。按照私法诉权说,诉权的有无取决于实体权利的有无,进一步说,实体权利的有无是诉讼程序应否开始的依据。这实际上是把诉讼

① [苏联]顾尔维奇:《诉权》,康宝田、沈其昌译,中国人民大学出版社1958年版,第6页。

的结果作为诉讼的前提看待，因而有悖于诉讼的逻辑过程。第二，私法诉权说限制了诉权主体的范围。按照此说，民事义务主体是无诉权可言的，从而无法对义务主体可借助诉权对抗权利主体滥用权利的诉讼现象作出合理解释。

2. 公法诉权说

公法诉权说经历了“抽象诉权说”、“具体诉权说”和“本案判决请求权说”等几个阶段。

(1)抽象诉权说。抽象诉权说是公法诉权说的最初形态，以德国学者德根科宝为代表。这一学说认为，诉权是提起诉讼并请求法院作出某种裁判的权利。由于原告在这里并不要求具体内容的裁判，故称为抽象诉权说。按照该说，即使法院以起诉不合法为由予以驳回，诉权也已得到了满足。所以该学说过于抽象空洞，使得诉权显得苍白无力。随着具体诉权说的出现便丧失了支配地位。

(2)具体诉权说。具体诉权说又称具体的公权说或权利保护请求说，是对抽象诉权说的修正。该说的代表人物是德国学者拉邦德。该说认为，民事诉讼的目的在于保护私权，诉权就是要求法院依照实体法作出有利判决的权利，它以实体权利为基础。要求特定具体内容的判决即有利判决，这是具体诉权说概念的由来。该说通过诉讼上的权利保护要件将诉权和实体私权加以区分，弥补了诉权私权说的不足。然而该学说本身依然存在着诸多疑问，例如原告提起诉讼，被告既未到场也未请求驳回原告之诉时，原告的请求因无理由被驳回，被告是否存在诉权？

(3)本案判决请求权说。本案诉讼请求权说在德国的代表人物是未艾尼克·布莱，在日本的代表人物是兼子一，并在日本获得了通说的地位。该说认为，民事诉讼的目的是解决纠纷，诉权即取得法院对请求是否正当作出判决的权利，实际上就是要求法院在弄清是非曲直的基础上解决纠纷的权利。

3. 二元诉权说

二元诉权说，是指诉权具有程序意义和实体意义两重诉权。程序意义上的诉权，是指原告向法院提起诉讼的权利和被告进行答辩的权利；实体意义上的诉权，是指原告通过法院向被告提出实体上要求的权利和被告可以通过法院反驳原告请求和反诉的权利。

(五)诉权的要件

一般认为，诉权要件包括两个方面：一是主体方面要件(主观的要件)，即有权请求诉讼救济的主体，涉及诉权主体适格问题。大陆法系诉权理论一般认为是指当事人适格。二是客体方面要件(客观的要件)，即就特定的民事纠纷有运用诉讼救济的必要，亦即具有诉的利益。当事人适格和诉的利益在大陆法系是作为诉讼要件看待的。

传统理论中，广义"诉的利益"的概念，其含义包括：(1)本案判决的一般资格(权利保护资格)；(2)当事人适格；(3)诉的利益。"本案判决的一般资格"，即关于审判权的界限或法院的主管问题，而"当事人适格"问题是确定何人为特定诉讼的正当当事人，如今已发展为另一套理论。因此，理论上经常将"诉的利益"作狭义理解。在此，我们也是从狭义的角度来阐释诉的利益的。

1. 诉的利益的内涵

诉的利益，又称为权利保护必要、权利保护利益，是指民事主体在民事权益受到侵害或者与他人发生民事纠纷时，需要运用民事诉讼予以救济的必要性。与成为诉讼对象的实体权益不同，诉的利益是原告所主张的实体利益现实地陷入或面临危险和不安时，亦即被侵权或发生权益争议时，需要通过诉讼去除这些危险和不安。

一般认为，"无利益即无诉权"，在这一原则之下，作为诉讼要件或诉权要件的"诉的利益"是法院作出判决的前提。大陆法系认为，并非任何诉讼案件都可利用诉讼制度，诉讼案件只有满足"对司法或诉讼救济有着需要"这样的要求或要件，即具备诉的利益时，法院才给予诉讼救济。英美法学理论没有大陆法系"诉的利益"的提法，但并不是说英美法系民事诉讼制度和理论中没有有关诉的利益的内容。事实上，美国社会的理想主义倾向是，只要存在受到侵害等不正义的事态，就应当以诉讼等予以纠正。当然，在滥用诉讼的情况下，当事人所提之诉应不为法院所接受。

2. 诉的利益的功能

民事诉讼是国家运用公权力(审判权)解决私权纠纷的制度，作为诉讼要件的诉的利益理当包含着当事人利益和国家利益。

既然民事诉讼是当事人用以解决其私权纠纷的方式，就应当从当事人利益的角度来考察诉的利益问题。一方面某诉具有诉的利益，原告就可请求诉讼救济；另一方面被告可以以原告提起之诉不具有诉的利益为由，请求法院驳回该诉，从而维护自己的合法权益。通俗地讲，就是原告认为自己的利益受到了侵害，有了请求法院保护的必要，所以提起民事诉讼请求诉讼救济；而被告认为原告的利益并没有受到侵害，不具有请求法院保护的必要，因而请求法院驳回原告的诉。

同时，民事诉讼既然是国家设立的，是国家运用公权力的领域，就不得不考虑其中的国家利益。国家通过设立诉的利益制度，将无须诉讼救济的诉排除在诉讼保护之外，而专力解决真正需要诉讼救济的诉。这样不仅有利于节约国家有限的审判资源，而且有利于国家设置诉讼制度目的的实现。由此可见，诉的利益具有公益性。诉的利益的功能在于，将需要诉讼救济之诉纳入诉讼救济范围，而将无须诉讼救济之诉排除在外。

3. 诉的利益的认定标准

认定诉的利益的有无，首先是在“可诉的事项”（法院审判权范围之内）的前提下进行的。与之相关的一个概念是民事纠纷的可诉性。从当事人的角度来说，是当事人能够请求法院提供民事诉讼救济的范围，即当事人享有和行使诉权的范围；从法院的角度来说，则是法院民事审判权的范围，即法院的民事诉讼主管范围。但是，民事纠纷的可诉性并不意味着排斥以非诉讼方式解决民事纠纷。

如果以“需要诉讼救济的必要性”为依据来确定有无诉的利益，则过于抽象，无多大的实用性，所以确定诉的利益的标准，应当具体化才具有实用性。不同的诉，其作用、范围、结果均不相同，因此，诉的利益的具体标准也有所不同。

（1）给付之诉的诉的利益。现在给付之诉即给付义务已届清偿期之诉，从时间和现实特征上，已经有了请求诉讼救济的现实需要，所以，在大陆法系民事诉讼中，原则上清偿期一到就具备诉的利益。至于起诉前，原告是否催告被告履行，原、被告之间有无就请求权或履行发生争执等，均不影响诉的利益。但是，原告在未向被告请求履行或者被告未拒绝履行的情况下起诉的，虽有诉的利益，若被告在起诉之时即承认原告请求，并提出上述事实说明无须起诉的，德国、日本和我国台湾地区、澳门特别行政区等民事诉讼法规定诉讼费用由原告承担。

将来给付之诉是指给付义务还未届履行状态的情形下，要获得给付判决之诉。一般来说，因为当事人的实体利益尚未陷入危险或不安的状态，没有请求诉讼救济的必要性，其诉的利益尚未成为现实利益，因此，将来给付之诉是否具备诉的利益，在认识上并没有统一的标准。德国、日本和我国台湾地区等民事诉讼法都明确了将来给付之诉的诉的利益，但法律上往往作出限制性规定。如日本民事诉讼法规定：请求将来给付之诉，以有预先提出请求必要的为限，可以提起。亦即原告主张，履行期即使届满也没有立即履行的指望，或者从义务的性质来看不马上履行则原告会蒙受显著损失的情况。台湾地区民事诉讼法的规定与日本类似，在履行期未到之前请求将来给付之诉，非被告有到期不履行之虞者，不得提起。我国合同法关于预期违约制度的规定，具有准许债权人提起将来给付之诉的特征。

（2）确认之诉的诉的利益。提起确认之诉必须具有值得诉讼救济或保护的法律利益（确认利益）。法律之所以规定提起确认之诉必须具有确认利益，是因为如果对于可以请求确认的对象不以法律明文加以限制，那么当事人对于任何事情均可请求法院予以审判确认。

确认之诉的诉的利益的产生，往往是由于被告的行为而使原告的实体权利或原、被告之间的法律关系发生危险，例如被告主张其对于原告没有债务。因此，原告有必要利用确认判决,除去这种危险的状态。例外情况下,对于特定法律事实,法律规定其具有确认利益,可提起确认之诉。

(3)形成之诉的诉的利益。形成之诉只有在实体法特别明文规定的情形下,才可提起,并且只能对现存的法律关系提起。虽然具备这两个条件,但是如果当事人不适格,所提之诉亦无诉的利益。例如岳母不得因其女儿被虐待而以女婿为被告,提起离婚之诉。在这种情形中,缺乏诉的利益和当事人不适格是同一问题的两面。立法上有关形成之诉的规定并不普遍,仅对于特定情形明文规定可以提起形成之诉,这在理论上被称为"形成之诉明定原则"。

(六)诉权的取得和丧失

1. 诉权的取得

诉权也就是判决请求权的取得必须具备一定的条件。这个条件就是:与当事人有直接利害关系的民事法律关系处于非正常状态,并可以通过审判方式恢复常态。该条件包括以下三层含义:其一,必须是民事法律关系处于非正常状态;其二,必须是处于非正常状态的民事法律关系与当事人有直接利害关系;其三,必须是处于非正常状态的民事法律关系可以通过审判方式恢复常态。

2. 诉权的丧失

公民、法人和其他组织取得诉权以后,如果不能继续享有或者没有必要继续享有,其已经取得的诉权便会丧失(或叫消灭)。根据我国法律规定,导致诉权丧失的直接原因主要有以下三种:一是对权利的保护超过了诉讼时效;二是法院对争议的民事法律关系已经作出裁判,并且该裁判发生了法律效力;三是诉权的享有者死亡或者民事权利能力终止,而没有权利义务的继受者。

(七)诉权的保护

要构建现代法治秩序,就必须确立法律至上和司法最终保护等法治基本原则。诉权是当事人请求国家进行司法保护的一项基本权利,如果不对诉权予以充分和有效的保护,那么这一最终救济手段和途径就失去了意义。

我国的法律制度和法律体系,经过多年的发展,已经越来越趋近于法治现代化,对民事权益的保护也越来越完善。但对诉权的保护现状仍有不足之处,具体表现在:

(1)宪法保护力弱。我国宪法司法化问题一直没有得到很好的解决,公民所享有的宪法性权利并没有在民事实体法中作出规定,对宪法权受到侵害的,无法通过行使诉权的方式请求司法救济,诉权的宪法保障力微弱。

(2)诉讼法规定不完善。现行的民事诉讼法中许多规定不利于为当事人充分行使诉权提供有效的保障,表现于诉权行使的条件、平等原则、处分原则以及保全制度、证据制度等规定存在缺陷，且诉讼成本过高，使当事人对诉权的行使望而却步。

(3)司法机关侵犯诉权。司法实践中，法院侵犯诉权的行为也时有发生，例如对本来具有诉的利益的案件却认为不具有诉的利益而不予受理、以诉讼文书不能送达而不予受理等。

由此看来，我们不仅应当深化诉权的理论研究，更应当大力加强诉权的制度保障和司法保障的力度。这就要求一方面要完善民事诉讼关于诉权的基本原则和相关具体制度，另一方面也要提高司法人员的专业素质和道德修养，并完善对司法活动的监督制约机制，促使法官更加重视当事人的诉权，杜绝随意阻碍和剥夺当事人诉权的情况发生。①

第二节 民事诉讼法律关系

一、民事诉讼法律关系概说

(一)民事诉讼法律关系的含义和特点

民事诉讼法律关系，是指人民法院和一切诉讼参与人之间在民事诉讼过程中发生的，由民事诉讼法所调整的诉讼上的权利义务关系。

民事诉讼法律规范的存在，是特定的社会关系转变为民事诉讼法律关系的前提；民事诉讼法律关系，是民事诉讼法律规范在现实生活中的体现。它包括以下几层含义：

(1)民事诉讼法律关系发生在民事诉讼过程中；

(2)民事诉讼法律关系存在于人民法院和一切诉讼参与人之间；

(3)民事诉讼法律关系以诉讼权利义务为内容；

(4)民事诉讼法律关系受民事诉讼法调整。

民事诉讼法律关系有以下三个特点：

第一，民事诉讼法律关系是由审判法律关系和争讼法律关系构成的特殊的社会关系。所谓审判法律关系，是指在法院和当事人以及其他一切诉讼参与人之间形成的，由民事诉讼法律规范所调整的具体的社会关系，包括人民法院和当事人之间的关系，也包括人民法院同其他诉讼参与人之间发生的关系。所谓争讼法律关系，是指在当事人之间以及当事人与其他诉讼参与人之间形成的由民事诉讼法律

---

① 参见江伟、刘学在：《中国民事诉讼理论体系的建构、阐释与重塑》，载樊崇义主编：《诉讼法学研究》(第5卷)，中国检察出版社2003年版，第100页。

规范所调整的社会关系，既包括当事人之间在诉讼过程中形成的诉讼关系，也包括当事人与其他诉讼参与人之间的诉讼关系，以及当事人委托代理人代为实施诉讼行为而引发的法律关系。

第二，民事诉讼法律关系体现了法院审判权同当事人诉讼权利的有机结合。法院审判权和当事人的诉讼权利有机地结合在民事诉讼法律关系中，恰当地区分了法院和当事人在民事诉讼中的地位和作用。现代诉讼程序都重视当事人的诉讼权利与法院审判权的相互配合和制衡，加强法院的释明、指示等义务，以确保民事诉讼法律关系的均衡。

第三，民事诉讼法律关系既是独立的又是统一的。说它是独立的，因其各个"面"的相对独立性，例如原告起诉状为人民法院受理后双方即形成民事诉讼法律关系；被告收到起诉状副本后，亦与人民法院之间形成民事诉讼法律关系，以此类推。但若干相对独立的"面"又不是杂乱无章的，恰恰相反，它们呈有序性，这种"有序性"正是民事诉讼程序制约的结果。例如根据民事诉讼法规定，只有先形成原告与人民法院的关系，后才能出现法院与被告的关系；在法庭辩论中，只有先呈现法院与当事人的关系，后才发生法院与证人的关系，如此等等，法律规定的"有序性"使若干"面"的诉讼法律关系形成一个统一的民事诉讼法律关系"束"。①

（二）关于民事诉讼法律关系学说的不同流派

民事诉讼法律关系的概念产生于19世纪中叶的德国，德国民事诉讼学者标罗（Osker Bulow）在1868年的《诉讼抗辩和诉讼要件论》一书中最早提出了民事诉讼法律关系的学说。标罗认为，法院与当事人的行为，各个诉讼阶段和民事审理工作本身只是诉讼的外在方面，而诉讼是一个产生着、发展着和消灭着的整体，要透过现象审视民事诉讼的本质。他认为，当事人和法院在诉讼法律关系之中应该是平等的地位。诉讼权利属于当事人，诉讼责任属于法庭。标罗的见解抓住了问题的症结，即诉讼权利和诉讼义务。就像民事法律关系一样（例如债权、所有权关系），其中与一方的权利相对应的是另一方的义务。② 自标罗首创民事诉讼法律关系以来，首先在德国然后波及法国、日本及其他地区，掀起了一个研究、争鸣民事诉讼法律关系的热潮，并相继形成几种学派。

1. 一面关系说

该说认为，民事诉讼存在法律关系是无可争议的。但它只是当事人之间的一种

① 参见江伟：《民事诉讼法学》，中国人民大学出版社2000年版，第31页。

② 张卫平：《程序公正实现中的冲突与衡平——外国民事诉讼研究引论》，成都出版社1993年版，第55页。

关系,即原告与被告的关系。理由是:民事诉讼是当事人之间为权利归属而展开的斗争,法院只是处于第三者的地位,法院并未加入当事人之间的斗争,它的作用是对原、被告实行监视并指导其斗争,最后就双方争斗结果作出判决。故它无所谓权利义务。

2. 两面关系说

该说认为,民事诉讼法律关系是法院与原告、法院与被告两个方面的关系。理由是:其一,原、被告都离不开法院。原告请求法院提供司法保护,故原告与法院发生法律关系。原告为自己利益所为种种诉讼行为是其权利,法院运用国家权力保护原告的诉讼权利是其义务。其二,法院接受原告起诉后,须将诉状送达被告,被告应诉,故被告与法院发生法律关系。该说认为,将民事诉讼法律关系说成是原、被告间的一面关系是不对的,因为诉讼中,原、被告间不会发生权利义务关系。虽然原、被告双方都有陈述、辩论的权利,但这不是在原、被告双方间发生的,而是对于法院所为的。

3. 三面关系说

该说认为民事诉讼法律关系不仅是法院与原告、法院与被告的关系,还应当包括原、被告之间的关系。理由是:法院受理原告起诉后,有保护私权、调查私权存否的义务,原、被告有服从裁判的义务,有不滥用诉讼制度的义务。与此同时,原、被告之间也有权利义务发生,例如原告陈述时,被告不得阻止;反之,被告陈述时,原告也不得搀越,此谓之曰彼此忍耐之义务;而且,判决下达后,胜诉者可以收回诉讼费用,败诉者有赔偿诉讼费用的义务,义务的反面即为权利。三面关系说在我国台湾地区颇有市场,著名学者李学灯就写道:"诉讼程序一经开始之后,法院与两造当事人,及两造当事人之间,即生诉讼法之法律关系。"

4. 法律状态说

此说认为,上述一面、二面、三面关系说均是将私法上的法律关系置于诉讼领域的简单类推,是用处不大的机械操作。诉讼的目的是要确立法院的判决,是依据既判力把权利确定作为目的的程序,这种目的使当事人形成一种状态,即当事人对判决进行预测的状态。例如有的当事人可能出现对胜诉的"希望",有的则可能出现对败诉的"恐惧",这种"希望"与"恐惧"的利益状态从诉讼开始便在当事人间展开、发展和变化。法律状态说从出现至今,虽未占上风但也未偃旗息鼓,在当今日本,争论尚在进行,所不同者,将"恐惧"译为"负担"而已。

5. 多面系列关系说

此说最早见于苏联法学家克列曼的著述。该说认为,法院同诉讼参加人之间发生的关系,既然都是由民事诉讼法的规范来调整的,那它们也就是民事诉讼法律关系。并且认为,民事诉讼法律关系具有四个特点:第一,法院是每个民事诉讼法律关系的当然主体；第二，法院的利益同其他诉讼法律关系主体的利益是不矛盾的；第三，诉讼中的社会关系只能作为法律关系而存在，不能作为事实上的关系而存在；第四，所有诉讼参加人都是同法院之间的诉讼关系，是一系列关系。

二、民事诉讼法律关系的要素

民事诉讼法律关系的要素，是指构成民事诉讼法律关系的基本因素。民事诉讼法律关系与其他法律关系一样，也由主体、客体和内容三个要素构成。

（一）民事诉讼法律关系的主体

民事诉讼法律关系的主体，是指民事诉讼权利的享有者和民事诉讼义务的承担者。民事诉讼法律关系的主体包括人民法院、人民检察院和一切诉讼参与人。根据民事诉讼法律关系主体参加诉讼的目的、作用、诉讼地位、诉讼权利和义务的不同，可以把民事诉讼法律关系主体分为以下五类：人民法院、人民检察院、当事人、诉讼代理人、其他诉讼参与人。

在我国民事诉讼理论中，还有一个与民事诉讼法律关系主体既相联系，又有区别的概念，即民事诉讼主体（简称诉讼主体）。诉讼主体不是诉讼法律关系主体的简称，而是指诉讼法律关系主体中能够直接对诉讼程序的发生、发展和终结产生影响者。从外延上看，诉讼法律关系主体的外延要比诉讼主体的外延大。诉讼主体不仅在诉讼程序中享有诉讼权利和承担诉讼义务，而且还必须有权进行使诉讼程序发生、变更或消灭的诉讼行为。如当事人既是诉讼主体，又是诉讼法律关系主体；而诉讼法律关系主体，不一定是诉讼主体，诉讼主体只包括人民法院、人民检察院和当事人。

（1）人民法院。人民法院是行使国家审判权的机关，在诉讼中依法享有诉讼权利和承担诉讼义务，依照法定程序和方式进行诉讼活动。人民法院在诉讼中通过行使审判权，与当事人和其他诉讼参与人形成审判法律关系。在审判法律关系中，人民法院有职责组织和指挥诉讼程序。

（2）人民检察院。人民检察院作为国家的法律监督机关，有权对人民法院的民事审判活动进行监督。根据人民检察院作为法律监督机关的性质，在民事诉讼活动中既不直接参加诉讼也不间接参与诉讼，故在一般情况下人民检察院不是民事诉讼法律关系主体，只有在检察机关对人民法院已经发生法律效力的裁判提起民事抗诉时，它才与人民法院形成审判法律关系，是特殊的民事诉讼法律关系主体和诉讼主体。人民检察院的这两种主体是我国国情在特殊历史时期的反映，在实践中起到了一定的积极作用。但是即便如此，对检察机关在抗诉诉讼中的地位和作用问题尚须再进行探究，如人民检察院能否在未经利害关系人申请的情况下主动启动民事再审程序等。

(3)当事人。根据民事诉讼法的规定,民事诉讼的当事人包括原告、被告、共同诉讼人、第三人和诉讼代表人。当事人在诉讼过程中享有广泛的诉讼权利,对诉讼程序和民事诉讼法律关系的发生、发展和终结具有决定性的影响,因此,他们既是民事诉讼法律关系主体,又是诉讼主体。

(4)诉讼代理人。诉讼代理人包括法定代理人和委托代理人,两者在民事诉讼中所享有的权利和承担的义务有所不同。法定代理人尽管不能以自己的名义实施诉讼行为,但是在诉讼过程中他们享有同被代理的当事人基本相同的诉讼权利,其实施的诉讼行为能够左右民事诉讼程序的发生、变更和消灭,因此法定代理人既是民事诉讼法律关系主体,又具有诉讼主体的法律地位。委托代理人若未经被代理的当事人特别授权,只能享有一般性的诉讼权利,并不能左右民事诉讼程序的发生、变更和消灭。因而委托代理人一般情况下只是民事诉讼法律关系主体,而不具有诉讼主体资格,只有在被代理的当事人特别授权的情况下,才具有诉讼主体的法律地位。

(5)其他诉讼参与人。根据民事诉讼法的规定,其他诉讼参与人是指参与民事诉讼的证人、鉴定人、勘验人员和翻译人员。其他诉讼参与人与诉讼的结果不具有法律上的利害关系,他们基于不同的原因参与诉讼,分别与人民法院产生审判法律关系,与当事人产生争讼法律关系,以协助人民法院和当事人查明案件事实。他们是民事诉讼法律关系主体,但不是诉讼主体。

(二)民事诉讼法律关系的内容

民事诉讼法律关系的内容,是指民事诉讼法律关系主体依法享有的诉讼权利和承担的诉讼义务。

民事诉讼权利,是指民事诉讼法律规范所规定的民事诉讼法律关系主体所享有的实施一定诉讼行为的可能性,它表现为民事诉讼法律关系主体可以直接实施一定的诉讼行为,可以要求他人做出一定的诉讼行为,当该权利受到侵犯时,可以寻求相应的法律救济。在我国民事诉讼中,法律关系主体享有较为广泛的诉讼权利,如当事人的起诉权、上诉权、辩论权、处分权、申请回避权、证人的陈述权、法院的询问权、裁判权等;值得说明的是,人民法院是国家的审判机关,在民事审判中代表国家行使审判权力,就此意义讲它行使的是职权,但它确确实实是卷入到民事诉讼法律关系中并作为主体在活动,因此,行使职权与行使诉讼权利往往呈复合状。

民事诉讼义务,是指民事诉讼法律规范所规定的民事诉讼法律关系主体实施一定诉讼行为或者不实施一定诉讼行为的法律约束。民事诉讼义务具有强制性,这一点是其不同于道德义务和宗教义务之处。法律关系主体不履行或不及时履行一定的诉讼义务，就会招致一定的强制性法律后果。

（三）民事诉讼法律关系的客体

在我国，一般认为，民事诉讼法律关系的客体，是指民事诉讼法律关系主体之间诉讼权利和诉讼义务所指向的对象，它通常包括案件事实和当事人之间争议的民事实体法律关系。大陆法系民事诉讼理论没有使用诉讼法律关系客体的概念，而有诉讼客体的概念，诉讼客体、审判对象、诉讼请求和诉讼标的在大陆法系民事诉讼理论中基本含义是相同的。由此可见，大陆法系诉讼客体与我国诉讼法律关系的客体是不同的概念。

民事诉讼法律关系的客体与诉讼标的是有区别的。诉讼标的，是指当事人之间发生争议的，请求法院裁判的民事权利义务关系，它是诉的一个要素。而民事诉讼法律关系的客体，则是指诉讼法律关系主体之间诉讼权利义务指向的对象，它既包括需要查明的案件事实，又包括当事人之间争议的民事权利义务关系。可见，诉讼标的只是诉讼法律关系客体内容的一部分，绝不能将它们画等号，两者的属性和所包含的具体内容均有差异。民事诉讼法律关系主体之间存在着多种民事诉讼法律关系，各个主体所享有的诉讼权利和承担的诉讼义务也不尽相同，因而客体也有所区别。

人民法院和当事人之间的诉讼权利和义务所指向的对象，是案件的客观事实和实体权利请求。当事人要求人民法院查明案件事实，通过裁判以保护其合法权益，同时，当事人也有义务提供证据，证明案件事实，进而支持其实体权利请求；而人民法院的主要职责就在于查明案件事实，对当事人的诉讼请求作出裁判。

人民法院和人民检察院之间的诉讼权利和义务指向的对象是人民法院生效裁判认定的事实和适用的法律。

人民法院和其他诉讼参与人之间的诉讼权利和诉讼义务所指向的对象是案件的客观事实。证人、鉴定人和勘验人员行使诉讼权利和承担诉讼义务，是为了协助查明案件的客观事实；翻译人员提供译文，也是为了反映案件的真相。

当事人之间的诉讼权利和义务所指向的对象是诉讼理由和诉讼请求。为了获得对自己有利的裁判，当事人双方将围绕案件的客观事实、法律依据和诉讼请求展开对抗，行使诉讼权利和承担诉讼义务。

当事人与其他诉讼参加人之间的诉讼权利义务所指向的对象是案件的客观事实。

也有学者认为，在民事诉讼中，就起诉、反诉、上诉等是否合法，回避，诉讼期间顺延，管辖权异议等所发生的民事诉讼法律关系，其客体显然不是案件（实体）事实或诉讼请求,而是程序上的事项。我国传统理论认为,民事诉讼法律关系指向的对象,是当事人之间的实体争议,并不包括程序上的事项。这种认识可谓是"重实体,轻程序"的观念在民事诉讼领域或民事诉讼法律关系中的一种表现,也是受到私法一元观的影响。①

三、民事诉讼法律关系发生、变更和消灭的原因

民事诉讼法律关系的发生、变更和消灭,是由诉讼上的法律事实引起的。凡是能够引起民事诉讼法律关系发生、变更和消灭的事实,都称为诉讼上的法律事实。诉讼上的法律事实包括诉讼事件和诉讼行为两类。

(一)诉讼事件

诉讼事件,是指不以人的意志为转移,能够引起诉讼上一定法律后果的客观情况。它是引起民事诉讼法律关系发生、变更和消灭的重要原因。不同的诉讼事件将引起不同的法律后果。例如,当事人死亡或消灭可能引起诉讼法律关系的终结或变更等。

(二)诉讼行为

诉讼行为,是指民事诉讼法律关系主体所实施的,能够引起诉讼上一定法律后果的各种活动。它是引起民事诉讼法律关系发生、变更和消灭的主要原因。

在现代民事诉讼理论中,一般认为,民事诉讼行为是指民事诉讼主体所实施的能够引起一定的诉讼法效果的行为。这一界定,强调诉讼行为在诉讼法上的效果,称为"效果说"。还有学者主张"要件与效果说",即不仅其效果,其要件也由民事诉讼法规定的行为才是诉讼行为。诉讼行为受民事诉讼法调整,具有诉讼性质。然而,有一些诉讼行为不仅能够产生诉讼法效果,也能产生实体法效果,比如,合法的起诉行为就能够产生中断时效的实体法效果。

诉讼行为是民事诉讼上的主要法律事实。诉讼行为既包括作为(积极行为)和不作为(消极行为),又包括合法行为和非法行为,都能产生一定的诉讼法效果。合法行为,是指实施了民事诉讼法所允许或者所要求实施的行为,能够产生行为人预期的效果;违法行为,则是指实施了民事诉讼法所禁止的行为或者不实施民事诉讼法所要求的行为,不能产生行为人预期的效果。

民事诉讼法律关系主体在诉讼中的地位不同,其诉讼行为的性质、作用和特点也有所不同。

1. 法院的诉讼行为

法院的诉讼行为包括裁判行为、执行行为和其他行为。裁判行为是指法院依据

---

① 参见江伟主编:《民事诉讼法学》,复旦大学出版社 2005 年版,第 67 页。

审判权对本案当事人之间争议的实体上和程序上的权利义务纠纷作出归属性判断的行为，它是法院的主要诉讼行为。执行行为又称民事执行或强制执行，是指人民法院依照法定程序，运用国家司法执行权，迫使被执行人履行生效法律文书内容的诉讼行为。法院的其他诉讼行为包括诉讼指挥、在法定条件下调查收集证据行为等。

2. 当事人的诉讼行为

当事人的诉讼行为是指当事人作为诉讼主体为了构成诉讼程序而依照诉讼法实施的行为。当事人的诉讼行为区别于实体法上的法律行为，在法律规范方面，前者受民事诉讼法规范，后者受民事实体法规范；前者具有程序性和公法性，后者具有实体性和私法性；前者主要产生诉讼法上的效果（有些诉讼行为则同时产生实体法上的效果，如当事人起诉行为等），后者则产生实体法上的效果；前者须由具有诉讼能力人实施，后者则可由完全民事行为能力人和限制民事行为能力人实施；此外，当事人诉讼行为以采取"表示主义"为原则，即诉讼行为的有效成立以当事人的表示行为为准，而无论当事人意思表示是否真实。这主要是基于诉讼程序的顺畅进行和安定性的考虑。诉讼是由前后不断的多数诉讼行为有序构成的。后行的诉讼行为必须以先行的诉讼行为有效为前提始得进行。如果允许当事人以意思瑕疵为由任意撤回或撤销诉讼行为，势必发生将已进行的全部程序推翻而变为无效的后果，从而有害于诉讼程序的安定。因此，对于诉讼行为，原则上拒绝类推适用民法上的意思瑕疵可撤销的规定。[①]

3. 诉讼契约

诉讼契约是指以产生诉讼法上效果（程序形成效果）为直接目的的当事人之间的合意，亦称诉讼上的合意。[②] 国外诉讼契约理论发展至今，已经比较完善，包括诉讼契约的性质、特征、成立与生效等基本问题。如日本规定了越级上诉的合意，并且规定只要证据契约有效，就应据此裁判。美国民事诉讼法甚至规定案件可以用"合意判决"的方式加以解决。而我国由于缺乏私法传统，在诉讼法这样的公法面前，私法理念更是没有发挥功能的空间，所以对诉讼上当事人合意事项的立法和研究都相当缺乏。然而随着市场经济体制的确立、民事司法改革的不断推进，相关诉讼法理论的完善，当事人合法意志越来越被尊重，诉讼契约开始受到重视和认可。我国民事诉讼法根据处分权原则，规定当事人可以以协议方式处分自己的某些诉讼权利，例如管辖协议、调解协议等。一些法律没有明文规定的诉讼契约，如证据契约，由于其以产生一定诉讼上效果为目的，也逐渐为理论和实务界所接受。

---

① 参见张家慧：《当事人诉讼行为法律研究》，中国民主法制出版社 2005 年版，第 123 页。

② 参见［日］三月章：《日本民事诉讼法》，汪一凡译，台湾五南图书出版有限公司 1997 年版，第 329 页。

第三节　民事诉讼目的

一、民事诉讼目的概述

“目的”作为哲学的一个基本范畴，是在人们根据需要进行有意识的活动时，基于对客观事物本质和规律的认识而对其活动结果的预先设计，实际上以观念形式存在于人的头脑中的理想目标，是人的自身需要与客观对象之间的内在联系的一种反映。民事诉讼作为特殊主体在特殊领域中所实施的活动，与一般社会活动相比有其特殊性。民事诉讼目的，是指国家基于其客观需要和对民事诉讼本质属性及规律的认识，而预先设立的通过民事诉讼活动所期望达到的理想结果。国家设置民事诉讼制度，总是在一定的目的论的指导下进行的，目的不同，则其所设计的诉讼结构、诉讼制度、权利义务的配置、程序保障的注重程度等方面就会存在差异，因而民事诉讼目的是民事诉讼的一个基础理论。

民事诉讼目的的特征如下：

第一，民事诉讼目的是国家意志的体现。民事诉讼的本质在于运用国家权力解决民事主体之间的冲突和纠纷，从严格意义上来说，民事诉讼目的是指国家设置民事诉讼制度的目的。

第二，民事诉讼目的是基于国家的特定需要和对民事诉讼本质属性及规律的认识而预先设定的民事诉讼结果的理想模式。没有国家和社会的需要，民事诉讼也就没有产生和存在的必要，当然也就没有民事诉讼目的而言。在对民事诉讼本质属性及规律缺乏认识的基础上设定民事诉讼目的，就会不切实际而无法实现。因此，科学的民事诉讼目的必定是主客观辩证统一的结果。

第三，民事诉讼目的是一个动态的范畴。从整体上讲，维护统治阶级所确立的社会秩序是任何历史阶段、任何国家民事诉讼的根本目的。但民事诉讼的具体目的与内涵却因时而异，即使是同一历史阶段的相同性质的国家之间，由于其时代任务、价值观念、文化传统等因素的不同，民事诉讼目的也会有所不同。因此，民事诉讼目的是一个动态的、与时俱进的范畴，任何试图用抽象、静止的观点来考察民事诉讼目的的做法都是有违客观规律的，因而是不科学的。

二、民事诉讼目的的学说与评价

（一）私权保护说

私权保护说认为，由于国家禁止以自力救济保护自己的权利，那么权利一旦被侵害，国家就有义务保护社会成员的权利，因而设立民事诉讼制度，并由法院依照客观实体法对当事人权利予以保护。而民事权利被认为是私人的权利，因此，国家设立民事诉讼法的目的就是保护社会成员的私权。该学说最早由德国历史法学派代表萨维尼提出,被视为德国目前之通说。权利保护说以实体法规范的实现为其着眼点,强调国家应着力保护实体权利,以致忽略了诉讼制度的设计、使用以及裁判的作出和实现,常常受到诉讼成本的制约。这种认识的结果是依该学说设计的诉讼制度给人以无视诉讼经济,违背诉讼自身规律之嫌。私权保护说从保护私权出发,在事实审理上片面追求发现客观真实,容易造成程序上利益之损耗(人力、时间、费用的过分支出)。

(二)私法秩序维持说

该说认为,国家设立民事诉讼制度的根本目的,纯粹是为了消除实体权利争议对社会秩序所产生的消极影响,维持法律所保护的社会秩序。保护私权是实现这个目的的必然要求和体现,而不是目的本身。该学说把维持私法秩序列为民事诉讼的首要目的,与宪法在承认国民主权的同时,也保障国民享有自由权、诉讼权、财产权及生存权的基本目的是相悖的,它既忽略了诉讼制度应平衡兼顾实体利益与程序利益的基本宗旨,也违背程序主体性原则。[①] 依该学说设计和运用民事诉讼程序制度,将无法保障甚至会严重阻碍当事人实体处分权和程序处分权的行使。

(三)纠纷解决说

纠纷解决说被认为是目前日本的通说,为日本学者兼子一所首倡。纠纷解决说认为,即使在私法不发达的时代,以裁判解决纠纷的诉讼和审判制度即已存在,所以私法实际上是在以裁判方式合理解决纠纷的过程中逐渐发展形成的,将民事诉讼的目的视为维护私权或私法秩序实在是本末倒置。民事诉讼也如仲裁、调解一样是解决民事纠纷的一种方式,而不是从既存的实体权利出发来确认当事人之间原有的权利义务关系。因此,民事诉讼的目的应为纠纷的强制性解决。兼子一教授还认为,民事诉讼无须达到案件真实,因为在民事案件中,随着时间的推移,当事人之间的利益关系也随时在变化,因而只有变化的真实,而无绝对的客观真实。[②] 该学说由于拒绝引据实体法规范作为确立诉讼制度目的的基础,与近代国家法治原理大相径庭,已经受到不少日本学者的批评。此外,该说未将实体权利的保护列入民事诉讼目的范围内,也不符合宪法保护实体权利(财产权)的宗旨。

---

① 程序主体性原则,是指根据宪法关于承认国民主权及保障国民享有自由权、诉讼权、财产权及生存权的规定,在一定范围内,应肯定国民的主体性,并赋予当事人及程序利害关系人程序主体权,即程序主体地位,使其有参与程序以影响裁判形成的权利和地位。

② [日]兼子一、竹下守夫:《民事诉讼法》,白绿铉译,法律出版社1995年版,译者前言。

（四）权利保障说

权利保障说是日本学者竹下守夫在1994年提出的，按照过去传统的观念，程序保障只是一种手段，而不是目的。该学说一反传统观念，从宪法上权利保障的角度阐述民事诉讼的目的，认为诉讼制度基于宪法所保障的权利实为实体法上的实质权，私权保护说的最大缺陷就在于无视实质权与请求权在机能上的根本区别，以致将二者合成为实体上的权利，并列为民事诉讼制度应予保护的对象；事实上，其中"请求权"属实现"实质权"的救济手段，只有对实质权的保障才是民事诉讼的目的。竹下教授认为，讨论民事诉讼的目的，首先应从宪法上赋予法院司法权的作用出发。而司法权的作用，归根结底是通过诉讼程序，对宪法统帅下的各实体法认可的权利或利益给予必要的救济和司法保障；或者说，司法的核心作用是保障以基本权为主的个人权利，这是与宪法的整体构造相符合的。在司法权的实质作用方面，竹下十分强调对"权利的救济—保障"的发现，并将其直接引入民事诉讼目的论的研究范畴。权利保障说的最大特征是将权利和救济进行明确区分，所谓权利就是指实质权，它具有确定性和既存性的特点；而救济则是指请求权，它具有创造性特点且处于不确定状态。权利保障说的实质仍在于执意坚持对实体法上实质权（如债权、物权等）的保障，即实体法规范的贯彻应为民事诉讼的首要目的，而没有将视野扩展到诉讼法领域，其结果必然是无法认同实体利益与程序利益的平衡追求，难免造成诉讼的各项权利保障不利或受无端损耗。因此，权利保障说与权利保护说一样尚缺乏周延性，有待商榷。

（五）程序保障说

程序保障说主张，民事诉讼是以程序保障的赋予为目的，换言之，国家设立诉讼制度，就是为了确保当事人双方在诉讼过程中法律地位的平等，并在诉讼构造中平等使用攻防武器，各拥有主张、举证的机会。该学说以程序保障论为起点，进一步认为，法院"不应该把诉讼的审理过程作为只是为了达到判决或者和解而必经的准备阶段，而应把这一过程本身作为诉讼自己应有的目的来把握"①。因此，法院应从"以判决为中心"转向"以诉讼的过程本身为中心"。程序保障说漠视民事诉讼制度目的与宪法所保障的基本权利间的直接关联性，因而否定了依照宪法理念平衡追求实体利益与程序利益的可能性，难免受到与上述诸学说相同的批判。

（六）依法解决纠纷说

该学说主张，民事诉讼的目的不仅要解决纠纷，而且要依实体法规作出裁判而

① ［日］谷口安平：《程序的正义与诉讼》，王亚新、刘荣军译，中国政法大学出版社1996年版，第52页。

解决纠纷。诉讼虽然不以一定时空下的制定法为存在前提，但是法理念的存在，则是支配诉讼制度的决定性因素。该学说将以制定法为依据作出的裁判称为“后法性裁判”。

（七）多元说

任该学说的主张大致是，对于诉讼目的的认识，应站在制度设置、作为运作者的国家和作为制度利用者的国民的双重立场上。依此，纠纷的解决、法律秩序的维护及权利的保护都应当视为民事诉讼制度的目的，上述几种相互对立、相互排斥的价值可依照具体情况的不同而随时在立法及司法运作上进行调整并有所侧重。此种观点似乎尽善尽美，事实上，它在吸纳各种目的论优点的同时即内含了各种目的论的缺陷。对上述各学说的批评应可全部加诸于该学说之上。何况社会生活千变万化，日新月异，立法及司法过程中如何依个别具体问题之不同，分别择定各该价值所应占之比重，其结果只会是时此时彼，无所依从。

三、我国民事诉讼的目的

我国民事诉讼法学界关于民事诉讼目的理论的研究和争论，虽然没有像大陆法系一些国家那样“轰轰烈烈”，但事实上也经历了类似的发展变化过程。但总的来说，我国民事诉讼目的论的研究还处于初级阶段，各种学说各有其支持者，目前尚未形成通说。民事诉讼目的的设定，不是统治阶级凭空想象出来的，而是根据各种客观情况所选择的。现代民事诉讼价值的多元论和相对性决定了民事诉讼目的的多重性，将民事诉讼的目的单一化显然是不科学的，应当从实体和程序相结合的角度来探究多元化的民事诉讼目的。确立民事诉讼制度的目的应当考虑以下因素：

（一）确立民事诉讼目的的理论依据：民事诉讼的本质及规律

运用国家权力解决平等主体之间的财产关系和人身关系的争议，是民事诉讼的本质特征，它包括两层含义：第一，由法院代表国家行使审判权来解决民事争议，这是民事诉讼与其他相关的民事程序制度，如仲裁、诉讼外调解等的本质区别之所在。第二，民事纠纷是平等主体之间的财产关系和人身关系的争议，实行当事人意思自治原则，国家不能主动进行干预。这就决定了民事诉讼制度的目的必须符合当事人的目的。从国家角度来看，恢复原有的法秩序固然是其对民事诉讼寄予的理想，但这一目标的实现有赖于通过民事诉讼的具体目标的实现来达成，而民事诉讼的具体目的应当符合当事人目的。因此，民事诉讼必须符合当事人的目的，这是确立民事诉讼目的的首要依据。

（二）确立民事诉讼目的的价值取向：公正和效率

民事诉讼作为人类社会高度发达后所进行的一种特殊的理性行为，应当要服从一定的价值目标,即服从于实现民事诉讼目的要求的行为价值取向。这种价值取向的选择应当是具体历史条件下的选择,不能抽象地讨论价值问题。自2001年始,最高人民法院就明确地提出"公正与效率是21世纪人民法院的工作主题"。民事诉讼目的的设定,自然应当符合这一价值目标的追求。

(三)确立民事诉讼目的的法律依据:宪法及其理念

宪法作为国家的根本大法,具有最高的法律效力,它既是其他各项立法的依据,也是确立民事诉讼的目的、制定和实施民事诉讼法的根据。在现代法治社会,宪法作为公民权利的保障书,在承认国民主权的同时,亦保障公民享有自由权、财产权及生存权等基本权。为保障实现此等基本权,宪法又承认公民有诉讼权,设立司法机关使其依法裁判当事人间的法律争议。

由此,民事诉讼制度的设立、运作和使用,应当以追求保护当事人的合法权益为目的;同时,为防止程序上的利益减损、消耗或限制宪法所保障的公民权益,应当将实体利益与程序利益同等看待,给予同等的保护。因此,将民事诉讼目的界定为"合理地保护和实现当事人的实体权益和程序权益"是符合宪法精神的。在宪法对某个问题没有作出明确规定的场合,我们可以根据宪法的基本理念(如宪法修正案"国家保护人权"颁发之前,我国司法实务部门曾经根据宪法的精神处理过一些民事案件)来处理民事诉讼问题。当然,这样做时必须慎重。

第四节　民事诉讼价值

民事诉讼程序价值的研究旨在揭示民事诉讼程序存在的必要性及其意义,为立法者进行程序设计、司法者从事审判行为以及当事人进行诉讼活动提供价值指引,而民事诉讼程序的独立价值更是民事诉讼程序设计与司法运作的基础性价值目标。西方法律价值论就诉讼程序的价值形成了三大理论学说,即程序工具主义价值论、程序本位主义价值论和程序效益主义价值论。我国对法律价值问题的研究起步较晚,大多是在批判、扬弃西方法律学说的基础上发展起来的。传统法律中程序意识比较淡薄。清朝末年从西方引进诉讼制度,然而在理论和观念上,程序的意义和价值仍未得到足够的重视,特定历史期间遗留下来的"重实体,轻程序"的观念仍然根深蒂固。在界定民事诉讼法律价值的时候,主要有两种观点:程序工具论和程序本位论。传统上,我们完全把民事诉讼当作实现实体权利的工具。随着法制建设的全面推进,人们开始认识到程序应当具有独立的价值,提出程序本位论、相对工具主义程序论等观点。程序本位论虽然强调了程序自身的价值,但此学说将程序独立价值强调到了极致,从一个极端走到了另一个极端;相对工具主义程序论因为没有从本质上否认程序工具性,因而也有其理论的不明朗性。

对于民事诉讼程序价值正确的认识是将其分为目的性价值(内在价值)和工具性价值(外在价值)。前者是指民事诉讼程序自身所具有的满足程序主体需要的独立价值,如程序公正、程序效益、程序自由等;后者是指民事诉讼程序作为一种手段或工具以实现实体性目的的价值,如实体公正等。

一、民事诉讼程序的目的性价值(内在价值)

(一)程序自由价值

程序自由价值主要是指程序价值主体能够合乎目的地支配民事诉讼程序,自由地选择、判断和接受民事诉讼程序。程序自由价值主要体现在两个方面:一是保障当事人的诉权和诉讼权利不受审判权的贬损和压制,以及保障法院的审判权不受外在力量的干预。对法院和法官来说,程序自由的保障是通过司法独立机制来实现的;对于当事人来说,则是通过诉权对审判权的制衡机制而得以保障的。二是保障程序主体进行理性选择的自由,如撤回诉讼、进行和解甚至合意选择法官等。

(二)程序公正价值

程序公正的基本要求包括:

(1)法官中立。法官中立是指法官同争议的事实和利益没有任何关联,在审判中不能有任何偏私,而且须在外观上使任何正直的人不对其中立性有任何合理的怀疑。即审判机关在处理民事诉讼关系、对待各方诉讼主体时,都要求审判人员公正地保持中立独立地位。任何人不能作为有关自己案件的法官;诉讼的结果中不含有解决者个人的利益;诉讼的解决者不应有对当事人一方的好恶偏见。如民事诉讼设立了回避制度,保证了法官离开与自己有利益关联的案件;设立了检察监督制度用以防止法官因受贿而作出不公平的判决。法官中立是民事诉讼公平性最基本也是最重要的因素。民事诉讼的基本结构可以用一个等腰三角形表示:争议的当事人双方各置一端,法官居中裁决,与当事人之间形成等腰关系(等距离关系),从而形成当事人之间的均衡对抗。审判人员在民事诉讼中,要平等地对待各方诉讼主体,一视同仁地对待当事人,不偏不倚地听取双方意见,保证诉讼当事人有足够和充分地表达自己意见、主张和请求的手段,有提供诉讼信息的机会和行为空间,并且客观地作出事实认定,准确地适用法律。

(2)当事人平等。当事人平等是指当事人具有平等的诉讼地位,享有平等的诉讼权利和承担平等的诉讼义务。当事人之间的平等性,是民事诉讼得以进行的法律基础和社会基础。当事人诉讼地位的平等意味着在民事诉讼中对原、被告给予无差别对待。具体来说,当事人享有平等的诉讼权利,承担相应的诉讼义务。民事诉讼是诉讼当事人之间的争讼,这种争讼关系的基础是民事实体法规定的双方当事人之间平等的权利与义务关系,反映在民事诉讼法上双方的民事诉讼法律关系也应该是平等的。在具体诉讼中,败诉一方对诉讼结果不满,但却因能够参加到整个诉讼过程中,且其基本权利获得了充分保障,并为自己目的的实现做了充分的主张和辩解,即使对不利于自己的结果,在心理上也是能予以接受的,并认可其公平性。当事人平等应强调实质的平等,对于处于弱势地位的当事人予以特别的保障,如举证责任倒置规则和法官释明权就体现了实质平等原则。

(3)程序参与。当事人必须拥有影响诉讼过程和裁判结果的充分参与机会,未被赋予此机会而收集的事实、证据材料等,不得作为裁判的依据。

(4)程序公开。程序公开有助于确保司法透明度。程序公正因其公开而实现了真正的公正,也使司法裁判获得最广泛的为人民信赖的权威。

(5)程序安定。即诉讼程序应当具有可预测性,包括程序运行的稳定性和程序结果的安定性。前者是指当事人在对程序结果有一定预知的前提下有条不紊地进行诉讼,后者是指诉讼行为一旦生效,要尽量维持其效力,不能轻易否定既定内容,禁止当事人就一案重复诉讼,也禁止法院重复审判。①

(三)程序效益价值

民事诉讼中,在保证公正裁判的前提下,诉讼主体应努力以最小的诉讼投入来获取最大的诉讼效益产出,从而实现司法资源的优化配置和利用。程序效益表现为效率和效益。程序效益价值的实现,从降低诉讼成本角度看,要求降低诉讼费用和律师费用,缩短诉讼周期,简化诉讼程序。从提高诉讼效益的角度看,要求尽可能地利用有限程序空间来解决多个纠纷,例如反诉、代表人诉讼制度等。总之,达到上述标准的诉讼程序可以排斥法官的恣意,保障人的价值、尊严,使当事人成为说服者和被说服者,吸收当事人的不满,确立理性并为人民所信赖的司法权威。

二、民事诉讼程序的工具性价值(外在价值)

民事诉讼程序的工具性价值,是指实现民事诉讼程序外在目的的手段或工具。它是人们据以评价和判断民事诉讼程序在保护民事权利、维护法律秩序以及解决纠纷方面是否有用和有效的标准。民事诉讼程序的外在价值主要指实现实体公正。

实体公正可以从两种意义上理解:一是指立法者对人民实体权利和义务的公正分配,这是实体一般公正;二是指司法者根据实体一般公正的要求,通过在诉讼中行使自由裁量权而达到公正的裁判结果,这是实体个别公正。前一种意义的实

① 刘荣军:《程序保障的理论视角》,法律出版社1999年版,第80—83页。

体公正属于实体法研究的范围，诉讼上的实体公正通常指实体个别公正，即裁判结果对于实体一般公正的追求和趋近。实体个别公正必须是法官经由诉讼作出裁判而达成的，因而表现为裁判结果的公正或“结果公正”。

实体公正价值通常是指裁判结果公正，主要体现为事实认定真实和法律适用正确。事实认定真实是实体公正的首要标准。诉讼制度除了具有保护当事人诉讼权利的意义外，还要承担起查明案件事实，正确适用实体法的任务，后者是整个诉讼活动的核心内容和目的指向，并且事实认定是法律适用的基础。适用法律正确，通常意义上是指根据某一争执案件的事实情境而宣告法律上对这一事实情境的处理结果。换言之，法律适用就是将待决案件事实与法律规范规定的构成要件相联系，进行推理并获得特定结论的一种司法过程。法律适用是否正确取决于两方面的因素：一是现行的法律依据，二是法官的态度、价值观等，前者为客观因素，后者为主观因素。庞德所说的“可以有法司法，也可以无法司法”指的就是这个道理。“有法司法”是“根据权威性律令、规范（模式）或指示而进行的司法”，“无法司法”则是根据法官个人的意志和直觉，通过行使司法裁量权而进行的法律适用活动。①

三、民事诉讼程序内在价值与外在价值的冲突

一般情况下，民事诉讼的内在价值和外在价值是一致的，表现在公正的程序一般可以保障实体公正，保障裁判的权威性，有助于维护社会秩序。但民事诉讼的内在价值也可能与外在价值发生冲突，如公正的程序并不必然产生公正的结果，对人权价值等其他价值的考量，以及案情的复杂、人类认识能力的有限等因素都可能阻碍实体公正的实现。再者，程序公正基本要素的满足也并不一定能达到解决纠纷、维持社会秩序的目的。解决民事诉讼程序内在价值和外在价值的冲突，应当克服“重实体，轻程序”的观念和做法，坚持程序价值的统一，即内在价值和外在价值的统一，并树立程序与实体并重的理念。这种统一并非将程序的内在价值和外在价值置于绝对的水平面上，而是注重于具体条件和个案情况的不同，从符合现实的最迫切需要出发，坚持程序与实体并重，避免民事诉讼程序内在价值和外在价值的冲突。

四、民事诉讼价值在中国的实现

中国自20世纪80年代末以来的司法改革，通过落实当事人的举证责任，强调法官的独立性，强化庭审职能等实践，深化了对民事诉讼价值的认识。然而随着改革的深入，程序价值的悖论也日益显现，即程序公正与实体公正的悖论、程序公正与诉讼效益的悖论、诉讼权与审判权的悖论。司法改革要在实现司法公正上有所

① ［美］博登海默：《法理学——法哲学及其方法》，邓正来等译，华夏出版社1987年版，第142页。

作为，就必须在诉讼中确立程序公正对实体公正的优越地位、程序公正对诉讼效益的优越地位、诉讼权对审判权的优越地位。

（一）确立程序公正对实体公正的优越地位

司法作为连接法律与社会生活的中介，连接一般与个别的纽带，其正当性只能来源于诉讼程序，这就是所谓的正当程序原理。诉讼程序的公正性能够保障裁判结果的权威性、正当性，是裁判结果公正的前提。虽然公正的程序并不必然能够产生公正的结果，但“在一般情况下，公正的程序比不公正的程序能够产生更加公正的结果”，公正的程序具有吸收不满的功效。因为公正的程序能够确保裁判各方参与裁判制作过程以及对裁判结果施加影响，并保障当事人的人格尊严和意志自由得到尊重，使当事人从心理上接受和承认判决结果的正当性。相对于实体规范，程序的确有其工具性的一面，但不能忘记，适当的实体规范是经由程序铺设的轨道通过公正、有效的程序形成的，在整个诉讼程序中，实体法是根据诉讼程序的要求而起作用的。

（二）确立程序公正对诉讼效益的优越地位

程序公正与诉讼效益都属于诉讼程序的内在价值，二者相互包含、相互制约。诉讼效益作为满足程序主体性需求的一种价值，其中包含着公正的精神。从某种意义上说，诉讼效益所追求的是以最经济的方式来实现公正的目标。诉讼程序永恒的生命基础则在于它的公正性。程序公正是整个程序法领域最基本也是最具普遍性的一种价值目标。在此基础上，考虑提高诉讼效益，尽可能以较少的司法资源审理较多的案件。

（三）确立诉讼权对审判权的优越地位

在诉讼程序中，人民法院是公共服务的提供者，司法行为派生于当事人的权利行为。在司法改革中，应当大力弘扬当事人的程序主体性，由当事人决定法院的审理对象，按照自己的意愿实施诉讼行为，而法院的行为受程序规范和当事人行为的制约。程序制度的设计、改革措施的出台都应当以当事人需要的满足为依归，把当事人由消极的受动者提升为积极的主动者，摒弃审判中心论。

第五节　民事诉讼模式

一、民事诉讼模式的概念

民事诉讼模式，也称为民事诉讼结构，是指以一定的国情为背景，在一定的民事诉讼价值观的支配下，为实现一定的民事诉讼目的，通过在法院和当事人之间分配诉讼权利与义务而形成的法院与当事人之间不同的诉讼地位和相互关系。

其实,民事诉讼模式是我国民事诉讼法学者提出的概括民事诉讼法制度特征的概念与范畴,在国外,无论英美法系的学者,还是大陆法系的学者,都没有使用诉讼模式这一概念。英美法系的学者称自己的诉讼制度为对抗制的诉讼(adversary system),称大陆法系国家的民事诉讼制度为纠问制的诉讼(questionnaire system);大陆法系国家的学者称强调当事人对事实处分的权利的原则为辩论主义,强调法院可以依职权调查事实的原则为职权探知主义。

民事诉讼模式这一概念可以通过如下几个方面进行理解:

(1)民事诉讼模式是对民事诉讼程序及制度结构的抽象和概括。这是对民事诉讼模式涉及范围的限定。模式首先要解决的问题是民事诉讼的结构成因、结构样式以及结构功能等问题。

(2)民事诉讼模式还对民事诉讼结构的构成要素之间的基本关系进行了抽象的概括。制度框架需要制度的内容作为血肉,结构本身从形式上提供了可视窗口,而作为内容的要素及关系则是驱动程序的原动力。民事诉讼模式通过对各种要素及关系特征的信息反馈反映民事诉讼的现实。

(3)民事诉讼模式作为一种理论构架,它最大限度地集中反映了民事诉讼制度及程序的主要特征,但它依然表现为一种形式。这是因为模式是载体,围绕模式的民事诉讼制度的要素及关系才是其内容。

(4)民事诉讼模式反映了民事诉讼程序的价值取向和目标定位,不同的诉讼模式的建立和发展的背后,都存在着制约它的文化背景。同时也应看到,不同的诉讼模式所追求的目标获取具有同质性,因而,不应以一种模式来否定另一种模式的价值趋向,而应尽量在各种价值目标的共存中,切实推进诉讼模式的实践,实现它们的应有价值。

(5)民事诉讼模式的核心问题是当事人与法院在民事诉讼中的关系问题。研究民事诉讼的模式,对于揭示民事诉讼的运行规律,正确处理当事人与法院在民事诉讼中的关系,实现民事诉讼的价值目标以及推进我国民事司法的改革,进而建立先进的有中国特色的民事诉讼制度等方面,均具有重要意义。

二、民事诉讼模式的种类

一般认为,当事人主义模式和职权主义模式是当今世界有代表性的两大民事诉讼模式。

(一)当事人主义诉讼模式

当事人主义诉讼,在英美法系中称为"adversary system"(对抗制诉讼),其含义主要包括两方面:其一,民事诉讼程序的启动、继续依赖于当事人,法院或法官不能主动依职权启动和推进民事诉讼程序;其二,法院或法官裁判所依赖的证据资料只能依赖于当事人,作为法院判断对象的主张只能来源于当事人,法院或法官不能在当事人指明的证据范围以外,主动收集证据。

1. 当事人主义诉讼模式的成因

当事人主义诉讼模式发端于罗马古代法,那时的民事诉讼在很大程度和范围上残存着古代社会"私力救济"的遗风。诉讼纯粹是私人的事,当事人在诉讼过程中必须遵循严格的程序,程序的完结如同一幕戏剧终场。自12世纪开始,当事人主义在英国得到了较为系统的发展,并作为普通法的一大特征。1806年的法国民事诉讼法典中首先确定了当事人主义。1877年制定的德国民事诉讼法典和1891年制定的日本民事诉讼法典也相继确定了当事人主义。并认为,民事诉讼涉及私人利益的纠纷,运作诉讼和诉讼程序进行的主导权应由当事人持有,法院及法官在诉讼中的角色是扮演严格中立者,只就事实作出法律上的判断,而不是越过当事人意思自治的界限,无端进行干预。

当事人主义的形成还有更深层次的原因,这就是私法自治原则和市场经济的影响。从私法自治原则的角度说,私法自治与法国民事诉讼法典中表现的自由主义诉讼观是相互关联的。由于民事纠纷起因于民事上权利义务的争执,原来调整民事权利义务关系的私法及其原则便应得到贯彻和实施。而国家的干预,必然会破坏当事人之间原来建立在私法关系之上的平等关系,这也不符合民事诉讼的运行规律。从市场经济的角度来说,由于国家在市场经济中的地位只是为经济实施调控,并不直接干预社会经济生活,因此,反映在民事诉讼中,代表国家的法院只能是居中裁判。①

2. 当事人主义诉讼模式的特征

(1)当事人在民事诉讼中处于主导地位,当事人主导着诉讼的启动、推进。例如当当事人的民事权利受到侵害时,当事人可以依法向法院提起诉讼请求,当事人可以就诉讼的继续、诉讼的推进、诉讼的终结提出异议,并决定是否展开。

(2)法院或法官在诉讼中处于中立地位,正如孟德斯鸠提出的所谓"自动售货机"式的法官形象。法官只要像一架生产判决的机器就行,从一个口里塞进纠纷事实和法律条文,从另一个口里吐出处理结果。在当事人主义诉讼模式里,法官无权主动收集证据,无权变更当事人提出的诉讼主张,而只是认真听取当事人之间的辩驳,从而判定哪些证据可以作为判决的依据,并以此作出公正的裁决。

(3)当事人所主张的法律事实依赖的证据由当事人负责举证,法官通过法庭证据展示制度和交叉询问制度查明案件事实,并以此作出裁决。当事人的举证责

---

① 参见江伟主编:《民事诉讼法》,中国人民大学出版社2001年版,第13页。

任在当事人主义诉讼模式里是非常重要的，在"谁主张，谁举证"的思想指导下，当事人必须就其主张主动收集证据来证明。英美法系有学者认为证明责任和举证责任并不同一，应当是"谁主张，谁证明"。证明责任是一种说服责任，权利主张者要运用证据来说服陪审团，但并不一定要承担举证责任。如举证责任倒置。

3. 当事人主义诉讼模式的优缺点

英美法系当事人主义诉讼模式肯定了当事人在诉讼中的主导地位，赋予当事人充分的处分权。这一模式不仅最大限度地吸收和鼓励了当事人参与诉讼过程，并且在诉讼中始终保持双方当事人诉讼权利的对等，诉讼地位的平等和辩论机会的均等，双方都有均等的机会提出证据和说服裁判者，可以充分调动当事人的积极性，实现当事人的程序主体地位和诉讼参与权，并有利于在平等竞争的诉讼环境中发挥攻击和防御的能力和作用。当事人真正成为诉讼的主体，它通过一系列制度来体现，例如美国民事诉讼中的"证据开示制度"、"交叉询问制度"、"对抗辩论制"和"陪审制"等都比较充分地反映了当事人主义色彩。法官在诉讼过程中始终处于中立地位，"只是耐心地、冷静地听取双方当事人的意见"。当事人主义侧重的是程序的公正，只要程序是公正的，即使实体上有错误，还是能被人们所认可。当事人主义以追求程序的公正为目的，有利于保障当事人平等的攻击和防御的权利。但是，由于给予当事人较多的处分权，因此要在保证当事人能够充分、完全地表达其意见的同时又要把案件的事实弄清，对证人的作证采取交叉询问方式的同时又要给律师不断提出异议的时间，而法官只能耐心地听取双方当事人的意见，这就使庭审花费太多时间，有时还要重复开庭，程序进行缓慢。而且当事人主义"过分依赖于当事者各自所拥有的资源"，使得在英美国家往往只有那些请得起律师甚至是名律师的当事人才敢投身于诉讼中。

（二）职权主义诉讼模式

与英美法系的当事人主义诉讼模式相对应的是大陆法系的职权主义诉讼模式。在大陆法系的民事诉讼理论中，认为职权主义是承认法官在民事诉讼中拥有主导权，依职权指挥诉讼运作，对程序的开始、进行以及终了和诉讼对象的决定，诉讼资料的收集等方面有主导权。"为了区分法官在职权主义中的不同作用，把法官依职权指挥运作诉讼程序的职权主义称为职权进行主义，把法官依职权收集证据和调查事实称为职权探知主义。"

1. 职权主义诉讼模式的成因

职权主义发端于罗马末世，在公元12 世纪后，由于英国法与法国法的分道扬镳，大陆法系的民事诉讼便深深地打上了职权主义的印记 。职权主义的典型代表是1895 年制定的奥地利民事诉讼法。作为当事人主义鼻祖的法国从1935 年开始,在遭受人民抵触的情况下,也逐渐导入职权主义的一些规定。德国 1976 年民事诉讼简易化法也有此倾向。1991 年美国司法制度改革法和 1995 年至 1996 年英国沃尔夫勋爵组成的司法改革小组拟订的方案,也对英美法官在民事诉讼程序中的超然地位进行规定,强调了法官对程序的干预。对此,日本学者江藤价泰曾形象地说,19 世纪的民事诉讼法为当事人型,而 20 世纪则为职权主义型。

19 世纪末到 20 世纪初的中国,职权主义在民事诉讼中得以盛行,究其根源有二:一是当事人主义支配下的诉讼程序造成了审判迟延、程序复杂以及费用增加等后果,因此,增强法院的职权,是为了防止不利于纠纷解决情形的出现;二是作为当事人主义基础的自由主义思想,随着 19 世纪末产业革命的兴起,城市化和大规模化的纠纷产生,已经不能再主宰民事诉讼程序,为了迅速且经济地解决纠纷,各国开始强化了民事诉讼中的法院职权。20 世纪 90 年代英美法系主要国家英国和美国均表现出吸纳职权主义的倾向,因为在当事人主义诉讼模式下,诉讼迟延与诉讼费用高昂的弊端日益凸显。①

2. 职权主义诉讼模式的特点

(1)法官在民事诉讼中处于主导地位。例如法官可以主动收集证据,对于当事人的诉讼主张,法官认为可以变更的,可以依职权变更;同时,法官也有权决定诉讼的继续、推进和终了,法官在每一个诉讼环节中都拥有主导权,"尤其在证据制度和判决的既判力方面"。

(2)当事人处于被动地位,当事人的意志自主低于法官。当事人主张的诉讼对象必须经过法官的认可,当事人未主张的诉讼请求,法官认为必要的,可以在最后裁决中作出。当事人就其主张的事实所收集的证据必须经法官的认定后才能作为裁决的证据。而且法官有权"对当事人的一切处分行为进行审查和干预"。

3. 职权主义诉讼模式的优缺点

职权主义强调的是法官在诉讼中的主导地位,有利于较快发现客观真实,侧重的是保证实体的公正,法官操纵着诉讼的进行以保证实体公正的实现;职权主义相对于当事人主义来说,诉讼效率较高,而且当事人的成本投入相对较少,可以减轻当事人的诉讼负担。然而,职权主义的一个缺陷是给予法官过大的权力:法官可以依职权主动收集证据而不受当事人主张范围的限制,这样极易导致法官滥用职权;同时,法官在庭审中操纵着每一个过程,当事人的辩论流于形式,庭审中最重要、最精彩的环节变得空乏无味,最终导致整个民事诉讼程序的空洞化,助长了民事诉讼实务中的不正之风。职权主义的另一个缺陷是忽视程序的公正价值。由于重实

① 参见江伟主编:《民事诉讼法》,中国人民大学出版社 2001 年版,第 14 页。

体、轻程序思想的影响,职权主义往往把重点放在追求案件的实体真实上,为了实现实体上的公正而经常以牺牲程序的公正为代价。在很多情况下,法官不按程序进行诉讼,把一些必要的程序忽视了。

三、我国传统的民事诉讼模式

我国过去长期实行职权主义民事诉讼模式,在法院与当事人的基本关系上坚持了法院的主导地位,反映出很强的职权干预色彩。主要体现在以下几个方面:

(1)各具体的诉讼程序的开始、进行和终结,法院具有主动性和决定性。如执行、保全程序的启动等,法院都可以依职权主动开始,并且明确规定执行开始的方式之一是以职权移送为主,当事人申请为辅;法院可以不受上诉人上诉请求范围的限制,对一审诉讼标的进行全面复审等。虽然当事人是平等的诉讼主体,但实际上他们在诉讼中的能动作用受到很大遏制,很多重要程序如保全程序、执行程序的启动与否仍可由法院决定,法院可以在当事人没有申请的情况下启动这些程序。

(2)在对待裁判争议的事实根据上,法院对民事争议的裁判可以依照当事人的陈述和提出的证据,也可以完全以自己独立收集的证据为依据对案件进行裁判。法院可以在当事人负举证责任的同时,依职权积极主动地收集证据,并将此作为认定案件事实的根据。尽管民事诉讼法强调"全面客观地审查核实证据",但同时又规定"法院认为审理案件需要的证据,法院应当调查收集",为法院独立收集证据留下了自由裁量权。法院在作出裁判时,往往对当事人依举证责任提供的证据不予考虑,而完全将自己独立收集来的证据作为裁判的根据,表现出明显的职权干预性。

(3)法官主宰整个庭审进程,当事人处在消极、被动的地位。在法庭审判中,法官控制、指挥诉讼,当事人彼此间的对抗作用受到很大的遏制。法官甚至可以打断当事人的辩论。

我国民事诉讼体制的基本特性是职权干预,即便经过多年的审判方式改革,"传统审判方式在职权干预的理念支配下作为一种实际运作规范仍然在继续发挥作用"。其成因是多方面的,包括传统的马锡五审判方式、苏联民事诉讼理论和体制、我国传统的经济体制和思想观念的影响等。这种诉讼模式在我国向市场经济转型的过程中已充分显露其弊端和与改革后形成的新的社会条件的不适应性。改革旧有的诉讼模式早已成为我国理论和实务部门的共识。自20世纪80年代后期开始,我国就开始了以弱化法院职权为基本特征的民事审判方式改革,时至今日,尽管已经大量吸收当事人主义的审判特点,注重当事人在诉讼中的作用,减少法官对诉讼活动的干预,但我国法院在选择什么样的诉讼模式这一基本问题上仍然没有一个确切定论。

四、协同主义诉讼模式

协同主义诉讼模式是指民事诉讼中法院(法官)运用职权发挥能动作用,与当事人实现充分地相互沟通与协作,从而使法官和当事人在事实发现、程序促进等方面共同推进民事诉讼程序的一种模式。简单地说,协同主义诉讼模式是针对传统当事人主义诉讼模式的不足,通过确保法官职权的运用与责任的强化,促进法官与当事人在诉讼中的互动的一种诉讼模式。协同主义诉讼模式的主要因素包括:(1)法官有阐明权(义务);(2)法官有为形成心证、发现真实所必要的一些权力,如德、日民事诉讼法中规定法官可以询问当事人、可以依职权勘验等权力;(3)法官有指出要适用的法律的义务;(4)当事人有真实陈述的义务;(5)当事人有诉讼促进义务等。可见,协同主义内容涉及诉讼的各个方面,最终会影响到民事诉讼模式的再构成。①

协同主义强化了法院发现案件事实的职权作用,在民事诉讼中关于对案件事实的探知,法官也负有从自己的侧面出发来发现真实的责任。诉讼中既不是绝对由法官一方来发现案件事实,也不是由当事人一方来支配诉讼,协同主义所强调的是两者相互协同的作用关系。因此,有学者认为作为裁判基础的事实,不再纯粹是由当事人决定,而是已发生从单纯依赖当事人的古典辩论主义向事实发现上的法官与当事人协同型辩论主义的转变。

事实上,奉行某种诉讼模式的国家,其理论与立法并不完全否定另一种诉讼模式所具有的长处。相反,近年来,英美法系国家诉讼中当事人滥用诉讼权利,缠讼或规避诉讼义务的现象已经引发了社会的许多抱怨,而大陆法系的执法者过于专断的现象也引起了广泛的批评。当事人主义诉讼模式与职权主义诉讼模式也在不断地相互影响,取长补短之中。德国在 1909 年的民事诉讼法修订中强化了职权进行主义,并使法院获得了作出一切在其看来有助于案件事实阐明的命令的权限,使得法官从消极、只关注是否遵守了诉讼规则的“观众”变成了辩论的积极参与者。在其后的民事诉讼法修订过程中规定了当事人的真实义务,并采用了讯问当事人制度,这样就大大增加了在诉讼中获得与真实的事实经过尽可能一致的案件事实的可能性。经过不断地完善,终于形成了今天《德国民事诉讼法》中完备的阐明权、真实义务、讨论义务、法官的调查取证等规定。同样,近几十年来,美国法上传统的当事人对抗制也发生了重大变化。审判者消极性的概念被逐渐抛弃,学者主张法官应当扮演更积极的角色,以发现案件真实和促进诉讼效率。其结果是,1983

① 参见肖建华:《构建协同主义的民事诉讼模式》,《政法论坛》2006 年第 5 期。

年美国联邦民事诉讼规则正式确认法官在审前准备程序中“管理诉讼”的角色，要求法官在诉讼早期阶段积极地介入诉讼以掌握对案件的控制，包括于准备程序中对当事人应完成的工作订出期限、促进调解或和解等。1993年美国联邦民事诉讼规则进一步确立了法官在证据开示和争点整理方面的权力。法官已经被定位为积极的诉讼管理者。

可见，两大法系不约而同地走向了协同主义，加强当事人和法院之间的协作，促进法官在事实发现方面的能动性。而协同主义主要是从当事人、法官相互之间的作用而言的，并不是要完全抛弃传统辩论主义，它主要是改变传统辩论主义之下法官的消极地位、克服其弊端而出现的，是在法官和当事人之间产生的一种崭新的诉讼结构。

拓展思考题

1. 诉的分类有哪些？这些分类有何意义？
2. 如何理解保障公民诉权的意义？
3. 结合你所了解的民事诉讼个案，你认为我国民事诉讼的基本目的是什么？
4. 结合民事诉讼法与民法的关系，你认为民事诉讼程序的价值有哪些？

第三章

民事诉讼法基本原则

【内容提要】

民事诉讼法的基本原则，是指在整个民事诉讼过程之中或在民事诉讼的重要阶段起指导作用的基础性准则。它体现民事诉讼法的精神实质，为法院和诉讼参与人的民事诉讼活动提出概括性的要求。本书认为，对基本原则的判断和划分应当遵循法定主义和法理主义综合的标准，民事诉讼法基本原则的确立既要考虑立法的限制，同时要兼顾民事诉讼法理论的要求。本书主要针对如下一些原则展开介绍：诉讼权利平等原则、同等和对等原则、法院调解原则、辩论原则、诚实信用原则、处分原则、检察监督原则、支持起诉原则。

第一节　民事诉讼法基本原则概述

一、民事诉讼法基本原则的概念

原则一般是指人们认识问题和解决问题的准绳，同时也可被看作是人们言谈和行事的法则和标准。原则的核心语义是根本规则，它体现了人类实践行为所应遵循的一般准则。在法学上，法律原则是指构成法律规则和法律学说基础和本源的综合性、稳定性原理或准则，是法律行为、法律程序和法律裁决的决定性规则。法律原则是法律的基础性原理或真理的具体体现，它与法律规则、法律概念一起，构成了法律规范的基本要素。作为部门法的民事诉讼法的基本原则，也称民事诉讼原则，是指在整个民事诉讼过程之中或在民事诉讼的重要阶段起指导作用的基础性准则。它体现民事诉讼法的精神实质，为法院和诉讼参与人的民事诉讼活动提出概括性的要求，因此对民事诉讼活动具有普遍的指导意义。

民事诉讼法的基本原则具有下列几个方面的特性：

(1)渊源上的稳定性。这是指民事诉讼法基本原则应当具有稳定的渊源,而不能是随意的和善变的。通常而言,法律基本原则的渊源主要有三个方面:一是立法上的明确设定,二是司法实践的公开总结,三是理论界公认的对法律理念的提炼和归纳。民事诉讼法基本原则也具有上述三种渊源,而非仅限于立法规定一个方面。

(2)效力上的统领性。这是指民事诉讼法基本原则在民事诉讼法的效力领域是完全的,对全部的民事诉讼规范具有指导作用,并且贯彻始终,或者至少对大部分重要的民事诉讼规范具有指导作用。凡是违反基本原则的民事诉讼规范必须予以修改或废除。

(3)内容上的根本性。民事诉讼法基本原则的内容体现了民事诉讼的根本目的、指导思想和基本价值实质,相对于具体程序制度而言具有层次上的根本性,一般都不能作为直接可以遵照实施的参照性准则。

(4)形式上的概括性。这是指民事诉讼法基本原则在形式上具有高度的概括性和抽象性,是对具体民事诉讼程序规则的共同精神的凝结,表面上即可区别于具体规则的可操作性。

二、民事诉讼法基本原则的判断基准

对民事诉讼法基本原则体系的理解,素来是我国民事诉讼法学理论界比较混乱的问题之一。[①] 但总体而言,在民事诉讼法基本原则的判断基准问题上,主要观点大致有三种:

(一)法定主义

这种观点主张,法律原则的确立应当以法律的明确规定为依据。民事诉讼法基本原则应当以相关的民事诉讼立法为出发点和归宿予以确定。对于法律没有规定的内容,不宜列为原则的范畴。法律神圣不可侵犯,既然原则有法可依,就应当严格依法,而不宜作宽泛理解,在法外增加基本原则。只有如此,才能发挥原则的作用,才能保障法律的统一实施,维护法律尊严。这种观点也是目前一些教材判断民事诉讼基本原则的通常观点,它们大都以宪法、民事诉讼法、人民法院组织法等立法为基本依据去介绍民事诉讼基本原则。

(二)法理主义

这种观点主张,对于法律原则的划分应当注重理论和实践的结合,而不应局限于法条的规定。另外,由于各部门法在法律体系中所处的层次不同,因此高层次法律的一些规定当然可以指导低层次的法律部门。比如,宪法的规定对所有法律部

① 针对我国民事诉讼基本原则体系的各种不同观点,可以参见江伟主编:《民事诉讼法学》,复旦大学出版社2002年版,第94—96页。

门都具有指导意义，但因此而在所有部门法中重复规定宪法的内容，则不仅使得法律条文浩繁，而且在一定程度上还会影响法律体系的和谐与内在分工。因此，对于民事诉讼法基本原则的确立应站在理论高度，结合法律调整的特殊对象进行研究、总结和概括。

（三）综合主义

即民事诉讼法基本原则的确立既要考虑立法的限制，又要兼顾民事诉讼法理论的要求。从理论上探讨民事诉讼法原则及其体系，虽然离不开现行立法的有关规定，但还要以上述规定的法律条文为基础，对民事诉讼法原则进行科学概括并确立符合我国实际情况的原则体系。确立我国民事诉讼法基本原则的体系，应通过两种不同的角度：一种是学习和运用法律的角度，必须以现行立法为依据，对于法律规定的民事诉讼法原则不能否定它们的地位；另一种是改进和完善法律的角度，不能禁锢于现行立法，一些严谨认真的理论探讨也是有积极意义的，得到人们共同认可的理论上的民事诉讼原则也可以用来指导实践。我们赞同这种综合主义的观点，并以此作为民事诉讼法基本原则的判断基准。因为在民事诉讼法内判定其基本原则的同时，也不能忽视民事诉讼原则从精神理念的层次去指导和完善民事诉讼立法的视角。在我国现阶段民事诉讼立法尚有待完善的情况下，也许后者显得更有意义。

三、民事诉讼法基本原则的分类

从目前出版的民事诉讼法学方面的教科书来看，多数学者对基本原则分类的认识大都是建立在民事诉讼立法的基础之上，一般会将民事诉讼法基本原则分为共有原则和特有原则两个方面。共有原则是指依据宪法和人民法院组织法等对民事诉讼法基本原则的分类，其大致包括：民事审判权由人民法院行使原则；人民法院依法对民事案件独立进行审判原则；以事实为依据，以法律为准绳原则；使用本民族语言文字进行诉讼原则；人民检察院对民事审判活动实行法律监督原则；民族自治地方可以制定变通或补充规定原则。特有原则是指根据民事诉讼自身的特点和规律，对民事诉讼法基本原则进行的分类，其大致包括：诉讼权利平等原则；同等与对等原则；法院调解原则；辩论原则；处分原则；支持起诉原则；人民调解原则；等等。当然，其中不同的学者也可能会有个别的不同调整。

另外，也有少数学者突破立法的局限，会从民事诉讼基本理论研究的角度对民事诉讼基本原则依各自见解作一些取舍。例如，有人认为应将公正原则和效益原则纳入基本原则的体系范畴。① 在此，我们采纳综合主义的判断标准，以民事诉讼

① 参见柴发邦主编：《中国民事诉讼法学》，中国人民公安大学出版社 1992 年版，第 77 页。

立法为基础,同时兼顾民事诉讼实践和理论的研究,对民事诉讼基本原则加以研究。但是,为避免重复和突出民事诉讼法的特性,其中一些共同原则在这里不再作具体的介绍。本书主要围绕下列几项原则展开阐述:(1)诉讼权利平等原则;(2)同等和对等原则;(3)法院调解原则;(4)辩论原则;(5)诚实信用原则;(6)处分原则;(7)检察监督原则;(8)支持起诉原则。

第二节 当事人诉讼权利平等原则

一、当事人诉讼权利平等原则的概念和内容

我国《民事诉讼法》第 8 条规定:"民事诉讼当事人有平等的诉讼权利。人民法院审理民事案件,应当保障和便利当事人行使诉讼权利,对当事人在适用法律上一律平等。"这是当事人诉讼权利平等原则的立法依据。可见,这一原则的含义,是指在民事诉讼中,当事人平等地享有和行使诉讼权利。

当事人诉讼权利平等原则,主要包括以下三方面的基本内容:

(1)当事人平等地享有诉讼权利。当事人平等地享有诉讼权利,是指当事人在民事诉讼中所进行的诉讼攻击与诉讼防御的平等性。任何一方不得享有比对方更优越或更多的诉讼权利,只有赋予双方当事人平等的权利与均等的诉讼机会,才能维持民事诉讼活动中当事人双方攻击与防御的平等进行。它主要体现在两个方面:一是双方当事人享有完全相同的诉讼权利,如委托代理、申请回避、提供证据、请求调解、进行辩论、提起上诉和申请执行等各种权利;二是双方当事人享有对等的诉讼权利,如原告有提起诉讼的权利,被告便有提出答辩和反诉的权利。可见,诉讼权利平等原则并不意味着当事人一定享有相同的诉讼权利。

(2)当事人在民事诉讼中的诉讼地位平等。当事人在民事诉讼中的诉讼地位是平等的,不因当事人的社会地位、经济状况、文化程度、民族等因素的不同而存在差别。当事人诉讼地位平等,不但是指双方平等地享有诉讼权利,同时也包括平等地承担诉讼义务,在诉讼过程中不容许任何一方只享有权利而不承担义务。双方当事人都要依法行使诉讼权利、遵守诉讼秩序与法庭规则、依法履行生效裁判确定的义务,双方承担的义务总体上应当保持平衡。可见,当事人诉讼地位的平等要以全面享有诉讼权利和承担诉讼义务的平等为载体,缺乏平等的义务承受,诉讼地位的平等也无法实现。

(3)保障和便利当事人平等地行使诉讼权利。首先,应当体现为立法保障。作为立法的指导原则,诉讼权利平等原则应当在民事诉讼法的相关制度和具体规范中得以全面的具体体现,为当事人实际平等地享有和行使诉讼权利提供法律依

据；其次，在司法实践中，人民法院应当为当事人平等地行使诉讼权利提供保障和便利。依法保障双方当事人平等地行使诉讼权利，并且为其行使诉讼权利创造和提供平等的机会和条件，是人民法院应当履行的职责，也是诉讼权利平等原则实现的重要保证。在立法保障的前提下，人民法院为当事人创造平等行使权利的司法环境，不偏袒和歧视任何一方，具有极其重要的意义。

二、当事人诉讼权利平等原则的具体适用

在民事诉讼上贯彻诉讼权利平等原则，应当明确这一原则在适用范围方面的几个问题：

(1)适用的主体。诉讼权利平等原则适用于在我国人民法院进行民事诉讼的所有当事人。在属性上，包括自然人、法人和其他组织；在国籍上，包括我国当事人，也包括在我国人民法院进行诉讼的外国当事人、无国籍当事人。当然，对外国人和无国籍人，还应当适用同等和对等的诉讼原则。

(2)适用的案件。凡是涉及民事权利义务争议的诉讼案件，无论是涉及财产关系的案件，还是涉及身份关系的案件，都应当适用该原则。民事诉讼中的非讼案件，由于其自身的非争议性、非对抗性等特殊性，一般不适用这一原则。

(3)适用的程序和法院。除特别程序、公示催告程序、督促程序等非诉讼程序外，其他诉讼程序还包括第一审程序、第二审程序和再审程序等，均适用该项原则；在适用的法院方面，该原则适用于审理民事案件的最高人民法院、地方各级人民法院和各专门人民法院。

第三节　同等原则与对等原则

一、同等原则

同等原则，是指一国公民、法人和组织，在他国进行民事诉讼，同他国公民、法人和其他组织同等享有该国法律规定的诉讼权利的原则。同等原则是基于国家间平等互利原则所确立的一项诉讼原则，任何外国人、外国企业和组织，在他国进行民事诉讼，都能获得同等的待遇，这在国际法上也称为“国民待遇”。我国《民事诉讼法》第 5 条第 1 款规定：“外国人、无国籍人、外国企业和组织在人民法院起诉、应诉，同中华人民共和国公民、法人和其他组织有同等的诉讼权利义务。”这一规定是我国民事诉讼上同等原则的立法依据。将同等原则作为基本原则加以规定，为外国人、外国企业和组织在我国进行民事诉讼，提供了可靠的保证，符合目前世界民事诉讼立法的总趋势。

同等原则的基本内容包括两个方面：

(1)外国人、无国籍人、外国企业和组织在人民法院参加民事诉讼活动,同中华人民共和国的公民、法人和其他组织,享有同等的诉讼权利,承担同等的诉讼义务。不因当事人是外国人、无国籍人、外国企业和组织,而限制其诉讼权利,或者扩大其诉讼义务,只要是民事诉讼当事人,均一视同仁,依法保障其充分行使诉讼权利。

(2)外国人、无国籍人、外国企业和组织,在我国进行民事诉讼,应当享有同我国一方当事人同等的诉讼地位,不得抬高或者降低其诉讼地位。只要他们在我国境内作为当事人参加民事诉讼,就应当适用我国的民事诉讼法,不能享有游离于我国立法之外的特权。

二、对等原则

对等原则,是指在一国司法机关对他国公民、法人和其他组织的诉讼权利加以限制的情况下,他国司法机关可以对限制国公民、法人和其他组织的诉讼权利同样加以限制的一项原则。对等原则是基于主权国家之间,由司法上的平等对待理论所确立的一项原则,是国际上所公认的诉讼原则。我国是独立的主权国家,处理与其他国家关系,包括司法上的关系,一向以平等互惠原则为基础。我国《民事诉讼法》第5条第2款规定:"外国法院对中华人民共和国公民、法人和其他组织的民事诉讼权利加以限制的,中华人民共和国人民法院对该国公民、企业和组织的民事诉讼权利,实行对等原则。"这是我国民事诉讼法中对等原则的立法依据。

在我国民事诉讼法上确立对等原则,对于维护我国的主权和司法独立,正确处理国与国之间的关系,发展不同国家间的经济交往和民间往来,保护我国公民、法人和其他组织在境外的合法权益,有着极为重要的意义。一国与他国的交往,应当以相互尊重、互惠互利为前提条件,如果一国司法机关在解决民事纠纷时限制他国主体的诉讼权利,本质上即是对他国主权的不尊重,因此,对等原则显得尤为必要。当然,我国绝对不会也不应首先对任何外国主体的诉讼权利加以限制,但若他国法院对我国的诉讼主体采取歧视政策限制其诉讼权利的,我国法院也应当依法对该国主体的诉讼权利进行同样的限制,这是对等原则精神的体现,也是对等原则的要求。

第四节　法院调解原则

一、法院调解原则的概念

法院调解,是指在人民法院审判人员的主持下,对双方当事人进行教育规劝,促使其就民事争议通过自愿协商达成协议,以解决纠纷的一种诉讼活动。我国《民事诉讼法》第9条规定:"人民法院审理民事案件,应当根据自愿和合法的原则进行调解;调解不成的,应当及时判决。"根据这一规定可见,法院调解在我国的民事诉讼中占据了极其重要的地位,是民事诉讼法上的一项基本原则。

二、法院调解原则的内容

法院调解原则的基本内容主要包括以下几个方面:

(1)人民法院在受理民事案件后,应当重视适用法院调解的方式。从制度属性方面来讲,法院调解作为一种民事诉讼活动,既是一种审理案件的方式,又是一种结案方式。作为审理方式,法院调解体现为审判人员通过对当事人做思想教育工作等多种合法途径,促使双方当事人互相谅解、消弭分歧以最终达成解决案件的合意。作为一种结案方式,法院调解的地位与法院判决是同等的。通过法院调解结案之后,在法律效力上产生与生效判决同样的法律后果。

(2)法院调解的适用范围极为广泛。第一,在案件范围方面,凡是具有民事权益争议性质且存在调解可能的案件,均可以适用法院调解。需要指出,对于离婚案件,法院必须先适用调解方式,以法院调解为离婚案件审判的前置程序。根据《最高人民法院关于人民法院民事调解工作若干问题的规定》,婚姻关系、身份关系确认案件以及其他依案件性质不能进行调解的民事案件,不适用法院调解。第二,在程序范围方面,进行一审程序(包括普通程序和简易程序)、二审程序以及再审程序的案件均可以适用法院调解,但是非诉讼程序和执行程序不能适用调解。第三,在时间范围方面,在整个民事审判过程中都可以适用法院调解。根据《最高人民法院关于人民法院民事调解工作若干问题的规定》,法院对一审、二审和再审民事案件,可以在答辩期满后裁判作出前进行调解,在征得当事人各方同意后法院也可以在答辩期满前进行调解。

(3)法院调解要在自愿和合法的基础上进行。不能因为强调调解而违背自愿和合法的理念,调解不成的情况下应当及时判决。坚持自愿与合法进行调解的原则,必须反对一种典型的倾向,即滥用调解,在实践中久调不决。所谓自愿,是指人民法院以调解方式解决纠纷时,必须在当事人自愿的基础上进行,包括调解活动的进行和调解协议的达成,都必须以当事人自愿为前提。所谓合法,是指法院调解的程序应当遵循民事诉讼法的相关规定,调解协议的内容也需要遵循民事实体法的规定,不得损害国家利益、社会公共利益以及他人的合法权益。

第五节 辩论原则

一、辩论原则的概念

民事诉讼中的辩论,是指双方当事人在人民法院的主持下,有权就案件的事实和争议的问题,各自陈述自己的主张和根据,互相进行辩驳和论证,以争取对自己有利的诉讼结果,维护自己的合法权益;同时,人民法院则通过辩论查明案件事实。辩论原则贯穿于整个民事诉讼过程之中,双方当事人都可行使自己的辩论权,通过辩论,证明事实,维护自己的主张;人民法院通过当事人的辩论,核实证据,查明案件事实,作出正确裁判。我国《民事诉讼法》第12条规定:"人民法院审理民事案件时,当事人有权进行辩论。"这一立法,明确了在我国的民事诉讼中确立了辩论原则。

辩论原则,在西方最早产生于古罗马时期的诉讼制度,它要求法院在审理案件时容许双方当事人相互辩论、据理力争,法官则依据辩论情况作出裁判。这一原则后来在中世纪的教会法庭并没有得到良好的实施,直至18世纪后半期,才在法国大革命胜利的大背景下重新得以稳固确立起来。①

二、辩论原则的内容

我国民事诉讼法上的辩论原则,主要应当包括以下几方面的内容:

(1)辩论权是当事人的一项重要诉讼权利。当事人,包括民事诉讼第三人,对诉讼请求有陈述事实和理由的权利,也有对对方当事人的陈述和诉讼请求进行反驳和答辩的权利。当事人借此维护自己的合法权益。需要指出,人民法院并不是辩论权的主体。

(2)辩论原则贯穿于民事诉讼的全过程,包括一审、二审和再审程序。可见,辩论原则所指的"辩论"并非仅指审判程序中法庭辩论阶段的"辩论"。法庭辩论,是指当事人在法庭审理过程中进行的口头辩论,是一个特定的诉讼阶段,可以认为它就是辩论原则在民事诉讼中的一种体现,并且是一个非常重要的体现。但是,辩论原则所指的辩论除去法庭辩论之外,还包括法庭审理程序以外的程序中当事人进行的辩论以及双方的对立状态。例如,在民事诉讼的开启阶段,原告的起诉和被告针对原告的答辩也是辩论原则的一种明确的体现。

(3)辩论的方式可以是口头方式,也可以是书面方式。口头辩论也称为言词辩论,主要体现在法庭审理阶段,是较为集中和全面的辩论,如前所述也是辩论原则最重要的一种体现。书面方式的辩论,如起诉状和答辩状的请求和辩驳。

(4)辩论的内容既可以是实体方面的问题,也可以是程序方面的问题。当然,并非民事诉讼中的所有问题都属于辩论的内容。其一,凡与案件的事实和适用法律无关的问题便不是辩论的内容;其二,虽然与案件的事实和适用法律有关,但双方当事人并不存在争议的问题也不属于辩论的内容。辩论的内容主要是双方争议的实体问题,即民事权利义务关系本身,如一方当事人提出的民事法律关系发生的

① 参见柴发邦主编:《中国民事诉讼法学》,中国人民公安大学出版社1992年版,第83—84页。

事实主张能否成立、基于某一事实主张的民事权利请求有无法律上的根据、法律关系现存状况以及现已发生的实际后果等。辩论的内容也可以是双方争议的程序问题,如当事人是否符合条件、受理案件的人民法院有无管辖权、案件是否属于法院受理民事案件的范围、代理人是否具有或者获得代理权等。

(5)人民法院应当充分保障当事人的辩论权。一方面,人民法院要引导当事人双方合理地行使辩论权,使当事人的辩论能够真正发挥作用;另一方面,人民法院应当保证当事人享有充分行使辩论权的机会,让当事人能够充分发表自己的主张和意见。这种保障,既包括对当事人提供实质辩论意见的保障,也包括对双方辩论在形式上和程序上的保障。在我国民事诉讼中主要体现在三个方面:第一,接受诉讼文书和证据,听取当事人的陈述、辩论和质证;第二,正确指挥辩论;第三,正确判断当事人提出的请求和反驳。

第六节　诚实信用原则

一、诚实信用原则的概念

诚实信用原则,可以说是法律领域的一项道德原则。它最早是一项民法上的基本原则,被认为具有"帝王条款"的地位。诚实信用原则起源于罗马法中的诚信契约和诚信诉讼,我国《民法通则》第 4 条也对这一原则作了明确规定。诚实信用的立法目的,在于排除一切非道德的、不正当的行为,维护商品经济和市民社会生活的正常秩序和安全。它同样也是民事诉讼法上的一项基本原则,民事诉讼中的诚实信用原则,是指法院、诉讼双方以及其他诉讼参与人在整个民事诉讼过程中的行为必须诚实、公正和善意。世界上许多国家的立法都贯彻了这一原则。例如,德国在民事诉讼法上规定了当事人的真实义务,为诚实信用适用于民事诉讼领域奠定了基础。[①] 再如,美国证据法上的非法证据排除规则,存在一个"善意例外",即强调如果警察是善意地而非故意地违法取得证据,不应当适用非法证据排除规则。这里所谓"善意",是指"善意地相信其行为符合现行法律,且这种相信是有合理根据的"[②]。我国 2012 年《民事诉讼法》新增加了诚实信用原则,第 13 条第 1 款规定:"民事诉讼应当遵循诚实信用原则。"

在民事诉讼法上,法官在裁量某些诉讼行为是否因违法而无效或应受到惩处

① 参见[日]谷口安平:《程序的正义与诉讼》,王亚新、刘荣军译,中国政法大学出版社 1996 年版,第 138 页。

② 陈卫东:《论刑事证据法的基本原则》,《中外法学》2004 年第 4 期。

时，不仅要考虑该行为的客观效果，还应根据行为人的主观心态或行为时的道德状态定夺。民事诉讼制度中的诚信原则也包含行为和后果两个方面的内容：第一，它要求当事人等诉讼参与人正直、诚实地实施民事诉讼行为，不欺骗或损害其他人的利益，也不能以极端或过分的方式行使诉讼中的程序权利或实体权利；第二，当民事诉讼主体确信其行为符合法律，且从他产生这一确信的过程看，他是诚实和无过错的，诉讼主体基于这一确信作出了相应的诉讼行为，则法官可赋予其程序性利益。具体而言，例如在民事诉讼过程中，法官运用证据认定案件事实，双方当事人提出请求和主张并运用证据加以证明的行为，以及证人、鉴定人的证明活动，都应本着诚实、正直的观念进行，并应当接受法官的审查和监督。诚实信用原则的核心内容是强调法官根据公平、正义价值观，在综合权衡当事人、国家和社会多方利益的基础上，对诉讼中的实体问题和程序问题作出裁决。这一原则赋予法官一种合理裁断诉讼双方争议的权力，可以以价值权衡的方式对法律缺陷进行补充，以利益平衡的方式对法律模糊和矛盾进行调适，同样也倡导和指引诉讼双方在诉讼活动中合理行使权利、互相尊重对方的利益。

二、诚实信用原则的意义

在倡导文明司法的现代民事诉讼活动中，强调诚实信用原则具有突出的理论和实践意义。

（1）诚实信用原则有助于体现民事诉讼活动中以人为本的价值理念。诚信原则凸显了民事诉讼制度中人的主体地位，以及对个体人格的尊重。在民事诉讼中，原、被告双方应当运用合理的、必要的证据进行诚信对抗。

（2）诚实信用原则有利于在民事诉讼活动中落实现代法治精神。民事诉讼需要游戏规则，也需要讲究公平诚信。如果缺乏诚信原则的制约，诉讼活动将会沦为只讲求诉讼技巧的游戏，而丧失了追求正义的本质，成为纯粹技术意义上的证据攻防大战。

（3）诚实信用原则可以有效克服民事诉讼制度中成文法条款的局限性。由于立法者不可能事先预见到所有的情况并据以制定出天衣无缝的立法，这种技术性的缺陷导致成文法不能尽善尽美地实现其立法目的，于是民事诉讼立法便存在着先天的局限性。而诚实信用原则作为基础性条款，可以为民事诉讼立法注入适当的弹性，从而使法官能够针对不同情况对法律作出合乎情理的适用，无疑可以在一定程度上克服成文法的局限性。

三、诚实信用原则的适用

在民事诉讼制度中，诚实信用原则的适用体现为对法官、双方当事人以及其他诉讼参与人提出的诚信参加诉讼活动的要求。

（一）诚实信用原则对当事人的要求

(1)禁止当事人的反悔和矛盾行为。这种禁止重在保障对方当事人的利益，在一方当事人已有陈述和其他诉讼行为的前提下，另一方当事人基于充分的信任而为的行为应当受到法律的保护，不允许一方当事人事后反悔或者采取矛盾的行为来损害对方当事人的正当利益。矛盾或反悔行为应当被认定为无效。

(2)禁止以不正当的方法或手段获取有利于自己的诉讼状态。它是指一方当事人为了私利，采取违反法律或公共秩序、善良风俗的诉讼行为，而形成了损害对方当事人的诉讼状态，包括毁损、隐匿相关证据以及回避不利于己方的立法条文等情形，根据诚实信用原则该状态应视为没有发生。对方当事人有权对此提出异议，法院也可自行直接否定当事人已实施的相关行为，或者对其施以相应的措施。例如我国民事诉讼法对证据保全的相关规定即为此义。

(3)禁止当事人滥用诉讼权利进行恶意诉讼的行为。诉讼权利的滥用，是指当事人违背诉讼权利的设置目的，借行使诉讼权利的形式，来达到非法目的的行为。权利滥用行为的实质是对对方当事人利益或社会公共利益、国家利益的损害。我国《民事诉讼法》设立了恶意诉讼规制制度，第112条规定："当事人之间恶意串通，企图通过诉讼、调解等方式侵害他人合法权益的，人民法院应当驳回其请求，并根据情节轻重予以罚款、拘留；构成犯罪的，依法追究刑事责任。"

(4)禁止当事人故意拖延诉讼的行为。例如，滥用反诉权、回避申请权、提出管辖异议权等各种行为故意拖延时间，以求有利于自己的诉讼时机。再如，当事人无正当理由不遵守诉讼程序的期限。法院应当否定当事人故意拖延诉讼的行为，并对行为人施加相应的制裁。① 我国《民事诉讼法》关于举证期限的规定即为此义，第65条规定："当事人对自己提出的主张应当及时提供证据。人民法院根据当事人的主张和案件审理情况，确定当事人应当提供的证据及其期限。当事人在该期限内提供证据确有困难的，可以向人民法院申请延长期限，人民法院根据当事人的申请适当延长。当事人逾期提供证据的，人民法院应当责令其说明理由；拒不说明理由或者理由不成立的，人民法院根据不同情形可以不予采纳该证据，或者采纳该证据但予以训诫、罚款。"

(5)禁止虚假陈述影响法院正确判断的行为。这是民事诉讼中诚信原则最初的表现形态，是对辩论原则的补充，也是对当事人"真实义务"的要求。虚假陈述是指当事人在诉讼中违背真实义务，对案件事实所作的虚假陈述行为，目的在于为

---

① 如德国《民事诉讼法》第39条规定："如当事人违背真实义务，致使诉讼程序延滞的，应负担因延滞而产生的费用。"

法院的正确裁判设置障碍，从而对案件的公正审理施加消极影响。当事人的虚假陈述，对法院不会产生相应的拘束力，甚至严重者还会招致一定的不利后果。

（二）诚实信用原则对其他诉讼参与人的要求

诚实信用原则要求其他诉讼参与人不得滥用自己的诉讼权利。譬如，证人应当提供真实的证言，不得虚假作证；委托代理人应当在委托权限范围内行使权利，且务必以维护被代理的当事人的利益为己任；鉴定人应当站在客观公正的角度，从事实依据和专业能力出发进行鉴定，不得有失公允；翻译人员应当客观进行翻译，不得故意曲解和篡改当事人的观点。

（三）诚实信用原则对法官的要求

（1）禁止法官滥用自由裁量权。法官的自由裁量权，是指在民事审判中，法官根据公平、正义的要求依法酌情作出裁量的权力。由于法律本身固有的弹性和滞后性等，为将立法妥当、有效地付诸实践，便有必要赋予法官一定的自由裁量权。但是，这种裁量的自由并非绝对，也应当遵循诚实信用原则，应根据具体情况本着诚实、善意的良心进行裁量，否则如果滥用，即可成为当事人上诉的理由。

（2）要求法官尊重诉讼当事人的程序主体地位，保障当事人同等的诉讼权利，为当事人创造平等的诉讼条件。法官应当在民事诉讼中诚信对待双方当事人，为双方提供平等的陈述、辩论的机会。在证据的评价方面，法官也应当一视同仁，只要是合法适当的证据都应当加以认定。针对证明责任，应当在双方之间依法进行分配，在法律没有规定时也要作出合理的分配。另外，法官应当充分尊重当事人的主体地位，不能过分介入当事人之间的纠纷，不应过于主动积极地去直接自行调查取证，避免形成某种偏见或者造成不当的干涉。

第七节 处分原则

一、处分原则的概念

处分原则，是指民事诉讼当事人在法律规定的范围内，有权依照自己的意志支配其民事权利和诉讼权利，即可以自行决定是否行使或者如何行使自己的民事权利和诉讼权利。处分原则的实质是当事人自由意志的体现，是私权自治精神在民事诉讼领域的应用。在我国三大诉讼法体系中，处分原则是民事诉讼法的特有原则，在刑事诉讼和行政诉讼中当事人都不能享有处分权。因此可以说，处分原则是最能反映民事诉讼制度特性的一项原则。我国《民事诉讼法》第 13 条第 2 款规定：“当事人有权在法律规定的范围内处分自己的民事权利和诉讼权利。”

在民事法律关系中，民事主体的地位是平等的，各主体有权按照自己的意志支配自己的民事权利。相对应地，在因民事法律关系发生争议而进行民事诉讼的过程之中，诉讼当事人也同样应当享有依法处置自己权利的自由，这是实体法领域民事主体意思自治原则在纠纷解决阶段乃至国家公权主持的民事诉讼活动中的必然要求和延伸。处分原则一方面体现了当事人在纠纷发生后对解决方式的自由选择，另一方面如果当事人选择民事诉讼方式解决纠纷的话，也体现了当事人在民事诉讼中一定程度的意思自治。① 可以认为，这便是处分原则的理论渊源。

在现代世界各国，几乎都是在民事诉讼制度中采用了处分原则，但在基本模式上存在两种不同的选择。一种是绝对的处分原则，即在民事诉讼中当事人可以任意处分自己的实体权利和诉讼权利，较少受到国家权力的干预；另一种是相对的处分原则，即在承认当事人处分权的同时国家立法也给予一定范围、一定程度的限制。就当前大多数国家和地区而言，绝对的处分原则已不多见，它主要是在历史上曾经适用的一种形态，处分原则一般都是相对的。我国的民事诉讼法也不例外。

二、处分原则的内容

在我国民事诉讼中，处分原则的主要内容有：

（一）处分权主体

享有处分权的主体是当事人。当事人是与案件有法律上直接利害关系的人，诉讼的过程及结果直接关系到当事人的程序利益和实体利益，只有当事人才是处分权的享有者。学术界有一种观点认为，类似当事人地位的诉讼代理人也享有处分权，其中法定代理人可以完全代理当事人处分民事权利和诉讼权利，委托代理人只能在当事人特别授权的范围内行使处分权。② 我们认为，诉讼代理人代理当事人处分民事权利和诉讼权利的行为是基于其代理权，是当事人处分权的一种自然延伸，并非诉讼代理人本身也享有处分权。

（二）处分原则的适用阶段

处分原则贯穿于民事诉讼程序的全过程。在民事诉讼的各个阶段，当事人都有权处分其权利。在诉讼开始前、诉讼过程中（第一审程序和第二审程序过程中以及二者的过渡阶段）甚至是法院所作裁判生效之后，处分原则都可以有所体现。

（三）处分权的范围

当事人处分权行使的范围包括对民事实体权利和程序权利的处分。

对民事实体权利的处分，主要体现在三个方面：

---

① 参见常怡主编：《比较民事诉讼法》，中国政法大学出版社2002年版，第296页。
② 参见常怡主编：《民事诉讼法学》（修订版），中国政法大学出版社2005年版，第121—122页。

(1)当事人在实体保护的范围和方法等方面享有选择权。这种选择由当事人自由作出,法院不得随意扩大和缩小当事人确定的保护范围,也不得随意改变当事人选择的保护方法。如在财产侵权诉讼过程中,作为被侵权人的一方当事人可以选择侵权损害赔偿的方式,也可以选择请求恢复原状的方式,还可以对损害保护范围有所选择,法院不得干涉,除非是违法的或者无法实现的选择等情况。

(2)在民事诉讼过程中,原告可以变更诉讼请求,被告可以承认原告诉讼请求。其中包括:原告的变更包括扩大或缩小请求范围,以及全部或部分撤回诉讼请求;被告对原告承认的可以是部分也可是全部的诉讼请求。

(3)在民事诉讼过程中,双方当事人可以对各自的请求或主张予以妥协,以求达成诉讼和解、调解协议或者执行和解等一致的意思表示。

对民事程序权利的处分,主要体现在四个方面:

(1)诉讼开启的选择权。当民事争议发生后,是否选择民事诉讼的方式解决争议,完全由当事人自行决定。一般而言,当纠纷发生后争议主体主要可以选择以下几种方式予以解决:①纠纷双方通过协商解决;②由中立第三方介入进行调解;③达成仲裁协议并申请仲裁方式解决;④向法院提起民事诉讼,通过国家设立的司法程序加以解决。可见,民事诉讼只是其中一种方式。另外,当事人决定采用诉讼方式之后,在什么时间起诉以及向哪一所法院起诉,在法定范围之内也可以自由选择。被告还有对原告提起反诉的选择权。

(2)诉讼策略的选择权。在诉讼进行过程中,采用何种诉讼策略、手段,如在诉讼中如何举证、如何辩论等具体策略都由当事人或者其诉讼代理人自由选择。

(3)诉讼终结的选择权。它是指在诉讼过程中,当事人可以选择以何种方式以及什么时间终结诉讼。当事人可以在自己认为适当的时间选择撤诉或选择调解方式结案,也可以请求法院以判决的方式结束民事诉讼。

(4)后续程序的选择权。它是指在诉讼程序终结后,是否进行提起上诉、申请再审、申请强制执行等后续程序,都由当事人自行决定。

(四)处分权的方式

当事人行使处分权,表现为积极处分和消极处分两种方式。原告提起诉讼、变更诉讼请求、撤诉,以及被告提起反诉等,都是行使处分权的积极形态。原告不起诉、当事人在一审判决后不提起上诉、执行时效期内不申请强制执行等,都是对自己权利的消极处分。

(五)处分权的相对性

当事人处分权的行使是相对的,并非是绝对的。我国民事诉讼法规定的处分原则,并不是当事人绝对的自由处分,它还要求当事人行使处分权时不得违背法律的规定,不得损害国家、社会、集体和他人的合法权益。民事诉讼法在确立处分原则的同时,还确立了国家干预原则,具体表现为人民法院对当事人实施处分权的行为进行监督,依法进行审查。例如,在当事人申请撤诉时,应经人民法院审查同意;当事人达成的调解协议,应经人民法院审查认可,方为有效。当然,国家干预的力度,随着当事人具体处分权的不同也会有所不同。

第八节 检察监督原则

一、检察监督原则的概念

民事诉讼法上的检察监督原则,是指人民检察院有权以特定方式对人民法院的民事诉讼活动实施法律监督。《宪法》第 129 条规定:"中华人民共和国人民检察院是国家的法律监督机关。"《民事诉讼法》第 14 条规定:"人民检察院有权对民事诉讼实行法律监督。"人民检察院对民事诉讼活动实行法律监督,对于保障人民法院审判权的正确行使,保证民事诉讼活动的合法性,维护社会主义法制的统一具有重要意义。

二、检察监督原则的内容

(一)检察监督的范围

在监督范围方面,2012 年新《民事诉讼法》将检察监督的范围从民事审判活动扩展至整个民事诉讼活动,即检察机关有权对整个民事诉讼过程实施法律监督。需要指出的是,这里也包括对民事执行过程的法律监督。《民事诉讼法》第 235 条专门规定:"人民检察院有权对民事执行活动实行法律监督。"在民事执行中,检察机关有权对法院的执行措施、民事执行的移送、法院作出的不予执行裁定以及执行中止与执行终结的裁定等进行法律监督。

(二)检察监督的方式

作为检察监督的传统领域,检察机关可以对审判人员的违法行为进行法律监督。如果检察机关发现审判人员在民事诉讼过程中有贪污受贿、徇私舞弊、枉法裁判等犯罪行为的,应当根据刑事诉讼法的相关规定立案侦查、提起公诉。可以认为这是检察机关通过刑事途径进行检察监督的一种方式。除此之外,在民事诉讼程序的领域内,检察监督的基本方式主要包括以下两种。

1. 抗诉

民事诉讼中的抗诉,是指检察机关依据法律监督职权,对人民法院作出的错误的生效民事判决、裁定提出重新审理请求的一种诉讼行为。根据《民事诉讼法》第 208 条第 2 款之规定,地方各级人民检察院对同级人民法院已经发生法律效力的判决、裁定,发现有需要再审的法定情形之一的,或者发现调解书损害国家利益、社会公共利益的,可以向同级人民法院提出检察建议,并报上级人民检察院备案;也可以提请上级人民检察院向同级人民法院提出抗诉。这是关于检察机关进行民事抗诉的基本规定。

2. 检察建议

民事诉讼中的检察建议,是指在民事诉讼过程中,检察机关发现法院的生效裁判与调解书存在错误或者发现审判人员存在违法行为的,以书面形式向相关法院提出的有关纠正和解决问题的一种建议。检察建议是根据近年来一些地方检察机关的试点探索,在 2012 年《民事诉讼法》修改时新增加的一种检察监督方式。根据前述《民事诉讼法》第 208 条第 2 款的相关规定,地方各级检察机关对同级法院作出的错误生效裁判或调解书,可以向同级法院提出检察建议,并报上级检察机关备案。另外,《民事诉讼法》第 208 条第 3 款也规定:“各级人民检察院对审判监督程序以外的其他审判程序中审判人员的违法行为,有权向同级人民法院提出检察建议。”这些都是对检察建议的基本法律规定。

为了保障检察监督原则在民事诉讼中的切实贯彻,2012 年修改的《民事诉讼法》还在监督手段方面进行了强化。《民事诉讼法》第 210 条规定:“人民检察院因履行法律监督职责提出检察建议或者抗诉的需要,可以向当事人或者案外人调查核实有关情况。”此项规定为检察机关设定了调查核实权,以便于其更好地完成民事诉讼法赋予的法律监督职权。

第九节　支持起诉原则

一、支持起诉原则概述

支持起诉原则,是指对于损害国家、集体或个人民事权益的行为,受害者由于各种原因而没有起诉的,机关、社会团体、企事业单位可以支持受损害的单位或个人向人民法院起诉,请求进行司法救济。这一原则来源于苏联的民事诉讼制度,建立在社会主义民事法律关系是公法关系而非私法关系的理论基础之上,凸显出浓厚的国家干预民事诉讼的色彩。自引入我国民事诉讼法以来,支持起诉原则一直沿用至今。虽然目前我国民事法律的基础理论有了实质性的转变,但这一原则仍然有其一定的存在价值,一来有利于保护那些不能通过自己的力量维护自身合法权益的单位和个人,同各种侵犯民事权益的违法行为作斗争;二来有利于通过各种国家和社会力量去维护国家法制的统一实施。因此,支持起诉原则在我国现行的民事诉讼法中也得到了确立。该法第 15 条规定:“机关、社会团体、企业事业单位对损害国家、集体或者个人民事权益的行为,可以支持受损害的单位或者个人向人民法院起诉。”

虽然支持起诉原则在立法上有明确规定,但在我国司法实践中支持起诉的案例并不多见,这一原则较少得到实际运用。主要问题在于,民事诉讼法对此原则缺乏具体的可操作性规定,如在支持起诉的范围、支持人的权限、介入程度等许多方面还有待细化,这种无章可循的状况使得许多单位和组织都缺乏相应的积极性。因此可以说,支持起诉原则无论是在理论界还是实务界,都还需要更进一步的探索和发展。

二、支持起诉原则的条件和适用

支持起诉应当具备一定的条件。首先,加害人的行为必须是违反了相关的民事法律或者合同约定,侵犯了国家、集体或者个人的民事权益;其次,有权支持起诉的主体,只限于相关的机关、团体和企事业单位,公民个人不能作为支持起诉的主体,这也符合支持起诉原则强者支持弱者的精神;最后,必须是受害人没有起诉,如果受害人已经起诉,因其合法权益已置于人民法院的司法保护之下,其他单位支持起诉也就失去了意义。

在司法实践中,对支持起诉原则的适用应当搞清楚三个方面的问题。

(1)支持起诉的机关、社会团体、企事业单位因与本案没有直接的利害关系,并不能以自己的名义,即以原告的身份向法院提起诉讼。这些主体在法定情况下支持起诉是他们的权利,从某种角度讲也应当是他们的义务,当然由于其他原因这种义务也许并未得到法律的确立。一般而言,有权支持起诉的主体,是对受损害人负有保护责任的机关、团体、企事业单位,例如妇联可以支持受害妇女起诉,消协可以支持消费者起诉,等等。

(2)支持起诉的方式,一般是启发、鼓励受害人向法院起诉,而不是代替起诉。支持起诉的本意是调动社会力量,对受害人由于种种原因不懂起诉、不愿意起诉、不敢起诉的,相关主体支持这些单位或者个人向法院提起民事诉讼,而不是支持主体成为一方当事人的代理人。同时,当受害人决定起诉后,支持起诉人还可以从物质上、法律上、道义上给予帮助,甚至可以选派有法律知识的人充当受害人的诉讼代理人。但是,支持起诉的主体与诉讼代理人还是存在原则区别的。

(3)支持起诉原则同苏联、东欧国家的民事诉讼法所确立的国家干预原则是有本质不同的。后者不仅是指某些单位可以支持受害人起诉,而且还规定某些单位和个人为保护他人的合法利益,可以以自己的名义直接向法院提起诉讼。这种国家干预的理论是同我国现行民事诉讼上的当事人理论背道而驰的。

拓展思考题

1. 结合我国司法实践的现状,你认为如何切实保障法院调解的自愿原则?
2. 如何理解辩论原则的适用范围与适用价值?
3. 诚实信用原则对我国现行民事司法实践的意义有哪些?
4. 试讨论民法上的意思自治原则对民事诉讼法处分原则的影响?

制　度　篇

第四章 民事审判的基本制度

【内容提要】

民事审判的基本制度，是指人民法院审判民事案件所必须遵循的基本操作规程，是一系列同类法律规范的总和，涉及民事审判中的一些基本问题。本书所要介绍的基本制度主要包括合议制度、回避制度、公开审判制度和两审终审制度。合议制度，是指由三名以上的审判人员组成审判集体，代表人民法院行使审判权，对案件进行审理并作出裁判的制度，是司法民主原则的重要体现，它发挥出了民主集中制的积极功能。陪审制度和审判委员会制度也可以认为是这项制度的分支。回避制度，是指在民事诉讼中，审判人员以及其他可能影响案件公正审理的有关人员，一定情况下应当退出某一案件的诉讼程序的一项制度。公开审判制度，是指人民法院的审判活动，除合议庭评议程序以外，依法向社会公开的制度。两审终审制度，是指一个民事案件，经过两个审级的法院运用一审和二审程序进行审判，即宣告审判终结的制度。这些制度在我国民事诉讼中的实施在某些方面还有待改革和完善。

第一节 民事审判基本制度概述

民事审判的基本制度，是指人民法院审判民事案件所必须遵循的基本操作规程，是一系列同类法律规范的总和，涉及民事审判中的一些基本问题。

民事审判的基本制度不同于民事诉讼的基本原则。第一，基本原则具有很强的抽象性和概括性；而基本制度却是一整套系统的规范体系，有具体的内容和要求。第二，基本原则具有灵活性，伸缩余地较大，其运用的程度往往不易把握和评价，在实践中难以直接操作；而基本制度则属于硬性规定，比较容易把握、操作和评价。第三,基本原则对整个民事诉讼活动具有宏观指导性,人民法院和所有诉讼参与人均应遵守;而基本制度则主要是规范人民法院的审判活动。

民事审判的基本制度也不同于民事诉讼中的一般制度,如管辖制度、证据制度、当事人制度等,后者的内容和适用对象更为广泛,比较普遍地适用于整个民事诉讼之中。民事审判基本制度还不同于民事审判中的一些一般的微观制度,如诉讼费用制度、期间送达制度等,后者在具体内容上又更加单一一些,涉及的问题也更为琐碎一些。此处所讲的民事审判基本制度主要包括合议制度、回避制度、公开审判制度和两审终审制度等。

第二节　合议制度

一、合议制度的概念

合议制度,简称合议制,是指由三名以上的审判人员组成审判集体,代表人民法院行使审判权,对案件进行审理并作出裁判的制度。合议制度的组织形式为合议庭。合议制度是相对于独任制度而言的。独任制度是指由一名审判员独立地对案件进行审理和裁判的制度,其组织形式为独任庭。合议庭和独任庭是我国人民法院审理民事案件的两种基本组织形式。根据我国相关法律的规定,大多数民事案件的审判都是适用合议制,独任制仅在基层人民法院及其派出法庭审理案件时适用。具体而言,适用独任制的案件范围主要包括:(1)适用一审简易程序的案件;(2)适用特别程序的案件,但选民资格案件或重大、疑难特别程序案件适用合议制;(3)适用督促程序的案件;(4)在适用公示催告程序的案件中,公示催告阶段可以适用独任制,但判决宣告票据无效时应当适用合议制。可见,我国的民事诉讼适用合议制是原则,适用独任制是例外。

合议制是司法民主原则的重要体现,它发挥出了民主集中制的积极功能:首先,合议制能够起到集思广益的效果,有利于作出公正合理的裁判;其次,合议制可以起到抑制司法专横、防止司法腐败的功能;最后,它通过与陪审制度的结合,有利于吸收公民广泛参与司法决策,为诉讼的民主化创造了条件。①

二、合议制度的基本内容

(一)合议庭的组成

1. 第一审合议庭

《民事诉讼法》第39条第1款规定:“人民法院审理第一审民事案件,由审判

① 参见左卫民等:《合议制度研究——兼论合议庭独立审判》,法律出版社2001年版,第59页。

员、陪审员共同组成合议庭或者由审判员组成合议庭。合议庭的成员人数，必须是单数。”合议庭人数是3人以上的单数，但对于上限法律并没有作出限制性规定，而由人民法院根据案件审理的需要进行确定。合议庭可以全部由审判员组成，也可以由审判员和人民陪审员共同组成，至于采取哪种形式也是取决于案件的需要。其中，至少要由一名审判员参加，因为合议庭的审判长必须是审判员；另外，合议庭中人民陪审员所占人数比例应当不少于三分之一。①

2. 第二审合议庭

《民事诉讼法》第40条第1款规定：“人民法院审理第二审民事案件，由审判员组成合议庭。合议庭的成员人数，必须是单数。”在第二审期间，除审理当事人的争议之外，合议庭还担负着监督下级人民法院审判活动的职能，同时二审案件对审判水平的专业化要求更高。因此，在第二审的合议庭当中，全部由审判员组成，而不吸收人民陪审员参加。

3. 再审和二审发回重审合议庭

再审是人民法院依照再审程序对已经发生法律效力的案件再次进行审理的活动。再审合议庭的组成，取决于原审程序。《民事诉讼法》第40条第3款规定：“审理再审案件，原来是第一审的，按照第一审程序另行组成合议庭；原来是第二审的或者是上级人民法院提审的，按照第二审程序另行组成合议庭。”其中的“另行组成合议庭”，是指原审参加合议庭的审判人员一律不得参加再审合议庭，而不能只更换其中的部分审判人员。

二审发回重审是原一审人民法院对二审法院依法发回的上诉案件进行重新审理的活动。《民事诉讼法》第40条第2款规定：“发回重审的案件，原审人民法院应当按照第一审程序另行组成合议庭。”但需要指出的是，二审发回重审的案件，在一审法院作出裁判后，当事人又通过上诉进入二审程序的，原二审程序中合议庭组成人员可以参加新的二审程序。

在重审的合议庭之中，由于适用的是一审程序，因此可以由人民陪审员参加合议庭。在再审程序中，如果适用一审程序再审，那么也可以由人民陪审员参加合议庭；如果适用二审程序进行再审，则人民陪审员不得参加合议庭。

（二）合议庭的组织和活动规则

合议庭是一个审判集体，代表人民法院行使审判权，合议庭按照民主集中制原

① 对于这一比例，《民事诉讼法》未作规定。针对陪审制度改革的问题，全国人民代表大会常务委员会专门通过了《全国人民代表大会常务委员会关于完善人民陪审员制度的决定》，于2005年5月1日起施行，其中第3条对这一比例进行了规定。

则进行活动。

合议庭设审判长一名，主持合议庭的日常审判工作。审判长的产生途径主要有三种：(1)由院长或庭长在审判员中临时指定一人担任；(2)院长或庭长参加合议庭时，自动担任审判长；(3)根据《人民法院审判长选任办法(试行)》选拔上岗，这种审判长岗位相对比较固定。[①]

根据《人民法院审判长选任办法(试行)》的规定，审判长特有的主要职责有：(1)担任案件承办人，或指定合议庭其他成员担任案件承办人；(2)组织合议庭成员和有关人员做好庭审准备及相关工作；(3)主持庭审活动；(4)主持合议庭对案件进行评议，作出裁判；(5)对重大疑难案件和与合议庭意见有重大分歧的案件，依照规定程序报请院长提交审判委员会讨论决定；(6)依照规定权限审核、签发诉讼文书。

除去以上程序性特权，在案件审理过程中合议庭所有成员的权利是同等的。审判长与合议庭其他组成人员必须共同参加对案件的审理，对案件的事实、证据、定性、法律适用以及处理结果等共同负责。对于案件的评议，所有合议庭成员应当充分发扬民主，遵循民主集中制原则。当意见不一致时，应当少数服从多数，以多数人的意见作为最终裁判结果，但是少数人的意见应当记入评议笔录，笔录由合议庭的组成人员共同签名。至于少数人意见能不能在判决书或裁定书中予以体现的问题，我国法律没有明确的规定，通常的操作是不予体现，但这一问题在世界不同国家往往会有不同的做法。近年来我国的司法实践中偶尔也会出现在判决书中记载少数人意见的做法，不过这在实务界和理论界还都是存在较大争议的问题。

三、陪审制度

陪审制度是指国家审判机关吸收社会公众参加案件审判的一项司法审判制度，是社会公众监督法官正确行使司法权、遏制司法腐败的一种有效机制，是保障司法公正的重要形式。这一制度也是审判程序中的一项基本制度，但它同时是在合议制度下适用并专门发展出来的一支特色制度，因此在本节对其予以一并介绍。

从西方陪审制度的起源和发展看，陪审制度一直是与民主相伴而生的。古希腊作为现代民主的发源地，同样也是陪审制度的发源地。关于陪审制度的民主色彩，正如法国著名政治思想家托克维尔所指出："实行陪审制度，就可以把人民本身，或者至少把一部分公民提到法官的地位。这实质上就是陪审制度把领导社会

① 这种审判长选任制的做法是在司法改革过程中产生的，但其存在令合议庭行政层级化的嫌疑，被许多学者认为是倒退的改革。针对司法行政化的批评，可以参见贺卫方：《司法的理念与制度》，中国政法大学出版社1998年版，第103—128页。

的权力置于人民或这一部分人民之手。"①

真正意义上的陪审制,是指在英美法系国家实施的陪审团制度,即在审判过程中由陪审团进行案件的事实认定,而由专业法官进行案件的法律适用,作出最终裁判。我国目前实施的陪审制度,实质上类似于大陆法系国家的参审制,即由专业法官和陪审员共同组成合议庭进行案件的审理活动。

全国人民代表大会常务委员会颁布的《全国人民代表大会常务委员会关于完善人民陪审员制度的决定》,对我国的陪审制度进行了较为全面的规定。在民事诉讼中,适用陪审制度的案件范围包括两个方面:一是社会影响较大的民事第一审案件,二是民事案件当事人申请由人民陪审员参加合议庭审判的第一审案件,其中适用简易程序审理的案件和法律另有规定的案件除外。可见,适用陪审制的案件范围还是比较广泛的。人民陪审员参加案件的审判活动,除了不能担任审判长之外,与法官享有同等的权力。另外,对公民担任人民陪审员的条件也有专门的规定。主要有下列几项:(1)拥护中华人民共和国宪法;(2)年满二十三周岁;(3)品行良好、公道正派;(4)身体健康;(5)一般应当具有大学专科以上文化程度。其中,人民代表大会常务委员会的组成人员,人民法院、人民检察院、公安机关、国家安全机关、司法行政机关的工作人员和执业律师等人员,不得担任人民陪审员;被开除公职和因犯罪受过刑事处罚的人员,也不得担任人民陪审员。人民陪审员的任期为五年。

四、审判委员会制度

审判委员会是依据人民法院组织法规定在各级法院设置的集体领导审判工作的常设性内部组织。它由法院院长、副院长以及各庭室负责人等人员组成,由院长主持召集,在履行职责时也是遵循少数服从多数的活动规则。审判委员会制度是我国的一项特色制度,也是我国的独创。② 一些学者也将审判委员会归纳为我国审判组织的一种。③ 我们认为,审判委员会并不属于典型的审判组织。因为它的主要职能并不是进行案件的审判工作,即使个别情况下它可以决定案件的结果,但讨论决定的过程并不是正当的审判方式,没有遵循科学理性的审判程序。

审判委员会的主要职责有④:

(1)总结审判经验。包括对某一特定时期审判工作经验的总结,对某类特定

① [法]托克维尔:《论美国的民主》(上卷),董果良译,商务印书馆 1988 年版,第 313 页。

② 参见王春芳:《审判委员会制度的透析与远景思考》,《河南省政法管理干部学院学报》2001 年第 4 期。

③ 参见张柏峰主编:《中国当代司法制度》(第 4 版),法律出版社 2006 年版,第 13 页。

④ 由于审判委员会是《人民法院组织法》的规定,它不仅是民事诉讼的问题,而且可能涉及法院的所有诉讼活动或其他活动。因此,在此介绍其职责主要是从民事诉讼的角度出发的。

案件审判经验的总结,对某一重大、典型案件的总结,对审判工作方法和审判作风的总结,等等。通过总结使审判经验得以提炼和升华,上升为审判理论,用以指导审判实践。

(2)讨论决定重大或者疑难的案件。这些案件通常有:案件复杂且影响较大的案件、在适用法律上有疑难的案件、需要再审和提审的案件等。

(3)讨论其他有关审判工作的问题。作为集体领导审判工作的审判委员会,一般情况下,凡是有关审判的各项重大问题都应当提交它讨论并作出决定。例如,最高人民法院对审判过程中如何具体应用法律问题所作的司法解释,都必须提交审判委员会讨论通过后才能生效。

应当指出,在我国具体的审判领域,审判委员会制度是合议制度的一种重要补充。因为在宏观层面的审判问题和微观层面的重大疑难案件上,审判委员会会体现出其对合议庭的补充作用。[①] 但是必须明确,审判委员会与合议庭之间的关系是在审判领域而非行政领域的指导与被指导、监督与被监督的关系。这种关系在民事诉讼上主要体现为三个方面:(1)审判委员会有权对重大疑难案件或者合议庭争议较大的案件进行讨论,并作出最后处理意见,合议庭应当执行这种意见;(2)如果合议庭对审判委员会的决定存在异议,必须报经院长或副院长决定是否重新提交审判委员会讨论;(3)合议庭作出的生效裁判,如果本法院发现存在错误的,必须经过审判委员会讨论,方能决定是否进行再审。

实际上,近年来我国学术界一直存在着关于审判委员会存废问题的重大争议。一方面,审判委员会所发挥的正面作用在一定程度上得以认可,一些学者主张保留这项特色制度。这些正面作用主要包括:(1)审判委员会在总结审判经验方面功不可没,为指导具体审判工作发挥了重要的作用;(2)审判委员会发挥领导监督的作用,敦促法官依照法律程序审判案件,提升案件的审判质量;(3)在某些情况下,有效化解审判法官所面临的外部压力。法官在具体的个案审判中,基于一些复杂的社会关系,有时难免面临来自方方面面的干扰和压力,审判委员会可以在很大程度上为其分担甚至化解压力。

但是,另一方面,更多的学者却对审判委员会制度大加批判,甚至有人主张彻底废除这一制度。审判委员会的弊端主要体现在:(1)组织形式行政化。审判委员会的组成人员往往是以法院院长为首的一些承担行政职务的人员,而不是以专业能力的高低标准对组成人员进行遴选;(2)架空了合议庭的审判权力,使得法庭

---

① 当然,审判委员会针对独任庭也会起到同样作用。不过,由于独任庭审理的都是简单的民事案件,因此与审判委员会的关系远远比不上合议庭那么密切。

审理过程变得形式化,导致“审者不判”的状况。重大疑难案件的审判结果由审判委员会作出,合议庭应当服从,其庭审过程有失去意义的嫌疑;(3)审判委员会并未对重大疑难案件进行开庭审理,却可以决定案件的命运,讨论决定案件的方式违反了基本的审判原理,导致“判者不审”的状况。审判委员会通过阅读案卷资料和听取合议庭汇报,甚至仅通过后者秘密讨论决定案件判决的做法,违背了审判公开和直接言词等多项审判原则,回避等诸多诉讼制度难以得到贯彻实施,表决案件结果的过程基本没有正当审判程序可言;(4)审判委员会虽然决定案件的结果,但以此决定为根据的判决书却仍然由原合议庭成员签名公布并负责,审判委员会成员的信息一般并未得以公开。

实务界对待审判委员会制度的基本观点,是在将其保留的前提下对其进行一定的改革。改革的主要方向包括组织形式的司法化、工作程序的诉讼化和裁判结果的公开化等。可以认为,这样的改革趋势会在一定程度上促使我国的审判委员会形式向实质的合议制方式转变。

第三节 回避制度

一、回避制度的概念

回避制度,是指在民事诉讼中,审判人员以及其他可能影响案件公正审理的有关人员,在遇有法律规定的特殊情形时,退出某一案件的诉讼程序的一项制度。这一制度的发端,可以追溯至古罗马法上“任何人不得审理自己的讼争”的诉讼法则。在诉讼法上设立回避制度,主要是考虑了两个方面的功能。一方面,回避制度可以有效保障审判主体的中立性,从而确保司法公正。正如美国大法官弗兰克福特所指出的:“任何人,无论其职位多高,或者其个人动机多么正当,都不能是他自己案件的法官。这是法院的职责所在……如果可以允许某个人为他自己确定法律,那么也可以允许每个人这样做。那首先意味着混乱,然后就是暴虐。”[①]另一方面,回避制度使得与案件及其当事人有利害关系的司法人员退出诉讼,可以消除当事人不必要的疑虑,提高当事人对司法公正的信任度。

二、回避制度的适用条件

(一)民事诉讼法对回避条件的规定

根据我国《民事诉讼法》及《民诉解释》之规定,回避制度适用于审判人员、执

① [美]诺内特、塞尔兹尼克:《转变中的法律与社会》,张志铭译,中国政法大学出版社 1994 年版,第 75—76 页。

行员、书记员、翻译人员、鉴定人、勘验人。其中,审判人员包括参与本案审理的人民法院院长、副院长、审判委员会委员、庭长、副庭长、审判员、助理审判员和人民陪审员。根据《民事诉讼法》第44条第1款之规定,回避的条件主要有四项:

第一,待回避对象是本案的当事人或者当事人、诉讼代理人的近亲属。本案的当事人包括原告、被告、有独立请求权第三人和无独立请求权第三人。当事人是实体权利的享有者和义务的承担者,只能以当事人的身份参加诉讼,而不能以当事人的办案人员的双重身份出现,所以必须回避。根据《最高人民法院关于审判人员在诉讼活动中执行回避制度若干问题的规定》第1条之规定,当事人、诉讼代理人的近亲属,包括其夫妻、直系血亲、三代以内旁系血亲、近姻亲。这种近亲属关系极有可能影响司法人员的主观情感,从而使其偏袒一方。而且,客观上还存在着其本身与案件存在某种事实上的利害关系,因此必须回避。

第二,待回避对象与本案有利害关系。即案件的处理结果直接或间接地涉及审判人员或其他人员自身的利益(包括经济利益和人身利益)。这种利害关系,可以是法律上的利害关系,也可以是事实上的利害关系。司法实践中,比较常见的引起回避的利害关系有债权债务关系等。

第三,待回避对象与本案当事人有其他关系,可能影响案件的公正审理。其他关系,可以是除以上关系以外的其他较为亲近、亲密的关系,如同学、好友、同事、近邻、师生、战友、恋爱等关系;也可以是仇嫌关系,如待回避对象与当事人曾经在工作或生活中发生严重的敌对状态。应当指出,这种关系并非必然引起回避的发生,只有影响案件公正审理的可能性时,才适用回避。

第四,待回避对象接受当事人、诉讼代理人的请客送礼,或者违反规定会见当事人、诉讼代理人。

上述四个条件只要具备其一,审判人员即应自行回避,当事人在知晓这些情况后,亦可以及时行使申请回避权,使这些审判人员退出审判,以保证案件审理的公正性。

(二)相关司法解释对回避条件的规定

为进一步保障司法公正,最高人民法院《民诉解释》中专门针对审判人员的回避作了更加严格详细的规定。

审判人员有下列情形之一的,应当自行回避,当事人亦有权申请其回避:(1)是本案当事人或者当事人近亲属的;(2)本人或者其近亲属与本案有利害关系的;(3)担任过本案的证人、鉴定人、辩护人、诉讼代理人、翻译人员的;(4)是本案诉讼代理人近亲属的;(5)本人或者其近亲属持有本案非上市公司当事人的股份或者股权的;(6)与本案当事人或者诉讼代理人有其他利害关系,可能影响公正审理的。

审判人员有下列情形之一的,当事人有权申请其回避:(1)接受本案当事人及其受托人宴请,或者参加由其支付费用的活动的;(2)索取、接受本案当事人及其受托人财物或者其他利益的;(3)违反规定会见本案当事人、诉讼代理人的;(4)为本案当事人推荐、介绍诉讼代理人,或者为律师、其他人员介绍代理本案的;(5)向本案当事人及其受托人借用款物的;(6)有其他不正当行为,可能影响公正审理的。

三、回避制度的适用程序

为了保证回避制度的正确适用,必须遵循一定的程序。根据启动回避之方式的不同,回避制度可以分为申请回避、自行回避和指令回避三种类型。申请回避是指案件当事人或其诉讼代理人认为待回避对象具有法定回避情形,而向人民法院提出申请,要求待回避对象回避。自行回避是指待回避对象在诉讼过程中遇有法定回避的情形时,主动要求退出民事诉讼活动。指令回避是指审判人员遇有法定的回避情形而没有自行回避,当事人方面也没有申请其回避,院长或审判委员会有权作出决定,令其退出民事诉讼活动。其中,申请回避的程序较为复杂,我国《民事诉讼法》从提出程序、决定程序和复议程序等方面进行了规定。

(一)提出程序

在我国民事诉讼中,回避的方式有两种:一种是自行回避,即案件的审判人员或其他人员认为自己具有法律规定的应当回避的情形之一的,主动提出回避;另一种是申请回避,即当事人及其诉讼代理人认为审判人员或其他人员有法律规定的应当回避情形之一的,用口头或书面形式申请他们退出该案的诉讼活动。申请回避权是当事人的一项重要的诉讼权利。

根据民事诉讼法相关规定,申请回避的提出时间是自案件开始审理时至法庭辩论终结前。此处的案件开始审理,一般是指人民法院立案后首次传唤当事人并告知合议庭组成人员时。对于自行回避的提出时间,法律未作明确规定,但从法律理念而言,应当与申请回避的提出时间保持一致,在此期间内审判人员或其他人员发现回避事由后可随时提出回避。

无论是自行回避还是申请回避,都可以视具体情况选择书面方式或者口头方式提出,但是提出回避应当同时说明理由。对于申请回避,被申请回避的人员在人民法院作出是否回避的决定前,应当暂停参与本案的工作,但案件需要采取紧急措施的除外。对于自行回避,在人民法院作出是否回避的决定前是不是要暂停参加的诉讼活动,法律并未作规定,我们认为应当由人民法院视情况决定。

(二)决定程序

根据《民事诉讼法》第46条之规定,院长担任审判长时的回避,由审判委员会决定;审判人员的回避,由院长决定;书记员、鉴定人、翻译人员等其他人员的回避,由审判长决定。可见,回避决定权主体的规定是层次分明的,大致按照回避主体层次的不同而有所对应。

(三)复议程序

(1)人民法院对当事人提出的回避申请,应当在申请提出之日起3日内,以口头或者书面形式作出决定,申请人对决定不服的,可以在接到决定时向法院申请复议一次。

(2)复议期间,被申请回避的人员,不停止参与本案的工作。人民法院对复议的申请,应在3日内作出决定,并通知申请人。

(3)对于法院作出的是否回避的决定,当事人不得上诉,只能够申请一次复议;对于申请复议后法院作出的决定,当事人不得上诉和再次申请复议。

(4)针对自行回避,人民法院的决定当即生效,相关主体不得上诉和申请复议。

第四节　公开审判制度

一、公开审判制度的概念和意义

公开审判制度,是指人民法院的审判活动,除合议庭评议程序以外,依法向社会公开的制度。①

公开审判是司法民主原则的重要体现,实行公开审判制度具有极其重要的意义,主要可以概括为三个方面:

第一,审判公开使得案件的审判活动置于群众的监督之下,增加了审判活动的透明度,从而有助于审判人员增强责任感,正确行使审判权,提高办案质量。正如边沁曾言:"(在审判程序完全秘密时)法官将是既懒惰又专横的……没有公开性,其他一切制约都无能力。和公开性相比,其他各种制约是小巫见大巫。"②

第二,公开审判对案件当事人和其他诉讼参与人有一定的约束作用,可以促使他们在公众监督之下正确行使诉讼权利和履行诉讼义务,提高诉讼的自觉性,保证庭审活动的顺利进行。

① 学术界有一种观点认为,审判公开包括向当事人和社会公开,甚至许多教材都坚持这一观点,参见常怡主编:《民事诉讼法学》(修订版),中国政法大学出版社2005年版,第129页。该教材指出:"所谓向当事人公开,是指当事人就法院及对方当事人所进行的诉讼行为有获知权,有参与诉讼程序的权利,有阅览全部诉讼笔录的权利。"实际上应当指出,诉讼向当事人公开其实是诉讼的基本要素,否则便违背了现代诉讼的内在精神,并非审判公开原则的要求,当事人的上述权利是固有的,与审判公开也没有关系。

② 转引自[日]三月章:《日本民事诉讼法》,汪一凡译,台湾五南图书出版有限公司1987年版,第381页。

第三,公开审判可以使旁听群众受到生动形象的法制教育,增强法治观念,从而有利于预防纠纷、减少诉讼,并维护社会稳定。

二、公开审判制度的内容

根据我国民事诉讼法以及相关司法解释的规定,公开审判制度的内容主要包括以下几个方面。[1]

(一)开庭前的公示

人民法院在开庭审理前,针对公开审理的民事案件,应当公开开庭的时间、地点、当事人姓名和案由,为群众旁听提供方便。这种公示是法院的一项应尽义务,否则便是违法的。一般而言,主要通过公告栏等方式予以公示。

(二)审理过程的公开

人民法院审理民事案件,除法律规定不公开的外,审判过程应当向社会公开,允许群众旁听,但精神病人、醉酒的人和未经人民法院批准的未成年人除外。经人民法院许可,新闻记者可以记录、录音、录像、摄影、转播庭审实况。审理过程的公开,包括开庭、举证、质证及辩论活动等的公开。

(三)判决的公开宣告

人民法院审理民事案件,不论是否公开审理,判决一律公开宣告。判决结果的公开宣告是庭审过程公开的逻辑延伸,是构成公开审判制度不可或缺的要素。

应当说明的是,在国外的民事诉讼立法中,公开审判包括形式公开和实质公开两个方面。形式公开,就是指庭审过程和宣判等的公开,我国在立法上已基本做到。为了进一步保障宣判公开,我国《民事诉讼法》还规定了裁判文书公开制度。《民事诉讼法》第156条规定:"公众可以查阅发生法律效力的判决书、裁定书,但涉及国家秘密、商业秘密和个人隐私的内容除外。"实质公开是指法官认定事实和适用法律的思维过程的公开,应该说我国目前尚未做到完全到位的实质公开。实质公开是审判公开的深层次要求,它一般包括"作为诉讼裁判基础的事实以及裁判的法律根据"甚至还包括"审判组织内部对案件裁判的不同意见"体现于裁判文书中的公开。[2] 对比审判的实质公开,我国民事诉讼中存在的比较突出的就是判决书不充分说明理由的问题,判决书的格式化和简略化表达的现状与审判公开的实质理念是背道而驰的。

另外,在媒体技术日益发达并且社会对媒体传播越来越依赖的今天,如何处理

---

① 在公开审判方面,最高人民法院专门出台了相关的司法解释,即1999年颁布并施行的《最高人民法院关于严格执行公开审判制度的若干规定》。

② 顾培东:《社会冲突与诉讼机制》(修订版),法律出版社2004年版,第192页。

好新闻媒介的监督与审判公正之间的关系成为了一项重大课题。一方面,根据审判公开的要求,新闻媒介对于审判过程和审判结果的介入是社会监督的正当合理需要;而另一方面,新闻监督的尺度有时会超越监督的界限,影响甚至破坏审判的正常进行,例如,表现为庭审直播给法官及其他诉讼参与者造成过度紧张的情绪、对未审结案件进行不切实际的评价、以一般主观情感对专门法律问题进行不当理解或道听途说的失实报道等情况。可见,通过立法技术和制度设计等手段去平衡新闻监督与审判公正间的关系,是公开审判制度中一个亟待解决的问题。①

三、公开审判的例外

有原则必有例外。公开审判制度也不是绝对的,有些民事案件如果公开审理,可能会带来消极的社会影响或者产生不利于当事人的后果,因此应当不公开审理。根据我国民事诉讼法及相关司法解释的规定,不公开审理的案件有以下两个方面:

(一)绝对不公开审理的案件

(1)涉及国家秘密的案件,应当不公开审理。国家秘密是一个外延丰富的概念,包括国家的军事、人事、政治、金融、经济等方面的秘密。民事诉讼尽管是在解决民事纠纷争议,但有时也会涉及国家秘密。但需注意的是,对于国家秘密的认定应当依法进行,不应当是人民法院的随意解释。

(2)涉及个人隐私的案件,应当不公开审理。个人隐私,是指公民不愿公开或者让他人知悉的个人生活信息。如果公开审理这类案件,会导致当事人隐私的公开,产生负面的影响。但是需要指出,这类案件的不公开是基于保护当事人隐私权的理由,因此,应当最大限度尊重隐私权当事人本人的意思表示,而不是法院的单方决定。②

(二)相对不公开审理的案件

离婚案件和涉及商业秘密的案件,一方当事人申请并由人民法院决定不公开审理的,可以不公开审理。离婚案件往往会牵扯到当事人的感情和私生活方面的问题,经过当事人申请,可以不公开审理。商业秘密,是指技术秘密、商业情报和信息等具有商业价值的秘密,涉及商业秘密的案件会影响到当事人的经济利益,人民法院可以根据当事人的申请,决定不公开审理。

① 参见[美]Hans. A. 林德:《公正审判与新闻自由——两种针对国家的权利》,冯军泽,载夏勇主编:《公法》(第2卷),法律出版社2000年版,第293—303页。

② 我们建议,这方面的立法需要完善,应增添一项附加条件,即涉及个人隐私的案件,经隐私权人的申请,应当不公开审理。

需要注意的是，对于不公开审理的案件，宣判还是应当一律公开进行。宣判公开制度没有例外。

第五节　两审终审制度

一、两审终审制度的概念和意义

两审终审制度，是指一个民事案件，经过两个审级的法院运用一审和二审程序进行审判，即宣告审判终结的制度。它是我国目前民事诉讼所奉行的审级制度。所谓审级制度，是指法律规定的审判机构在组织体系上的层级划分以及诉讼案件须经过几级法院审判才告终结的制度。

世界各国审级制度的设定都不尽相同，但西方国家一般皆奉行三审终审制，主要有两种类型：一种是四级三审终审制，日本、德国等国家采纳此种制度，例如日本的法院系统由简易法院、地方法院（或同级的家庭法院）、高等法院、最高法院组成；另一种是三级三审终审制，美国、法国等国家采纳此种制度，例如美国的法院系统主要由地区法院、上诉法院和最高法院组成。① 西方国家的第三审一般为法律审，只审查下级法院的裁判在适用法律上有无错误，并不审查下级法院的裁判对事实认定是否准确。

我国目前实施四级两审终审制，但审级制度也曾经历了一个发展的过程。在中华民国和新民主主义革命根据地时期，曾经实行过三审终审制，新中国成立后基本确立了两审终审制。设立两审终审的审级制度，可以体现以下几方面的积极意义：第一，两审终审制能够保障人民法院对民事诉讼案件的审判质量，尽可能减少错案的发生，有助于实现司法公正；第二，两审终审制可以避免一个案件多次上诉现象的发生，有助于提高诉讼效率，尽快解决纠纷，稳定社会秩序；第三，两审终审制符合我国国情，便于人民群众进行诉讼，可使当事人减少讼累，有利于正常生活和工作，也便于人民法院在其辖区内行使管辖权。

二、两审终审制度的内容

人民法院审理民事案件实行两审终审制。但是，根据民事诉讼法及相关的司法解释，两审终审制存在以下几个方面的例外：（1）依照特别程序、督促程序、公示催告程序和企业法人破产还债程序审理的案件实行一审终审制；（2）由最高人民法院作为第一审法院的案件实行一审终审制；（3）适用简易程序审理的简单民事

① 当然，此处是指联邦系统的审级制度。美国各州的审级制度由各州通过立法自行规定，并不存在统一的审级制度。

案件,标的额为各省、自治区、直辖市上年度就业人员年平均工资30%以下的,实行一审终审;(4)适用法院调解的案件,一调终局,不得上诉;(5)确认婚姻效力案件的判决一经作出,即发生法律效力,不得上诉。

两审终审制度的内容包括以下三个方面:

第一,两个审级不同的程序。两个审级的程序,是指我国民事诉讼的两个审级分别遵照第一审程序和第二审程序进行,两个审级的程序在性质、任务和具体操作等方面都有很大的区别。但是,两者又有较大的联系,第一审程序是对第二审程序的重要补充。《民事诉讼法》第174条规定:"第二审人民法院审理上诉案件,除依照本章规定外,适用第一审普通程序。"

第二,两个审级不同的裁判。两个审级的裁判,既包括不同审级可以作出不同性质的裁判,又包括不同审级裁判的效力也有所不同。例如,第一审可以作出第一审判决,可以作出不予受理、驳回起诉的裁定;而第二审可以作出将案件发回重审的裁定和驳回上诉的判决。在法律效力上,第一审裁判并不会立即发生法律效力,存在一个上诉期限(不可上诉的裁定除外);而第二审裁判一经作出,立即发生法律效力。

第三,两个审级之间的衔接。两个审级的衔接,主要表现在三个方面:一是裁判的上诉期限和提出上诉的方式,二是一、二审法院之间诉讼文书和诉讼案卷等的移交和送达,三是二审法院对一审法院审判上的监督。这三个方面专门解决两个审级之间的协调和衔接问题,这里不详细讨论,本书后面审判程序的章节会专门介绍。

三、两审终审制的改革趋势

两审终审制实施多年以来,随着我国经济的发展和社会的变迁,这一制度的弊端也越来越凸显出来。法学界要求改革的呼声也极其高涨,主要从以下几个方面进行了质疑:(1)两审终审制不利于克服我国目前一些地方出现的地方保护主义,一些地方的法院为了保护当地经济发展,会将地方利益融入民事案件的审判,两审终审制并不足以消除这种不良因素;(2)二审法院对一审法院的包庇与袒护现象渐增,致使两审终审名存实亡;(3)二审法院所在地靠近或者就是案件发生地,法院与当事人之间不当联系较多,难以避免人情等现实因素的介入,从而会危害到司法公正;(4)两审终审制设立的初衷是以我国实际国情为基础的,但随着经济、交通、通信等行业的高速发展,国情已经发生实质的变化,制约人民群众到高级别法院进行诉讼的因素已经渐渐消除。基于以上原因,借鉴西方国家的三审终审制度,完善或者改革我国的审级制度,这一课题在我国学术界受到了较为广泛的关注。

拓展思考题

1. 如何切实保障合议庭评议程序中的民主集中制？
2. 审判委员会制度的积极意义和消极意义有哪些方面？
3. 如何全面贯彻回避制度的实施？请提供一些具体建议。
4. 如何理解审判公开之于民事诉讼的意义？我国审判公开的现状如何？
5. 如何理解我国民事诉讼审级制度的改革趋势？

第五章
民事案件的主管和管辖

【内容提要】

本章围绕民事诉讼的主管和管辖两大问题展开介绍，其中管辖的内容更为丰富。民事诉讼的主管，是明确人民法院与其他国家机关、社会组织之间解决民事纠纷的分工，其实质是确定人民法院行使民事审判权的范围和权限。法院对民法、婚姻法、商法、经济法等法律调整的社会关系发生争议引起的纠纷享有主管权。主管确定后才能进一步确定各级法院之间和同级法院之间受理第一审民事案件的分工和权限，这便是管辖问题。确定管辖要遵循一定的原则。划分上、下级人民法院之间受理第一审民事案件的分工和权限的是级别管辖；划分不同区域的同级人民法院之间受理第一审民事案件的分工和权限的是地域管辖。级别管辖规定了四级人民法院受理第一审民事案件的具体分工。地域管辖又包括一般地域管辖制度、特殊地域管辖制度、专属管辖制度和协议管辖制度等。凡是以法院裁定的方式确定的管辖是裁定管辖，它是对法定管辖制度的补充，体现了制度设置的灵活性，包括指定管辖、移送管辖和管辖权转移等制度。当事人也可以对法院管辖提出自己的质疑，这通过管辖权异议制度进行。管辖权异议，是指人民法院受理案件后，当事人依法提出该人民法院对本案无管辖权的主张和意见。

第一节　民事案件的主管

一、民事案件主管的概念

主管，是确定国家机关职权范围时的用词。民事诉讼的主管，即法院主管，是指人民法院依法受理和解决一定范围内民事纠纷的权限，也即明确人民法院与其他国家机关、社会组织之间解决民事纠纷的分工，其实质是确定人民法院行使民事审判权的范围和权限。民事诉讼主管的实质是确定人民法院审理民事案件的权限范围问题。凡是属于人民法院主管的民事案件，当事人起诉的，人民法院应当受理和审判；凡是不属于人民法院主管的民事案件，人民法院则无权行使审判权。

民事纠纷种类繁多，形形色色，民事纠纷的解决机制相对也是复杂多样的。因此，明确法院主管的问题，具有十分重要的意义：第一，它有利于人民法院正确行使民事审判权，以便合法、及时地解决民事纠纷，保护当事人的合法权益，维护社会安定；第二，它有利于分清法院与其他机关、组织受理民事争议的界限，消除法院越权受理案件以及多种机关相互推诿主管的弊端，保障当事人依法行使诉讼权利，维护自己的诉权，避免申告无门的情况发生。

二、民事案件主管的标准和范围

我国民事诉讼法运用概括的方式对法院主管民事案件的范围进行了规定。《民事诉讼法》第 3 条规定："人民法院受理公民之间、法人之间、其他组织之间以及他们相互之间因财产关系和人身关系提起的民事诉讼，适用本法的规定。"由此可以看出，在确定人民法院主管时主要采用了下列标准：(1)法律关系的性质，即纠纷内容是民事领域的财产关系和人身关系争议，也就是民事法律关系争议；(2)主体标准，即提起民事诉讼的主体是公民、法人和其他组织，包括外国公民、法人、组织和无国籍人，主体在法律地位上完全平等，相互间没有隶属关系。根据上述标准，人民法院主管的民事案件范围包括以下几个方面：

第一，民法(包括婚姻法、继承法、收养法等)调整的因财产关系和人身关系所发生的案件。财产关系案件是指因财产权利发生纠纷而引发的诉讼争议，如财产所有权、用益物权、担保物权、无因管理、不当得利等纠纷引起的案件；人身关系案件是指基于人身关系性质的权利发生争议的案件，如婚姻、姓名权、肖像权、名誉权等纠纷。还有人身关系纠纷又涉及财产关系内容的案件，如赡养案件、收养案件、继承权案件等。

第二，经济法调整的因经济关系所发生的各类纠纷，如因不正当竞争行为引发的损害赔偿案件、因污染引起的相邻关系案件等。

第三，劳动法调整的因劳务关系所发生的纠纷。我国劳动法规定，劳动者与用人单位之间应签订确立劳动关系、明确双方权利和义务的协议。在订立、履行、解除劳动协议过程中所发生的劳动争议，首先向劳动仲裁委员会申请解决，对该委员会裁决不服的可向法院起诉。

根据 2001 年颁布实施的《最高人民法院关于审理劳动争议案件适用法律若干问题的解释》第 1 条之规定，由人民法院主管的劳动争议案件包括：(1)劳动者与用人单位在履行劳动合同过程中发生的纠纷；(2)劳动者与用人单位之间没有订立书面劳动合同，但已形成劳动关系后发生的纠纷；(3)劳动者退休后，与尚未参加社会保险统筹的原用人单位因追索养老金、医疗费、工伤保险待遇和其他社会保险费而发生的纠纷。

第四，商法调整的因商事关系所发生的纠纷。如票据案件、股东权利纠纷案件、海商案件等。这些案件也适用民事诉讼法的规定，不过，其中海商案件要在专门的海事法院进行诉讼。2001 年 9 月 18 日施行的《最高人民法院关于海事法院受理案件范围的若干规定》，将海事法院的受案范围规定为海事侵权纠纷案件、海商合同纠纷案件、其他海事海商纠纷案件、海事执行案件等。

第五，法律规定人民法院适用民事诉讼法解决的其他案件。主要包括三种情形：(1)民事诉讼法规定的选民资格案件、宣告失踪或宣告死亡案件、认定公民无民事行为能力或限制民事行为能力案件、认定财产无主案件、确认调解协议案件以及实现担保物权案件；(2)适用督促程序的案件；(3)适用公示催告程序的案件。

三、法院主管与其他国家机关、社会组织处理民事争议的关系

为了应对数量巨大的民事纠纷，世界各国一般都建立起了多元化的纠纷解决机制，我国也是如此。在我国，除人民法院外，其他国家机关、社会组织也负有一定的解决民事争议的职责。在处理人民法院与其他机关、组织主管民事纠纷关系的问题上，一般要遵循“司法最终解决原则”。所谓“司法最终解决原则”，是指一切机构不能彻底解决的纠纷，皆由法院通过审判的方式作为解决纠纷的最后手段，法院是社会正义的最后一道防线；法院的裁判具有最高的权威性和法律效力，对所有机关、团体和个人都具有约束力。该原则主要包涵两个方面的内容：(1)其他国家机关、社会组织主管的民事纠纷无法彻底解决时，都由人民法院主管，通过审判方式解决纠纷；(2)当一项民事纠纷涉及多个法律关系时，如果其中有属于法院主管的，那么该纠纷一并归法院主管，采用审判的方式予以解决。司法最终解决原则只是在处理法院主管与其他国家机关、社会组织处理民事争议的关系时要遵循的一项底线性原则，另外根据法律规定，这些关系还有着更为复杂的内容。

(一)人民法院与人民调解委员会解决民事纠纷的关系

人民调解委员会是群众性自治组织，其任务是调解发生在民间的一般简单民事纠纷。人民法院与人民调解委员会在受理纠纷的范围上有一部分是重合的，当然法院的主管范围要比后者宽泛许多。

对人民法院和人民调解委员会都有权处理的纠纷，遵照以下规则解决：

(1)双方当事人都同意提交人民调解委员会调解的，由人民调解委员会调解解决。

(2)一方向人民调解委员会申请调解,另一方向人民法院起诉的,由人民法院审判。

(3)人民调解委员会调解纠纷不成的,当事人又向人民法院起诉,由人民法院审判。

(4)人民调解委员会经过调解达成有效调解协议的,调解协议具有合同效力,一方当事人反悔,另一方向人民法院起诉的,由人民法院审判(对调解协议的效力进行审判,如果无效,则对原纠纷进行审判)。最高人民法院在2002年通过的《关于审理涉及人民调解协议的民事案件的若干规定》第1条规定:"经人民调解委员会调解达成的、有民事权利义务内容,并由双方当事人签字或者盖章的调解协议,具有民事合同性质。当事人应当按照约定履行自己的义务,不得擅自变更或者解除调解协议。"第2条规定:"当事人一方向人民法院起诉,请求对方当事人履行调解协议的,人民法院应当受理。当事人一方向人民法院起诉,请求变更或者撤销调解协议,或者请求确认调解协议无效的,人民法院应当受理。"另外,双方当事人还可以共同向人民法院申请确认人民调解协议的效力。根据《民事诉讼法》第194条之规定,申请司法确认调解协议,由双方当事人依照人民调解法等法律,自调解协议生效之日起30日内,共同向调解组织所在地基层人民法院提出。如果调解协议是有效的,法院会通过裁定方式予以确认,该生效裁定具有强制执行力。

(二)人民法院与仲裁机构解决民事纠纷的关系

在我国,解决民事纠纷的仲裁机构主要是仲裁委员会。另外,还设有一种专门解决劳动关系纠纷的劳动争议仲裁委员会。

1. 人民法院与仲裁委员会解决民事纠纷的关系

(1)人民法院主管的范围大于并包括仲裁委员会主管的范围。依据仲裁法的规定,仲裁委员会主管的范围是平等主体的公民、法人和其他组织之间发生的合同纠纷和其他财产权益纠纷,但婚姻、收养、监护、扶养、继承纠纷不属于其主管范围。而对于上述纠纷,人民法院都可以受理解决。

(2)对仲裁委员会和人民法院都有权解决的纠纷,具体由谁主管取决于法律规定和当事人的选择:

① 当事人双方达成仲裁协议的,由仲裁委员会受理解决,人民法院不得主管,可见,仲裁协议可以对抗法院主管。[①] 当然,这种对抗也有例外情况。《仲裁法》第26条规定:"当事人达成仲裁协议,一方向人民法院起诉未声明有仲裁协议,人民

---

① 仲裁协议的达成可以是在纠纷发生前,譬如合同案件,在订立合同时即同时达成仲裁协议;也可以在纠纷发生后,双方当事人共同选择仲裁的方式解决纠纷。

法院受理后,另一方在首次开庭前提交仲裁协议的,人民法院应当驳回起诉,但仲裁协议无效的除外;另一方在首次开庭前未对人民法院受理该案提出异议的,视为放弃仲裁协议,人民法院应当继续审理。”

② 没有仲裁协议或者仲裁协议无效的,由人民法院主管。

③ 在仲裁委员会作出仲裁裁决后当事人就同一纠纷再向人民法院起诉的,法院不予受理。仲裁委员会实行的是一裁终局制度。

④ 当事人在仲裁裁决被人民法院依法撤销或裁定不予执行、又未重新达成仲裁协议的情况下,向人民法院提起民事诉讼,法院应当受理。

2. 人民法院与劳动争议仲裁委员会解决劳动纠纷的关系

劳动关系专门由劳动法予以调整,为了解决劳动争议,我国设立了不同于民间性质仲裁委员会的劳动争议仲裁委员会。它由劳动行政部门代表、同级工会代表、用人单位代表共同组成。就劳动争议的主管范围而言,人民法院与劳动争议仲裁委员会是一致的。但在职权顺序上,劳动争议仲裁委员会的主管优先于人民法院,即劳动争议的解决是采取仲裁前置的模式。劳动争议发生后,当事人可以向本单位劳动争议调解委员会申请调解,也可以直接向劳动争议仲裁委员会申请仲裁,当事人对仲裁裁决不服的,可以自收到裁决书之日起 15 日内向人民法院起诉。但如果直接向法院起诉的,法院不予受理。

(三)人民法院与行政机关主管民事纠纷的关系

1. 人民法院与乡(镇)人民政府主管民事纠纷的关系

乡(镇)人民政府是我国的基层人民政府,设有司法所及司法助理员,由司法助理员具体负责处理民间纠纷的工作。司法部于 1990 年颁发的《民间纠纷处理办法》,规定了基层人民政府处理纠纷的范围为民间纠纷,包括公民之间有关人身、财产权益和其他日常生活中发生的纠纷。1993 年,最高人民法院又发布了《最高人民法院关于如何处理经乡(镇)人民政府调处的民间纠纷的通知》。根据《办法》和《通知》的有关规定,人民法院与乡(镇)人民政府在主管民事纠纷上的关系是:(1)人民法院主管的范围要远远宽于乡(镇)人民政府的主管范围,后者一般限于民间的日常民事纠纷;(2)在序位关系上,人民法院的主管优先于乡(镇)人民政府的主管,即当一方当事人申请乡(镇)人民政府处理,另一方当事人直接向人民法院起诉时(即使前者申请基层政府处理在先),由人民法院主管;(3)民事纠纷经乡(镇)人民政府处理后,任何一方当事人不服而起诉到人民法院的,仍然作为民事案件由人民法院主管,也就是说基层政府的处理并不具有强制性的法律效力。

2. 人民法院与其他行政机关主管民事纠纷的关系

其他行政机关,是指除乡(镇)人民政府外的行政机关。行政机关在履行行政管理职能的过程中,也在其职权范围内处理部分民事权益纠纷。根据我国相关的法律规定,行政机关与人民法院主管民事纠纷的关系主要有以下几个方面:

(1)由当事人请求行政机关调解,调解不成或者达成调解协议后反悔的,可依法提起民事诉讼。例如,《著作权法》第55条规定:“著作权纠纷可以调解,也可以根据当事人达成的书面仲裁协议或者著作权合同中的仲裁条款,向仲裁机构申请仲裁。当事人没有书面仲裁协议,也没有在著作权合同中订立仲裁条款的,可以直接向人民法院起诉。”再如,专利法和商标法也有相关的规定。当事人也可以不经行政机关调解直接向人民法院起诉,无论调解与否,当事人起诉的都是民事诉讼。此时的行政调解并非具体行政行为。

(2)由行政机关处理,对于处理决定不服的则可提起行政诉讼。行政机关的处理行为是行政行为。例如,《土地管理法》第16条规定:“土地所有权和使用权争议,由当事人协商解决;协商不成的,由人民政府处理。单位之间的争议,由县级以上人民政府处理;个人之间、个人与单位之间的争议,由乡级人民政府或者县级以上人民政府处理。当事人对有关人民政府的处理决定不服的,可以自接到处理决定通知之日起三十日内,向人民法院起诉。”

(3)由当事人选择向法院提起民事诉讼或者请求行政机关处理;如果选择后者,当事人对处理决定不服的可以提起行政诉讼。例如,《专利法》第60条规定:“未经专利权人许可,实施其专利,即侵犯其专利权,引起纠纷的,由当事人协商解决;不愿协商或者协商不成的,专利权人或者利害关系人可以向人民法院起诉,也可以请求管理专利工作的部门处理。管理专利工作的部门处理时,认定侵权行为成立的,可以责令侵权人立即停止侵权行为,当事人不服的,可以自收到处理通知之日起十五日内依照《中华人民共和国行政诉讼法》向人民法院起诉;侵权人期满不起诉又不停止侵权行为的,管理专利工作的部门可以申请人民法院强制执行。”

行政机关主管民事纠纷的情况必须是有相关法律的明确规定。当法律未明确规定某种民事纠纷可由行政机关依职权解决时,当事人可以依法选择通过法院民事诉讼的方式解决。

四、解决民事案件主管争议的规则

在受理解决民事案件的主管问题上,虽然法律作了详细的规定,但司法实践错综复杂,有时难免产生争议。如何解决这类争议,通常可以分为两种情况:

(1)人民法院与其他国家机关、社会组织之间对主管的争议。解决该种争议的基本做法是:由争议双方通过协商的办法予以解决;若协商不成,应各自报请其上级机关再行协商,直至由当地权力机关(人民代表大会常务委员会)决定。

(2)人民法院与当事人之间对主管的争议。对于当事人提起的诉讼,受诉法院认为不属于人民法院受理民事案件的范围,即不属于人民法院主管,但当事人坚持起诉,从而产生争议。根据民事诉讼法的规定,法院对于不属于自己主管的民事起诉,可以向原告作出不予受理的裁定;如果在案件受理后发现不应属于自己主管的,可以向原告作出驳回起诉的裁定;针对上述两种裁定,原告不服的可以向上一级人民法院提起上诉。不过,在司法实践中还存在这样的情况:人民法院认为案件不属于自己主管,不受理案件,但又拒绝向原告作出不予受理的裁定,原告也就无从上诉。[①] 为了充分保障公民诉权,2015 年最新颁布的最高人民法院《民诉解释》规定了立案登记制度。根据《民诉解释》第 208 条之规定,人民法院接到当事人提交的民事起诉状时,对符合起诉条件的,应当登记立案;对当场不能判定是否符合起诉条件的,应当接收起诉材料,并出具注明收到日期的书面凭证。这一制度如果在司法实践中得以良好贯彻的话,上述问题应该会得到较好的解决。

第二节 民事诉讼管辖概述

一、管辖的概念和意义

民事诉讼的管辖,是指各级人民法院和同级人民法院之间,受理第一审民事案件的分工和权限。它是在人民法院系统内部划分和确定某级或者同级中的某个人民法院对某一民事案件行使审判权的问题。只有将人民法院主管的民事案件,在法院组织系统内部确定其对第一审民事案件的审判权限,才能使人民法院依法主管的民事案件得以落实。

管辖与主管是两个不同的概念,但两者又有着紧密的联系。主管先于管辖发生,是确定管辖的前提和基础;管辖,是对主管的体现和落实。因为主管只是解决了法院可以受理哪些民事纠纷的问题,至于具体由哪一个法院来受理这些民事纠纷,则是管辖要解决的问题。可以说,没有主管就无法确定管辖,而没有管辖主管的确定也就丧失了意义。

合理地设置管辖体系并在民事诉讼法中作出明确规定,对民事诉讼的有效运作具有十分重要的意义。

(1)确定管辖是行使国家司法权的重要内容,这体现了国家主权的精神,管辖权的完整和科学可以捍卫国家主权,维护我国公民、法人和其他组织的合法利益。

(2)确定管辖可以使法院审判权得以落实,标志着民事诉讼的顺利开启。管辖是诉讼的首要环节,其后民事案件的审判权才能具体落实到各法院,诉讼才能顺

① 参见张进德:《谁动了我的诉权》,《南方都市报》2006 年 10 月 11 日。

利进行。

(3)确定管辖可以方便当事人行使诉讼权利。于原告而言,可以获知应当向哪一个法院起诉,正确行使诉权;于被告而言,可以准确判断受诉法院对案件是否具有管辖权,以便行使提出管辖权异议的权利。

(4)确定管辖可以使得各人民法院明确自己受理民事案件的权限和分工,避免不必要的推诿和争夺管辖现象的发生,使民事案件得以及时、公正地解决。

(5)确定管辖有利于上级人民法院对下级人民法院进行监督,敦促下级法院严格执行民事诉讼法关于管辖问题的规定。

二、确立管辖的原则

由于民事案件种类繁多、情况复杂,因此在确定人民法院对案件的管辖时必须遵循一定的原则,只有这样才能保证人民法院正确、及时地行使审判权,保护当事人的合法权益。我国民事诉讼法确定管辖的原则是:

(一)便于当事人进行诉讼

人民法院行使审判权解决民事纠纷,应当以有利于当事人行使诉权为出发点,采用就近诉讼的原则,为当事人起诉、应诉提供方便,避免当事人因涉及诉讼造成过重的负担,浪费人力、物力,影响正常工作和生活。按照这一原则,民事诉讼法根据法院的辖区与当事人的隶属关系以及各类案件的特点,确定了对不同案件的管辖。例如,根据民事诉讼法对级别管辖的规定,绝大部分第一审民事案件都是由基层人民法院管辖。

(二)便于人民法院行使审判权

这是民事诉讼确定管辖的重要原则,是保证人民法院及时审理民事案件,提高办案效率的原则。人民法院审理民事案件,首先应当查明案件事实,分清是非责任,然后才能正确适用法律,使案件得到正确、合法的解决。做到这一点,就必须及时、全面地了解案情,进行必要的调查研究和收集证据。这就要求在确定案件的管辖时,应从客观实际出发,考量法院工作的实际情况和案件的需要,以利于人民法院顺利地完成其民事审判的任务。

(三)保证案件公正审判,维护当事人的合法权益

这是民事诉讼法保障案件审判质量的重要原则。民事诉讼法在确定管辖时,根据各级人民法院职权范围和各类案件的具体情况不同,分别确定了案件的管辖。例如,为防止地方保护主义干扰,规定了对合同纠纷的协议管辖;为便于排除和避免某些行政干预因素和基层人民法院的业务素质及设备条件有限,规定了管辖权的转移和指定管辖,并适当地提高了某类案件的审级,以利于人民法院的公正审判。

（四）兼顾各级人民法院的职能和工作均衡负担

根据人民法院组织法的规定，各级人民法院的职权和分工不同。基层人民法院最接近当事人，为便于当事人诉讼和人民法院行使审判权提供方便条件，民事诉讼法规定，除法律另有规定外，第一审民事案件均由基层人民法院管辖；中级、高级人民法院不仅要依法审理部分第一审民事案件，而且还要审理上诉（二审案件），并对下级人民法院的审判活动进行法律监督和业务指导，因而不宜过多管辖第一审民事案件。最高人民法院是全国最高审判机关，其主要职能是监督和指导地方各级人民法院、专门法院的审判工作，制定有关文件和司法解释，总结和推广审判经验，从而保证整个人民法院的审判质量，因此更不宜多管辖第一审民事案件。

（五）确定性与灵活性相结合

为便于当事人诉讼，便于人民法院及时、正确地行使审判权，因而在立法上应采用明确、具体规定的形式确定管辖，这对于人民法院和当事人都一目了然，不因管辖不明发生争议，有利于及时行使审判权和诉权。但是，客观现实是不断发展和变化的，而法律则具有相对的稳定性，不可能以偏概全、朝令夕改。因此，在确定管辖时又要有一定的灵活性，以适应审判实践发展变化的需要。

（六）有利于维护国家主权

管辖权是国家主权的重要体现，司法管辖权的充分程度在一定程度上可以体现出国家主权的独立程度。我国作为一个完全独立的主权国家，在尊重国际条约和国际惯例的前提下，对民事管辖权特别是专属管辖权进行了规定，使得管辖范围得以保证，有效抵制了外国司法权对我国的不当干涉，以维护国家和人民的基本利益。

（七）管辖恒定原则

管辖恒定，是指确定案件管辖权，以起诉受理时为标准，受理时对案件享有管辖权的法院，不因确定管辖的事实在诉讼过程中发生变化而影响其管辖权。这一原则可以避免因管辖变动而造成的司法资源浪费，减少当事人的讼累，推动诉讼迅速、便捷进行，适应诉讼经济的要求。

我国并未在法律中明确规定管辖恒定原则，但在有关司法解释中零散地规定了管辖恒定原则的一部分精神和内容。最高人民法院《民诉解释》第 37 条规定："案件受理后，受诉人民法院的管辖权不受当事人住所地、经常居住地变更的影响。"第 38 条也规定："有管辖权的人民法院受理案件后，不得以行政区域变更为由，将案件移送给变更后有管辖权的人民法院。"这些规定体现了地域管辖恒定的原则。另外需要指出，我国立法不认可级别管辖恒定，即级别管辖依据的因素发生变更时,管辖会随之变动。根据《民诉解释》第 39 条第 1 款之规定,人民法院对管辖异议审查后确定有管辖权的,不因当事人提起反诉、增加或者变更诉讼请求等改变管辖,但违反级别管辖、专属管辖规定的除外。

三、管辖的分类

我国法学界对于民事诉讼管辖的分类,一般是从立法和理论两个方面进行讨论的。

(一)管辖的法律分类

以民事诉讼法的规定为根据,民事诉讼管辖可以分为级别管辖、地域管辖、移送管辖和指定管辖四类。其中,地域管辖又可分为一般地域管辖、特殊地域管辖、专属管辖、共同管辖、选择管辖和协议管辖。但是应当指出,这种分类的标准并非是特定统一的,因此划分后的管辖种类也就不是独立并列存在的。例如,移送管辖和指定管辖只是级别管辖和地域管辖出现问题时的一种解决办法,并非独立于后两者而存在;共同管辖和选择管辖也是解决特殊管辖问题的方式,协议管辖是对地域管辖在法定范围内的自由约定,专属管辖仅是一种特殊的严格的法定管辖,它们是对一般地域管辖和特殊地域管辖的补充,并非与后两者并行存在。

(二)管辖的理论分类

我国法学界对管辖进行理论分类一般是从以下几个方面展开的:

(1)法定管辖和裁定管辖。以是否有法律规定为标准,可以将管辖分为法定管辖和裁定管辖。由民事诉讼法直接规定并可直接适用的管辖是法定管辖,主要包括级别管辖和地域管辖;民事诉讼法中虽然有规定但需要通过人民法院裁定予以实现的管辖是裁定管辖,主要包括移送管辖、指定管辖和管辖权转移。从二者关系看,前者是针对管辖的一般情形的,后者则是针对特殊情形的,设定裁定管辖的主要目的,是为了对法定管辖进行灵活性的适用。

(2)专属管辖和协议管辖。以管辖是否由法律强制规定、是否允许当事人自由协商为标准,可以分为专属管辖和协议管辖。专属管辖,是指法律规定某类案件只能由特定的法院管辖,并且不得以任何方式变更的一种管辖形式;协议管辖,是指法律虽然已经对管辖作出规定,但同时也允许当事人协商选择其他法院进行管辖。实际上,这种分类有待商榷。协议选择的对立面应当是法律规定,而专属管辖只是法律规定的一种强制性最大的形式。

(3)共同管辖和合并管辖。以案件的诉讼关系为标准,可以分为共同管辖和合并管辖。案件的诉讼关系,是指诉讼主体、诉讼客体与法院辖区之间存在的联系。共同管辖,是指两个或两个以上的人民法院对同一案件具有管辖权。这种管辖可以由诉讼主体和诉讼客体的因素而引发。前者如,同一案件的几个被告住所地在两个或者两个以上法院辖区内；后者如，不动产案件中的不动产位于不同法院的辖区内。合并管辖，又称牵连管辖，是指对某一案件有管辖权的法院，因本院无管辖权的另一案件与该案存在牵连关系，而对两起案件一并管辖。适用合并管辖的情形主要有：原告增加诉讼请求、被告提起反诉、第三人提出与本案有关的诉讼等。如果法院对牵连案件本来即具有管辖权，则不存在合并管辖问题。我们认为，这种分类也有待商榷。其实，共同管辖只是案件管辖所存在的一种状态，或者说是管辖中一种待解决的问题。而合并管辖，也只是解决某种管辖问题时的一种方式。两者并非同一性质，甚至也没有太大的联系。

我们对法学界对管辖的传统理论分类保留看法。也有个别学者质疑上述分类标准有失科学，而主张按照以下标准进行划分，在此一并介绍。①

(1)以是否直接根据法律规定为标准，可分为直接法定管辖和间接法定管辖。前者指直接根据法律规定而没有法院主观意志介入而确定的管辖，如级别管辖、地域管辖；间接法定管辖是指基于法律授权而由法院进行裁定的管辖，如指定管辖和管辖权转移。

(2)以是否由当事人协议约定为标准，可分为协议管辖和强制管辖。前者加入了当事人双方的主观意志；而后者是由法律强制规定，不允许当事人协议变更的管辖，如级别管辖和专属管辖。

(3)以案件管辖法院的数量多少为标准，可分为共同管辖和单一管辖。前者是指两个以上法院对某一具体民事案件都有管辖权，当事人可以选择其一进行管辖；后者是指某一民事案件依法仅能由某一特定法院进行管辖。

(4)以是否将有牵连关系的数个案件一并管辖为标准，可分为合并管辖和分别管辖。合并管辖前已述及。分别管辖是指将有牵连的多个案件分别交由各个有管辖权的法院进行管辖。

第三节　级别管辖

一、级别管辖的概念和划分标准

级别管辖，是指上、下级人民法院之间受理第一审民事案件的分工和权限。它是确定法院管辖的首要环节。级别管辖是划分不同级别法院之间管辖第一审民事案件的总体分工，还不会直接涉及某一具体的管辖法院。在我国民事诉讼中，确定级别管辖的依据包括案件的性质、案件影响的大小、诉讼争议标的额大小等。

① 参见谭兵主编：《中国民事诉讼法要论》，西南财经大学出版社1991年版，第103—104页。

（一）案件的性质

案情简单、审理难度小的案件，一般适合于级别较低的法院管辖。这类案件主要包括专业性较强的专利案件、海事海商案件以及重大涉外案件等。

（二）案件的影响

案件的处理结果会对社会产生一定的影响，不同的案件可能会在不同的辖区范围内产生影响。案件的影响范围越大，就要在相适应辖区的法院进行管辖，也就是在级别较高的法院管辖。一般而言，案件影响范围与人民法院的级别成正比关系，影响范围越大，受理案件的法院级别越高。当然，绝大部分案件都不会产生太大的社会影响，大都限于基层人民法院的辖区范围。

（三）诉讼争议标的额

即根据诉讼金额的大小确定管辖法院的级别。即根据诉讼金额的大小确定管辖法院的级别。2015 年颁布的《最高人民法院关于调整高级人民法院和中级人民法院管辖第一审民商事案件标准的通知》，对全国各省、自治区、直辖市的高级与中级人民法院的管辖标准作出了明确规定。不过，这种以诉讼金额大小确定法院管辖级别的理念有待商榷。例如，一起诉讼金额巨大的民事案件，其法律关系却非常简单清晰，并且也基本没有任何的社会影响，如果也在高级别法院管辖的话，可能并不符合级别管辖的基本设置精神。不过，这种以诉讼金额大小确定法院管辖级别的理念有待商榷。例如，一起诉讼金额巨大的民事案件，其法律关系却非常简单清晰，并且也基本没有任何的社会影响，如果也在高级别法院管辖的话，可能并不符合级别管辖的基本设置精神。

二、级别管辖的内容

（一）基层人民法院管辖的第一审民事案件

《民事诉讼法》第 17 条规定："基层人民法院管辖第一审民事案件，但本法另有规定的除外。"基层人民法院是指县级、不设区的市级、市辖区级的人民法院。这就是说，一般民事案件都由基层人民法院管辖，或者说除了法律规定由中级人民法院、高级人民法院、最高人民法院管辖的第一审民事案件外，其余一切民事案件都由基层法院管辖。将大多数民事案件划归基层人民法院管辖是符合具体情况的。基层人民法院是我国法院系统中最低的一级，不但数量多，而且遍布各个基层行政区域。我国是农村人口占据多数的国家，当事人的住所地、纠纷发生地、争议财产所在地一般都在基层辖区之内。由基层人民法院管辖第一审民事案件，既方便当事人参与诉讼，又便于法院审理案件。

（二）中级人民法院管辖的第一审民事案件

根据《民事诉讼法》第 18 条之规定，中级人民法院管辖下列三类第一审民事

案件:

1. 重大涉外案件

所谓“重大”,是指争议标的额大、案情复杂的案件,或者一方当事人人数众多等具有重大影响的案件。所谓“涉外”,是指具有涉外因素,包括:(1)当事人:当事人一方或双方是外国人、无国籍人、外国企业或组织(中国国籍当事人居住在国外的不属于涉外);(2)法律事实:当事人之间民事法律关系设立、变更、终止的法律事实发生在国外;(3)诉讼标的物:标的物在国外。涉外因素具备上述三者之一即可。

2002年施行的《最高人民法院关于涉外民商事案件诉讼管辖若干问题的规定》中,重大涉外民商事案件由下列人民法院进行第一审管辖:(1)国务院批准设立的经济技术开发区人民法院;(2)省会、自治区首府、直辖市所在地的中级人民法院;(3)经济特区、计划单列市中级人民法院;(4)最高人民法院指定的其他中级人民法院;(5)高级人民法院。上述中级人民法院的区域管辖范围由所在地的高级人民法院确定。对国务院批准设立的经济技术开发区人民法院所作的第一审判决、裁定不服的,其第二审由所在地中级人民法院管辖。本规定适用于下列案件:(1)涉外合同和侵权纠纷案件;(2)信用证纠纷案件;(3)申请撤销、承认与强制执行国际仲裁裁决的案件;(4)审查有关涉外民商事仲裁条款效力的案件;(5)申请承认和强制执行外国法院民商事判决、裁定的案件。发生在与外国接壤的边境省份的边境贸易纠纷案件,涉外房地产案件和涉外知识产权案件,不适用本规定。涉及香港、澳门特别行政区和台湾地区当事人的民商事纠纷案件的管辖,参照本规定处理。高级人民法院应当对涉外民商事案件的管辖实施监督,凡越权受理涉外民商事案件的,应当通知或者裁定将案件移送有管辖权的人民法院审理。本规定实施前已受理的案件由原受理人民法院继续审理。

2. 在本辖区有重大影响的案件

所谓在本辖区有重大影响的案件,一般是指在政治上或经济上有重大影响的案件。在政治上有重大影响的案件,主要是指诉讼当事人或诉讼标的及标的物涉及的人或事在政治上有重大影响,如当事人是党、政、军界要员或人大代表等。在经济上有重大影响的案件,主要是指诉讼标的金额较大、争议的法律关系涉及国家经济政策的贯彻等诸类案件。诉讼单位属省、自治区、直辖市以上的经济纠纷案件,也属于在本辖区内有重大影响的案件。

3. 最高人民法院确定由中级人民法院管辖的案件

最高人民法院根据审判实践的需要,将某些案件确定由中级人民法院作为第一审法院。根据相关的司法解释,这类案件主要有:

(1)海事和海商案件。是指海上船舶碰撞、海上运输、追索海难救助费用等发生的纠纷。这类案件由海事法院专门管辖,目前我国已经在上海、青岛、天津、海口、大连、广州、武汉、厦门、宁波等城市设立了海事法院。海事法院均为中级人民法院。

(2)专利纠纷案件。专利纠纷包括两类:一类是专利行政案件,属于行政诉讼受案范围,另一类是专利民事案件,属于民事诉讼受案范围。专利民事案件主要包括专利申请公布后、专利权授予之前使用专利的费用纠纷、专利侵权纠纷、转让专利申请权或专利权的合同纠纷。专利民事案件由中级人民法院作为一审法院,但存在例外。最高人民法院根据实际情况,可以指定基层人民法院管辖第一审专利纠纷案件。

(3)著作权纠纷案件。它也包括民事案件与行政案件两大类,其中著作权民事案件主要包括:著作权及与著作权有关权益权属、侵权、合同纠纷;申请诉前停止侵犯著作权、与著作权有关权益行为,申请诉前财产保全、诉前证据保全案件;其他著作权、与著作权有关权益纠纷。著作权纠纷案件由中级人民法院作为一审法院,但存在例外。各高级人民法院根据本辖区的实际情况,可以确定若干基层人民法院管辖第一审著作权民事纠纷案件。

(4)商标权纠纷案件。这类案件主要包括:商标权及与商标权有关权益权属、侵权、合同纠纷;申请诉前停止侵犯商标权、与商标权有关权益行为,申请诉前财产保全、诉前证据保全案件;其他商标权、与商标权有关权益纠纷。商标权纠纷案件由中级人民法院作为一审法院,但也是存在例外。各高级人民法院根据本辖区的实际情况,经最高人民法院批准,可以在较大城市确定1至2个基层人民法院受理第一审商标民事纠纷案件。

(5)证券虚假陈述民事赔偿案件。此类案件由省、自治区、直辖市人民政府所在的市、计划单列市和经济特区中级人民法院管辖。

(6)涉及互联网域名的侵权纠纷案件。

(7)重大的涉港澳台民事案件。

(8)对于仲裁协议的效力有异议请求法院作出裁决的案件,由中级人民法院管辖。

(9)申请撤销仲裁裁决的案件,由仲裁委员会所在地的中级人民法院管辖。

(三)高级人民法院管辖的第一审民事案件

《民事诉讼法》第19条规定:“高级人民法院管辖在本辖区有重大影响的第一审民事案件。”高级人民法院设立在各省、自治区、直辖市人民政府所在地的城市,它负有对辖区内各中级和基层人民法院进行指导和审判监督的职能,同时还作为不服各中级人民法院一审裁判的上诉法院,因此,这些职能决定了高级人民法院不宜过多地审理第一审民事案件。

(四)最高人民法院管辖的第一审民事案件

《民事诉讼法》第20条规定:"最高人民法院管辖下列第一审民事案件:(一)在全国有重大影响的案件;(二)认为应当由本院审理的案件。"所谓在全国有重大影响的案件,是指在全国范围内案件性质比较严重、案情特别复杂、影响重大的案件,这类案件为数极少;所谓最高人民法院认为应当由本院审理的案件,是指只要最高人民法院认为某一案件应当由其审理,不论该案属于哪一级、哪一个法院管辖,它都有权将案件提上来自己审判,从而取得对案件的管辖权。这是立法赋予最高审判机关在管辖上的特殊权力。但应明确的是,由最高人民法院作为第一审管辖的民事案件实行一审终审,不能上诉。在我国的审判实践中,最高人民法院自成立至今从未管辖过第一审民事案件,因此这项立法还未曾真正实施过。

第四节　地域管辖

一、地域管辖的概念和确立标准

地域管辖,是指不同区域的同级人民法院之间受理第一审民事案件的分工和权限。地域管辖是在案件的级别管辖确定后对管辖权的进一步划分,意在解决案件由同级人民法院中哪一个法院管辖的问题。级别管辖是地域管辖的前提和基础,地域管辖是级别管辖的具体落实,二者共同构成了管辖制度的主要内容。

确定地域管辖的标准主要有两个:其一是诉讼当事人的所在地(尤其是被告的住所地)与法院辖区之间的联系;其二是诉讼标的、诉讼标的物或者法律事实与法院辖区之间的联系。

二、一般地域管辖

(一)适用原则:原告就被告

一般地域管辖是指仅根据当事人住所地确定管辖法院的一种管辖。我国的通行做法是采取"原告就被告"的原则,即原告起诉民事案件应由被告所在地法院管辖。

"被告所在地",对于作为公民的被告而言,是指该公民的住所地,一般是指户籍所在地,如果经常居住地与户籍所在地不一致的,以经常居住地为住所。所谓经常居住地,是指公民离开住所地至起诉时已连续居住满1年的地方,但公民住院就医的地方除外。

对于作为法人或其他组织的被告而言，被告住所地是指主要办事机构所在地；主要办事机构所在地不能确定的，注册地或者登记地为住所地。如果被告是没有办事机构的公民合伙或合伙型联营体，则由注册地法院管辖；没有注册地，几个被告又不在同一辖区的，几个被告住所地的法院都有管辖权。

为使“原告就被告”原则能够适应具体的诉讼实践，最高人民法院《民诉解释》还有如下补充规定：

(1)当事人的户籍迁出后尚未落户，有经常居住地的，由该地人民法院管辖；没有经常居住地的，由其原户籍所在地人民法院管辖。

(2)不服指定监护或变更监护关系的案件，可以由被监护人住所地人民法院管辖。

(二)例外规定：被告就原告

“原告就被告”不仅是我国普通地域管辖的一般原则，也是世界各国民事诉讼中普遍采用的一个原则，这一原则适用于绝大多数民事案件。但在有些情况下，按照这一原则确定案件管辖时，可能并不便于人民法院行使审判权，或者影响当事人充分行使诉讼权利。因此，确立“原告就被告”这一普通地域管辖的例外规定就显得十分必要。普通地域管辖的例外规定主要体现在民事诉讼法和最高人民法院的司法解释中，它们都规定某些案件由原告所在地法院管辖，原告所在地与经常居住地不一致的，由原告经常居住地法院管辖。

《民事诉讼法》第22条规定了四种例外情况：

(1)对不在我国领域内居住的人提起的有关身份关系的诉讼。所谓身份关系，是指与人的身份相关的各种关系，如婚姻关系、亲子关系、收养关系等，这类诉讼是人身权益问题。被告在国外的，原告可以向自己所在地的人民法院提起诉讼。

(2)对下落不明或者宣告失踪的人提起的有关身份关系的诉讼。一般情况下，双方当事人在我国境内有住所的，有关身份关系的诉讼应由被告所在地的法院管辖。但是，如果被提起诉讼的人下落不明，或者已被依法宣告其失踪的，就难以确定其所在地。对此，为保护原告的人身权益，法律上确定由原告所在地的人民法院管辖。

(3)对被采取强制性教育措施的人提起的诉讼。被采取强制性教育措施的人在被采取强制性教育措施期间，集中住在采取强制性教育措施地，而此地既不是被告所在地，也不是被告的经常居住地，因而该地法院对涉及被告身份关系的诉讼无司法管辖权。另外，由于被提起诉讼的人正在接受强制性教育措施，人身自由受到一定的限制，如由其原所在地的人民法院管辖，也不便于应诉。因此，法律上规定由原告住所地的人民法院管辖。针对双方当事人都是被采取强制性教育措施人的诉讼,应当由被告原住所地的法院管辖;被告被采取强制性教育措施一年以上的,由被告被采取强制性教育措施地的人民法院管辖。

(4)对被监禁的人提起的诉讼。被监禁的人在被监禁期间因丧失自由,无权在其住所地。所以,原告既不宜向其原住所地的法院起诉,也不宜向其被监禁地法院起诉,因而法律规定由原告所在地法院管辖。针对双方当事人都被监禁的案件,则由被告原住所地人民法院管辖;被告被监禁一年以上的,由被告被监禁地的人民法院管辖。

另外,最高人民法院《民诉解释》也对例外情况作出了下列特别的补充规定:

(1)被告一方被注销城镇户口的,由原告住所地法院管辖。双方当事人均被注销城镇户口的,由被告居住地的人民法院管辖。

(2)追索赡养费、扶养费、抚育费案件的几个被告住所地不在同一辖区的,可以由原告住所地人民法院管辖。

(3)夫妻一方离开住所地超过一年,另一方起诉离婚的案件,由原告住所地人民法院管辖。夫妻双方离开住所地超过一年,一方起诉离婚的案件,被告没有经常居住地的,由原告起诉时被告居住地的法院管辖。

(4)在国内结婚并定居国外的华侨,如定居国法院以离婚诉讼须由婚姻缔结地法院管辖为由不予受理,当事人向人民法院提出离婚诉讼的,由婚姻缔结地或者一方在国内的最后居住地人民法院管辖。

(5)在国外结婚并定居国外的华侨,如定居国法院以离婚诉讼须由国籍所属国法院管辖为由不予受理,当事人向人民法院提出离婚诉讼的,由一方原住所地或者在国内的最后居住地人民法院管辖。

(6)中国公民一方居住在国外,一方居住在国内,不论哪一方向人民法院提起离婚诉讼,国内一方住所地人民法院都有权管辖。国外一方在居住国法院起诉,国内一方向人民法院起诉的,受诉人民法院有权管辖。

(7)中国公民双方在国外但未定居,一方向人民法院起诉离婚的,应由原告或者被告原住所地人民法院管辖。

(8)已经离婚的中国公民,双方均定居国外,仅就国内财产分割提起诉讼的,由主要财产所在地人民法院管辖。

三、特殊地域管辖

特殊地域管辖,又称特别地域管辖,是指以诉讼标的所在地或者引起民事法律关系发生、变更、消灭的法律事实所在地及被告住所地为标准确定的管辖。特殊地域管辖的基本特点是,各类纠纷的管辖都是共同管辖,当事人要通过选择管辖的方式予以选择事实上的管辖法院。我国《民事诉讼法》第23条至第32条规定了10种情况的特殊地域管辖。

（一）一般合同纠纷诉讼

《民事诉讼法》第23条规定："因合同纠纷提起的诉讼，由被告住所地或者合同履行地人民法院管辖。"凡是民事诉讼法没有另外规定管辖准则的合同纠纷，均适用此规定。关于合同履行地的确定，根据《民诉解释》之规定，包括如下几项规则：（1）合同中明确约定履行地点的，以约定的履行地点为合同履行地。（2）当事人没有约定或者约定不明确，争议标的为给付货币的，接收货币一方所在地为合同履行地；交付不动产的，不动产所在地为合同履行地；其他标的，履行义务一方所在地为合同履行地。（3）即时清结的合同以交易行为地为合同履行地。

另外，最高人民法院又在《民诉解释》中对特殊情况的合同案件管辖作出了特别规定。

（1）合同没有实际履行，当事人双方住所地又都不在合同约定的履行地的，应由被告住所地人民法院管辖。

（2）财产租赁合同、融资租赁合同依租赁物使用地为合同履行地，但合同中对履行地有约定的从其约定。

（3）以信息网络方式订立的买卖合同，通过信息网络交付标的的，以买受人住所地为合同履行地；通过其他方式交付标的的，收货地为合同履行地。合同对履行地有约定的，从其约定。

（二）保险合同纠纷诉讼

《民事诉讼法》第24条规定："因保险合同纠纷提起的诉讼，由被告住所地或者保险标的物所在地人民法院管辖。"保险合同是投保人与保险人约定保险权利义务关系的协议。投保人是与保险人订立保险合同，并按照保险合同负有支付保险费义务的主体。保险人则是与投保人订立保险合同，并承担赔偿或者给付保险金责任的保险公司。这类诉讼不同于一般的合同纠纷，也不适用《民事诉讼法》第23条的规定。另外，注意《民诉解释》的两项特殊规则：（1）因财产保险合同纠纷提起的诉讼，如果保险标的物是运输工具或者运输中的货物，由被告住所地或者运输工具登记注册地、运输目的地、保险事故发生地的人民法院管辖。（2）因人身保险合同纠纷提起的诉讼，可以由被保险人住所地人民法院管辖。

（三）票据纠纷诉讼

《民事诉讼法》第25条规定："因票据纠纷提起的诉讼，由票据支付地或者被告住所地人民法院管辖。"票据是指以无条件支付一定金额为基本效能的有价证券。我国的票据法规定票据分为汇票、支票和本票三类。票据纠纷一般是指票据的出票人、承兑人、收款人和背书人之间因票据的签发、承兑、转让、贴现等问题发生的争议。票据支付地,是指票据上载明的付款地。票据未载明付款地的,以票据付款人(包括代理付款人)的住所地或主要营业所在地为票据支付地。

(四)公司设立、确认股东资格等纠纷的诉讼

《民事诉讼法》第26条规定:"因公司设立、确认股东资格、分配利润、解散等纠纷提起的诉讼,由公司住所地人民法院管辖。"另根据《民诉解释》第22条之规定,因股东名册记载、请求变更公司登记、股东知情权、公司决议、公司合并、公司分立、公司减资、公司增资等纠纷提起的诉讼,也是由公司住所地法院管辖。此处的"公司",是指依照公司法在中国境内设立的有限责任公司和股份有限公司。公司住所地,是指公司主要办事机构所在地;公司办事机构所在地不明确的,则按照公司注册地来认定。此类案件,如果公司系由县、县级市或者区的公司登记机关核准登记,则由基层人民法院管辖;如果公司系由地区、地级市以上的公司登记机关核准登记,则由中级人民法院管辖。

(五)运输合同纠纷诉讼

《民事诉讼法》第27条规定:"因铁路、公路、水上、航空运输和联合运输合同纠纷提起的诉讼,由运输始发地、目的地或者被告住所地人民法院管辖。"运输合同纠纷是指承运人和托运人之间在履行运输合同过程中产生的权利义务争议。依运输对象的不同,可以分为客运和货运两种;依运输方式的不同,可以分为铁路、公路、水上、航空以及联合运输。根据最高人民法院相关司法解释的规定,水上运输或者水陆联合运输合同纠纷发生在我国海事法院辖区的,由海事法院管辖;铁路运输合同纠纷,由铁路运输法院管辖;其他运输合同纠纷,由普通人民法院管辖。

(六)侵权行为诉讼

《民事诉讼法》第28条规定:"因侵权行为提起的诉讼,由侵权行为地或者被告住所地人民法院管辖。"侵权行为地,是指侵害他人合法权利的法律事实所在地,包括侵权行为实施地和侵权结果发生地。一般情况下,行为实施地和结果发生地二者相一致,但也存在不一致的情况。不一致时,二者所属人民法院都具有管辖权。

因司法实践中侵权行为形形色色,对侵权行为地的认定也并非易事。各有关立法和最高人民法院的司法解释对诸多特殊的侵权行为地作出了规定,兹介绍几种情况:

(1)因产品、服务质量不合格造成他人财产、人身损害提起的诉讼,产品制造地、产品销售地、服务提供地、侵权行为地和被告住所地的人民法院都有管辖权。

(2)专利侵权。侵权行为地包括:被控侵犯发明、实用新型专利权的产品的制造、使用、许诺销售、进口等行为的实施地;专利方法使用行为的实施地,依该专利方法直接获得的产品的使用、销售、许诺销售、进口等行为的实施地;外观设计专利产品的制造、销售、进口等行为的实施地;假冒他人专利行为的实施地;以及上述侵权行为的结果发生地。

(3)著作、商标侵权。侵权行为地包括侵权行为实施地,侵权复制品、商品的储藏地,查封扣押地等。

(4)信息网络侵权。信息网络侵权行为实施地包括实施被诉侵权行为的计算机等信息设备所在地,侵权结果发生地包括被侵权人住所地。

(七)交通事故损害赔偿纠纷诉讼

《民事诉讼法》第29条规定:"因铁路、公路、水上和航空事故请求损害赔偿提起的诉讼,由事故发生地或者车辆、船舶最先到达地、航空器最先降落地或者被告住所地人民法院管辖。"交通事故损害赔偿纠纷,是指承运人因铁路、公路、水上和航空运输过程中发生事故而造成旅客、托运人以及其他人人身或财产损害所引起的赔偿诉讼。事故发生地,包括事故发生及造成损害后果的地点。车辆、船舶最先到达地,是指车辆、船舶在事发后第一次停靠的车站、码头和港口等地点。航空器最先降落地,是指飞机、卫星、火箭、飞船、热气球等航空器在事故发生后第一次降落地点或者坠毁地点。

(八)海损事故纠纷诉讼

《民事诉讼法》第30条规定:"因船舶碰撞或者其他海事损害事故请求损害赔偿提起的诉讼,由碰撞发生地、碰撞船舶最先到达地、加害船舶被扣留地或者被告住所地人民法院管辖。"海损事故纠纷,是指船舶在航行过程中发生的碰撞、沉没、浪损、触礁、搁浅、失踪以及损害港口设备等事故而引发的受害人要求赔偿的纠纷。在涉外民事诉讼上,无论何国的船舶发生了碰撞或者其他海损事故,只要发生在我国领海范围内,我国法院就可以对请求损害赔偿的诉讼行使管辖权。

(九)海难救助费用纠纷诉讼

《民事诉讼法》第31条规定:"因海难救助费用提起的诉讼,由救助地或者被救助船舶最先到达地人民法院管辖。"海难救助,是指对海上遇难船舶、人员和货物所进行的救助活动。海难救助后,被救船舶应当根据救助的实际情况支付救助人一定的费用。救助地,是指救助行为的实施地;被救助船舶最先到达地,是指被救船舶脱离危险后首先到达的港口或其他地方。

（十）共同海损纠纷诉讼

《民事诉讼法》第 32 条规定："因共同海损提起的诉讼，由船舶最先到达地、共同海损理算地或者航程终止地的人民法院管辖。"共同海损，是指船舶在海运过程中遭受海难等意外事故时，为排除危险和挽救人员、船舶、货物而作出的牺牲或支付的费用。共同海损一般由受益人共同分担。共同海损额的理算是一项专业性极强的工作，世界上大多数国家或地区都专门设有共同海损理算组织、机构。我国的共同海损理算组织是设立在北京中国国际贸易促进委员会内部的共同海损理算处。如果在我国理算共同海损，理算地即为北京。共同海损发生后，如船舶最先到达我国的某一港口，或有关当事人同意在北京理算，或船舶的航程终止地在我国某一港口，上述地方的人民法院对因此而提起的民事诉讼具有管辖权。

四、专属管辖

专属管辖，是指法律特别规定某些类型的案件只能由特定的法院行使管辖权的一种排他性管辖制度。它是我国民事诉讼中强制程度最高的一种管辖。专属管辖的排他性主要体现在：首先，它排除了一般地域管辖和特殊地域管辖的适用；其次，凡是专属管辖的案件，其他任何法院均无管辖权；最后，它还排除了当事人双方对管辖问题的协议变更。根据《民事诉讼法》第 33 条的规定，我国的专属管辖有三种情况：

第一，因不动产纠纷提起的诉讼，由不动产所在地人民法院管辖。这里的不动产是指不能移动或移动后会降低或丧失其价值的财产，如土地以及土地上的房屋、森林、草原、河流等。所谓不动产纠纷，是指因不动产的权利确认、分割、相邻关系等引起的物权纠纷；另外，农村土地承包经营合同纠纷、房屋租赁合同纠纷、建设工程施工合同纠纷、政策性房屋买卖合同纠纷，也是按照不动产纠纷确定管辖。而不动产所在地，则按照如下规则予以认定：(1)不动产已登记的，以不动产登记簿记载的所在地为不动产所在地；(2)不动产未登记的，以不动产实际所在地为不动产所在地。

第二，因港口作业中发生纠纷提起的诉讼，由港口所在地人民法院管辖。在港口作业过程中，一方面会因为装卸、驳运等发生争议，另一方面也会因为违章作业等损坏港口设施或造成其他人身、财产损害引起纠纷。这类纠纷由港口所在地法院管辖有利于法院及时采取保全措施，及时审判案件。港口所在地人民法院包括普通法院和海事法院。

第三，因继承遗产纠纷提起的诉讼，由被继承人死亡时住所地或者主要遗产所在地人民法院管辖。继承遗产纠纷，是指各继承人之间相互为继承被继承人遗产而产生的纷争。如果遗产数量多又分布在不同法院的辖区时,还要区分主要遗产和非主要遗产。主要遗产,是指死者数项遗产中价值较大的遗产。如果数项遗产价值不会有很大悬殊时,一般以不动产为主要遗产。法律规定这类案件由被继承人死亡时住所地或主要遗产所在地人民法院管辖,便于法院查明遗产、继承人和被继承人的相关情况,及时公正审理案件。

另外,根据《民事诉讼法》第266条的规定,因在中华人民共和国履行中外合资经营企业合同、中外合作经营企业合同、中外合作勘探开发自然资源合同发生纠纷提起的诉讼,由中华人民共和国人民法院管辖。这也可以看作是我国法院的专属管辖。

我国《海事诉讼特别程序法》第7条也规定了海事法院的专属管辖:(1)因沿海港口作业纠纷提起的诉讼,由港口所在地海事法院管辖;(2)因船舶排放、泄漏、倾倒油类或者其他有害物质,海上生产、作业或者拆船、修船作业造成海域污染损害提起的诉讼,由污染发生地、损害结果地或者采取预防污染措施地海事法院管辖;(3)因在中华人民共和国领域和有管辖权的海域履行的海洋勘探开发合同纠纷提起的诉讼,由合同履行地海事法院管辖。

五、共同管辖问题的解决

共同管辖,是指依照法律规定,两个以上的人民法院对同一案件都有管辖权。共同管辖大致可以分为三种情况:(1)因诉讼主体的牵连关系发生的共同管辖,如同一诉讼的几个被告住所地、经常居住地在两个以上人民法院辖区内,各该人民法院都有管辖权。(2)因诉讼客体的牵连关系发生的共同管辖,如同一案件的标的物分散在两个以上法院辖区或者侵权行为地跨越两个以上法院辖区的,各该人民法院都有管辖权。(3)基于法律规定的共同管辖,如我国《民事诉讼法》第23条至32条和第33条第3项均属于共同管辖。

可以认为,共同管辖是在解决案件管辖过程中出现的一个问题,或者说是一种管辖状态,并非是案件的实际管辖。而案件最终的管辖只能是由一个特定的法院进行,多个法院不能同时对一起案件行使管辖权。因此,原告只能通过选择管辖的方式解决管辖法院问题。所谓选择管辖,是指依照法律规定,对同一案件两个以上人民法院都有管辖权的,当事人可以选择其中一个人民法院起诉。《民事诉讼法》第35条规定:"两个以上人民法院都有管辖权的诉讼,原告可以向其中一个人民法院起诉;原告向两个以上有管辖权的人民法院起诉的,由最先立案的人民法院管辖。"这是解决共同管辖中管辖冲突的法律规定,也是管辖制度中选择管辖的根据。根据最高人民法院《民诉解释》的规定,两个以上人民法院都有管辖权的诉讼,先立案的人民法院不得将案件移送给另一个有管辖权的人民法院。人民法院在立案前发现其他有管辖权的人民法院已先立案的，不得重复立案；立案后发现其他有管辖权的人民法院已先立案的，裁定将案件移送给先立案的人民法院。①

根据共同管辖和选择管辖的规定可以看出，共同管辖和选择管辖是一个问题的两个方面，即共同管辖是从法院行使管辖权角度出发的，选择管辖是从当事人行使起诉权角度出发的。共同管辖是选择管辖的基础和前提条件，选择管辖是对共同管辖的落实和实现。二者都是对一般地域管辖、特殊地域管辖和专属管辖法律规定适用的进一步落实和补充。

六、协议管辖

协议管辖，亦称合意管辖、意定管辖或约定管辖，是指双方当事人在纠纷发生前或纠纷发生后，以书面的方式约定管辖法院。它是以当事人的合意为基础的。

当事人双方可以协议管辖，是法律赋予当事人的重要诉讼权利，是当事人意思自治原则在诉讼管辖制度上的具体表现，也是民事诉讼法处分原则的体现。它反映了我国民事诉讼制度的法定性与当事人自由意志的结合。根据民事诉讼法的规定，国内民事诉讼和涉外民事诉讼都可以适用协议管辖。

《民事诉讼法》第34条规定："合同或者其他财产权益纠纷的当事人可以书面协议选择被告住所地、合同履行地、合同签订地、原告住所地、标的物所在地等与争议有实际联系的地点的人民法院管辖，但不得违反本法对级别管辖和专属管辖的规定。"这是针对民事诉讼协议管辖的基本规定，同时适用于国内民事诉讼和涉外民事诉讼。

根据上述规定，民事诉讼中适用协议管辖必须具备以下条件：

(1)协议管辖的案件应当符合法律规定，必须是合同纠纷案件或者其他财产权益纠纷案件。其他案件不得协议管辖。另根据《民诉解释》第34条之规定，因同居或者解除婚姻、收养关系后，当事人仅就财产发生争议的案件，也适用协议管辖。

(2)协议管辖只能对第一审法院管辖的案件进行协议，不得对第二审法院管辖进行协议。原因在于：第二审案件的管辖法院是第一审法院的上一级法院，当事人无权协议变更。

---

① 应当指出，双方当事人基于同一法律关系或同一法律事实发生纠纷，以不同诉讼请求分别向有管辖权的不同人民法院起诉的，即互为原、被告起诉的案件，后立案的法院在得知有关法院先立案的情况后，应当将案件移送给先立案的法院合并审理。在《民事诉讼法》第35条中对此并未作出规定，但从《民诉意见》的规定中可以得出这种理解。

(3)协议管辖必须符合法律规定的形式。协议管辖必须以书面形式进行，口头协议或者其他形式一律无效。书面协议可以是单独的管辖协议，也可以是主合同中的管辖条款。如果是主合同中的管辖条款，那么协议管辖的条款具有独立性，即便主合同无效，管辖条款的法律效力也不受影响。书面协议的达成时间，可以是在纠纷发生之前或纠纷发生之后诉讼开始之前。另需注意，经营者使用格式条款与消费者订立管辖协议，未采取合理方式提请消费者注意，消费者主张管辖协议无效的，人民法院应予支持。

(4)双方当事人必须在法律规定的范围内协议选择管辖法院。当事人可以从被告住所地、合同履行地、合同签订地、原告住所地、标的物所在地等与争议有实际联系的地点中选择管辖法院。需要指出的是，当事人的协议选择范围不限于上述五个地点，只要与争议存在实际联系即可。根据《民诉解释》第30条第2款之规定，管辖协议约定两个以上与争议有实际联系的地点的法院管辖，原告向其中一个法院起诉的，法院应予受理。

(5)双方当事人协议选择管辖法院，不得违反本法对级别管辖和专属管辖的规定。当事人在协议时只得选择或者变更一审案件的地域管辖，一般地域管辖和特殊地域管辖的规定都可通过协议管辖予以对抗，但不能变更级别管辖，法律规定的审级秩序必须服从。另外，专属管辖具有强烈的排他性，当事人也不得通过协议予以变更。

第五节 裁定管辖

一、裁定管辖概述

裁定管辖，是指人民法院以裁定的方式确定案件的管辖。民事诉讼法规定的裁定管辖有三种，即移送管辖、指定管辖和管辖权的转移。现实生活中的民事案件错综复杂，单纯靠法律规定管辖制度无法满足司法实践的需要。裁定管辖是法律专门赋予人民法院的一项权力，可以根据具体情况对民事案件管辖问题进行灵活性考量。裁定管辖既可以在法定管辖的范围之内，也可以改变法定管辖的规定。前者如移送管辖，后者如管辖权的转移。指定管辖可能是在法定管辖范围内指定，也可能是超出法律规定的管辖范围。

二、移送管辖

（一）移送管辖的概念

移送管辖，是指人民法院受理案件后，发现本法院对该案无管辖权的，依照法律规定将案件移送给有管辖权的人民法院审理。移送管辖就其实质而言，是对案件的移送,而不是对案件管辖权的移送。它是对管辖发生错误时所采用的一种纠正措施。移送管辖通常发生在同级人民法院之间,但也不排除在上、下级人民法院之间适用。《民事诉讼法》第36条规定:“人民法院发现受理的案件不属于本院管辖的,应当移送有管辖权的人民法院,受移送的人民法院应当受理。受移送的人民法院认为受移送的案件依照规定不属于本院管辖的,应当报请上级人民法院指定管辖,不得再自行移送。”

(二)移送管辖的条件

根据民事诉讼法的相关规定,移送管辖的适用应当具备以下条件:

(1)人民法院已经受理案件。如果是尚未受理的案件,经审查不属于本法院管辖的,应告知当事人向有管辖权的人民法院起诉,也就不存在移送管辖问题。

(2)受理案件的人民法院对该案无管辖权,或者虽有管辖权但其他有管辖权的法院已经立案在先。依法享有管辖权的人民法院才有权行使审判权,因此无管辖权的人民法院无权审理案件。如果受理该案的法院本身有管辖权,除其他有管辖权法院已经对同一案件立案在先的,一般不能进行移送。

(3)受移送的人民法院对本案享有管辖权。这是对移送案件法院的要求,即不得随意移送,只能向有管辖权的人民法院移送。此种要求主要是一种主观要求,即移送法院认为受移送法院对本案具有管辖权,移送管辖即可成立;受移送法院认为自己没有管辖权,且拒绝接受移送,这不能影响移送管辖的成立。

(三)移送管辖的例外

人民法院在移送管辖时,还需要注意几种不得移送的情况:

(1)受移送案件的法院认为受移送案件依照法律规定不属于本院管辖的,不得以任何理由再自行移送,应当报请上级人民法院指定管辖。所谓自行移送,是指受移送法院将案件移送其他人民法院或者又将案件退回移送法院。这样规定,既可以避免法院之间相互推诿或者争夺管辖权,又可以防止拖延诉讼,及时保护当事人合法权益。

(2)案件在受理后,受诉人民法院的管辖权不受当事人住所地、经常居住地变更的影响。有管辖权的人民法院受理案件后,不得以行政区域变更为由,将案件移送给变更后有管辖权的人民法院。这是管辖恒定原则的要求。

(3)两个以上人民法院对案件都有管辖权时,由先立案的人民法院进行管辖,先立案法院不得移送给其他有管辖权的人民法院。

三、指定管辖

(一)指定管辖的概念

指定管辖,是指上级人民法院根据法律规定,以裁定的方式指定其辖区内的下级人民法院对某一民事案件行使管辖权。《民事诉讼法》第 37 条规定:"有管辖权的人民法院由于特殊原因,不能行使管辖权的,由上级人民法院指定管辖。人民法院之间因管辖权发生争议,由争议双方协商解决;协商解决不了的,报请它们的共同上级人民法院指定管辖。"此即指定管辖的基本规定。

(二)指定管辖的适用

根据《民事诉讼法》第 36 条至 37 条的规定,指定管辖主要适用于下列三种情况:

(1)受移送的人民法院认为自己对移送来的案件无管辖权。对此,前已述及。

(2)有管辖权的人民法院由于特殊原因,不能行使管辖权。这里的特殊原因,包括事实上和法律上的原因。事实上的原因,指有管辖权的人民法院遇到了不可预测、不可避免并不能克服的客观事由,如地震、水灾等导致无法行使管辖权。法律上的原因主要是指回避,譬如,管辖案件的法院作为本案的一方当事人,不得审理自己的案件,适用整体回避;再如,受诉法院的审判人员,因当事人申请回避或者审判人员自行回避,无法组成合议庭对案件进行审理。出现上述情况之一的,应由上级人民法院在其辖区内,指定其他合适的人民法院管辖。

(3)因管辖权发生争议,经双方协商未能解决争议。这里的争议,包括消极争议和积极争议,消极争议是指相互推诿,而积极争议是指相互争夺。通常是因为法院之间辖区界限不明,或者对法律的规定理解不一致,也有因地方保护主义为其地方的经济利益而争夺管辖权。不论属于哪种原因引起的争议,应由双方协商解决,协商不成时应报请它们的共同上级人民法院指定管辖。

根据《民诉解释》第 40 条之规定,发生管辖权争议的两个人民法院因协商不成报请它们的共同上级人民法院指定管辖时,如双方为同属一个地、市辖区的基层人民法院,由该地、市的中级人民法院及时指定管辖;同属一个省、自治区、直辖市的两个人民法院,由该省、自治区、直辖市的高级人民法院及时指定管辖;如双方为跨省、自治区、直辖市的人民法院,高级人民法院协商不成的,由最高人民法院及时指定管辖。报请上级人民法院指定管辖时,应当逐级进行。上级人民法院依照《民事诉讼法》第 37 条的规定指定管辖时,应书面通知报送的人民法院和被指定的人民法院。报送的人民法院接到通知后,应及时告知当事人。

在指定管辖的适用中,还需注意下列程序:

(1)在指定管辖实现之前,法院不得对案件进行实体审理。对报请上级人民法院指定管辖的案件,下级人民法院应当中止审理。指定管辖裁定作出前,下级人民法院对案件作出判决、裁定的,上级人民法院应当在裁定指定管辖的同时,一并撤销下级人民法院的判决、裁定。

(2)上级人民法院指定管辖后,应当通知报送的人民法院和被指定行使管辖权的人民法院,后者应当及时告知案件当事人。

四、管辖权转移

(一)管辖权转移的概念

管辖权转移,是指经上级人民法院决定或者同意,将某个案件的管辖权由上级人民法院转交给下级人民法院,或者由下级人民法院转交给上级人民法院,使得本无管辖权的人民法院由此而获得案件的管辖权。管辖权转移的实质,是对级别管辖的一种变通和补充,它仅在上、下级人民法院之间进行,通常在直接的上、下级之间进行。

(二)管辖权转移的适用

《民事诉讼法》第38条规定:"上级人民法院有权审理下级人民法院管辖的第一审民事案件;确有必要将本院管辖的第一审民事案件交下级人民法院审理的,应当报请其上级人民法院批准。下级人民法院对它所管辖的第一审民事案件,认为需要由上级人民法院审理的,可以报请上级人民法院审理。"据此规定,管辖权的转移有两种情况:

1. 管辖权向上转移

它是指管辖权从下级人民法院转移至上级人民法院,包括提审和报请两种方式。提审,是指上级人民法院对下级人民法院管辖的第一审民事案件有权决定由本院审理。报请,是指下级人民法院认为本属自己管辖的第一审民事案件,因特殊原因需要由上级人民法院审理时,报请上级法院决定审理。这里的特殊原因主要包括:不便于本院审理,如一方当事人是受诉人民法院或者其工作人员;案情复杂,涉及面广,受诉人民法院审理有困难的案件。为了保证案件的公正性、高效率和审判质量,法律赋予上级人民法院有提审权。凡是上级人民法院决定提审的案件,下级人民法院不得拒绝,而下级人民法院报请上级人民法院审理的案件,必须经过上级人民法院的同意,否则该案件的管辖权不会发生转移。

2. 管辖权向下转移

它是指上级人民法院将本属自己管辖的第一审民事案件移交于下级人民法院审理。管辖权向下转移需要具备两个条件:(1)确有必要。也就是说,上级法院将案件交由下级法院审理,有利于方便当事人参加诉讼和人民法院审理案件。根据《民诉解释》第42条第1款之规定,只有以下三类案件上级法院可在开庭前向下移交:①破产程序中有关债务人的诉讼案件;②当事人人数众多且不方便诉讼的案件;③最高人民法院确定的其他类型案件。(2)报请上级法院批准。也就是说,上级法院认为确有必要将本院管辖的一审案件交由下级法院审理时,应当向自己的上级法院报告,经批准后方可下移。需要指出的是,报请批准是2012年《民事诉讼法》修改时新增加的程序。其背后的理念在于,管辖权向下转移将本应由上级法院审理的案件降至下级法院审理,过于恣意的话可能会侵犯案件当事人的法院级别利益,因此必须经过再上级法院的批准程序。

(三)管辖权转移与移送管辖的比较

管辖权转移和移送管辖存在诸多相似之处,如两者都是以裁定方式来实现案件的管辖,都是对法定管辖的补充;两者在形式上都发生了案件的移送,且移送的都是第一审民事案件。但是,两者却存在本质上的区别:

(1)性质不同。管辖权转移是案件的管辖权发生了改变,而移送管辖移送的仅仅是案件而非管辖权。

(2)目的不同。管辖权转移主要是为了使级别管辖具有必要的灵活性而采取的变更和微调措施,而移送管辖则是为了纠正人民法院的管辖错误,使民事诉讼法关于管辖的规定得以正确实行。

(3)程序不同。管辖权转移仅是在上、下级人民法院之间进行,而移送管辖既可以在上、下级之间进行也可以在同级法院之间进行。另外,移送管辖仅体现为移送法院的单方行为,无须受移送法院的同意。而在管辖权转移中,向下转移并不需要征得下级法院的同意;通过提审的向上转移是上级法院的单方行为,通过报请的向上转移则是上、下级法院之间的双方行为。

第六节 管辖权异议

一、管辖权异议概述

管辖权异议,是指在人民法院受理案件后,当事人依法提出该人民法院对本案无管辖权的主张和意见。虽然民事诉讼法对管辖问题遵照既要具体明确,又要具备一定灵活性的原则进行了严格详尽的规定,但由于案件管辖问题在审判实践中的复杂性,人民法院审判人员对法律的理解和双方当事人不同角度的认识都会存在局限性,难以避免对案件的管辖权问题发生争议。为了保证人民法院正确行使审判权和维护当事人的诉讼权利,有利于防范、克服地方保护主义及当事人滥用诉权,法律设立了管辖权异议的制度。我国《民事诉讼法》第127条第1款规定:"人民法院受理案件后,当事人对管辖权有异议的,应当在提交答辩状期间提出。人民法院对当事人提出的异议,应当审查。异议成立的,裁定将案件移送有管辖权的人民法院;异议不成立的,裁定驳回。"

二、管辖权异议的条件

根据上述法律规定,当事人提出管辖权异议,应当具备下列条件:

(一)异议主体

提出管辖权异议的主体,必须是本案的当事人。民事诉讼当事人包括原告、被告和第三人。在司法实践中,提出管辖权异议的通常是被告。因原告在起诉时总是向自己认为有管辖权的法院提起,因此在法院受理案件后再提出管辖权异议的情况很少。但这并不等于原告不享有提出管辖权异议的权利。① 理论界一般认为,在下列三种情况下原告可以提出管辖权异议:(1)原告误向无管辖权的法院起诉,待法院受理后,才知道受诉法院对该案件无管辖权;(2)诉讼开始后,被追加的共同原告认为受诉法院无管辖权,而提出管辖权异议;(3)受诉人民法院受理案件后,确认被告的管辖权异议成立,或者认为自己无管辖权,依职权将案件移送到有管辖权的法院,原告对移送后的法院提出管辖权异议。② 我们认为,允许原告在某些情况下提出管辖权异议,有利于保障当事人的诉讼权利,也有利于人民法院依法正确行使管辖权。

有独立请求权的第三人不享有提出管辖权异议的权利。对此,《最高人民法院关于第三人能否对管辖权提出异议问题的批复》已有明确规定。有独立请求权的第三人并非本诉的当事人,而是参加之诉的当事人,无权对本诉的管辖权提出异议。有独立请求权的第三人参加诉讼的方式主要有两种:(1)自行主动参加到他人已经开始的诉讼中。这种情况下,应当视为该第三人承认和接受受诉法院的管辖。而且,即使受诉法院实际上对该第三人提起的诉讼并不具有管辖权,但由于参加之诉与本诉之间具有牵连关系,受诉法院也因此而获得了对参加之诉的管辖权。(2)人民法院通知有独立请求权的第三人参加诉讼。这种情况下,如果该第三人认为受诉法院对其参加之诉无管辖权,可以拒绝参加诉讼,并有权以原告的身份向有管辖权的其他法院提起新的诉讼,而不必提出管辖权异议。因此,有独立请求权的第三人不能提出管辖权异议。

对于无独立请求权的第三人是否有权对管辖权提出异议的问题,学术界存在较大的争议。最高人民法院《民诉解释》第 82 条规定:“在一审诉讼中,无独立请求权的第三人无权提出管辖异议,无权放弃、变更诉讼请求或者申请撤诉,被判决

① 有人以《民事诉讼法》明确规定管辖权异议“应当在提交答辩状期间提出”为由,认为只有被告才提交答辩状,故只有被告才能对管辖权提出异议。这是对法律规定的误解。也许立法者在立法的当时,只考虑了被告提出管辖权异议的问题。但是,从这一规定本身来看,它只是对提出异议的时间的限制,并未限制提出主体。

② 参见章武生主编:《民事诉讼法新论》,法律出版社 1993 年版,第 125 页。

承担民事责任的,有权提起上诉。"《最高人民法院关于第三人能否对管辖权提出异议问题的批复》中也规定:"无独立请求权的第三人参加他人已开始的诉讼,是通过支持一方当事人的主张,维护自己的利益。由于他在诉讼中始终辅助一方当事人,并以一方当事人的主张为转移。所以,他无权对受诉法院的管辖权提出异议。"并且学术界的一种意见赞成这种规定,认为无独立请求权的第三人只是参加到他人之间已经开始的诉讼中去,在诉讼中支持其参加的一方,以维护自身利益。法院对案件有无管辖权,是依据原、被告之间的诉讼确定的,无独立请求权的第三人既非原告又非被告,无权行使本诉当事人的诉讼权利,所以无权提出管辖权异议。可见,以最高人民法院为代表的实务部门即是持这种观点。另外一种意见认为,无独立请求权的第三人可以提出管辖权异议。主要理由如下:(1)无独立请求权的第三人参加诉讼后可能形成两个诉,一是原、被告之间的本诉,二是第三人与其所参加一方当事人之间形成的参加之诉,当被告败诉法院将直接追究第三人民事责任时,参加之诉就会发生。在参加之诉中,无独立请求权并承担民事责任的第三人的诉讼地位实为被告,因此应当允许第三人对参加之诉的管辖权提出异议。(2)允许无独立请求权的第三人提出管辖权异议有利于防范和克服地方保护主义。在审判实践中,一些人民法院出于地方保护主义的目的,追加与被告之间存在法律关系的外地当事人作为第三人参加诉讼,并判决第三人承担民事责任。通过这种方式规避了民事诉讼法关于管辖权的规定,扩张了自己的管辖权,对原本无管辖权的被告与第三人之间的诉讼作出了判决。为遏制地方保护主义,应赋予无独立请求权的第三人提出管辖权异议的权利。① 学术界甚至还有一种观点认为,只有修改完善《民事诉讼法》第56条,把受诉法院对被告与无独立请求权的第三人之间的参加之诉有管辖权,作为判决该第三人承担民事责任的必要条件,才能从根本上维护无独立请求权的第三人的合法权益。②

(二)异议期间

管辖权异议必须在法定期间内提出。提出管辖权异议的时机,应当基本保证在人民法院已经受理案件、但尚未进行实体审理时。人民法院没有受理的案件,也就不存在实际管辖的问题;已经进入实体审理的案件,如果允许提出管辖权异议,无疑是对审判资源的一种浪费。根据《民事诉讼法》第127条第1款之规定,当事人对管辖权存在异议的,应当在提交答辩状期间提出,即在被告收到起诉状副本之日起15日内提出。另据《最高人民法院关于审理民事级别管辖异议案件若干问题

① 参见朱丹等:《无独立请求权的第三人可以提出管辖权异议》,《法学》1995年第6期。
② 参见江伟主编:《民事诉讼法》(第2版),高等教育出版社2004年版,第82页。

的规定》第3条之规定,提交答辩状期间届满后,原告增加诉讼请求金额致使案件标的额超过受诉人民法院级别管辖标准,被告提出管辖权异议,请求由上级人民法院管辖的,人民法院应当依法审查并作出裁定。

不过,我们认为这项规定存在一定的问题。立法者在当时可能只考虑了被告提出管辖权异议的问题,因此规定了提交答辩状期间以方便被告行使异议的权利。而针对原告等提出管辖权异议的期间并未作周全的考量,显然原告提出异议与被告提交答辩状似乎并无多大的联系,另外这种规定对法院后来追加的共同被告也不妥当。我们建议修改此项立法,改为"管辖权异议应当在当事人知道或者应当知道管辖法院之时起15日内提出"。

(三)异议对象

管辖权异议只能针对第一审民事案件提出,对于第二审案件不得提出管辖权异议。这是因为,管辖制度本就是针对第一审法院而设立的,案件的第二审法院完全依据一审案件的管辖而定,即一审法院的上一级法院为二审法院,因此在一审程序中赋予当事人管辖权异议权即可。当事人在上诉时,虽然不得对第二审法院提出管辖异议,但如果其认为第一审法院对案件无管辖权,仍然可以以此作为程序违法的上诉理由。

当事人是只能针对地域管辖提出异议,还是既可以针对地域管辖又可以针对级别管辖提出异议,民事诉讼法对此并未进行明确规定。我们认为,管辖权异议包括对地域管辖和级别管辖的异议。当然,司法实践中大量存在的可能是地域管辖的错误,但级别管辖也会出现错误的情况。既然立法并未对此加以限制,那么当然可以对级别管辖提出异议,以利于人民法院正确执行法律对级别管辖的规定。

(四)异议方式

管辖权异议应当以书面方式提出。管辖法院问题是民事诉讼中一项极为重要的问题,因此管辖权异议的提出原则上要求以书面的方式进行。但是在简易程序中,可以允许以口头方式提出管辖权异议。

三、管辖权异议的解决程序

(一)法院的审查与裁定

《民事诉讼法》第127条第1款规定:"……人民法院对当事人提出的异议,应当审查。异议成立的,裁定将案件移送有管辖权的人民法院;异议不成立的,裁定驳回。"实际上,这一规定存在瑕疵。如果管辖权异议成立,可能会意味着两种情况:一是本院没有管辖权,而其他法院有管辖权,此时应当裁定移送管辖;二是本院没有管辖权,且本案根本不属于法院的主管范围,此时应当裁定驳回起诉。

（二）管辖权异议裁定的救济

管辖权异议裁定应当送达双方当事人，当事人对裁定不服的，可以在10日内向上一级人民法院提起上诉，当事人在第二审人民法院确定该案件的管辖权后，即应按照人民法院的通知参加诉讼。为了维护当事人的诉讼权利，人民法院对当事人提出的管辖权异议，未经审查或审查后尚未作出裁定的，不得进入对该案的实体审理。当事人未提出上诉或者上诉被驳回的，受诉法院应当通知当事人参加诉讼。当事人对管辖权问题提出申诉的，不影响受诉法院对案件的审理。

四、应诉管辖

应诉管辖，是指原本不具有案件管辖权的法院，由于该案当事人放弃管辖权异议或者超过管辖权异议的提出时限而应诉，该法院便获得了该案的管辖权，有权对该案进行审理。《民事诉讼法》第127条第2款规定："当事人未提出管辖异议，并应诉答辩的，视为受诉人民法院有管辖权，但违反级别管辖和专属管辖规定的除外。"我国的国内民事诉讼和涉外民事诉讼中，皆可以适用应诉管辖的上述规定。在应诉管辖中，对某一案件不具有管辖权的法院获得案件管辖权，需要具备以下三个条件：

（1）当事人没有提出管辖权异议。此处可以包括两种情况：一是当事人主动放弃了提出管辖权异议的权利，二是当事人没能在法定期间内（即提交答辩状期间内）提出管辖权异议。

（2）被告主动对原告的起诉进行了应诉答辩。此处的"应诉答辩"，应当可以作出两种理解：一是被告在提交答辩状期间向法院提交了答辩状；二是虽然未提交答辩状，但被告在法庭审理过程中应诉且在法庭上进行了口头答辩。司法实践中存在一种特殊情况，需要作些解释。如果被告在提交答辩状期间提交了答辩状，尔后在提交答辩状期间届满之前又提出了管辖权异议，此时应当作何处理呢？我们认为，此时被告提出的管辖权异议尚处于法定期间内，如果此异议是成立的，那么法院就不得适用应诉管辖。另据《民诉解释》第35条之规定，当事人在答辩期满后未应诉答辩，法院在一审开庭前发现案件不属于本院管辖的，应当裁定移送有管辖权的法院。

（3）应诉管辖不得违背级别管辖和专属管辖的规定。也就是说，受诉法院对案件不具有管辖权，是指受诉法院根据一般地域管辖、特殊地域管辖或者协议管辖等相关规定而没有管辖权，此时可以适用应诉管辖。但是，级别管辖和专属管辖的规定是底线，应诉管辖不得与之对抗。

拓展思考题

1. 如何理解民事案件主管与法院管辖的关系？
2. 请指出我国民事诉讼级别管辖制度的主要缺陷。
3. 如何理解一般地域管辖、特殊地域管辖、协议管辖与专属管辖的关系？
4. 如何理解移送管辖与管辖权转移的区别？
5. 如何理解应诉管辖的适用规则及其实践价值？

第六章 民事诉讼当事人和诉讼代理人

【内容提要】

民事诉讼中的当事人，是指以自己的名义，针对特定的民事权益纠纷请求法院行使民事裁判权的人及其相对方。它应当是一个程序意义上的概念，我国的民事诉讼立法在这方面有所偏差。当事人适格，则是一个以实体法律关系为衡量标准的概念，它是指当事人针对与其有直接利害关系的民事争议能够以自己的名义向法院起诉或者应诉，并进而受法院裁判的约束。可以通过变更当事人和追加当事人对当事人适格的一些问题予以解决。当事人的诉讼权利能力，是对能够成为民事诉讼当事人的法律资格的要求；而诉讼行为能力，则是指能够独自进行民事诉讼活动，具有独立行使诉讼权利和履行诉讼义务的能力。这两项制度解决了能否称为诉讼当事人和能否亲自实际参加民事诉讼的问题。共同诉讼是一种特殊的诉讼形态，它是指在民事诉讼中原、被告一方或双方有两人以上的情况。共同诉讼包括必要的共同诉讼和普通的共同诉讼两种形式。诉讼代表人制度是解决群体诉讼的问题，是指为了便于诉讼，由人数众多的一方当事人推选出来，代表其利益实施诉讼行为的人。公益诉讼制度则解决谁可以作为当事人起诉保护社会公共利益的问题。民事诉讼中的第三人是一种特殊的广义上的当事人，是指对他人争议的诉讼标的有独立的请求权，或虽无独立的请求权，但案件的处理结果与其有法律上的利害关系，而参加到原、被告已经开始的诉讼中进行诉讼的人，包括有独立请求权的第三人和无独立请求权的第三人。为了对无诉讼行为能力的当事人的能力予以补足和对有诉讼行为能力的当事人的能力予以扩张，法律专门设定了诉讼代理人制度，包括法定诉讼代理人和委托诉讼代理人两种情形。

第一节　民事诉讼当事人概述

一、当事人的概念

民事诉讼中的当事人，是指以自己的名义，针对特定的民事权益纠纷请求法院行使民事裁判权的人及其相对方。在民事诉讼中，当事人有广义和狭义之分。狭义的当事人仅指原告和被告双方；广义的当事人则不仅包括原告、被告双方，还包括共同诉讼人、诉讼代表人和第三人。

当事人在不同的诉讼程序中又有不同的称谓：在第一审程序中，称为原告和被告；在第二审程序中，则称为上诉人和被上诉人；在申请再审阶段，称为申请再审人、被申请人和其他原审当事人；在审判监督程序中，如果适用一审程序称为原告和被告，如果适用二审程序则称为上诉人和被上诉人；在特别程序中，通常称为申请人，但在选民资格案件中则称为起诉人；在督促程序中，称为债权人和债务人；在公示催告程序中，称为申请人和利害关系人；在执行程序中，称为申请执行人和被申请执行人。当事人称谓不同，表明他们在不同的程序中具有不同的诉讼地位，享有的诉讼权利和承担的诉讼义务也有所不同。

对于当事人的概念，学术界有着不同的看法，在民事诉讼理论中也经历了一个演变的过程。在私法一元观时期，由于受到实体正义观念的支配，一般都是采纳了“实体意义当事人”的概念和标准，认为只有实体法律关系争议中的权利人和义务人才能是诉讼当事人，即必须与实体的民事争议有法律上的利害关系。于是，20世纪我国的民事诉讼法学教材大都会将民事诉讼当事人的概念作如下界定：民事诉讼当事人，是指因民事权利义务关系发生纠纷，以自己的名义到法院进行诉讼，并受法院裁判约束的利害关系人。又会将当事人的特征不约而同地概括为：(1)以自己的名义进行诉讼；(2)与民事案件有利害关系；(3)受人民法院裁判的约束。在时下的教材中已经鲜见这样的表述，但上述观点在当时却占据了通说地位，有着极大的影响。[1] 然而，以是否与案件有实际利害关系和是否受法院裁决的约束来判断当事人的构成，尽管可以落实实体争议的权利义务关系，但这种判断往往要到诉讼过程中甚至到诉讼结束后才能作出，因而无助于解决诉讼开始阶段当事人地

[1] 这种影响甚至在当前的个别教材中还有延续。如在司法部统一编审的高等政法院校规划教材《民事诉讼法学》中，在界定当事人的概念时，运用了程序意义上的当事人概念，而在概括当事人的特征时，又作出了极富实体意义当事人色彩的表述：(1)民事权利义务关系发生纠纷；(2)以自己的名义进行诉讼；(3)受人民法院裁判的拘束。参见常怡主编：《民事诉讼法学》(修订版)，中国政法大学出版社 2005 年版，第 157—158 页。

位的问题以及一系列实际存在的相关问题，例如管辖权问题等。并且，这种判断标准对当事人的要求，于民事诉讼制度的程序设计而言，也是不切实际的。民事诉讼程序本身的设置就是为了查清民事纠纷中的实际权利义务关系，而在判断作为程序主体的当事人时，又将这种实际权利义务关系进行了预设，显然是不科学的和无法实现的，是一个基本的逻辑错误。

在当前学术界，基本上都是将当事人界定为一个纯粹诉讼法上的概念，即采纳了“程序意义当事人”（或者说“形式意义当事人”）的判断标准。所谓“程序意义上的当事人”，是指确定当事人的依据不是看该当事人是否为实体权利义务关系的主体，而是以在形式上是否向法院提起诉讼请求和请求人（原告）在主观上以谁为相对人（被告）作为依据。例如对原告而言，只要向法院提起了诉讼请求，即为原告，至于该原告在客观上是否确实具有实体上的请求权则与其当事人地位没有关系。

当事人的概念，在国外民事诉讼理论上也历经了一个由“实体意义”向“程序意义”转变的过程。[①] 确立“程序当事人”的概念，有着极为重要的意义。第一，它适应了现代法治理念中实体权利保护与程序运作相对分离的一般趋势，有效地贯彻了法官不得拒绝裁判的宪法规则。[②] 如果将一些不符合实体条件的当事人拒之于法院门外，则不利于对公民诉权的全面保护。第二，相对于社会的快速发展而言，法律规定永远具有一定的滞后性，在民事立法领域尤其如此。如果以实体法的规定来判断当事人的资格，在立法对一些社会经济关系缺乏规定的情况下，可能会将包含民事权利义务性质的纠纷拒绝于国家审判权之外。第三，民事司法的目的在于解决民事纷争，民事纷争的形成又与社会生活密不可分，民事司法的运作体现了法院对社会发展的积极接触和关注。允许程序意义上的当事人进入民事司法领域，有利于实现司法对社会生活应有的良性驱动的功能。

在我国的民事诉讼立法中，对当事人的认定又是遵循了什么样的标准呢？长期以来，我国理论界奉行传统的利害关系当事人说，即要求当事人具备实体意义。这种观念也深刻影响了我国的法律规定。《民事诉讼法》第 119 条中，明确规定“原告是与本案有直接利害关系的公民、法人和其他组织”，即要求原告具备实体的意义。不过，同时又规定“有明确的被告”即可。该法第 121 条中也规定，起诉状应当写明当事人的姓名。可见，对于被告的确认只需在起诉状中注明即可。因此，对被告的认定只进行了程序意义的要求。可以说，我国民事诉讼法对当事人认定

① 参见江伟主编：《民事诉讼法》（第 2 版），高等教育出版社 2004 年版，第 85 页。

② 现今世界上许多法治国家，大都在宪法中确立了法官不得拒绝裁判的规则，将法官的裁判权和公正及时的裁决义务上升至宪法精神层面。我国宪法尚没有这方面的规定。

的规定是在奉行传统理论基础上吸收了一定的进步因素。实际上，无论是原告还是被告的认定，都应当摒弃“实体意义当事人”的判断标准，而应当以起诉状列明的原、被告判断某起案件的当事人。我国的民事诉讼立法应当在此作出一定的修改和完善。

二、当事人的诉讼权利能力和诉讼行为能力

（一）诉讼权利能力

诉讼权利能力，又称为当事人能力，是指一定的主体能够享有民事诉讼权利和承担民事诉讼义务的能力，即能够成为民事诉讼当事人的法律资格。诉讼权利能力是从抽象的一般意义上对某主体能否成为诉讼当事人的考察和确认，并不以任何的具体案件为前提。诉讼权利能力是一种法律上的资格，有这种能力的主体方能成为诉讼当事人，没有这种能力则无法成为当事人。另外，某一主体具备诉讼权利能力，并不意味着此主体就现实地成为了具体案件的当事人；要成为现实中的当事人，还必须在特定的诉讼案件中通过起诉或者应诉予以实现。因此可以说，诉讼权利能力就是当事人的主体资格。当事人主体资格同当事人适格是完全不同的两个概念。前者是针对普遍意义上的所有人和其他主体而言的，即使没有实际参加民事诉讼，也会涉及诉讼权利能力有无的问题；而后者是针对具体案件中的当事人而言的，是从当事人与争讼法律关系的实质联系进行考察的，只能是实际参加了特定的民事诉讼，才会涉及当事人是否适格的问题。

诉讼权利能力与民事权利能力是一对联系密切却又相互区别的概念。一般而言，有民事权利能力的主体，都有诉讼权利能力。因为民事权利主体的民事权益受到侵犯或与他人发生争议，应当必然也有要求司法保护的资格。但是，具备诉讼权利能力的主体，却未必具备民事权利能力。两者之间最为本质的区别在于：民事权利能力是一种实体法上的权利能力，是指作为民事主体的资格；而诉讼权利能力则是一种诉讼法上的权利能力，是指作为诉讼主体的资格。我国《民事诉讼法》第48条规定：“公民、法人和其他组织可以作为民事诉讼的当事人。法人由其法定代表人进行诉讼。其他组织由其主要负责人进行诉讼。”据此规定，具备诉讼权利能力可以作为民事诉讼当事人的有公民、法人和其他组织。

1. 自然人

对于自然人来说，其诉讼权利能力和民事权利能力是一致的，始于出生而终于死亡。任何自然人都具备这两项能力。自然人的人身和财产权利受到损害的，均可以作为当事人提起民事诉讼。有两种特殊情况，目前理论界尚且存在争议，即胎儿和死者。我们认为，胎儿和死者都没有生命，不是法律意义上的自然人，都不具备民事权利能力和诉讼权利能力。对于未出生的胎儿，根据我国继承法之相关规

定，遗产分割时，应当保留胎儿的继承份额。这只是法律拟制的一种针对胎儿的特殊保护，不代表其具有民事权利能力。对于死者而言，我国法律对其姓名、肖像、名誉、隐私等利益也进行了一定的保护。然而，这种保护的理论基础是什么，在理论界是争论较大的一个问题。①

2. 法人

法人的诉讼权利能力与民事权利能力，均始于法人的成立而终于法人的撤销或解散。但对于法人而言，其民事权利能力和诉讼权利能力却体现了一定程度的分离，这种分离表现在法人的民事权利能力的限定性与诉讼权利能力的普遍性上。

法人民事权利能力的限定性主要包括两个方面：(1)与自然人固有的性质差异所决定的民事权利能力的限制。与自然人相比，法人在性质上存在着天然的固有差异。例如，法人人身权的范围要比自然人狭窄许多，无法享有自然人的肖像权、身体权和配偶权等；再如，自然人固有的性别、年龄、亲属关系等方面的权利，法人也不能享有。(2)基于法律规定的限制。法人的民事权利能力还要受到法律规定或者核准登记经营范围的限制，违反法律或者超越经营范围的行为不会产生法律效力。《民法通则》第 42 条规定："企业法人应该在核准登记的经营范围内从事经营。"根据《公司法》第 12 条之规定，在有限责任公司和股份有限公司的公司章程中，经营范围是其必须登记的事项。另外，公司法中有公司不得成为其他公司的无限责任股东的限制性规定，破产法中有针对清算法人权利能力的限制性规定等。

法人的诉讼权利能力不会受到任何的限制。只要是与其他民事主体发生了纠纷，法人即可以向人民法院提起民事诉讼或者到法院应诉。即使对于法人超越经营范围的行为而引起的民事纠纷，该法人也具有诉讼权利能力。法人的诉讼权利能力只存在有无的问题，而不存在限制与否的问题。

3. 其他组织(非法人团体)

其他组织，是指不具有法人资格的一些组织或团体。"其他组织"是我国立法表达中惯用的一个术语，在理论上一般又可称为非法人团体。于非法人团体而言，在我国的立法上，其民事权利能力和诉讼权利能力呈现了极为显著的分离。

传统民法理论认为，非法人团体在民事实体法中并不是与自然人和法人并列的同等民事主体，并不具有民事权利能力。但是，"二战"以后国际上民法理论和民事立法的发展趋势是逐渐在一定范围内承认非法人团体的民事权利能力。我国

① 有一种观点认为，胎儿不具有民事权利能力，却具有诉讼权利能力；死者不具有诉讼权利能力，却具有民事权利能力。参见常怡主编：《民事诉讼法学》(修订版)，中国政法大学出版社 2005 年版，第 159 页。这种观点我们不予认同。

《合同法》第2条第1款规定:"本法所称合同是平等主体的自然人、法人、其他组织之间设立、变更、终止民事权利义务关系的协议。"有学者认为,依此规定,"其他组织在立法上至少是合同法中已被承认为民事主体了,即具有民事权利能力"[①]。我们认为,合同法的规定只能是体现出一种认可非法人团体民事权利能力的趋势,还不能认定其完全认可了非法人团体的民事权利能力。因为我国的非法人团体根本不具备民事责任能力,无法独立承担民事责任,不是完全独立的民事主体。学术界目前的主流观点,还是认为非法人团体不具有民事权利能力。

在我国的民事诉讼立法中,符合法律规定的非法人团体具有诉讼权利能力。《民事诉讼法》第48条规定:"公民、法人和其他组织可以作为民事诉讼的当事人。法人由其法定代表人进行诉讼。其他组织由其主要负责人进行诉讼。"根据最高人民法院《民诉解释》第52条的规定,具备诉讼权利能力的其他组织必须满足三个条件:一是经过合法成立;二是有一定的组织机构和财产;三是不具备法人资格。具体包括:(1)依法登记领取营业执照的个人独资企业;(2)依法登记领取营业执照的合伙企业;(3)依法登记领取我国营业执照的中外合作经营企业、外资企业;(4)依法设立并领取营业执照的法人的分支机构;(5)依法成立的社会团体的分支机构、代表机构;(6)依法设立并领取营业执照的商业银行、政策性银行和非银行金融机构的分支机构;(7)经依法登记领取营业执照的乡镇、街道企业;(8)其他符合本条规定条件的组织。

不符合《民诉解释》规定的其他组织,不具有诉讼权利能力,不可以作为诉讼当事人参加诉讼。例如,法人非依法设立的分支机构,或者虽依法设立,但没有领取营业执照的分支机构,以设立该分支机构的法人为当事人;一般的个人合伙不具有诉讼权利能力,其全体合伙人在诉讼中为共同诉讼人;个体工商户和农村承包经营户也不具有诉讼权利能力。

(二)诉讼行为能力

诉讼行为能力,又称为诉讼能力,是指能够独自进行民事诉讼活动,具有独立行使诉讼权利和履行诉讼义务的能力。有了诉讼权利能力,只是具有了成为当事人的资格;同时具有了诉讼行为能力,才能够亲自实施诉讼行为,行使诉讼权利,履行诉讼义务。如果只有诉讼权利能力而无诉讼行为能力,虽然可以成为当事人,但只能由其法定代理人代为实施诉讼活动。

当事人的诉讼行为能力与民事行为能力有着一定的区别。当事人的诉讼行为能力,在民事诉讼法学理论上只可进行有诉讼行为能力和无诉讼行为能力两种划

① 江伟主编:《民事诉讼法学》,复旦大学出版社2002年版,第178页。

分。而民事行为能力则分为完全民事行为能力、限制民事行为能力和无民事行为能力三种情况。限制民事行为能力人,可以独立地进行与他们年龄、智力相适应的民事活动,但不能独立地进行诉讼活动。与其有关的民事法律关系发生争议,必须进行诉讼时,也只能由其法定代理人代为进行诉讼。在我国年满 18 周岁且无精神疾病的人,是有完全民事行为能力的人,在诉讼上也就是有诉讼行为能力的人。作为诉讼当事人必须对自己的诉讼行为可能产生的法律后果,要有一定的鉴别和判断的能力。因此,限制民事行为能力和无民事行为能力的人,不具有诉讼行为能力。根据我国民法通则的有关规定,年满 16 周岁不满 18 周岁的公民,以自己的劳动收入为主要生活来源时,可视为完全民事行为能力人;当其参加民事诉讼时,也应当视为有诉讼行为能力,可以自行实施诉讼活动。

对于法人和非法人团体而言,有诉讼权利能力即有诉讼行为能力。法人和非法人团体的诉讼行为能力,自依法成立时产生,至撤销时或者解散时终止。但是,法人由其法定代表人进行诉讼,非法人团体由其主要负责人进行诉讼。法人的正职负责人是其法定代表人;没有正职负责人的,由主持工作的副职负责人担任法定代表人。设有董事会的法人,以董事长为法定代表人;没有董事长的法人,经董事会授权的负责人可以作为法定代表人。在民事诉讼中,法人的法定代表人更换的,由更换后的法定代表人继续进行诉讼,原法定代表人进行的诉讼行为有效,非法人团体更换主要负责人的情况也是如此。

(三)诉讼权利能力、诉讼行为能力与民事权利能力、民事行为能力列表比较

	民事权利能力	诉讼权利能力	民事行为能力	诉讼行为能力
公民	有	有	完全民事行为能力	有诉讼行为能力
			限制民事行为能力	无诉讼行为能力
			无民事行为能力	
法人	有	有	有	有
其他组织	无	有	无	有

三、我国民事诉讼当事人的诉讼权利义务

(一)当事人的诉讼权利

当事人的诉讼权利,是为了维持民事诉讼程序的正常运行以及实现民事诉讼的目的而设定的,也是宪法所确定的公民基本权利在民事诉讼法上的具体体现。根据我国民事诉讼法的有关规定,民事诉讼当事人享有广泛的诉讼权利,其中有的属于一方当事人享有的权利,也有的属于双方当事人共同享有的权利。

1. 一方当事人享有的诉讼权利

一方当事人享有的诉讼权利,大致包括:(1)原告有提起诉讼的权利,起诉后有放弃、变更诉讼请求和撤诉的权利;(2)被告有进行答辩、承认原告的诉讼请求和提起反诉的权利。

2. 双方当事人共同享有的诉讼权利

双方当事人享有的诉讼权利,大致包括:(1)使用本民族语言文字进行诉讼的权利;(2)委托代理人,提出回避申请,收集、提供证据,进行辩论,请求调解,提起上诉,申请执行的权利;(3)协议管辖法院的权利和提出管辖权异议的权利;(4)当事人可以查阅与本案有关材料,并可以复制本案有关材料和法律文书,但当事人应根据最高人民法院的具体规定行使这项权利;(5)双方当事人可以自行和解;(6)申请证据保全、申请顺延诉讼期间、申请财产保全和先予执行的权利;(7)要求重新调查、鉴定或者勘验的权利;(8)认为法庭笔录确有错误时,有申请补正的权利;(9)认为发生法律效力的判决、裁定、调解协议确有错误时,有申请再审的权利。

(二)当事人的诉讼义务

当事人享有广泛的诉讼权利的同时,也应承担相应的诉讼义务。根据《民事诉讼法》第49条第3款的规定,当事人应承担的诉讼义务主要有以下三方面:

(1)必须依法行使诉讼权利。当事人必须依照民事诉讼法的规定行使诉讼权利,不得滥用法律赋予的诉讼权利,损害他人的合法权益。

(2)必须遵守诉讼秩序。当事人必须遵守法庭秩序,服从法庭指挥,不得实施妨害民事诉讼秩序的行为。

(3)必须履行发生法律效力的判决书、裁定书和调解书。人民法院的判决书、裁定书、调解书生效后,负有义务的一方当事人必须履行。义务人不履行的,人民法院可根据权利人的申请或依职权依法强制执行。

第二节　当事人适格

一、当事人适格的概念

当事人适格,又称正当当事人,是指在特定的诉讼中,对于发生争议的民事法律关系有实施诉讼的具体权能。也就是说,当事人针对与其有直接利害关系的民事争议能够以自己的名义向法院起诉或者应诉,并进而受法院裁判的约束。理论上,有时也会将正当当事人的这种资格称为诉讼实施权。[①] 具有诉讼实施权的原

① 参见李龙:《民事诉讼当事人适格刍议》,《现代法学》2000年第4期。

告就是正当原告,也称原告适格;具有诉讼实施权的被告就是正当被告,也称被告适格。一起民事诉讼的当事人是否适格,应当从该具体诉讼案件的原告所主张的诉讼标的在他所起诉的当事人之间予以解决是否适当而且有无意义来决定,当事人适格与法院审理的结果以及与当事人所争议的民事法律关系是否确实存在(争议事实的真实性)都毫无关系。①

实际上,前述当事人的概念是从普遍意义或宏观意义上予以适用的,因此采取了程序意义或曰形式意义的界定。但是,具体到某一起特定的民事诉讼当中,当事人总要涉及一个是否正当的问题,是从微观角度而言的,其实就是采取了一种"实体意义当事人"的界定标准。例如,某公司 A 与某公司 B 的子公司 C 发生了合同纠纷,A 作为原告将 B 起诉至法院,即 B 为本案的被告,可是,B 并非本案的正当被告,适格的被告应当是其子公司 C。

正当当事人和诉讼实施权的概念起源于大陆法系的德国。在对以诉讼实施权为基础的当事人适格进行深入研究之后,学术界又提出了以"诉的利益"作为当事人适格之基础的观点。引入"诉的利益"的概念,是大陆法对英美判例法的吸收,它源于"无利益既无诉权"的一项基本原则。将"诉的利益"作为当事人适格的观点,实质上是扩大了当事人适格的基础,一定程度上也扩大了当事人适格的范围。凡是法律上利益相对立的双方,对于诉讼标的的权利义务关系存在争议,当事人对该诉讼即具有"诉的利益",当事人在该诉讼中即为正当当事人。"诉的利益"的学说运用到司法实践中,将会使一些纠纷在无法律明确规定的情况下,具有"诉的利益"的主体会获得胜诉判决。而纯粹由诉讼法拟制的诉讼主体也可以因此而获得当事人的资格。在司法解决纠纷功能不断扩大的现代社会,承认"诉的利益"作为当事人适格的基础具有极其重要的理论意义和现实意义。②

二、诉讼担当

诉讼担当是当事人适格中的一种特殊情形。所谓诉讼担当,是指适格的当事人(正当当事人)因故不能参加诉讼,而由从当事人角度来看完全不适格的第三人,以当事人的资格代为行使诉讼实施权,法院裁判的效力及于未能参加诉讼的争议法律关系主体。可见,诉讼担当的实质在于通过诉讼上的授权(包括依法律规定

---

① 我们借鉴英美法上的"真正利害关系"理论予以进一步阐明:"真正利害关系"并不以实体法明文规定的权利根据为前提,而是指客观上存在法律应予以救济的某种权益,而且这里的"真正利害关系"仅仅是形式上的,亦即原告只要声称起诉是为了保护他的合法权益即可。"真正的利害关系"这一概念说明起诉的人只能关注自己的事,而不能越俎代庖。参见汤维建:《美国民事司法制度与民事诉讼程序》,中国法制出版社 2001 年版,第 358—359 页。

② 参见江伟主编:《民事诉讼法》,高等教育出版社 2004 年版,第 92—93 页。

的授权和依当事人意志的授权),使本来不适格的当事人成为适格当事人。非权利或者非义务主体能够被允许为了他人的利益而享有诉权,往往是基于其与争议法律关系的真正主体之间具有另外的法律关系存在。根据该另外的法律关系是否由法律明确规定为标准,可以将诉讼担当分为法定的诉讼担当和任意的诉讼担当两种形式。法定的诉讼担当,是指争议法律关系以外的第三人,对与他人的另外法律关系或者法律权利的管理权,是基于实体法或诉讼法的明确规定而产生的;任意的诉讼担当,是指争议法律关系的主体通过自己的意志授予第三人以诉讼实施权。我国立法不承认任意的诉讼担当,民事诉讼中的诉讼担当都是法定的。[①] 具体而言,我国民事诉讼法上的诉讼担当主要包括以下三类:

(一)基于身份关系而产生的诉讼担当

这种法定诉讼担当主要是指,公民基于继承权、身份权等为维护死者或者胎儿的利益而作为当事人进行民事诉讼。例如,根据著作权法的规定,作品作者的署名权、修改权、保护作品完整权的保护期不受限制;作者的发表权、使用权和获得报酬权的保护期为作者终生及死后50年;在著作权人死后,上述权利的司法保护是通过其继承人进行诉讼担当予以实现的。再如,根据民法通则及相关司法解释的规定,死者的名誉、肖像等应当受到法律的保护,其配偶、父母、子女等近亲属可以以原告身份起诉。[②] 又如,根据继承法的规定,在继承死者遗产时应当为胎儿保留适当的份额,适当份额的权利受到侵害时,胎儿的母亲有诉讼实施权。不过,胎儿并不是法律意义上的人,不能成为诉讼当事人,因此这种情况与严格意义上的诉讼担当还有所区别。

(二)基于对他人财产或者其他实体权利享有管理权或处分权而产生的诉讼担当

因为享有管理权,为维护财产所有权人或者经营权人的合法权益,可以进行诉讼担当。为财产所有权人进行诉讼担当者,如被宣告失踪人的财产代管人、遗嘱执

---

① 也有一种观点认为,我国立法在某些方面一定程度是承认任意诉讼担当的。根据《民事诉讼法》第54条和第55条的规定,对于人数确定的代表人诉讼,诉讼代表人是由群体成员"推选"而产生的;至于人数不确定的代表人诉讼,诉讼代表人的产生方式是由群体成员"推选"与法院共同商定。其间都体现了群体成员的意志,包含了任意诉讼担当的成分。参见江伟主编:《民事诉讼法学》,复旦大学出版社2002年版,第183页。

② 当然,关于死者的肖像、名誉等人身利益的法律保护问题,我国民法学界尚存在较大的争议。一般认为,死者没有民事权利能力,也就不享有人身权利,法律保护的到底是什么以及法律保护的到底是谁,目前仍然争论未休。占据支配地位的观点认为,自然人生命终止以后,继续存在着某些与该人作为民事主体存续期间已经取得和享有的与其人身权利相联系的利益,比如姓名、肖像、名誉、荣誉等,法律应当予以保护。但是,也有学者对此进行了质疑:法律保护的只有权利,利益只有转化为权利方可受到保护,而自然人死后便不再享有任何权利。

行人等；为经营权人进行诉讼担当者，如因委托管理合同而产生的代管权等。基于处分权产生的诉讼担当，如代位债权人。根据《合同法》第 73 条的规定，因债务人怠于行使其到期债权，对债权人造成损害的，债权人可以向人民法院请求以自己的名义代位行使债务人的债权，但该债权专属于债务人自身的除外。

（三）基于社会公益保护的当事人

我国 2012 年修改的《民事诉讼法》新增了公益诉讼制度，第 55 条规定："对污染环境、侵害众多消费者合法权益等损害社会公共利益的行为，法律规定的机关和有关组织可以向人民法院提起诉讼。"可见，为了维护社会公共利益，一些特定的机关和组织被法律赋予了当事人资格。例如，在海洋环境保护法中，针对破坏海洋生态的行为可以由海洋环境监管部门提起民事诉讼。关于公益诉讼制度，后面将有专节介绍。

三、当事人适格的认定

当事人适格，是一个针对特定的民事案件的问题。当事人是否适格，必须从某项民事诉讼的具体情况出发进行分析。因此，从这一角度来看，法律绝对无法对当事人是否适格作出详尽的并且可以直接遵照执行的规定。但是，从彻底和高效解决纠纷的角度来讲，立法者和司法者又会希望进入诉讼的当事人尽可能都是适格的。为了方便适格的原告针对适格被告提起民事诉讼，最高人民法院在《民诉解释》及其他司法解释中对于一些典型案件中如何认定正当当事人的情况作出了相应的规定。

（一）以直接行为人为当事人的情形

（1）在诉讼中，个体工商户以营业执照上登记的业主为当事人。有字号的，以营业执照上登记的字号为当事人，但应同时注明该字号经营者的基本信息。营业执照上登记的经营者与实际经营者不一致的，以登记经营者和实际经营者为共同诉讼人。

（2）未依法登记领取营业执照的个人合伙的全体合伙人在诉讼中为共同诉讼人。全体合伙人可以推选代表人参加诉讼。个人合伙有依法核准登记的字号的，应在法律文书中注明登记的字号。

（3）村民委员会或者村民小组与他人发生民事纠纷的，以该村民委员会或者有独立财产的村民小组为当事人。

（4）下列情形以行为人为当事人：①法人或者其他组织应登记而未登记即以该法人或者其他组织名义进行民事活动的；②行为人没有代理权、超越代理权或者代理权终止后以被代理人名义进行民事活动的，但相对人有理由相信行为人有代理权的除外；③法人或者其他组织依法终止后，行为人仍以被依法终止的法人或者其他组织的名义进行民事活动的。

（二）不以直接行为人为当事人的情形

（1）法人非依法设立的分支机构，或者虽依法设立，但没有领取营业执照的分支机构引起的诉讼，以设立该分支机构的法人为当事人。

（2）法人或者其他组织的工作人员执行工作任务造成他人损害的，该法人或其他组织为当事人。另需注意的是，在劳务派遣期间被派遣的工作人员因执行工作任务造成他人损害的，以接受劳务派遣的用工单位为当事人；当事人主张劳务派遣单位承担责任的，该劳务派遣单位为共同诉讼人。

（3）提供劳务一方因劳务造成他人损害的，以接受劳务一方为当事人。

（4）企业法人合并的，因合并前的民事活动发生的纠纷，以合并后的企业为当事人；企业法人分立的，因分立前的民事活动发生的纠纷，以分立后的企业为共同诉讼人。

（5）企业法人解散的，依法清算并注销前，以该企业法人为当事人；未依法进行清算即被注销的，以该企业法人的股东、发起人或者出资人为当事人。

（6）侵害死者遗体、遗骨以及姓名、肖像、名誉、荣誉、隐私等人格利益的，死者的近亲属为当事人。

四、当事人适格欠缺的补救：当事人的变更

当事人适格的欠缺，也可称作非正当当事人，它与正当当事人是相对而言的，二者外延的总和即为“程序意义上的当事人”。对当事人适格欠缺的补救，民事诉讼中一般是通过当事人的变更制度予以实现的。当事人的变更，包括法定的当事人变更和任意的当事人变更两种情况。

（一）法定的当事人变更

法定的当事人变更，是指在民事诉讼过程中，由于某种情形的出现，根据法律的规定而发生的当事人变更。在我国民事诉讼法上，它在传统理论中一般又被称作“诉讼权利义务的承担”①。根据相关的法律规定，我国的法定当事人变更包括两种情形：

1. 因当事人死亡引发的当事人变更

《民诉解释》第55条规定：“在诉讼中，一方当事人死亡，需要等待继承人表明是否参加诉讼的，裁定中止诉讼。人民法院应当及时通知继承人作为当事人承担

① 诉讼权利义务的承担，是指诉讼进行过程中，由于某种特定原因的出现，当事人的诉讼权利、义务转移给案外人，并由其承担原当事人的诉讼权利、义务。参见常怡主编：《民事诉讼法学》（修订版），中国政法大学出版社2005年版，第162页。

诉讼，被继承人已经进行的诉讼行为对承担诉讼的继承人有效。”

2. 因法人或非法人组织合并引发的当事人变更

在民事诉讼过程中，法人或非法人组织作为诉讼当事人，与其他的法人或非法人组织合并成为新的法人或非法人组织的，由新的法人或非法人组织继续参加诉讼，原法人或非法人组织在诉讼中实施的诉讼行为对新的当事人具有法律效力。

3. 因诉讼过程中民事权利义务转移而引发的当事人变更

根据《民诉解释》第249、250条之规定，诉讼过程中，争议的民事权利义务发生转移的，转让人的当事人地位不变，受让人可以以无独立请求权第三人身份参加诉讼，生效裁判对于受让人具有拘束力；受让人申请替代当事人承担诉讼的，由法院根据案情决定是否准许。准许诉讼承担之后，受让人成为新的当事人，原当事人退出诉讼，原当事人已完成的诉讼行为对受让人具有约束力。

（二）任意的当事人变更

任意的当事人变更，在我国传统民事诉讼理论中一般也被称为“当事人的更换”或“非正当当事人的更换”，是指在诉讼过程中，法院发现起诉或应诉的人不符合正当当事人条件的，通知符合条件的当事人参加诉讼，而让不符合条件者退出诉讼的一种制度。

德国和日本等大陆法系国家在判例和理论上都承认任意的当事人变更。在变更当事人时，原当事人与新当事人必须就更换事宜达成一致，即需经过双方的同意。但是，在第一审程序中，被告的更换则不需要经过新的当事人的同意。原则上，当事人更换后原当事人之间进行的诉讼活动对于新的当事人来说仍然有效。[①]

在我国，1982年的《民事诉讼法（试行）》第90条规定：“起诉或者应诉的人不符合当事人条件的，人民法院应当通知符合条件的当事人参加诉讼，更换不符合条件的当事人。”最高人民法院当时的司法解释也规定：“在诉讼进行中，发现当事人不符合条件的，应根据民诉法第九十条的规定进行更换。通知更换后，不符合条件的原告不愿意退出诉讼的，以裁定驳回起诉；符合条件的原告全部不愿意参加诉讼的，可终结案件的审理。被告不符合条件，原告不同意更换的，裁定驳回起诉。”但是，上述规定受到了当时理论界的批判，主要理由是基于处分原则的理念，法院对当事人的强行更换有越俎代庖的嫌疑。因此，在1991年民事诉讼法修改时，删除了更换当事人的规定。然而，后来学术界的不少学者仍然坚持当事人更换理论，认为更换非正当当事人作为一项司法实践不应该简单地加以否定或者取消。更换当事人的制度存在两个方面的理论基础：一是诉讼成立要件理论。即正当当事人的

① 参见江伟主编：《民事诉讼法》（第2版），高等教育出版社2004年版，第95页。

存在是诉讼得以存在和进行的必要条件,如果当事人不正当,就没有继续进行诉讼活动的意义,因此必须更换不正当的当事人。二是诉讼的纠纷解决目的理论。民事诉讼是由国家强制力保证实施的具有终局效力的制度,国家设立民事诉讼的最终目的固然是为了司法制度和法律制度,据此实现国家的统治力,可是作为直接、具体的目的而言,绝不能简单地将其解决民事纠纷的目的予以排除。既然要彻底解决纠纷,就不能因为当事人不适格而停止民事诉讼。必须更换当事人,使得诉讼在正当当事人之间顺利进行,以此求得纠纷的最终解决。①

由于目前的民事诉讼法没有规定当事人更换制度,因此在司法实践中人民法院也不会去实际操作当事人的更换。如果遇有当事人不适格的情况,法院一般会进行如下的处理:若原告不适格,法院会建议原告撤诉或者裁定驳回原告的起诉,然后可能会建议适格的原告重新起诉;若被告不适格,法院会建议原告先撤诉再重新提起针对适格被告的诉讼,否则的话会判决驳回原告的诉讼请求。② 当然,从某种角度而言,上述操作也可视为是当事人的一种更换形式,但不能实施强制更换,因此不是严格意义上的当事人更换。

五、适格当事人遗漏的补救:当事人的追加

在民事诉讼中有时会出现这样的情况,本应参加诉讼的当事人却没有参加诉讼,即应当成为正当当事人的人却没有进行诉讼成为当事人,这时要适用当事人的追加制度。当事人的追加,指人民法院受理案件后,在诉讼过程中,发现必须共同进行诉讼的当事人没有参加诉讼的,人民法院通知其参加诉讼的一种活动。

在诉讼开始后,人民法院发现有与本案有直接利害关系的人没有参加诉讼,而这些人不参加诉讼又不利于查明案件事实和解决纠纷的,人民法院应当通知其参加诉讼,追加为当事人。当事人本人也可以向人民法院提出申请,要求参加诉讼,法院对此申请应当进行审查。经审查认为不符合当事人条件的,裁定予以驳回;申请有理的,应当及时书面通知其参加诉讼。追加当事人可以在第一审程序中进行,也可以在第二审程序中进行。第二审程序追加当事人后,可以进行调解,如果不能

① 参见江伟主编:《民事诉讼法》(第2版),高等教育出版社2004年版,第94页。

② 有一种观点认为,原告和被告不适格时,法院都可以适用裁定驳回原告起诉的处理方式,而非判决驳回诉讼请求,许多教材甚至实践中一些法院的做法都是如此,参见国家司法考试中心组编:《国家司法考试辅导用书》(第3卷·2006年修订版),法律出版社2006年版,"民事诉讼法与仲裁制度"部分,第504页。我们认为这是错误的。因为我国《民事诉讼法》第108条关于起诉条件的规定,对原告和被告的要求是不一致的:要求"原告是与本案有直接利害关系的公民、法人和其他组织",即对原告是"实体意义当事人"的标准;而要求"有明确的被告"即可,对被告是"程序意义当事人"的标准。因此,若被告不适格,仍然符合起诉和受理的条件,在经过对被告进行实体审理后发现其不适格,当然应该判决驳回原告的诉讼请求。而裁定驳回起诉是在受理案件后对不符合起诉条件的情况的适用。可以认为,这是我国民事诉讼法学界的一个重大失误。

调解结案的,应当将案件发回原第一审法院重审,以充分保障被追加当事人的诉讼权利。追加的当事人,可能参加到原告一方成为共同原告,也可能参加到被告一方成为共同被告。当然,法律对追加共同原告和共同被告的要求是有所不同的,本书在"共同诉讼人"一节将予以介绍。

第三节 共同诉讼

一、共同诉讼的概念

在民事诉讼中,通常情况下原告和被告均是各有一个,但有时原、被告一方或双方也会有两人以上,这种特殊的诉讼形态即为共同诉讼。根据《民事诉讼法》第52 条的规定,当事人一方或者双方为二人以上,其诉讼标的是共同的,或者诉讼标的是同一种类、人民法院认为可以合并审理并经当事人同意的,就是共同诉讼。相对于一对一的单独诉讼而言,共同诉讼是一种复数诉讼形式,它具有两个方面的基本特征:(1)当事人一方或双方为两人以上。这是共同诉讼区别于单独诉讼的本质特征。(2)一方或双方为两人以上的当事人在同一诉讼程序中进行诉讼。只有当一方或双方为两人以上的当事人在同一诉讼程序中进行诉讼时,才能形成共同诉讼。

在共同诉讼中,原告一方为两人或两人以上的,称为共同原告,这样的共同诉讼也叫积极的共同诉讼;被告一方为两人或两人以上的,称为共同被告,此种共同诉讼也叫消极的共同诉讼;当事人双方都为两人或两人以上的,叫做混合的共同诉讼。共同原告与共同被告均可以称为共同诉讼人。

共同诉讼通常是在起诉之时形成的,由于多人共同提起诉讼或者多人共同被诉而成立的。不过,在民事诉讼进行过程中也可以形成共同诉讼。例如,因当事人的追加而形成共同诉讼;因当事人死亡其多名继承人共同继受诉讼而形成共同诉讼;因法院将多起诉讼合并审理而形成共同诉讼。

设置共同诉讼制度的意义在于:通过实施共同诉讼,一来可以一并解决涉及多个当事人的纠纷或者多起纠纷,以节省诉讼成本提高诉讼效率;二来可以避免法院在同一事件的处理上作出相互矛盾的裁判。

在我国民事诉讼法中,根据共同诉讼人之间对诉讼标的的关系,将共同诉讼分为必要共同诉讼和普通共同诉讼。其中,争议的诉讼标的是同一的共同诉讼,为必要共同诉讼;争议的诉讼标的不是同一但属同一种类的共同诉讼,为普通共同诉讼。同时,共同诉讼人也可以分为必要共同诉讼人和普通共同诉讼人。必要共同诉讼的主要目的在于防止矛盾的裁判,而普通共同诉讼的主要目的在于节省诉讼成本。

二、必要共同诉讼

(一)必要共同诉讼的概念和特征

必要共同诉讼,是指当事人一方或双方为两人或两人以上,其诉讼标的是共同的,人民法院必须合并审理并在裁判中对诉讼标的合一确定的诉讼。必要共同诉讼中的共同诉讼人就是必要的共同诉讼人。这种情况下,诉讼标的的共同性和不可分割性,使得共同诉讼成为一种必需,因此必要共同诉讼是不可分之诉,要求共同诉讼人必须一同起诉或者应诉,还要求法院进行合并审理并合一判决,如果分开审理和判决会导致分割实体权利义务的内在联系,造成相互冲突的判决。

必要共同诉讼具有以下几个方面的特征:

(1)当事人一方或双方为两人以上。

(2)诉讼标的是共同的。一般认为,在我国民事诉讼法上,诉讼标的的共同性是由实体法律关系决定的。如果共同诉讼人在实体法律关系中存在共同的利害关系,即享有共同的权利或者承担共同的义务,在民事诉讼中其诉讼标的就是共同的。正是基于此,要求必要共同诉讼人必须一同起诉或者应诉。

(3)法院必须合并审理,合一判决。这是指对于共同诉讼,法院必须适用同一个诉讼程序进行审理,并对共同诉讼人的权利义务作出内容相同的裁判。这是由必要共同诉讼中诉讼标的的同一性决定的。

(二)必要共同诉讼的类型

1. 权利义务共同型的必要共同诉讼和原因共同型的必要共同诉讼

在我国的民事诉讼理论中,根据诉讼标的的权利义务本身是共同的,还是形成诉讼标的的权利义务的原因是共同的,必要共同诉讼被划分为两种类型:权利义务共同型必要共同诉讼和原因共同型必要共同诉讼。

(1)权利义务共同型的必要共同诉讼。它是指必要共同诉讼人针对诉讼标的本来就有共同的权利或共同的义务。之所以如此,是因为共同诉讼人之间本身就存在着权利义务的共同关系或连带关系。存在共同关系者,例如多个成年子女共同承担赡养父母的义务,合伙人之间针对合伙事务共同享有权利和共同承担义务,共同共有人对于共有物享有共同的权利并承担共同的义务,等等;存在的连带关系主要包括连带债权和连带债务,例如承担连带保证责任的保证人与被保证的主债务人之间存在着连带清偿关系,债权人向保证人和被保证人一并主张权利的,为共同被告。

(2)原因共同型的必要共同诉讼。这是指共同诉讼人针对诉讼标的本来没有共同的权利或共同的义务,由于发生了同一的事实或者法律上的原因,才使得共同诉讼人之间产生了共同的权利或共同的义务。例如,在共同侵权行为中,数人共同的原因致使他人受到损害，在受害人提起的损害赔偿诉讼中，数名加害人则为共同被告。数名加害人之所以成为共同被告，是因为它们共同对受害人实施了加害行为，从而共同承担赔偿义务。但是，如果是一人同时侵害数人，多名受害人则不是必要的共同诉讼人，而不论这种侵害行为是多个还是一个。因为数名受害人的受害情况在实体法上可以是各自独立的，各自的损害赔偿请求权可以单独分开行使，当然也可以共同行使，但如果共同行使只能是普通的共同诉讼。

2. 固有的必要共同诉讼和类似的必要共同诉讼

在大陆法系的民事诉讼理论中，必要共同诉讼又可以分为固有的必要共同诉讼和类似的必要共同诉讼。固有必要共同诉讼，又称为真正的必要共同诉讼，是指诉讼标的对于共同诉讼人必须合一确定，即将多数共同诉讼人视为一体关系，法院必须对全体共同诉讼人作出一致的而非相互分离、相互区别的判决，并且共同诉讼人必须共同起诉或者共同应诉，否则当事人即为不适格。例如，合伙人、共同共有人、承担赡养义务的多名成年子女为共同诉讼人的情况。类似的必要共同诉讼，又称为非真正的必要共同诉讼、偶然的必要共同诉讼，是指共同诉讼人不必共同起诉或者共同应诉，有选择单独诉讼还是共同诉讼的自由，如果选择进行共同诉讼，法院就必须对共同诉讼人作出一致的而非相互分离相互区别的判决。例如，连带债权人对外请求的给付之诉，连带债务人被同一债权人提起的给付之诉，公司股东提起的撤销股东大会决议之诉，等等。

我国在传统民事诉讼理论上并没有这种必要共同诉讼的区分，但在立法领域却存在这种划分。通常情况下，必要共同诉讼都是不可分之诉，只要有一个必要共同诉讼人未参加诉讼，就必然通过由当事人申请或者由法院通知的方式追加其参加诉讼。但也有一些特殊规定。例如，《侵权责任法》第 13 条规定："法律规定承担连带责任的，被侵权人有权请求部分或者全部连带责任人承担责任。"再如，《最高人民法院关于审理名誉权案件若干问题的解答》第 6 条规定："因新闻报道或其他作品发生的名誉权纠纷，应根据原告的起诉确定被告。只诉作者的，列作者为被告；只诉新闻出版单位的，列新闻出版单位为被告；对作者和新闻出版单位都提起诉讼的，将作者和新闻出版单位均列为被告，但作者与新闻出版单位为隶属关系，作品系作者履行职务所形成的，只列单位为被告。"这其实都是关于类似的必要共同诉讼的规定。我们认为，理论界应当对这些立法或者相关理念给予充分关注，对固有的必要共同诉讼和类似的必要共同诉讼之区分进行深入的研究。

（三）必要共同诉讼的具体情形

我国《民事诉讼法》和《民诉解释》对引起必要共同诉讼的具体情形作出了详细的规定，大致包括以下内容：

(1)无民事行为能力人、限制民事行为能力人造成他人损害的,以无民事行为能力人、限制民事行为能力人与其监护人为共同被告。

(2)以挂靠形式从事民事活动,当事人请求由挂靠人和被挂靠人依法承担民事责任的,该挂靠人和被挂靠人为共同诉讼人。

(3)在诉讼中,个体工商户以营业执照上登记的业主为当事人。有字号的,以营业执照上登记的字号为当事人,但应同时注明该字号经营者的基本信息。营业执照上登记的经营者与实际经营者不一致的,以登记经营者和实际经营者为共同诉讼人。

(4)未依法登记领取营业执照的个人合伙的全体合伙人在诉讼中为共同诉讼人。个人合伙有依法核准登记的字号的,应在法律文书中注明登记的字号。全体合伙人可以推选代表人;被推选的代表人,应由全体合伙人出具推选书。

(5)企业法人分立的,因分立前的民事活动发生的纠纷,以分立后的企业为共同诉讼人。

(6)借用业务介绍信、合同专用章、盖章的空白合同书或者银行账户的,出借单位和借用人为共同诉讼人。

(7)在继承遗产的诉讼中,部分继承人起诉的,人民法院应通知其他继承人作为共同原告参加诉讼;被通知的继承人不愿意参加诉讼又未明确表示放弃实体权利的,人民法院仍应把其列为共同原告。

(8)原告起诉被代理人和代理人,要求承担连带责任的,被代理人和代理人为共同被告。

(9)共有财产权受到他人侵害,部分共有权人起诉的,其他共有权人应当列为共同诉讼人。

(10)关于保证案件当事人的确定。因保证合同纠纷提起的诉讼,债权人向保证人和被保证人一并主张权利的,人民法院应当将保证人和被保证人列为共同被告。保证合同约定为一般保证,债权人仅起诉保证人的,人民法院应当通知被保证人作为共同被告参加诉讼;债权人仅起诉被保证人的,可以只列被保证人为被告。

(11)关于劳动争议案件当事人的确定。《最高人民法院关于审理劳动争议案件适用法律若干问题的解释》有如下几项规定:① 用人单位分立为若干单位的,其分立前发生的劳动争议,如果对承受劳动权利义务的单位不明确的,分立后的单位均为当事人。② 原用人单位以新的用人单位和劳动者共同侵权为由向人民法院起诉的,新的用人单位和劳动者列为共同被告。③ 劳动者在用人单位与其他平等主体之间的承包经营期间,与发包方和承包方双方或者一方发生劳动争议,依法向人民法院起诉的,应当将承包方和发包方作为共同诉讼人。

(四)必要共同诉讼人的追加

因为必要共同诉讼人的诉讼标的是共同的,所以法院只能对必要共同诉讼合一审理和判决,当事人也只能一同起诉或者应诉,否则,当事人将不适格。因此,在民事诉讼过程中,如果有部分必要共同诉讼人没有参加诉讼,就需要追加共同诉讼人。

当事人的追加,可以由法院依职权进行,也可以由法院根据有关当事人的申请而追加。根据《民诉解释》的规定,必须共同进行诉讼的当事人没有参加诉讼的,人民法院应当通知其参加;当事人也可以向人民法院申请追加。人民法院对当事人提出的申请,应当进行审查,申请无理的,裁定驳回;申请有理的,书面通知被追加的当事人参加诉讼。人民法院追加共同诉讼的当事人时,应通知其他当事人。在追加当事人时,针对原告或被告存在不同的处理方式:

(1)应当追加的原告,已明确表示放弃实体权利的,可不予追加;既不愿意参加诉讼,又不放弃实体权利的,仍追加为共同原告,其不参加诉讼,不影响人民法院对案件的审理和依法作出判决。

(2)被追加的被告,如果不愿参加诉讼的,法院一般可以对其进行缺席判决,但对符合拘传条件的被告,则可以通过拘传强制其到庭参加诉讼。

(五)必要共同诉讼人的内部关系

在必要共同诉讼中,除了原告和被告作为对立的双方之间的外部关系之外,还存在着共同诉讼人之间的内部关系。由于在诉讼中,各共同诉讼人是独立的诉讼主体,都可以实施一定的诉讼行为,而他们相互间的诉讼行为又可能会不完全一致,这就产生了如何处理必要共同诉讼人内部关系的问题。牵连性是必要共同诉讼人内部关系的本质特点,但在牵连性的基础上,他们之间又存在着一定的独立性。

1. 必要共同诉讼人之间的牵连性

根据《民事诉讼法》第52条的规定,必要共同诉讼人中一人的诉讼行为,如主张诉的变更、申请撤诉、处分实体权利等,必须经过其他共同诉讼人承认,对其他共同诉讼人才会发生效力。可见,立法采取了承认原则来处理共同诉讼人的内部关系。这种承认包括明示承认和默示承认两种情况。所谓默示承认,是指只要共同诉讼人对于其他共同诉讼人的诉讼行为没有表示异议的,即视为承认。不过,承认原则并不适用于所有场合,也有诸多例外的情形。例如,共同诉讼人中一人或者一部分人遵守诉讼期间、发生诉讼中止的原因等,便无须经过其他共同诉讼人的承认,其效力就及于全体必要共同诉讼人。再如,针对上诉期限而言,必要共同诉讼人的上诉期以最后收到裁判文书者的上诉期来计算，普通共同诉讼人的上诉期分别计算。因此，必要共同诉讼中上诉期的计算并不以承认为前提，而是直接统一计算。另外，如果其中一人在上诉期限内提起上诉，其上诉的效力同时也及于全体共同诉讼人，不论承认与否，二审法院必须对全体共同诉讼人的权利义务关系展开审判。

其实，承认原则存在着一定的弊端。如果部分共同诉讼人明确表示不予承认，但对诉讼行为的具体方案又不能协商一致或者协商的时间过长，民事诉讼就不能顺利进行或者造成诉讼拖延。另外，对于不出庭参加诉讼的共同诉讼人而言，则更加难以进行协商。因此，国外民事诉讼法中一般采取有利原则，可以有效避免这些弊端。所谓有利原则，是指必要共同诉讼人中一人或数人的诉讼行为有利于共同诉讼人的，便直接对其他共同诉讼人发生法律效力，不利于其他共同诉讼人的则不发生法律效力。判断是否有利的标准，是一种形式上的判断，而不是从法院判决结果来看，否则这种判断无从进行也将没有意义。

2. 必要共同诉讼人之间的相对独立性

必要共同诉讼人之间又存在一定的独立性。各个必要共同诉讼人可以独立实施与其他共同诉讼人无关的诉讼行为，例如委托诉讼代理人等。另外，如果有的共同诉讼人的诉讼行为能力欠缺，也并不影响其他共同诉讼人的诉讼行为能力。

三、普通共同诉讼

（一）普通共同诉讼的概念

普通的共同诉讼，又称为一般共同诉讼、非必要共同诉讼，是指当事人一方或双方为两人以上，诉讼标的是同一种类，人民法院认为可以合并审理并经当事人同意合并审理而进行的共同诉讼。普通共同诉讼中的共同诉讼人就是普通的共同诉讼人。在普通共同诉讼人之间不存在共同的权利义务关系，只是属于同一种类的诉讼标的，这是指各共同诉讼人与对方当事人之间发生争议的法律关系是同属于一种法律类型的，例如同是租赁关系、买卖关系、承包合同关系、产品质量侵权关系等。因此，法院对其中一个诉讼标的所作的判决，其效力并不及于其他普通共同诉讼人的诉讼标的。普通共同诉讼的设立，立足于提高诉讼效率，减少诉讼成本，使两个以上的同种类的案件，通过同一的诉讼程序得到解决。

普通共同诉讼具有以下几个方面的特征：

（1）普通共同诉讼的诉讼标的有多个，但却属于同一种类。这也是普通共同诉讼区别于必要共同诉讼的本质特征。普通共同诉讼属于诉讼客体的合并，并由诉讼客体的合并导致诉讼主体的合并。

(2)普通共同诉讼中各共同诉讼人与对方当事人之间一定存在两个以上的诉讼请求。

(3)普通共同诉讼是一种可分之诉,共同诉讼人的诉讼行为具有独立性。普通共同诉讼人在诉讼中可以共同起诉,也可以单独起诉。人民法院对同一种类的若干诉讼,是否采取统一合并审理的程序,要通过权衡利弊,并征得当事人同意加以确定。

(4)人民法院对案件进行合一审理与分别判决。法院针对案件的诉讼请求以及事实和理由在同一诉讼程序中进行审理,但最终却要分别予以确定。

(二)普通共同诉讼与必要共同诉讼之比较

根据上述介绍可以看出,普通共同诉讼与必要共同诉讼之间有着一定的相同之处,例如,两者的当事人一方或者双方都是两人以上,法院都是在同一诉讼程序中合并处理多数当事人之间的纠纷。但是,它们之间却存在更多的区别:

(1)诉讼标的的数量不同:普通共同诉讼的诉讼标的是同一种类的多个,必要共同诉讼的诉讼标的是相同的一个。

(2)共同诉讼人与诉讼标的的关系不同:普通共同诉讼人各自分别与对方有一个独立的诉讼标的存在,相互之间在实体上没有共同的权利义务关系;必要共同诉讼人对诉讼标的存在共同的权利义务关系。

(3)审理和裁判的方式不同:普通共同诉讼是一种可分之诉,可以共同起诉或应诉,也可以分别起诉或应诉,法院可以合并审理,也可以分开审理,即使合并审理,裁判时也应对各当事人分别作出裁决;必要共同诉讼则是不可分之诉,要求一同起诉或应诉,法院必须合并审理、合一判决。

(4)共同诉讼是否经当事人同意不同:普通共同诉讼合并审理时必须经过共同诉讼人的同意,必要共同诉讼则不用经过共同诉讼人的同意。

(5)共同诉讼人之间的相关性与独立性不同:在普通共同诉讼中,每个共同诉讼人都处于独立的地位,其诉讼行为对其他共同诉讼人不发生效力,而只对自己发生效力;在必要共同诉讼中,采取承认的原则,视全体共同诉讼人为一个整体,其中一人的诉讼行为经其他共同诉讼人同意,对其他共同诉讼人发生法律效力。

区分必要共同诉讼和普通共同诉讼,主要是以共同诉讼人在实体法律关系上是否存在共同关系或连带关系为基本标准。如果存在共同关系或连带关系的,一般是必要共同诉讼;如果不存在,则一般都是普通共同诉讼,但也存在少数的例外情况。如果各共同诉讼人与对方当事人之间的纠纷能够独立解决,其判决不会相互妨碍,便仍可以作为普通的共同诉讼进行。例如,一起父母与多个成年子女之间的赡养纠纷，法院已经针对各子女所尽赡养义务的基本数额作出了生效判决，但在履行义务过程中，部分子女的具体生活情况发生了转变，父母因此与之发生了新的争议，如果此种争议只涉及具体的数额问题而不涉及其他子女，那么可以作为普通的共同诉讼提起。

(三)普通共同诉讼的构成要件

普通共同诉讼的成立要件有：

(1)诉讼标的有两个以上，且属于同一种类。构成诉讼标的同一种类的情形主要有以下三种：

其一，基于同类事实或者法律上的同类原因形成的同类诉讼标的。例如，甲在某地分别打伤乙、丙、丁三人，乙、丙、丁向甲提起的侵权赔偿诉讼。

其二，基于同一事实或者同一个法律上的原因而形成的同类诉讼标的。例如，甲在某地只用一掌即打伤乙、丙、丁三人(假定可以)，乙、丙、丁向甲提起的侵权赔偿诉讼。

其三，基于数人对同一权利义务的确认而形成的同类诉讼标的。例如，甲对乙、丙、丁分别提起的关于确认特定不动产所有权的诉讼，甲主张该不动产所有权属于自己。如果乙、丙、丁均分别主张该不动产归自己所有，那么诉讼标的属于同一种类，甲可提起普通共同诉讼；如果乙、丙、丁主张该不动产归他们共有，诉讼标的则只有一个，由甲提起必要共同诉讼。

(2)由同一人民法院管辖，属于同一诉讼程序。如果其中存在专属管辖的情形，且与其他诉讼标的的审理法院不是一个，则不能进行共同诉讼；如果其中有的已经进入二审程序，则不能与一审程序的纠纷进行共同诉讼。

(3)符合合并审理的目的。普通共同诉讼的目的在于实现诉讼经济，节约司法资源。如果不符合此种目的，即使符合普通共同诉讼的基本特征，也不可合并审理。

(4)法院认为可以合并审理，当事人也同意合并审理。在符合以上条件的基础上，是否合并审理，由人民法院决定，但还需征求当事人的同意。法院决定和当事人同意，二者缺一不可。

(四)普通共同诉讼人的内部关系

普通共同诉讼是一种可分之诉，即使因合并审理而形成了共同诉讼，普通共同诉讼人在诉讼中的地位仍然是各自独立的，他们在诉讼中独立地行使自己的诉讼权利、履行自己的诉讼义务。可以这么讲，普通共同诉讼人进行诉讼时，其诉讼权利和诉讼义务与独立进行时是相同的。可见，独立性是普通共同诉讼人内部关系的基本特征。

1. 普通共同诉讼人之间的独立性

普通共同诉讼人的相互独立性具体表现在以下几个方面：

(1)各共同诉讼人可以不受其他共同诉讼人的牵制进行诉讼。例如，在诉讼中各共同诉讼人可以自行撤诉、自认、和解、上诉，其中一人的自认效力不及于其他共同诉讼人。

(2)各共同诉讼人可以分别委托诉讼代理人。

(3)因共同诉讼人中一人发生的诉讼中止、终结事由，不影响其他共同诉讼人继续诉讼。

(4)共同诉讼人的对方当事人，对于各共同诉讼人的行为可以不同，甚至对立。如与其中一个共同诉讼人和解，但是拒绝与另外的共同诉讼人和解。

(5)法院可以在诉讼进行中，认为合并辩论不利于诉讼或不经济时，将诉讼分开进行。

(6)法院对各共同诉讼人的资格审查中，对于不符合条件的可以不予受理，但不影响其他共同诉讼人的诉讼进行。

2. 普通共同诉讼人之间的相对牵连性

普通共同诉讼人之间的独立性对于整个诉讼而言并非绝对，普通共同诉讼毕竟是多个诉合并审理的诉讼，因此在诉讼过程中普通共同诉讼人之间也存在一定的牵连性。这种牵连性主要体现在：

(1)共同诉讼人中一人在诉讼中所提出的证据，可以作为对其他共同诉讼人主张的事实进行认定的资料，即证据共通原则。

(2)共同诉讼人中一人的主张，如果不抵触其他共同诉讼人的主张，当其主张对其他共同诉讼人有利时，法律效力及于其他共同诉讼人，即主张共通原则。

第四节 代表人诉讼

一、代表人诉讼制度概述

(一)代表人诉讼的概念和种类

代表人诉讼，也称群体诉讼，是指当事人一方或者双方人数众多(10 人以上)，由该群体中的一人或数人代表整个群体起诉或者应诉，法院所作判决对该群体所有成员均有约束力的诉讼形式。其中的代表即为诉讼代表人，它是指为了便于诉讼，由人数众多的一方当事人推选出来，代表其利益实施诉讼行为的人。

进入现代社会，商品经济的高速发展拓宽了各经济主体之间的经济交往领域，经济实体的横向联系得到了增强，由此导致经济活动中发生冲突的面和点急剧扩展，有愈来愈多的民事、经济纠纷变得规模化和群体化。这些群体性的纠纷主要集中于消费服务领域、集资投资领域、环境污染领域以及标准合同领域等。为了高效解决这些群体化的大型纠纷，达到诉讼经济的目的，许多国家都建立起了群体性纠纷解决机制。就民事诉讼的方式而言，例如日本的选定当事人制度、德国的团体诉讼制度以及美国的集团诉讼制度等。我国的代表人诉讼制度，是在借鉴上述国家立法经验的基础上设立的一种独特的群体性诉讼方式。

我国的立法将代表人诉讼分为两类。一类是起诉时当事人人数就可以确定的代表人诉讼，称为"人数确定的代表人诉讼"；另一类是起诉时当事人人数不能确定，需要法院受理案件后公告告知多数人全体进行登记并选定代表人进行诉讼，称为"人数不确定的代表人诉讼"。这两类代表人诉讼的人数下限，一般为10人以上。当事人的人数越多，越有必要适用代表人诉讼。人数众多时，让所有的当事人参加诉讼不仅极为不便，也会给法院的传唤、审理、开庭带来困难，在人数不确定的情况下更是如此。由多数当事人选定代表人进行诉讼非常必要。

不过，一方或者双方当事人人数众多，并非必须进行代表人诉讼。对于诉讼标的为同一种类的案件，如果多数当事人不愿意将诉讼实施权授予代表人担当诉讼，也可以分别单独进行诉讼。人民法院不能强制要求多数当事人一方选出代表人进行诉讼，而主要应当根据当事人的意愿来决定是否适用代表人诉讼制度。另外，在某些法定情况下，如果适用代表人诉讼可能会不利于纠纷的解决，便不宜适用代表人诉讼。根据2002年颁布的《最高人民法院关于审理证券市场因虚假陈述引发的民事侵权纠纷案件有关问题的通知》，对于虚假陈述的民事赔偿案件，人民法院应当采取单独诉讼或者共同诉讼的形式予以受理，而不宜以代表人诉讼的形式受理。

（二）代表人诉讼的性质

我国的代表人诉讼制度是以共同诉讼制度为基础，并吸收了诉讼代理制度的部分机能。以共同诉讼制度为基础，是指诉讼代表人所进行的诉讼应当符合共同诉讼的基本条件，如果所代表的当事人不能作为共同诉讼人，也就不能在诉讼中推选代表人代为实施诉讼行为。代表人诉讼制度吸收了诉讼代理制度的机能，使众多诉讼主体的诉讼行为通过诉讼代表人集中实施，扩大了诉讼的容量，避免了因众多当事人直接参与诉讼所带来的诸多问题。

但是，代表人诉讼制度与共同诉讼制度之间仍然存在着极大的区别：

（1）在代表人诉讼中，人数众多一方当事人只要推选出诉讼代表人，即可不必亲自参加诉讼，而共同诉讼人必须亲自参加诉讼。

(2)诉讼代表人实施的诉讼行为,除法律规定必须经过被代表的当事人同意才对其有效以外,原则上对当事人全体有效;但共同诉讼人一人的诉讼行为,在必要共同诉讼中,原则上只有经过其他当事人的承认,才对其他当事人生效;在普通共同诉讼中,对其他共同诉讼人不生效。

诉讼代表人具有当事人和代表人的双重身份,它与诉讼代理人也具有明显的不同:

(1)与诉讼标的利害关系不同。诉讼代理人不是当事人,对诉讼标的既没有共同的利害关系,也没有相同的利害关系,只是代理当事人为一定诉讼行为;而诉讼代表人本身也是当事人,他与被代表人对诉讼标的有共同的或者相同的利害关系。

(2)诉讼行为所要达到的目的不同。诉讼代理人诉讼行为的目的不是为了维护自己的利益,而是根据法律规定或接受当事人委托,在代理权限内以被代理人的名义进行诉讼,其行为对被代理人发生效力;而诉讼代表人所为诉讼行为的目的,既是为了维护本人的利益,也是为了维护被代表人的利益,其行为对自己和被代表人都发生效力。

(3)产生的根据不同。诉讼代理人是由法律规定或者当事人的委托产生;而诉讼代表人是由同一方当事人推选或者人民法院与之商定产生的。

(三)代表人诉讼制度的意义

我国的代表人诉讼制度,在借鉴国外诉讼制度的同时又不盲目照搬,结合了本国实际又不拘泥于传统,在诉讼实践上具有极其重要的意义。具体而言,确立代表人诉讼制度的意义主要有:

(1)代表人诉讼制度扩大了司法解决纠纷的功能。群体性纠纷的大量出现,已经使单独个人的利益问题,变成了一个广泛的公益问题。为了避免公益遭受侵害,法律许可有共同利益的多数人选任代表人进行诉讼。我国代表人诉讼是诉讼担当和诉讼代理的结合,成功地解决了主体众多与诉讼程序空间容量有限之间的矛盾,扩大了司法解决纠纷的功能。

(2)代表人诉讼制度与实体法律制度保持协调。群体性纠纷涉及环境、医药、产品责任等实体法领域的众多受害者。虽然受害者人数众多,但对现代高技术的企业或者行业提出诉讼,单个受害者在诉讼能力或者经济能力上都无力与之抗衡,加害人与受害人力量严重不均衡。为改变这种状态,民法、经济法等法律、法规都加强了对有关行业或者企业的规范,通过无过失责任以及赋予消费者法定权益来保障多数受害者的利益。为此,民事诉讼法允许特定地域的居民、特定的消费者群体进行群体诉讼,显然有利于保持实体法律制度与程序法律制度的协调,有利于实体法律制度的贯彻落实。

(3)代表人诉讼制度为我国立法吸收、融合不同法系的法律制度提供了经验。代表人诉讼制度创造性地融国外选定当事人制度和集团诉讼的某些原理于一体,具有很强的适应性,促进了群体纠纷的妥当和及时解决。

二、诉讼代表人

(一)诉讼代表人的条件与特征

当事人一方人数众多是诉讼代表人产生的前提。根据《民诉解释》第75条的规定,当事人一方人数众多一般是指10人以上,10人以下就没有必要推选代表人了。至于诉讼代表人的人数,《民诉解释》第78条也规定,诉讼代表人为2至5人,每位代表人可以委托1至2人作为诉讼代理人。这种人数的限定,目的在于更好地进行诉讼,人数太少不利于被代表人利益的保护,而人数太多又使诉讼复杂化,便违背了代表人诉讼制度的设立初衷。

诉讼代表人的基本条件是:(1)必须是本案的当事人,与其所代表的成员具有利益一致性;(2)具有诉讼行为能力;(3)具备与进行该诉讼相适应的能力,能够正确履行代表义务;(4)能够善意地维护被代表的全体当事人的合法权益。

诉讼代表人具有三方面的特征:(1)诉讼代表人是代表人诉讼中人数众多的当事人中的一员;(2)诉讼代表人参加诉讼不仅要维护自己的利益,而且还要维护他所代表的其他当事人的利益;(3)诉讼代表人参加诉讼,法院所作的裁判不仅对诉讼代表人发生效力,而且对被代表的其他当事人也发生效力。

(二)诉讼代表人的法律地位

诉讼代表人既是当事人一方的成员,又是多数人一方当事人诉讼行为的具体实施者。针对被代表的多数当事人而言,诉讼代表人的权限相当于未被授予实体处分权的诉讼代理人。具体说来,诉讼代表人在诉讼中代表本方当事人进行诉讼,行使当事人的诉讼权利和诉讼义务,代表人的诉讼行为对其所代表的当事人发生效力。但为了保障多数当事人全体的利益,防止诉讼代表人滥用权利,我国民事诉讼法同时规定,诉讼代表人在处分被代表人的实体权利时,如变更、放弃诉讼请求或者承认对方当事人的诉讼请求进行和解,必须经被代表的当事人同意。

(三)诉讼代表人的更换

在诉讼过程中,如果出现诉讼代表人死亡、丧失诉讼行为能力以及不能尽代表人职责的情况时,可以更换诉讼代表人。由被代表的当事人向法院提出更换申请,法院审查后认为申请合理的,应当裁定中止诉讼,然后召集全体被代表人进行商议,可以推选新的代表人予以更换,也可以由法院与被代表人协商确定新的代表人。更换后的代表人继续履行原代表人职责；原代表人的诉讼行为，对新更换的代表人具有法律效力。

三、人数确定的代表人诉讼

人数确定的代表人诉讼，是指由起诉时人数已确定的众多的共同诉讼人推选出代表，代替全体共同诉讼人参加诉讼，实施诉讼行为的代表人诉讼。

构成人数确定的代表人诉讼，须符合以下四个条件：

(1)当事人一方人数众多。最高人民法院《民诉解释》设定的标准一般为10人以上。相比较人数不确定的代表人诉讼，它形成的诉讼集团一般情况下不会过于庞大。

(2)起诉时当事人人数已经确定。这不仅意味着共同诉讼人的人数已经明确，也同时意味着各共同诉讼人的身份等基本情况以及是否起诉等情况都已明确，没有不确定的因素存在。

(3)众多当事人之间具有共同的或同一种类的诉讼标的。因此，人数确定的代表人诉讼，既可以是必要共同诉讼，也可以是普通共同诉讼。

(4)当事人推选出代表人。在人数确定的代表人诉讼中，可以由全体当事人推选共同的诉讼代表人，也可以由部分当事人推选自己的诉讼代表人。如果推选不出的，在必要共同诉讼中，当事人可以自己参加诉讼；在普通共同诉讼中，当事人可以另行起诉，若人数不多的，也可以直接参加诉讼。

四、人数不确定的代表人诉讼

(一)概念与条件

人数不确定的代表人诉讼，是指由人数不确定的共同诉讼人中向法院登记权利的人推选出诉讼代表人，由代表人以全体共同诉讼人的名义参加诉讼、实施诉讼行为的代表人诉讼。

构成人数不确定的代表人诉讼，须具备以下三个条件：

(1)当事人一方人数众多且具体人数在起诉时尚未确定。现代社会中许多大型的民事经济纠纷频繁发生，如消费者保护、环境污染、旅游服务、广告宣传、投资集资、产品质量等，这种纠纷中的当事人往往情况各异，甚至分布在全国各地，于是产生了具体人数难以确定的情形。

(2)诉讼标的为同一种类，即多数当事人之间没有共同的权利或义务关系，不存在共同的诉讼标的，但各方当事人的诉讼标的属同一种类。也就是说，只有普通共同诉讼，才适用人数不确定的代表人诉讼。在必要共同诉讼中，如果人数不确定，就直接不能适用代表人诉讼制度，更莫谈人数不确定的代表人诉讼。

(3)须选定诉讼代表人。诉讼代表人只能通过向人民法院登记权利的那部分当事人中产生出来。根据《民诉解释》的规定,诉讼代表人产生的方式依次为:

第一,推选。也就是说,由向人民法院登记的那部分权利人推选出诉讼代表人。

第二,商定。在当事人推选不出代表人时,由人民法院与当事人通过协商方式产生代表人。

第三,指定。在协商不成的情况下,也可以由人民法院在当事人中指定诉讼代表人。

需要注意的是,诉讼代表人的上述产生方式应当依次进行,前一种方式行不通的前提下才能采用后一种方式。

(二)特殊程序

与人数确定的代表人诉讼相比,人数不确定的代表人诉讼具有下列几项特殊程序:

1. 公告

人民法院在受理案件后,可根据民事诉讼法的规定,发出公告,在公告中说明案件情况和诉讼请求,通知尚未起诉的权利人在规定期间内来法院登记。公告的期限由法院视具体情况决定,但最少不得少于30日。

2. 登记

登记是指人民法院对见到公告后前来参加诉讼的权利人进行登记。权利人向法院登记时,应证明自己与对方当事人的法律关系和所受到的损失,无法证明的,不予登记,但权利人可以另案起诉。登记并不是起诉行为,仅是一种表明当事人身份的行为。登记的法律效果在于,已经登记的权利人有权推选诉讼代表人,也有权被推选为诉讼代表人。

3. 裁判效力

《民事诉讼法》第54条第4款规定:"人民法院作出的判决、裁定,对参加登记的全体权利人发生效力。未参加登记的权利人在诉讼时效期间提起诉讼的,适用该判决、裁定。"可见,人民法院对人数不确定的代表人诉讼作出裁判后,裁判的约束力仅及于参加登记的全体权利人,这便是人数不确定的代表人诉讼的裁判效力。对于未参加登记的权利人而言,虽然无直接的约束力,但具有预决的效力,这属于法院裁判效力的扩张。在公告期间未参加登记的权利人,在诉讼时效期限内提起诉讼的,法院直接适用对代表人诉讼已作出的裁判,这是指适用该判决、裁定中认定的事实理由以及基本的法律依据。至于具体支持的请求数额多少,还要视权利人的具体情况来定。

第五节 公益诉讼

一、我国公益诉讼制度概述

公益诉讼制度是2012年《民事诉讼法》修改时增设的一项制度。《民事诉讼法》第55条规定:“对污染环境、侵害众多消费者合法权益等损害社会公共利益的行为,法律规定的机关和有关组织可以向人民法院提起诉讼。”这是我国民事诉讼法上公益诉讼的法律依据。从这一规定出发,我国的民事公益诉讼,是指法定的国家机关或组织,针对侵犯社会公共利益的违法行为,为保护社会公益的目的,以自己的名义向人民法院提起的民事诉讼。

从某种角度来讲,公益诉讼制度的设立是对当前社会背景的一种呼应。在急剧的社会转型时期,近年来对经济利益过度追求和对环境资源过度开发利用等危害社会公益的行为频频出现,较为典型者如环境污染、食品安全等问题都造成了极大的社会影响。我国的传统民事诉讼制度基本围绕公民私权利的保护而展开,难以适应保障社会公共利益的需要。因此,设立民事公益诉讼制度有着极其重要的意义。第一,公益诉讼制度有利于缓解社会矛盾,保护社会公益。第二,公益诉讼制度有利于弥补行政救济的不足,可以与通过行政管理来救济社会公益的方式相得益彰。第三,公益诉讼的方式可以避免大量分散的个体私益诉讼,有助于减少民事诉讼案件的数量,缓解与日俱增的诉讼压力。

二、我国公益诉讼的适用条件

根据《民事诉讼法》第55条的规定,我国民事公益诉讼的适用条件主要从以下两方面进行界定。

(一)案件范围

在公益诉讼的案件范围方面,民事诉讼法进行了开放式的规定,基本归纳为“损害社会公共利益的行为”。大致包括三个方面:(1)环境污染的行为;(2)侵害众多消费者合法权益的行为;(3)其他损害社会公共利益的行为。前两个方面的行为属于立法的列举,而非限定。所谓“损害社会公共利益的行为”,在日后的司法实践中可以逐步完善认定,通过判例的形式去丰富公益诉讼的案件范围。我们认为,就当前社会发展状况和社会热点而言,侵害、破坏国有财产,破坏文物遗产,虐待动物,对学校周边环境造成精神污染,垄断,不正当竞争等诸多行为都属于损害社会公益的行为。

(二)提起主体(原告资格)

从能够提起公益诉讼的原告资格来看,我国《民事诉讼法》第55条只能算是对公益诉讼制度进行了原则性的规定。这一条文所设的公益诉讼制度,具有强烈的不完全性:一方面,从国外关于公益诉讼的立法例来看,个人大致都可以成为公益诉讼的提起主体,但我国不允许个人提起公益诉讼。① 另一方面,《民事诉讼法》第55条要求只能是“法律规定的机关和有关组织”才可以提起公益诉讼。可见,哪些机关和组织能够提起公益诉讼,还要依赖于相关的法律规定或解释,单凭民事诉讼法的这一条文,并不具有完满的可操作性。我国公益诉讼的提起主体包括下列两个方面:

1. 法律规定的机关

赋予相关的国家机关公益诉讼原告资格,一方面是考虑到相关的国家机关在相应的行政管理领域内承担着维护社会公共利益的职责,另一方面则是基于国家机关具备较强的诉讼能力的考量。《海洋环境保护法》第90条第2款规定:“对破坏海洋生态、海洋水产资源、海洋保护区,给国家造成重大损失的,由依照本法规定行使海洋环境监督管理权的部门代表国家对责任者提出损害赔偿要求。”这是关于法定机关提起公益诉讼的较为典型的规定。

关于人民检察院能否提起民事诉讼的问题,曾经在法学界有过广泛的争议。有观点认为,人民检察院只应对民事诉讼活动进行监督,而不宜对民事争议和纠纷实行监督,当事人有处分权,检察机关无权干涉,否则会有越俎代庖的嫌疑。但是,也有观点主张人民检察院有权对具体的个案提起民事诉讼。实际上,在司法实践中的确出现了一些新型的民事案件,如国有企业破产导致国有资产大量流失的问题,其受害者是国家,却没有合适的原告来提起民事诉讼,许多地方发生的大量类似案件中,当地检察机关也有的已经在开始寻求介入民事诉讼的探索。② 实际上,在国外都存在着检察机关可以直接提起民事诉讼的立法例。法国《民事诉讼法典》第423条规定,除法律有特别规定的情形外,在事实妨害公共秩序时,检察院得为维护公共秩序进行民事诉讼;日本《人事诉讼程序法》第19条规定,检察官对于婚姻案件有权提起诉讼;美国《谢尔曼法》第4条规定,各区的检察官,根据司法部

① 对于个人能否提起公益诉讼,在2012年《民事诉讼法》修改过程中,曾经出现具有妥协性的立法建议:“对污染环境、侵害众多消费者合法权益等损害社会公共利益的行为,有关的行政机关、人民检察院及有关社会团体、公民可以向人民法院提起诉讼。公民可以要求有关行政机关或人民检察院提起诉讼;有关行政机关或人民检察院在30天内不提起公益诉讼的,公民可自行起诉。”参见吴高盛主编:《〈中华人民共和国民事诉讼法〉释义及实用指南》,中国民主法制出版社2012年版,第182页。

② 早在2002年就曾出现过所谓的检察机关提起民事诉讼第一案。浙江省浦江县人民法院在浦江县人民检察院诉县良种场房地产买卖一案中,作出了确认县良种场低价拍卖一处国有房地产行为无效的判决。参见张进德:《通往文明的对抗——司法的理念与技艺》,中国工商出版社2010年版,第18页。

长的指示，在该区内可以提起衡平诉讼，以防止或限制违反反托拉斯法的行为。[①]我们认为，在我国《民事诉讼法》第55条的基础上，可以借此继续在司法实践中探索由检察机关针对损害国家利益行为提起公益诉讼的做法，并将其在立法上予以确认。

2. 有关组织

针对"有关组织"，现在立法主要有以下两方面规定：

(1)根据《消费者权益保护法》第47条之规定，对侵害众多消费者合法权益的行为，中国消费者协会以及在省、自治区、直辖市设立的消费者协会，可以向人民法院提起诉讼。

(2)根据《环境保护法》第58条之规定，对污染环境、破坏生态，损害社会公共利益的行为，符合下列条件的社会组织可以向人民法院提起诉讼：①依法在设区的市级以上人民政府民政部门登记；②专门从事环境保护公益活动连续5年以上且无违法记录。

另外，在将来的立法上，我们应当进一步探索能够提起公益诉讼的其他"有关组织"。比如，在女性公民的普遍民事权益遭到侵犯时，也可以考虑由相关的妇女权益保护组织提起公益诉讼；针对文物保护问题，可以由相关文物保护组织提起公益诉讼。

三、我国公益诉讼的程序

1. 起诉程序

(1)管辖。公益诉讼案件由侵权行为地或者被告住所地中级人民法院管辖。因污染海洋环境提起的诉讼，由污染发生地、损害结果地或者采取预防污染措施地海事法院管辖。

(2)起诉条件。提起公益诉讼应当符合下列条件：①有明确的被告；②有具体的诉讼请求；③有社会公共利益受到损害的初步证据；④属于人民法院受理民事诉讼的范围和受诉人民法院管辖。

2. 审理程序

(1)法院告知程序。法院受理公益诉讼案件后，应当在10日内书面告知相关行政主管部门。

(2)与私益诉讼的关系。法院受理公益诉讼案件不影响同一侵权行为的受害人自行向法院提起诉讼。

(3)和解、调解的公告程序。在公益诉讼中，当事人达成和解或者调解协议

① 参见谭兵主编：《外国民事诉讼制度研究》，法律出版社2003年版，第339页。

后,法院应当将和解或者调解协议进行公告,公告期间不得少于30日。公告期满后,法院经审查和解或者调解协议不违反社会公共利益的,应当出具调解书;和解或者调解协议违反社会公共利益的,不予出具调解书,继续对案件进行审理并作出裁判。

(4)撤诉的时间限制。一般的民事诉讼案件,原告在宣判之前皆可撤诉。但是,在公益诉讼案件中,原告撤诉必须在法庭辩论结束前;原告在法庭辩论终结后申请撤诉的,法院不予准许。

(5)一事不再理。法院对公益诉讼作出生效裁判后,其他依法具有起诉资格的机关和有关组织就同一侵权行为另行向法院提起诉讼的,法院不予受理,但因驳回起诉或者有新证据的除外。但必须指出,在法院受理公益诉讼案件后,依法可以提起诉讼的其他机关和有关组织,可以在开庭前向法院申请参加诉讼;法院准许其参加诉讼的,列为共同原告。

四、国外公益诉讼制度梗概

由于我国民事诉讼法设定的公益诉讼制度十分原则化,充其量算是公益诉讼制度的框架性构建,所以借鉴国外比较成熟的公益诉讼制度,对我国公益诉讼理论继续深入探索就显得尤为重要。美国是现代公益诉讼制度的创始国,也是公益诉讼制度最为完善的国家。早在1863年,美国的《反欺骗政府法》就规定:任何个人或公司在发现有人欺骗美国政府索取钱财后,有权以美国联邦政府的名义控告违法的一方,并在胜诉后分得一部分罚金。该法一般被认为是现代公益诉讼制度的起源。始于美国,公益诉讼制度在许多国家都得以确立,且已有十分成熟的发展。综观各国的公益诉讼制度,大致可以归纳出一些共同的基本特点。

(1)公益诉讼目的的两元化。公益诉讼的目的,一方面在于制止侵害社会公益的违法行为,另一方面还要通过诉讼进行政策宣示甚至创制法律或新的权利,以进一步预防这些违法行为的产生。

(2)原告资格的广泛性。在许多国家的公益诉讼中,国家机关、社会团体和个人都具备提起公益诉讼的原告资格。

(3)诉讼程序的特殊性。公益诉讼无论从程序设置还是基本原理上都突破了传统私益诉讼的框架,例如公益诉讼贯彻国家干预原则,不再强调当事人的处分权,法官在诉讼中积极主动,不再固守传统的辩论主义等。

(4)诉讼积极性的制度保障。不少国家为提高原告提起公益诉讼的积极性,规定了特殊的诉讼费用制度和法律援助制度。采取少缴或免交案件受理费的方法来激励公民个人提起公益诉讼,并由公益性律师和律师事务所帮助公民个人提起公益诉讼。

(5)判决效力的延展性。在公益诉讼中,判决除对直接参加诉讼的当事人产生效力外,还对权益受到损害但未参加诉讼的不特定多数人产生效力。在公益诉讼判决生效后,可能涉及通过各种方式对不特定多数人的损害进行赔偿,或者将赔偿金成立基金以回馈相关弱势群体,或者将赔偿金直接用于公益事业的支出。

第六节 诉讼第三人

一、诉讼第三人概述

在民事诉讼中,通常情况下只有两方当事人,即原告和被告。但是,由于民事法律关系的复杂性,有时原告和被告的争议可能涉及或者影响其他人的权利,于是就发生了第三人参加诉讼的问题。民事诉讼中的第三人,是指对他人争议的诉讼标的有独立的请求权,或虽无独立的请求权,但案件的处理结果与其有法律上的利害关系,而参加到原告、被告已经开始的诉讼中进行诉讼的人。第三人可以是自然人、法人和其他组织;既可以是一人,也可以是两人以上。以对他人之间的诉讼标的是否具有独立的请求权为标准,第三人可以分为有独立请求权的第三人和无独立请求权的第三人。

民事诉讼中的第三人属于广义上的当事人,也就具有当事人的一般特征。但第三人也存在很大的特殊性,具有以下几方面的特征:

(1)第三人参加诉讼的目的,在于维护自己相对独立的民事权益,以自己的名义参加诉讼。若非如此,则不成为第三人,而是诉讼代理人。

(2)参加诉讼的原因是对他人之间的诉讼标的提出独立的诉讼请求,或者案件的处理结果与其有法律上的利害关系。提出独立诉讼请求,说明对他人的诉讼标的具有全部或部分请求权,这种请求不同于原告的诉讼请求,也不同于被告的答辩主张。

(3)参加诉讼的时间是在他人之间的诉讼已经开始之后,但人民法院尚未作出判决之前。如果不在这个时间范围内,当然也可以另外进行诉讼,但不存在第三人参加诉讼的问题。

(4)由人民法院确定可否合并审理成为第三人之诉。第三人参加诉讼,属于诉的合并,由法院根据案件具体情况予以决定是否合并,如果不可合并,则可以另外进行单独的诉讼。

二、有独立请求权的第三人

(一)有独立请求权的第三人的概念

有独立请求权的第三人,是指对原告和被告之间争议的诉讼标的认为有独立的请求权,参加到原告、被告已经开始的诉讼中进行诉讼的人。根据有独立请求权的第三人对双方当事人诉讼标的中主张权利的多少,可以分为有全部独立请求权的第三人和有部分独立请求权的第三人。

在民事诉讼中,有独立请求权的第三人的诉讼地位相当于原告,以本诉中的原告和被告作为被告,但并不是作为共同被告。虽然原、被告之间相互对立,但是,有独立请求权的第三人也是既不同意原告的主张又不同意被告的主张。他为了维护自己单方的民事权益,以独立的权利人资格向法院提起一项新的民事诉讼,于原、被告之间的本诉相互对应,于是可以称其为参与之诉。人民法院为了及时、公正处理案件,避免作出相互矛盾的判决,可以将两个诉合并审理。例如,甲将耕牛出租于乙使用,而乙却私自将耕牛卖于丙;由于耕牛质量问题,丙向法院起诉与乙的合同纠纷;甲得知了乙、丙的诉讼后,也向法院提起诉讼,主张自己对耕牛享有所有权;如果法院将两诉合并审理,甲则以有独立请求权的第三人的身份参加诉讼。

有独立请求权的第三人在诉讼中有其独立的诉讼地位,因此,如果在本诉中因撤诉等事由导致原、被告地位的丧失,他便可以发生诉讼地位的转变,可以单独提起针对原告或者被告的诉讼,诉讼地位转换为典型的原告。有独立请求权的第三人在诉讼中应当承担独立的诉讼结果,除调解结案的情况外,与原、被告承担的诉讼结果总是相反的。如果法院的裁判支持了第三人的主张,同时必然会否定本诉原、被告的诉讼主张;如果原、被告一方的主张得到了支持,那么第三人的主张便遭否定。

(二)有独立请求权的第三人的参诉条件

有独立请求权的第三人参加诉讼,必须具备以下条件:

(1)自己认为对本诉当事人发生争议的诉讼标的享有独立的实体上的请求权。这是有独立请求权的第三人参加诉讼的根本依据。这具有两方面的含义:一是第三人所主张的实体权利与本诉任何一方当事人的主张都不相同;二是第三人的诉讼请求对本诉双方的权利义务关系直接排斥,如果其请求成立的话,本诉双方的权利义务就全部或部分不存在或失去意义。并且,只需第三人"认为"享有独立请求权即可,至于最终判断要在法院对案件进行审理后才可作出。

(2)所参加的诉讼正在进行。有独立请求权的第三人参加诉讼的时间限于法院受理本诉之后,至法院作出一审判决之前。

(3)以起诉的方式参加诉讼。根据《民事诉讼法》第56条第1款之规定,对当事人双方的诉讼标的,第三人认为有独立请求权的,有权提起诉讼。既然是起诉的方式,因此必须符合起诉的条件和程序,例如符合法院主管、管辖以及起诉状等方面的要求。

（三）有独立请求权的第三人与必要共同诉讼人的区别

有独立请求权的第三人与必要共同诉讼人虽然也有相似之处，如都是存在多数的当事人，但却存在根本的区别。这些区别主要体现为：

（1）与诉讼标的的关系不同。必要共同诉讼人争议的诉讼标的是共同的，他们是争议的法律关系的一方当事人，在同一法律关系中，或者共同享有权利，或者共同承担义务。有独立请求权的第三人提起的诉讼，其诉讼标的与本诉的诉讼标的可能是共同的，也可能是不同的，但有独立请求权的第三人与诉讼标的的关系不可能与本诉的任何一方当事人相同，与本诉当事人的任何一方都不具有共同的权利义务。有独立请求权的第三人的主张具有独立性，与本诉讼的原告及被告的利益均相排斥。

（2）争议的对方当事人不同。必要共同诉讼人只能与另一方当事人发生争议，对方当事人要么是被告，要么是原告；而有独立请求权的第三人是与本诉讼的原、被告双方发生争议，与之争议的对方当事人既包括本诉的原告，也包括本诉的被告。

（3）参加诉讼的方式不同。必要共同诉讼人既可以自己申请参加诉讼，也可以经人民法院通知参加诉讼；而有独立请求权的第三人只能以起诉的方式参加诉讼。

（4）参加诉讼的时间不同。必要共同诉讼人可以在诉讼开始时，也可以在诉讼开始后参加诉讼；有独立请求权的第三人只能在诉讼开始后而尚未结束前参加诉讼。

（5）诉讼地位不同。必要共同诉讼人在诉讼中既可能处于原告的诉讼地位，也可能处于被告的诉讼地位；有独立请求权的第三人只能处于原告的诉讼地位。

（6）是否必须合并审理不同。人民法院对于必要共同诉讼人参加的诉讼必须合并审理，而对于有独立请求权的第三人参加的诉讼可以根据实际情况决定是否合并审理。

（7）诉讼行为的效力不同。必要共同诉讼人中一人的诉讼行为经全体共同诉讼人承认的，可以对全体共同诉讼人发生法律效力；有独立请求权的第三人的诉讼行为无论如何只对自己发生法律效力，其既不可能对本诉的当事人发生效力，也不受本诉任何一方当事人的牵制。

三、无独立请求权的第三人

（一）无独立请求权的第三人的概念

无独立请求权的第三人，是指对当事人双方的诉讼标的没有独立的请求权，但是案件处理结果与其有法律上的利害关系，自行申请参加诉讼或者由人民法院通知其参加诉讼的人。

根据民事诉讼法的规定,无独立请求权的第三人参加诉讼的根据是案件的审理结果与其有法律上的利害关系。所谓有法律上的利害关系,其实质是无独立请求权的第三人与本诉的当事人存在另一个法律关系,而且本诉当事人争议的法律关系和该第三人与本诉当事人之间的法律关系具有一定的牵连性。这种利害关系主要可以分为两种情形,即权利性关系和义务性关系。另外,利害关系也可能会体现为权利义务相混合的法律关系。从司法实践来看,无独立请求权的第三人与案件处理结果之间的利害关系大多是义务性关系,通常体现为该第三人与本诉的被告之间存在另一个与本诉争议法律关系具有牵连性的法律关系。如果人民法院确认本诉的被告应当承担法律责任,该法律责任最终可能由该第三人承担。例如,甲将耕牛出卖于乙,乙又将其卖于丙,因耕牛存在质量问题丙对乙提起民事诉讼,甲可以作为无独立请求权的第三人参加诉讼。

可是,从理论上说,并不能排除利害关系是权利性关系的可能性,通常体现为无独立请求权的第三人与本诉原告之间存在另一个与本诉争议的法律关系具有牵连性的法律关系。例如,生产商甲将一批货物出售于批发商乙,乙又将其中的一部分批发于零售商丙,其中乙认为货物存在质量瑕疵对甲提起诉讼,丙因其与乙之间的买卖关系也可以以无独立请求权的第三人的身份参与到诉讼中去。

(二)无独立请求权的第三人的诉讼地位

由于案件的处理结果与其有法律上的利害关系,因此,无独立请求权的第三人参加诉讼是为了维护自己的合法利益。其参加诉讼的方式是,加入到原告一方或者被告一方进行辅佐性诉讼。一般而言,如果该第三人可能由于本诉处理结果而享有一定的实体权利时,便加入原告一方,其诉讼地位相当于原告;如果该第三人可能由于本诉处理结果而承担一定实体义务时,便加入被告一方,其地位相当于被告。但无论如何,无独立请求权的第三人在诉讼中不是完全独立的诉讼当事人,不具有与当事人完全相同的诉讼地位。

无独立请求权的第三人的诉讼地位具有一定的附属性和相对的独立性。其附属性体现在,该第三人参加诉讼的目的是帮助被参加一方赢得诉讼并借以维护自己的利益,因此他不得实施与参加人地位相悖的诉讼行为,如不得申请撤诉或放弃诉讼请求,不得提起反诉,在被参加一方反对的情况下不得承认对方诉讼请求以及不得同意调解等。但另一方面,无独立请求权的第三人也具有相对独立的诉讼地位。该第三人享有一部分独立的诉讼权利,如委托诉讼代理人的权利、陈述自己意见的权利、举证和质证的权利以及参加法庭辩论的权利等。另外,根据《民事诉讼法》第56条第2款之规定,人民法院判决承担民事责任的无独立请求权的第三人,具有当事人的诉讼权利义务。根据《民诉解释》第 82 条、第 150 条、第 240 条的规定，对于无独立请求权的第三人的诉讼权利义务也作出了以下专门的规定：

（1）人民法院判决承担民事责任的无独立请求权的第三人在诉讼中有当事人的诉讼权利义务，有权提起上诉。但该第三人在一审中无权对案件的管辖权提出异议，无权放弃、变更诉讼请求或者申请撤诉。[①]

（2）无独立请求权的第三人参加诉讼的案件，人民法院调解时需要确定无独立请求权的第三人承担义务的，应当经第三人同意，调解书应当同时送达第三人。第三人在调解书送达前反悔的，人民法院应当及时判决。

（3）无独立请求权的第三人经人民法院传票传唤，无正当理由拒不到庭，或者未经法庭许可中途退庭的，不影响案件的审理。

（三）无独立请求权的第三人参加诉讼的方式

无独立请求权的第三人应当在本诉开始之后至一审判决作出之前参加诉讼。根据我国《民事诉讼法》第 56 条和最高人民法院《民诉解释》第 81 条的规定，无独立请求权的第三人参加诉讼的方式主要有以下两种：

（1）申请参加诉讼。尽管对当事人正在争议的诉讼标的没有独立的请求权，但是案件的处理结果与其有法律上的利害关系，无独立请求权的第三人为了维护自己的利益依法申请参加诉讼的，人民法院可以根据具体情况决定是否准许。申请参加是无独立请求权的第三人参加诉讼的重要方式。

（2）经人民法院通知参加诉讼。无独立请求权的第三人与案件处理结果之间的利害关系，通常是因其与被告之间存在法律上的利害关系。在这种情况下，人民法院往往通知该第三人作为无独立请求权的第三人参加诉讼。但是，如果被通知人拒绝参加诉讼时，法院应当尊重其处分权，而不得强制其参加。如果在实体法律关系中确实需要其承担责任的，一方当事人在诉讼结束后可以另行对其提起诉讼。可见，经通知参加诉讼也是无独立请求权的第三人参加诉讼的另一种方式。

从司法实践来看，将无独立请求权的第三人纳入诉讼，往往是要求该第三人承担责任，因此，无独立请求权的第三人一般不是主动申请参加诉讼，而是由人民法院通知参加诉讼。同时，个别法院还存在滥用追加无独立请求权的第三人的问题，以致严重损害了第三人的合法权益。为此，《最高人民法院关于在经济审判工作中严格执行〈中华人民共和国民事诉讼法〉的若干规定》第 9 条、第 10 条、第 11 条对追加无独立请求权的第三人进行了限制，指出以下几种情况不能追加：

---

① 对于无独立请求权的第三人是否有权提出管辖权异议的问题，在理论界存在对这项司法解释的质疑，具体参见本书“管辖权异议”一节内容。

(1)受诉人民法院对与原、被告双方争议的诉讼标的无直接牵连和不负有返还或者赔偿等义务的人,以及与原告或被告约定仲裁或有约定管辖的案外人,或者专属管辖案件的一方当事人,均不得作为无独立请求权的第三人通知其参加诉讼。

(2)人民法院在审理产品质量纠纷案件中,对原、被告之间法律关系以外的人,证据已证明其已经提供了合同约定或者符合法律规定的产品的,或者案件中的当事人未在规定的质量异议期内提出异议的,或者作为收货方已经认可该产品质量的,不得作为无独立请求权的第三人通知其参加诉讼。

(3)人民法院对已经履行了义务,或者依法取得了一方当事人的财产,并支付了相应对价的原、被告之间法律关系以外的人,不得作为无独立请求权的第三人通知其参加诉讼。

(四)无独立请求权的第三人的特别适用

《合同法》第74条和《最高人民法院关于适用〈中华人民共和国合同法〉若干问题的解释》第12条、第16条、第24条、第27条、第29条规定了合同案件中特别适用无独立请求权的第三人的情形。

1. 代位权诉讼中的无独立请求权的第三人

代位权诉讼,是指债务人怠于行使其到期债权,对债权人造成损害的,债权人向人民法院请求以自己的名义代位行使债务人的债权而提起的诉讼。根据上述法条的规定,债权人代位行使的债权不能是专属于债务人自身的债权,如基于扶养、抚养、赡养、继承关系产生的给付请求权和劳动报酬、退休金、养老金、抚恤金、安置费、人寿保险、人身伤害赔偿请求权等权利就不能提起代位权诉讼。

在代位权诉讼中,债权人以次债务人为被告向人民法院提起代位权诉讼,债务人是无独立请求权的第三人。债权人起诉时未将债务人列为第三人的,人民法院可以追加债务人为第三人。在代位权诉讼中,该无独立请求权的第三人可对债权人的债权提出异议,经审查异议成立的,人民法院应当裁定驳回债权人的起诉。

代位权诉讼判决的效力比较特殊。判决认定代位权成立的,次债务人向债权人履行清偿义务,债权人与债务人、债务人与次债务人之间相应的债权债务关系即予消灭。代位权不成立的,债权人对债务人的诉权并不消失,原告可以以债务人为被告再次提起诉讼。

2. 撤销权诉讼中的无独立请求权的第三人

债务人放弃其到期债权或者无偿转让或以不合理的低价转让财产,对债权人造成损害的,债权人可以请求人民法院撤销债务人的行为。这种诉讼称为撤销权诉讼。债权人提起撤销权诉讼时,只以债务人为被告,未将受益人或者受让人列为第三人的，人民法院可以追加该受益人或者受让人为无独立请求权的第三人。

3. 合同转让案件中的无独立请求权的第三人

合同的转让包括债权的转让和债务的转让。债权人转让合同权利后，债务人与受让人之间因履行合同发生纠纷诉至人民法院，债务人对债权人的权利提出抗辩的，人民法院可以将债权人列为第三人；经债权人同意，债务人转移合同义务后，受让人与债权人之间因履行合同发生纠纷诉至人民法院，受让人就债务人对债权人的权利提出抗辩的，人民法院可以将债务人列为第三人；合同当事人一方经对方同意将其在合同中的权利义务一并转让给受让人，对方与受让人因履行合同发生纠纷诉至人民法院，对方就合同权利义务提出抗辩的，人民法院可以将出让方列为第三人。上述三种第三人都是无独立请求权的第三人。

四、第三人撤销诉讼

（一）第三人撤销诉讼的概念

所谓第三人撤销诉讼，是指第三人因不能归责于本人的事由未能参加原、被告之间的诉讼时，针对原审诉讼裁判结果对第三人产生的不利效果，向法院提起的改变或撤销错误的原审生效裁判的一种诉讼。在司法实践中，存在着双方当事人利用民事诉讼程序进行恶意诉讼而损害第三人利益的情况，或者当事人双方虽不存在恶意，但双方的诉讼结果在客观上却影响到了第三人的利益。此时，如果第三人没有参加当事人双方之间的诉讼，则无法对其中涉及的自身利益进行充分救济，本诉的审判程序极有可能在程序合法的前提下作出损害第三人利益的裁判。因此，赋予第三人在事后通过新的诉讼行使对抗损害其利益的生效裁判的权利，对于全方位实现民事诉讼的目的有着极其重要的意义。

2012 年我国《民事诉讼法》在修改时新增了第三人撤销诉讼制度。《民事诉讼法》第 56 条第 3 款规定："前两款规定的第三人，因不能归责于本人的事由未参加诉讼，但有证据证明发生法律效力的判决、裁定、调解书的部分或者全部内容错误，损害其民事权益的，可以自知道或者应当知道其民事权益受到损害之日起六个月内，向作出该判决、裁定、调解书的人民法院提起诉讼。人民法院经审理，诉讼请求成立的，应当改变或者撤销原判决、裁定、调解书；诉讼请求不成立的，驳回诉讼请求。"第三人撤销诉讼的客体，应当是已生效的判决、裁定、调解书。如果法院裁判尚未生效，裁判所涉及的民事实体法律关系尚未得以确认，也就不会对第三人造成损害，不具备提起撤销诉讼的前提。

（二）第三人撤销诉讼的程序

1. 第三人撤销诉讼的管辖法院

第三人撤销诉讼的管辖法院，应当是作出原审原、被告之间生效判决、裁定、调解书的法院。这是基于原审诉讼活动与第三人撤销诉讼之间的牵连关系所作出的规定。如果原审生效裁判是由二审法院作出的,那么第三人撤销诉讼的管辖法院就是二审法院。

2. 第三人撤销诉讼的当事人

(1)原告。有权提起此种诉讼的原告,应当是原审原、被告之外的主张原生效裁判损害其民事权益的第三人,可以是有独立请求权的第三人,也可以是无独立请求权的第三人。能够提起撤销诉讼的第三人必须满足两个条件:

① 有证据证明生效判决、裁定、调解书的部分或者全部内容错误,损害了自己的民事权益。第三人提供的证据,要证明两个方面的问题:一是要证明生效裁判的部分或全部内容错误,二是要证明错误裁判损害了自己的民事权益。之所以对第三人作这种要求,旨在避免第三人滥用权利造成司法资源的浪费。

② 第三人因不能归责于本人的事由未能参加诉讼。不能归责于本人的事由,是指未能参加原案件的诉讼活动并非出于自身的主观过错(包括故意和过失),而是由于不能归责于自己的客观事由,比如第三人不知道原、被告之间的诉讼活动,且法院也没有通知其参加诉讼。如果该第三人本可以参加原、被告之间的诉讼,通过行使诉讼权利维护自己的合法权益,但故意不去参加,裁判生效后再提起撤销裁判诉讼必然导致诉讼资源的浪费和他人讼累。

但是,根据《民诉解释》之规定,下列案件第三人不得提起撤销之诉:①适用特别程序、督促程序、公示催告程序、破产程序等非讼程序处理的案件。②婚姻无效、撤销或者解除婚姻关系等判决、裁定、调解书中涉及身份关系的内容。③《民事诉讼法》第 54 条规定的未参加登记的权利人对代表人诉讼的生效裁判。④《民事诉讼法》第 55 条规定的损害社会公共利益行为的受害人对公益诉讼的生效裁判。上述第③种和第④种情形中,因其可以另行起诉,故不得提起第三人撤销之诉。

(2)被告与第三人。第三人提起撤销诉讼时,应当以生效裁判的原案原告和被告为被告。第三人提起的诉讼是一种变更之诉,即请求法院改变或者撤销生效的原审裁判的内容。另外,在第三人撤销之诉中,可以将原审诉讼中没有承担责任的无独立请求权第三人列为第三人。

3. 第三人撤销诉讼的提起时间和立案时间

第三人撤销诉讼应当在法定期间内提出,即第三人自知道或者应当知道其民事权益受到损害之日起 6 个月内提出撤销诉讼。需要指出的是,6 个月的起算点是第三人知道或应当知道其民事权益受到损害之日,这个时间肯定是在原审裁判生效之后,因为未生效的裁判不会实际损害第三人权益,至多是有损害其权益的可能性。

符合受理条件的,法院应当自收到起诉状之日起 30 日内立案。不符合条件的,应当在收到起诉状之日起 30 日内裁定不予受理。

4. 审理程序

(1)不中止执行。法院受理第三人撤销之诉的案件后,一般不中止原生效裁判的执行。原告提供相应担保,请求中止执行的,法院可以准许。

(2)审判组织。法院对第三人撤销之诉案件,应当组成合议庭开庭审理。

(3)与再审程序的关系。第三人撤销之诉案件审理期间,法院裁定原生效判决、裁定、调解书再审的,受理第三人撤销之诉的法院应当裁定终结诉讼,第三人的诉讼请求并入再审程序并按照下列情形分别处理:①按照第一审程序再审的,法院应当对第三人的诉讼请求一并审理,所作判决当事人可以上诉;②按照第二审程序再审的,法院可以进行调解;调解不成的,应当裁定撤销原判决、裁定、调解书,发回一审法院重审,重审时应当列明第三人。有证据证明原审当事人恶意串通损害第三人合法权益的,法院应当先行审理第三人撤销之诉案件,裁定中止再审诉讼。

(4)与执行异议的关系。可从以下两个方面加以理解:①第三人提起撤销之诉后,生效裁判未中止执行的,执行法院对第三人提出的执行异议(即案外人对执行标的的异议)应予审查。第三人不服驳回执行异议裁定,申请对原裁判再审的,法院不予受理。②案外人对法院驳回其执行异议裁定不服,认为原裁判内容错误损害其合法权益的,应当根据《民事诉讼法》第 227 条规定申请再审,提起第三人撤销之诉的,法院不予受理。

5. 第三人撤销诉讼的处理方式

人民法院经过审理,第三人的诉讼请求成立的,应当改变或者撤销原判决、裁定、调解书。此时,又包括两种可能性:

(1)如果第三人的诉讼请求只涉及原裁判的部分内容,法院便对裁判中涉及第三人利益的部分予以撤销或改变,恢复第三人的原有权利状态,裁判其他部分仍然具有法律效力。

(2)如果第三人的诉讼请求涉及原裁判的全部,法院便对原裁判予以撤销或改变,恢复原裁判确定之前的民事法律关系或者重新确定原审案件当事人之间的民事法律关系。

如果人民法院经过审理认为第三人的诉讼请求不成立的,则应判决驳回第三人的诉讼请求,原案裁判仍然具有法律效力。

第七节　诉讼代理人

一、诉讼代理人概述

（一）诉讼代理人的概念和特征

在民事诉讼中，无诉讼行为能力的当事人必须要由法定代理人代替其实施诉讼行为；对于有诉讼行为能力的当事人而言，可以自己实施诉讼行为，但由于法律知识、诉讼技巧等方面的缺陷，也有权委托诉讼代理人代其进行诉讼活动，借以增强其参加诉讼的实际能力，无诉讼行为能力当事人的法定代理人同样享有此种权利。可见，诉讼代理人制度的设定，一方面可以帮助当事人获得平等充分的诉讼机会，以利于维护自己的合法权益；另一方面，可以帮助法院全面查清案情和正确适用法律，以利于保障案件的公正处理。

以当事人的名义，在一定权限范围内为当事人的利益进行诉讼活动的人，称为诉讼代理人。被代理的一方当事人称为被代理人。诉讼代理人代理当事人进行诉讼活动的权限，称为诉讼代理权。代理进行诉讼活动的行为，称为诉讼代理行为。

诉讼代理人的特征有以下几个方面：

（1）有诉讼行为能力。诉讼代理人的职责，是在代理权限范围内代理当事人实施诉讼行为和接受诉讼行为，维护当事人的合法权益，这就要求诉讼代理人必须有诉讼行为能力。否则，诉讼代理人便履行不了自己的职责。可见，具有诉讼行为能力是诉讼代理人的一个重要特征。

（2）以被代理人的名义，并且为了维护被代理人的利益进行诉讼活动。诉讼代理人不是案件的一方当事人，与案件没有直接或间接的利害关系，他参加诉讼完全是为了给被代理人提供法律帮助。因此，诉讼代理人必须以被代理人的名义，并且为了维护被代理人的利益进行诉讼活动，而不能以自己的名义，为了维护自己的利益进行诉讼活动。诉讼代理人在诉讼中无自己的利益可言。

（3）在代理权限范围内实施诉讼行为。诉讼代理人代为诉讼行为和代受诉讼行为的依据是诉讼代理权。为了防止诉讼代理权的滥用，维护被代理人的利益，诉讼代理权有一定范围的限制。诉讼代理人在代理权限范围内实施的诉讼行为才是诉讼代理行为，才产生诉讼代理的法律后果。诉讼代理人超越代理权实施的诉讼行为不是诉讼代理行为，不产生诉讼代理的法律后果。

（4）诉讼代理的法律后果由被代理人承担。诉讼代理的法律后果，包括程序性的后果和实体性的后果。前者如因代理当事人申请撤诉被法院批准而结束诉讼程序,后者如因代理当事人承认对方的诉讼请求而被法院判决承担某种民事义务。诉讼代理行为只要未超越诉讼代理权限,其法律后果均应由被代理人承担,而不由诉讼代理人承担。诉讼代理人超越诉讼代理权实施的诉讼行为则不是诉讼代理行为,其法律后果只能由诉讼代理人自己承担,除非被代理人对越权的诉讼代理行为予以追认。

(5)在同一案件中只能代理一方当事人进行诉讼。民事案件中双方当事人利益相冲突的特点和设立诉讼代理制度的目的,决定了诉讼代理人在同一案件中只能代理一方当事人,而不能同时代理双方当事人,也不能在担任一方当事人诉讼代理人的同时又是该诉讼的对方当事人。

(二)民事诉讼代理人与相关主体的比较

1. 民事诉讼代理人与民事代理人

民事诉讼代理人与民事代理人之间,尽管存在着某些共同点,如代理人都必须以被代理人的名义并且为了维护被代理人的利益进行代理活动,代理人都必须在代理权限范围内进行代理,代理人都必须有行为能力,代理的法律后果都是由被代理人承担,等等。但是民事诉讼代理人与民事代理人毕竟属于两种完全不同的代理角色,存在很多的区别:

(1)代理的内容和后果不同。在民事诉讼代理中,代理人所代理的是民事诉讼行为,其后果是导致代理人和被代理人同法院之间民事诉讼法律关系的发生、变更和消灭;在民事代理中,代理人所代理的是民事法律行为,其后果是导致被代理人与第三人之间民事法律关系的发生、变更和消灭。

(2)代理的对象不同。民事诉讼代理人代理的对象是案件中的原告、被告和第三人;民事代理人代理的对象是参加民事活动的公民、法人和其他组织。

(3)代理的法律依据不同。民事诉讼代理人的代理活动以民事诉讼法为依据;民事代理人的代理活动以民事实体法为依据。

2. 民事诉讼代理人与刑事诉讼辩护人

民事诉讼代理人与刑事诉讼辩护人都是在诉讼中代替或帮助实施诉讼行为的人,但在本质上却存在以下主要区别:

(1)适用对象不同。民事诉讼代理人适用的对象包括民事案件的原告、被告和第三人;刑事诉讼辩护人适用的对象只限于刑事案件的被告人。

(2)产生原因不同。民事诉讼代理人基于当事人的委托或者法律的直接规定而产生;刑事诉讼辩护人基于被告人的委托或者法院的指定而产生。

(3)职责不同。民事诉讼代理人的职责较为广泛,可以在代理权限范围内实施各种诉讼行为,包括处分当事人的实体权利;刑事诉讼辩护人的职责较为单一,只能根据事实和法律,提出证明犯罪嫌疑人、被告人无罪、罪轻或者减轻、免除其刑事责任的材料和意见。

(4)诉讼地位不同。民事诉讼代理人必须以被代理人的名义并且为了维护被代理人的利益参加诉讼活动,其代理行为受代理权限的限制,严格说来民事诉讼代理人在诉讼中不具有独立的诉讼地位;刑事诉讼辩护人既不以被告的名义参加诉讼,也不受被告人的意志所左右,而只根据事实和法律提出辩护意见,他在诉讼中有独立的诉讼地位。

(5)介入的时间不同。在民事诉讼中,诉讼代理人一般在法院受理案件之后介入诉讼,开始诉讼代理活动;在刑事诉讼中,公诉案件自案件移送检察机关审查起诉之日起辩护人即可介入诉讼(犯罪嫌疑人需要聘请律师提供法律帮助的可在其被侦查机关第一次讯问或者采取强制措施时提出),自诉案件的被告人有权在法院受理案件后委托辩护人介入诉讼。

(6)法律依据不同。民事诉讼代理人实施诉讼代理行为的法律依据是民事诉讼法;刑事诉讼辩护人实施刑事辩护行为的法律依据是刑事诉讼法。

(三)诉讼代理人的种类

根据我国民事诉讼法的规定,诉讼代理人分为法定诉讼代理人和委托诉讼代理人两种。这是以诉讼代理权发生的原因即发生根据为标准划分的。法定诉讼代理权基于法律规定的亲权和监护权而发生,委托诉讼代理权基于委托人的授权而发生。应当说明的是,在我国1982年颁布的民事诉讼法(试行)中,曾将诉讼代理人分为法定诉讼代理人、指定诉讼代理人和委托诉讼代理人三种,并规定"没有法定代理人的,由人民法院指定代理人"。据此规定,指定诉讼代理人只适用于无诉讼行为能力的当事人没有法定代理人的情况。虽然现行民事诉讼法没有规定指定诉讼代理人,同时规定了由监护人作为法定代理人,但这并不意味着指定代理人制度在实践中已无存在的必要。在诉讼实务中,由于监护人之间可能发生相互推诿的情况,此时需要法院从监护人当中为无诉讼行为能力人指定诉讼代理人。《民事诉讼法》第57条规定:"无诉讼行为能力人由他的监护人作为法定代理人代为诉讼。法定代理人之间互相推诿代理责任的,由人民法院指定其中一人代为诉讼。"根据最高人民法院《民诉解释》第83条的规定,事先没有确定监护人的,可以由有监护资格的人协商确定,协商不成的,由人民法院在他们之间指定诉讼中的法定代理人;当事人没有《民法通则》第16条第1款、第2款或者第17条第1款规定的监护人的,可以指定该法第16条第4款或者第17条第3款规定的有关组织担任诉讼期间的法定代理人。

可见,指定诉讼代理人在属性上也属于法定诉讼代理人的范畴。虽然现行民事诉讼法没有专门区分指定诉讼代理人的类别,但指定诉讼代理人的情况并非已经不存在,法定诉讼代理人的类别完全可以涵括指定代理人的内容。

二、法定诉讼代理人

(一)法定诉讼代理人的概念和特征

根据法律的直接规定而发生的诉讼代理,称为法定诉讼代理。法定诉讼代理人,就是指根据法律规定取得诉讼代理权,代理无民事诉讼行为能力的当事人进行民事诉讼活动的人。法定诉讼代理是为无诉讼行为能力人在法律上设立的一种代理制度,因此它一般适用于以下两种情况:其一,代理不满18周岁的未成年人进行诉讼;其二,代理不能辨认自己行为后果的精神病人进行诉讼。应当指出,民事诉讼活动中的法定代理与民事活动中的法定代理尽管在代理的对象和代理人的范围上完全一致,但它们毕竟是两种性质不同的代理制度。前者是代理当事人为诉讼法律行为,后者是代理当事人为民事法律行为;前者受民事诉讼法调整,后者受民事实体法调整。这就决定了民事诉讼活动中的法定代理,在代理人的地位、作用、权限以及代理权发生和消灭的原因等方面,均有别于民事活动中的法定代理。因此,应在称谓上严格将这两种代理人区别开,前者称为法定诉讼代理人,后者称为法定代理人,而不能笼统地都称为法定代理人。

法定诉讼代理人具有以下几个特征:

(1)基于法律的规定而产生。法定诉讼代理人的代理权直接源于法律的规定,既不受当事人意志的制约,也不存在当事人的委托授权问题。这是法定诉讼代理与委托诉讼代理的显著区别。法定诉讼代理权以民事实体法规定的亲权和监护权为基础,也即法定诉讼代理权产生的根据是民事实体法规定的亲权和监护权。

(2)被代理人仅限于无诉讼行为能力人。法定诉讼代理是专门为无诉讼行为能力的人设立的一种诉讼代理制度,因此,法定诉讼代理人只能代理无诉讼行为能力人进行诉讼。有诉讼行为能力的人由于可以正确表达自己的意志和判断自己行为的后果,不需要法定代理人代理诉讼,而是可以根据自己的意志自行诉讼或者委托诉讼代理人代为诉讼。由无行为能力人的监护人担任诉讼代理人并认真履行诉讼代理职责,不仅是法律赋予他们的一项权利,而且也是他们应尽的一项社会义务,旨在维护法律的正常运行。

(3)与被代理人之间具有特定的身份关系。法定诉讼代理人限于与被代理当事人存在亲权关系或者监护关系的人。对于法定诉讼代理人范围的这种特定的限制,完全是出于对无诉讼行为能力人合法权益保护的要求。

(二)法定诉讼代理人的范围

无诉讼行为能力当事人的法定代理人就是其监护人。对无诉讼行为能力人享有监护权的人,包括与无诉讼行为能力人有身份关系的亲属和对无诉讼行为能力人有监护责任的其他监护人。我国《民法通则》第16条和第17条分别对未成年人和精神病人的监护人的范围作了明确规定。

1. 未成年人的监护人

未成年人的监护人首先是父母,父母死亡或者没有监护能力的,由下列人员中有监护能力的人担任监护人:祖父母、外祖父母;兄、姐;关系密切的其他亲属、朋友愿意承担监护责任,经未成年人父、母所在单位或者未成年人住所地的居民委员会、村民委员会同意的。

对担任监护人有争议的,由未成年人的父、母所在单位或者未成年人住所地的居民委员会、村民委员会在近亲属中指定。对指定不服提起诉讼的,由人民法院裁决。

没有上述监护人的,由未成年人的父、母所在单位或者未成年人住所地的居民委员会、村民委员会或者民政部门担任监护人。

2. 精神病人的监护人

可以担任无民事行为能力或者限制民事行为能力的精神病人的监护人的顺序是:(1)配偶;(2)父母;(3)成年子女;(4)其他近亲属;(5)关系密切的其他亲属、朋友愿意承担监护责任,经精神病人的所在单位或者住所地的居民委员会、村民委员会同意的。

对担任监护人有争议的,由精神病人的所在单位或者住所地的居民委员会、村民委员会在近亲属中指定。对指定不服提起诉讼的,由人民法院裁决。

没有上述监护人的,由精神病人的所在单位或者住所地的居民委员会、村民委员会或者民政部门担任监护人。

(三)法定诉讼代理人的代理权限和诉讼地位

1. 法定诉讼代理人的代理权限

法定诉讼代理的对象,是因年龄或者智力原因而不能正确识别自己行为后果的无诉讼行为能力的人。代理对象的特殊性决定了法定诉讼代理是一种真正意义上的全权代理。为了充分保护被代理人的合法权益,法定诉讼代理人可以实施一切诉讼行为,包括对被代理人程序权利和实体权利的处分。与委托诉讼代理人不同,法定诉讼代理人的代理权并不受被代理的当事人意志的限制。

2. 法定诉讼代理人的诉讼地位

法定诉讼代理人与被代理人在民事实体法上是一种监护和被监护的关系,这种特殊的身份关系决定了在民事诉讼程序中,法定诉讼代理人处于一种几乎等同于当事人的诉讼地位。法定诉讼代理人的诉讼行为,视为当事人的行为,二者具有同等的法律效力。因此,民事诉讼中有关仅对当事人适用的诉讼制度,比如对于被告的拘传措施,对于其法定诉讼代理人同样可以适用。但必须明确的是,法定诉讼代理人在性质上又不是当事人,而是诉讼代理人。

(四)法定诉讼代理权的取得和消灭

1. 法定诉讼代理权的取得方式

法定诉讼代理权产生的基础是民事实体法规定的亲权和监护权,法定诉讼代理人包括与被代理人有身份关系的亲属和对被代理人有监护责任的其他监护人。因此,法定诉讼代理人代理当事人进行诉讼时,应当向法院提交身份证明和监护关系证明,用以证明自己的身份以及同被代理人之间存在的监护与被监护关系。经法院审查属实并记录备案,诉讼代理权即告成立。

2. 法定诉讼代理权消灭的原因

法定诉讼代理权消灭的原因包括:

(1)被代理人具有了或者恢复了诉讼行为能力。如发生了未成年人年满18周岁、精神病人康复等情况。在这些情况下,诉讼应由其本人继续进行,原法定诉讼代理人的诉讼行为仍然有效。若其继续参加诉讼,应由本人另行委托授权,并且此时原法定诉讼代理人转变为委托诉讼代理人。

(2)法定诉讼代理人丧失或者被依法撤销了监护人的资格。前者如基于收养关系和婚姻关系而取得的法定诉讼代理权,因收养关系或婚姻关系的解除而消灭;后者如作为法定诉讼代理人的监护人不履行监护职责或者侵害被监护人的合法权益,根据有关人员或者有关单位的申请,已被法院撤销监护人的资格。

(3)法定诉讼代理人死亡或者丧失诉讼行为能力。

(4)被代理的当事人死亡。

(5)代理的民事诉讼活动结束。

三、委托诉讼代理人

(一)委托诉讼代理人的概念和特征

根据被代理人的授权委托而发生的诉讼代理,称为委托诉讼代理。基于当事人或者法定诉讼代理人的委托,为当事人的利益在授权范围内进行民事诉讼活动的人,称为委托诉讼代理人。在委托诉讼代理中,由于代理人的选任和代理权限都以委托人的意志为转移,并且代理人与被代理人之间必须达成合意,因此,委托诉讼代理又称意定代理或者约定代理。委托诉讼代理是民事诉讼代理制度中一种最主要和最常见的代理方式,它具有广泛的适用性。

委托诉讼代理人专门代理有诉讼行为能力的人进行诉讼,这是委托诉讼代理区别于法定诉讼代理的一个重要方面。根据《民事诉讼法》第58条第1款的规定,可以委托诉讼代理人的人,只限于当事人和法定代理人,其他人无权委托诉讼代理人。其中,当事人包括原告、被告和第三人,可以是公民、法人和其他组织。如果当事人是无诉讼行为能力人,则应由当事人的法定代理人代理当事人再委托诉讼代理人。需要指出的是,此时,委托代理人的被代理人是法定代理人,而非当事人本人,因为签订授权委托协议的双方是法定代理人和委托代理人。

委托诉讼代理人与法定诉讼代理人相比,主要具有以下特点:

(1)诉讼代理权的产生是基于委托人授予代理权的意思表示。也就是说,诉讼代理权不是根据法律的直接规定而发生的,而是建立在委托人授权的基础上的,委托人出具的授权委托书便是诉讼代理人取得代理权的依据。但是另一方面,委托人的授权委托书也要为代理人所接受。这表明在委托人与代理人之间存在着代理诉讼的一种约定。这种约定,既有委托人授权委托的意思表示,也有受托人同意接受委托的意思表示,委托诉讼代理权便以此为基础而产生。所以也可以说,委托诉讼代理权产生于委托人与受托人之间的约定。

(2)委托诉讼代理权限的范围具有限定性。诉讼代理人只能根据委托人的意志进行诉讼代理活动,而不能自行其是。因此,委托人委托诉讼代理人代理哪些事项,诉讼代理人就只能代理哪些事项;委托人委托诉讼代理人在什么权限范围内代理这些事项,诉讼代理人就只能在该权限范围内代理这些事项。根据委托人的意愿,可以给予委托诉讼代理人一般授权,也可以给予涉及实体权利处分的特别授权。当然在某些特殊情况下,委托人的授权也会受到法律的限制。例如,根据民事诉讼法规定,在离婚案件的诉讼代理中,离婚或者不离婚的意见只能由当事人本人向法院进行表达,而不能由诉讼代理人代为表达,即使当事人对诉讼代理人有特别授权也无效。

(3)代理人和被代理人均具有诉讼行为能力。委托诉讼代理是建立在被代理人授权委托基础之上的,因此被代理人必须具有诉讼行为能力。否则,被代理人便无法进行授权委托,从而也就不存在委托诉讼代理。另外,代理人当然也应具备诉讼行为能力,否则无法实施诉讼代理行为。

(4)证明诉讼代理权存在的方式是授权委托书,代理人与被代理人之间不以存在特定身份关系为前提。委托诉讼代理人与被代理人之间不必存在监护关系,也不必存在特定的身份联系,当然也可以存在。委托诉讼代理人参加民事诉讼,必须向人民法院提交由委托人签名或盖章的授权委托书。

(二)委托诉讼代理人的范围和人数

1. 委托诉讼代理人的范围

在我国民事诉讼法中,可以担任委托诉讼代理人的主体范围十分广泛。根据

《民事诉讼法》第58条第2款的规定,委托诉讼代理人包括下列人员:

(1)律师、基层法律服务工作者。根据我国律师法的规定,律师是指取得律师执业证书,为社会提供法律服务的执业人员。律师与其他委托诉讼代理人相比,具有较为丰富的法律知识、诉讼经验和一定的诉讼技巧,是委托诉讼代理人中的主体部分。基层法律服务工作者不具备律师身份,而是指符合法定的执业条件,经核准执业登记,领取"法律服务工作者执业证",在基层法律服务所中执业并为社会提供法律服务的人员。我国当前的律师制度尚不够发达,尤其在一些偏远地区律师数量严重不足,因此由基层法律服务工作者来担任委托代理人,可以认为是对律师制度的有力补充。但需注意的是,基层法律服务工作者只能代理当事人一方位于本辖区内的案件。

(2)当事人的近亲属或者工作人员。当事人的近亲属包括与当事人有夫妻、直系血亲、三代以内旁系血亲、近姻亲以及其他具有抚养、赡养关系的亲属。当事人的工作人员,是指在以法人或其他组织为当事人的案件中,法人或其他组织的工作人员。

(3)当事人所在社区、单位以及有关社会团体推荐的公民。当事人所在社区、单位,是指当事人在涉讼时所居住的社区和所就职的工作单位。有关的社会团体,一般是指其职责或业务范围与案件具有一定联系的社会团体,例如,妇联可以推荐其工作人员在涉及妇女权益纠纷的案件中代理诉讼,以维护妇女当事人的合法权益。另据《民诉解释》第87条之规定,专利代理人经中华全国专利代理人协会推荐,也可以在专利纠纷案件中担任诉讼代理人。

由上可见,在我国担任委托诉讼代理人的范围是十分广泛的。一方面,我国十分重视律师代理诉讼的作用,将律师列为委托诉讼代理人的范围之首。另一方面,又不将委托诉讼代理人局限于律师的范围,而允许非律师担任委托诉讼代理人。另外,《民诉解释》第84条还从反面规定了不能担任委托代理人的主体范围,即下列两类主体不能担任委托诉讼代理人:(1)无民事行为能力人、限制民事行为能力人;(2)其他依法不能作为诉讼代理人的人。

2. 委托诉讼代理人的人数

我国《民事诉讼法》第58条第1款规定:"当事人、法定代理人可以委托一至二人作为诉讼代理人。"但当事人的诉讼代理人为两人时如何行使诉讼代理权,法无明文规定。一般认为,凡是当事人委托两人代理诉讼时,应当由委托人明确每个诉讼代理人的代理事项和代理权限,以免造成诉讼代理人之间因意见不一致而影响诉讼的正常进行。委托诉讼代理人为两人的,可以都是或者分别是律师和非律师;如果都是律师的,可以来自同一个律师事务所,也可以来自不同的律师事务所。不过,同一个委托诉讼代理人不可以同时代理同一案件中的原告和被告。理论界一般认为,同一个律师事务所的律师也不可以同时代理同一案件中的原告和被告。

(三)委托诉讼代理人的代理权限和诉讼地位

1. 委托诉讼代理人的代理权限

委托诉讼代理人的代理权限取决于委托人的授权。也就是说,委托诉讼代理人只能在当事人及其法定代理人授权的范围内进行诉讼代理活动。委托诉讼代理人超越被代理人授权范围实施的诉讼行为,只有得到被代理人的追认才有效,否则属于无效的代理行为,应由代理人自己承担所引起的法律后果。

根据委托诉讼代理人的诉讼代理行为对委托人利益影响的程度不同,委托人对诉讼代理人的授权分为一般授权和特别授权两种。在两种不同的委托授权之下,诉讼代理人能够实施的诉讼行为是不同的。

(1)一般授权。在一般授权的前提下,诉讼代理人只能代为进行一般的诉讼行为,如起诉、应诉,提出证据,询问证人,进行辩论,申请回避,申请财产保全和证据保全,对管辖权提出异议等,而无权处分委托人的实体权利。

(2)特别授权。凡是诉讼代理人代为实施对委托人的实体权利有重大影响的诉讼行为,必须有委托人的特别授权。根据我国《民事诉讼法》第 59 条第 2 款规定,诉讼代理人代为承认、放弃、变更诉讼请求,进行和解,提起反诉或者上诉,必须有委托人的特别授权。另外,《民诉解释》第 147 条第 1 款规定:“人民法院调解案件时,当事人不能出庭的,经其特别授权,可由其委托代理人参加调解,达成的调解协议,可由委托代理人签名。”可见,委托代理人参加法院调解也需要委托人的特别授权。也就是说,诉讼代理人要实施上述几项代理行为,必须由委托人在授权委托书中特别写明;未特别写明的,只能视为一般授权,诉讼代理人无权代为实施这些诉讼行为。根据《民诉解释》第 89 条之规定,授权委托书仅写明“全权代理”而无具体授权的,仍属于一般授权,诉讼代理人无权代为行使前述需要特别授权的事项。

2. 委托诉讼代理人的诉讼地位

委托诉讼代理人在诉讼中的地位与法定诉讼代理人不同,它不是相当于当事人的诉讼地位,而只是具有独立诉讼地位的诉讼参加人。

一方面,委托诉讼代理人具有很大程度的依附性。这种依附性体现在:在法律规定的范围内,代理人必须为被代理人最大限度的利益而为诉讼代理行为。代理人只有在授权范围内进行代理活动,才能产生与被代理人自行实施诉讼行为相同的法律效力,法律后果也才能归属于被代理人。在诉讼过程中,如果被代理人与代理人就案件事实向法庭所作陈述不一致时,只能以被代理人的陈述为准。被代理人还可以向法庭请求变更或撤销代理人在法庭上所作的事实陈述。被代理人还可以变更代理人的权限范围,也可以解除委托诉讼代理合同。

另一方面,委托诉讼代理人又具有一定的独立性。这种独立性主要体现在:第一,可以在委托人的授权范围内独立地发表自己的意见,而不是机械地转达委托人的意见;第二,有权拒绝委托人无理的要求,甚至辞去委托;第三,法律赋予了包括委托诉讼代理人在内的诉讼代理人某些独立的诉讼权利;第四,法院在审理案件的过程中,必须向诉讼代理人通知一定的事项和送达某些法律文书。

(四)委托诉讼代理权的取得、变更和消灭

1. 委托诉讼代理权取得的方式

委托诉讼代理权是基于委托人的授权而发生的。《民事诉讼法》第59条第1款规定:“委托他人代为诉讼,必须向人民法院提交由委托人签名或者盖章的授权委托书。”可见,向法院提交由委托人签名或者盖章的授权委托书,是受托人取得委托诉讼代理权的法定方式。授权委托书作为受托人取得委托诉讼代理权的凭证,人民法院应当认真进行审查。授权委托书经人民法院审查认可后,受托人即取得了诉讼代理权,成为诉讼代理人,可以开始诉讼代理活动。为了保证委托人出具的授权委托书的真实性与合法性,《民事诉讼法》第59条第3款还特别规定:“侨居在国外的中华人民共和国公民从国外寄交或者托交的授权委托书,必须经中华人民共和国驻该国的使领馆证明;没有使领馆的,由与中华人民共和国有外交关系的第三国驻该国的使领馆证明,再转由中华人民共和国驻该第三国使领馆证明,或者由当地的爱国华侨团体证明。”

另外,针对外籍当事人委托代理的问题,司法解释也有专门的规定。《民诉解释》第528条规定:“涉外民事诉讼中的外籍当事人,可以委托本国人为诉讼代理人,也可以委托本国律师以非律师身份担任诉讼代理人;外国驻华使、领馆官员,受本国公民的委托,可以以个人名义担任诉讼代理人,但在诉讼中不享有外交特权和豁免权。”第529条规定:“涉外民事诉讼中,外国驻华使领馆授权其本馆官员,在作为当事人的本国国民不在中华人民共和国领域内的情况下,可以以外交代表身份为其本国国民在中华人民共和国聘请中华人民共和国律师或者中华人民共和国公民代理民事诉讼。”可见,外籍当事人在我国参加民事诉讼时,委托我国代理人没有限制,但在委托本国代理人时,本国的律师只能以非律师身份进行诉讼代理。

授权委托书是委托诉讼代理人进行诉讼代理活动的证明文书。根据《民事诉讼法》第59条第2款之规定,授权委托书必须记明委托事项和权限。如果一方当事人同时委托两人代理时,授权委托书应分别记明他们各自代理的事项和权限。

2. 变更和解除委托诉讼代理权的要求

委托诉讼代理关系成立后，诉讼代理人取得的诉讼代理权在诉讼过程中有可能发生变更或者解除。所谓委托诉讼代理权的变更，是指委托诉讼代理人取得诉讼代理权后，在诉讼过程中，委托人基于一定原因，扩大原来的诉讼代理权或者缩小原来的诉讼代理权。所谓委托诉讼代理权的解除，是指在委托诉讼代理关系成立后，因委托人收回诉讼代理权或者代理人放弃诉讼代理权而中止双方的诉讼代理关系。根据《民事诉讼法》第 60 条的规定，诉讼代理人的权限如果变更或者解除，当事人应当书面告知人民法院，并由人民法院通知对方当事人。否则，诉讼代理权的变更或解除对人民法院和对方当事人不发生效力。在诉讼代理权未变更、解除前，委托诉讼代理人已经实施的诉讼代理行为仍然有效。

委托诉讼代理人接受代理诉讼的委托后是否可以再转委托，我国民事诉讼法未作明文规定，这涉及转委托诉讼代理的问题。转委托诉讼代理，简称转委托，是指委托诉讼代理人接受代理诉讼的委托后，在诉讼过程中依照法定程序又将诉讼代理事项的一部分或者全部再委托他人代理。实施转委托行为的人叫转委托人，接受转委托代理诉讼的人叫转委托诉讼代理人，也叫复代理人。转委托诉讼代理，也称为复代理。理论界一般认为，委托诉讼代理关系是建立在委托人对代理人的信任和代理人自愿接受委托的基础上的，因此，诉讼代理人接受委托后，如无特殊情况，应认真履行诉讼代理职责，而不宜再将诉讼代理权转委托他人行使。但这并不排斥转委托诉讼代理可以在一定条件下适用。这些条件是：(1)转委托人须有合法的诉讼代理权；(2)须是转委托人基于特殊原因不能或者不便履行诉讼代理职责；(3)须取得委托人的事先同意或者事后认可；(4)须转委托诉讼代理人具有诉讼行为能力；(5)转委托代理的权限不得超越委托人原来授予的权限。

3. 委托诉讼代理权消灭的原因

委托诉讼代理权可以因一定情况的出现而归于消灭。导致委托诉讼代理权消灭的原因主要包括：(1)代理的民事诉讼活动结束，代理人已经履行完毕诉讼代理职责；(2)代理人死亡或者丧失诉讼行为能力；(3)被代理人死亡；(4)被代理人和代理人双方自动解除委托诉讼代理关系；(5)委托期限届满。

(五)关于代理离婚案件的特别规定

由于诉讼代理人在授权范围内所为的诉讼行为被视为被代理人本人所为的诉讼行为，其法律后果归属于被代理人。因此，在通常情况下，民事案件的当事人只要委托了诉讼代理人的，本人既可以出庭，也可以不出庭。但离婚案件的代理情况特殊，我国《民事诉讼法》第 62 条对离婚案件的代理作了如下特别规定："离婚案件有诉讼代理人的，本人除不能表达意思的以外，仍应出庭；确因特殊情况无法出庭的，必须向人民法院提交书面意见。"这一规定包括两层含义：(1)离婚案件的当事人即使有诉讼代理人的，原则上当事人仍应亲自出庭，只有不能正确表达自己意志的当事人才可以不出庭。(2)能够正确表达自己意志的当事人确因特殊情况无法出庭的，必须向人民法院提交书面意见，以便能使法院充分考虑当事人的意愿，对案件作出正确处理。所谓"书面意见"，是指不出庭的当事人对离婚或不离婚以及对子女抚育、财产分割的意见。这一规定的实质，是基于离婚案件的特殊性而对离婚案件中诉讼代理权的一种限制。法律作此规定的原因主要是：第一，离婚案件涉及的是身份关系，它直接关系到家庭的存废，因此，解除还是维持这种身份关系，应当十分慎重，必须由当事人本人表达意见，而不宜由诉讼代理人转达。第二，根据法律规定，人民法院审理离婚案件应当尽量调解，如果当事人不出庭，调解则无法进行。第三，人民法院审理离婚案件，要以夫妻感情是否确已破裂作为应否判离的标准，而感情问题既复杂又微妙，且处于变化之中，只有当事人自己才能说清楚。同时，也只有双方当事人都出庭，才能帮助审判人员对此作出正确判断。

拓展思考题

1. 如何理解当事人适格理论的意义？

2. 如何正确区分大陆法系民事诉讼法理论中的固有的必要共同诉讼和类似的必要共同诉讼？

3. 我国代表人诉讼制度设计中的缺陷有哪些？

4. 结合我国现行立法及司法解释，民事公益诉讼制度尚有哪些空白之处有待探索？

5. 如何理解有独立请求权第三人与无独立请求权第三人的划分？

6. 如何理解委托诉讼代理人的代理权限范围？

第七章 法院调解

【内容提要】

法院调解是以当事人行使诉权为基础、以当事人意思自治为条件、以当事人依法行使处分权为内容的一项诉讼制度，是指在人民法院审判人员的主持下，对双方当事人进行教育规劝，促使其就民事争议通过自愿协商达成协议，以解决纠纷的活动。法院调解在我国具备厚重的历史基础，应当加以发扬光大。它同诉讼外调解具有很大的区别。我国当前民事诉讼中的法院调解，应当遵循自愿原则，合法原则和查明事实、分清是非原则三项基本原则。法院调解的程序，是指审判人员进行调解活动和双方当事人达成调解协议的步骤和方式。它并没有法院审判程序那样的复杂与严格，包括开始、进行和结束三个阶段。法院调解的结果体现为调解书和不需要制作调解书的调解协议两种形式，它具有跟法院判决相同的法律效力。诉讼和解是指民事诉讼当事人在诉讼过程中，通过自行协商，就双方争议的问题达成协议，从而终结诉讼程序的一项制度。它与法院调解也有着本质的区别，在我国目前的民事诉讼中诉讼和解并没有强制性的法律效力。诉讼和解制度有待完善。

第一节 法院调解概述

一、法院调解的概念和意义

法院调解，是指在人民法院审判人员的主持下，对双方当事人进行教育规劝，促使其就民事争议通过自愿协商达成协议，以解决纠纷的活动。法院调解是一种诉讼活动，又称为诉讼调解，这是因为它发生在民事诉讼的过程中，人民法院是该活动的主持者。法院调解的结果有二：一是调解不成功，则诉讼继续进行；二是调解成功，则可审结案件。因此，法院调解的概念具有调解活动的进行和以调解方式结案两层含义。

法院调解是以当事人行使诉权为基础、以当事人意思自治为条件、以当事人依法行使处分权为内容的一项诉讼制度。对当事人而言,法院调解是当事人通过友好协商而处分实体权利和诉讼权利的一种表现,并以此换取纠纷的解决;对人民法院而言,法院调解不仅是当事人之间的合意,而且是法院审判人员在充分尊重当事人行使处分权的基础上解决民事纠纷的一种职权行为,是法院行使审判权的一种方式。一般认为,民事案件在调解过程中,如果出现当事人的处分权和法院的审判权发生冲突时,处分权应当优于审判权。总之,法院调解的性质是审判权与处分权的结合。

根据法院调解在开庭审理前进行还是在开庭审理过程中进行,可以把法院调解分为庭审前的调解和庭审中的调解两种。庭审前的调解是在诉讼初始阶段,被告应诉答辩之后,开庭审理前进行的调解。庭审中的调解是在民事案件开庭审理过程中进行的调解。

法院调解是我国人民司法工作的优良传统和审理解决民事纠纷的成功经验,是我国民事诉讼中独具特色的一项制度。从司法实践来看,调解也是法院常用的一种结案方式。可见,法院调解具有极其重要的意义。

(1)有利于促使当事人互谅互让,彻底解决民事纠纷,维护社会安定。法院调解是在双方当事人自愿的基础上,以平等协商的方式解决他们之间的纠纷。在调解过程中,人民法院审判人员对双方当事人进行耐心的思想教育,使其互谅互让,自愿达成调解协议,一旦调解成功,双方当事人一般能自觉地履行调解协议。所以用调解方式处理民事案件,有利于消除隔阂和对立情绪,增强团结,促进人际关系的和谐,彻底地解决民事争议,维护社会的安定。

(2)有利于简化诉讼程序,节约诉讼成本,提高办案效率。法院调解具有简便快捷的特点,只要当事人达成调解协议,就能迅速解决纠纷,省略了后面的诉讼程序。同时,调解协议送达双方当事人签收后,立即发生与生效判决同等的法律效力,不允许当事人再行起诉或者上诉,这样也可以减少诉讼程序,节约诉讼成本,提高办案效率。

二、我国法院调解的历史沿革

(一)新民主主义革命时期

法院调解的方式在新民主主义革命时期已经开始得到广泛适用,著名的"马锡五审判方式"便是这一时期法院调解的典型。"马锡五审判方式"强调的是依靠群众和调查研究,实行审判与调解相结合,并将调解作为审理和解决民事纠纷的主要方式。在这一时期的法院调解中,有些地区提出过"调解为主,审判为辅"的八字方针。

（二）新中国成立后至1982年的《民事诉讼法（试行）》

新中国成立以后，我国民事审判工作继承和发扬了根据地人民司法工作的优良传统，仍然把调解作为审理民事案件的基本方法。1956年最高人民法院就调解工作提出了“调查研究，就地解决，调解为主”的十二字方针，后又发展为“依靠群众，调查研究，调解为主，就地解决”的十六字方针。1982年我国颁布了新中国成立后的第一部民事诉讼法，该法在总结了我国民事审判工作经验的基础上，克服了原有强调“调解为主”提法的不足，确立了“着重调解”的原则，即人民法院审理民事案件，应当着重调解，调解无效的，应当及时判决。

（三）1991年《民事诉讼法》的颁布实施

1982年试行的《民事诉讼法》确立的“着重调解”原则，突出了调解较判决更为优越的地位，另外“着重调解”这一提法也缺乏科学性。因此，1991年在制定正式的民事诉讼法时，将这一原则改为“自愿、合法调解”原则，即人民法院审理民事案件，应当根据自愿和合法的原则进行调解，调解不成的应当即时判决。这一原则强调调解的自愿性与合法性。

三、法院调解的特征

法院调解具有如下几个方面的特征：

第一，法院调解具有广泛的适用性。从适用的法院来看，各级各类人民法院审理民事案件都可以进行调解。从适用的审理阶段来看，开庭审理前可以进行调解，开庭审理后、判决作出之前也可以进行调解，调解贯穿于民事审判的全过程。从适用的程序来看，除了适用特别程序、督促程序、公示催告程序、企业法人破产还债程序审理的案件和法院依执行程序执行的案件之外，在第一审普通程序、简易程序、第二审程序和再审程序中，均可以适用法院调解。从适用的案件来看，凡属于民事权益争议性质而具备调解可能的案件，在当事人自愿的基础上都可以进行调解。根据最高人民法院《简易程序规定》，对适用简易程序审理的婚姻家庭纠纷、继承纠纷、劳务合同纠纷、交通事故和工伤事故引起的权利义务关系较为明确的损害赔偿纠纷、宅基地和相邻关系纠纷、合伙协议纠纷、诉讼标的额较小的纠纷等民事案件，除了根据案件的性质和当事人的实际情况不能调解或者显然没有调解必要的以外，人民法院在开庭审理时应当先行调解。

第二，法院调解具有自愿性。这是法院调解与法院判决的重要区别之一。一般来说，在法院调解中特别是在调解成功的案件中，都需要双方当事人互谅互让，放弃自己的一部分权利主张，才能达成协议，结束诉讼程序。因此，无论是调解程序的启动和进行，还是调解协议的达成，均应当本着双方当事人的自愿，法院不得强迫。

第三,法院调解在一定程度上又具有着法院职权的指引性和强制性。法院调解是法院行使审判权的重要方式,调解的过程也是法院行使审判权的过程。人民法院的审判人员在调解中扮演积极、主动的角色,起着指挥、组织和监督的作用,要对当事人进行教育和引导,以保证所达成的调解协议内容的合法性。同时,经法院调解达成的协议,必须经法院确认,否则,不发生法律效力。调解协议一经生效,就具有与生效判决同等的法律效力。

四、法院调解与诉讼外调解的区别

诉讼外调解主要包括仲裁机构的调解、行政机关的调解和人民调解委员会的调解等。此外,《民事诉讼法》第122条还规定了先行调解制度,即"当事人起诉到人民法院的民事纠纷,适宜调解的,先行调解,但当事人拒绝调解的除外"。此处的"先行调解",应当是指法院在民事诉讼程序开始之前对双方当事人之间的民事纠纷进行的调解,是2012年修改民事诉讼法时新设的一种替代民事诉讼的纠纷解决机制。先行调解的时间处于法院立案之前,并且应当由审判法官之外的法院内专门调解人员进行调解。它不属于法院调解的范畴,而是一种诉讼外调解。先行调解是对法院调解机制中调审合一理念的改革,体现了对调审分离理念的探索。

法院调解和诉讼外调解都是建立在当事人自愿基础上的解决民事纠纷的方式,但两者却存在以下三方面的区别:

(1)性质不同。法院调解是在人民法院审判人员的主持下进行的,是人民法院行使审判权的一种体现,是审判组织对案件进行审理的有机组成部分,具有司法性质。诉讼外调解的主持者是仲裁机构的仲裁员、行政机关的工作人员或者人民调解委员会的调解员,诉讼外进行的调解活动不具有司法性质。

(2)法律依据和程序要求不同。法院调解以民事诉讼法为依据,诉讼外调解以仲裁法、行政法规、人民调解法规等为依据。同时,两者在程序要求上也不完全相同,法院组织调解需要一定的程序,而诉讼外调解则比较灵活,不像法院调解那样规范和严格。

(3)调解结果的效力不同。经过法院调解达成协议并由当事人签收或者签名后,无论是制作调解书还是只记入调解笔录的,都与生效的判决具有同等的法律效力,其中有给付内容的调解书具有执行力。同时,当事人签收调解书,或者在记入笔录的调解协议上签名或者盖章后,诉讼即告结束。而在诉讼外的调解中,仲裁机构制作的调解书对当事人具有约束力,与法院生效判决的法律效力相同,有给付内容的仲裁调解书则具有强制执行力。其他的诉讼外调解,例如人民调解委员会的调解,只具有民事合同的效力,没有强制执行力,当事人违反合同的可以请求法院对合同效力予以审判确认。一方当事人反悔或者不履行调解协议的,另一方当事人可以就诉讼外调解协议向人民法院提起诉讼。

另外,民事诉讼法还专门规定了确认调解协议案件的特别程序,此处的调解协议指的便是具有合同效力的诉讼外调解协议。《民事诉讼法》第 194 条规定:“申请司法确认调解协议,由双方当事人依照人民调解法等法律,自调解协议生效之日起三十日内,共同向调解组织所在地基层人民法院提出。”第 195 条规定:“人民法院受理申请后,经审查,符合法律规定的,裁定调解协议有效,一方当事人拒绝履行或者未全部履行的,对方当事人可以向人民法院申请执行;不符合法律规定的,裁定驳回申请,当事人可以通过调解方式变更原调解协议或者达成新的调解协议,也可以向人民法院提起诉讼。”

第二节 法院调解的原则

一、法院调解原则的概念

法院调解的原则,是指人民法院和当事人在诉讼调解的过程中,应当共同遵守的一些准则。我国《民事诉讼法》第 93 条规定:“人民法院审理民事案件,根据当事人自愿的原则,在事实清楚的基础上,分清是非,进行调解。”第 96 条规定:“调解达成协议,必须双方自愿,不得强迫。调解协议的内容不得违反法律规定。”可见,法院调解应当遵循的原则主要包括三项:(1)自愿原则;(2)合法原则;(3)查明事实、分清是非原则。

二、自愿原则

自愿原则,是指人民法院以调解方式解决纠纷时,必须在当事人自愿的基础上进行,包括调解活动的进行和调解协议的达成,都必须以当事人自愿为前提。自愿原则既有程序意义上的自愿,也有实体意义上的自愿,具体包括三方面的内容:一是是否采用调解方式解决纠纷,应由当事人自愿决定,人民法院不得强迫一方或双方当事人接受调解;二是是否达成调解协议,应由双方当事人自愿决定,不得将调解协议强加于任何一方当事人;三是调解协议的内容应是双方当事人共同意愿的表达,人民法院只能引导当事人在自愿的基础上达成协议,绝不能强迫或变相强迫当事人一方或双方接受法院的意见。

在法院调解的原则中,自愿原则居于核心地位,具有特殊的重要性。无论是从尊重当事人的处分权考虑,还是为了使达成的调解协议能够得到自觉的履行,都必须高度重视并认真贯彻这一原则。调解制度在实践中出现的问题,大都是根源于对自愿原则的违反。这一原则要求审判人员在案件审判过程中,不能片面追求调解结案率,不顾当事人的意愿就强行调解或者欺骗当事人进行调解;还要避免在调解不成的情况下，不及时作出判决，拖延诉讼的进程；另外，更不能对当事人施加压力，强迫或者变相强迫当事人达成调解协议，侵犯当事人的合法权益。

三、合法原则

合法原则，是指人民法院进行调解必须依法进行，调解的过程和达成的调解协议的内容，应当符合法律的规定。

一方面，法院调解在程序上应当合法。这是指人民法院的调解活动应当严格按照法律规定的程序进行，包括调解的开始，调解的方式、步骤，调解的组织形式、调解协议的形成以及调解书的送达等，都要符合民事诉讼法的规定。不过，调解在程序上并没有审判那么严格，例如不必像开庭审理程序那样烦琐、复杂。

另一方面，法院调解在实体上应当合法。这是指经调解达成的协议的内容合法。调解协议内容的合法性，应当理解为一种宽松的合法性，它不是指调解协议的内容必须严格遵照法律的规定，而是指协议内容不得与民事法律中的禁止性规定相冲突，不得违反公序良俗和损害国家、集体和他人的合法权益。最高人民法院《民事调解规定》第 12 条规定："调解协议具有下列情形之一的，人民法院不予确认：(1)侵害国家利益、社会公共利益的；(2)侵害案外人利益的；(3)违背当事人真实意思的；(4)违反法律、行政法规禁止性规定的。"可见，调解协议内容的合法性，并不是以严格适用实体法的规定为要件，这一点与判决内容的合法性的要求也有所不同。这就意味着，调解协议的内容与法律上严格认定的权利义务关系可能并不完全一致，适当的妥协与让步在大多数情况下对达成调解协议是必不可少的。

在理解合法原则时，应当正确处理自愿与合法的关系。调解必须当事人自愿，但当事人自愿的，不等于都合法。例如，在离婚案件的调解过程中，有的原告为了尽快解除不适的婚姻关系，在夫妻共有财产上一再让步，而被告却以此要挟原告，迫使原告几乎放弃自己应得的全部财产，这种显失公平的调解协议是违背《中华人民共和国婚姻法》关于家庭共有财产夫妻双方平等分割原则的。人民法院对这种调解协议应当实行适度干预，从政策、法律上教育当事人放弃不合理的要求，尊重对方当事人的合法权益。再如，当事人双方自愿达成的协议，却以瓜分国家财产为内容，人民法院对于此种调解协议也不应予以认定。

四、查明事实、分清是非原则

查明事实、分清是非的原则，是指法院对民事案件进行调解必须在查明案件事实、分清责任的基础上进行。调解不等于和稀泥。因为法院调解不是简单的当事人的处分权运用，除此之外，还有法院的审判权的行使。审判权要求审判人员在主持调解过程中必须查明案件基本事实，分清双方争议的是非曲直，明确当事人各自的责任，然后确定双方当事人的权利义务。当然，在权利义务的划分上也须尊重当事人的意愿。换言之,调解协议中的权利义务的划分与判决中的权利义务的划分是会有些微差别的,但这种差别的存在并不意味着是非不分或基本的事实不明。相反,只有基本的事实清楚,是非分明后,双方达成的协议,才能让当事人心悦诚服地自觉履行。值得注意的是,司法实践中这种事实不明、是非不清的法院调解在一定程度上大量存在。实践中出现的达成协议后当事人反悔或不自觉履行调解协议的情况,其中一个重要原因就是在调解过程中没有查明争议事实和分清是非责任。这与审判人员对调解的错误理解以及片面追求调解结案率有着很大的关系。

第三节 法院调解的程序

法院调解的程序,是指审判人员进行调解活动和双方当事人达成调解协议的步骤和方式。由于法院调解的过程是人民法院对民事案件的审理过程,因此法院调解没有单独的程序而是与整个审理程序结合在一起的。民事诉讼法只对法院调解作了原则性的规定,没有规定法院调解的具体程序。根据民事诉讼法的规定和司法实践中的做法,法院调解主要分为以下三个步骤:

一、调解的开始

法院调解无论在哪种程序和哪个阶段适用,它的开始均包括两种方式:一是由当事人提出申请而开始;二是法院在征得当事人同意后主动依职权调解而开始。审判人员在这一阶段的主要工作是:征求双方当事人是否愿意调解的意见,讲明调解的好处、要求和具体做法,用简便的方式通知当事人和证人到庭,为调解的进行做好准备。调解开始前,审判人员应当告知当事人有关的诉讼权利和义务,告知合议庭的组成人员或者独任审判员的姓名,询问当事人是否申请回避。

法院调解应当由审判人员进行主持。调解工作既可以由合议庭共同主持,也可以由合议庭中的一个审判员主持,适用简易程序审理的案件应当由独任审判员主持。

二、调解的进行

调解可以在法庭上进行,也可以在法庭以外进行,实践中经常会选择到当事人所在地实施调解。调解开始后,首先由双方当事人陈述案件的事实和理由,并出示相关的证据,双方当事人可以进行辩论、质证。接下来,再由审判人员根据已经查明的事实,针对双方当事人争议的焦点,有的放矢地对当事人进行法制宣传教育工作。之后,即由双方当事人就具体的争议事项进行协商。在协商过程中,审判人员可以提出建议方案供双方当事人参考,但是不能强迫当事人接受建议方案。当事人双方或者单方也可以提出调解方案。调解协议通常是在调解方案的基础上形成的。当事人达成调解协议的,法院应当将调解协议的内容记入笔录,并由双方当事人或者经特别授权的委托诉讼代理人或者法定诉讼代理人签名。

根据《民事诉讼法》和最高人民法院《民诉解释》、《民事调解规定》的相关规定，法院调解制度中还需要掌握下述几项重点程序。

（一）协助调解与委托调解

人民法院可以邀请与当事人有特定关系或者与案件有一定联系的企业事业单位、社会团体或者其他组织，以及具有专门知识、特定社会经验、与当事人有特定关系并有利于促成调解的个人协助调解工作。经各方当事人同意，人民法院可以委托上述单位或者个人对案件进行调解，达成调解协议后，法院应当依法予以确认。

（二）法院调解的方式

法院审理民事案件，调解过程不公开，但当事人要求或者同意公开的除外。调解协议内容不公开，但为保护国家利益、社会公共利益、他人合法权益，法院认为确有必要公开的除外。法院调解时，双方当事人都应同时在场，原则上要采取面对面的形式进行调解。但必要时也可以分别对双方当事人做调解工作。

（三）法院调解中的代理

当事人不能出庭而委托诉讼代理人参加调解的，必须有当事人的特别授权，达成的调解协议可由委托代理人签名。对无诉讼行为能力的当事人进行调解，应当由其法定代理人代为参加。

三、调解的结束

调解的结束包括两种情况：一是因当事人达成调解协议而结束；二是因调解不成，未达成调解协议而结束。对于经调解达成协议的，人民法院应当及时对调解协议进行审查。对于当事人双方自愿达成，内容又不违反法律禁止性规定的协议，人民法院应当认可，并在此基础上制作调解书结案。经人民法院审查，发现调解协议的内容违反法律的禁止性规定或者有悖于公序良俗的，法院则不予认可。对于经调解未达成协议或者调解协议不被人民法院认可的，人民法院应当结束调解程序，恢复审判，及时作出裁判，而不能久调不决。

第四节　法院调解的效力

一、法院调解书

（一）调解书的基本内容

在审判人员主持下，双方当事人通过平等协商，自愿达成了调解协议，调解程序即告结束。《民事诉讼法》第97条第1款规定：“调解达成协议，人民法院应当制作调解书。"调解协议只是双方当事人的意思表示,不要求有统一的格式。法院调解书则是指人民法院根据双方当事人达成的调解协议制作的,记载当事人之间协议内容的法律文书。它既是当事人相互协商结果的记载,又是人民法院行使审判权的重要体现。

根据《民事诉讼法》第 97 条的规定,法院调解书的内容包括以下三项:一是诉讼请求。即原告向被告提出的实体权利请求。如果被告向原告提出反诉的,调解书中也应当列明。有第三人参加诉讼的,还应当写明第三人的主张和理由。二是案件事实。即当事人之间有关民事权利义务争议发生、发展的全过程和双方争执的问题。三是调解结果。即当事人在审判人员的主持下达成的调解协议的内容,其中包括诉讼费用的负担。

法院调解书应当按统一的格式制作,一般包括三个部分:(1)首部。首部应当依次写明制作调解书的人民法院名称,案件编号,当事人、第三人以及诉讼代理人的基本情况,案由。(2)正文。调解书的正文应当写明诉讼请求、案件事实和调解结果。这部分内容是调解书的核心部分,不能简略或疏漏,应当具体、明确而有重点地写在调解书里,避免当事人履行调解书时因有异议而发生新的纠纷。(3)尾部。调解书最后由审判员、书记员署名,加盖人民法院印章,并写明调解书的制作时间。同时,调解书的尾部要写明"本调解书与发生法律效力的判决书具有同等效力"。

(二)可以适用调解笔录结案的案件

在法律规定的特殊情况下,有些案件当事人达成调解协议的可以不制作调解书,将协议内容记入笔录,适用调解笔录结案即可。对于不需要制作调解书的调解协议,由书记员记入调解笔录,并由双方当事人、审判人员、书记员签名或者盖章即发生法院调解的法律效力。根据《民事诉讼法》第 98 条第 1 款的规定,调解达成协议而人民法院可以不制作调解书的民事案件包括:(1)调解和好的离婚案件;(2)调解维持收养关系的案件;(3)能够即时履行的案件;(4)其他不需要制作调解书的案件。另外,根据上述第(4)项规定,最高人民法院《民事调解规定》第 13 条进行了解释:当事人各方同意在调解协议上签名或者盖章后生效,经人民法院审查确认后,应当记入笔录或者将协议附卷,并由当事人、审判人员、书记员签名或者盖章后即具有法律效力。可见,适用调解笔录结案的案件大致包括两大类:一是法定的不需制作调解书的三种案件,即《民事诉讼法》第 98 条第 1 款规定的前三项案件;二是当事人约定的不需制作调解书的案件。这就意味着,在是否需要制作调解书的问题上,可以体现当事人之间的合意。

(三)可以制作判决书的案件

当事人自行和解或者经调解达成协议后,请求法院按照和解协议或者调解协议的内容制作判决书的，法院不予支持。这是因为，和解或调解协议是当事人双方的合意，而判决则应是由法院严格依法作出的，前者不能直接代替后者。但是，《民诉解释》规定了两种例外情形：(1)无民事行为能力人的离婚案件，由其法定代理人进行诉讼。法定代理人与对方达成协议要求发给判决书的，可根据协议内容制作判决书。(2)涉外民事诉讼中，经调解双方达成协议的，应当制发调解书。当事人要求发给判决书的，可以依协议的内容制作判决书送达当事人。

二、法院调解的生效时间

根据法律的规定，调解协议生效的时间，因法院是否制作调解书而有所不同。

(一)调解书的生效时间

《民事诉讼法》第97条第3款规定："调解书经双方当事人签收后，即具有法律效力。"这一规定包括两个方面的要求：一是调解书必须送达双方当事人签收。据此，调解书应当直接送达当事人本人，不适用留置送达和公告送达的方式。二是调解书必须经双方当事人签收后才能生效。如果一方或双方当事人拒绝签收的，应当视为调解不成立，调解书不发生法律效力。签收，是指受送达人在送达回证上签名或者盖章，并记明签收的日期。

无独立请求权的第三人参加诉讼的案件，人民法院调解时需要确认无独立请求权的第三人承担义务的，应经其同意，调解书也应当同时送达其签收；无独立请求权的第三人在签收调解书前反悔的，人民法院应当及时判决。

(二)记入笔录的调解协议的生效时间

根据《民事诉讼法》第98条第2款规定，不需要制作调解书只记入笔录的调解协议，由双方当事人、审判人员、书记员签名或者盖章后，即具有法律效力。

三、法院调解协议中的特殊问题

根据最高人民法院《民事调解规定》的相关规定，在调解协议中需要处理以下一些特殊问题。

(一)调解协议与诉讼请求的关系

一般而言，法院调解需要针对原告的特定诉讼请求展开。但是，如果调解协议内容超出诉讼请求的，法院可以准许。这与法院判决具有本质的不同，法院判决必须限定于原告的诉讼请求范围之内。

(二)调解协议对民事责任和担保问题的约定

法院对于调解协议约定一方不履行协议应当承担民事责任的，应予准许。调解协议约定一方不履行协议，另一方可以请求法院对案件作出裁判的条款，法院不予准许。

在调解协议中，约定一方提供担保或者案外人同意为当事人提供担保的，法院应当准许。案外人提供担保的,法院制作调解书应当列明担保人,并将调解书送交担保人。担保人不签收调解书的,不影响调解书生效。

调解书确定的担保条款条件或者承担民事责任的条件成就时,当事人申请执行的,法院应当依法执行。不履行调解协议的当事人承担了调解书确定的民事责任后,对方当事人又要求其承担执行程序中的迟延履行责任的,法院不予支持。

(三)不影响调解效力的三点情形

(1)当事人不能对诉讼费用如何承担达成协议的,不影响调解协议的效力。法院可以直接决定当事人承担诉讼费用的比例,并将决定记入调解书。

(2)对调解书的内容既不享有权利又不承担义务的当事人不签收调解书的,不影响调解书的效力。例如,既不享有权利又不承担义务的无独立请求权第三人即属此类。

(3)为当事人提供担保的案外担保人不签收调解书的,不影响调解书生效。

(四)调解书违背调解协议时的裁定补正

当事人以民事调解书与调解协议的原意不一致为由提出异议,法院在审查后认为异议成立的,应当根据调解协议裁定补正民事调解书的相关内容。

(五)先行调解

当事人就部分诉讼请求达成调解协议的,人民法院可以就此先行确认并制作调解书。

四、法院调解的法律效力

法院调解的效力,是指在审判人员的主持下,双方当事人平等协商达成的调解协议,经人民法院依法定程序认可后所产生的法律后果。调解书和适用调解笔录结案的案件生效后,可以产生以下几个方面的法律后果:

第一,具有确定当事人之间民事法律关系的效力。人民法院的调解书送达当事人或调解笔录生效后,表明双方当事人对曾经发生争议的民事法律关系已经取得共识并得到法律的确认,原先争议的法律关系演变为无争议的法律关系,权利方应依法行使权利,义务方应依法履行义务,双方当事人从此不得对此法律关系再发生争议。这是法院调解书在实体法上的效力。

第二,具有结束诉讼程序的效力。当事人的调解协议是在人民法院主持下自愿达成的;人民法院根据调解协议制作的调解书和调解笔录,则是在法律上对当事人调解协议的确认。因此,人民法院的调解书送达当事人和调解笔录依法生效后,当事人之间的民事权益争议,在法律上已最终解决,当事人不得以同一事实和理由向人民法院再行起诉,这是法院调解在程序法上的效力。调解书和特定的调解笔录依法生效后,其法律效力同法院生效判决书一样,当事人即丧失了上诉权。当事人如对法院的调解书和调解笔录有异议,也不能提起上诉。调解协议是双方当事人根据自愿、合法的原则,经过充分协商达成的,并在调解书送达前和调解笔录依法生效前,还允许双方当事人反悔。所以对生效的调解书和调解笔录,在法律上不存在当事人上诉的问题。

第三,有给付内容的调解协议书具有强制执行力。调解协议是双方当事人在人民法院主持下自愿达成的,一般情况下当事人都能自觉履行。如果具有给付内容的调解协议生效后,负有义务的一方当事人不履行义务时,对方当事人可以向人民法院申请强制执行。

第五节 诉讼和解

一、诉讼和解概述

诉讼和解是指民事诉讼当事人在诉讼过程中,通过自行协商,就双方争议的问题达成协议,从而终结诉讼程序的制度。我国《民事诉讼法》第 50 条规定:“双方当事人可以自行和解。”第 230 条又规定:“在执行中,双方当事人自行和解达成协议的,执行员应当将协议内容记入笔录,由双方当事人签名或者盖章。申请执行人因受欺诈、胁迫与被执行人达成和解协议,或者当事人不履行和解协议的,人民法院可以根据当事人的申请,恢复对原生效法律文书的执行。”根据上述规定,我国民事诉讼中的和解包括两种方式,即审判程序中的和解和执行程序中的和解。前者是对发生争议的民事法律关系的和解,后者是对需要执行的权利义务内容的和解。

但是,我国的立法并没有赋予当事人的和解协议任何法律效力。当事人达成和解协议后,应当按照何种程序结束民事诉讼,以及法院如何对和解协议进行确认,法律都没有规定。由于相关规定的不完善,导致诉讼和解制度在司法实践中缺乏有力实施的基础。对于诉讼和解,实践中通常的做法有两种:

(1)转化为撤诉。双方之间达成和解协议,由原告专门向法院提出撤诉的申请,经法院审查后认为撤诉符合法律规定的,裁定准许撤诉,并结束诉讼程序。但这种做法存在不小的问题。诉讼结束后,由于和解协议并没有法律强制力,如果一方当事人反悔不履行和解协议的,无法强制其履行义务。于是,另一方当事人又可以再行起诉。这无疑会给当事人带来讼累,也会给法院造成司法资源的浪费。

(2)转化为法院调解。当事人达成和解协议后,也可以由法院依照当事人的协议内容,制作调解书,从而结束诉讼程序。这种做法可以保证当事人协议的强制性,但实际上又是通过法院调解的规定来实现的,是法院调解在发挥实质的作用。因此,诉讼和解制度在我国的司法实践中并没有得到充分的实施。如何借鉴国外诉讼和解的科学操作，完善我国民事诉讼上的诉讼和解制度，是法学界面临的一个重要课题。

二、诉讼和解与法院调解之比较

诉讼和解与法院调解都发生在民事诉讼过程中，都以达成协议的方式解决纠纷，并在一定的情况下，诉讼和解可以转化为法院调解。如当事人通过自行协商达成协议后，为保证和解协议得到顺利履行，共同请求法院以调解书的形式确认他们的和解协议，法院经审查后，认为协议内容不违反法律的，可以将和解协议的内容制作成调解书。但两者也存在以下的不同点：

（一）性质不同

法院调解是人民法院行使审判权，审理民事案件的一种方式，调解活动本身就是法院对案件的一种审理活动。而诉讼和解是当事人对自己的实体权利和诉讼权利的自行处分。

（二）参加的主体不同

参加法院调解的主体包括双方当事人和人民法院的审判人员，而且要由审判人员主持，是一种三方结构；而参加诉讼和解的主体只有双方当事人，是一种两方结构。

（三）效力不同

根据法院调解达成协议制作的调解书生效后，诉讼归于终结，有给付内容的调解书具有执行力；诉讼和解却不能作为法院的结案方式，不能直接终结诉讼程序，通常都是另外通过原告申请撤诉或者转化为法院调解来终结诉讼程序。同时，诉讼和解达成的协议只能依靠当事人自觉履行，不具有强制执行力。

拓展思考题

1. 如何理解我国法院在民事诉讼中的调解偏好？
2. 如何理解法院调解中的查清事实、分清是非原则？
3. 如何理解调解书、调解协议、调解笔录三者之间的关系？
4. 如何理解我国民事诉讼中的诉讼和解？

第八章

民事诉讼证据

【内容提要】

法谚云:“诉讼法上的事实是证据能够证明的事实,证据不能证明的事实在诉讼法上视为不存在。”离开了证据便无从认定案件事实,因而证据在民事诉讼中具有极其重要的地位。本章第一节介绍了民事诉讼证据的三个基础性概念,即证据、证据能力、证明力的概念;第二节分析了《民事诉讼法》规定的八类证据;第三节从诉讼理论的角度对证据作了分类研究;第四节阐述了庭前证据的收集、提交和交换,庭审中质证、认证等程序规则。

第一节　民事诉讼证据概说

一、民事诉讼证据

在民事诉讼中,具体案件的法律适用往往以案件事实得到证明为前提;而案件事实是已经发生的事实,当事人之间的争执往往就是因对案件事实有不同的认识而发生分歧,从而向法院提起诉讼的。所以,法院要对当事人有争议的事实进行认定,并在此基础上作出正确的裁判,这必须借助于各种证据。对法院而言,证据是查明案件事实、作出正确裁判的根据;对当事人而言,证据是主张有利于己的事实、反驳不利于己的事实,维护其合法权益的方法和手段。总之,诉讼开始、继续和终结都离不开证据的运用。

对于包括民事诉讼证据在内的诉讼证据的概念,学理上有不同的理解,存在着事实说、根据说、材料说、统一说等不同的观点。①

① 参见何家弘、刘品新:《证据法学》(第4版),法律出版社2011年版,第109—111页。

在立法和司法实践中，人们往往从不同的角度使用“证据”一词，用证据材料、定案根据、证据方法、证据资料等不同术语表述证据不同侧面的含义。为了更好地理解民事诉讼证据的概念，有必要将证据材料、定案根据、证据方法、证据资料这几个证据法学中的概念作一简单介绍。

（一）证据材料与定案根据

证据材料，是指民事诉讼当事人向法院提供的或法院依职权收集的，用来证明案件事实的各种材料。经过当事人的质证并被法院采纳为认定案件事实的依据的证据材料称为定案根据。因此，定案根据来源于证据材料，证据材料则是定案根据的初始形态。当事人提供和法院收集的证据材料，有的符合定案根据的条件，能够成为法院认定案件事实的依据；有的不具备条件，最终不能成为认定案件事实的证据使用。

在《民事诉讼法》和《民诉解释》中，证据材料通常用“证据”一词来表述，如“人民法院应当按照法定程序，全面地、客观地审查核实证据”（《民事诉讼法》第 64 条第 3 款），“证据应当在法庭上出示，并由当事人互相质证”（《民事诉讼法》第 68 条前半段），“当事人逾期提供证据的，人民法院应当责令其说明理由，必要时可以要求其提供相应的证据”（《民诉解释》第 101 条第 1 款）。定案根据则用“认定事实的根据”来表述，例如，“证据必须查证属实，才能作为认定事实的根据”（《民事诉讼法》第 63 条第 2 款），“人民法院对视听资料，应当辨别真伪，并结合本案的其他证据，审查确定能否作为认定事实的根据”（《民事诉讼法》第 71 条），“证据应当在法庭上出示，由当事人互相质证。未经当事人质证的证据，不得作为认定案件事实的根据”（《民诉解释》第 103 条第 1 款）。

（二）证据方法和证据资料

证据方法和证据资料是大陆法系国家和地区证据法学中常用的两个概念。① 证据方法，是指在诉讼中为了证明案件事实，可作为调查对象的有形物，如证人、文书、物体等。证据资料，则是指法院对各种证据方法经过调查后所获得的资料，如证人证言、鉴定意见等。

证据方法一般可分为两种类型。一种是“人证”，又称为“人的证据方法”，即以人作为提供证据资料的方法，如证人、鉴定人等。另一种是“物证”，又称为“物的证据方法”，即以物作为提供证据资料的方法，如证书、勘验物等。因此，证据方

① 参见［日］兼子一、竹下守夫：《民事诉讼法》，白绿铉译，法律出版社 1995 年版，第 100 页；［日］田口守一：《刑事诉讼法》，刘迪、张凌、穆津译，法律出版社 2000 年版，第 218 页；王甲乙、杨建华、郑健才：《民事诉讼法新论》，台湾广益印书局 1983 年版，第 363 页。

法是指证人、鉴定人、文书、物体而言；而证据资料是指对这些证据方法进行调查后所得到的证人证言、鉴定意见、文书内容、物证特征而言。有学者认为，证据一语，广义情形是指证据方法及证据资料两者，狭义情形专指证据资料而言。①

中国现行民事诉讼法及其相关司法解释，没有特别区分证据方法和证据资料。不过，我们认为“证据方法”这一概念对于证据的法庭调查具有意义，在探讨证据法庭调查时，理论和实务上都区分人的证据方法和物的证据方法，对前者主要通过询问等方式调查；对后者，主要通过出示、朗读、播放等方式进行调查。我们认为“证据资料”这一概念对于证据的审查判断具有意义，不同的证据资料能够成为定案根据的具体要求不尽一致。因此，从长远看，我国诉讼法学还得引进这两个概念。

借鉴国内学界与大陆法系关于诉讼证据的概念界定，我们对诉讼“证据”概念界定如下：

证据是指证明待证事实的信息及其载体。根据资格要求的不同，可以分为“证据材料”和“定案根据”。“证据材料”泛指一切能证明案件待证事实的信息及其载体。“定案根据”特指能满足法定资格要求且能证明案件待证事实的信息及其载体。

二、证据能力

（一）证据能力的概念

证据能力，亦称证据资格、证明能力或者证据的适格性，它是指证据材料能够被法院采信，作为定案根据的资格。民事诉讼中，用以证明当事人主张的要件事实的证据材料，必须具有证据能力。

证据能力对于诉讼证明具有重要意义。从证明的过程来看，证据能力是法院认定案件事实依据所应具备的法律上的资格，也是法院认定证据时首先要解决的问题。因为从逻辑上说，证据材料只有具备证据能力，才有资格进入诉讼发挥证明作用，才需要进一步判断其证明力的大小。无证据能力的证据材料进入诉讼不仅会浪费时间和精力，还可能会造成法官对事实的错误认定。因此，在证明活动中，如果一方当事人提出某一证据材料而另一方当事人提出质疑，法庭应当先对证据能力进行审查，如缺乏证据能力，就应当将其排除。

有关证据能力的规则，从规定方式来看，可以分为积极规定和消极规定两种。前者是指积极地规定证据的资格要件，即规定只有什么样的证据材料才能成为定案根据。后者是指消极地规定证据材料的排除，即规定不符合法定标准的证据材

① 参见陈荣宗、林庆苗：《民事诉讼法》，台湾三民书局1996年版，第481页。

料不能作为定案的根据。从各国的立法和实践来看,无论是大陆法系还是英美法系,对于证据能力问题,法律上很少作积极的规定,而主要是就无证据能力或其能力受限制的情形加以规定。我国《民事诉讼法》及其相关司法解释同样如此。

证据能力规则多种多样,一般可以分为三大类。《民诉解释》第104条规定:"人民法院应当组织当事人围绕证据的真实性、合法性以及与待证事实的关联性进行质证,并针对证据有无证明力和证明力大小进行说明和辩论。能够反映案件真实情况、与待证事实相关联、来源和形式符合法律规定的证据,应当作为认定案件事实的根据。"

(1)关联性(relevance)。证据必须与案件事实有内在的联系。这种内在的联系表现为,证据应当能证明案件事实的全部或部分。缺乏关联性的事实材料,不是本案的证据,当然对本案也无证明力。确定某一证据与案件事实是否有关联性,往往取决于人们有关的生活经验和科学发展水平。如根据DNA技术进行亲子关系鉴定,是以前所不能想象的,正是科学技术的发展提高了人们认识案件事实的能力。可以说,人们对客观世界包括对诉讼证据的认识一直是在发展的。

(2)真实性(reliability)。证据是证明待证事实的根据或方法,它必须是可靠、可信的,否则就无法得出符合案件真相的认识。尽管提出证据、调查证据可能会受人的主观因素的影响,但是证据事实必须是客观存在的材料,而不是任何人的猜测或主观臆造的产物。正是因为证据具有客观性,才能使不同的裁判者可以借助司法途径对同一案件事实的认识有大体相同的结论,公正地作出裁判。此类规则主要有意见排除法则等。

(3)合法性(rightness)。有些证据虽然既有关联性,又有可信性,但是因为其缺乏合法性而被排除。这种合法性在我国现行民事证据法中主要体现在两个方面:一是非法证据排除规则。《民诉解释》第106条关于"对以严重侵害他人合法权益、违反法律禁止性规定或者严重违背公序良俗的方法形成或获取的证据,不得作为认定案件事实的根据"的规定,就体现了这一要求。二是防止证据拖延,促进证据及时提交。如超过举证时限提交证据可能予以排除规则。

三、证明力

(一)证明力的概念与判断原则

证明力,也称证据价值、证据力,它指的是证据对于案件事实有无证明作用及证明作用的大小。近现代史上,有两种判断证据证明力的基本原则:一种是法律预先明文规定证据证明力的大小以及对它们的取舍和运用,而不允许法官自由加以判断和取舍的制度,此谓之"法定证据制度";另一种是法律不预先规定证据的证明力,允许法官在审理案件时依法自由判断的证据制度,此即"自由心证制度"。

一般认为,西方国家在资产阶级革命胜利之后都以自由心证制度代替了法定证据制度,但是英美法系国家则更多保留着法定证据制度的某些痕迹。

所谓自由心证,是指证据的取舍及其证明力由法官根据自己的理性和良知自由判断,形成确信,并依此认定案情的一种证据制度。自由心证制度是西方资本主义国家司法制度的组成部分。自由心证的核心内容,就是对于各种证据的真伪、证明力的大小以及案件事实如何认定,法律并不作具体规定,完全听凭法官根据理性和良心的指示,自由地判断。法官通过对证据的审查而在思想中所形成的信念,称为"心证";"心证"达到法定证明标准的程度,称为"确信"。法官通过自由判断证据所形成内心确信的这样一种理性状态,就是作出判决的依据。

自由心证制度源于古罗马时代,当时古罗马的商品经济十分发达,民事活动纷繁复杂,自由平等的观念体现在证据法上。于是赋予裁判官自由判断证据的权力,以积极有效地处理民事案件。在18世纪末19世纪初,随着资产阶级革命相继取得胜利,欧洲各国包括法律制度在内的上层建筑也随之发生变革。在证据制度方面,表现为以自由心证制度取代了法定证据制度。1791年法国宪法会议发布训令:废除法定证据制度,建立自由心证制度,规定法官有把自己的内心确信作为判决的唯一根据的义务。1808年,法国颁布了世界上第一部专门的刑事诉讼法典,该法典在第342条中确立了自由心证原则。此后,欧洲大陆各国通过立法,基本上都确立了自由心证原则。资产阶级法学家认为,法定证据制度将审查判断证据的权力不是赋予法官,而是赋予法律,法官只能机械地按照法律预先对证据所作的各种规定来判断和运用证据、认定案情,其结果只能达到法律规定的形式真实,而难以符合案件的客观真实;只有采用自由心证制度,才能为法官提供有利条件,使其最大可能地查明案件的事实真相,公正地处理案件。当然,"自由心证"中的自由并不是绝对的,也有其不自由的一面。为了防止法官心证权力的绝对自由化,西方国家在立法上、理论上对法官自由审查判断证据均作出了一定的限制。例如,在法国,法官的自由心证有两条限制:其一,法官必须对决定作出解释。法官仅仅列出所依赖的证据清单而不解释每一个证据的分量是不够的,这种缺乏"动机"的判决可以被最高法院推翻。其二,法官形成内心确信所依靠的证据必须是依法取得的,而且不得侵犯辩方的权利。

我国《民事诉讼法》第64条第3款和《民诉解释》第105条共同确立了我国民事诉讼中的"自由心证"制度。前者规定,"人民法院应当依照法定程序,全面地、客观地审查核实证据。"后者规定:"人民法院应当依照法定程序,全面、客观地审核证据,依据法律规定,运用逻辑推理和日常生活经验,对证据有无证明力和证明力大小进行判断,并公开判断的理由和结果。"

对这两条内容的具体理解,可以从以下几方面来把握:

其一,审判人员应当依照法定程序,全面、客观地审核证据。所谓"审核证据",是指法官在当事人及其他诉讼参与人的参加下,通过庭审活动,对呈交于法庭的证据予以调查、核实与鉴别,以确定证据证明力的有无和大小。由于受种种因素的影响,呈交于法庭的证据(无论是当事人自己收集的证据,还是当事人申请法院调查收集的证据),都存在虚假的可能。对于这些证据,必须经过法官审核,查证属实,才能作为定案的根据。所谓"依照法定程序",主要是指法官审核证据,必须经过当事人双方的质证和辩论过程,将所有呈交于法庭的证据均交由当事人双方予以质证和辩论,以保障当事人的诉讼权利,达到程序公正的目的。所谓"全面",是指对与待证事实有关的所有证据,法官均要进行审查核实。所谓"客观",是指法官必须摒弃自己的主观偏见,对证据进行实事求是的审查判断。

其二,法官审核证据,必须依据法律的规定,运用逻辑推理和日常生活经验来进行判断。所谓"依据法律的规定",是指法官必须根据法律的有关规定,主要是指根据证据规则来审核证据。法官审核证据不得脱离法律规定,这是司法公正的必然要求,不必多言。所谓"逻辑推理",从通常意义上讲,是指人们运用逻辑的方式,从一个或者几个已知的判断前提推导出另一未知的判断结论的思维活动。从审核证据的角度来讲,运用逻辑推理,即是要求法官在审核证据的过程中,确认有关证据的证明力的有无、大小均应当符合逻辑法则,以作出合情合理的判断。所谓"日常生活经验"(也就是经验法则),是指人们在长期生活实践中逐渐形成的对客观世界的自然现象和周边事物所亲身体验和感知并逐步积累起来的一种理性认识。这种理性认识是不证自明的,属于公认的范畴。在证据法意义上,经验法则是法官依照日常生活中所形成的反映事物之间内在必然联系的事理作为认定待证事实根据的有关规则。经验法则在司法审判中具有其特殊性,主要表现为法官常常根据自身的学识、亲身生活经验或者被公众所普遍认知和接受的那些经验作为法律逻辑的一种推理方式。

其三,法官审核证据的内容是判断"证据有无证明力和证明力大小"。具体而言,法官审核证据包括两方面的内容:一方面,审查核实证据是否具有证明力。法官通过庭审活动,对呈交于法庭的证据予以审查、核实、分析和判断,以确定其能否对待证事实起到证明作用,确定其能否作为诉讼证据采纳,亦即是否具有证明力。另一方面,如果某证据具有证明力,法官还必须审核该证据证明力的大小。通过确认证据证明力的大小,以最终确认有关的案件事实。

其四,法官审核证据,必须"独立"进行判断。其他外界因素不得干扰法官的自由心证。这是"法官独立审判"的必然要求,这里不再赘述。

其五,法官必须公开其审查判断证据的理由和结果。之所以要求法官公开审查判断证据的理由和结果,首先是诉讼程序透明化的要求。要求法官公开其审核证据的理由和结果,也就是要求法官公开其自由心证的过程和结果,使法官的心证置于当事人和新闻舆论的监督之下,有利于加强当事人的程序保证,有利于实现程序公正和实体公正。其次也可通过这种途径,促使法官更加审慎判案。

第二节　我国民事诉讼证据的法定种类

我国《民事诉讼法》第63条第1款将证据分为当事人陈述、书证、物证、视听资料、电子数据、证人证言、鉴定意见和勘验笔录等八种形式。相对而言,我国民事诉讼法对证据种类的规定比较注重证据的外在表现形式,而不考虑证据的形成特点和证明方法等特征。以下主要对我国民事诉讼证据的各种法定形式分别进行阐述。

一、当事人陈述

(一)当事人陈述的概念和分类

作为证据法定种类之一的当事人陈述,是指当事人在诉讼中就有关案件的事实情况向法院所作的陈述。当事人就案件有关的事实向人民法院所作陈述,有两种情况:

(1)对案件事实的陈述,是当事人就争议的民事法律关系发生、变更或者消灭的事实的说明。当事人为了胜诉,一般都要陈述对自己有利的事实,而对对方当事人陈述的不利于自己的事实,则提出不同的事实根据进行反驳。如果当事人对陈述的事实进行分析,提出一些意见以及适用某项法律以希望法院作出对自己有利的判决,是诉讼上的声明,不能作为"当事人陈述"看待。

(2)当对案件事实的承认,即当事人自认,是一方当事人对对方当事人陈述的事实作相同的陈述或者肯定,或者认可对方陈述的事实。应当注意,当事人对事实的承认与对诉讼请求的承认是不同的。对诉讼请求的承认是当事人的一项诉讼权利。对对方的诉讼请求予以承认,也叫诉讼上的认诺,就是当事人越过了对对方当事人主张的事实的承认,直接承认对方当事人的权利请求。人民法院如果查明这种承认是当事人的真实意思表示,即可以判决作出这种承认的一方当事人败诉。

我国立法肯定了当事人陈述可以作为独立的民事诉讼证据使用,不过,其地位仍然是辅助性的,需要与其他证据结合起来进行综合判断才能确定是否作为认定案件事实的根据。《民事诉讼法》第 75 条规定:“人民法院对当事人的陈述,应当结合本案的其他证据,审查确定能否作为认定事实的根据。当事人拒绝陈述的,不影响人民法院根据证据认定案件事实。”《民诉解释》第 110 条进一步补充:“人民法院认为有必要的,可以要求当事人本人到庭,就案件有关事实接受询问。在询问当事人之前,可以要求其签署保证书。保证书应当载明据实陈述、如有虚假陈述愿意接受处罚等内容。当事人应当在保证书上签名或者捺印。负有举证证明责任的当事人拒绝到庭、拒绝接受询问或者拒绝签署保证书,待证事实又欠缺其他证据证明的,人民法院对其主张的事实不予认定。”

外国学者一般不把当事人陈述作为独立证据看待,主要理由是:当事人关于事实的陈述是证明对象,而非证据事实。德国等国民事诉讼法中有“讯问当事人”制度。其含义是:法官依证言、书证、勘验等各种证据形式,还不能充分得到心证时,可以命令当事人自己为证人进行宣誓后,再加以讯问,将其证言作为证据使用。这种做法被认为是补充的证据方法,不是独立的证据表现形式。

(二)当事人陈述的特点

当事人陈述作为证据形式最显著的特点就是具有“两重性”,即真实性与虚假性并存。因为当事人对民事法律关系的发生、变更消灭等事实比他人知道得更为清楚、全面,这就有可能为人民法院提供案件事实的全面情况;但是由于当事人同审判结果有直接的利害关系,彼此之间的利益有对立性,所以对有利于己的事实往往夸大,而对不利于己的事实就加以掩盖、缩小,甚至可能歪曲事实,虚构情节。当事人陈述有“两重性”,其陈述往往真假交织,要正确运用当事人陈述,必须结合其他证据进行综合分析。诉讼中,如果当事人拒绝陈述案情,不影响人民法院根据其他证据认定案件事实。

二、书证

(一)书证的概念

书证是民事诉讼中十分重要的证据种类。从广义上讲,书证不仅包括打印、书写于纸张上的文字记录,照片、录音录像资料、记载于计算机磁盘等电子介质上的数据电文均可以归属于书证的范畴。我国民事诉讼法将照片、录音录像资料等作为视听资料,记载于电子介质上的数据电文作为电子数据,均为独立的证据类型,因此,书证从狭义理解,一般指视听资料和电子数据之外的以其记载的内容来证明案件事实的资料。狭义的书证是指以文字、符号、图画等所表达的思想或记载的内容来证明案件事实的书面文件或其他物品。它表现为文字或者其他能表达人的思想或者意思的有形物。使用中国或者外国文字,或者能为他人所了解的符号代码,如电报号码、电脑字码做成的书面文件都可以成为书证。诉讼中,因收集调查证据而做成的文书,如询问证人、鉴定人所作的笔录等,虽然是用文字表达人的思想内容,但它是以人的陈述形式表达出来的,并要接受法庭调查中的询问和讯问,并非书证。不过,在另一诉讼中所作成的这种文书却可以转化为本案的书证。

（二）书证的特征

书证具有以下三个特征:

(1)书证并不是一般的物品,而是用文字符号记录和表达一定思想内容的物品;

(2)书证把一定的思想内容固定下来,以此表达人们的思想,并能为一般人所认知或了解,证明有关的案件事实;

(3)书证是固定在一定物体上的思想内容,所以有较强的客观性和真实性,不像言词证据那样,容易因有关人员主观意识的改变而改变,也不存在因时间久远造成记忆模糊而影响其证明力的现象。但它易丢失和被伪造。

（三）书证的分类

书证有多种表现形式,根据不同的标准,可以对书证进行以下的分类:

1. 公文书与私文书

按照书证的制作主体或制作者身份的不同,可以把书证分为公文书与私文书。公文书指公法人或公务员在职务范围内依法定的方式做成的文书。公法人或公务员所制作的文书,如果不依职权或者不依法定程序制作,也不具有公文书的效力。公文书所载内容无论是私法上的关系还是公法上的关系,也无论所载内容是否全面、完整,都不影响公文书的性质。公文书的范围很广,例如婚姻登记机关发给的结婚证书、法院制作的判决书、行政机关制作的行政裁决书等,都是公文书。凡不属于公文书的书证,都是私文书。私文书即使经公法人证明或者认证,仍然是私文书,如个人信件、商事合同等。

将书证分为公文书与私文书,是由于制作文书的主体是否行使法定的职权以及在制作程序上存在明显差别。在一般情况下,公文书的真实性较有保障,故推定其为真实。《民事诉讼法》第69条规定:“经过法定程序公证证明的法律事实和文书,人民法院应当作为认定事实的根据,但有相反证据足以推翻公证证明的除外。”但考虑到本条规定的公文书范围过窄,《民诉解释》第114条作了进一步扩充,该条规定:“国家机关或者其他依法具有社会管理职能的组织,在其职权范围内制作的文书所记载的事项推定为真实,但有相反证据足以推翻的除外。必要时,人民法院可以要求制作文书的机关或者组织对文书的真实性予以说明。”

2. 处分性书证与报道性书证

文书依其内容的不同,可以分为处分性书证与报道性书证。处分性书证,指文书所记载的事项系文书制作人发出的以发生某种法律效果为目的的意思表示,如为设定、变更或消灭一定的法律关系的目的而成立的书证。处分性书证中发生公法上效力者,为公文书,如记载判决原本、记载行政处分的文书;发生私法上效力的文书则是私文书,如买卖合同、遗嘱等。凡是书证中所记载或表述的内容,不是以产生一定的法律后果为目的,而是制作人用以记下或者报道已发生的或者了解的某种事实,则称为报道性书证,如会议记录、会计或商业账簿等。报道性书证与处分性书证的区别在于:报道性书证表明文书制作人只观察待证事实并记载其结果,并不以产生一定的法律后果为直接目的。

3. 普通文书与特别文书

书证,以是否要具备一定的形式为标准,可以分为普通文书与特别文书。普通文书,就是法律不要求必须具备一定形式就能够成立的文书。例如,一般买卖合同等民法上不要式的法律行为,只要双方当事人协商一致,合同就成立,就发生法律上的效力。特别文书,就是法律规定某种法律行为必须具备一定的形式才能够成立的文书。如买卖房屋,就必须订立书面合同并经房管部门登记才能发生法律效力。根据《民事诉讼法》第59条第3款的规定,侨居在外国的中国公民,委托代理人授权委托书,必须经我国驻该国的使、领馆证明,才发生效力。这种授权委托书,也是特别文书。

4. 原本、正本、副本、誊写本、节本、影印本、译本

以制作方法和相互关系为标准,文书可分为原本、缮本、正本、副本与节本等。原本,指文书制作人最初做成的文书。例如,审判员制作的判决书,经本人签名以后,就称为原本。正本是制作人按照原本制作的正式文书,其与原本有同一内容,对外与原本具有同一效力。副本是制作人按照原本制作的、效力低于正本的文书。制作副本的目的,往往是送交有关单位或个人使其知晓原本的内容。誊写本(缮本)是誊写、抄录原本全部内容的文书。节本(节录本)是仅摘抄原本或正本内容的部分内容的抄本。影印本是运用影印技术将原本、正本、副本等加以拍照或者复印形成的文本。译本是将原来文书中的文字翻译成另一种文字而形成的文书。

我国《民事诉讼法》对书证采取“最佳证据规则”。《民事诉讼法》第70条规定:“书证应当提交原件。物证应当提交原物。提交原件或者原物确有困难的,可以提交复制品、照片、副本、节录本。提交外文书证,必须附有中文译本。”《民诉解释》第111条进一步解释到:“民事诉讼法第七十条规定的提交书证原件确有困难,包括下列情形:(一)书证原件遗失、灭失或者毁损的;(二)原件在对方当事人控制之下,经合法通知提交而拒不提交的;(三)原件在他人控制之下,而其有权不提交的;(四)原件因篇幅或者体积过大而不便提交的;(五)承担举证证明责任的当事

人通过申请人民法院调查收集或者其他方式无法获得书证原件的。前款规定情形，人民法院应当结合其他证据和案件具体情况，审查判断书证复制品等能否作为认定案件事实的根据。"

三、物证

（一）物证的概念

物证是指以外部特征、存在状态、物质属性等来证明待证事实的有关物品或痕迹。例如，请求侵权赔偿的诉讼，被侵权行为造成损害的财物和侵权人所用的侵权工具等就是物证；建筑工程质量的诉讼，已经完工的建筑物就是物证；伪造文书的诉讼，签名的笔迹、墨水等就是物证。物证的特点是，以自己的客观存在和特征证明待证事实，所以西方国家曾把物证称为"哑巴证人"，并将它作为最有证明力的证据来使用。

民事诉讼中，有些物证的原物由于各种原因无法长期保存，如易腐烂的物品、倒塌的建筑物等，需要用照相、复制模型等方法来固定和保存。物证的摄影照片或各种方法复制的物证模型，也属于物证。相对于物证的摄影照片或物证模型而言，原物的证明效力优先。《民事诉讼法》第70条第1款规定："书证应当提交原件。物证应当提交原物。提交原件或者原物确有困难的，可以提交复制品、照片、副本、节录本。"

（二）物证的特征

同其他证据相比，物证有如下特征：

（1）物证以其外部特征、存在状态、物质属性等来证明有关案件事实。

（2）物证客观性强、真实性大。物证是以其自身的客观存在的形状、规格、痕迹等证明案件事实，不受人们主观因素的影响和制约，只要判明物证是真实的，就具有很大的可靠性和较强的证明力。

（3）物证具有间接性，一般只能作为间接证据使用，很少作为直接证据使用。一方面，物证所能直接证明的只是案件事实的某些片断或某个方面的情况，只有与其他证据相结合，才能证明案件的主要事实；另一方面，物证往往要辅之以鉴定意见、勘验笔录等才能发挥完整的证明作用。①

（三）物证与书证的区别

物证与书证的主要区别在于：

（1）书证是以其表达的思想内容来证明案件事实，而物证（包括作为物证的书面文件）则以它的存在、外形和特性等去证明案件事实。

① 参见廖永安主编：《证据法学》，清华大学出版社2008年版，第32页。

(2)法律对书证的规定,有的要求必须具备一定的形式才能够产生某种法律后果;对物证,一般没有这种要求。

(3)书证一般是行为人意思表示的书面形式,而物证一般是有形的物体,不包含人的意思的内容。

(4)审查物证时,应当对物证进行鉴定或勘验,而书证一般是进行鉴定确定其真伪。

尽管物证和书证有显著的区别,但它们之间也有密切的联系。某些情况下,根据与案件的联系和所证明的案件事实,同一物品可以同时具备书证与物证的特征,既可以作为书证,又可以作为物证。

(四)物证的分类

物证种类多样。根据物证是否呈现一定形态,可以将物证分为有形物证和无形物证;根据物证是否有生命,可以将物证分为有生命物证和无生命物证;根据物证外观形态不同,可以将物证分为固态物证、液态物证和气态物证;根据物证和感官的关系,可以将物证分为嗅觉物证、视觉物证、触觉物证和气态物证;根据物证体积大小,可以将物证分为巨型物证、一般物证和微量物证;根据检验的科学方法不同,可以将物证分为物理物证、化学物证和生物物证;根据证明待证事实所依据的特征不同,可以将物证分为形象特征物证、成分特征物证、习惯性特征物证和气味特征物证。

在此,重点介绍一下著名华裔侦探李昌钰博士关于物证的分类方法。[①] 他认为物证可以分为暂时性物证、情况性物证、形态性物证、关联性物证。所谓暂时性物证,是指那些基于自身性质而言具有暂时性特点并且很容易改变或消逝的证据。常见的暂时性物证包括气味、温度、暂时性存在的痕迹以及一些生物和物理现象。情况性物证是特定事件或行为的产物。与暂时性物证相类似,如果收集人员未能发现并且记录犯罪现场中的情况证据,那么相关的信息可能会永远消失。常见的情况性证据包括照明情况、烟雾或火焰、被害人尸体情况或者犯罪现场上特定证据的位置等。形态性物证通常体现为印痕、压痕、纹路、其他印记、破碎或沉淀形式。转移性证据,又称为微量物证,通常产生于人与人之间或人与物体之间的物理接触。关联性物证,在犯罪现场或侦查工作中可能会发现特定的物品,这些物品可以被用来建立被害人或犯罪嫌疑人与特定的犯罪现场之间或相互之间关联的证据。典型的关联性证据包括在犯罪现场发现的犯罪嫌疑人的钱包或者在犯罪嫌疑人身

① 参见李昌钰、蒂莫西 · M. 帕姆巴齐、玛丽莲 · T. 米勒:《李昌钰博士犯罪现场勘查手册》,郝宏奎等译,中国人民公安大学出版社 2006 年版,第 24—26 页。

上发现的被害人的所有物。

四、视听资料

（一）视听资料的概念

视听资料，就是利用录音、录像等设备所储存的音像信息来证明待证事实的证据。视听资料反映的是有关客体的声音特征和形象特征，所以又称为音像证据。

《民诉解释》第116条第1款规定："视听资料包括录音资料和影像资料。"录音资料是应用声、光、电和机械学等方面的科学技术，把正在进行的有关人员的演说、对话以及自然声响等声音如实地记录下来，然后通过播放再现原来的声迹，以证明案件真实情况的证据资料。影像资料是应用光电效应和电磁转换的原理，将人或事物运动、发展、变化的客观真实情况原原本本地记录下来，再经过播放，重新显示原始的形象来证明案件真实情况的证据资料。

在此需要指出，在法庭审判中用多媒体方式出示证据时提供的计算机演示资料不等于视听资料，因为那只是出示证据的形式，本身并不是证据，而视听资料本身就是一种证据。多媒体出示的证据属于哪种法定证据形式，取决于证据本身。

（二）视听资料的特点

视听资料主要有以下几个特点：

第一，较大的客观性和可靠性。它是通过科技手段，反映案件真实情况的原始证据，可以使案件真实面貌得到再现，它一般不受主观因素的影响，能客观地反映案件事实，具有较大的真实性和可靠性。

第二，由于视听资料具有技术先进、体积小、重量轻等特点，易于收集、保管和使用。

第三，视听资料具有物证所不具备的动态连续性。物证只能反映案件的片断情况，而视听资料可连续地反映案件的动态过程。

第四，视听资料具有各种言词证据所不具有的直感性。它能通过再现案件当事人的意思表示、思想感情以及民事法律行为和法律事实的发生、发展、变化的过程，含有丰富的信息量。除涉及个人隐私或者商业秘密外，在法庭上，应当庭播放视听资料，质证比较方便。

第五，视听资料容易被裁剪或伪造。遇有疑点时，需要通过鉴定或者勘验等方式确定其是否被裁剪或者伪造。《民事诉讼法》第71条规定："人民法院对视听资料，应当辨别真伪，并结合本案的其他证据，审查确定能否作为认定事实的根据。"

（三）视听资料与书证、物证的区别

书证是以书面文件记载的内容来证明案件事实的，而视听资料的音色、图像、贮存资料等，并不单纯以文字和符号表达思想内容，而是独立地反映了案件的一部

或全部的真实情况和法律事实，不仅静态地反映了待证事实，而且动态地说明了待证事实的真实情景，这一点迥异于书证。

物证是以自己的客观实在来证明案件事实的，而视听资料是以音色、图像、贮存资料的内容来证明案件事实，两者显然不同。

五、电子数据

（一）电子数据的概念

电子数据是本次修改民事诉讼法新增加的证据类型。电子数据即电子证据。[①] 电子证据的概念有狭义和广义之分。狭义的电子证据仅指数字式证据，即通过信号的离散状态的各种可能组合所赋予各种数值或其他信息的方法来承载信息内容的电子证据；广义的电子证据还包括模拟式电子证据，即通过信息中的某些特征的具体数值或量（如电压信号的幅度、降位、频率、脉冲信号的幅度或持续时间等）来记载信息内容的电子证据。虽然模拟式电子证据与数字式电子证据之间存在着一些明显差异，但是随着当今信息技术的发展，这两者日益融合乃至可以互相转化，因此广义电子证据观察日益为更多的人所推崇。《民诉解释》第116条第2、3款规定："电子数据是指通过电子邮件、电子数据交换、网上聊天记录、博客、微博客、手机短信、电子签名、域名等形成或者存储在电子介质中的信息。存储在电子介质中的录音资料和影像资料，适用电子数据的规定。"

（二）电子证据的种类

1. 电子通信证据、计算机证据、网络证据与其他电子证据

依照所依存的信息技术不同，可以把电子证据分为电子通信证据、计算机证据、网络证据与其他电子证据。通信的本质是传递信息，人类社会的现代通信技术经历了电报时代、电话时代，目前正在向新的多媒体通信时代过渡，相应的电子通信证据主要包括电传资料、传真资料、BP机记录、手机录音证据、手机摄像证据、IP电话记录等；从20世纪40年代第一台电子管计算机诞生，到晶体管计算机、集成电路计算机、大规模集成电路计算机等，电子计算机的发展可谓一日千里，它们在人类生产、生活和社会交往诸多领域的运用，产生了电子计算机文件证据、计算机输出物与计算机打印物等计算机证据；网络技术是基于计算机技术与通信技术融合的产物，由此出现的网络证据纷繁芜杂，当前使用较多的电子邮件、电子数据交换、电子聊天记录、电子公告牌记录、电子博客记录、电子报关单、电子签名、域名、网页以及网络痕迹等；除此之外，广播技术、电视技术、电影技术、录音技术、录像技

① 参见奚晓明主编：《〈中华人民共和国民事诉讼法〉修改条文理解与适用》，人民法院出版社2012年版，第131页。

术、摄像技术、幻灯技术等信息技术业不同程度地丰富了电子证据的品种。这种分类有利于深刻揭示电子证据的特点，将其与传统证据区分开来。

2. 电子设备生成证据、电子设备存储证据与电子设备混成证据

根据形成机制的不同，可以把电子证据分为电子设备生成证据、电子设备存储证据与电子设备混成证据。电子设备生成证据是指完全由电子计算机等设备自动生成的证据。其最大特点是：它是完全基于计算机等设备的内部命令运行的，其中没有掺杂人的任何意志。如果把相关的电子计算机等设备比喻成一个证人的话，那么该证据就是基于该“证人”本身的知情而得出的，因此根本不发生英美法系所说的传闻问题，其可靠性取决于电子设备的性能与运行状况。电子设备存储证据是指纯粹由电子计算机等设备录制人类的信息而得来的证据。在这一过程中，如果把相关的计算机等设备也比喻成一个证人的话，那么此证据就是由该证人“道听途说”而来，故它必须通过英美法系传闻证据规则的检验。对此类证据证明力大小的判断，除了要考虑电子设备的性能与运行状况外，还要考虑录入时是否发生了影响录入人准确性的因素。电子设备混成证据是指由于电子计算机等设备录制人类的信息后，再根据内部指令自动运行而得来的证据。由于这类证据兼有上述两种证据的性质，因此对其可采性和证明力的判断均要复杂得多。

3. 数据电文证据、附属信息证据与系统环境证据

根据内容和功能的不同，可以把电子证据分为数据电文证据、附属信息证据与系统环境证据。这是受档案学的启发而提出的分类。依照档案学，对于电子文件不仅要保存数据本身，还要保存“元数据”，即该文件产生的时间、地点、形成者及形成机构的职能背景、业务活动的经过表述、数据形成及存储方式等。所谓数据电文证据，是指电子数据本身，即记载法律关系发生、变更与灭失的数据，如 E-mail、EDI 的正文。所谓附属信息证据，是指对数据电文生成、存储、传递、修改、增删而引起的记录，如电子系统的日志记录、电子文件的属性信息等，它的作用主要在于证明电子数据的真实性，即证明某一电子数据是由哪一计算机系统在何时生成的、由哪一计算机系统在何时存储在何种介质上、由哪一计算机系统或 IP 地址在何时发送的，以及后来又经过哪一计算机系统或 IP 地址发出的指令而经过修改或增删等。所谓系统环境证据，是指数据电文运行所处的硬件和软件环境，即某一电子数据在生成、存储、传递、修改、增删的过程中所依靠的计算机环境，尤其是硬件或软件名称和版本。这三者所起的作用是不一样的。数据电文证据主要用于证明法律关系，它是主体证据；附属信息证据主要用于证明数据电文证据的真实可靠，它像用于证明传统证据保管环节的证据一样，必须构成一个完整的证明锁链，表明每一数据电文证据自形成到获取，最后到被提交法庭，每一个环节都是有据可查的；系

统环境证据则主要用于在庭审时或鉴定时显示数据电文的证据，以确保该数据电文证据以其原始面目展现在人们的面前。

（三）电子证据的特点

（1）电子证据的存储需要借助一定的电子介质。由于电子证据是以电子形式存储在电子介质上的，与传统证据的形式相比，其在保存方式上依赖于芯片、磁带、软盘、硬盘、光盘等新型的信息介质。

（2）电子证据可以无限地快速传递。电子证据在本质上是一种电子信息，可以实现精确复制，可以在虚拟空间里无限快速传播，在传播方式上与传统证据只能在物理空间传递存在明显的差异。

（3）电子证据的解读是间接式的。电子证据是以电子计算机及其他电子设备为基础的证据，没有专门的电子设备主件，没有相应的播放、检索、显现设备，电子证据只能停留在各种电子存储介质中，而不能被人们所感知，更不能为法庭所认可和采信。此外，电子证据的感知还离不开特定的系统软件环境。如果软件环境发生变化，则存储在电子介质上的信息可能显现不出来，或者难以正确地显现出来。

（4）绝大多数电子证据具有极强的稳定性与安全性。我国有学者认为，电子证据具有脆弱性，容易失真且不易被发觉。其实不然。国内外的大量案例表明，极少数电子证据容易被篡改或删除，更多的电子证据则难以被篡改或删除（或者对其的任何篡改、删除痕迹都能够被轻松地通过技术手段捕捉到）。具体来说，如果某些电子证据（冲洗出来的数码照片）是孤立存在的，那么对其删改的可能性较大；但是绝大多数电子证据（如计算机系统、网络系统中的电子邮件、文本文件、图片文件等）都是以系统（操作系统、应用系统等）数据的形式存在着，对它们的造假就几乎是不可能的，或者是很容易被发现的。①

六、证人证言

（一）证人证言的概念

证人证言，是指证人以口头或书面形式，就他所了解的案件情况向人民法院所作的陈述。广义的证人泛指一切向人民法院陈述与案件有关情况的人，包括诉讼当事人、狭义证人、鉴定人、勘验检查人。狭义的证人则仅指对某一事件的全部或部分事实有所感知并向人民法院陈述该事实的当事人以外的第三人，不包括诉讼当事人、鉴定人、勘验检查人。这里的"证人"是指狭义证人。证人陈述的内容，称为证言。

诉讼过程中，人民法院对案件事实并没有亲身经历和感知，要靠证据才能认定

① 参见何家弘、刘品新：《证据法学》（第4版），法律出版社2011年版，第188页。

案件的真相。证人证言是证人对争议事实的重述，在民事诉讼中起着重要作用。它既可以用于认定案件事实，还可以用来鉴别其他证据的真伪和确定其证明力的大小；既可以促使当事人放弃无理的事实主张，接受人民法院的调解和裁判，又能为人民法院调查收集证据提供线索。

证人证言的真实与否与证人的状况密切相关，而对证人进行类型细分则是研究证人状况的基本手段。根据证人的身体健康状况，可以把证人分为健康证人和残障证人；根据证人与案件或诉讼当事人的关系，可以把证人分为关系证人和无关系证人；根据了解案件事实的信息来源或途径不同，可以把证人分为目击证人和传闻证人；根据证人的身份、职业等情况，可以把证人分为普通证人和特殊证人。

（二）证人证言的特点

证人证言具有生动、形象、具体、丰富的优点，但由于受主观因素的影响较大，容易含有虚假成分。另外，证人往往存在较大的个体差异，由于他们对案件事实的感知能力、记忆能力、表达能力各不相同，与案件有关的情况发生时，其注意力也往往不一样，所以证人有可能无意间提供了虚假不实的情况。因此，对证人证言，不能偏听偏信，对其虚假的可能性要保持高度警惕。

（三）证人资格

《民事诉讼法》第 72 条规定，凡是知道案件情况的单位和个人，都有义务出庭作证。有关单位的负责人应当支持证人作证。不能正确表达意思的人，不能作证。

根据以上规定和司法实践，在我国民事诉讼中，证人必须具备以下两个条件：

第一，了解案件情况。这是作为证人的最基本条件。这一条件决定了证人的资格既不取决于当事人的选择，也不取决于审判人员的指定，同时还表明证人在诉讼中的不可替代性。所谓“知道案件情况”，是指证人凭借自己的感觉器官直接了解案件的情况。根据最高人民法院《民事证据规定》第 57 条第 1 款前段规定，“出庭作证的证人应当客观陈述其亲身感知的事实”，这里的“知道”、“了解”要作限制性理解，即为亲眼所见、亲耳所闻的案件事实，而不能是道听途说所获悉的案件事实。

第二，能够正确表达意思。所谓正确表达意思，是指证人能够辨别是非并能控制自己的行为，能陈述感知的案件情况，准确地表达自己的意思。也就是说，不论生理上、精神上有无缺陷或者年老、年幼的人，只要了解案件有关情况，并能正确表达意思，就可以作为证人。

针对审判实践中出现的一些审判人员将“不能正确表达意思的人”等同于无民事行为能力人和限制民事行为能力人，从而将未成年人和精神病人排除在证人范围之外的做法，最高人民法院《民事证据规定》第 53 条第 2 款规定：“待证事实与其年龄、智力状况或者精神健康状况相适应的无民事行为能力人和限制民事行为能力人,可以作为证人。"由该款反推,则待证事实与其年龄、智力状况或者精神健康状况不相适应的无民事行为能力人和限制民事行为能力人,不能作为证人。

(四)证人的诉讼权利

证人享有的诉讼权利有:

(1)有权用本民族语言文字提供证言。如果不通晓当地语言文字的,可以要求人民法院为其指定翻译;对于聋哑证人,他们可以用哑语、书面、手势进行陈述。

(2)对于自己的证言笔录,有权申请补充或者更正。

(3)因作证而被侮辱、诽谤、殴打或者其被以他方法打击报复时,有权要求法律给予保护。

(4)有权要求人民法院给予因出庭作证所支付的费用和影响的收入。《民事诉讼法》第 74 条规定:"证人因履行出庭作证义务而支出的交通、住宿、就餐等必要费用以及误工损失,由败诉一方当事人负担。当事人申请证人作证的,由该当事人先行垫付;当事人没有申请,人民法院通知证人作证的,由人民法院先行垫付。"《民诉解释》第 118 条进一步补充到:"民事诉讼法第七十四条规定的证人因履行出庭作证义务而支出的交通、住宿、就餐等必要费用,按照机关事业单位工作人员差旅费用和补贴标准计算;误工损失按照国家上年度职工日平均工资标准计算。人民法院准许证人出庭作证申请的,应当通知申请人预缴证人出庭作证费用。"

(五)证人的诉讼义务

证人应承担的诉讼义务有:

(1)出庭作证并接受审判人员和当事人询问的义务。关于这一义务,我国《民事诉讼法》及其司法解释的规定较为复杂,大致可以归纳为以下四点:

第一,理论上证人都应当出庭作证,但实际上只有经法院通知才须出庭作证,未经法院通知则不得出庭作证。《民事诉讼法》第 72 条第 1 款规定:"凡是知道案件情况的单位和个人,都有义务出庭作证。有关单位的负责人应当支持证人作证。"《民诉解释》第 117 条第 3 款规定:"未经人民法院通知,证人不得出庭作证,但双方当事人同意并经人民法院准许的除外。"至于法院通知证人出庭作证,可因当事人申请和法院依职权进行,《民诉解释》第 117 条第 1、2 款规定:"当事人申请证人出庭作证的,应当在举证期限届满前提出。符合本解释第九十六条第一款规定情形的,人民法院可以依职权通知证人出庭作证。"

第二,经法院通知,证人应当出庭作证,但特定情况下可用替代方式替代证人出庭作证。《民事诉讼法》第 73 条规定:"经人民法院通知,证人应当出庭作证。有下列情形之一的,经人民法院许可,可以通过书面证言、视听传输技术或者视听资料等方式作证:(一)因健康原因不能出庭的;(二)因路途遥远,交通不便不能出庭的;(三)因自然灾害等不可抗力不能出庭的;(四)其他有正当理由不能出庭的。”另外,《民事证据规定》第55条第2款还规定:“证人在人民法院组织双方当事人交换证据时出席陈述证言的,可以视为出庭作证。”根据该款规定,在交换证据时证人出席所作的证言,应与庭审中证人出庭所作的证言具有同样的证明力。

第三,证人出庭后,有义务接受审判人员和当事人的询问。但询问证人时,其他证人不得在场。证人不得旁听法庭审理;人民法院认为有必要的,可以让证人进行对质。

第四,证人经通知出庭却拒不出庭,书面证言仍可被提交到法庭并接受法庭审查。根据《民事诉讼法》第67条第2款,个人提交的证明文书,也即书面证言一样可以在法庭上出示。该款规定:“人民法院对有关单位和个人提出的证明文书,应当辨别真伪,审查确定其效力。”

(2)如实作证并签署保证书的义务。即如实陈述所了解的案情或回答审判人员、检察人员、当事人、诉讼代理人提出的问题,不得作虚假陈述,不得作伪证。《民事证据规定》第57条第1款前半段规定:“出庭作证的证人应当客观陈述其亲身感知的事实。”为了确保证人如实作证,《民诉解释》第119条规定了证人签署保证书的义务:“人民法院在证人出庭作证前应当告知其如实作证的义务以及作伪证的法律后果,并责令其签署保证书,但无民事行为能力人和限制民事行为能力人除外。证人签署保证书适用本解释关于当事人签署保证书的规定。”《民诉解释》第120条进一步规定了证人拒绝签署保证书的法律后果:“证人拒绝签署保证书的,不得作证,并自行承担相关费用。”

(3)原则上只能以自己感知的事实作证,不能用自己的判断意见作证。证人在作证过程中,对事实的陈述和对事实的判断往往混在一起,为求得证言的客观性,证人应当根据自己所了解的事实提供证言,并不要求对这些事实在主观上作出评价。但在必要时允许证人根据其体验的事实作一些他人无法替代的分析、判断或者推测。《民事证据规定》第57条第2款规定:“证人作证时,不得使用猜测、推断或者评论性的语言。”

(4)遵守法庭秩序的义务。

七、鉴定意见

(一)鉴定制度概说

1. 鉴定和鉴定意见的概念和特点

鉴定,即鉴定人运用自己的专门知识和技能,以及必要的技术手段,对案件中有争议的专门性问题进行检测、分析、鉴别的活动。运用专门知识对涉及案件事实的技术问题进行鉴定活动的人，称为鉴定人。诉讼中，当某一案件需要以专业知识、技能或者手段进行分析研究后才能鉴别或判明的专门性问题，是鉴定的对象或者鉴定客体。经过鉴定活动，对鉴定对象所形成的判断性意见，称为鉴定意见。

根据《全国人民代表大会常务委员会关于司法鉴定管理问题的决定》第 2 条规定，我国诉讼中的鉴定业务可以分为以下四大类，即法医类鉴定、物证类鉴定、声像资料鉴定、其他类鉴定。法医类鉴定，包括法医病理鉴定、法医临床鉴定、法医精神病鉴定、法医物证鉴定和法医毒物鉴定。物证类鉴定，包括文书鉴定、痕迹鉴定和微量鉴定。声像资料鉴定，包括对录音带、录像带、磁盘、光盘、图片等载体上记录的声音、图像信息的真实性、完整性及其所反映的情况过程进行的鉴定和对记录的声音、图像中的语言、人体、物体作出种类或者同一认定。

鉴定意见的特点是：(1)鉴定意见是一种运用专门知识和技能进行的判断，属于意见性证据。(2)鉴定意见是鉴定人对案件中应予查明的案件事实中的一些专门性问题所作的结论，而不是就法律问题提供意见。(3)鉴定意见是在案件发生后形成的。

2. 申请鉴定和重新鉴定

申请鉴定是当事人的诉讼权利，也是当事人的举证义务。申请鉴定是鉴定程序的一般启动方式。《民事诉讼法》第 76 条第 1 款前半段规定："当事人可以就查明事实的专门性问题向人民法院申请鉴定。"例外情形下，法院也可以依职权启动鉴定程序，《民事诉讼法》第 76 条第 2 款规定："当事人未申请鉴定，人民法院对专门性问题认为需要鉴定的，应当委托具备资格的鉴定人进行鉴定。"

当事人申请鉴定，应当满足法定要求，否则人民法院不予准许。《民诉解释》第 121 条第 1 款规定："当事人申请鉴定，可以在举证期限届满前提出。申请鉴定的事项与待证事实无关联，或者对证明待证事实无意义的，人民法院不予准许。"当事人对人民法院委托的鉴定意见有提出异议权。对于确有理由的异议，人民法院应当准许重新鉴定。重新鉴定，是在人民法院对鉴定意见进行审查后，对其可采信度存有疑虑，另行委托新的鉴定人进行的鉴定。重新鉴定应当附送历次鉴定所需的鉴定资料，新鉴定人应独立进行鉴定，不受以前鉴定的影响。《民事证据规定》第 27 条规定："当事人对人民法院委托的鉴定部门作出的鉴定结论有异议申请重新鉴定，提出证据证明存在下列情形之一的，人民法院应予准许：(一)鉴定机构或者鉴定人员不具备相关的鉴定资格的；(二)鉴定程序严重违法的；(三)鉴定结论明显依据不足的；(四)经过质证认定不能作为证据使用的其他情形。对有缺陷的鉴定结论，可以通过补充鉴定、重新质证或者补充质证等方法解决的，不予重新鉴定。"《民事证据规定》第 28 条规定："一方当事人自行委托有关部门作出的鉴定结论,另一方当事人有证据足以反驳并申请重新鉴定的,人民法院应予准许。”

补充鉴定是在原鉴定的基础上,针对原鉴定中的个别问题,由原鉴定人进行再次修正和补充,以完善原鉴定结论的鉴定。它只是对通常鉴定的补救手段。需补充鉴定的,有以下几种情形:第一,原鉴定结论措辞有错误,或者表述不确切;第二,原鉴定书对鉴定要求的答复不完备;第三,原鉴定结论作出后,委托机关又获得了新的可能影响原鉴定结论的鉴定资料;第四,初次鉴定时提出的鉴定要求有疏漏。

3. 鉴定人的诉讼权利和诉讼义务

鉴定人的主要诉讼权利是:有权了解进行鉴定所必需的案件材料;有权询问当事人或者证人;有权要求参加现场勘验;同时有几个鉴定人的,对如何鉴定可以互相讨论;意见一致的可以共同写出鉴定结论,不一致的,有权写出自己的鉴定结论;有权拒绝鉴定;对因鉴定受到侮辱、诽谤、诬陷、殴打或者其他方法打击报复时,有权请求法律保护;有权用本民族语言文字作鉴定结论;有权要求给付相应的报酬。

鉴定人的主要诉讼义务有:按时作出鉴定结论并保证鉴定结论的科学性;当事人对鉴定意见有异议或者人民法院认为鉴定人有必要出庭的,鉴定人应当出庭作证;妥善保管提交鉴定的物品、材料;不徇私受贿或弄虚作假;对有意陷害他人,故意作虚假鉴定的应承担刑事责任。

《民事诉讼法》第 77 条规定:“鉴定人有权了解进行鉴定所需要的案件材料,必要时可以询问当事人、证人。鉴定人应当提出书面鉴定意见,在鉴定书上签名或者盖章。”《民事诉讼法》第 78 条规定:“当事人对鉴定意见有异议或者人民法院认为鉴定人有必要出庭的,鉴定人应当出庭作证。经人民法院通知,鉴定人拒不出庭作证的,鉴定意见不得作为认定事实的根据;支付鉴定费用的当事人可以要求返还鉴定费用。”

4. 鉴定书的内容

鉴定意见应当采用书面形式,鉴定人应当在鉴定书上签名或者盖章,同时也应加盖鉴定人所在单位的公章。鉴定书的内容包括绪论、鉴定过程、结论等几部分。绪论写明委托或者聘请鉴定的单位、鉴定资料的情况、鉴定的目的和要求等。检验部分写明鉴定采用的方法和步骤、对观察所见现象和特征的分析判断。结论是针对鉴定要求所作出的结论性意见。必要时,鉴定书还可以附上说明有关情况的照片、图表等。最后是签名盖章。

《民事证据规定》第 29 条规定:“审判人员对鉴定人出具的鉴定书,应当审查是否具有下列内容:(一)委托人姓名或者名称、委托鉴定的内容;(二)委托鉴定的材料;(三)鉴定的依据及使用的科学技术手段;(四)对鉴定过程的说明;(五)明确的鉴定结论;(六)对鉴定人鉴定资格的说明;(七)鉴定人员及鉴定机构签名盖章。”

（二）鉴定人的法律地位

我国学者一般也把鉴定人与证人、鉴定意见与证人证言严格区分开，认为二者的区别是：第一，鉴定人应当中立，对国家法律负责而不是对当事人负责；第二，证人是由案件本身决定的，不能选择和更换。鉴定人则是在案件发生后，根据需要指派或聘请的，可以选择，也可以替代、更换；第三，鉴定人是具有专门知识的人员，要对事实材料进行分析评价，而证人一般并不需要专门知识，只要对案件事实进行陈述即可，不必评价所感知的事实；第四，只要了解案件情况的人，都可作为证人，不论他是否与案件有利害关系，而鉴定人如果与本案有利害关系，则应当回避；第五，鉴定人一般在诉讼中担任鉴定工作才对案件情况有所了解，而证人则在诉讼之前案件事实发生时就知道案件的事实。

（三）鉴定机构和鉴定人的确定

2005 年以前，由于多种原因，我国司法鉴定存在部门鉴定、多头鉴定等诸多问题。2005 年以来，在《全国人民代表大会常务委员会关于司法鉴定管理问题的决定》的指导下，《司法鉴定人管理办法》（2005 年司法部）、《司法鉴定机构登记管理办法》（2005 年司法部）、《司法鉴定机构仪器设备基本配置标准（暂行）》（2006 年司法部）、《司法鉴定程序通则》（2007 年司法部）、《司法鉴定执业活动投诉处理办法》（2010 年司法部）等规定逐渐完善了有关鉴定机构和鉴定人的规范化管理工作。

关于鉴定人的确定方式，《民事诉讼法》第 76 条第 1 款后半段规定：“当事人申请鉴定的，由双方当事人协商确定具备资格的鉴定人；协商不成的，由人民法院指定。”《民诉解释》第 121 条第 2、3 款进一步规定到：“人民法院准许当事人鉴定申请的，应当组织双方当事人协商确定具备相应资格的鉴定人。当事人协商不成的，由人民法院指定。符合依职权调查收集证据条件的，人民法院应当依职权委托鉴定，在询问当事人的意见后，指定具备相应资格的鉴定人。”

无论是当事人合意确定还是法院指定鉴定机构和鉴定人，根据《人民法院对外委托司法鉴定管理规定》，都由人民法院从社会鉴定机构和鉴定人名册中确定。

此外，我国民事诉讼法及其司法解释还确立了专家辅助人制度。所谓专家辅助人，是指接受当事人的聘请就案件中专门性问题进行说明，并接受询问或者对质的人。《民事诉讼法》第 79 条规定：“当事人可以申请人民法院通知有专门知识的人出庭，就鉴定人作出的鉴定意见或者专业问题提出意见。”《民诉解释》第 122 条规定：“当事人可以依照民事诉讼法第七十九条的规定，在举证期限届满前申请一至二名具有专门知识的人出庭，代表当事人对鉴定意见进行质证，或者对案件事实所涉及的专业问题提出意见。具有专门知识的人在法庭上就专业问题提出的意见，视为当事人的陈述。人民法院准许当事人申请的，相关费用由提出申请的当事人负担。”第123条规定：“人民法院可以对出庭的具有专门知识的人进行询问。经法庭准许，当事人可以对出庭的具有专门知识的人进行询问，当事人各自申请的具有专门知识的人可以就案件中的有关问题进行对质。具有专门知识的人不得参与专业问题之外的法庭审理活动。”专家辅助人可帮助当事人和法庭理解专门性问题、澄清不当的认识，帮助当事人对鉴定人进行询问。所以，专家辅助人制度与大陆法系的鉴定证人制度相类似，属于事实证人；不过我国专家辅助人是当事人向法院申请而引入诉讼的。专家辅助人不是就专门性问题作出结论性意见，而是阐释和说明专门性问题。

八、勘验笔录

（一）勘验的功能

勘验，指审判人员对与案件争议有关的现场和物品进行查验、拍照、测量的活动。勘验在民事诉讼中起着重要的作用，承担着多重职能：第一，固定或者提起物证；第二，勘验制作的笔录，可以成为一种独立的诉讼证据；第三，更为重要的是，勘验还可以核实证据，澄清有关证据中的矛盾，使法官获得比较正确的心证。所以，绝不能将证据勘验等同于调查证据。司法实践中，审理不动产纠纷、相邻权纠纷等案件，有经验的审判人员常常要去现场实地勘验，以形成对案件事实的正确认识。

（二）勘验笔录的制作

勘验笔录反映物品的形状、特征或者现场的状况，属于一种证据形式。

勘验可以由当事人申请进行，也可以由人民法院依职权进行。《民诉解释》第124条第1款规定：“人民法院认为有必要的，可以根据当事人的申请或者依职权对物证或者现场进行勘验。勘验时应当保护他人的隐私和尊严。”

关于勘验的实施，《民事诉讼法》第80条第1、2款规定：“勘验物证或者现场，勘验人必须出示人民法院的证件，并邀请当地基层组织或者当事人所在单位派人参加。当事人或者当事人的成年家属应当到场，拒不到场的，不影响勘验的进行。有关单位和个人根据人民法院的通知，有义务保护现场，协助勘验工作。”必要时，勘验中同时进行鉴定。《民诉解释》第124条第2款规定：“人民法院可以要求鉴定人参与勘验。必要时，可以要求鉴定人在勘验中进行鉴定。”

现场勘验时，必须如实地记录以下事项：其一，现场的位置和周围环境；其二，双方当事人争执标的物的品种、数量、形状和大小；其三，现场搜集到的各种证据（现场拍照、测量、绘图的种类、数量和内容）；其四，现场勘验开始和结束的时间以及参加现场勘验人员的姓名、职业、工作单位和住址等。

勘验完毕,现场勘验人、当事人和被邀请的见证人,都必须在勘验笔录上签名或者盖章。《民事诉讼法》第 80 条第 3 款规定:“勘验人应当将勘验情况和结果制作笔录,由勘验人、当事人和被邀参加人签名或者盖章。”

尽管勘验笔录是审判人员或者专门的勘验人员制作的,但是也必须经过质证才能作为定案的根据。经许可,当事人在法庭上可以向勘验人发问。

(三)勘验笔录与书证的区别

勘验笔录既是一种独立的证据形式,同时又是收集、固定和保全证据的一种方法。它重视现场和物证的原始状貌,具有较强的客观性和准确性。

勘验笔录以文字、图表等记载的内容来说明一定案件事实,与书证有某种相似性,但它并非书证。它与书证的区别是:第一,书证是制作人主观意志的反映,而勘验笔录的文字与图片记载的内容,是对现场和物品的客观描绘;第二,书证有公文书和私文书等形式,并不一定是诉讼文书,而勘验笔录则是勘验人依法制作的诉讼文书;第三,书证一般在案件发生前或者发生过程中制作,在诉讼中不得涂改或者重新制作,而勘验笔录则是案件发生后在诉讼中制作的,若记载有漏误,可以重新勘验。

第三节　民事诉讼证据的学理分类

根据不同的标准,学理上对民事诉讼证据进行了不同的分类:本证与反证、直接证据与间接证据、原始证据与传来证据、言词证据与实物证据、完全证据和待补强证据等,下面分别论述。

一、本证与反证

根据证据与证明责任承担者的关系,可以将证据分为本证与反证。本证,是负有证明责任的一方当事人,依照证明责任提出的证明自己主张的事实的证据。反证,是不负证明责任的当事人提出的证明对方主张的事实不真实的证据。反证一般是为否定对方当事人所主张并已有证据进行证明的事实而提出的,或者为抵消本证的证据力而提出的,提出反证的当事人证明的事实往往与对方当事人主张的事实相反。反证不同于抗辩。反证必须提出与本证相反的新事实,而抗辩则否认本证本身的证据力即可,不必另行提出新的事实。

例如,原告主张被告借款未还,以借据为凭,该借据属于本证。如果被告提出证据证明该借贷关系不成立,该证据就是反证。如果被告主张借款已清偿完毕,对方的权利已经消灭,并出示原告给他的收据,该收据仍然属于本证。因为被告对主张对方权利已经消灭的事实有证明责任。如果原告否定被告主张的事实,并提出证据,该证据则属于反证。所以不仅原告为了证明自己主张的事实而提出的证据是本证,而且被告为了证明作为答辩的基础事实存在履行其举证义务所提出的证据也是本证。

本证的目的在于使法院对待证事实的存在与否予以确信,并加以认定,而反证的作用则在于使法官对本证的真实性产生怀疑,对其证明力的认识产生动摇。反证一般都是在本证对待证事实进行证明之后才有提出的必要。

理论上区分本证与反证的意义是:本证必须完成对案件真相的证明才算尽到举证责任;如果本证仅使案件事实处于真伪不明的状态,那么法院仍应认定该事实不存在,不利诉讼后果由应负举证责任的当事人承担。而反证的目的在于推翻或者削弱本证的证据力,使本证的待证事实陷于真伪不明的状态,即可达到提出反证的目的。在这种情况下,法院如果依职权不能调查收集到必要的证据查明案件真相,应依举证责任的分配原则,判定待证事实真伪不明,其不利后果仍应当由提出本证的一方当事人承担。

二、直接证据与间接证据

按照证据与案件主要事实(或称要件事实)的关系,证据可以分为直接证据与间接证据。直接证据是指能够直接证明案件主要事实的证据,间接证据是指不能直接证明案件主要事实,但是能直接证明案件的间接、辅助事实,而通过间接、辅助事实又能推断出案件主要事实的证据。

例如,甲请求乙给付买卖价金,乙否认有买卖事实发生,甲为此提出合同为证,直接证明买卖事实存在,买卖合同书即直接证据。如果乙主张甲造成乙的人身伤害请求侵权赔偿,以抵消甲提出的给付价金的诉讼请求,甲否认侵害乙的人身权,并以护照证明乙受伤时甲正在国外。护照虽不能直接证明甲未伤害乙的事实,但依护照记载的事实,甲当时并不在国内,依日常经验甲无法在国内伤害乙,从而可间接证明甲未伤害乙的事实。护照对于当事人间争执的是否存在侵权行为的事实是间接证据。

直接证据和间接证据的划分是相对而言的,并且是以同一证明对象为参照的。因此,直接证据和间接证据并不是绝对的。在审判实践中,由于间接证据与证明对象没有直接关系,所以运用起来不如直接证据方便。但是,不能因此低估间接证据的作用。首先,由于案件的复杂性,有些当事人为了避免法院认定不利于自己的事实,往往把案件的真实情况和直接证据隐藏起来,使对方当事人和办案人员不易一下找到直接证据。针对此种情况,对方当事人及办案人员只能从间接证据入手,通过运用间接证据,调查研究逐步明朗,最后达到了解民事案件真相的目的。因此,间接证据可以作为调查研究整个案情的向导。其次,间接证据可以鉴别直接证据的真伪。直接证据有的可能是真实的，有的则可能是伪造的，因此，对这些证据必须结合全案所有的证据材料进行鉴别，而运用间接证据是鉴别直接证据的一种重要手段。人们根据间接证据，在经验上可以认定案件事实是否发生、变更和消灭，间接证据还可以影响直接证据的证据力。最后，直接证据与间接证据对案件真实性的反映都是有条件的、近似的和相对的，两者都有一定的局限性，几个间接证据联合起来的证明力，就可以相当甚至超过一个直接证据的证明力。所以在证明案件事实时，间接证据是直接证据的有力助手和可靠的佐证。

当然，由于间接证据是间接地证明案件的事实，这决定了使用间接证据的难度就更大，也更为复杂。要求当事人和办案人员在提供、审查、判断和运用间接证据时，更加慎重。第一，应当注意在运用间接证据证明案件事实时，必须有足够的数量，使证据形成一个完整的、严密的证明锁链，而且这个证明锁链是合乎道理的、无懈可击的。第二，应当注意间接证据所证明的事实与案件本身要有内在的关联，如果没有内在的关联，就不能成为案件的间接证据。第三，应当注意各个间接证据之间必须协调一致，都是围绕着案件中的一个主要事实加以证实；如果间接证据之间有矛盾，而无法加以排除，案件事实就无法认定。第四，应当注意进行综合性的分析研究，既能从正面证实案件的事实真相，又能从反面排除虚假成分，从而得出可靠的结论。

此外，根据《民事证据规定》第 77 条第 4 项规定，直接证据的证明力一般大于间接证据。

三、原始证据与传来证据

按照证据的来源，可以将证据分为原始证据和传来证据。原始证据是直接与待证事实有原始的关系，它直接来源于案件事实，也叫第一手证据。例如证人、当事人关于案件事实的亲自所为、亲身感受、亲眼所见的陈述，都是原始证据。物证、书证、视听资料、勘验笔录的原件也是原始证据。

凡是间接来源于案件事实的证据，也即经过转述、传抄、复制的第二手以及第二手以下的证据，是传来证据，也叫“派生证据”或“衍生证据”。如证人从他人处得知案件事实的证言、书证的副本、音像资料的复制品等。

我国民事诉讼法及司法实践，强调以事实为根据，实事求是地查明案件客观真实，所以并不一概排除传来证据（包括传闻证据）的证明作用。只要传来证据（包括传闻证据）与案件的某个待证事实有关联，结合其他证据材料进行分析判断查证属实后，就可以用来证明案件事实。它对发现与收集原始证据，对于验证、核实原始证据的真伪都有重要作用；在不可能获得原始证据时，经查证属实的传来证据，同样可以用作认定案件事实的根据。

一般说来,原始证据的证明力优于传来证据,这是由于受技术设备、人的理解能力及转述能力等因素的影响,经转述、传抄、复制的内容发生差错造成的。实践证明,传来证据经过转述、传抄、复制的次数越多,出现差错的可能性就越大。根据《民事证据规定》第77条第3项规定,原始证据的证明力一般大于传来证据。

四、言词证据与实物证据

根据证据的表现形式,证据可以分为言词证据与实物证据。所谓言词证据,是以人的陈述形式表现证据事实的各种证据,包括证人证言、当事人的陈述等。鉴定结论虽然具有书面形式,但其实质是鉴定人就案件中某些专门问题进行鉴定后所作的判断。在法庭审理时,当事人有权就鉴定结论发问,鉴定人有义务对这种发问作出口头回答,以阐明或补充其鉴定结论。所以鉴定结论也是言词证据。

实物证据,是言词证据的对称,是指以客观存在的物体为证据事实表现形式的证据。这类证据,或者以物体的外部特征、性质、位置等证明案情,或者以其记载的内容对查明案件具有意义。书证、物证、勘验笔录等都是实物证据。

区分言词证据和实物证据,主要有四个方面的意义:(1)两者的法庭证据调查方法不同。对于言词证据,一般通过询问进行;对于实物证据,一般通过朗读(对于文书和笔录)或勘验(物证)进行。(2)两者的证据能力要求不同。言词证据往往要求证人必须亲自感知过案件事实,作证前必须发誓或签署如实作证的声明;而实物证据往往必须经过确证,确证其来源于本案发生过程。(3)两者的证明力审核重点不同。言词证据重点审查作证人的感知能力、记忆能力、表述能力、判断能力,是否与当事人一方有利益关联、偏见等;而实物证据主要审查其与本案的关联程度等。(4)两者的证明力有所不同。根据《民事证据规定》第77条第2项之规定,物证、档案、鉴定结论、勘验笔录或者经过公证、登记的书证,其证明力一般大于其他书证、视听资料和证人证言。

五、完全证据和待补强证据

根据证据材料是否能单独作为定案的根据,可以把证据分为完全证据和待补强证据。完全证据是指能够单独作为定案根据的证据。待补强证据是指证明力比较薄弱,不能单独作为定案根据,并且只有在其他证据对其予以支撑、加强的情况下才能作为定案根据的证据。

区分完全证据和待补强证据的意义主要在于两类证据的审查内容不同。对于完全证据,审查的重点在于其证明力;对于待补强证据,必须先审查证据能力再审查证明力,如果没有补强证据,待补强证据根本不能作为定案根据,无须审查其证明力。

根据《民事证据规定》第70条之规定,下列证据皆属于完全证据:(1)书证原件或者与书证原件核对无误的复印件、照片、副本、节录本;(2)物证原物或者与物证原物核对无误的复制件、照片、录像资料等;(3)有其他证据佐证并以合法手段取得的、无疑点的视听资料或者与视听资料核对无误的复制件;(4)一方当事人申请人民法院依照法定程序制作的对物证或者现场的勘验笔录。根据《民事证据规定》第69条之规定,下列证据则属于待补强证据:(1)未成年人所作的与其年龄和智力状况不相当的证言;(2)与一方当事人或者其代理人有利害关系的证人出具的证言;(3)存有疑点的视听资料;(4)无法与原件、原物核对的复印件、复制品;(5)无正当理由未出庭作证的证人证言。

第四节 民事诉讼证据程序

一、庭前证据的收集

(一)当事人收集证据

民事诉讼主要是为解决私权方面的纠纷而设置的制度,所以在民事诉讼中主要是由当事人及其代理人来收集证据,必要时可以申请法院帮助收集证据。

当事人通常是发生争议的民事活动的参与者,一般会或多或少地保留着或掌握着与纠纷相关的证据,但证据由对方当事人占有或者在第三人处的情形也是常有的事,所以当事人为了准备诉讼,常常需要收集对自己有利的证据。

收集证据包括直接向证据持有者收集和通过法院向证据持有者收集两种情形。对已经形成的证据,当事人可以直接向证据持有人收集,如为证明被告企业的性质和出资状况,可请代理诉讼的律师到工商行政管理部门查阅,复印企业登记资料。也可以通过自己的活动来形成有关证据,如为了证明被告侵犯了著作权,到书店购买被告出版、发行的侵权书籍。

收集证据一般是指收集书证、物证、视听资料。勘验笔录须在诉讼中请求法院前去勘验而形成,当事人事前无法收集,也无法独自去收集这样的证据;证人证言在诉讼中通常表现为言词状态,要求证人出庭作证,在法庭上陈述所了解的案件事实和接受当事人、法官的询问,因而当事人也无需事先收集;当事人只需将证人的情况告知法院,请求法院传唤证人出庭即可。只有在允许当事人用书面证词替代出庭作证的例外情形下,才有必要采用走访证人,以请求证人出具书面证言或者记录证人谈话的方式来获得书面证言。鉴定结论一般也无需事先收集,因为对一方当事人事先取得的鉴定结论,另一方当事人通常抱有强烈的不信任感,会提出异议并请求法院重新鉴定。当事人陈述尤其是当事人的承认,一种是在诉讼外所作的陈述,另一种是在诉讼过程中所作的陈述。对前一种陈述,存在着收集的问题,如一方当事人为了获得对方对事实的承认，采用偷录方式，将对方谈话的内容录制下来；而后一种陈述，由于是在诉、辩状中作出或者当庭陈述时作出，同样不发生收集问题。

有些证据，由对方当事人或第三人占有或控制，举证一方当事人无法获得，因而只能提供证据线索后申请法院调取，或请求法院协助自己去获得证据（如律师请求法院发出调查令）。申请调取证据时，应向法院说明证据的种类、通过该证据可证明的案件事实、该证据由谁占有或控制以及自己无法收集的原因。对方当事人一般不愿意交出对自己不利的证据，此时就构成了证明妨碍。当有证据证明对方当事人无正当理由拒不提供，而收集证据的一方当事人又主张该证据内容不利于持有证据的对方当事人时，法院可以推定收集证据的当事人的主张成立（《民事证据规定》第 75 条）。

鉴于书证在民事诉讼中的特殊重要性，《民诉解释》对书证被对方当事人控制下的收集问题作了专门规定。《民诉解释》第 112 条规定："书证在对方当事人控制之下的，承担举证证明责任的当事人可以在举证期限届满前书面申请人民法院责令对方当事人提交。申请理由成立的，人民法院应当责令对方当事人提交，因提交书证所产生的费用，由申请人负担。对方当事人无正当理由拒不提交的，人民法院可以认定申请人所主张的书证内容为真实。"第 113 条规定："持有书证的当事人以妨碍对方当事人使用为目的，毁灭有关书证或者实施其他致使书证不能使用行为的，人民法院可以依照民事诉讼法第一百一十一条规定，对其处以罚款、拘留。"

（二）法院调查收集证据

当事人提供证据的方式多种多样：当事人直接占有或者控制的证据如借据、合同书、遗嘱等，可以将证据直接提交给人民法院；可以在诉讼文书中表明证人的姓名、住址以及证人证明的事实，应当由人民法院传唤证人出庭作证；对方当事人或者案外人手中掌握、并且一方当事人又无法获得的证据，当事人可以在诉讼文书中说明书证、物证、视听资料等证据的所在之处，当事人可以申请法院调查收集。为了避免拖延诉讼，使当事人将有关证据尽早提交给法庭，除举证时效制度外，有必要确立法院对当事人举证的阐明义务；由于当事人及其代理人没有强制取证的能力，法院也必须承担有关的证据调查义务。其目的是汇集足够证明案件事实的证据资料，以查明案件事实，促进真实的发现。

民事诉讼实行处分原则和辩论原则，当事人进行诉讼，主张有利于己的事实，应当自己提出证据。通常情况下，当事人应自行调查收集证据，但特殊情况下，则由法院调查收集证据。人民法院调查收集证据包括两种情形：一种是依职权主动调查收集证据，另一种是根据当事人的申请调查收集证据。

1. 法院调查收集证据的方式

(1)法院主动调查收集证据 。《民事诉讼法》第 64 条第 2 款规定:“当事人及其诉讼代理人因客观原因不能自行收集的证据,或者人民法院认为审理案件需要的证据,人民法院应当调查收集。”《民诉解释》第 96 条第 1 款规定:“民事诉讼法第六十四条第二款规定的人民法院认为审理案件需要的证据包括:(一)涉及可能损害国家利益、社会公共利益的;(二)涉及身份关系的;(三)涉及民事诉讼法第五十五条规定诉讼的;(四)当事人有恶意串通损害他人合法权益可能的;(五)涉及依职权追加当事人、中止诉讼、终结诉讼、回避等程序性事项的。”该条第 2 款进一步补充到:“除前款规定外,人民法院调查收集证据,应当依照当事人的申请进行。”

(2)法院根据当事人申请调查收集证据 。当事人申请法院调查证据,既是当事人的一项诉讼权利,也是当事人举证的一种方式。《民事证据规定》第 51 条第 2 款规定:“人民法院依照当事人申请调查收集的证据,作为提出申请的一方当事人提供的证据。”

当事人及其诉讼代理人因客观原因不能自行收集的证据,可由当事人申请法院调查收集。《民诉解释》第 94 条第 1 款规定:“民事诉讼法第六十四条第二款规定的当事人及其诉讼代理人因客观原因不能自行收集的证据包括:(一)证据由国家有关部门保存,当事人及其诉讼代理人无权查阅调取的;(二)涉及国家秘密、商业秘密或者个人隐私的;(三)当事人及其诉讼代理人因客观原因不能自行收集的其他证据。”司法实践中,人民法院经常根据当事人的申请鉴定、勘验或重新鉴定、勘验。该条第 2 款进一步规定:“当事人及其诉讼代理人因客观原因不能自行收集的证据,可以在举证期限届满前书面申请人民法院调查收集。”

根据《民事证据规定》第 18 条规定,当事人及其诉讼代理人申请人民法院调查收集证据,应当提交书面申请。申请书应当载明被调查人的姓名或者单位名称、住所地等基本情况、所要调查收集的证据的内容、需要由人民法院调查收集证据的原因及其要证明的事实。根据《民诉解释》第 95 条规定,当事人申请调查收集的证据,与待证事实无关联、对证明待证事实无意义或者其他无调查收集必要的,人民法院不予准许。

2. 法院调查收集证据的程序

证据调查有直接调查和委托调查两种情形。直接调查是案件的承办人员根据案件的具体情况到与案件事实有关的地点进行的调查和收集证据。《民事诉讼法》第 130 条规定:“人民法院派出人员进行调查时,应当向被调查人出示证件。调查笔录经被调查人校阅后,由被调查人、调查人签名或者盖章。”《民诉解释》第 97 条规定:“人民法院调查收集证据,应当由两人以上共同进行。调查材料要由调查人、被调查人、记录人签名、捺印或者盖章。”

委托调查是受诉人民法院在必要的时候，委托其他人民法院对案件的某些事项进行调查的制度。如果被调查人、争议的民事法律事实、具有物证性质的标的物不在受诉人民法院辖区，受诉人民法院派人亲自前往有困难的，就有必要委托外地人民法院代为调查。《民事诉讼法》第131条规定：“人民法院在必要时可以委托外地人民法院调查。委托调查，必须提出明确的项目和要求。受委托人民法院可以主动补充调查。受委托人民法院收到委托书后，应当在三十日内完成调查。因故不能完成的，应当在上述期限内函告委托人民法院。”委托调查所收集的证据与受诉人民法院自行收集的证据有同等的效力。

根据《民事证据规定》第20条至第31条规定，直接调查和委托调查都应当注意以下事项：

(1)调查人员调查收集的书证，可以是原件，也可以是经核对无误的副本或者复制件。是副本或者复制件的，应当在调查笔录中说明来源和取证情况。

(2)调查人员调查收集的物证应当是原物。被调查人提供原物确有困难的，可以提供复制品或者照片。提供复制件或照片的，应当在调查笔录中说明取证情况。

(3)调查人员调查收集计算机数据或者录音、录像等视听资料的，应当要求被调查人提供有关资料的原始载体。提供原始载体确有困难的，可以提供复制件。提供复制件的，调查人员应当在调查笔录中说明其来源和制作过程。

(4)摘录有关单位制作的与案件事实相关的文件、材料，应当注明出处，并加盖制作单位或者保管单位的印章，摘录人和其他调查人员应当在摘录件上签名或者盖章。摘录文件、材料应当保持内容相应的完整性，不得断章取义。

(5)鉴定和勘验应依照“证据的法定形式”一节的有关要求进行。

(6)向有关单位和个人调查取证。根据《民事诉讼法》第67条第1款，人民法院向有关单位和个人调查取证，有关单位和个人不得拒绝。

(三)证据保全

1. 证据保全的概念和种类

证据保全，是指在证据有可能毁损、灭失或以后难以取得的情况下，法院根据当事人或利害关系人的申请或依职权采取措施对证据加以固定和保护的制度。所谓“灭失”是指如不及时收集证据，不对其采取保全措施，就会使证据灭失，如证人因年迈、患有重病等原因可能死亡，物证将会变质、腐烂或被销毁等。“将来难以取得”是指证据将来虽不至于灭失，但要获取它们将会遇到相当大的困难，如证人将去外省打工、出国留学，物证将由他人带出国等。

证据保全包括诉讼中的证据保全和诉前证据保全。《民事诉讼法》第 81 条第 1 款规定了诉讼证据保全:"在证据可能灭失或者以后难以取得的情况下,当事人可以在诉讼过程中向人民法院申请保全证据,人民法院也可以主动采取保全措施。"第 2 款规定了诉前证据保全:"因情况紧急,在证据可能灭失或者以后难以取得的情况下,利害关系人可以在提起诉讼或者申请仲裁前向证据所在地、被申请人住所地或者对案件有管辖权的人民法院申请保全证据。"第 3 款规定:"证据保全的其他程序,参照适用本法第九章保全的有关规定。"

2. 诉讼证据保全

(1)诉讼证据保全的条件。第一,待保全的事实材料应当与案件所涉及的法律关系有关,即应当是能够证明案件有关事实的材料。第二,待保全的事实材料存在毁损、灭失或者以后难以取得的可能性。第三,待保全的证据还没有提交到法院,或当事人无法将该证据提交法院。第四,诉讼证据保全主要由当事人申请,法院也可以主动采取保全措施。如果当事人提出诉讼证据保全申请,根据《民诉解释》第 98 条第 1 款,可以在举证期限届满前书面提出。第五,法院可以要求当事人就证据保全申请提供担保。《民诉解释》第 98 条第 2 款规定:"证据保全可能对他人造成损失的,人民法院应当责令申请人提供相应的担保。"如保全的证据为双方有争议的标的物,需采取查封、扣押方式进行证据保全,申请人提供担保的数额应与讼争物的实际价值相当;如果采取鉴定、勘验、拍照等方法保全物证,申请人提供担保的数额应相当于采取该保全措施可能给对方造成的损害。

(2)诉讼证据保全的方法。《民事证据规定》第 24 条第 1 款规定:"人民法院进行证据保全,可以根据具体情况,采取查封、扣押、拍照、录音、录像、复制、鉴定、勘验、制作笔录等方法。"实践中,对证人证言,可以录音或制作询问笔录;对于物证,可以进行勘验或封存原物;对书证、视听资料,可采取复制的方法。

(3)诉讼证据保全的效力。申请人或者被申请人均可利用被保全的证据;被保全的证据证明了待证事实的,可免除有关当事人的举证义务;被保全的证据经过审查核实,可以作为定案的根据。

(4)诉讼证据保全的见证人。人民法院进行证据保全,可以要求当事人或者诉讼代理人到场。当事人或诉讼代理人没有到场的,不影响证据保全措施的进行。当事人或诉讼代理人应在证据保全笔录或者查封、扣押的清单上签名或者盖章。拒绝签名、盖章的,法院应在笔录或清单上注明。

(5)申请诉讼证据保全的方式。对此法律没有规定。一般认为,如果适用普通程序,原则上应当强调以书面申请为主,在特殊情况下以口头申请为辅;如果适用简易程序,则一般采用口头申请方式,书记员依法制作保全笔录。

对于当事人申请证据保全的,应当注意:第一,证据保全申请应当向该证据所在地的人民法院提出。情况紧急的,可以向应询问人或者持有文书的人的住所地或者勘验物所在地的基层人民法院提出申请。第二,法院裁定保全证据的,对方当事人可以申请复议。参照海事诉讼特别程序法的规定,当事人对驳回其申请裁定不服的,可以在收到裁定书之日起5日内申请复议一次。法院应当在收到复议申请之日起5日内作出复议决定。复议期间不停止裁定的执行。第三,证据保全的费用。当事人申请证据保全的,应向法院预交申请费,待判决后由败诉方负担。

3. 诉前证据保全

(1)诉前证据保全的条件。诉前证据保全应当具备两个特别条件:一是起诉之前,有关的证据面临着灭失或者以后难以取得的情形。二是利害关系人必须向有关法院提出申请。诉前证据保全,只能由利害关系人申请而采取、法院不能主动采取。

(2)诉前证据保全的程序。首先,诉前证据保全,应当由利害关系人向法院提出书面申请。诉前证据保全,应当由证据所在地、被申请人住所地或者有管辖权的人民法院管辖。其次,人民法院可以责令申请人提供担保,申请人不提供担保的,驳回申请。最后,申请人在人民法院采取保全措施后15日内必须向有管辖权的人民法院提起诉讼。采取诉前财产保全的人民法院对该案有管辖权的,应当依法受理;没有管辖权的,应当及时将采取诉前证据保全的全部材料移送有管辖权的受诉人民法院。当事人申请诉前证据保全后,没有在法定的期间起诉,因而给被申请人造成财产损失引起诉讼的,由采取该证据保全措施的人民法院管辖。

申请人在人民法院采取证据保全措施后15日内不起诉的,人民法院应当解除证据保全措施,以保护被申请人的合法权益。

申请诉前证据保全错误的,申请人应当赔偿被申请人或者利害关系人因此所遭受的损失。

(3)诉前证据保全与公证的关系。一旦发生诉讼纷争,诉前财产保全的有关证据与公证的证据都能成为可靠的证据。不过,公证的主要目的是确定私权,比证据保全涉及的范围更为广泛。在当事人既可以申请证据保全也可以申请公证的情况下,当事人有选择权。

二、当事人提交证据材料与法院组织证据交换

(一)当事人提交证据概说

当事人收集到证据材料后,应当及时将证据材料提交给法院。人民法院收到当事人提交的证据材料,应当出具收据,写明证据名称、页数、份数、原件或者复印件以及收到时间,并由经办人员签名或者盖章(《民事诉讼法》第66条)。

《民事诉讼法》第70条规定:"书证应当提交原件。物证应当提交原物。提交原件或者原物确有困难的,可以提交复制品、照片、副本、节录本。提交外文书证,必须附有中文译本。"

《民事证据规定》进一步规定,当事人提交证据材料,还应满足以下要求:

(1)当事人向人民法院提供证据,应当提供原件或者原物。如需自己保存证据原件、原物或者提供原件、原物确有困难的,可以提供经人民法院核对无异的复制件或者复制品。

(2)当事人向人民法院提供的证据系在中华人民共和国领域外形成的,该证据应当经所在国公证机关予以证明,并经中华人民共和国驻该国使领馆予以认证或者履行中华人民共和国与该所在国订立的有关条约中规定的证明手续。当事人向人民法院提供的证据是在香港、澳门、台湾地区形成的,应当履行相关的证明手续。

(3)当事人向人民法院提供外文书证或者外文说明资料,应当附有中文译本。

(4)对双方当事人无争议但涉及国家利益、社会公共利益或者他人合法权益的事实,人民法院可以责令当事人提供有关证据。

(二)举证时限

1. 举证时限的概念

举证时限,是指民事诉讼当事人向法院提供证据的期限。当事人必须在规定的时间期限内提供证据,逾期提出证据,将承担对其不利的法律后果。

1991年民事诉讼法并未规定举证时限,对证据的提供实行的是"随时提出主义",因此当事人不仅在第一审中可以在法庭上提供新的证据,而且在上诉审和再审中,还可以通过提出新证据来推翻原判决(1991年《民事诉讼法》第125条、第179条)。

未规定举证时限曾给法院的民事审判工作带来了一系列的问题。首先是影响了法院的办案率。举证无时限造成了部分当事人拖延举证,使法院迟迟不能下判,而法院办案又有审限方面的要求,举证无期限,办案有审限的矛盾变得相当突出;其次是使得诉讼中常常出现"证据突袭"现象。一些当事人或诉讼代理人为了对对方实施意外打击,以收到出奇制胜的效果,在提起诉讼或进行答辩时将关键性的证据藏而不露,等到开庭审理时作为杀手锏,突然抛出,使对方当事人措手不及,无法进行有效的质证。再次是增加了诉讼成本,浪费了司法资源。一方突然提出证据后,另一方当事人往往要求给予时间进行准备,以便认真审查对方提出的证据或者收集相反的证据进行反驳。法院也需要时间来审核新提出的证据。因此,法官往往不得不将正在进行审理的活动停下来,择日再次开庭。多次开庭势必增加当事人和法院的诉讼成本。最后是有损于生效裁判的稳定性。有的当事人因故意或重大过失,在一审中不积极提供证据,等到败诉后再来收集证据,甚至将重要的证据留到二审时提出,而二审法院只好依据新提出的证据将一审判决撤销,发回重审或改判;有的当事人甚至拖到再审时才将关键性的证据抛出,使已发生法律效力的判决因出现新的证据而被推翻。这对法院裁判的稳定性构成了相当大的威胁。

为了解决上述问题,最高人民法院在其于2001年颁布的《民事证据规定》中设置了比较复杂的举证时限制度。但是该举证时限制度引起了很多争议,在实践中也遇到了极大的阻力。为了促进各地法院对举证时限制度的统一理解,减少举证时限制度的实施阻力,2008年12月11日最高人民法院发布了《举证时限通知》。新民事诉讼法吸取了《举证时限通知》的精神,进一步弱化了逾期举证的惩罚措施,并增加了法院的自由裁量权,从而能更加适应逾期举证的多种样态。不过,这样一来也就意味着此前最高人民法院两个司法解释所构建的复杂的民事举证时限制度整体上已经不适用了,也因此,本部分论述主要基于2012年的新民事诉讼法展开。

《民事诉讼法》第65条规定:“当事人对自己提出的主张应当及时提供证据。人民法院根据当事人的主张和案件审理情况,确定当事人应当提供的证据及其期限。当事人在该期限内提供证据确有困难的,可以向人民法院申请延长期限,人民法院根据当事人的申请适当延长。当事人逾期提供证据的,人民法院应当责令其说明理由;拒不说明理由或者理由不成立的,人民法院根据不同情形可以不予采纳该证据,或者采纳该证据但予以训诫、罚款。”

2. 举证时限的确定

《民诉解释》第99条规定了一审普通程序如何确定举证时限和二审程序因当事人提供新证据引发的举证时限确定问题:“人民法院应当在审理前的准备阶段确定当事人的举证期限。举证期限可以由当事人协商,并经人民法院准许。人民法院确定举证期限,第一审普通程序案件不得少于十五日,当事人提供新的证据的第二审案件不得少于十日。举证期限届满后,当事人对已经提供的证据,申请提供反驳证据或者对证据来源、形式等方面的瑕疵进行补正的,人民法院可以酌情再次确定举证期限,该期限不受前款规定的限制。”司法实践中,人民法院是通过举证通知书向当事人指定举证期限的。法院在向当事人送达案件受理通知书和应诉通知书的同时,向当事人送达举证通知书。举证通知书中须载明证明责任的分配原则与要求,可以向人民法院申请调查取证的情形、人民法院指定的举证期限以及逾期举证的法律后果。法院指定的举证时限,从当事人收到案件受理通知书和应诉通知书的次日起计算。

《民诉解释》第266条规定了一审简易程序如何确定举证时限:“适用简易程序案件的举证期限由人民法院确定,也可以由当事人协商一致并经人民法院准许,但不得超过十五日。被告要求书面答辩的,人民法院可在征得其同意的基础上,合理确定答辩期间。人民法院应当将举证期限和开庭日期告知双方当事人,并向当事人说明逾期举证以及拒不到庭的法律后果,由双方当事人在笔录和开庭传票的送达回证上签名或者捺印。当事人双方均表示不需要举证期限、答辩期间的,人民法院可以立即开庭审理或者确定开庭日期。”

3. 举证时限的延长

举证时限确定后,当事人应当抓紧时间收集和准备证据,以便在期限届满前完成举证。

但在有些情况下,当事人收集证据会遇到一些意想不到的困难,使当事人难以在预定的时限内提供证据,如重要的证人在国外作短期访问或培训,当事人因重病而住院治疗等。为了充分保障当事人举证的权利,延长举证期限是必要的。当事人在举证期限内提交证据确有困难的,可以在举证期限内向法院申请延期举证,法院经审查后可以适当延长举证期限。《民诉解释》第100条规定:“当事人申请延长举证期限的,应当在举证期限届满前向人民法院提出书面申请。申请理由成立的,人民法院应当准许,适当延长举证期限,并通知其他当事人。延长的举证期限适用于其他当事人。申请理由不成立的,人民法院不予准许,并通知申请人。”

需要注意的是,只要当事人在举证期限内提供证据确有困难而向人民法院申请延长举证时限的,人民法院就必须适当延长举证期限。人民法院对当事人的申请,限于是否存在期限内提供证据“确有困难”的情形,是否导致诉讼迟延、妨碍诉讼效率不是人民法院是否延长举证期限的考量因素。

4. 逾期举证的程序保障

《民事诉讼法》第65条为逾期提供证据的当事人提供了程序上的保障,即逾期提供证据的,人民法院应当责令其说明理由。《民诉解释》第101条第1款作了进一步补充:“当事人逾期提供证据的,人民法院应当责令其说明理由,必要时可以要求其提供相应的证据。”根据此规定,对于逾期提供证据的当事人,人民法院在其后的案件审理中,应当保障其有机会陈述逾期提供证据的理由,赋予其陈述和辩解的机会,同时也使对方当事人有机会对其理由进行质疑和辩驳,从而在当事人之间对抗的过程中,更好地查明当事人逾期提供证据的真实原因,以便于根据当事人逾期提供证据的具体情况,令其承担相应的责任和后果。

5. 逾期举证的不利后果

《民诉解释》相关条款将逾期举证的不利后果根据具体情况作了细致区分。《民诉解释》第 101 条第 2 款规定:“当事人因客观原因逾期提供证据,或者对方当事人对逾期提供证据未提出异议的,视为未逾期。”《民诉解释》第 102 条规定:“当事人因故意或者重大过失逾期提供的证据,人民法院不予采纳。但该证据与案件基本事实有关的,人民法院应当采纳,并依照民事诉讼法第六十五条、第一百一十五条第一款的规定予以训诫、罚款。当事人非因故意或者重大过失逾期提供的证据,人民法院应当采纳,并对当事人予以训诫。当事人一方要求另一方赔偿因逾期提供证据致使其增加的交通、住宿、就餐、误工、证人出庭作证等必要费用的,人民法院可予支持。”

(三)法院组织当事人交换证据

对于证据较多或复杂疑难的案件,仅通过指定举证期限不易达到整理争点、固定争点和证据的效果,人民法院可以组织当事人在开庭前交换证据或在庭前会议上交换证据。

1. 证据交换的适用范围

证据交换的范围包括:第一,经当事人申请,人民法院认为有必要证据交换的案件;第二,证据较多或者复杂疑难的案件。对于案情简单,证据不多,通过指定举证期限能够固定争点和证据的案件,一般不必采取证据交换的方式。

2. 证据交换的时间

根据《民事证据规定》第 38 条规定,交换证据的时间可以由当事人协商一致并经人民法院认可,也可以由人民法院指定,但都必须在开庭审理之前完成。人民法院组织当事人交换证据的,交换证据之日举证期限届满。当事人申请延期举证经人民法院准许的,证据交换日相应顺延。

3. 证据交换的过程

证据交换应当在审判人员的主持下进行,非审判人员不得主持证据交换。这里的“审判人员”可以是合议庭的组成人员,也可以是书记员或合议庭之外的审判人员,如法官助理。在证据交换的过程中,审判人员对当事人无异议的事实、证据应当记录在卷;对有异议的证据,按照需要证明的事实分类记录在卷,并记载异议的理由。当事人收到对方交换的证据后提出反驳并提出新证据的,人民法院应当通知当事人在指定的时间进行交换。为了防止当事人利用证据交换拖延诉讼,证据交换一般不超过两次。但重大、疑难和案情特别复杂的案件,人民法院认为确有必要再次进行证据交换的,可不受两次的次数限制。

通过证据交换,人民法院可以将符合要求的证据固定下来,并根据现有已固定的证据，确定双方当事人争议的主要问题，以便于法庭审理。

三、庭审质证

（一）质证概述

1. 质证的概念及其构成

质证是指诉讼当事人、诉讼代理人在法庭的主持下，对所提供的证据进行宣读、展示、辨认、质疑、说明、辩驳等的活动。质证既是当事人、诉讼代理人之间相互审验对方提供的证据，又是帮助法庭鉴别、判断证据。

质证的主体是当事人和诉讼代理人。当事人包括原告、被告、第三人等。审判人员虽然主持质证活动，虽然也需要将自己调查收集的材料在质证中出示，虽然有时也会向当事人发问，但不是质证的主体。其在质证中的任务是引导当事人进行质证、维持质证活动的秩序和听证。

质证的客体是进入诉讼程序的各种证据，既包括当事人向法庭提供的证据，又包括法院依职权调查收集的证据。前者由双方当事人互相质证，后者则由审判人员出示后，由当事人进行质证。

质证的内容是审查诉讼材料是否具备证据的特征，即是否具有客观性、关联性、合法性，以向法庭表明哪些材料可以作为认定案件事实的依据，哪些材料不得作为认定案件事实的根据。《民诉解释》第104条第1款规定："人民法院应当组织当事人围绕证据的真实性、合法性以及与待证事实的关联性进行质证，并针对证据有无证明力和证明力大小进行说明和辩论。"

2. 质证的意义

质证在民事诉讼中具有重要作用。对当事人来说，它是维护自身合法权益的一种手段。当事人通过质证，一方面可以向法庭说明自己提供的证据是真实可靠的和这些证据所具有的证明力，另一方面可以向法庭揭露对方当事人提供的虚假的证据、违法取得的证据，或者说明对方提供的证据只有很弱的证明力。对于人民法院来说，它既是将证据材料转化为证据的一个必经环节，也是审查核实证据的法定方式。《民事诉讼法》第68条规定："证据应当在法庭上出示，并由当事人互相质证。"《民诉解释》第103条第1、2款规定："证据应当在法庭上出示，由当事人互相质证。未经当事人质证的证据，不得作为认定案件事实的根据。当事人在审理前的准备阶段认可的证据，经审判人员在庭审中说明后，视为质证过的证据。"这些规定表明质证是人民法院审查核实证据的基础性程序。

（二）质证的程序

1. 出示证据

质证开始于一方当事人向法庭和对方当事人出示证据。出示的方式包括宣读、展示、播放等。出示证据的顺序为：首先由原告出示，被告进行质证；然后由被告出示，原告进行质证。第三人参加诉讼时，可以对原告或被告出示的证据进行质证。对第三人出示的证据，原告和被告可进行质证。人民法院调查收集的证据，在当事人出示证据后出示，由原告、被告和第三人进行质证。

当质询的对象为书证、物证、视听资料时，举证的一方当事人一般应当出示证据的原件或原物，对方当事人也有权要求其出示原件或原物。法定例外情形下才可以出示证据的复制件或复制品；对于复制件或复制品，法院应当结合其他证据和案件具体情况，审查判断其能否作为定案根据。

当质询的对象为证人证言或鉴定意见时，一旦经法院通知，证人或鉴定人就应当出庭接受双方当事人的询问。只有在证人确有困难不能出庭时，经法院许可后，才能够通过书面证言、视听传输技术或视听资料等方式作证。(《民事诉讼法》第73 条)但我国《民事诉讼法》及其司法解释没有规定证人经通知出庭却拒不出庭的法律后果。根据《民事诉讼法》第 67 条第 2 款，个人提交的证明文书，也即书面证言一样可以在法庭上出示。该款规定："人民法院对有关单位和个人提出的证明文书，应当辨别真伪，审查确定其效力。"与证人的相关规定不同，《民事诉讼法》第 78 条明确规定，经法院通知，鉴定人拒不出庭作证的，鉴定意见不得作为认定事实的根据；支付鉴定费用的当事人可以要求返还鉴定费用。

当质询的对象是有关单位提交的证明文书时，《民诉解释》第 115 条明确规定："单位向人民法院提出的证明材料，应当由单位负责人及制作证明材料的人员签名或者盖章，并加盖单位印章。人民法院就单位出具的证明材料，可以向单位及制作证明材料的人员进行调查核实。必要时，可以要求制作证明材料的人员出庭作证。单位及制作证明材料的人员拒绝人民法院调查核实，或者制作证明材料的人员无正当理由拒绝出庭作证的，该证明材料不得作为认定案件事实的根据。"

2. 辨认证据

一方当事人出示证据后，由另一方进行辨认。辨认的意义在于了解另一方当事人对所出示证据的态度，以便决定是否需要继续进行质证。辨认的结果分为认可和不予认可两种。认可一般以明示方式进行，如承认对方宣读的书证的内容是真实的；但也可以表现为不予反驳的默示方式。对已经为对方当事人认可的证据，人民法院可以直接确认其证明力，无需作进一步质证。

3. 对证据的质询和辩驳

一方出示的证据为另一方否认后，否认的一方当事人就要向法庭说明否认的理由。否认的理由包括指出对方出示的证据是伪造或变造的、对方出示的证据是采用非法手段收集的，说明对方提出的证人与该当事人有亲属关系或其他密切关系等。质证方陈述完否认的理由后，出示方还可以针对否认的理由进行反驳，然后再由质证方对反驳的理由进行辩驳，直至法庭认为该证据已审查核实清楚。在质证过程中，质证方经法庭许可后还可以向出示方提出各种问题，除非所提问题与质证目的无关，否则出示方应作出回答。必要时审判人员也可以向当事人发问。

质证一般采用一证一质、逐个进行的方法，也可以采用其他灵活的方法。当案件具有两个以上独立存在的事实或诉讼请求时，法庭可以要求当事人逐项陈述，逐个出示证据并分别进行质证。

质证一般要公开进行，特定情形下可以不公开。《民诉解释》第 103 条第 3 款规定："涉及国家秘密、商业秘密、个人隐私或者法律规定应当保密的证据，不得公开质证。"

四、庭审认证

(一)认证的概念和意义

认证是指法庭对经过质证的各种证据材料作出判断和决定，确认其能否作为认定案件事实的根据。

认证不同于对案件事实的认定。首先，认证一般发生在法庭调查阶段，而对案件事实的认定往往发生在法庭辩论终结后的评议阶段。其次，认证是对证据材料是否具有"三性"(合法性、客观性、关联性)的确认，是对证据能力的认定，而不是对证据证明力大小的最终判决或判断；而对案件事实的认定，势必要涉及对证明力的判断。最后，认证是对单个证据的认定，而对案件事实的认定，需要对全部证据的证明力进行综合判断。

认证在庭审中具有重要意义，具体表现为：(1)认证是举证、质证目的的实现。(2)认证为认定案件事实奠定了基础。通过认证，从当事人提供的证据材料中鉴别出哪些可以作为证据、哪些不得作为证据，从而为认定案件事实奠定了基础。

(二)认证的内容和方法

1. 认证的内容

关于认证的内容，主要是证据的证据能力和证明力。《民事诉讼法》第 63 条第 2 款规定："证据必须查证属实，才能作为认定事实的根据。"该款仅仅规定了定案根据的真实性要求，而没有规定关联性和合法性要求。为了弥补《民事诉讼法》前款规定的缺陷，《民诉解释》第 104 条第 2 款作了较为完善的规定："能够反映案件真实情况、与待证事实相关联、来源和形式符合法律规定的证据，应当作为认定案件事实的根据。"

2. 认证的方法

主要包括对单个证据进行审查认定和综合若干证据进行审查认定。按照最高人民法院的相关规定,对单个证据可以从以下几个方面进行审查:(1)证据是否是原件、原物,复印件、复制品与原件、原物是否相符;(2)证据与本案事实是否相关;(3)证据的形式、来源是否符合法律规定;(4)证据的内容是否真实;(5)证人或者提供证据的人与当事人有无利害关系。

有时候,仅对单个证据进行审查无法或难以作出能否认定的结论,因此需要将若干证据综合在一起,通过比较、对照,确定它们能否作为认定案件事实的根据。

对案件的全部证据还应当进行综合审查判断,即应当从各证据与案件事实的关联程度、证据与证据之间的联系等方面进行审查判断,最终作出争议事实或为真,或为假,或真伪不明的认定。认证的时间视具体情形而定,经质证后能够当即认定的,应当即予以认定;当即难以认定的,可以在休庭后经过合议再作出认定;合议后认为仍存有疑问,需要继续举证或进行鉴定、勘验等工作的,可以在下次开庭质证后认定。

(三)认证具体规则

我国《民事诉讼法》及其解释中的认证规则,除了上引《民事诉讼法》第 63 条第 2 款和《民诉解释》第 104 条第 2 款这样的原则性规定外,还有众多的具体认证规则。这些具体认证规则,根据其内容,可以区分为证据能力规则和证明力规则。对下文将要援引的《民事诉讼法》及其司法解释中明文规定的证据能力和证明力规则,法官审案时必须遵循。

1. 证据能力规则

(1)逾期提交的证据可能排除规则。《民诉解释》第 102 条第 1、2 款规定,当事人因故意或者重大过失逾期提供的证据,人民法院不予采纳。但该证据与案件基本事实有关的,人民法院应当采纳,并依照民事诉讼法第 65 条、第 115 条第 1 款的规定予以训诫、罚款。当事人非因故意或者重大过失逾期提供的证据,人民法院应当采纳,并对当事人予以训诫。

(2)未经质证的证据排除规则。《民诉解释》第 103 条第 1、2 款规定,证据应当在法庭上出示,由当事人互相质证。未经当事人质证的证据,不得作为认定案件事实的根据。当事人在审理前的准备阶段认可的证据,经审判人员在庭审中说明后,视为质证过的证据。

(3)证人资格。《民事诉讼法》第 72 条第 2 款规定,不能正确表达意思的人,不能作证。《民事证据规定》第53条进一步规定,不能正确表达意志的人,不能作为证人。待证事实与其年龄、智力状况或者精神健康状况相适应的无民事行为能力人和限制民事行为能力人,可以作为证人。

(4)拒绝签署保证书的证人不得作证。《民诉解释》第120条规定,证人拒绝签署保证书的,不得作证,并自行承担相关费用。

(5)意见排除规则。《民事证据规定》第57条规定,出庭作证的证人应当客观陈述其亲身感知的事实。证人为聋哑人的,可以其他表达方式作证。证人作证时,不得使用猜测、推断或者评论性的语言。

(6)禁止非法询问规则。《民事证据规定》第60条规定,经法庭许可,当事人可以向证人、鉴定人、勘验人发问。询问证人、鉴定人、勘验人不得使用威胁、侮辱及不适当引导证人的言语和方式。

(7)调解或和解认可证据部分排除规则。《民诉解释》第107条规定,在诉讼中,当事人为达成调解协议或者和解协议作出妥协而认可的事实,不得在后续的诉讼中作为对其不利的根据,但法律另有规定或者当事人均同意的除外。

(8)鉴定人拒不出庭情形下鉴定意见排除规则。《民事诉讼法》第78条规定,当事人对鉴定意见有异议或者人民法院认为鉴定人有必要出庭的,鉴定人应当出庭作证。经人民法院通知,鉴定人拒不出庭作证的,鉴定意见不得作为认定事实的根据;支付鉴定费用的当事人可以要求返还鉴定费用。

(9)非法取得证据排除规则。《民诉解释》第106条规定,对以严重侵害他人合法权益、违反法律禁止性规定或者严重违背公序良俗的方法形成或者获取的证据,不得作为认定案件事实的根据。

(10)补强证据规则。《民事诉讼法》第71条规定,人民法院对视听资料,应当辨别真伪,并结合本案的其他证据,审查确定能否作为认定事实的根据。第75条第1款规定,人民法院对当事人的陈述,应当结合本案的其他证据,审查确定能否作为认定事实的根据。根据《民事证据规定》第69条之规定,下列证据不能单独作为认定案件事实的依据:①未成年人所作的与其年龄和智力状况不相当的证言;②与一方当事人或者其代理人有利害关系的证人出具的证言;③存有疑点的视听资料;④无法与原件、原物核对的复印件、复制品;⑤无正当理由未出庭作证的证人证言。

2. 证明力规则

(1)有完全证明力的证据。《民事证据规定》第70条规定:"一方当事人提出的下列证据,对方当事人提出异议但没有足以反驳的相反证据的,人民法院应当确认其证明力:(一)书证原件或者与书证原件核对无误的复印件、照片、副本、节录本;

(二)物证原物或者与物证原物核对无误的复制件、照片、录像资料等;(三)有其他证据佐证并以合法手段取得的、无疑点的视听资料或者与视听资料核对无误的复制件;(四)一方当事人申请人民法院依照法定程序制作的对物证或者现场的勘验笔录。"本条规定了四类有完全证明力的证据。

(2)鉴定意见的证明力。《民事证据规定》第71条规定:"人民法院委托鉴定部门作出的鉴定结论,当事人没有足以反驳的相反证据和理由的,可以认定其证明力。"根据本条的规定,如果人民法院认定其委托鉴定部门作出的鉴定结论的证明力,必须符合一定的条件,即"当事人没有足以反驳的相反证据和理由",只有在符合该条件的情况下,法院才可以认定该鉴定结论的证明力。

(3)本证和反驳证据的证明力。《民事证据规定》第72条规定:"一方当事人提出的证据,另一方当事人认可或者提出的相反证据不足以反驳的,人民法院可以确认其证明力。一方当事人提出的证据,另一方当事人有异议并提出反驳证据,对方当事人对反驳证据认可的,可以确认反驳证据的证明力。"

(4)事实自认和证据认可的效力规则。《民事证据规定》第74条规定:"诉讼过程中,当事人在起诉状、答辩状、陈述及其委托代理人的代理词中承认的对己方不利的事实和认可的证据,人民法院应当予以确认,但当事人反悔并有相反证据足以推翻的除外。"

(5)当事人陈述的证明力的确认规则。《民事证据规定》第76条规定:"当事人对自己的主张,只有本人陈述而不能提出其他相关证据的,其主张不予支持。但对方当事人认可的除外。"

(6)数个证据对同一待证事实的证明力的认定规则。《民事证据规定》第77条规定:"人民法院就数个证据对同一事实的证明力,可以依照下列原则认定:(一)国家机关、社会团体依职权制作的公文书证的证明力一般大于其他书证;(二)物证、档案、鉴定结论、勘验笔录或者经过公证、登记的书证,其证明力一般大于其他书证、视听资料和证人证言;(三)原始证据的证明力一般大于传来证据;(四)直接证据的证明力一般大于间接证据;(五)证人提供的对与其有亲属或者其他密切关系的当事人有利的证言,其证明力一般小于其他证人证言。"

拓展思考题

1. 如何理解证据能力与证明力之间的关系?

2. 我国民事诉讼证据的法定种类划分有何意义?法定种类体系存在哪些缺陷?

3. 我国民事诉讼证据的学理分类划分有何意义？请举例区分证据的各种学理分类。

4. 法院调查收集证据制度有哪些必要性和局限性？

5. 从我国民事诉讼举证时限制度的变迁去探讨其中的内在规律。

第九章

民事诉讼证明

【内容提要】

本章主要讲述民事诉讼证明的相关概念和制度，包括证明的概念和特征、证明对象、证明责任、证明标准等。关于证明对象，其一般范围包括事实、经验法则以及外国法和地方自治法规、习惯法，本国制定法、自认的事实、自然规律及定律、众所周知的事实、预决的事实、推定的事实一般无需证明。证明责任理论为证据制度的核心内容之一，其本质属性是一种风险负担，这种风险负担源于在案件事实真伪不明时法院仍需作出裁判，是一种客观的结果责任。在此基础上衍生了主观上的行为责任——提供证据的责任。而公平合理地分担证明责任，达到公平、正义与效率的统一，又是核心中的核心。关于证明标准，我国民事诉讼司法解释实行的是“高度盖然性”标准。

第一节　民事诉讼证明概述

一、民事诉讼证明的概念与特征

“证明”一词在日常生活以及自然科学和人文社会科学领域中被广泛使用。在一般意义上说，“证明”是指用某种或某些手段去论证某种观点或事实主张的正确性或真实性的活动。在民事诉讼中，证明是指当事人运用证据使法官确信某种事实主张真实或不真实的活动。

民事诉讼证明具有以下特征：(1)民事诉讼证明是一种历史性证明，不是科学证明；(2)民事诉讼证明的主体是当事人双方；(3)民事诉讼证明的目的是证实争议中的事实，说服审理案件的法官，追求有利于己的诉讼结果；(4)民事诉讼证明具有严格的程序性和规范性。

二、诉讼证明的分类

根据证明程序可以分为严格证明和自由证明；根据证明活动的目的，证明可以分为完全证明和释明。

（一）严格证明与自由证明

以是否利用法定的证据种类并且是否经过法定的正式的证明程序为标准，可将诉讼证明分为严格证明与自由证明。

1. 严格证明

所谓严格证明，是指利用法定的证据种类并且经过法定的正式的证明程序所进行的证明。严格证明强调以慎重的程序来保障案件事实的真实性。严格证明要求严格遵循“法定的正式的证明程序”，其大致包括提供与交换证据、当事人质证与辩论、法官审查认定证据与确认事实之真伪。其中特别强调并保障双方当事人之间的对抗性。提供与交换证据主要存在于审前准备阶段，当事人质证与辩论、法官审查认定证据与确认事实之真伪则存在于庭审阶段。

2. 自由证明

严格证明之外的证明，为自由证明。自由证明无须运用法定的证据种类或者遵循法定的正式的证明程序。与严格证明相比，自由证明侧重于证明的快捷性，旨在尽可能避免诉讼迟延。

因此，自由证明所使用的证据种类多是能够立即进行调查的，例如申请正在法庭上的人作证、提出现在所持有的文书等。当自由证明缺乏证据时，许多外国诉讼法规定，法院根据情况允许当事人以寄存保证金或宣誓替代自由证明，如以后发现所主张的事实是虚假的，就没收保证金或处以罚款。①

自由证明时，有关证据是否在法庭上出示，出示以后用什么方式调查，多由法院裁量，无须严格遵循法定的正式的证明程序，比如无须遵循双方当事人质证和辩论程序。

（二）完全证明与释明

以是否需要使法官心证达到确信为标准，将诉讼证明分为完全证明与释明。完全证明，是指让法官确信案件事实为真的诉讼证明。根据现行民事诉讼法及其司法解释，让法官对案件事实达到“较高程度的盖然性”时，就是完全证明。

所谓释明，是指法官根据有限的证据可以大致推断案件事实为真的诉讼证明。当事人对自己所主张的释明事实无须达到使法官确信的程度，仅需提出使法官推

---

① 比如《德国民事诉讼法》第294条规定：“（1）对于某种事实上的主张应该释明的人，可以使用一切证据方法，也准许用保证代替宣誓；（2）不能即时进行的证据调查，不得采用。”

测大体真实程度的证据。

完全证明与释明都是证实行为,但是两者影响法官心证形成的程度有所不同,各自的证明要求或证明程度有所差异,即完全证明标准高于释明标准。

必须交代的是,我们所说的证明标准虽然包括完全证明标准和释明标准,但是多数情况下是指“证明”的标准。

(三)严格证明和完全证明的对象

虽然严格证明与“证明”的分类标准和内涵不同,但是两者在证明对象和证明责任的适用对象上基本一致,由此两者对于证据种类、证明程序和证明标准的要求也基本一致。具体说,在证明对象和证明责任的适用对象方面,严格证明与“证明”的对象均为民事争讼案件的实体事实,证明这类事实原则上均须运用法定的证据种类、均须遵行法定的正式的证明程序、在证明标准方面均为法官内心的确信。

严格证明的事项之所以是争讼案件的实体事实,首先是因为案件的实体事实真实与否直接决定当事人的胜诉或败诉。同时,还因为严格证明与争讼程序原理或程序保障原理是相通的。在争讼案件中,双方当事人就具体的实体权益义务或实体法律责任存在着争议,所以对立的双方当事人之间的质证和辩论则为争讼程序的核心,保障当事人充分行使质证权和辩论权则是正当程序保障的当然要求。

大陆法系通常将争讼案件事实分为直接事实、间接事实和辅助事实等。

“直接事实”,又称主要事实、要件事实和争点事实等,是指符合实体法律规范构成要件的案件事实,即能够直接导致某项实体权利义务或实体法效果产生、变更、阻碍、消灭的事实,是主要的证明对象,亦是证明责任的主要适用对象。比如,一般民事侵权损害赔偿案件中,“主要事实”包括存在损害后果、加害人行为、该行为与损害后果之间存在因果关系、加害人存在过错等。

与“直接事实”相对的是“间接事实”,即不能直接导致某项实体权利义务或实体法律效果发生、妨碍、阻却或消灭的事实,只是用来推导或证明“直接事实”存在或真实的事实。间接事实的主要作用在于:没有直接证据证明直接事实时,只得运用间接证据证明间接事实,诸多相关的间接事实形成一个逻辑链而推导或证明直接事实存在或真实。例如,没有证据来直接证明A曾向B借过款的事实,可以由A多次催促B返还金钱的事实和B没有拒绝的事实(间接事实),推导出B借过A金钱的事实(主要事实)。

“辅助事实”,又称补助事实、附属事实、次要事实等,一般是指用以证明证据能力有无或证明力大小的事实。例如,证据收集的违法事实(关涉证据能力有无)、证人与当事人是亲属的事实(关涉证明力大小)①等。

学术界有学者认为,辅助事实多为诉讼法上的事项,只需自由证明或释明即可。事实上,辅助事实与间接事实之间往往并无严格的界限。② 本书认为,辅助事实是有关证据能力有无或证明力大小的事实,应当包含实体内容,并且当辅助事实直接关涉本案主要证据或唯一证据的证据能力或证明力时,若采用自由证明或释明则是轻率的举动,所以应采取法定的正式的证据调查程序(当事人质证、法院审核认定证据)来调查辅助事实,以确定本案主要证据或唯一证据有无证据能力和证明力大小。对于辅助事实究竟是采"完全证明"还是采"释明",须在具体案件中根据辅助事实与间接事实、主要事实之间的具体关系以及法律的特别规定来确定。

需要注意的是,诉讼中,间接事实和辅助事实均受要件事实支配,用来推导或证明要件事实的存在或真实。因此,间接事实和辅助事实均具有证据资料的性质和作用,虽应当采用严格证明或"证明",但通常不作为证明责任的对象,换言之,证明责任的适用对象通常是要件事实。

(四)自由证明和释明的对象

由于自由证明程序不如严格证明程序慎重,释明标准不如完全证明标准高,所以能够作为自由证明和释明对象的仅限于法律有明文规定的事项。③

自由证明和释明的对象,主要有诉讼程序事实、非讼事件事实和诉讼中附带性的事实。④ 对这类事实的证明无须运用法定的证据种类、无须遵行法定的正式的证明程序、在证明标准方面均为法官内心大体上的相信。

自由证明和释明的对象,一般不宜作为证明责任的适用对象⑤,应当作为释明责任的适用对象,即由提出利已的释明事实的当事人,对该事实承担提供证据加以释明的责任。

将诉讼程序事项作为自由证明或释明的对象,旨在谋求迅速处理程序问题以保证诉讼迅速进行或避免诉讼延误,并不意味"轻程序"。试想,一件诉讼案件需要处理许多的程序问题,若均要求采取严格证明和"证明"则将花费过多时间,从

---

① 比如,《民事证据规定》第 77 条第 5 项规定:"证人提供的对与其有亲属或者其他密切关系的当事人有利的证言,其证明力一般小于其他证人证言。"

② 参见王亚新:《对抗与判定》,清华大学出版社 2002 年版,第 100—101 页。

③ 参见[德]奥特马・尧厄尼希:《民事诉讼法》,周翠译,法律出版社 2003 年版,第 259 页。

④ 例如,第三者请求阅览法庭记录所应具备的与案件之间的利害关系、证人作证的理由等。

⑤ 许多民事诉讼法学者认为,自由证明的对象和释明的对象,适用主张责任和证明责任规则。参见[德]奥特马・尧厄尼希:《民事诉讼法》,周翠译,法律出版社 2003 年版,第 270 页;[日]中村英郎:《新民事诉讼法讲义》,陈刚等译,法律出版社 2001 年版,第 204 页;陈刚:《证明责任法研究》,中国人民大学出版社 2000 年版,第 110 页。

而导致诉讼延误。

按照“先程序,后实体”原理,启动诉讼程序的条件,比如起诉条件,主要是程序性条件。原告对具备起诉条件的自由证明或释明①,属于释明责任的范畴。

包含公益性的诉讼要件(绝对的诉讼要件),虽属于法院职权审查事项,但并非必然采用职权探知。有关诉讼要件存否的事实和证据是否采用职权探知,应依其所涉及公益或实体因素的强弱等来决定。比如,关于判断管辖权合法与否所依据的事实和证据,对专属管辖应职权探知,而对协议管辖则由当事人提供。

至于实体内容的诉讼要件,如实质当事人适格、诉的利益等是否具备的事实和证据则由当事人提供。事实上,有关实质当事人适格、诉的利益是否具备的事实,往往属于实体要件事实。那么,对此类诉讼要件,当事人提供事实的责任和释明的责任,实际上被当事人对该实体要件事实承担的主张责任和证明责任所遮蔽或吸收。

由法院依照非讼程序处理的非讼案件,如宣告公民死亡案件、督促程序案件、公示催告案件等,由于不具有争议性,在非讼程序中无对立的双方当事人而只有申请人一方,所以不可能也无须进行法庭质证和辩论,法官通常根据申请人提供的事实证据进行书面审查。同时,多数非讼案件本身比较简单,所以非讼程序多是简单快捷的程序,强调尽快经济地处理案件。若非讼案件采取严格证明和“证明”,则背离了非讼案件的性质和特点,不当地增加了非讼案件的处理成本。因此,对于非讼案件的事实仅需自由证明和释明即可。

对于具有公益性的非讼案件,比如宣告失踪案件、宣告死亡案件、认定公民无民事行为能力案件、限制民事行为能力案件等,采行职权探知主义,法院依职权主动调查事实和收集证据,所以无须申请人承担行为释明责任,但可能承担事实真伪不明时的结果释明责任(驳回申请)。

第二节 证明对象

一、证明对象概说

(一)证明对象的概念

民事诉讼中,原告提出诉讼请求所依据的事实和理由,被告对原告诉讼请求的答辩、反驳和提起反诉所依据的事实和理由,第三人提出诉讼请求所依据的事实和

① 《民事证据规定》第1条规定:“原告向人民法院起诉或者被告提出反诉,应当附有符合起诉条件的相应的证据材料。”《行政证据规定》第4条第1款规定:“公民、法人或者其他组织向人民法院起诉时,应当提供其符合起诉条件的相应的证据材料。”

理由，以及人民法院认为需要加以证明的其他事实，都需要运用证据加以证明。这些需要用证据加以证明的案件事实，就叫证明对象，也叫证明的客体，或证明的标的。

（二）确定证明对象的因素

在民事诉讼中，不是所有与案件有关的社会生活事实都可以作为证明对象。民事诉讼中的证明对象由以下因素确定：

（1）法律规范所确定的要件事实。法律要件事实是指会引起某种民事权利义务关系的发生、变更和消灭的事实。虽然民事诉讼最终是对当事人双方争议的民事权利义务作出裁判，但当事人不能直接对权利义务关系存在与否加以证明，因为权利义务的存在与否是通过事实来加以判断的。司法裁判需要认定的事实，是法律规则“涵摄”的社会生活事实。或者说，要在社会生活事实与实体法律要件之间建立起对应关系。

（2）当事人主张和争议的事实。并不是所有的待决案件事实都需要证据证明，而是当事人主张和争议的事实才能成为证明对象。当事人不主张和没有争议的事实，无需证明。证明对象往往根据当事人主张和辩论的范围而确定。

（三）确定证明对象的作用

由于证明活动是围绕证明对象展开的，证明对象限定着证明的范围，所以，确定诉讼案件的证明对象有以下作用：

（1）可以明确当事人及其代理人收集证据的范围，促使其集中精力围绕证明对象进行证据准备。

（2）可以确定当事人举证、申请法院调查证据以及进行质证的范围。

（3）可以指引裁判者正确调查收集证据和审查核实证据。由于案件事实常常纷繁复杂，当事人争执的焦点多，裁判者要在证明活动中保持清醒的头脑，不被枝节问题所迷惑，能抓住问题的核心，就必须明确证明对象。

二、证明对象的范围

民事诉讼中的证明对象主要是有法律意义的事实，同时，法律法规和经验法则都可以作为证明对象。

（一）事实

根据不同的标准，对作为证明对象的事实可以作不同的分类。

1. 实体法律事实和程序法律事实

实体法律事实包括：其一，当事人之间产生权利义务关系的法律事实，如结婚登记、合同签订等。其二，当事人之间变更权利义务关系的法律事实，如合同变更。其三，当事人之间消灭权利义务关系的法律事实，如合同解除、离婚登记、收养关系的解除。其四，妨碍当事人权利行使、义务履行的法律事实，如权利或义务主体丧失行为能力、不可抗力的发生等。其五，当事人之间权利义务发生纠纷的法律事实，如是否构成侵权的事实，一方主张赔偿另一方不同意赔偿的事实等。具体案件中，作为证明对象的实体法律事实往往由原告的诉讼请求而定，并根据被告积极的抗辩对实体证明对象予以调整和补充。

具有程序意义上的事实，虽然不直接涉及当事人的实体权利，但对当事人的实体权利和对诉讼程序会产生很大的影响，能够产生诉讼法上的效果。比如，关于当事人是否适格的事实，关系到当事人是否能参加诉讼；关于法院是否有管辖权的事实，关系到受诉法院能否对该案件进行审判；关于某一审判人员是否具有回避情形的事实，关系到该审判人员是否能参加该案件的审理；关于当事人耽误上诉期间理由是否正当的事实，关系到当事人上诉权是否能继续行使；等等。

2. 主要事实、间接事实和辅助事实

构成法律要件的事实称为“主要事实”；证明主要事实的事实称为“间接事实”；用于证明证据能力或证据力的事实称为“辅助事实”。根据现代民事诉讼的要求，当事人没有提出的权利主张，法院不能进行审理和裁判，当事人没有主张该法律要件事实的，法院没有义务加以证明。法院不得将没有出现在当事人辩论中的主要事实作为裁判依据。但间接事实和辅助事实不受此限制，即使当事人没有对此加以陈述，法院也可以将其作为裁判的依据。因为间接事实和辅助事实是判断主要事实的手段，处于与证据同等的地位，其存在与否由法官判断。

（二）外国法、地方性法规

法院要作出裁判，要从事实和法律适用两个方面进行。对于国内制定法，应遵从“法官知悉法律”的原则，当事人不承担证明的义务；即使不知，也可以依职权进行调查了解。因此，一般情况下，案件所适用的法律是否存在及其内容，并不需要当事人加以证明。但对外国法、地方性法规，法官则未必了解，因此就需要当事人对此加以证明。

（三）经验法则

经验法则，是指人们从生活经验中归纳获得的关于事物因果关系或属性状态的法则或知识。经验法则既包括一般人日常生活所归纳的常识，也包括某些专门性的知识，如科学、技术、艺术、商贸等方面的知识。不仅人们在生活中会运用经验法则进行逻辑推理判断，法官在审理案件中也要运用经验法则进行裁判。关于经验法则是否属于证明的对象，不能一概而论。日常生活领域内的经验法则，为一般人所知晓，无需证明；不为一般人所知晓的专门知识领域的经验法则应当加以证明，成为证明对象。

三、无需证明的事实

根据《民诉解释》第92、93条的规定,无需证明的事实包括:

(一)自然规律及定理

所谓自然规律,是指客观事物在特定条件下内在的、本质的联系。所谓定理,是指在科学上通过特定条件已被反复证明其发生变化过程的某种必然规律,被人们普遍采用作为原则性的命题或公式。自然规律和定理已经为人们所认识并反复验证,所以无需加以证明。

(二)众所周知的事实

众所周知的事实,也叫公知的事实,是指在一定范围内为普通知识经验的人所知晓的事实。这里所指一定范围内为人知晓,当然包括案件审理的法官。具体的案件审理中,由审理案件的法官判断有关事实是否属于众所周知的事实。众所周知的事实,当事人无需加以证明。

(三)根据法律规定推定的事实

根据法律规定推定的事实,即诉讼法学界经常谈论的“法律上的推定”。鉴于法律上推定制度的复杂性及其与证明责任的亲密关系,本书将它放在本章下一节详细论述。

(四)根据已知的事实和日常生活经验法则推定出的另一事实

根据已知的事实和日常生活经验法则推定出的另一事实,即诉讼法学界经常谈论的“事实上的推定”。晚近国内有学者对“事实上的推定”这个概念提出了质疑,认为这个概念不能成立。①我们基本上赞同这种意见并且主张用“事实推论”这个概念替代以往的“事实上的推定”概念。与“事实推论”这个概念相关的现象或理论应当放在自由心证的范畴下讨论。

(五)已为人民法院发生法律效力的裁判所确认的事实

为裁判所确认的事实,是指本案所涉及的事实已经在其他已经审结的案件中被人民法院所确认的事实。被确认的事实的裁判,可能是本院作出的,也可能是其他人民法院作出的。

(六)已为仲裁机构的生效裁决所确认的事实

仲裁机构的生效裁决与法院生效裁判具有同样的法律效力,因此,已为仲裁机构的生效裁决所确认的事实,对诉讼中的事实具有预决效力。

(七)已为有效公证文书所证明的事实

公证文书是公证机关依照法定程序对有关法律行为、法律事实以及文书加以

① 参见龙宗智:《证据法的理念、制度与方法》,法律出版社2008年版,第289—291页。

证明的法律文书。

上述七类无需证明的事实,第二项至第四项规定的事实,当事人有相反证据足以反驳的除外;第五项至第七项规定的事实,当事人有相反证据足以推翻的除外。

(八)自认的事实

1. 自认的分类

自认,又称对事实的自认,一般是一方当事人对另一方当事人主张的案件事实予以承认。关于自认,2001 年最高人民法院通过的《民事证据规定》曾一度规定得很复杂,不仅规定了当事人本人的明示自认,还规定了当事人本人的默示自认、代理人的自认等。2015 年通过的《民诉解释》则又回归简单,仅规定了当事人本人的明示自认。《民诉解释》第 92 条规定:"一方当事人在法庭审理中,或者在起诉状、答辩状、代理词等书面材料中,对于己不利的事实明确表示承认的,另一方当事人无需举证证明。对于涉及身份关系、国家利益、社会公共利益等应当由人民法院依职权调查的事实,不适用前款自认的规定。自认的事实与查明的事实不符的,人民法院不予确认。"

诉讼上的自认是在法院准备程序或审判过程中,承认对方所主张的事实为真实。日本民事诉讼法把准备程序和法庭审理中双方当事人主张相一致的对自己不利的陈述作为诉讼上的自认,很具实用性。诉讼上的自认的法律效果是:自认者不能对其自认的事实再起争执;当事人对于自己不利的事实的承认,可以免除主张该事实的当事人的证明责任,法院可以以该事实作为裁判依据。诉讼外的自认则包括在诉讼外以谈话、通信、契约、文书等方式所作的自认。诉讼外的自认作为诉讼材料被提交到诉讼中时,一般构成对自认者不利的证据。

2. 适用自认规则应当注意的问题

我国民事诉讼中,适用自认规则还应当注意以下几点:

第一,自认的对象仅限于事实。法律法规、经验法则、法律解释或法律问题都不是自认的对象。

第二,就具体事实而言,自认对象仅限于主要事实,对于间接事实和辅助事实不发生自认效力。

第三,我国民事诉讼司法解释中只限于诉讼上的自认,才产生自认的效力。

第四,自认制度适用案件的范围是有限的,涉及身份关系(如收养关系、婚姻关系)、国家利益、社会公共利益等应当由人民法院依职权调查的事实不能适用自认制度。

第五,自认的事实与查明的事实不符的,人民法院不予确认。

第六,不能随意撤回自认。法院以当事人承认的事实为依据作出判决后,承认该事实的当事人不能在无正当理由时以证据推翻承认。只有在以下情形之一,自认才没有约束力:作出自认的当事人在法庭辩论终结以前撤回承认,并且该撤回是经对方当事人同意的;有充分的证据证明其自认行为是在受胁迫下作出的,且与事实不符;自认是在重大误解情况下作出的,且与事实不符。

第三节 证明责任

一、证明责任概说

(一)证明责任的概念

中国民事诉讼中的举证责任概念是以日本为中介输入的德国民事诉讼术语。① 最初我国沿用日译使用"立证责任"的表述,如今学界更多使用"证明责任"这一术语作为上位概念。② 对于我国民事诉讼中证明责任的含义,理论上主要有三种学说,即行为责任说、双重含义说、危险负担说。③

目前,我国民事诉讼法学界已经达成共识,通行观点认为我国证明责任具有双重含义,即主观证明责任和客观证明责任。主观证明责任,又称为证据提供责任,是指在具体的诉讼中,为了避免承担败诉的风险,当事人向法院提出证据证明其主张的必要性。客观证明责任,又称为证明责任,是指在诉讼结束时,当作为裁判基础的法律要件事实处于真伪不明的状态时,一方当事人因此而承担的诉讼上不利益。④ 所谓"真伪不明",是指在诉讼结束时,当所有能够解释事实真相的措施都已经采用过了,但是争议事实仍然不清楚(有时也称为无法证明、法官心证模糊)的最终心理状态。按照德国法学家普维庭的观点,一项争议事实"真伪不明"的前提条件是:(1)原告已经提出有说服力的主张;(2)被告也已提出实质性的对立主张;(3)对争议事实主张需要证明(自认的事实、众所周知的事实、没有争议的事实不在此限);(4)所有程序上许可的证明手段已经穷尽,法官仍不能获得心证;(5)口头辩论程序已经终结,上述(3)和(4)项状况仍然没有改变。⑤

---

① 陈刚:《证明责任法研究》,中国人民大学出版社 2000 年版,第 49 页。

② 周翠:《〈侵权责任法〉体系下的证明责任倒置与减轻规范——与德国法的比较》,《中外法学》2010 年第 5 期。

③ 参见江伟主编:《民事诉讼法》,中国人民大学出版社 2011 年版,第 178—179 页。

④ 参见江伟主编:《民事诉讼法》,中国人民大学出版社 2011 年出版,第 178—179 页;也参见谭兵、李浩主编:《民事诉讼法学》,法律出版社 2009 年版,第 196—199 页。

⑤ [德]汉斯·普维庭:《现代证明责任问题》,吴越译,法律出版社 2000 年版,第 22 页。

上述证明责任的双重含义也在民事诉讼立法中得到体现。《民事诉讼法》第64条第1款确立了主观证明责任,该款规定:“当事人对自己提出的主张,有责任提供证据。”《民诉解释》第90条对主观证明责任作了进一步说明:“当事人对自己提出的诉讼请求所依据的事实或者反驳对方诉讼请求所依据的事实,应当提供证据加以证明,但法律另有规定的除外。在作出判决前,当事人未能提供证据或者证据不足以证明其事实主张的,由负有举证证明责任的当事人承担不利的后果。”《民诉解释》第108条第2款规定了客观证明责任:“对一方当事人为反驳负有举证证明责任的当事人所主张事实而提供的证据,人民法院经审查并结合相关事实,认为待证事实真伪不明的,应当认定该事实不存在。”

还需指出的是,晚近德国民事诉讼法学界还将主观证明责任细分为抽象主观证明责任和具体主观证明责任。抽象主观证明责任是指在诉讼开始前,哪一方当事人应当对某个要件事实提供证据予以证明。具体主观证明责任,更确切的称谓应该是“具体提供证据责任”,是指在具体的诉讼过程中,当法官获得了一定的事实信息并且形成了暂时的心证,此时应当由哪一方当事人提供证据将诉讼向前推进的责任。

这样一来,德国民事诉讼理论关于证明责任的界定,包括三种含义:客观证明责任、抽象主观证明责任、具体提供证据责任。三者之间的关系大致如下:(1)客观证明责任总是抽象的证明责任,并且固定分配给当事人中的一方,从不在具体的诉讼中转移,因为它与具体的诉讼活动无关,仅当在要件事实处于真伪不明状态时,才应当借助客观证明责任对实体争议作出裁判;(2)客观证明责任决定了抽象主观证明责任,换言之,主观抽象证明责任的分配总与客观证明责任的分配相一致;(3)仅在程序之初,具体的证据提供责任的分配才与抽象主观证明责任的分配相一致;随着程序的发展,具体的提供证据责任不再取决于抽象主观证明责任,而仅随着法官的心证或确信程度在当事人之间进行分配。①

正因为客观证明责任决定了抽象主观证明责任的分配,并且具体证据提供责任取决于具体案情而不取决于预先确定的规则,客观证明责任才是本来意义上的证明责任,一般讨论的“证明责任分配”即是指客观证明责任的分配。证明责任分配的含义是:法院在诉讼中按照一定规范或标准,将事实真伪不明时所要承担的不利后果在双方当事人之间进行划分。法院为作出裁判,首先应确定有关法律要件事实是否存在,然后才能适用相应的法律规范。但在有的案件中,无论当事人如何举证,法院如何运用职权调查,当事人所主张的事实存在与否仍然无法得到证明,

---

① [德]汉斯·普维庭:《现代证明责任问题》,吴越译,法律出版社2000年版,第22页。

法院也不能拒绝作出裁判。法院在此时应当如何裁判的问题,就是通过客观证明责任及其分配制度来解决的。

(二)证明责任的作用

1. 客观证明责任的作用

(1)客观证明责任的作用之一是指导法院在要件事实处于真伪不明状态时如何作出裁判。真伪不明是一种状态,是指因为当事人没有证据或者有证据但不能证明到使法官能够确信该要件事实存在与否的状态。在无法确定作为裁判基础的要件事实存在与否的时候,法官就要考虑根据客观证明责任分配规则(法律规定应当由谁来承担因为该要件事实不明时必须败诉责任)作出裁判。

与之相对,如果作为裁判基础的要件事实不是真伪不明,而是真伪明确(或者是真或者是假),法院应当在认定案件事实的基础上直接适用实体法判决一方当事人胜诉或败诉,而不应适用客观证明责任分配规则判决某方当事人败诉。

客观证明责任及其分配规则并不是鼓励法院使用客观证明责任作出裁判,而是相反,它希望通过公平合理地分配客观证明责任,促使当事人提出证据,充分汇集证据资料,使法院作出的裁判尽可能在案件事实得到查明的基础上,达到实体公正。总的说来,只有极少数案件出现要件事实真伪不明状态时需要按照客观证明责任分配规则作出裁判,而多数案件是可以根据已经查明的要件事实作出裁判的。

(2)客观证明责任的作用之二是指导抽象主观证明责任的分配,进而决定了哪方当事人应当在诉讼开始前收集保全针对某一要件事实的证据,哪方当事人应当在审理开始时针对某一要件事实首先提出证据。前者的典型例证如《民事证据规定》第25条规定:"当事人申请鉴定,应当在举证期限内提出。符合本规定第二十七条规定的情形,当事人申请重新鉴定的除外。对需要鉴定的事项负有举证责任的当事人,在人民法院指定的期限内无正当理由不提出鉴定申请或者不预交鉴定费用或者拒不提供相关材料,致使对案件争议的事实无法通过鉴定结论予以认定的,应当对该事实承担举证不能的法律后果。"

(3)客观证明责任的作用之三是决定了主张责任的分配。主张责任是指当事人为了获得对自己有利的裁判,需要向法院主张对自己有利的案件事实的责任。当事人未主张的事实,即使该事实的确存在或者的确发生过,但由于根据辩论原则所要求,法官不能够以当事人未在诉讼中提出的事实作为裁判的事实依据,所以当事人必须承担因其未主张而带来的不利裁判后果。主张责任也存在着在双方当事人之间如何分配的问题。主张责任的分配取决于证明责任的分配,是按照分配证明责任的同一标准进行分配的。这就是说,原告对其负有证明责任的事实同时也负有主张责任,被告对其负有证明责任的事实同样也负有主张责任。

(4)客观证明责任的作用之四是为真伪难决时指示具体证据提供责任应当由谁承担。在庭审证明阶段(尚未至庭审终结),如果法院认为针对某一要件事实双方当事人都提供了有分量的证据但又都没能说服法官相信某一事实为真或为伪,此时法官应当根据客观证明责任分配规则决定由哪一方当事人必须提供进一步的证据(也即具体证据提供责任)。

2. 主观证明责任的作用

(1)主观证明责任的作用之一是提示当事人双方在诉讼前应当积极收集证据(包括申请法院收集证据或保全证据的场合)、在诉讼中应当积极提交证据,并且在没有提供证据或提供证据不充分时要承担相应的不利后果。《民事证据规定》第1条规定:"原告向人民法院起诉或者被告提出反诉,应当附有符合起诉条件的相应的证据材料。"第2条规定:"当事人对自己提出的诉讼请求所依据的事实或者反驳对方诉讼请求所依据的事实有责任提供证据加以证明。没有证据或者证据不足以证明当事人的事实主张的,由负有举证责任的当事人承担不利后果。"

(2)主观证明责任的作用之二是指示证人作证费用和鉴定费用的预先承担。承担主观证明责任的一方当事人应当申请证人出庭作证并先行垫付证人的作证费用;承担主观证明责任的一方当事人应当申请鉴定并预交鉴定费用。

(三)确立证明责任制度的意义

第一,有利于法院及时裁判。法院应依据审查核实的证据作为认定案件事实的基础,并据以作出适当的判决,但有些案件的事实无论怎么审理也无法确定其是否存在。如果不能作出判决,就无法解决当事人之间的纠纷。当发生特定法律效果所必要的待证事实存在与否无法认定时,只能假定其事实存在或不存在并以此为基础,作出产生或不产生相应法律效果的判决,这只能由客观证明责任制度加以解决。

第二,有利于调动诉讼当事人的举证积极性,便于法院查明案件事实。由于证明责任制度把主观证明责任与诉讼结果紧密联系在一起,当一方当事人的诉讼主张未能被有效、充分的证据证实时,在诉讼结果上就会处于不利的位置,要承担败诉的风险。这样,双方当事人为了使自己胜诉,就会积极地去调查、收集并主动提供证据,显然这对法院查明案件事实是大有裨益的。

二、证明责任的分配标准

(一)证明责任分配的含义

证明责任的分配,是指按照一定的标准,将事实真伪不明的败诉风险,在双方当事人之间进行分配,使原告、被告各自负担一些事实真伪不明的风险。

证明责任是一种裁判规范,适用该规范的结果又会直接左右裁判结果,关系到当事人胜诉还是败诉。为了保证规范的统一性,为了法律的安定性和裁判结果的可预见性，当出现真伪不明时如何拟制就必须预先确定下来，就需要预先确定真伪不明时哪一方当事人承担由此引起的不利裁判后果，而不能等到出现真伪不明时再交给法官来裁量决定。由此产生了证明责任分配问题。

证明责任分配的核心问题是应当按照什么样的标准来分配证明责任，如何分配证明责任才既符合公平、正义的要求，又能使诉讼较为迅速地完成。证明责任的分配，既要从宏观上确立适用于各类诉讼的分配证明责任的原则，又要从微观上解决具体个案中的证明责任的公平分配。

研究证明责任分配，需注意下列问题：

(1)证明责任分配属于实体法问题。证明责任分配，实际上是分配事实真伪不明时的败诉风险，尽管这一问题发生在诉讼过程中，但它本质上仍然是一个实体法问题而非程序法问题。在少数情形下，实体法直接规定证明责任由哪一方当事人负担，而在多数场合，需要研究实体法的立法宗旨、实体法的逻辑结构、实体法条文与条文之间的关系，寻找分配证明责任的答案。

(2)证明责任与当事人所处的诉讼地位无关，是按照主张权利还是否认权利的标准分配。证明责任不是依据当事人处于原告地位还是被告地位分配的，分配的标准是当事人是主张权利的一方还是否认权利的一方。确认之诉中的证明责任分配就充分说明了这一问题。在消极的确认之诉中，原告成为主张并要求法院以判决确认权利或法律关系不存在的一方当事人，被告则成为主张其存在的一方，原、被告主张的置换决定了要由被告对产生权利或法律关系的事实负证明责任。

(3)证明责任是脱离每一具体诉讼而抽象分配的。证明责任分配关心的是抽象的法律要件事实的证明责任如何在当事人之间分配的问题。如侵权诉讼中的过失、因果关系这样的要件事实。抽象的证明责任是确定每一具体诉讼中具体事实分配证明责任的依据。

(4)证明责任分配给一方当事人后，不会随着诉讼程序的进行发生转移，它始终固定于一方当事人。例如，在有关一般侵权责任的诉讼中，过错的证明责任始终由主张侵权成立的原告方承担。这与提供证据的责任不同，后者在诉讼过程中会随着法官心证的变化而转移。

(二)证明责任分配的学说

证明责任的分配，是民事诉讼证据制度的核心问题，也是民事诉讼理论中最具争议的问题之一。德国和日本有关这一问题的主要学说有：

1. 待证事实分类说

该说是着眼于事实本身的性质而不是事实所引起的实体法效果来分配证明责任的。该说将待证事实区分为积极事实和消极事实、外界事实与内界事实，然后提出凡主张积极事实、外界事实的，应负证明责任；凡主张消极事实、内界事实的，不负证明责任。该学说又分为以下两种：

(1)消极事实说。该说认为，主张积极事实的人，应该举证，主张否定事实的人，即为消极的事实上陈述的人，不负证明责任。消极事实不负证明责任的理由在于：一是消极事实是指未发生的事实，未发生的事实无从举证，所以主张消极事实的人不负证明责任。例如，原告主张他曾与被告订立买卖合同，被告予以否认。原告主张订立合同的事实为积极事实，被告主张未订立合同的事实为消极事实，故应由原告负担证明责任。二是从因果关系的角度作出解释，认为积极的事实可能产生某种结果，消极的事实不会产生结果，不可能成为某种结果的原因。就已发生的民事法律关系而言，除非出现了某种新的积极的事实，无变更或消灭之可能，会继续存在下去，也就是说消极事实不可能成为引起民事法律关系变更或消灭的原因。所以，主张消极事实的人完全没有负担证明责任的必要。

(2)外界事实说。该说依事实能否通过人的五官从外部加以观察，将待证事实区分为外界事实和内界事实。前者如被继承人的死亡、婚姻的缔结、合同的订立与履行、肖像权受到侵害等；后者如第三人的善意与恶意、相对人的知情与不知情、侵权行为人的故意与过失。该学说认为外界事实易于证明，故主张的人应负证明责任；内界事实无法从外部直接感知，极难证明，故主张的人不负证明责任。

待证事实分类说的贡献在于指出了消极事实、内界(内心)事实不易证明，因此，为公平起见，在一定的情形下有必要通过推定等方式免除或减轻主张消极事实、内界事实的当事人的证明责任。但是，完全以此作为分配证明责任的标准则是不妥当的。这是因为：第一，消极事实与积极事实之间的界限不易区分，当事人可以通过变换陈述方式的办法轻而易举地将积极事实变为消极事实，从而规避本来应当由他负担的证明责任。第二，消极事实、内界事实并非都不能举证证明。例如，某当事人主张的2008年7月10日他不在北京这一消极事实，可以用7月10日这一天他在上海的证据证明。故意、过失、善意、恶意这些内界事实则可以通过当事人的行为来证明。例如，通过证明被告以显然低于市价的价格购买某物品的事实，可以证明被告为恶意取得；通过被告不履行合同的事实，可以证明被告有过失。第三，与实体法的规定相抵触。无论是我国还是国外的民法中，都有一些规定当事人必须就消极事实负证明责任的立法例，如关于建筑物等倒塌、脱落、坠落的民事责任的规定，要求所有人或管理人证明自己无过错(《民法通则》第126条)。德国和法国的民法都规定，在不履行契约时，债务人必须证明自己无过错才能免责。

2. 法律要件分类说

该说是依据事实在实体法上所属的法律要件的类别来分配证明责任。该说的思路与待证事实分类说完全不同，它是从事实所引起的实体法效果，即事实与权利变动的关系来寻找分配证明责任的原则。法律要件分类说中包括多种学说，在德国长期居于通说地位的是罗森贝克的学说。罗森贝克将民法规范分为四大类：(1)权利发生规范，指能够引起某一权利发生的规范，这类规范又被称为"请求权规范"、"基本规范"和"通常规范"；(2)权利妨碍规范，指在权利欲发生之初，便与之对抗，使之不得发生的规范；(3)权利消灭规范，指在权利发生之后与之对抗，将已发生权利消灭的规范，如债务的履行、免除；(4)权利排除规范，指权利发生之后，权利人欲行使权利之际才发生对抗作用将权利排除的规范，如意思表示错误。在对法律规范作上述分类后，罗森贝克提出的分配证明责任的原则是：主张权利存在的人，应就权利发生的法律要件事实负证明责任；否认权利存在的人，应对存在权利障碍要件、权利消灭要件或权利排除要件事实负证明责任。①

3. 反规范说

该说是在修正或否定法律要件分类说的基础上提出的分配证明责任的新学说。反规范说主要包括以下三种学说：

(1)危险领域说。该说以待证事实属哪一方当事人控制的危险领域为标准，决定证明责任的分担，即当事人应当对其所能控制的危险领域中的事实负证明责任。在具体确定待证事实属哪一方当事人控制的危险领域时，应考量举证的难易、与证据的距离、有利于损害的防范和救济三个因素。受危险领域说影响的证明责任分配，其适用的事项包括特定类型的契约，如保管型的运输契约、雇佣契约、承揽契约等。契约关系之外，特殊侵权行为责任主观要件的归责事由和客观要件的因果关系，都可以以危险领域为其举证责任分配标准。

(2)盖然性说。该说主张以待证事实发生的盖然性的高低作为分配证明责任的主要依据，将待证事实证明的难易作为分配证明责任的辅助性依据。按此学说，如某事实的发生率高，主张的一方不承担证明责任，而要由主张该事实未发生的一方负证明责任。之所以这样分配，是因为在事实不明而当事人又无法举证的情况下，法院认定发生盖然性高的事实远比认定发生盖然性低的事实更能接近事实而避免误判。

(3)损害归属说。该说主张以实体法确定的责任归属或损害归属作为分配证明责任的标准。在实际运用中，该说又具体化为盖然性原则、保护原则、担保原则、信赖原则和惩罚原则，并依据这些原则来确定损害的归属。

反规范说虽然指出了法律要件分类说的缺陷，并启迪了分配证明责任的新思

① 参见[德]罗森贝克：《证明责任论》，庄敬华译，中国法制出版社2002年版，第103—124页。

维,但它本身也存在这样或那样的缺陷。分配标准的多元化是该说的主要缺陷,多元化意味着缺乏统一的分配标准,要由法官根据具体情形来决定适用何种分配标准,而这样做又难免会使证明责任的分配失去安定性和可预见性。

上述各种分配证明责任的学说中,法律要件分类说的合理成分更多一些。因此,在德国和日本,法律要件分类说长期占据通说地位。

三、我国民事诉讼证明责任的分配

(一)证明责任分配的规则

证明责任分配有一般规则与特殊规则之分。一般规则是:当事人须对对其有利的法律规范的要件事实承担证明责任。其理由在于:首先,当事人依据该规范来主张权利或提出抗辩,而法院只有在该规范中的构成要件得到确认的情况下才会适用该规范;其次,当与构成要件相对应的事实处于真伪不明状态时,证明责任规范一般会拟制该事实不存在。

证明责任分配的特殊规则是:当要件事实真伪不明时,作出异乎寻常的相反拟制,即不是将其拟制为不存在,而是将它拟制为存在。如在"因果关系"这一要件真伪不明时将其拟制为有因果关系,在"过错"这一要件真伪不明时将其拟制为存在。不同寻常的拟制直接改变了裁判的结果,所以也改变了证明责任的分配。诉讼理论中称这种异乎寻常的分配为"证明责任的倒置"。

我国民诉理论界的主流观点是按照罗森贝克的理论来分配证明责任。按此学说得出的具体分配规则是:

(1)凡主张权利或法律关系存在的当事人,只需对产生该权利或法律关系的要件事实负证明责任,不必对不存在妨碍该权利或法律关系发生的事实负证明责任,存在阻碍该权利或法律关系发生的事实的证明责任由否认权利存在的对方当事人负担。

(2)凡主张原来存在的权利或法律关系已经或者应当变更或消灭的当事人,只需就存在变更或消灭权利或法律关系的事实负证明责任,不必进一步对不存在妨碍权利或法律关系变更或消灭的事实负证明责任,这类事实的存在亦由对方当事人主张并负证明责任。

(3)凡主张权利受制的当事人,应当对排除权利行使的事实负证明责任。《民诉解释》第91条即反映了罗森贝克的理论,该条规定:"人民法院应当依照下列原则确定举证证明责任的承担,但法律另有规定的除外:(一)主张法律关系存在的当事人,应当对产生该法律关系的基本事实承担举证证明责任;(二)主张法律关系变更、消灭或者权利受到妨害的当事人,应当对该法律关系变更、消灭或者权利受到妨害的基本事实承担举证证明责任。"

在大多数案件中,按照以上标准分配证明责任能够获得公平合理的结果,但有时难免也会出现少数与公平正义要求相背离的例外情形。对少数属于例外情形的案件,需要参照反规范说,对证明责任实行倒置。

(二)证明责任分配的体系

1. 依据实体法分配证明责任

如前所述,证明责任的分配,本质上是实体法所决定的,因此依据实体法的规定确定证明责任的归属乃理所当然。有时实体法会对证明责任作出相当明确的规定,如《侵权责任法》第6条第2款、第38条、第39条、第66条、第75条、第81条、第85条、第87条、第88条、第90条、第91条,《合同法》第68条、第152条,《专利法》第57条第2款,《著作权法》第52条,《海商法》第51条、第52条、第59条,《劳动争议调解仲裁法》第6条等。但是,实体法明文规定证明责任终究是少数,在多数情况下,需要运用法律要件分类说分析实体法的逻辑结构、实体法条文之间的关系,来辨别哪些事实属于产生权利的事实,哪些事实属于阻碍权利发生的事实,哪些事实属于变更或消灭权利的事实。例如,《侵权责任法》第6条第1款关于"行为人因过错侵害他人民事权益,应当承担侵权责任"的规定,属损害赔偿请求权发生的要件事实的规定;而第29条、第30条、第31条规定为免责事由的"不可抗力"、"正当防卫"和"紧急避险",则属于阻碍损害赔偿请求权发生的要件事实,前者应由请求赔偿的受害人负证明责任,后者则由主张不承担责任的加害人负证明责任。再如,《收养法》第30条第2款规定:"生父母要求解除收养关系的,养父母可以要求生父母适当补偿收养期间支出的生活费和教育费,但因养父母虐待、遗弃养子女而解除收养关系的除外。"稍作分析便可得知,该款前半部分是原则规定,是关于补偿请求权发生的要件事实的规定,应由主张补偿的养父母负证明责任;后半部分的但书是例外规定,是关于阻碍补偿请求权发生的要件事实的规定,应由不同意补偿的生父母负证明责任。

2. 依据司法解释分配证明责任

在适用民事法律的过程中,最高人民法院作出了大量的司法解释,其中一些司法解释含有分配证明责任的条款。例如,《票据规定》第9条规定:"票据诉讼的证明责任由提出主张的一方当事人承担……该票据的出票、承兑、交付、背书转让涉嫌欺诈、偷盗、胁迫、恐吓、暴力等违法行为的,持票人对持票的合法性应当负举证责任。"《最高人民法院关于适用〈中华人民共和国婚姻法〉若干问题的解释(一)》第18条规定:"婚姻法第十九条所称'第三人知道该约定的',夫妻一方对此负有证明责任。"《民事证据规定》第4条对侵权诉讼中倒置证明责任的情形作出了规定,第5条对合同纠纷的证明责任分配作出了规定,第6条对劳动争议案件中某些争议的证明责任分配作出了规定。最高人民法院的司法解释，是我国民事诉讼法的渊源之一，属于实质意义上的民事诉讼法。当司法解释中对证明责任分配作出规定时，理应根据解释中的规定确定证明责任的承担。

3. 依据法官裁量分配证明责任

民事案件证明问题错综复杂，新型纠纷不断涌现，仅根据实体法的规定和最高人民法院的司法解释，还不能完全解决证明责任的分配问题。但法官却不能因此而回避作出裁判，所以有必要用法官依据个案中的具体情形作出的裁量分配作为必要的补充。

关于授权法官裁量分配的情形，在法律没有具体规定，依《民事证据规定》和其他司法解释无法确定证明责任如何承担时，法院可以根据公平原则和诚实信用原则，综合当事人举证能力等因素确定证明责任的承担(《民事证据规定》第7条)。上述规定既对裁量分配的前提条件作了设定，又对如何裁量分配作出了指导。相对于前两种分配方式而言，裁量分配毕竟处于例外和补充的地位，因此限定其适用范围是必要的，裁量分配又是由法官在个案中决定证明责任的分配，所以设定一些指导原则，以保证裁量权正确运用也是必要的。

4. 通过证据契约分配证明责任

证据契约是指当事人订立的有关诉讼确定事实方法的契约。证据契约有狭义和广义之分，狭义指自认契约、鉴定契约、证据方法契约等，广义还包括分配证明责任的契约。分配证明责任的契约一般与合同有关，考虑到举证的难易、证明的风险，当事人有时会在订立合同之时便对某个要件事实的证明责任由哪一方负担作出约定。只要约定是公平的，不会给承担证明责任的一方造成举证上的不合理负担，法院在诉讼中会乐意按照双方当事人事先的安排分配证明责任。

(三)合同案件的证明责任分配

《民事证据规定》第5条对合同纠纷中的证明责任分配如下：(1)主张合同关系成立并生效的一方当事人对合同订立和生效的事实承担举证责任。(2)主张合同关系变更、解除、终止、撤销的一方当事人，对引起合同关系变动的事实承担举证责任。(3)对合同是否履行发生争议的，由负有履行义务的当事人承担举证责任。(4)对代理权发生争议的，由主张有代理权一方当事人承担举证责任。

对上述分配证明责任的规定，存在下列问题需要作进一步探讨：

第一，行为能力发生争议时的证明责任。“当事人具有相应的民事行为能力”是作为产生合同权利的事实，由主张合同关系成立并生效的一方负证明责任，还是作为妨碍权利产生的事实，由主张合同无效的一方负证明责任？我们主张将行为能力作为妨碍合同生效的事实，由否认合同权利的一方当事人负主张和证明责任。

第二，合同义务为不作为义务时的证明责任。在合同约定的义务为不作为义务时是否也由债务人负证明责任，是有疑问的。此时债务人主张已履行合同义务实际上主张的是消极事实，即主张自己并未实施合同禁止的行为，这样的主张通常无法证明，因而应当由主张未履行合同义务的债权人负证明责任才符合公平的要求。①

（四）侵权案件的证明责任分配

1. 侵权诉讼中证明责任分配的一般规则

侵权诉讼是指受害人要求加害人承担侵权民事责任的诉讼。侵权民事责任的构成，必须具备法律规定的一定条件。侵权民事责任有一般侵权责任与特殊侵权责任之分，两者的构成要件不完全相同，证明责任分配的情况也有所不同。特殊侵权责任构成要件往往根据其类型各具特殊要求，本文暂不讨论。

构成一般侵权民事责任，必须同时具备以下四个要件：（1）加害行为的违法性（侵权行为）；（2）损害；（3）加害行为与损害结果之间的因果关系；（4）行为人的过错。② 受害人请求赔偿，须对上述四个方面的要件事实负证明责任。

特殊的侵权责任，即无过错责任和过错推定责任。我国侵权责任法规定的特殊侵权责任绝大多数都是无过错责任。对于无过错责任，由于过错不再是责任的构成要件，所以受害人只需对除过错以外的其余三个要件负证明责任。

在侵权诉讼中，加害人作为抗辩依据的事实通常有：其行为是合法行为，如职务授权行为、正当防卫行为、紧急避险行为；被害人对损害的发生或扩大有过错，如损害发生主要是由于被害人的故意或重大过失造成的；损害是不可抗力引起或者是第三人的过错造成的等。加害人只要在诉讼中主张这些事实，就应当负证明责任。

2. 侵权诉讼中证明责任的倒置

证明责任的倒置，是指将依据法律要件分类说应当由主张权利的一方当事人负担的证明责任，改由否认权利的另一方当事人就法律要件事实的不存在负证明责任。证明责任的倒置主要发生在侵权诉讼中。在侵权诉讼中，被告有过失、被告的违法行为与原告所受损害有因果关系是产生损害赔偿请求权的要件事实。按照法律要件分类说，本应当由主张赔偿请求权的原告负证明责任，但实行证明责任倒

---

① 《德国民法典》中直接规定证明责任的条文极少，但针对债务履行为不作为义务的情形，却规定了两个条文，即"债务人因认为其已履行债务而对违约金的有效有争议的，应证明履行；负担的给付为不作为的除外"（第345条）；"一方对另一方不履行其债务的情形保留解除权，并且另一方因认为其已履行而对所表示的解除的准许性有异议的，另一方应证明履行，负担的给付为不作为的除外"（第358条）。

② 张新宝：《侵权行为法》，中国人民大学出版社2010年版，第29页。

置后,否认损害赔偿请求权的被告须对自己无过失、对原告所受损害与自己的违法行为不存在因果关系负证明责任。

证明责任的倒置,是以法律要件分类说作为分配证明责任的标准为前提的,是对依该说分配证明责任所获得结果的局部修正。证明责任的倒置意味着特定要件事实的主张负担、提供证据负担、承担败诉风险负担从一方当事人转移至另外一方当事人。

《民事证据规定》第4条对需要倒置证明责任的侵权诉讼作出了规定,该规定涉及八类案件。其中真正实行证明责任倒置的只有以下五类:

(1)因新产品制造方法发明专利引起的专利侵权诉讼。这类诉讼由被告证明其产品制造方法不同于原告获得专利的方法,在此问题上实行了证明责任倒置。

(2)因环境污染引起的损害赔偿诉讼。这类诉讼对因果关系的证明责任实行倒置,即在原告证明被告有污染行为和自己受到损害的事实后,由被告对不存在因果关系负证明责任。

(3)建筑物或者其他设施以及建筑物上的搁置物、悬挂物发生倒塌、脱落、坠落致人损害的侵权诉讼。这类诉讼对过错的证明责任实行倒置,让被告对自己无过错负证明责任。①

(4)因医疗过失致人损害的诉讼。这类诉讼对过错和因果关系的证明责任实行倒置,由被告就原告所受的损害并非医疗过失造成和医疗过错与损害结果不存在因果关系负证明责任。②

(5)共同危险行为致人损害的侵权诉讼。这类诉讼对实际加害人实行证明责任倒置,由作为共同危险人的被告对实际加害人负证明责任,除非他们能够证明谁是实际加害人,否则就要对受害人负连带赔偿责任。

八类案件中其余三类侵权诉讼,即高度危险作业致人损害的侵权诉讼、饲养动物致人损害的侵权诉讼、产品缺陷致人损害的侵权诉讼,并未实行证明责任倒置。这三类侵权责任均属于特殊侵权责任中的无过错责任。在诉讼中,原告欲实现其损害赔偿请求权,须对损害事实、违法行为、因果关系进行证明;而被告欲免责,应

---

① 2010年7月1日开始实施的《侵权责任法》对该项进行了实质修改,《侵权责任法》第85条将建筑物等物件脱落、坠落致人损害责任规定为过错推定责任,第86条将建筑物等物件倒塌致人损害责任规定为一般过错责任。前者仍然属于证明责任倒置,后者属于证明责任“正常配置”(按照法律要件分类说)。

② 2010年7月1日开始实施的《侵权责任法》对该项进行了实质修改,《侵权责任法》第54条将医疗损害责任规定为原则上的过错责任,第58条规定了三种例外特定情形下的推论过错推定。因此,《侵权责任法》实施后,医疗损害责任中的过错要件属于证明责任的“正常配置”(按照法律要件分类说),仅因果关系要件仍然属于证明责任倒置。

对损害为原告故意引起等抗辩事由和免责事由进行证明。而这正是按法律要件分类说分担证明责任的结果,因果关系的证明责任并未由被告负担。

3. 劳动争议中的证明责任

劳动争议是指劳动者与用人单位发生的争议,劳动争议包括:因确认劳动关系发生的争议;因订立、履行、变更、解除和终止劳动合同发生的争议;因除名、辞退和辞职、离职发生的争议;因工作时间、休息休假、社会保险、福利、培训以及劳动保护发生的争议;因劳动报酬、工伤医疗费、经济补偿或者赔偿金等发生的争议等。在劳动争议引起的诉讼中,特别是劳动合同纠纷案件中,证明责任的分配与一般民事诉讼并无本质差别,当事人要求法院适用对其有利的法律规范,需对该规范规定的要件事实负证明责任。

不过,特别法对部分劳动纠纷中的证明责任分配作了特殊规定,这些特殊规定主要有:

(1)劳动管理争议中的证明责任分配。《民事证据规定》第6条设置了证明责任分配的特殊规则:"在劳动争议纠纷案件中,因用人单位作出开除、除名、辞退、解除劳动合同、减少劳动报酬、计算劳动者工作年限等决定而发生劳动争议的,由用人单位负举证责任。"根据本条,对管理者和被管理者之间的关系而发生的争议,举证责任应当由用人单位承担。

(2)工伤认定中的证明责任分配。《工伤保险条例》第19条第2款规定:"职工或者其直系亲属认为是工伤,用人单位不认为是工伤的,由用人单位承担举证责任。"根据本款,在劳动者主张是工伤而用人单位主张不是工伤时,劳动者只需举证证明人身伤害是在法定应当认定为工伤的情形下发生即可,而不应当承担证明用人单位未尽到安全义务及其与本人人身伤害有因果关系的举证责任;用人单位则应当承担证明否定工伤的责任,如果不能举证证明劳动者人身伤害是由劳动安全条件以外的原因所致,就应当认定为工伤。① 《工伤认定办法》第14条进一步规定:"职工或者其直系亲属认为是工伤,用人单位不认为是工伤的,由该用人单位承担举证责任。用人单位拒不举证的,劳动保障行政部门可以根据受伤害职工提供的证据依法作出工伤认定结论。"②

(3)职业病认定的证明责任分配。《职业病防治法》第47条第2款规定:"没有证据否定职业病危害因素与病人临床表现之间的必然联系的,应当诊断为职业

---

① 王全兴:《劳动法》(第2版),法律出版社2007年,第402页。

② 该条前半段是标准的证明责任倒置条款,据此被告单位应当先履行初步证明责任;后半段却规定"可以基于受伤害职工提供的证据进行认定",这表明已在很大程度上将初步证明责任转移给了原告受害职工。

病。"本款表明,在劳动者与用人单位就用人单位有无职业病危害因素和劳动者患病是否由用人单位职业病危害因素所致发生争议时,用人单位对其无职业病危害因素和劳动者患病不是其职业病危害因素所致的主张负有举证责任,而劳动者对其提出的用人单位具有职业病危害因素和该职业病危害因素致使劳动者患病的主张,不应当负举证责任。[①]

四、法律推定与证明责任

按照我国民事诉讼法学主流理论,法律上的推定是指由法律明文规定的推定。法律上推定与证明责任有密切的关系。法律上推定的类别不同,对证明责任的影响也不同。有的法律上的推定会引起客观证明责任(也包括主观证明责任)的转移,有的法律上的推定直接表明了特定事实的证明责任由哪一方当事人负担,有的法律上的推定则仅仅转移了主观证明责任(特指具体证据提供责任)。

法律上的推定又分为两类:法律上的事实推定和法律上的权利推定。法律上的事实推定,是指法律规定以某一待证事实的存在与否为对象的推定。法律上的权利推定,是指法律规定以某种权利或法律关系的存在与否为对象的推定。法律上的权利推定在结构和作用上与法律上的事实推定类似,所以明白了法律上的事实推定也就明白了法律上的权利推定。

因此,下文主要就法律上的事实推定展开论述。除非特别说明,下文探讨的都是法律上的事实推定。

(一)推定的概念和特征

推定有狭义和广义之分。狭义的推定仅包括推论推定,是指规定一旦某一(组)基础事实被证明,法官必须或可以假定待证事实或事项存在,但允许异议方反驳该被假定事实或事项的法律规则。广义的推定是指规定一旦某一(组)条件达到或者无需任何条件,法官必须或可以假定某一待证事实或事项存在,但允许异议方反驳该被假定事实或事项的法律规定。广义推定与狭义推定的区别不在于对象而在于条件。在条件上,广义推定不仅包括狭义推定(也即以基础事实为条件的推论推定),还包括无基础条件的直接推定和以低度证明为条件的低度证明推定。

广义推定必须具有以下三个基本特征:首先,推定必须具有法律规范性。所谓法律规范性,是指推定规则必须被法律明文规定。其次,推定必须具有预先假定性。所谓预先假定性是指推定必须预先假定某待证事实或某待证事物存在或不存在。凡不具备这一核心要素的都不是推定。凡预先假定待证事实或待证事物存在或不存在,无论其已经被法律明文规定,抑或尚未被法律明文规定,都属于推定。

---

① 王全兴:《劳动法》(第2版),法律出版社2007年,第402页。

如果没有预先假定待证事实或待证事物存在或不存在的,即使其运用了"推定"一词并被法律明文规定,其依然不是推定。最后,推定必须具有可反驳性,这里特指被预先假定的事实或事项存在或不存在必须可被反驳,不包括基础条件的可反驳性。凡规定该预先假定不可被反驳的不是推定。

狭义推定除了具备广义推定的三个特征之外,还必须具备第四个特征——事实推断性,即必须是根据基础事实才能推断待证事实或事物的存在或不存在。

狭义推定在比较法上获得了广泛的承认,比较法上通常所讲的推定往往指狭义推定。本文界定的广义推定包括直接推定与低度证明推定,这比较特别。之所以这样界定,是因为侵权责任法上的过错推定和因果关系推定已经为民事理论界和实务界耳熟能详,而侵权法上的"过错推定"通常是指过错直接推定,侵权法上的因果关系推定通常包括低度证明推定。基于语言约定俗成的特性,中国民事法律语境中的推定不得不将直接推定和低度证明推定这两种推定形态纳入其中。

关于推定的概念,还须说明以下两点:

(1)广义推定通常被法律明文规定。但是,法律明文规定并且采用"推定"表述的未必是作为证明责任特殊分配手段的推定。例如,《最高人民法院关于适用〈中华人民共和国合同法〉若干问题的解释(二)》第2条规定:"当事人未以书面形式或者口头形式订立合同,但从双方从事的民事行为能够推定双方有订立合同意愿的,人民法院可以认定是以合同法第十条第一款中的'其他形式'订立的合同。但法律另有规定的除外。"本条虽然运用了"推定"一词,但究其含义,应为"依靠经验法则经逻辑推理从而认定"。再如,《最高人民法院关于适用〈中华人民共和国担保法〉若干问题的解释》第56条规定:"抵押合同对被担保的主债权种类、抵押财产没有约定或者约定不明,根据主合同和抵押合同不能补正或者无法推定的,抵押不成立。"本条中的"推定"也是指"依靠经验法则经逻辑推理从而认定",并无转移证明责任或减轻证明难度之意。

(2)中国民事法上的推定都是法律有规定的且可反驳的推定。因此拟制、不可反驳的(法律上)推定、意思推定不是推定。拟制是指立法者根据客观需要,将甲事实等同于乙事实,并赋予其与乙事实相同的法律效果。① 拟制之所以不属于推定范畴,是因为拟制明知两者不同却把两者等同视之、不能用反证推翻、不转移证明责任。不可反驳的推定因其不可被反驳,故我们主张将其归入拟制范畴。所谓意思推定,也称为解释规则,是指关于意思表示法律评价标准的解释性规定。②

① 参见江伟主编:《民事诉讼法》(第5版),中国人民大学出版社2011年版,第177页。

② 参见李浩:《民事证明责任研究》,法律出版社2003年版,第195页。

例如,《合同法》第211条第1款规定,自然人之间的借款合同对支付利息没有约定或者约定不明确的,视为不支付利息。罗森贝克认为解释规则不是推定。

(二)推论推定

这是指法律规定应当从某一已知事实的存在作出与之相关的未知事实存在(或不存在)的假定。这种推定存在已知事实甲和未已知事实乙,已知事实是作出推论所依据的事实,所以被称为"基础事实"或"前提事实",未知事实是从已知事实中推断出的事实,所以被称为"推定事实"。

这种推定是各类推定中最具有典型性的。在提及推定时,一般是指这种推定。它广泛存在于各国的民事法律中,有些推定几乎为各国法律所共有。如关于失踪达一定年限的人被假定为死亡的推定、关于夫妻关系存续期间所出生的子女被假定为婚生子女的推定等。我国法律中也有这种推定,如《民法通则》第3条关于失踪人死亡的推定、《著作权法》第11条关于作者的推定等。

推论推定对证明责任的影响表现在两个方面:

(1)减轻了主张推定事实的一方当事人证明上的困难。主张推定事实的一方当事人,本来对推定事实负有证明责任,应证明推定事实。推定事实证明起来相当困难,但由于推定的存在,证明的困难被缓解了。主张推定事实存在的当事人只需要证明那些相对较为容易证明的基础事实,基础事实一旦得到证明,法官就会依照法律的规定作出推定事实的假定。这实际上是通过变更证明主题,使当事人较容易地完成对推定事实的证明。

(2)将不存在推定事实的证明责任转移于对方当事人。当推定事实因基础事实得到证明被假定存在后,否认推定事实的一方要推翻该推定事实,就需要对不存在推定事实负证明责任。对不存在推定事实,该当事人负有提供本证的责任,即该当事人必须提出充分证据证明不存在推定事实。如果该当事人仅仅提出一些证据,使推定事实存在与否陷于真伪不明状态,仍然会承担不利的诉讼结果。

(三)直接推定

这是指法律不依赖于任何基础事实便直接假定某一法律要件事实存在。侵权民事责任中的过错推定,是这种推定在民事法律中的典型代表,如建筑物等倒塌、脱落、坠落致人损害时其所有人或管理人有过错的推定(《民法通则》第126条)。

直接推定是一种暂定的真实,它与推论推定的共同之处是因推定而处于不利地位的一方当事人可以提供证据推翻这一推定,并且该方当事人对不存在推定事实负证明责任。直接推定与推论推定的区别在于:首先,是否依赖基础事实不同。作出直接推定不依赖于任何基础事实,而作出推论推定则是以基础事实的存在被确认为前提。其次,对证明责任的影响不同。直接推定的作用在于确定推定事实不存在的证明责任由哪一方当事人负担,而推论推定的作用是缓解证明困难和转换证明责任。

(四)低度证明推定

低度证明推定,是指法律规定一旦一方当事人证明某一待证事实或事项至较低盖然程度,法官就必须或可以假定该待证事实或事项存在,但允许对方当事人反驳该待证事实或事项存在的推定。例如,《最高人民法院关于适用〈中华人民共和国公司法〉若干问题的规定(三)》第21条规定:"当事人之间对是否已履行出资义务发生争议,原告提供对股东履行出资义务产生合理怀疑证据的,被告股东应当就其已履行出资义务承担举证责任。"《最高人民法院关于审理期货纠纷案件若干问题的规定》第59条第2款规定:"有证据证明该保证金账户中有超出期货公司、客户权益资金的部分,期货交易所、期货公司在人民法院指定的合理期限内不能提出相反证据的,人民法院可以依法冻结、划拨该账户中属于期货交易所、期货公司的自有资金。"

中国法上的低度证明推定规则在德日等大陆法系国家也能找到类似的规则或做法。[①] 德国法上类似的规则主要有1991年1月1日施行的《德国环境法》第6条第1款。该款规定,根据特定案件之状况,如果某设备可以引起相应损害之发生,应推定损害是由该设备造成的。在个案中该设备能否引发损害,应根据其操作流程、所使用的装置和设施、所使用和排放物质的种类及浓度、气象状况、损害发生的时间与地点、损害的性质与范围以及与损害发生相关的其他所有因素来确定。有研究指出,根据该款,德国环境侵权的受害人必须对"肇因适合引发损害"进行证明,不过这一证明标准远远低于完全确信的程度,只需高于表见证明的证明度即可。[②] 换言之,在德国,受害者只需对排污行为与损害后果之间的因果关系进行低度证明,然后依法推定存在因果关系,除非排污者证明不具有因果关系。[③] 日本法上类似的理论和制度,其理论是"盖然性理论",其制度是日本于1970年12月16日颁布的《关于危害人体健康的公害犯罪惩治法》第5条。盖然性理论的具体要点如下:第一,因果关系的证明责任,形式上仍然要由原告受害人承担。第二,为实质上转换举证责任,应采用德国矿害赔偿法中 Prima-facie-Beweis(表面可信证明)的

---

① 受制于大陆法系国家一元化的证明责任理论,这些晚近发展出来的低度证明推定规则尚未得到民事诉讼理论上的清晰阐明。

② 参见周翠:《〈侵权责任法〉体系下的证明责任倒置与减轻规范——与德国法的比较》,《中外法学》2010年第5期。

③ 德国《环境责任法》第2款规定,如果某种设备经营人能够证明设备是按照规定运行的,则前款规定的因果关系推定不适用。此外,该法第7条就"因果关系推定的推翻"也作了规定,如果设备经营人能够证明是他本人设备以外的另外一个因素引起了损害,那么他就可以推翻第6条第1款规定的因果关系推定。

法理，只要被告不能证明因果关系不存在，因果关系就应该被认定。第三，在盖然性说中虽然要求“表示相当程度的盖然性的证明”，但那是指“虽然超越了大致明确的领域，但尚未到达证明程度的举证”①。易言之，根据盖然性说，原告受害者只需对排污行为与损害后果之间的因果关系进行低度证明，然后依法推定存在因果关系，除非排污者证明不具有因果关系。《关于危害人体健康的公害犯罪惩治法》第5条规定：“工厂或事业所因其事业活动所附带排出有害国民健康的物质，已经达到足以危害公众生命或健康时，推定其危害为上述排出的物质所造成。”

诉讼证明的一般运作过程如下：要件事实主张者（通常是原告）先提供证据证明该待证的要件事实，如果其提供的证据达不到法定证明标准（51%），则对方当事人（通常是被告）可以无需提供证据即申请法院认定该要件事实不存在；如果其提供的证据超过了法定证明标准，则证据提供责任转移至被告，此时对方当事人（通常是被告）必须提供证据证明该要件事实不存在。如果被告成功反证，使得法官认为要件事实不存在，则证据提供责任又转移至要件事实主张者（通常是原告）……如此循环往复。最后，当双方举证完毕，法官根据心证程度认定案件事实，或者认定要件事实为真、或者认定要件事实为伪、或者依据客观证据责任规则判决要件事实不存在。

低度证明推定的作用过程与一般证明过程不同，其作用过程大致如下：首先，由要件事实主张者（通常是原告）先提供证据证明待证要件事实至较低程度的盖然率（通常是20%—30%），然后由法官依据法律规定推定待证的要件事实存在。接下来，如果对方当事人不提供反证或者提供的反证达不到规定程度，法官就最终认定待证事实存在；如果对方当事人提供的反证达到了规定程度——或者是对等证明要求（即20%—30%）或者是法定证明标准要求（51%），则法官最终认定待证的要件事实不存在。

对此作用过程，我们可以以《最高人民法院关适用〈中华人民共和国公司法〉若干问题的规定（三）》第21条进行演示。根据该条规定，在诉讼中，对于争议事实——被告股东是否已履行出资义务，原告只需提供证据低度的证明——合理怀疑程度的证明（5%—10%），法官即应根据规则推定待证的要件事实——被告股东没有履行出资义务为真实。此后，如果被告成功证明（至法定证明标准）其已履行出资义务，则法官最终认定被告已履行出资义务；如果被告不能成功证明其已履行出资义务，则法官最终认定该被告未履行出资义务；如果争议事实真伪不明，则法官根据该规定拟制被告未履行出资义务。

最后，低度证明推定属于广义上的推定，与直接推定和推论推定共同构成了广

① 参见于敏：《日本侵权行为法》，法律出版社2006年版，第193页。

义推定的三大类型，但是其不属于狭义推定。低度证明推定与直接推定的区别在于：前者有条件，后者无条件。低度证明推定与推论推定都是有条件推定，两者的区别在于：前者的推定条件是针对待证事实或事项的低度证明，后者的推定条件是针对异于待证事实或事项的基础事实的完全证明。

第四节　证明标准

一、证明标准概说

要想准确界定“证明标准”，一定要先界定“心证程度”。

心证程度是指法院认定具体事实主张的存否真伪时，依证据调查的结果（证据资料）及辩论意旨，对该事实主张真伪的心理采信程度。法院的心证程度随着当事人证据资料的陆续展开而不断变动；而多少证据资料将生成多大程度的心证，则由法院根据该证据存在与事实发生的可能性，依自由心证决定。

证明标准（程度）是指法院认定某具体事实主张的存否真伪时，其心证程度达到可以确信该事实为真实的程度。即为“证明”该事实主张的存否，法院所应形成心证程度的最下限。法院认定事实的方式，即是根据当事人提出证据并加以调查后，变动其心证程度直到超过该事实所规定的证明标准程度。对于法官来说，只有明确了证明标准，才能够正确把握认定案件事实需要具备何种程度的证据，才能以之去衡量待证事实已经得到证明还是仍然处于真伪不明状态，才能决定是否有必要要求当事人进一步补充证据。

证明标准程度也是承担证明责任的人提供证据对案件加以证明所要达到的程度。对于当事人来说，只有了解了证明标准，才不至于因为对证明标准估计过低而在证据明显不足时贸然提起诉讼，同时也不至于由于对证明标准估计过高而在证据已经具备的情况下迟迟不敢起诉。在证明过程中，提供反证的必要性也同证明标准有关。因为只有当负担证明责任的一方当事人提出的本证已达到证明标准，法官将作出有利于该当事人的认定时，另一方当事人才有提供反证的必要。

二、两大法系国家民事诉讼证明标准简述

对证据作出判断时，如果存在一个证明程度上的量化标准，就可以避免法官出现主观擅断。两大法系民事诉讼理论关于证明标准的认识有一定的相通性。下面就分别加以说明。

（一）英美法系国家“盖然性占优势”的证明标准

英美法系国家的证据法中“盖然性占优势”标准，是适用于民事案件的最低限度的证明要求，也叫或然性权衡或者盖然性占优势的标准。所谓占优势的盖然性

(preponderance of probability),是指一方当事人证据的证明力及其证明的案件事实比另一方当事人更具有可能性,相应的诉讼主张成立的理由更为充分。占优势的盖然性具体表现为一方当事人证明的案件事实和诉讼主张的可能性与另一方当事人之间存在着一定的差额,因此又称为差别的盖然性标准(balance of probability)。由于案件事实的可能性和诉讼主张的成立程度是取决于当事人提出证据的分量(证明力),占优势的盖然性标准又称为占优势的证据标准(preponderance of evidence)①或者证据优势标准②。摩菲认为,如果将证据的证明力比喻为砝码,当事人的证明活动是否占据优势要看双方当事人各自添加了多少砝码。如果原告提出的证据的分量是51%,而被告提出的证据的分量是49%,那么原告胜诉,法官应当作出有利于原告的判决;如果情况相反,或者原告和被告提出的证据的分量相同,被告胜诉,法官应当作出有利于被告的判决。③ 丹宁勋爵认为,差别的盖然性这一标准已经比较好地解决了。它必须是一个合理程度的盖然性,但是没有刑事案件所要求的程度高。如果证据处于这种状况,裁判者可以说:“我认为这更有可能,举证责任即可解除;但是,如果两种可能性是相等的,举证责任就没有解除”④。

可以看出,“盖然性”、“占优势”或者“差别”是说明该标准的关键所在。从英文来看,盖然性一词同时具有可能性、真实性两种意思。布莱克认为,所谓盖然性是指“可能性(likelihood),是真实性或者真实的表象(appearance of reality or truth),是假定的合理的理由,是貌似真实,是符合情理;是一种诉讼主张或者设想成为真实的可能性,或者来自于与理性或者经验的一致性,或者来源于更强的证据或理由;是在支持一个诉讼主张的证据比反对该诉讼主张的证据更多时产生的一种条件或者状态”。关于“占优势”(preponderance)和“差别”(balance),布莱克认为,“占优势”一词不是证据的分量(weight)问题,而是分量的多少和超重多少的问题。“在出现争议时,每一方的证据都有分量,但是陪审团不能因此仅仅根据证据的分量作出有利于承担举证责任一方当事人的认定,除非该方当事人的证据在一

① Henry Campbell Black, *Black's Law Dictionary*, 5th ed., West Publishing Co., p. 1064. 布莱克认为,占优势的证据是指“比反证更为有力或者可信的证据。也就是说,全部证据证明待证事实成立比不成立更有可能。……从民事诉讼证明责任来看,占优势的证据是指具有更大分量的证据,或者更为可靠或可信的证据;是与理由和真实性最符合的证据。”

② 白绿铉:《美国民事诉讼法》,经济日报出版社1996年版,第137页。该书认为:“证据优势是指证明某一事实的证据的分量和证明力比反对其事实存在的证据更有说服力,或者比反对证明其真实性的证据的可靠性更高。”

③ Peter Murphy, *A Practical Approach to Evidence*, 4th ed., Blackstone Press Ltd., p. 105.

④ Bater v. Bater(1950), 2 All E. R 458 at 459.

定的程度上超过了对方当事人证据的分量。……证据的优势不能仅仅以证人的数量认定,而应当根据所有的证据中更有分量的证据认定。这并不必然意味着证人的数量更多。了解的机会、拥有的信息、作证时的言行举止都是认定证人证言分量的根据。"①"在民事诉讼中裁判者在对应当证明的案件事实问题形成有确信的认定结论时,必须被合理地说服(reasonable satisfied)。是否确信取决于作出判断的全部案件情况,其中包括认定结论后果的严重性。"②按照美国模范证据法典起草委员会主席摩根的解释,盖然性占优势证明标准意味着"凡于特定事实之存在有说服负担之当事人,必须以证据之优势确立其存在。法官通常解说所谓证据之优势与证人之多寡或证据之数量无关,证据之优势乃在其使人信服的力量。有时并建议陪审团,其心如秤,对双方当事人之证据分置于其左右之秤盘,并从而权衡何者具有较大之重量"③。因此,优势证据不是一项数量标准,而是一项质量标准,反映了证据的可信度和说服力。

另外,在英美国家,对于部分特殊的争议要求的证明标准较高,不限于盖然性优势证据,而是要求达到清晰和有说服力的(clear and convincing)证明标准,它介于盖然性优势证据和排除合理怀疑标准之间,要求证据的质量比通常的民事案件中的质量更高并且更具有说服力。例如,有关订立遗嘱的合同是否合法的争议,决定某人是否应当被送往精神病院或父母监护权是否应当终止的民事程序等,其要求证明的程度更高。英国的丹宁勋爵在 1951 年的判决中指出,"诚然,英国法上刑事案件要求比民事案件更高的标准。但必须指出两者都不是绝对的标准。刑事案件中的控诉人必须证明毫无合理程度的怀疑,但在这项标准的内部可能有不同程度的证明。民事法庭考虑诈欺指控时,当然比考虑过失是否成立要求更高程度的盖然性"④,从而指出了证明标准的可变性和灵活性。

(二)大陆法系国家"高度盖然性"的证明标准

大陆法系各国的民事诉讼证明标准普遍要高于英美法系国家的规定,要求达到高度盖然性的程度。所谓高度盖然性(the high degree of probability),它不同于自然科学的证明,而是要求通常人们日常生活中不怀疑并达到作为其行动基础的程度。《英国大百科全书》(第 25 版)认为:"在普通法国家,民事案件仅要求占优势的盖然性……在大陆法国家中,则要求排除合理怀疑的盖然性。"法国学者也多

① Henry Campbell Black, *Black's Law Dictionary*, 5th ed., West Publishing Co., p. 1604.

② Smith v. Smith and Steadman(1952), 2 S. C. R 312 pp. 331-332. 引文是主审法官对差别的盖然性的解释。

③ [美]摩根:《证据法之基本问题》,李学灯译,世界书局 1982 年版,第 48 页。

④ 沈达明编著:《英美证据法》,中信出版社 1996 年版,第 42 页。

数认为，法院对于民事案件所裁判的事实问题不必达到绝对真实的程度，而只要具备某种盖然性就已满足充分条件。[①]

大陆法系国家之所以实行高度盖然性标准，主要是由于在职权主义模式下当事人的对抗不是很激烈，“法官对事实的认定并非是完全着眼于双方当事人通过证据来加以攻击与防御，从而使一方以优势的明显效果导致事实自动暴露出来，而主要由法官对各种证据的调查、庭审活动的开展所直接形成的一种心证，当这种心证在内心深处达到相当高度时，便促使法官对某一案件事实的认定”[②]。

在德国，具体法律条文中对不同的盖然性采用了不同的用语，如“高度盖然性”、“对真相的心证”和“如此高的盖然性，以至于理性的人都不怀疑”等，德国《民事诉讼法》第 286 条规定了原则性的证明标准，即当法官获得了很高的盖然性，他可以视其为真实，然后在民事诉讼法的其他条款和其他实体法中又分别对该原则性证明标准作了相应地修改，予以降低或者提高。

在日本，全盘吸收了德国的高度盖然性标准，实践中的证明是由一个著名的判决确立的。日本最高法院在 1975 年（昭和五十年）2 月 24 日对于一个医疗事故的判决中写道[③]：“诉讼上因果关系的举证不属于‘不容半点怀疑’的自然科学上的证明，而是按照经验法则并综合斟酌所有证据，对使法官能够认定特定事实引发特定结果之关系高度盖然性的证明，该判定必须能够使一般人毫无疑虑地抱以真实性的确信，而且只要达到该程度即可。”

从性质上看，大陆法系各国的高度盖然性标准与英美法系的盖然性占优势标准没有实质性的差异，由于大陆法系国家采取自由心证制度，法官对证据的判断享有广泛的自由裁量权，当“心证”达到深信不疑或者排除任何合理怀疑的程度时，便形成确信。同时由于大陆法系国家证据规则不发达，没有体系完整、逻辑严谨的证据规则约束，自由判断证据所形成的内心确信被认为是一种理性状态。高度盖然性标准与盖然性占优势标准都不苛求客观真实的发现，盖然性占优势在逻辑上包含了高度盖然性标准，它们都比刑事案件的证明标准要低。

---

① See Peter E. Herzog, Martha Weser, Civil Procedure in France, Martinus Nijhoff. The Hague, Nether lands 1967, p. 310.

② 刘善春、毕玉谦、郑旭：《诉讼证据规则研究》，中国法制出版社 2006 年版，第 31 页。

③ 该判决的主要案情是：一个因患化脓性髓膜炎入住东大医院接受治疗的婴儿，在实施一种通过腰椎穿刺采集骨髓，并注入盘尼西林的手术 15 至 20 分钟后突然呕吐、痉挛，右半身部分麻木，并造成性格、智能、运动障碍，家长以此提出要求医院赔偿。在这一事件中，被告方主张婴儿的症状及后来产生的障碍是化脓性髓膜炎所致，并非由该手术造成的。转引自张卫平主编：《外国民事证据制度研究》，清华大学出版社 2003 年版，第 447 页。

当然,最近在德国和日本的学术界,基于对诉讼效率的追求和特定案件过高标准的非现实性,都出现了降低高度盖然性证明标准的讨论和趋向,许多学者论证要降低高度盖然性证明标准而回归英美法系国家的盖然性优势证据标准,这在一定程度上也体现了两大法系相互融合的趋势。①

三、我国民事诉讼证明标准

我国现行《民事诉讼法》本身没有关于证明标准的明确条款,但是《民诉解释》则用两个条文确立了我国民事诉讼的证明标准。

《民诉解释》第 108 条第 1 款确立了我国民事诉讼原则性的证明标准——高度盖然性标准。该款规定:"对负有举证证明责任的当事人提供的证据,人民法院经审查并结合相关事实,确信待证事实的存在具有高度可能性的,应当认定该事实存在。"对该高度盖然性证明标准的理解应参照德日等大陆法系国家民事诉讼中的高度盖然性标准解释。

《民诉解释》第 108 条第 3 款明确说明了第 1 款所确立的高度盖然性证明标准仅仅是原则性的证明标准,允许法律设定特别的证明标准。该款规定:"法律对于待证事实所应达到的证明标准另有规定的,从其规定。"《民诉解释》第 109 条明文规定了一个特别的证明标准,作为《民诉解释》第 108 条第 3 款的例证之一。该条规定:"当事人对欺诈、胁迫、恶意串通事实的证明,以及对口头遗嘱或者赠与事实的证明,人民法院确信该待证事实存在的可能性能够排除合理怀疑的,应当认定该事实存在。"

拓展思考题

1. 我国民事诉讼的证明对象包括哪些?证据本身是否是证明对象?为什么?
2. 如何正确理解日常生活经验法则?
3. 试论"证明责任"这一概念的意义和含义。
4. 我国民事诉讼的证明标准是怎样规定的?

① 对于德国和日本降低高度盖然性标准的讨论,参见张卫平主编:《外国民事证据制度研究》,清华大学出版社 2003 年版,第 440—449 页。

第十章

期间、送达与诉讼费用

【内容提要】

期间，是指人民法院、诉讼参与人进行或者完成某项诉讼行为应遵守的时间。期间包括期限与期日。期间包括法定期间、指定期间和约定期间。期间的计算方法需要重点掌握。民事诉讼中的送达，是指人民法院依照法律规定的程序和方式，将诉讼文书送交当事人或者其他诉讼参与人的行为。送达的方式有以下七种：直接送达、留置送达、委托送达、邮寄送达、转交送达、公告送达、电子送达。诉讼费用包括案件受理费、其他诉讼费用、人民法院认为应当由当事人负担的其他费用。诉讼费用的负担规定需要理解掌握。

第一节　期　　间

一、期间概述

（一）期间的概念

期间，是指人民法院、诉讼参与人进行或者完成某项诉讼行为应遵守的时间。期间有狭义和广义之分，狭义的期间仅指期限，广义的期间包括期限与期日。

期日，是指人民法院与诉讼参与人会合在一起进行诉讼活动必须遵守的时日。如人民法院证据调查日、开庭日、宣判日等，就是人民法院、当事人和其他诉讼参与人会合在一起共同完成某项诉讼行为所必须遵守的时日。期日一般由人民法院根据案件的具体情况指定，如审理期日、证据调查期日等。

期日和期间有着明显的区别：第一，期日是一个时间点，只规定开始的时间，不规定终止的时间；而期间有始期和终期，是一段期限。第二，期日被确定后，要求人民法院和当事人及其他诉讼参与人，必须在该期日会合在一起进行某种诉讼行为；

而期间自始至终是各诉讼主体单独进行诉讼行为。第三,期日都是由人民法院指定的;而期间有的由法律规定,有的由人民法院指定。第四,期日因特殊情况的发生,可以变更;而期间有的可以变更,有的不能变更。

(二)期间的意义

第一,有利于民事诉讼活动的顺利进行。期间的规定,意味着诉讼法律关系主体行为的完成应当遵守一定的时间要求。对诉讼流程予以恰当的安排和管理,是防止诉讼拖延实现诉讼经济的需要,也是保障诉讼公正的需要。科学地安排诉讼期间制度有利于当事人行使诉讼权利,有利于法院及时、正确行使审判权。

第二,有利于维护当事人及其他诉讼参与人的合法权益。诉讼期间的规定一方面保障诉讼的顺利进行,另一方面为当事人及其他诉讼参与人参加并完成诉讼提供了时间上的保证。

第三,有利于树立及维护司法的权威性。诉讼期间的规定,对法院、当事人及其他诉讼参与人的活动提出了时间上的要求,在一定的期间内如不完成,将会产生失效、无效等程序性制裁的法律后果,这就从时间上树立和维护了司法的权威性与严肃性。

二、期间的种类

期间包括法定期间、指定期间和约定期间。

(一)法定期间

法定期间,是指法律明文规定的期间,法定期间包括绝对不变期间和相对不变期间。

绝对不变期间,是指该期间经法律确定,任何机构和人员都不得改变。绝对不变期间,不适用诉讼时效中止、中断、延长的规定。例如,当事人不服地方各级人民法院第一审判决、裁定的,提起上诉的期间分别为15日、10日。如果当事人超过了上诉期间,其上诉行为就不会产生引起上诉审的后果。同时,诉讼期间对人民法院也有约束作用。例如,《民事诉讼法》规定,第一审普通程序审理案件的诉讼期间(也叫审限)是6个月。有特殊情况需要延长的,由本院院长批准可以延长6个月。还需要延长的,报请上级人民法院批准。未经批准,不得随意延长审限。

相对不变期间,是指该期间经法律确定后,在通常情况下不可改变,但遇到有关法定事由,法院可对其依法予以变更。如一审的案件审理期间,涉外案件中在境内没有居所的当事人的答辩期间、上诉期间等。

(二)指定期间

指定期间,是指人民法院根据案件的具体情况,依职权指定诉讼参与人进行某种诉讼行为的期限。指定期间是法定期间的补充,是一种可变期间,法院可以确定期间的长短及延展。指定期间的长短，应当充分维护当事人及其他诉讼参与人的程序性权利，同时也要兼顾诉讼效率。

指定期间是法律赋予人民法院的一项权利，该项权利的行使既不能超越法律允许的期间范围，更不能与法定期间相冲突。

（三）约定期间

约定期间是指当事人根据相关司法解释的规定，经协商一致并经法院认可的期间。如《民诉解释》规定经人民法院准许，当事人可以商定举证期限，从而确定了民事诉讼中的约定期限。

三、期间的计算

期间以下列方法进行计算：

（1）期间以时、日、月、年计算。期间的计算单位是时、日、月、年，何种诉讼活动以时或日或月或年为计算标准，则根据法律规定或者人民法院指定的内容来确定。

（2）期间开始的时和日不计算在期间内。无论是法定期间还是指定期间，期间开始的时和日，不计算在期间内，民事诉讼中以时起算的期间从次时起算；以日、月、年计算的期间从次日起算。例如《民事诉讼法》规定，人民法院采取诉讼中财产保全措施，在接受当事人的申请后，情况紧急的，应当在48小时内作出裁定，并开始执行。如果当事人提出申请是在某日的10时，那么计算这一期间时，就应当从该日的11时开始起算。如当事人不服第一审人民法院判决，提起上诉的期间为15日，期间的计算就应当从判决书送达的次日起算。期间以月计算，则不分大月、小月；以年计算的，不分平年、闰年。以月计算的，期间届满的日期，应当是届满那个月对应于开始月份的那一天；没有对应于开始月份的那一天的，应当为届满那个月的最后一天。

（3）期间届满的最后一日是节假日的，以节假日后的第一日为期间届满的日期。例如，当事人不服判决的上诉期为15日，若第15日正好是星期天，那么就应当以星期天的次日为期间届满的日期。期间届满的最后一日虽然是节假日，但节假日有变通规定的，应当以实际休假日的次日为期间届满的最后一日。

（4）期间不包括在途时间，诉讼文书在期满前交邮的，不算过期。此处的“在途时间”，是指人民法院通过邮寄送达的诉讼文书，或者是当事人通过邮寄递交的诉讼文书，在途中所用去的时间。确定期满前是否交邮，应当以邮局的邮戳为准，只要邮戳上的时间证明在期间届满前，当事人或者人民法院已将需邮寄的诉讼文书交付邮局，就不算过期。

四、期间的耽误及补救

期间的耽误，是指当事人或者其他诉讼参与人本应在法定期间、指定期间或者约定期间内实施或者完成诉讼活动，却因为某种原因没有实施或者完成该诉讼活动的状态。

由于延误的原因不同，期间耽误的法律后果也有所不同。由于当事人或者其诉讼代理人主观上的故意或者过失，导致了期间的耽误，其直接后果是，当事人失去了在规定的期间内行使某种权利的机会。如果由于客观上不可抗拒的事由或者其他正当理由造成了期间的耽误，法律上则给予补救的机会。《民事诉讼法》第83条规定："当事人因不可抗拒的事由或者其他正当理由耽误期限的，在障碍消除后的十日内，可以申请顺延期限，是否准许，由人民法院决定。"客观上不可抗拒的事由，是指在当时的条件下，当事人无法预测，也不可能避免的事实和理由。如地震造成的交通中断、战争的爆发等，使当事人无法进行诉讼行为。其他正当理由，是指除了客观上不可抗拒的事由之外，不可归责于当事人的其他客观情况。应当注意，顺延期限是指把耽误了的诉讼期间如实补上去，而不是重新开始计算。根据民事诉讼法的规定，当事人申请顺延期限，是否准许，由人民法院决定。

第二节 送 达

一、送达的概念和特点

民事诉讼中的送达，是指人民法院依照法律规定的程序和方式，将诉讼文书送交当事人或者其他诉讼参与人的行为。送达是人民法院单方实施的诉讼行为，对人民法院与当事人、其他诉讼参与人之间的诉讼法律关系的发生、变更和消灭有重大意义。送达作为一项诉讼活动有以下的特点：

第一，送达主体的特定性。送达的主体只能是法院，当事人或者其他诉讼参与人向人民法院递交诉讼文书，均不能称其为送达。

第二，送达对象的特定性。送达的对象是当事人及其他诉讼参与人。法院向当事人及其他诉讼参与人以外的人发送或报送材料，都不是送达。

第三，送达内容的法定性。需要交给当事人及其他诉讼参与人的是各种诉讼文书，如起诉状副本、开庭通知书、判决书、裁定书等。

第四，送达程序及方式的法定性。送达必须按法定的程序和方式进行，否则可能造成送达无效的法律后果。

诉讼文书一经送达，就会产生一定的法律后果。当事人及其他诉讼参与人可以在规定的期间内行使某种诉讼权利，履行某种诉讼义务。

二、送达的方式

送达的方式是指法院进行送达所采用的方法。受送达人有诉讼代理人的，人民法院既可以向受送达人送达，也可以向其诉讼代理人送达。送达必须依法定方式进行，根据民事诉讼法规定，送达的方式有以下七种：

（一）直接送达

直接送达，是指法院的送达人员将应当送达的诉讼文书，直接交付给受送达人，或者他的同住成年家属、诉讼代理人、代收人签收的送达方式。受送达人在送达回证上的签收日期即送达日期。诉讼文书以直接送达为原则，直接送达是最基本的送达方式。根据《民事诉讼法》规定，以下情况都属于直接送达：

（1）受送达人是公民的，应当由本人签收；本人不在的，交他的同住成年家属签收。

（2）受送达人是法人或者其他组织的，应当由法人的法定代表人、其他组织的主要负责人或者该法人、组织负责收件的人签收。签收包括法定代表人、该组织的主要负责人或者办公室、收发室、值班室等负责收件的人签收或者盖章。有关基层组织和所在单位的代表，可以是受送达人住所地的居民委员会、村民委员会的工作人员以及受送达人所在单位的工作人员。

（3）受送达人有诉讼代理人的，可以送交其诉讼代理人签收。

（4）受送达人已向人民法院指定代收人的，送交代收人签收。必须注意，离婚诉讼的诉讼文书的送达有特殊性，如果受送达的一方当事人不在时，不宜交由对方当事人签收。

（5）人民法院直接送达诉讼文书的，可以通知当事人到人民法院领取。当事人到达人民法院，拒绝签署送达回证的，视为送达。审判人员、书记员应当在送达回证上注明送达情况并签名。人民法院可以在当事人住所地以外向当事人直接送达诉讼文书。当事人拒绝签署送达回证的，采用拍照、录像等方式记录送达过程即视为送达。审判人员、书记员应当在送达回证上注明送达情况并签名。

（二）留置送达

留置送达，是指受送达人或者有资格接受送达的人拒收诉讼文书时，送达人把诉讼文书留在受送达人住所的送达方式。留置送达与直接送达具有同等的效力。根据《民事诉讼法》第86条规定，受送达人或者他的同住成年家属拒绝接受诉讼文书的，送达人可以邀请有关基层组织或者其所在单位的代表到场，说明情况，在送达回证上记明拒收事由和日期，由送达人、见证人签名或者盖章，将诉讼文书留在受送达人的住所；也可以把诉讼文书留在受送达人的住所，并采用拍照、录像等方式记录送达过程，即视为送达。适用留置送达应当注意以下问题：

（1）受送达人有诉讼代理人的，人民法院既可以向受送达人送达，也可以向其诉讼代理人送达。受送达人指定的诉讼代理人为代收人，法院向诉讼代理人送达时,适用留置送达。

(2)向法人或者其他组织送达诉讼文书,应当由法人的法定代表人、该组织的主要负责人或者办公室、收发室、值班室等负责收件的人签收或者盖章,拒绝签收或者盖章的,适用留置送达。

(3)受送达人有诉讼代理人的,人民法院既可以向受送达人送达,也可以向其诉讼代理人送达。受送达人指定诉讼代理人为代收人的,向诉讼代理人送达时,适用留置送达。

(4)调解书应当直接送达当事人本人,不适用留置送达。当事人本人因故不能签收的,可由其指定的代收人签收。当事人拒绝签收调解书的,说明调解书送达前当事人反悔,调解书不发生法律效力。

(三)委托送达

委托送达,是指受诉法院直接送达诉讼文书有困难时,委托其他法院代为送达的方式。人民法院需要委托送达时,应当出具委托函,将委托的事项和要求明确地告知受托的人民法院,并附需要送达的诉讼文书和送达回证,以受送达人在送达回证上签收的日期为送达日期。委托送达的,受委托人民法院应当自收到委托函及相关诉讼文书之日起 10 日内代为送达。

(四)邮寄送达

邮寄送达,是指受诉法院直接送达有困难时,将诉讼文书交邮局用挂号信寄给受送达人的送达方式。挂号信回执上注明的收件日期为送达日期。挂号信回执上注明的收件日期与送达回证上收件日期不一致的,或者送达回证没有寄回的,以挂号信回执上注明的收件日期为送达日期。邮寄送达方式简便易行,因此,在受诉法院"直接送达诉讼文书确有困难"时,司法实践中往往选择邮寄送达而不愿选择委托送达。法院以邮寄方式送达的民事诉讼文书,其送达与法院的直接送达具有同等的法律效力。

(五)转交送达

转交送达,是指受诉法院在特定情况下,不宜或者不便直接送达时,将诉讼文书通过受送达人所在单位转交的送达方式。

根据民事诉讼法规定,适用转交送达的情况基本包括以下三种:(1)受送达人是军人的,通过其所在部队团以上单位的政治机关转交;(2)受送达人被监禁的,通过其所在监所或者劳动改造单位转交;(3)受送达人被采取强制性教育措施的,通过其所在强制性教育机构转交。

负责代为转交的机关、单位在收到诉讼文书后,必须立即交受送达人签收,受送达人在送达回证上注明的签收日期为送达日期。

(六)公告送达

公告送达,是指受诉法院在受送达人下落不明或者采取上述方法均无法送达时,将需要送达的诉讼文书的有关内容予以公告,公告经过一定的期限即产生送达后果的送达方式。无论受送达人是否知悉公告内容,经过法定的公告期限,即视为已经送达。

根据《民事诉讼法》及《民诉解释》的规定,采取公告送达应当注意以下几个方面:

(1)公告送达是在受送达人下落不明,或者用其他方式无法送达的情况下所采用的一种送达方式。

(2)公告的法定期限是60日。自公告之日起,经过60日,即视为送达。

(3)公告的方式。公告送达可以在法院的公告栏和受送达人住所地张贴公告,也可以在报纸、信息网络等媒体上刊登公告,发出公告日期以最后张贴或者刊登的日期为准。对公告送达方式有特殊要求的,应当按要求的方式进行。公告期满,即视为送达。人民法院在受送达人住所地张贴公告的,应当采取拍照、录像等方式记录张贴过程。

(4)公告的内容。①公告送达应当说明公告送达的原因。②公告送达起诉状或者上诉状副本的,应当说明起诉或者上诉要点,受送达人答辩期限及逾期不答辩的法律后果。③公告送达传票,应当说明出庭的时间和地点及逾期不出庭的法律后果。④公告送达判决书、裁定书的,应当说明裁判的主要内容;当事人有权上诉的,还应当说明上诉权利、上诉期限和上诉的人民法院。

适用简易程序的案件,不适用公告送达。

(七)电子送达

电子送达是指人民法院采用传真、电子邮件等能够确认受送达人收悉的方式送达诉讼文书。电子送达以传真、电子邮件等到达受送达人特定系统的日期为送达日期。电子送达是现代科技信息技术在民事诉讼中的应用和实现,节约了诉讼成本和诉讼资源,扩展了送达的渠道。

(1)适用电子送达的基本条件包括:①经受送达人同意;②采用传真、电子邮件等能够确认其收悉的方式;③可能涉及当事人重要实体权利和诉讼权利的判决书、裁定书、调解书不能采取电子送达。

(2)电子送达的媒介。可以采用传真、电子邮件、移动通信等即时收悉的特定系统作为送达媒介。受送达人同意采用电子方式送达的,应当在送达地址确认书中予以确认。

(3)电子送达的的确认。到达受送达人特定系统的日期,为人民法院对应系统显示发送成功的日期，但受送达人证明到达其特定系统的日期与人民法院对应系统显示发送成功的日期不一致的，以受送达人证明到达其特定系统的日期为准。

三、送达回证

送达回证，是法院制作的，用以证明完成送达行为的书面凭证。送达诉讼文书必须有送达回证，由受送达人在送达回证上记明收到日期、签名或者盖章。受送达人在送达回证上的签收日期为送达日期，它是计算期间的主要根据。

人民法院向当事人或者其他诉讼参与人送达诉讼文书，无论采取何种送达方式，都应当有送达回证，让受送达人在送达回证上签收，以便附卷存查。接受委托代为完成或者代为转交诉讼文书的单位，应当依法将送达回证及时寄回送达的人民法院。但是，在公告送达中，因为公告期间届满的日期即是送达日期，所以无需送达回证。

第三节　诉讼费用

一、诉讼费用概述

（一）诉讼费用制度概念

诉讼费用制度，是各国民事诉讼制度的组成部分。西方国家通常制定单行的民事诉讼费用法来调整诉讼收费。在民事诉讼中征收诉讼费用，是各国在民事诉讼法中普遍规定的一项法律制度。法院之所以向当事人征收诉讼费，主要基于"受益者分担"的原理，即当事人除了作为纳税人承担支撑审判制度的一般责任外，还因为具体利用审判制度获得国家提供的纠纷解决这一服务而必须进一步负担支撑审判的部分费用。尤其在国家尚未达到足够富裕、财政还比较紧张的情况下，由国家投资的公共设施或提供的公共服务，通过适当收费以补足财政实属必要。否则，对于没有利用公共设施或没有享受公共服务的其他纳税人来说不公平。

我国民事诉讼费用征收的法律依据主要有：现行民事诉讼法，最高人民法院《民诉解释》，国务院2006年12月19日颁布、2007年4月1日开始实施的《诉讼费用交纳办法》。

民事诉讼费用，是指当事人在人民法院进行民事诉讼及相关活动，依法交纳和支付的费用。

（二）诉讼费用的意义

（1）制裁民事违法行为。诉讼费用负担的基本原则是由败诉一方当事人承担，而败诉一方当事人之所以会败诉，通常是由于其违反了法律规定或合同约定，从而给对方当事人造成了一定的损害。在此意义上，法院征收诉讼费用也就具有了某种程度的对违法行为予以制裁的功能。

(2)减少纳税人的负担和国家财政开支。如前所述,法院之所以向当事人征收诉讼费用,主要基于“受益者分担”的原理。从我国现阶段来看,国家尚不可能对民事纠纷这种私权纠纷的司法解决提供“免费的午餐”。相反,对当事人征收一定的诉讼费用既是必要的,也是合理的,有助于减少纳税人的负担和国家财政开支。

(3)防止当事人滥用诉权。诉讼费用原则上由败诉当事人和不当进行诉讼行为的人负担。因此,对于行为人而言,其在起诉时必须认真考虑是否有必要进行诉讼,在诉讼中,其诉讼行为是否妥当,从而对滥用诉权的行为起到相应的遏制作用。

(4)有利于维护国家主权和经济利益。从世界范围来看,大多数国家实行司法有偿主义,如果我们“独树一帜”地实行免费诉讼制度,在涉外民商事纠纷的司法解决中,必然会对国家的主权和经济利益造成负面的影响,同时也不符合国际交往中所遵循的平等互利原则。

(三)诉讼费用的种类

根据《诉讼费用交纳办法》第6条规定:“当事人应当向人民法院交纳的诉讼费用包括:(一)案件受理费;(二)申请费;(三)证人、鉴定人、翻译人员、理算人员在人民法院指定日期出庭发生的交通费、住宿费、生活费和误工补贴。”第7条规定:“案件受理费包括:(一)第一审案件受理费;(二)第二审案件受理费;(三)再审案件中,依照本办法规定需要交纳的案件受理费。”

诉讼费用的征收既要保障实现当事人的诉权,又要考虑到法院的工作负担。此外,确定裁判费用的征收标准,还必须考虑到裁判费用的性质,如案件为诉讼案件还是非讼事件、为财产案件还是非财产案件等。

二、非财产案件受理费的征收标准和计算方法

非财产案件受理费原则上按件计征,具体数额由人民法院在法定幅度内收取。非财产案件中涉及财产部分的受理费依不同情况,分别计收。非财产案件的收费标准如下:

(1)离婚案件,每件收取50元至300元。涉及财产分割的,财产总额不超过20万元的,不另行交纳;财产总额超过20万元的部分,按照0.5%收取。

(2)侵害姓名权、名称权、肖像权、名誉权、荣誉权及其他人格权案件,每件收取100元至500元。涉及损害赔偿,赔偿金额不超过5万元的,不另行收取;超过5万元至10万元的部分,按照1%收取;超过10万元的部分,按照0.5%收取。

(3)知识产权纠纷案件,没有争议金额或者价额的,每件收取500元至1000元;有争议金额或者价额的,按照财产案件的标准收取。

(4)劳动争议案件,每件收取10元。

(5)其他非财产案件,每件收取50元至100元。

(6)管辖权异议案件,异议不成立的,每件收取50元至100元。

三、财产案件受理费的征收标准和计算方法

财产案件是指当事人争议的权利义务关系具有一定物质的内容,或直接体现某种经济利益的案件。对于财产案件,其案件受理费按诉讼标的金额或价额的大小予以征收。这种做法的合理根据和正当性在于利用者负担的原理和逻辑。此外,还有学者认为,案件受理费按诉讼标的金额或价额征收,还能够最大限度地避免法院滥收费现象的发生。根据《诉讼费用交纳办法》的规定,财产案件受理费的征收具体分为以下三种情况:

(一)一般财产类案件受理费的征收标准和计算方法

根据诉讼请求的金额或者价额,按照下列比例分段累计交纳:

(1)不满1万元的,每件收取50元;

(2)超过1万元至10万元的部分,按2.5%收取;

(3)超过10万元至20万元的部分,按2%收取;超过20万元至50万元的部分,按1.5%收取;

(4)超过50万元至100万元的部分,按1%收取;

(5)超过100万元至200万元的部分,按0.9%收取;

(6)超过200万元至500万元的部分,按0.8%收取;

(7)超过500万元至1000万的部分,按0.7%收取;

(8)超过1000万元至2000万元的部分,按0.6%收取;

(9)超过2000万元的部分,按0.5%收取。

争议金额的大小以当事人提出的诉讼请求为准。如果请求的金额与实际争议的金额不符,由人民法院来核定。

(二)特殊财产类案件受理费的征收标准和计算方法

(1)有争议金额或者价额的知识产权民事案件,按照财产案件的标准交纳。

(2)诉讼标的物是证券的,按照证券交易规则并根据当事人起诉之日前最后一个交易日的收盘价、当日的市场价或者其载明的金额计算诉讼标的金额。

(3)诉讼标的物是房屋、土地、林木、车辆、船舶、文物等特定物或者知识产权,起诉时价值难以确定的,人民法院应当向原告释明主张过高或者过低的诉讼风险,以原告主张的价值确定诉讼标的金额。

(4)破产案件依据破产财产总额计算,按照财产案件受理费用标准减半交纳,但是,最高不超过30万元。破产程序中有关债务人的民事诉讼案件,按照财产案件标准交纳诉讼费,但劳动争议案件除外。

(三)案件受理费征收的特殊规定

《诉讼费用交纳办法》颁布实施前,我国确定诉讼费用征收标准的依据主要是两个:一是案件的诉讼性质与非诉讼性质;二是案件的财产性与非财产性。一般来说,凡采用司法有偿主义的国家,这两个依据是确定诉讼费用的征收标准时都必须考虑的因素。但是,仅仅考虑上述两个依据还不够全面,在某些情况下,不利于民事诉讼制度功能的全面发挥和民事诉讼目的的根本实现。除上述依据外,案件审理程序的繁简性、诉讼案件审理的阶段性、诉讼案件审级阶段的不同性、是否以诉讼和解或调解的方法结案等,也应成为确定诉讼费用征收标准的重要依据。基于此,《诉讼费用交纳办法》《民诉解释》在案件受理费的征收上作了如下一些特殊规定:

(1)以调解方式结案或者当事人申请撤诉的,减半交纳案件受理费。

(2)适用简易程序审理的案件减半交纳案件受理费。适用简易程序审理的案件转为普通程序的,原告自接到人民法院交纳诉讼费用通知之日起7日内补交案件受理费。原告无正当理由未按期足额补交的,按撤诉处理,已经收取的诉讼费用退还一半。

(3)对财产案件提起上诉的,按照不服一审判决部分的上诉请求数额交纳案件受理费。

(4)被告提起反诉,有独立请求权的第三人提出与本案有关的诉讼请求,人民法院决定合并审理的,分别减半交纳案件受理费。

(5)既有财产性诉讼请求,又有非财产性诉讼请求的,按照财产性诉讼请求的标准交纳诉讼费。有多个财产性诉讼请求的,合并计算交纳诉讼费;诉讼请求中有多个非财产性诉讼请求的,按一件交纳诉讼费。

(6)原告、被告、第三人分别上诉的,按照上诉请求分别预交二审案件受理费。同一方多人共同上诉的,只预交一份二审案件受理费;分别上诉的,按照上诉请求分别预交二审案件受理费。

(7)依照《诉讼费用交纳办法》第9条的规定,需要交纳案件受理费的再审案件,按照不服原判决部分的再审请求数额交纳案件受理费。

四、申请费及其征收标准

所谓申请费,是指当事人申请执行生效法律文书、财产保全等事项时,应向人民法院交纳的费用。《诉讼费用交纳办法》具体分为以下六种情况:

(1)申请执行生效法律文书的交费标准。依法向人民法院申请执行人民法院发生法律效力的判决、裁定、调解书,仲裁机构依法作出的判决和调解书,公证机构依法赋予强制执行效力的债权文书,申请承认和执行外国法院判决、裁定以及国外仲裁机构的裁决的，按照下列标准交纳：①没有执行金额或价额的，每件交纳 50 元至 500 元；②执行金额或者价额不超过 1 万元的，每件交纳 50 元；③超过 1 万元至 50 万元的部分，按照 1.5% 交纳；④超过 50 万元至 500 万元的部分，按照 1% 交纳；⑤超过 500 万元至 1000 万元的部分，按照 0.5% 交纳；⑥超过 1000 万元的部分，按照 0.1% 交纳。⑦未参加登记的权利人向人民法院提起诉讼的，按照《诉讼费用交纳办法》第 14 条第 1 项规定的标准交纳申请费，不再交纳案件受理费。

（2）申请保全措施类的交纳标准。根据实际保全的财产标的额按照下列标准交纳：①财产数额不超过 1000 元或者不涉及财产数额的，每件交纳 30 元；②超过 1000 元至 10 万元的部分，按照 1% 交纳；③超过 10 万元的部分，按照 0.5% 交纳。

但是当事人申请保全措施交纳的费用最多不超过 5000 元。

（3）依法申请支付令的，比照财产案件受理费标准的 1/3 交纳。

（4）依法申请公示催告的，每件交纳 100 元。

（5）申请撤销仲裁裁决或者认定仲裁协议效力的，每件交纳 400 元。

（6）海事案件的申请费按照下列标准交纳：①申请设立海事赔偿责任限制基金的，每件交纳 1000 元至 1 万元；②申请海事强制令的，每件交纳 1000 元至 5000 元；③申请船舶优先权催告的，每件交纳 1000 元至 5000 元；④申请海事债权登记的，每件交纳 1000 元；⑤申请共同海损理算的，每件交纳 1000 元。

五、其他诉讼费用及其征收标准

根据《诉讼费用交纳办法》的规定，其他诉讼费用的征收主要包括以下两种情况：（1）证人、鉴定人、翻译人员、理算人员在人民法院指定日期出庭发生的交通费、住宿费、生活费和误工补贴，由人民法院按照国家规定标准代为收取；（2）当事人复制案卷材料和法律文书，应当按照实际成本向人民法院交纳工本费。

此外，诉讼过程中因鉴定、公告、勘验、翻译、评估、拍卖、变卖、仓储、保管、运输、船舶监管等发生的依法应当由当事人负担的费用，人民法院根据谁主张、谁负担的原则，决定由当事人直接支付给有关机构或者单位，人民法院不得代收代付（《诉讼费用交纳办法》第 12 条）。人民法院依照《民事诉讼法》第 11 条第 3 款的规定提供当地民族通用语言、文字翻译的，不收取费用。

六、诉讼费用的预交

诉讼费用的预交，是指当事人一方预先垫付诉讼费用。预交诉讼费用的当事人不一定就是最终承担诉讼费用的当事人。

（一）案件受理费的预交

案件受理费由原告、有独立请求权的第三人、上诉人预交，被告提起反诉，依照

《诉讼费用交纳办法》的规定需要交纳案件受理费的，由被告预交。对于需要交纳案件受理费的再审案件，由申请再审的当事人预交，双方当事人都申请再审的，分别预交。追索劳动报酬的案件可以不预交案件受理费。

原告自接到人民法院交纳诉讼费用通知次日起7日内交纳案件受理费，反诉案件由提起反诉的当事人自提起反诉次日起7日内交纳案件受理费。上诉案件的受理费由上诉人向人民法院提交上诉状时预交。双方当事人都提起上诉的，分别预交。上诉人在上诉期间内未预交诉讼费用的，人民法院应当通知其在7日内预交。

(二)申请费的预交

申请费由申请人预交。但是执行申请费和破产申请费不由申请人预交，执行申请费执行后交纳，破产申请费清算后交纳。申请费由申请人在提出申请时或者在人民法院指定的期限内预交。

此外，对于证人、鉴定人、翻译人员、理算人员在人民法院指定日期出庭发生的交通费、住宿费、生活费和误工补贴，待实际发生后交纳，不需预交。

当事人逾期不交纳诉讼费用又未提出司法救助申请，或者申请司法救助未获批准，在人民法院指定期限内仍未交纳诉讼费用的，由人民法院依照有关规定处理。

(三)几种特殊情况的处理

(1)当事人在诉讼中变更诉讼请求额，案件受理费按照下列规定处理：当事人增加诉讼请求数额的，按增加后的诉讼请求数额计算补交；当事人在法庭调查终结前提出减少诉讼请求数额的，按照减少后的诉讼请求数额计算退还。

(2)依照民事诉讼法规定移送、移交的案件，原受理人民法院应当将当事人预交的诉讼费用随案移交接收案件的人民法院。人民法院审理民事案件过程中发现涉嫌刑事犯罪并将案件移送有关部门处理的，当事人交纳的案件受理费予以退还；移送后民事案件需要继续审理的，当事人已交纳的案件受理费不予退还。

(3)中止诉讼、中止执行的案件，已交纳的案件受理费、申请费不予退还。中止诉讼、中止执行的原因消除，恢复诉讼、执行的，不再交纳案件受理费、申请费。

(4)第二审人民法院决定将案件发回重审的，应当退还上诉人已交纳的第二审案件审理费。

(5)第一审人民法院裁定不予受理或者驳回起诉的，应当退还当事人已交纳的案件受理费；当事人对第一审人民法院不予审理、驳回起诉的裁定提起上诉，第二审人民法院维持第一审人民法院作出的裁定的，第一审人民法院应当退还当事人已交纳的案件受理费。

(6)依照《民事诉讼法》第151条的规定终结诉讼的案件,依照《诉讼费用交纳办法》的规定已交纳的案件受理费不予退还。

七、诉讼费用的负担

所谓诉讼费用的负担,是指在案件审判终了和执行完毕时,当事人对诉讼费用的实际承担。

(一)一审案件诉讼费用的负担

1. 败诉人负担

所谓败诉,是相对于当事人的诉讼请求而言的,当事人的请求没有得到法院承认的,即为败诉;部分不承认的,即为部分败诉。由败诉人负担诉讼费用是我国诉讼费用负担的基本原则。

(1)诉讼费用由败诉方负担,胜诉方自愿承担的除外。部分胜诉、部分败诉的,人民法院根据案件的具体情况决定当事人各自负担的诉讼费用数额。共同诉讼当事人败诉的,人民法院根据其对诉讼标的的利害关系,决定当事人各自负担的诉讼费用数额(《诉讼费用交纳办法》第29条)。

(2)债务人对督促程序未提出异议的,申请费用由债务人负担。

(3)执行申请费用由被执行人负担。

(4)证人因出庭作证而支出的合理费用,由提供证人的一方当事人先行支付,然后由败诉的一方当事人承担。

2. 撤诉人负担

民事案件的原告或者上诉人申请撤诉,人民法院裁定准许的,案件受理费由原告或者上诉人负担。

3. 协商负担

经人民法院调解达成协议的案件,诉讼费用的负担由双方当事人协商解决;协商不成的,由人民法院决定。离婚案件诉讼费用的负担由双方当事人协商解决;协商不成的,由人民法院决定。执行当事人达成和解协议的,申请费的负担由双方当事人协商解决;协商不成的,由人民法院决定。

4. 自行负担

当事人在法庭调查终结后提出减少诉讼请求数额的,减少请求数额部分的案件受理费,由变更诉讼请求的当事人负担。当事人因自身原因未能在举证期限内举证,在二审或者再审期间提出新的证据致使诉讼费用增加的,增加的诉讼费用由该当事人负担。

5. 申请人负担

(1)实现担保物权案件,人民法院裁定拍卖、变卖担保财产的,申请费由债务人、担保人负担;人民法院裁定驳回申请的,申请费由申请人负担。申请人另行起诉的,其已经交纳的申请费可以从案件受理费中扣除。

(2)债务人对督促程序提出异议致使督促程序终结的,申请费用由申请人负担;申请人另行起诉的,可以将申请费列入诉讼请求。

(3)公示催告的申请费由申请人负担。

(4)在海事案件中,诉前申请海事请求保全、海事强制令的,申请费由申请人负担;申请人就有关海事请求提起诉讼的,可将上述费用列入诉讼请求。诉前申请海事证据保全的,申请费用由申请人负担。诉讼中拍卖、变卖被扣押船舶、船载货物、船用燃油、船用物料发生的合理费用,由申请人预付,从拍卖、变卖价款中先行扣除,退还申请人。请设立海事赔偿责任限制基金、申请债权登记与受偿、申请船舶优先催告案件的申请费,由申请人负担。设立海事赔偿责任限制基金、船舶优先权催告程序中的公告费用由申请人负担。

依法向人民法院申请破产的,诉讼费用依照有关法律规定从破产财产中拨付。

(二)二审案件诉讼费用的负担

根据第二审人民法院审理上诉案件的不同结果,上诉案件费用的负担有下列几种情况:

(1)当事人一方不服原判,提起上诉的,第二审人民法院判决驳回上诉、维持原判的,第二审的诉讼费用由上诉人负担。

(2)双方当事人均不服原判,提起上诉的,第二审人民法院审理后,判决驳回上诉、维持原判的,诉讼费用由双方当事人负担。

(3)第二审人民法院对上诉案件审理后,对第一审人民法院的判决作了改判的,除应确定当事人对第二审诉讼费用的负担外,还应当相应地变更第一审人民法院对诉讼费用负担的决定。

(4)第二审人民法院审理上诉案件,经过调解达成协议的,在调解书送达后,原审人民法院的判决视为撤销。因此,对于一审和二审的全部诉讼费用,由双方当事人一并协商解决负担问题,协商不成的,由第二审人民法院一并作出决定。

(5)第二审人民法院发回原审人民法院重审的案件,上诉人预交的上诉案件受理费应予退还。

(6)裁定驳回上诉的案件不交纳案件受理费。

(三)再审案件诉讼费用的负担

依照《诉讼费用交纳办法》第9条的规定应当交纳案件受理费的再审案件,诉讼费用由申请再审的当事人负担;双方当事人都申请再审的,诉讼费用依照《诉讼费用交纳办法》第29条的规定负担。原审诉讼费用的负担由人民法院根据诉讼费用负担原则重新确定(《诉讼费用交纳办法》第32条)。

当事人不得单独对人民法院关于诉讼费用的决定提起上诉。

当事人单独对人民法院关于诉讼费用的决定有异议的,可以向作出决定的人民法院院长申请复核。复核决定应当自收到当事人申请之日起15日内作出。当事人对人民法院决定诉讼费用的计算有异议的,可以向作出决定的人民法院请求复核。计算确有错误的,作出决定的人民法院应当予以更正。

八、诉讼费用的管理和监督

《诉讼费用交纳办法》就诉讼费用的管理和监督作了专章规定,具体包括以下几个方面内容:

(1)诉讼费用的交纳和收取制度应当公示。人民法院收取诉讼费用按照其财务隶属关系使用国务院财政部门或者省级人民政府财政部门印制的财政票据。案件受理费、申请费全额上缴财政,纳入预算,实行收支两条线管理。

(2)人民法院收取诉讼费用应当向当事人开具缴费凭证,当事人持缴费凭证到指定代理银行交费。依法应当向当事人退费的,人民法院应当按照国家有关规定办理。诉讼费用缴库和退费的具体办法由国务院财政部门商最高人民法院另行制定。

在边远、水上、交通不便地区,基层巡回法庭可以当场收取诉讼费用,并向当事人出具省级人民政府财政部门印制的财政票据;不出具省级人民政府财政部门印制的财政票据的,当事人有权拒绝交纳。

(3)案件审结后,人民法院应当将诉讼费用的详细清单和当事人应当负担的数额书面通知当事人,同时在判决书、裁定书或者调解书中写明当事人各方应负担的数额。需要向当事人退还诉讼费用的,人民法院应当自法律文书生效之日起15日内退还有关当事人。

(4)价格主管部门、财政部门按照收费管理的职责分工,对诉讼费用进行管理和监督;对违反《诉讼费用交纳办法》规定的乱收费行为,依照法律、法规和国务院相关规定予以查处。

九、司法救助

(一)司法救助的概念

诉讼费用的征收可以防止滥用诉权,促进司法资源的合理配置。但是,对于那些无力支付诉讼费用的人来说,诉讼费用无疑成为接近司法、实现社会正义的障碍。因此,要保障诉权,促进司法正义的实现,还需要法院或者社会给予无力支付诉讼费用的人以必要的减免或者经济帮助,这种制度就是诉讼救助。各国都承认诉讼救助制度是诉讼费用制度的重要内容,承认并给予当事人获得诉讼救助的权利。

司法救助,是指国家或者法院根据当事人收入和经济状况,对无力支付诉讼费用者给予全额或者部分司法援助,或决定诉讼费用缓交、减交或者免交措施,以保障当事人行使诉权,免除其经济负担之忧。我国司法救助主要内容是由《人民法院诉讼收费办法》、《诉讼费用补充规定》和《人民法院诉讼费用管理办法》等司法解释确定的,其制度规范与德国比较接近。当事人进行民事诉讼时,如果经济困难、无力负担或者暂时不能足额缴纳诉讼费用,为保障其行使诉权,人民法院应当根据案件具体情况决定当事人缓交、减交或者免交诉讼费用。

(二)司法救助中诉讼费用免、减、缓的法定情形

1. 免交诉讼费用

当事人申请司法救助,符合下列情形之一的,人民法院应当准予免交诉讼费用:

(1)残疾人无固定生活来源的;

(2)追索赡养费、抚养费、抚育费、抚恤金的;

(3)最低生活保障对象、农村特困定期救济对象、农村五保供养对象或者领取失业保险金人员,无其他收入的;

(4)因见义勇为或者为保护公共利益致使自身合法权益受到损害,本人或者其近亲属请求赔偿或者补偿的;

(5)确实需要免交的其他情形。

2. 减交诉讼费用

当事人申请司法救助,符合下列情形之一的,人民法院应当准予减交诉讼费用:

(1)因自然灾害等不可抗力造成生活困难,正在接受社会救济,或者家庭生产经营难以为继的;

(2)属于国家规定的优抚、安置对象的;

(3)社会福利机构和救助管理站;

(4)确实需要减交的其他情形。

人民法院准予减交诉讼费用的,减交比例不得低于30%。

3. 缓交诉讼费用

当事人申请司法救助,符合下列情形之一的,人民法院应当准予缓交诉讼费用:

(1)追索社会保险金、经济补偿金的;

(2)海上事故、交通事故、医疗事故、工伤事故、产品质量事故或者其他人身伤

害事故的受害人请求赔偿的；

（3）正在接受有关部门法律援助的；

（4）确实需要缓交的其他情形。

（三）司法救助的适用程序

根据《诉讼费用交纳办法》及《最高人民法院关于对经济确有困难的当事人提供司法救助的规定》，司法救助的适用程序大致包括以下几点：

（1）当事人申请司法救助，应当在起诉或者上诉时提交书面申请、足以证明其确有经济困难的证明材料以及其他相关证明材料。因生活困难或者追索基本生活费用申请免交、减交诉讼费用的，还应当提供本人及其家庭经济状况符合当地民政、劳动保障等部门规定的公民经济困难标准的证明。

（2）对于当事人请求缓交诉讼费用的，由承办案件的审判人员或合议庭提出意见，报庭长审批；对于当事人请求减交、免交诉讼费用的，由承办案件的审判人员或合议庭提出意见，经庭长审核同意后，报院长审批。

（3）人民法院对当事人的司法救助申请不予批准的，应当向当事人书面说明理由。

（4）当事人申请缓交诉讼费用经审查符合《诉讼费用交纳办法》第47条规定的，人民法院应当在决定立案之前作出准予缓交的决定。

（5）人民法院对一方当事人提供司法救助，对方当事人败诉的，诉讼费用由对方当事人负担；对方当事人胜诉的，可以视申请司法救助的当事人的经济状况决定其减交、免交诉讼费用。

（6）人民法院准予当事人减交、免交诉讼费用的，应当在法律文书中载明。

拓展思考题

1. 请全面理解期间的计算规则。
2. 送达有哪些法定的方式？各种送达方式在司法实践中存在哪些潜在缺陷？
3. 我国民事诉讼中的诉讼费用制度有哪些不足之处？

第十一章

民事诉讼保障制度

【内容提要】

本章阐述了保全、先予执行以及妨碍诉讼强制措施等三种诉讼保障基本制度，明确了诉讼保障制度的基本价值目标以及不同目标之间的协调。财产保全的目的在于：保障法院判决的执行；行为保全的目的在于：停止侵害以避免无法弥补的损失；保全裁决作出应在追求程序的紧急性目标的同时，兼顾程序正当性的要求。民事保全程序具有简单、临时、附随的特征。保全的通知与审理方式迅速、简化；保全的效力暂时；保全措施依赖于本体诉讼程序。先予执行的目的在于：在紧急情况下，提前实现或部分提前实现当事人的权利，以解决当事人生活或生产的急需。它不仅解决了当事人的燃眉之急，也体现了法律对弱势群体的人文关怀。妨害诉讼强制措施，赋予了法院制止、排除妨碍诉讼行为的权力，但也可能对当事人、诉讼参与人的权利带来影响。因此，法院在维护诉讼秩序顺利进行的同时，要坚持强制措施程序法定原则，切实保障相关人员的诉讼权利，维护司法权威。

第一节 民事保全

一、民事保全的概念和种类

民事保全，是指人民法院在申请人起诉前，或者在申请人起诉后，为保障判决能够得到顺利执行，或者为避免财产损失的发生或扩大，对相关财产、争议标的物采取限制处分，或者责令被申请人为一定行为或不为一定行为的强制措施。从立法和司法实践看，一般存在两种具有不同目的的民事保全程序：一是以保障法院判决顺利执行的民事保全；二是以停止侵害，避免无法弥补损失的民事保全。

《民事诉讼法》第100条第1款规定："人民法院对于可能因当事人一方的行为

或者其他原因,使判决难以执行或者造成当事人其他损害的案件,根据对方当事人的申请,可以裁定对其财产进行保全、责令其作出一定行为或者禁止其作出一定行为;当事人没有提出申请的,人民法院在必要时也可以裁定采取保全措施。”第101条第1款规定:“利害关系人因情况紧急,不立即申请保全将会使其合法权益受到难以弥补的损害的,可以在提起诉讼或者申请仲裁前向被保全财产所在地、被申请人住所地或者对案件有管辖权的人民法院申请采取保全措施。申请人应当提供担保,不提供担保的,裁定驳回申请。”可见,根据发生阶段不同,保全可分为诉前保全和诉中保全,法律对于诉前保全与诉中保全规定了不同的法律要件;从内容上划分,保全分为财产保全与行为保全。

（一）诉前保全与诉中保全

1. 诉前保全

诉前保全,是指在紧急情况下,法院不立即采取保全措施,申请人的合法权利会受到难以弥补的损害,因此法律赋予申请人在起诉前有权申请人民法院采取保全措施。诉前保全属于应急性的保全措施,目的是保护利害关系人不致遭受无法弥补的损失。例如,双方当事人签订购销合同,买方按约定给付卖方150万元的预付款,事后发现卖方有欺诈行为,根本没有能力履行合同,而且所付货款有可能被转移,如不及时采取保全措施加以控制,必将产生难以弥补的损失。由于从债权人起诉到法院受理需要一段时间,法律就有必要赋予利害关系人在情况紧急时,请求法院及时保全可能被转移财产的权利。

根据《民事诉讼法》第101条第1款的规定,诉前保全的适用条件是:(1)需要采取诉前保全的申请必须具有给付内容。也就是说,申请人将来提起案件的诉讼请求具有给付内容,可以是物或金钱的给付,也可以是行为的给付。(2)情况紧急,不立即采取相应的保全措施可能使申请人的合法权益受到难以弥补的损失。(3)由利害关系人提出诉前保全申请。利害关系人,即与被申请人发生争议,或者认为权利受到被申请人侵犯的人。(4)诉前保全利害关系人必须提供担保。如不提供担保,人民法院将驳回保全申请。对于担保的数额,按照《民诉解释》第152条第2款的规定,应当提供相当于请求保全数额的担保;情况特殊的,人民法院可以酌情处理。

根据《民事诉讼法》第101条第3款的规定,诉前保全的申请人即利害关系人必须在人民法院采取保全措施后30日内依法提起诉讼或者申请仲裁,以便申请人与被申请人的争议事实得以查明,并依法及时解决纠纷。否则,人民法院应当解除财产保全措施。诉前保全和诉讼中保全必须交纳保全费用,具体数额依照《诉讼费用交纳办法》第13条规定的标准缴纳。

2. 诉中保全

诉中保全,是指人民法院在受理案件之后、作出判决执行之前,对当事人的财产、争议标的物或者行为,采取限制处分、责令或禁止其作出一定行为的措施。民事案件从人民法院受理到作出生效判决需要经过几个月甚至更长的时间。即使在法院判决生效后,如果债务人不履行义务,债权人申请强制执行也需要一段时间。在这一过程中,如果债务人隐匿、转移或者挥霍争议财产,或者不法侵害行为仍然继续发生,会使权利人损失不断扩大,生效的判决不能得到执行,而且会激化双方的矛盾,甚至导致当事人产生对司法公信力的怀疑,影响司法的公正。在特定情况下,有些争议标的物,如水果、水产品等,容易腐烂变质,必须及时处理、保存价款,以减少当事人的损失。

采用诉中保全应当具备如下条件:(1)保全的案件必须是给付之诉。即该案的诉讼请求具有给付内容,可以是物或金钱的给付,也可以是行为的给付。(2)因为相应的主客观因素,使判决难以执行或者造成当事人其他损害。主观因素主要是指一方当事人有转移、毁损、隐匿财物的行为或者可能采取这种损害另一方当事人权利的行为;客观因素主要是指诉讼标的物是容易变质、腐烂的物品,如果不及时采取保全措施将会造成更大损失。(3)诉中保全发生在民事案件受理后、法院生效判决执行之前。按照《民诉解释》第163条的规定,债权人因对方当事人转移财产等紧急情况,不申请保全将可能导致生效法律文书不能执行或者难以执行的,可以向执行法院申请采取保全措施。债权人在法律文书指定的履行期间届满后5日内不申请执行的,人民法院应当解除保全。在司法实践中,如果在执行期间发现被执行人有财产或者可能转移财产的,申请人可以及时通知执行法官,法官会采取查封冻结类的措施;直接执行财产的,一般没有必要再申请保全。(4)诉中保全一般应当由当事人提出书面申请,当事人没有提出申请的,人民法院在必要时也可以裁定采取保全措施。(5)人民法院可以责令当事人提供担保。人民法院依据申请人的申请,在采取诉中保全措施前,可以责令申请人提供担保。提供担保的数额应当相当于请求保全的数额。申请人不提供担保的,人民法院可以驳回申请。在诉中保全错误,给申请人造成损失的情况下,被申请人可以直接从申请人提供担保财产中得到赔偿。

诉前保全与诉中保全的区别是:第一,申请的主体不同。诉前保全是在起诉前由利害关系人向人民法院提出;诉中保全是当事人在诉讼进行中申请保全。诉中保全应当由申请人提出申请,必要时人民法院可以依职权采取保全措施。诉前保全由利害关系人提出申请,法院不得依职权采取保全措施。第二,申请保全的时间不同。诉前保全必须在起诉前向有管辖权的人民法院提出申请;诉中保全应当在案件受理后、诉讼程序进行中提出申请。第三,对申请人是否提供担保的要求不同。诉前保全,申请人必须提供担保,不提供担保的,人民法院应当驳回其申请。诉中保全,人民法院责令提供担保的,申请人必须提供担保,不提供担保的,驳回申请;没有责令申请人提供担保的,申请人可以不提供担保。这意味着在诉中保全中,根据法院的不同要求,存在申请人不提供担保的情况。

(二)财产保全与行为保全

财产保全,是指在有关财产争议的案件中,可能因纠纷一方的隐匿、转移、出卖等行为,或者相关财产有毁损、灭失等危险以及其他原因,使审理案件的人民法院判决不能执行或者难以执行时,人民法院根据利害关系人的申请或者依职权裁决,对与案件有关财产或双方所争议的标的物,采取查封、扣押、冻结、变卖以保存价款等强制性措施。财产保全是保全制度的传统形式。

行为保全,是指法院在诉讼前或诉讼中,为了避免损失的发生或扩大,根据申请人的申请或者依职权责令被申请人为一定行为或不为一定行为的民事强制措施。可以从以下几个方面对行为保全进行理解:首先,行为保全的法理依据是行为请求权。按照表现形式不同,可以将行为请求权分为作为请求权和不作为请求权。行为保全依据行为请求权的不同类型也就相应地表现为申请人要求被申请人为一定行为或者不为一定行为。其次,行为保全发生的时间是在诉讼之前或者诉讼之中,其效力最长可维持到法院判决执行之时。因此,它是在争议解决之中的中间程序。行为保全与申请人是否有理或者其实体请求能否得到满足,没有直接关系。最后,行为保全的直接目的是为了避免损失的发生或扩大。如果从司法制度整体运作看,行为保全制度的建立的主要目的是为了使法院能够作出有实际意义的裁判,从而维护司法制度的权威。

我国《专利法》、《商标法》和《著作权法》等法律规定,为维护申请人的合法权益,知识产权人或者利害关系人可以在起诉前申请法院采取措施,责令被申请人停止实施有关侵犯专利权、商标权或者著作权的行为,这就是"诉前停止侵权行为"。在诉讼法上称之为"诉前行为保全"。《保护工业产权巴黎公约》第 9 条、第 10 条规定,权利人有权对"非法缀附商标或商号"行为、"假冒原产地和生产者标记"行为、"不正当竞争的行为"采取适当的法律补救措施,以有效地制止这些非法行为。其中就包含利害关系人有申请采取停止侵权行为和诉前财产保全的权利。根据国际保护知识产权的立法和司法实践,我国 2008 年修订的《专利法》第 66 条第 1 款规定:"专利权人或者利害关系人有证据证明他人正在实施或者即将实施侵犯专利权的行为,如不及时制止将会使其合法权益受到难以弥补的损害的,可以在起诉前向人民法院申请采取责令停止有关行为的措施。"2001 年颁布的《最高人民法院关于对诉前停止侵犯专利权行为适用法律问题的若干规定》,2001 年修正的《商标法》第57条、《著作权法》第49条也有类似规定。这些规定确立了我国知识产权法的诉前财产保全制度。在上述规定及相关司法实践的基础上,2012年修改《民事诉讼法》时,在第100条和第101条中普遍性地确立了行为保全制度。

行为保全的对象是行为。根据民法原理,按照合同约定或者法律规定,在当事人之间产生特定的权利义务关系,即债。按债的客体分类,可分为财物之债和行为之债。前者表现为债务人应向债权人给付一定的财物,后者表现为债务人应向债权人履行一定的行为。在诉讼关系上,前者体现为原告请求被告给付一定的财物,后者体现为原告请求被告履行一定的行为。当债权债务关系尚处于争议状态,法院或仲裁机构未对争议的债权债务关系作出结论之前,为保全债权,避免将来的裁决难以执行,或者避免申请人损失的扩大,可以先作出保全。行为保全的对象是行为,这是区别于财产保全的最显著特征。对象上的区别决定了两者在措施上的不同。行为保全措施是责令被请求人为一定行为或不为一定行为;财产保全的措施是查封、冻结或扣押一定的财产。财产保全的功用限于确保判决的圆满执行,而行为保全却不限于此,其特点在于制止侵权行为的继续,减少损失的扩大面。其具体措施包括被申请人的作为、不作为,表现为停止侵害、排除妨害、限制活动等措施。

二、保全的程序

(一)保全启动主体

在诉讼法律关系涉及的主体中,当事人基于自己的利益,可以提出申请,启动保全程序。利害关系人可以提出诉前保全。法院是否可以依职权启动保全呢?根据《民事诉讼法》第100条第1款的规定,当事人没有提出申请的,人民法院在必要时也可以裁定采取保全措施。显然,我国现行民事诉讼法把当事人申请作为保全程序启动的主要方式,而法院依职权启动保全则是一种补充。当事人申请保全是自己权利范围内的事情,是民事程序中处分权的表现;法院依职权启动保全措施,则是法院职权主义的表现。学者们对法院依职权启动保全措施提出了不少意见,他们认为法院权力过强,是对当事人处分权的干涉。在当事人没有申请保全的情况下法院可以依职权采取保全措施,主要可能是基于四种情况的考虑:一是由于人民法院发生法律效力的判决可能得不到执行。这不仅关系到当事人权利的保障,也关系到人民法院行使审判职责的落实,为维护司法权威,法院依职权采取保全措施。二是在纠纷中债务人有转移、隐匿财产的可能。此种情况下,当债权人缺乏法律知识和经验,没有及时提出保全申请时,为了维护权利人的权益,法院依职权采取保全措施是司法公正的要求。三是当争议标的物面临毁损、变质、腐烂的危险时,双方当事人在互相推诿责任,都不对争议的财产积极处理,如法院不及时裁定保全,损失将继续扩大,判决后更难执行。法院依职权采取保全措施有现实的必要。四是如果一方当事人是国有企业，或者争议财产关系到国家、社会公共利益，在当事人不申请保全的情况下，法院主动采取保全措施能防止国有资产的流失或减少，保护国家利益和社会公共利益。其实，在审判实践中，基于诉讼保全可能出现的错误而要承担国家赔偿和审判责任的担忧，大多数法院并没有依职权主动采取保全措施。《民事诉讼法》第100条关于法院依职权主动采取保全措施的规定在司法实践中并不多见。

（二）管辖法院

保全管辖法院分为诉前保全的管辖法院与诉中保全的管辖法院，两者有很大的不同。首先，我们考察诉中保全的管辖法院。现行法律没有规定诉中保全的管辖法院。但是，由于诉中保全发生在诉讼过程中，案件管辖法院已经确定。即使先前存在管辖权之争，也已处理完毕。因此，诉中保全申请的管辖，理应属于案件受诉人民法院管辖。然后，我们考察诉前保全的管辖法院。根据《民事诉讼法》第101条第1款的规定，诉前保全的申请人可以在“被保全财产所在地”、“被申请人住所地”或者“对案件有管辖权”的人民法院申请采取保全措施。与之相对照，旧民事诉讼法没有规定保全的管辖法院；最高人民法院《民事意见》第31条规定，诉前财产保全由财产所在地的人民法院管辖。由此可见，现行民事诉讼法改变了以前保全管辖法院比较单一的局面，明确规定了诉前保全有三个法院具有管辖权。这吸收了我国《海事诉讼特别程序法》第13条规定的“海事请求保全应当向被保全的财产所在地海事法院提出的管辖”以及该法第52条规定的“当事人在起诉前申请海事强制令，应当向海事纠纷发生地海事法院提出的”立法经验。

新《民事诉讼法》扩大了管辖法院的范围更有益于申请人的权利保障。理由在于：首先，从申请人角度，可以根据自己的情况，选择对自己有利的管辖法院，以及时地保障自己的权利。如果只规定财产所在地法院有管辖权，当申请人对于被申请人的财产所在地并不知晓时，就难以找到法院管辖；如果只规定被申请人住所地法院管辖，保全申请人对于司法地方保护主义的担心，又难以消除。如果因为管辖法院产生了对自己不利的后果，也会给司法权威带来负面影响。其次，现行民事诉讼法把对案件有管辖权的法院纳入保全申请管辖法院，对以后的法院审理可能更方便一些。毕竟在审理保全申请时，会对一定的事实和证据进行审查。审查保全阶段查清的事实和证据对办案审理也可以产生一定的效力。

（三）保全裁定的作出

现行民事诉讼法没有明确规定保全裁定作出的程序。但是，根据该法第100条第3款、第101条第2款的规定，诉前保全，人民法院接受申请后，对情况紧急的，必须在48小时内作出裁定；诉中保全，情况紧急的，人民法院也必须在相同的时间内作出裁定。在这么短的时间内,不可能把对方当事人传唤到庭,进行对席审理。保全申请的简易、书面审理自然成为保全裁定作出的基本程序特征。

在司法实践中,保全裁定的作出一般采用书面审理形式,即根据申请人的书面申请直接作出裁定,而不通知对方当事人进行对席审理。也就是说,法院只对申请书中的有关事实和证据进行形式审查,不仅没有被申请人的参与,甚至不会对申请人进行必要的口头询问。某种程度上,这也是我国理论界和实务界部分人士把民事保全认定为诉讼强制措施的理由。

对保全申请采取书面审查,具有一定的合理性。第一,采取保全措施具有紧迫性,而采取对席程序进行审理,然后作出裁定,需要较长的时间,不能满足保全迅速性的要求。第二,作出保全裁决,如果事前通知对方,在没有其他配套制度约束的情况下,有可能成为被申请人及时转移财产的良机。美国之所以要求作出预备性禁令之前必须经过听审,除了程序正当的宪法要求,还因为美国有相配套的其他制度保障,如财产申报制度、藐视法庭的惩罚制度等。而在我国,信用状况令人担忧,执行难已经成为社会性的问题,而且我国也没有藐视法庭的惩罚措施,虽然在刑法上设立拒不执行判决、裁定罪,但是实际上很少运用。在这些情况下,如果一味地为了程序正当而要求保全裁定采取对席审理,显然不现实。

但是,非讼案件并不一定要求降低当事者程序参加的程度,应当在综合考虑当事者对立的程度、当事者提出主张和证据的可能性、牵涉公共利益的程度等各种要素的基础上,决定对当事者参加的程序进行保障。因此,在保全裁决中,对程序正当作出必要的牺牲并不是放弃正当程序。恰恰相反,在对保全申请书面审理时,应对该制度的缺陷尽量进行补救。这种补救措施主要包括:第一,作出裁定时要考虑由于申请不当可能给被告造成的损失,在一般情况下,应当要求原告提供必要的担保。第二,在作出裁定之后要给被申请人救济、申辩的机会。第三,对于行为保全裁定的作出更需慎重。因为在需要采取行为保全措施情形中,法官仅凭申请人的申请,通常无法对争议的法律关系作出清晰判断,错误申请所造成的损失往往难以恢复。如果考虑给被申请人一个陈述机会,对双方当事人就会显得公平一些。当然,这种言词辩论也应当是简易的,否则会引起程序的迟延。总之,在民事保全的审理程序问题上,必须在民事保全程序的紧急性目标和程序的正当性要求之间进行协调。

(四)保全的范围与措施

保全的目的是防止当事人在人民法院作出判决前处分有争议标的物或者处分判决生效后用以执行的财产,或者防止纠纷扩大。但是,如果人民法院采取保全措施不当,会给当事人财产权和人身权造成损害。例如,对当事人的银行存款全部予以冻结,超出申请人请求的范围,会使对方当事人的经营活动受到限制。《民事诉讼法》第102条规定,保全限于请求的范围,或者与本案有关的财物。最高人民法院的有关司法解释也认为,人民法院采取财产保全措施时,保全的范围应当限于当事人争执的财产,或者被告的财产,对案外人的财产不得采取财产保全措施。对案外人善意取得的与案件有关的财产,一般也不得采取保全措施。所以,财产保全的范围,不能超过申请人请求的范围,或者不能超过争议财产的价额。采取保全措施在当事人或者利害关系人的请求范围内,才能达到财产保全的目的,使申请人的权益得到实现,也避免给被申请人造成不应有的损失。

根据《民事诉讼法》第103条的规定,可以裁定对被申请人财产采取查封、扣押、冻结或者法律规定的其他方法。查封,是指人民法院将需要保全的财物清点后,加贴封条、就地封存,以防止任何单位和个人处分的一种财产保全措施。扣押,是指人民法院将需要保全的财物移置到一定的场所予以扣留,防止任何单位和个人处分的一种财产保全措施。人民法院在保全中采取查封、扣押措施时,应当妥善保管被查封、扣押的财产。当事人可以负责保管被扣押物,但是不得使用。冻结,是指人民法院依法通知有关金融单位,不准被申请人提取或者转移其存款的一种保全措施。人民法院依法冻结的款项,任何单位和个人都不准动用。财产已经被查封、冻结的,不得重复查封、冻结。行为保全在于制止侵权行为的继续,减少损失的扩大面。行为保全包括要求被申请人的作为、不作为,表现为停止侵害、排除妨害、限制活动等措施。

法律准许的其他方法包括责令被申请人提供担保等方式。责令被申请人提供担保,是指人民法院责令保证人出具书面保证书或者责令被申请人提供银行担保、实物担保的一种财产保全措施。例如,被申请人欠申请人500万元贷款,用具有相当价值的楼房担保,保证能够偿还申请人500万元。在这种情况下,人民法院可以解除冻结被申请人银行存款的保全措施,以便于被申请人能够正常经营。此外,扣留、提取被申请人的劳动收入、禁止被申请人作为等,也属于保全的方式。人民法院对季节性商品,鲜活、易腐烂变质和其他不宜长期保存的物品采取保全措施时,可以责令当事人及时处理,由人民法院保存价款;必要时,由人民法院予以变卖,保存价款。最高人民法院有关执行工作的司法解释对上述执行方法有十分明确具体的规定,保全措施可依照有关执行的规定进行。

(五)保全的救济

《民事诉讼法》第108条规定,当事人对保全裁定不服的,可以申请复议一次。复议期间不停止裁定的执行。我国海事诉讼特别程序法也作了类似的规定。适用复议程序对保全进行救济的原因在于:诉前保全裁定是在被申请人不在场的情形下作出的,而且申请人所提供的证据只是简单的和初步的,而法院对实体的权利义务关系的审理尚未展开。所以,保全裁定有可能出现错误。在此情况下,法律应当、也必须为被申请人的利益设置必要的保护机制,尤其是在作出保全裁定条件较低的情况下,事后救济更为必要。

即使是诉中保全裁定,也会使被申请人的财产、声誉甚至个人的自由都受到严重的限制和影响。尽管法院在作出保全裁定的同时也总是要求申请人提供一定的担保,但担保毕竟属于事后救济。况且被申请人由此而遭受的无形资产损失和精神上的损害常常难以弥补。在这种意义上,给予被申请人更多的保护体现了民事保全程序保护双方当事人利益的原则。此外,即使申请人保全申请被驳回,保全裁定没有对被申请人权利产生影响。但是此时申请人的权利实现面临巨大风险,复议程序也为申请人提供了进一步救济的途径。

对于复议程序,现行民事诉讼法没有规定。《最高人民法院关于对诉前停止侵犯专利权行为适用法律问题的若干规定》对人民法院对当事人提出的复议申请应当从哪些方面着手审查作出了明确的规定,其具体内容包括:第一,被申请人正在实施或即将实施的行为是否构成侵犯专利权;第二,不采取有关措施,是否会给申请人合法权益造成难以弥补的损害;第三,申请人提供担保的情况;第四,责令被申请人停止有关行为是否损害社会公共利益。这些规定,为其他民事保全裁定复议审查的可操作性提供了借鉴。

第二节 先予执行

一、先予执行的概念

先予执行,是指在法院判决生效以前,为了权利人生活或者生产经营的急需,法院裁定义务人预先给付权利人一定数额的金钱或者财物的措施。先予执行的目的在于满足权利人的迫切需要。例如,原告因高度危险作业而遭受严重的身体伤害,急需住院治疗。但是,原告无力负担医疗费用,而与义务人不能协商解决医疗费用问题,原告诉至人民法院,请求法院判决。但是,民事诉讼是一个调查、裁判的过程,从案件起诉到作出生效判决,需要经过较长时间,如不先予执行,必然使原告的治疗耽误时间,可能造成严重后果。因此,在这样的案件中,不能等人民法院作出生效判决后再由义务人履行义务。如果人民法院依法裁定先予执行,就可以解决权利人的现实困境。

二、先予执行的适用范围和条件

(一)先予执行的适用范围

先予执行是在法院已经受理案件,但是判决尚未作出或者判决尚未生效时,法院责令当事人预先履行义务。先予执行的前提是,法院判决尚未产生,或没有生效判决,当事人之间的权利义务关系尚未最终确定。所以,先予执行只适用于特定的案件。根据《民事诉讼法》第 106 条的规定,下列案件,可根据当事人的申请,裁定先予执行:第一,追索赡养费、扶养费、抚育费、抚恤金、医疗费用的案件;第二,追索劳动报酬的案件; 第三,因情况紧急需要先予执行的。其中,第三种情况主要适用于某些经济合同等案件中需要立即制止某些行为或需要立即实施一定行为的场合。根据《民诉解释》之规定,因情况紧急需要先予执行的案件包括:(1)需要立即停止侵害、排除妨害的;(2)需要立即制止某项行为的;(3)追索恢复生产、经营急需的保险理赔费的;(4)需要立即返还社保金、社会救助资金的;(5)不立即返还款项,将严重影响权利人生活和生产经营的。在先予执行的数额方面,应当限于当事人诉讼请求的范围,并以当事人的生产、生活的急需为限。

(二)先予执行的适用条件

先予执行是针对某些案件要求义务人提前履行法定义务而确立的一种诉讼制度。为避免损害被申请方当事人的利益,避免给法院判决的执行带来不必要的争议。人民法院作出先予执行裁定时,必须严格遵守法定条件。根据《民事诉讼法》第 107 条的规定,裁定先予执行的条件是:

第一,当事人之间事实基本清楚、权利义务关系明确,不先予执行将严重影响申请人的生活或生产经营。先予执行的案件,应当是在发生争议的民事法律关系中,双方当事人之间各自应享有什么样的权利,承担什么样的具体义务十分清楚。例如,原告与被告是父子关系,原告因无生活来源,请求被告给付赡养费,这种案件权利义务关系很明确。法院可以根据原告的申请,在诉讼请求的限度内,裁定被告预先给付原告一定数额的金钱,以解决原告生活急需。

第二,申请人确有困难并提出申请。申请人确有困难,主要指两种情况:一是申请人依靠被告履行义务来维持正常生活。在人民法院作出生效判决前,如不裁定先予执行,原告就无法维持正常的生活。二是原告的生产经营活动,须依靠被告提供一定条件或履行一定义务才能够进行。在人民法院判决前,如法院不裁定先予执行,将严重影响原告的生活或生产经营,甚至原告无法维持生活或者不能生产经营,才符合先予执行条件。《最高人民法院关于审理刑事附带民事诉讼案件有关问题的批复》指出,在刑事诉讼中,对于附带民事诉讼当事人提出先予执行申请的,人民法院应当依照民事诉讼法的有关规定,裁定先予执行或者驳回申请。只有当事人生活或者生产十分困难或者急需,并主动向人民法院提出先予执行申请,人民法院才能作出裁定,要求被告先予执行。人民法院不依职权作出先予执行的裁定。

第三,案件的诉讼请求属于给付之诉。案件不具有给付性质,不存在先予执行的问题。如原告要求被告给付抚育费、赡养费等诉讼,可以要求先予执行;而请求解除收养关系等诉讼,则不能请求先予执行。

第四,被申请人有履行能力。先予执行的目的是为了及时解决原告的实际困难。但是,如果被告根本就没有能力先行给付,裁定先予执行也无法执行。所以,在诉讼判决生效前,法院裁定先予执行,必须是在被申请人有履行能力的条件下作出的。

具备上述条件,人民法院就裁定先予执行。先予执行的裁定一经作出,即发生法律效力,并立即开始执行。如果当事人对先予执行裁定不服,不能上诉,但可以申请复议一次。复议期间,不停止先予执行裁定的执行。人民法院对当事人提出的复议应当及时审查,裁定正确的,通知驳回申请;裁定不正确的,作出新的裁定变更或者撤销原裁定。

三、先予执行的救济

(一)先予执行的担保

先予执行是对于当事人权利义务关系比较明确的案件,人民法院在作出判决前,即以裁定实现申请人的权利。由于先予执行的裁定不是人民法院对该案的最终判决,所以,在某些情况下会发生先予执行裁定的内容与将来的判决结果不一致的情况。在审判实践中,人民法院裁定先予执行后,被申请人在诉讼终结时反而胜诉的情况也时有出现。为了既能够达到解决申请人生活或者生产急需,又能保证被申请人的合法正当权利的目的,《民事诉讼法》第 107 条第 2 款规定:"人民法院可以责令申请人提供担保,申请人不提供担保的,驳回申请。申请人败诉的,应当赔偿被申请人因先予执行遭受的财产损失。"

(二)先予执行的赔偿

人民法院裁定先予执行后,经过法庭审理,判决申请人败诉的,申请人不仅应当将因先予执行取得的财产返还给被申请人,而且对被申请人因先予执行所遭受的经济损失,要予以赔偿。所以,在先予执行中,人民法院要根据案件的具体情况决定是否要求申请人提供担保,但是并不是所有的案件都要求申请人提供担保。司法实践中,大多数案件先予执行不要求申请人提供担保。这是由先予执行案件的特殊性决定的。先予执行本来就是在申请人的生活、生产经营遇到严重困难的紧急情况下采取的一种措施,如果还要求申请人提供财产担保,往往难以办到。强制性要求申请人提供担保,增加了申请人的困难。尤其是在追索赡养费、扶养费、抚育费、抚恤金、医疗费以及劳动报酬的案件中,提供担保,对于权利人来说无异于雪上加霜。

（三）申请人撤诉的处理

人民法院采取先予执行措施后，申请先予执行的当事人申请撤诉的，人民法院应当及时通知对方当事人、第三人或者有关的案外人。在接到通知至准予撤诉的裁定送达前，对方当事人、第三人以及有关的案外人对撤诉提出异议的，应当裁定驳回撤诉申请。

第三节　民事诉讼强制措施

一、民事诉讼强制措施的概念和意义

（一）民事诉讼强制措施的概念

民事诉讼强制措施，是指在民事诉讼中，法院为了制止和排除诉讼参与人或者案外人对民事诉讼的妨碍，维护正常的诉讼秩序，保障审判和执行活动的顺利进行，对妨害民事诉讼秩序的行为人采用的排除妨害行为的一种强制性手段，又被称为"对妨碍民事诉讼的强制措施"。民事诉讼强制措施有以下特点：第一，采取强制措施的主体是人民法院。人民法院依职权采取的强制性手段，以国家强制力作为其实施的保障，不需要任何人的申请；第二，强制措施适用于民事诉讼的全过程，既包括审判程序也包括执行程序；第三，强制措施的适用对象广泛，既包括案件当事人、其他诉讼参与人，也包括案外人；第四，各种不同的强制措施可以并用。根据妨害民事诉讼行为的不同，人民法院可以采取程度轻重不同的强制措施，既可以单独使用一种措施，也可以合并使用。

（二）民事诉讼强制措施的意义

对妨害民事诉讼采取的强制措施对维护诉讼秩序、保障民事诉讼的顺利进行方面有着重要意义：

第一，保障人民法院顺利完成审判和执行任务。人民法院是国家的审判机关，在诉讼过程中，良好的诉讼秩序和法庭纪律是法院顺利行使审判权的基本条件。但是，在诉讼活动中，有时会发生当事人拒不出庭，证人作伪证、案外人哄闹法庭等现象。这会给诉讼顺利进行造成障碍。只有对那些实施了妨害民事诉讼行为的行为人采取强制性措施，才能保证诉讼的顺利进行，体现法律的严肃性和法院的权威性。

第二，保障当事人、其他诉讼参与人行使诉讼权利。在民事诉讼中，当事人与诉讼参与人都享有一定的诉讼权利与义务，只有对拒不履行诉讼义务或侵犯他人诉讼权利的行为人采取强制措施，才能防止妨害行为继续实施，从而保证当事人及其他诉讼参与人诉讼权利的实现，使民事诉讼得以顺利进行，达到民事诉讼的最终

目的。

第三，教育公民自觉遵守法律，维护诉讼秩序，维护司法的权威性。民事诉讼强制措施的适用，不仅仅是对违法行为人本人的教育，而且也会使其他人通过生动的案例，感受到法律的威严和不可侵犯性，从而提高法律意识，自觉遵守法律。

二、妨害民事诉讼行为的构成和种类

（一）妨害民事诉讼行为的构成

妨害民事诉讼的行为，是指行为主体故意破坏和扰乱正常诉讼秩序，妨碍诉讼活动正常进行的行为。根据民事诉讼法的规定，妨害民事诉讼的行为主体，既可以是当事人，也可以是其他诉讼参与人，还可以是案外人。行为主体妨害民事诉讼，必须同时具备以下三个条件：第一，行为人已经实施了妨害民事诉讼的行为，并造成了一定的后果。这里的行为包括作为与不作为。第二，行为人实施妨害民事诉讼的行为主观上是故意的，即希望或放任妨害民事诉讼结果的发生。如果主观上不是故意的，则不构成妨害民事诉讼的行为。第三，行为人实施妨害民事诉讼的行为发生在诉讼过程中。这是构成民事诉讼妨害行为的时间要件。这里的时间不仅仅指的是审理程序，执行程序中妨害执行的行为也属于妨害民事诉讼的行为。

（二）妨碍民事诉讼行为的种类

根据民事诉讼法和最高人民法院《民诉解释》的有关规定，妨害民事诉讼的行为主要表现为下列几种：

第一，必须到庭的被告，经两次传票传唤，无正当理由拒不到庭的。必须到庭的被告，主要包括两类：一是指负有赡养、扶养、抚养义务和不到庭就无法查清案情的被告；二是给国家、集体或者他人造成损害的未成年被告的法定代理人。

第二，违反法庭规则的行为。主要表现为：哄闹冲击法庭，侮辱、诽谤、威胁、殴打审判人员；未经允许在开庭时录音、录像、拍照等行为。

第三，当事人、其他诉讼参与人以及其他人所实施的妨碍诉讼的行为。主要包括：一是伪造、毁灭重要证据，妨害人民法院审理案件；二是以暴力、威胁、贿买方法阻止证人作证或者指使、贿买、胁迫他人作伪证；三是隐藏、转移、变卖、毁损已被查封、扣押的财产或者已被清点并责令其保护的财产，转移已被冻结的财产；四是对司法工作人员、诉讼参与人、证人、翻译人员、鉴定人、勘验人、协助执行的人，进行侮辱、诽谤、诬陷、殴打或者打击报复；五是当事人之间恶意串通，企图通过诉讼、调解等方式侵害他人合法权益的；六是拒不执行人民法院已生效的裁判。

第四，有义务协助调查、执行的单位实施妨碍诉讼的行为。主要包括下列行为：一是有关单位拒绝或者妨碍法院调查取证；二是银行、信用合作社和其他有储蓄业务的单位接到人民法院协助执行通知后,拒不协助查询、冻结或者划拨存款的;三是有关单位接到人民法院协助执行通知书后,拒不协助扣留被执行人的收入,拒不办理有关财产权证照转移手续,拒不转交有关票证、证照或者其他财产;四是其他拒绝协助执行的行为。按照最高人民法院有关的司法解释,其他拒绝协助执行的行为有:其一,擅自转移已被人民法院冻结的存款,或者擅自解冻的;其二,以暴力、威胁或者其他方法阻碍司法工作人员查询、冻结、划拨银行存款的;其三,接到人民法院协助执行通知后,给当事人通风报信,协助其转移、隐匿财产的。

第五,妨害执行的行为。如隐藏、转移、变卖、毁损向人民法院提供担保的财产的行为,案外人与被执行人恶意串通转移被执行人财产的行为,伪造、隐藏、毁灭有关被执行人能力的重要证据,妨碍人民法院查明被执行人财产状况的行为,或者被执行人与他人恶意串通,通过诉讼、仲裁、调解等方式逃避履行法律文书确定的义务的。

三、强制措施的种类和适用

根据《民事诉讼法》第 109 条至第 117 条的规定,强制措施包括拘传、训诫、责令退出法庭、罚款、拘留等五种。

(一)拘传及其适用

拘传是对于必须到庭的当事人,经人民法院两次传票传唤,无正当理由拒绝出庭的,人民法院派出司法警察,强制被传唤人到庭参加诉讼活动的一种措施。

适用拘传应具备两个条件:一是拘传的对象是法律规定或法院认为必须到庭的当事人;二是必须经过两次传票传唤,被传唤人无正当理由拒不到庭。被传唤人具有不可抗力的事由,可以免除出庭义务。采取拘传的措施,由审判组织提出意见,报本院院长批准,并填写传票,直接送达被拘传人,由被拘传人签字或者盖章。

(二)训诫及其适用

训诫是人民法院对妨害民事诉讼秩序行为较轻的人,以口头方式予以严肃地批评教育,并指出其行为的违法性和危害性,令其以后不得再犯的一种强制措施。训诫的适用对象是违反法庭规则的人,并且情节较轻,尚不足以责令退出法庭、罚款或者拘留的。训诫由法官直接口头使用。

(三)责令退出法庭及其适用

责令退出法庭是指人民法院强行命令违反法庭规则的诉讼参与人或其他人离开法庭,或由司法警察依法强制其离开法庭,以防止其继续实施妨害诉讼行为的强制措施。责令退出法庭适用对象是违反法庭规则的诉讼参与人或其他人。它与训诫的强度不同:训诫只是口头的批评、教育,还允许行为人留在法庭;而责令退出法庭则是强行命令行为人退出法庭,比训诫更为严厉。审判人员既可以直接适用责令退出法庭的强制措施,也可以先适用训诫,然后视行为人的表现再决定是否适用责令退出法庭的强制措施。责令退出法庭,可以由合议庭作出决定,也可以由独任审判员决定,但应当由书记员记录在案。如果当事人被责令退出法庭的,法院应当延期审理。

(四)罚款及其适用

罚款是人民法院对实施妨害民事诉讼行为情节比较严重的行为人,责令其在规定的时间内,缴纳一定数额金钱的强制措施。罚款的适用对象是实施了《民事诉讼法》第 109 条至第 114 条规定,以及《海事诉讼特别程序》第 59 条规定行为的行为人。根据《民事诉讼法》第 115 条第 1 款规定:"对个人的罚款金额,为人民币十万元以下。对单位的罚款金额,为人民币五万元以上一百万元以下。"罚款只能由合议庭或者独任审判员提出处理意见,报请院长批准后执行。人民法院决定罚款的,应当制作决定书,并将此决定书送达行为人。被罚款人对该决定不服的,可以向上一级人民法院申请复议一次。上级人民法院应在收到复议申请后 5 日内作出决定,并将复议结果通知下级人民法院和被罚款人。复议期间不停止罚款决定的执行。

(五)拘留及其适用

拘留是人民法院对实施妨害民事诉讼行为情节严重的人,将其留置在特定的场所,在一定期限内限制其人身自由的强制措施。拘留适用对象是实施了《民事诉讼法》第 109 条至第 114 条规定行为的行为人。拘留由合议庭或者独任审判员提出处理意见,报请院长批准后,制作拘留决定书,并将决定书送达行为人。拘留期限为 15 日以下。被拘留人对该决定不服的,可以向上一级人民法院申请复议一次。上级人民法院应在收到复议申请后 5 日内作出决定,并将复议结果通知下级人民法院和被拘留人。复议期间不停止罚款决定的执行。

上述多种强制措施可以单独适用,也可以合并适用。如拘留和罚款可以合并适用,但是对同一行为事实不可以连续适用罚款和拘留。除上述强制措施外,民事诉讼法还规定,妨害民事诉讼行为情节特别严重、构成犯罪的,依法追究其刑事责任。具体程序按照最高人民法院的有关司法解释办理:第一,依照《民事诉讼法》第 110 条的规定,严重违反法庭秩序的;第 111 条第 6 款规定,拒不履行人民法院已经发生法律效力的判决、裁定的,应当追究有关人员刑事责任的,由审理该案的审判组织直接予以判决;在判决前,应当允许当事人陈述意见或者委托辩护人辩护。第二,依照《民事诉讼法》第 111 条第 1 款第 5 项、第 112 条和第 113 条的规定严重妨碍诉讼顺利进行,恶意诉讼、恶意串通妨碍执行,构成犯罪的,应当追究有关人员刑事责任的,依照刑事诉讼法的规定办理。通过司法解释可以看出,妨碍民事诉讼,构成犯罪的行为,分别有两种处理程序。对于严重违反法庭秩序,拒不履行人民法院已经发生法律效力的判决、裁定的犯罪,法院可以直接受理、审判,无需侦查机关与公诉机关的介入;对于伪造作证等其他类型的妨碍诉讼顺利进行的犯罪,则由公安机关侦查,检察机关公诉,法院审判,按照刑事诉讼法规定的程序办理。

拓展思考题

1. 诉前保全和诉讼保全有哪些区别?
2. 如何理解先予执行的适用条件?
3. 我国民事诉讼强制措施的立法体系有无不足之处?请谈谈自己看法。

程　序　篇

一般程序论

第十二章

第一审普通程序

【内容提要】

民事诉讼第一审普通程序作为程序论的开始，表明其在所有审判程序中的基础性地位，它具有程序的完整性、广泛适用性和指导性的特点，是其他审判程序适用的蓝本。本章从第一审普通程序的概念开始，系统介绍了从起诉和受理，到法院开庭审判的普通程序的全过程，并且对在审理过程中所出现的特殊情况，包括撤诉、缺席判决、延期审理、诉讼中止和诉讼终结，进行了阐述，最后对于法院审理过程中和审理完毕对案件作出的裁判类型——判决、裁定和决定进行了分析。本章学习时，应重点掌握民事诉讼第一审普通程序的基本流程，为更好地理解下文其他审判程序在此基础上的变化，做好准备。

第一节　第一审普通程序概述

一、第一审普通程序的概念

第一审普通程序，是指人民法院在审理第一审民事案件时所适用的程序。

《民事诉讼法》第10条规定，人民法院审理民事案件，依照法律规定实行两审终审制度。因此，民事诉讼审判程序包括第一审程序和第二审程序，在第一审程序中又分为普通程序和简易程序。对于第一审程序生效或者第二审程序生效的判决，如果确有错误，又设立审判监督程序予以纠正。对于特殊的民事案件，还制定了特殊程序进行审理。可见，我国民事诉讼审判程序由第一审程序、第二审程序、审判监督程序和特殊程序构成。

二、第一审普通程序的特点

对于其他的审判程序而言，第一审普通程序是基础，具有以下特点：

第一,第一审普通程序在内容上具有完整性和系统性。

第一审普通程序对从起诉和受理开始,经过审理前的准备后,对案件开庭审理,直至对案件作出判决宣告,以及在审判过程中出现的特殊情况和问题,如延期审理、缺席判决等,都作出了全面、系统、明确和完整的规定,囊括了审判程序中的各个大小环节,构建了民事诉讼审判程序的体系。这与第一审简易程序、第二审程序、审判监督程序和特殊程序相比较而言,最为完整和系统。

第二,第一审普通程序是其他审判程序的基础。

正是因为第一审普通程序的完整性和系统性,其他的审判程序都是在此基础上进行了相应的变化。对于第一审简易程序而言,是对第一审普通程序简化的结果。简易程序将普通程序中的一些步骤、环节和进程予以省略和缩减,以达到提高诉讼效率的目的。对于第二审程序而言,一方面,第一审程序(包括普通程序和简易程序)是第二审程序的基础,没有第一审程序就不可能产生第二审程序;另一方面,第二审程序只是在审理方式上对第一审普通程序进行了丰富,在第一审开庭审理的方式上增加了不开庭审理的方式,而且不开庭审理方式只是对开庭审理方式的必要补充。对于审判监督程序而言,按照其审理对象生效的时间,要么适用第一审普通程序,要么适用第二审程序,可见第一审普通程序仍然是其依据。对于特殊程序而言,其审理过程还是以第一审普通程序为基础,针对不同的案件进行适度修正。可见,第一审普通程序是其他审判程序的基础,其他审判程序都是对第一审普通程序进行适应性变化和修正的结果。

第三,第一审普通程序在适用范围上具有广泛的适用性。

同样是因为第一审普通程序的完整性和系统性,使之在适用范围上具有广泛性。具体表现为:(1)凡是基层人民法院管辖的第一审民事案件,都可以适用普通程序进行审判。(2)基层人民法院及其派出法庭,按照简易程序审理其受理的简单的第一审民事案件,法律没有作出特别规定的,仍然适用普通程序的规定;并且,当发现不应适用简易程序或者案情出现新的发展和变化时,可以改用普通程序进行审理。(3)中级以上人民法院管辖的第一审民事案件,只能适用普通程序进行审判。(4)第二审人民法院审理上诉案件,除了依照第二审程序的特殊规定外,还应当参照第一审普通程序的规定进行。(5)第二审法院发回重审的案件,以及有第一审人民法院按照审判监督程序再审的案件,都按照第一审普通程序进行。(6)审理选民资格案件、宣告失踪或者宣告死亡等案件,除了适用“特别程序”的规定外,还应当依照第一审普通程序的规定。

第二节 起诉与受理

一、起诉

(一)起诉的概念

起诉,是指公民、法人和其他组织认为自己的民事权利受到侵害或者与他人发生纠纷时,为维护自己的民事权益,按照法定的程序,以自己的名义请求人民法院通过审判给予法律保护的诉讼行为。

起诉,从法律性质上讲,是公民、法人和其他组织行使诉权的具体体现,也是其重要的诉讼权利,是当事人在发生民事纠纷后进行公力救济的唯一途径。起诉作为一种民事诉讼法律行为,一般情况下,都可以引起民事诉讼程序产生的法律后果,是民事诉讼的起点。但是,为了防止诉权的滥用和合理利用审判资源,法律对当事人的起诉作出了条件限制,只有符合法定起诉条件的起诉行为,才能真正启动民事诉讼程序。因此,从严格意义上来讲,在我国的民事诉讼范畴内,当事人的起诉尚不能被笼统地看成是诉讼的起点,符合法定条件并且得到法院受理的起诉(即有效起诉),才可以被看成是诉讼的起点;不符合法定条件而没有得到法院受理的起诉(即无效起诉),则不能被看成是诉讼的起点。[①] 当然,不论是有效起诉还是无效起诉,都必然引起法院的审查,因为是否符合条件、是否应被受理,需要经过审查后才能作出决定;同时也必然导致引起纠纷的民事法律关系诉讼时效的中断。

(二)起诉的条件

起诉的条件,是指为达成有效起诉,法律对当事人向人民法院提起审判要求、启动诉讼程序所设置的限定性规定,换言之,就是当事人形成有效起诉的必备要件。《民事诉讼法》第 119 条规定:“起诉必须符合下列条件:(一)原告是与本案有直接利害关系的公民、法人和其他组织;(二)有明确的被告;(三)有具体的诉讼请求和事实、理由;(四)属于人民法院受理民事诉讼的范围和受诉人民法院管辖。”据此,起诉包括以下条件:

1. 起诉的主体条件

(1)原告是与本案有直接利害关系的公民、法人和其他组织。

这里包括两方面的含义:第一,原告可以是公民、法人和其他组织。根据《民事诉讼法》第 48 条第 1 款的规定,公民、法人和其他组织可以作为民事诉讼的当

① 参见江伟主编:《民事诉讼法》,高等教育出版社、北京大学出版社 2004 年版,第 261 页。

事人。第二,作为原告的公民、法人和其他组织应当与案件有直接利害关系。公民、法人和其他组织,要从非诉状态下的民事纠纷的一方当事人转换为积极主动寻求救济的原告,必须同案件(民事纠纷)有直接利害关系。所谓"直接利害关系",是指原告请求人民法院予以保护的受到侵害或者与他人发生争议的民事权利,必须是其本人的合法权益或者依法受其管理、保护的民事权益。换言之,原告必须是民事纠纷所处的民事实体法律关系的主体之一。例如,著作权侵权纠纷,原告应当是著作权的合法享有者;继承权纠纷,原告是依法享有继承权的主体。

从外在的表现形态来看,"与本案有直接利害关系的原告"可以分为两种类型:一是,基于事实上的利害关系而形成的原告,即原告本身就是权利主体。在这种情况下,原告认为受到侵害或者发生争议而请求人民法院保护的民事权益,属于其直接享有,或者其认为应当由自己直接享有。二是,基于法律上的利害关系而形成的原告,即原告本身不是权利主体。在这种情况下,原告认为受到侵害或者发生争议而请求人民法院保护的民事权益,不属于其直接享有,或者其认为不应当由自己直接享有,但是根据法律的规定,基于管理关系或者身份关系,他有权对这种民事权益进行支配,因此也可以成为适格的原告。例如,著作权作者的继承人对著作权的保护。需要指出的是,这种基于法律上的利害关系而形成的原告,其与前者相比适用的场合要少很多,并且必须有法律的明文规定。

另外,根据《民事诉讼法》第121条的规定,作为原告的公民、法人和其他组织应当是具体和明确的,因此,原告在起诉状中应当列明自己的姓名、性别、年龄、民族、职业、工作单位、住所、联系方式,法人或者其他组织的名称、住所和法定代表人或者主要负责人的姓名、职务、联系方式等信息。

(2)被告是明确的公民、法人和其他组织。

所谓"被告明确",要求原告对起诉的另一方当事人特定化、明确化,也就是说,原告向人民法院提起诉讼时,必须明确指出是谁侵害了他的合法权益或者与谁发生了民事权益的争议,以便法院能够确定与原告发生民事纠纷的另一方主体的存在,以及其具体的情况,这也是构成一个诉的主体要素。因此,原告起诉时,应当明确指明被告的称谓和被告的基本情况,并提供证据证明"有"被告的存在。根据《民事诉讼法》第121条的规定,被告是自然人的,原告在起诉状中应列明其姓名、性别、工作单位、住所等信息,并提供相应的身份证明文件;被告为非自然人的,原告在起诉状中应列明其名称、住所、法定代表人等信息,并提供相应的注册登记文件。这样,人民法院才能及时将原告的诉讼请求向被告提出,并且送达各种诉讼文书,从而启动诉讼程序。

2. 起诉的事实和法律条件：有具体的诉讼请求和事实、理由

所谓“具体的诉讼请求”，是指原告要求人民法院予以保护的民事权益的具体内容和范围，也就是原告通过法院向被告提出的诉的内容的具体体现，即实体方面的明确要求。诉的种类不同，诉讼请求也有所不同。确认之诉中，诉讼请求是要求人民法院对原、被告双方是否存在某种法律关系进行确认；给付之诉中，诉讼请求是要求人民法院判令被告履行一定的义务或行为；变更之诉中，诉讼请求是要求法院变更或消灭原、被告双方现存的某种法律关系。无论原告提出的诉讼请求有何不同，都应当是“具体的”，不能模糊不清、含混晦涩。如果涉及数额，应当是确定的，如要求被告支付货款 50360 元；如果涉及民事责任，应当是指明具体种类和实现方式；再如要求被告赔礼道歉，是口头作出还是书面作出，在何种场合，以何种方式作出等。需要指出，原告起诉的诉讼请求所主张的权利可能是现行实体法明确规定的权利，也可能是现行实体法未明确规定的权利，如对青春赔偿费的权利请求。根据对于个人权利而言“法无明文禁止即为享有”的法理原则，原告提出现行实体法没有明确规定的权利的诉讼请求，人民法院也应当进行审判。

所谓“事实”，是指原告向人民法院提起的引起民事法律关系产生、变更、消灭的事件或者行为，以及民事法律关系产生、变更、消灭的原因、经过和结果。以上事实原告应当提供一定的证据予以说明，这里的证据并不要求达到完成证明责任标准，人民法院在进行审查时，只需进行形式审查，无需进行实质审查。因此，《民事诉讼法》第 121 条明确规定，原告的起诉状中只需要列明证据和证据来源，证人姓名和住所，而不要求全部的证据。从理论上讲，被告的承认可以免除原告的证明责任，因此，原告在起诉时不提供任何证据，人民法院也应当予以受理。

所谓“理由”，是指对上述事实认定的分析及其法律依据，这里的法律既包括实体法，也包括程序法；既包括法律，也包括行政法规和规章、地方性法规、司法解释、立法解释、行政解释等各种法律渊源。

3. 起诉的法院条件：属于人民法院受理民事诉讼的范围和受诉人民法院管辖

虽然从理论上来讲，只要产生民事纠纷，当事人都可以行使诉权要求人民法院进行公力救济，但是按照现行民事诉讼法的规定，并不是所有民事纠纷都可以由人民法院解决，法律给出了法院主管的民事案件的范围，在上文“主管制度”中已经进行过说明。属于人民法院主管的案件，当事人可以向人民法院提起诉讼，请求人民法院予以解决；不属于人民法院主管的案件，当事人便不能向人民法院提起诉讼，即使向人民法院提出，人民法院也不予受理。

人民法院是一个宏观的集合概念，从数量上看，从最高人民法院到地方各级人

民法院有3000多个①,对于原告的个案,只需要其中的一个法院进行处理即可。因此,原告在确定起诉的民事案件属于法院主管范围之后,还要进一步明确由哪一个具体的法院来处理此案,使得人民法院的审判权落实到具体法院。关于管辖法院的确定,原告根据上文中"管辖制度"的规则进行选择适用。

需要指出,关于民事起诉的条件,理论界有学者主张从实质要件与形式要件角度加以认识,认为《民事诉讼法》第119条是对民事起诉的实质要件的规定,而《民事诉讼法》第120条则是对民事起诉的形式要件的规定。② 还有学者认为民事起诉条件是积极条件与消极条件的有机结合。《民事诉讼法》第119条所规定的4项起诉条件,为每一起诉必须同时具备的条件,缺一不可;而《民事诉讼法》124条第(二)、(五)、(六)、(七)项所定4项起诉条件,则为每一起诉或特定起诉必须加以避免的情形,有其一则不行。因此认为,前者为起诉的积极条件,后者则为起诉的消极条件。③ 这种将民事起诉条件划分为实质要件与形式要件、积极要件与消极要件的观点,可以丰富研究视角,有助于人们更深刻地把握民事起诉行为与法院的受理行为。但是,《民事诉讼法》第119条规定的起诉条件,所有案件都必须同时具备,缺一不可,不存在特殊情形下的灵活变通问题;而起诉的形式要件,即原告需提交书面起诉状、预交案件受理费,则存在特殊情形下的特殊对待问题,具有可变通性,并非所有案件都必须具备。起诉的消极要件,实际上就是与民事起诉行为相关联的法定不予受理的列举式规定,也是在特殊情况下的特别适用,具有可变通性,并非所有案件必备条件。因此,对民事起诉条件区分为实质要件与形式要件,或积极要件与消极要件的观点,从其理论研究与实际效果上看,还存在进一步商榷之处。

(三)起诉的方式

《民事诉讼法》第120规定:"起诉应当向人民法院递交起诉状,并按照被告人数提出副本。书写起诉状确有困难的,可以口头起诉,由人民法院记入笔录,并告知对方当事人。"可见,原告向人民法院提起诉讼有书面和口头两种方式。书面方

---

① 至2011年9月底,全国共有34个省级行政区(其中:4个直辖市、23个省、5个自治区、2个特别行政区),332个地级行政区划单位(其中:282个地级市、17个地区、30个自治州、3个盟),2854个县级行政区划单位(其中:851个市辖区、370个县级市、1461个县、117自治县、49个旗、3个自治旗、2个特区、1个林区),40906个乡级行政区划单位(其中:2个区公所、6923个街道、19410个镇、13379个乡、1095个民族乡、96个苏木、1个民族苏木)。省以下行政区划单位统计不包括港澳台。上述统计来自 http://zhidao. baidu. com/question/328637335. html。

② 参见陈桂明主编:《民事诉讼法》,中国人民大学出版社2000年版,第235页。

③ 参见江伟主编:《民事诉讼法》,高等教育出版社、北京大学出版社2004年版,第269页。

式是起诉的主要方式，口头方式是一种补充，只有在当事人书写起诉状确有困难的情况下才可以适用，如原告是文盲，不会书写。

（四）起诉状的内容

以书面方式起诉时，原告应当提交起诉状，根据《民事诉讼法》第121条的规定，起诉状应当记明下列事项：

1. 当事人信息

原告的姓名、性别、年龄、民族、职业、工作单位、住所、联系方式，法人或者其他组织的名称、住所和法定代表人或者主要负责人的姓名、职务、联系方式。被告的姓名、性别、工作单位、住所等信息，法人或者其他组织的名称、住所等信息。在起诉状内容中，对被告基本信息的要求比对原告要简单一些，这样就更加便利原告行使诉权。

2. 诉讼请求和所根据的事实与理由

这既是原告起诉时必须符合的法定条件，也是起诉状应当列明的内容。原告在起诉状中载明明确的诉讼请求，即实体权利上对被告的要求，以便人民法院明确原告进行此次诉讼的具体目标；在此基础上，原告还应当说明其提出诉讼请求的客观事实基础和法律依据，以便法院进行审查，防止原告诉权的滥用。

3. 证据和证据来源，证人姓名和住所

这一项内容是对上述诉讼请求和所依据的事实的进一步补充。根据证明责任分配的原则，原告对提出的主张（诉讼请求）和所依据的事实，有责任提供证据加以证明。因此，原告在起诉状中列明证据和证据来源，表明其提起民事诉讼是有证据证明的，而不是随性而为。当然，这里的证据和证据来源仅仅是一种形式上的列明，至于这些证据是否具有证据能力和证明力，以及证据从“量”上是否达到了证明标准，都不是起诉状中需要解决的问题，这有待于案件开庭审理后，法院予以裁定。

二、受理

（一）受理的概念和意义

受理，是指人民法院对原告的起诉经过审查，对于符合法定起诉条件的，同意接受并决定立案审理，从而启动民事诉讼程序的诉讼行为。从广义上讲，民事诉讼范畴内的受理还应当包括人民法院对被告提起的反诉、有独立请求权的第三人提起的参加之诉以及上诉人提起的上诉的受理。[①] 本章主要是从原告起诉的受理上进行论述，除上诉人提起上诉的受理外的其他形式的受理，参照对原告起诉受理的规定进行。

① 江伟主编：《民事诉讼法》，高等教育出版社、北京大学出版社2004年版，第264页。

起诉和受理是对同一诉讼目的的两种不同主体的不同行为表达,起诉是当事人行使诉权的诉讼行为,受理是人民法院行使审判权的诉讼行为,只有这两种行为相结合,才可能启动民事诉讼程序。没有原告的起诉,人民法院就不可能受理,因为不告不理;没有法院的受理,原告的起诉也就失去意义,无法通过审判权来维护自身权益。因此,起诉和受理相辅相成、互相依赖,共同完成启动诉讼程序的任务。但是,起诉和受理在时间和顺序上存在先后,并不是同时进行的,法律意义上的民事诉讼程序开始的时间,是以人民法院受理的时间,即立案的时间为准。

受理工作关系到当事人的权利保障和人民法院审判权的正确行使,具有十分重要的作用和意义,受理是民事诉讼程序正确开始和顺利进行的基础和前提。

(二)受理的程序

1. 立案登记

(1)立案登记的概念和内容。立案登记,是指人民法院收到当事人的起诉材料后,应当予以接收并登记;依照起诉条件在法定期限内进行形式审查,以便作出是否受理裁定的一种登记审查制度。立案登记制度改变了原来的立案审查制度,对起诉的条件仅仅进行程序性审查。当事人只要有相关的材料,人民法院就应当登记立案,以切实解决"立案难"的问题。

《民诉解释》第208条规定,人民法院接到当事人提交的民事起诉状时,对符合民事诉讼法第119条的规定,且不属于第124条规定情形的,应当登记立案;对当场不能判定是否符合起诉条件的,应当接收起诉材料,并出具注明收到日期的书面凭证。需要补充必要相关材料的,人民法院应当及时告知当事人。为了确保立案登记制度的落实,2015年4月1日,中央全面深化改革领导小组第十一次会议审议通过了《关于人民法院推行立案登记制改革的意见》,最高人民法院4月15日印发了该意见,意见自5月1日起施行。

立案登记制改革的重点是改进工作机制,加强责任追究。具体内容包括:

① 实行当场登记立案。对符合法律规定的起诉,一律接收诉状,当场登记立案。对当场不能判定是否符合法律规定的,应当在法律规定的期限内决定是否立案。

② 实行一次性全面告知和补正。起诉材料不符合形式要件的,应当及时释明,以书面形式一次性全面告知应当补正的材料和期限。在指定期限内经补正符合法律规定条件的,人民法院应当登记立案。

③ 不符合法律规定的起诉的处理。对不符合法律规定的起诉,应当依法裁定不予受理;受理后才发现的裁定驳回起诉,并载明理由。当事人不服的,可以提起上诉。禁止不收材料、不予答复、不出具法律文书。

④ 严格执行立案标准。禁止在法律规定之外设定受理条件,全面清理和废止

不符合法律规定的立案"土政策"。

⑤ 加强内部监督以及人大监督、检察监督和社会监督等外部监督；强化责任追究，对有案不立、拖延立案、人为控制立案、"年底不立案"、干扰依法立案等违法行为，依法依纪严肃追究有关责任人员和主管领导责任。

（2）登记立案期限。根据《民事诉讼法》第123条的规定，人民法院审查原告的起诉，应当在"七日"内完成。"七日"的期限，从人民法院立案登记次日起计算；需要补充材料的，从收到相关材料次日起计算；由上级人民法院转交下级人民法院，或者基层人民法院转交人民法庭受理的案件，从受诉人民法院或人民法庭收到起诉状次日起计算；发生管辖权转移或移送管辖的，从接受人民法院收到案件的次日起计算。

2. 作出裁定

人民法院对原告的起诉进行审查后，根据法律对起诉条件和对特殊情形处理的规定，分别作出不同裁定。

（1）立案。《民事诉讼法》第123条规定："人民法院应当保障当事人依照法律规定享有的起诉权利。对符合本法第一百一十九条的起诉，必须受理。符合起诉条件的，应当在七日内立案，并通知当事人。"《民诉解释》第208条进一步规定，人民法院接到当事人提交的民事起诉状时，对符合民事诉讼法第119条的规定，且不属于第124条规定情形的，应当登记立案；对当场不能判定是否符合起诉条件的，应当接收起诉材料，并出具注明收到日期的书面凭证。需要补充必要相关材料的，人民法院应当及时告知当事人。在补齐相关材料后，应当在7日内决定是否立案。决定立案后，应当编立案号，填写立案登记表，计算案件受理费，向原告发出案件受理通知书，向被告发出案件应诉通知书，并书面通知原告预交案件受理费。决定立案后，立案机构应当在2日内将案件移送有关审判庭审理，并办理移交手续，注明移交日期。经审查决定受理或立案登记的日期为立案日期。立案的日期是民事诉讼开始的时间，是计算审理期限的起点。

根据最高人民法院相关司法解释以及审判实践经验，对于下列几种特殊情况，人民法院应当受理，予以立案：

① 裁定不予受理、驳回起诉的案件，原告再次起诉，符合起诉条件且不属于《民事诉讼法》第124条规定情形的，人民法院应予受理。

② 原告应当预交而未预交案件受理费，人民法院应当通知其预交，通知后仍不预交或者申请减、缓、免未获批准而仍不预交的，裁定按撤诉处理。

③ 原告撤诉或人民法院按撤诉处理后，原告以同一诉讼请求再次起诉的，人民法院应予受理。

④ 依照《民事诉讼法》第124条第2项的规定，当事人在书面合同中订有仲裁

条款,或者在发生纠纷后达成书面仲裁协议,但仲裁条款或者仲裁协议不成立、无效、失效、内容不明确无法执行的,一方向人民法院起诉,人民法院应当予以受理。

⑤ 夫妻一方下落不明,另一方诉至人民法院,只要求离婚,不申请宣告下落不明人失踪或死亡的案件,人民法院应当受理,对下落不明人公告送达诉讼文书。

⑥ 赡养费、扶养费、抚育费案件,裁判发生法律效力后,因新情况、新理由,一方当事人再次起诉要求增加或减少费用的,人民法院应作为新案受理。

⑦ 当事人超过诉讼时效期间起诉的,人民法院应当受理。受理后,对方当事人提出诉讼时效抗辩,人民法院经审理认为抗辩事由成立的,判决驳回其诉讼请求。

⑧ 裁判发生法律效力后,发生新的事实,当事人再次提起诉讼的,人民法院应当依法受理。

(2)不予受理。根据《民事诉讼法》第 123 条的规定,人民法院审查起诉后,对不符合起诉条件的,应当在七日内作出裁定书,不予受理;原告对裁定不服的,可以提起上诉。《最高人民法院关于人民法院立案工作的暂行规定》第 11 条和第 12 条进一步明确,人民法院对原告起诉进行审查后,对经审查不符合法定受理条件,原告坚持起诉的,应当裁定不予受理。法院在受理后,如果发现不符合起诉的条件,应当裁定驳回原告起诉。不予受理或者驳回起诉的裁定书由负责审查起诉的审判人员制作,报庭长或者院长审批。裁定书由负责审查起诉的审判员、书记员署名,并加盖人民法院印章。当事人对不予受理或者驳回起诉不服的,可以在收到裁定书后的次日起十日内向上一级法院提出上诉。

另外,根据《民事诉讼法》第 124 条和《民诉解释》的相关规定,人民法院对于下列起诉,应当分别情形,予以处理:

① 依照行政诉讼法的规定,属于行政诉讼受案范围的,告知原告提起行政诉讼。根据《行政诉讼法》第 11 条的规定,对涉及公民、法人和其他组织人身权、财产权的具体行政行为的合法性提起的诉讼,属于行政诉讼的案件受理范围,虽然行政诉讼也是向人民法院提起,但是不属于民事起诉中人民法院对民事案件的主管范围,不符合民事起诉的条件,因此,人民法院不能对此类案件进行民事立案,但是应告知原告可以向人民法院提起行政诉讼。

② 依照法律规定,双方当事人对合同纠纷自愿达成书面仲裁协议的,不得向人民法院起诉,告知原告向仲裁机构申请仲裁。一般情况下,当事人达成的合法有效的仲裁协议排除了人民法院对案件的管辖权,《仲裁法》第 5 条规定:"当事人达成仲裁协议,一方向人民法院起诉的,人民法院不予受理,但仲裁协议无效的除外。"《民事诉讼法》第 271 条规定:"涉外经济贸易、运输和海事中发生的纠纷,当事人在合同中订有仲裁条款或者事后达成书面仲裁协议,提交中华人民共和国涉

外仲裁机构或者其他仲裁机构仲裁的,当事人不得向人民法院起诉。”但是,根据《仲裁法》第26条的规定,“当事人达成仲裁协议,一方向人民法院起诉未声明有仲裁协议,人民法院受理后,另一方在首次开庭前提交仲裁协议的,人民法院应当驳回起诉,但仲裁协议无效的除外;另一方在首次开庭前未对人民法院受理该案提出异议的,视为放弃仲裁协议,人民法院应当继续审理。”

③ 依照法律规定,应当由其他机关处理的争议,告知原告向有关机关申请解决。从主管的角度看,人民法院与其他国家机关之间存在职权范围的分工。此类案件不属于人民法院主管的范围。如历次政治运动遗留的属于落实政策的房屋纠纷,由落实政策的主管部门处理等。

④ 对不属于本院管辖的案件,告知原告向有管辖权的人民法院起诉;原告坚持起诉的,裁定不予受理;立案后才发现本院没有管辖权的,应当将案件移送有管辖权的人民法院。

⑤ 对判决、裁定、调解书已经发生法律效力的案件,当事人又起诉的,告知原告申请再审,但人民法院准许撤诉的裁定除外。对于某一具体的民事案件,如果人民法院作出的判决、裁定、调解书已经发生法律效力,表明双方当事人之间的争议已经得到处理,当事人的诉权已经用尽,民事法律关系已经被重塑,根据“一事不再理”原则,当事人就同一被告、同一诉讼标的、同一理由向人民法院提起诉讼,人民法院不予受理。当事人认为生效的判决、裁定、调解书确有错误的,可以依据法律的规定申请再审;如果当事人超过法定申请再审的期限,则只能向人民法院提出申诉,由法院来决定是否再审。人民法院也应当告知当事人这一途径。

⑥ 依照法律规定,在一定期限内不得起诉的案件,在不得起诉的期限内起诉的,不予受理。这类情形主要是指《婚姻法》第34条的规定:“女方在怀孕期间、分娩后一年内或中止妊娠后六个月内,男方不得提出离婚。女方提出离婚的,或人民法院认为确有必要受理男方离婚请求的,不在此限。”

⑦ 判决不准离婚和调解和好的离婚案件,判决、调解维持收养关系的案件,没有新情况、新理由,原告在6个月内又起诉的,不予受理。离婚案件和解除收养关系案件在民事诉讼中同样具有特殊性,都是维持或者确认某种身份关系的案件。法律作出期限上的限制规定,有它的现实意义和作用。但如果原告在不得起诉期限内,提出了与原来提出离婚或解除收养关系的不同理由或情况,或者在不得起诉期限内原、被告双方发生了新的比较重大的情况或出现重要理由,原告在不得起诉期限内提起诉讼,人民法院便应当受理。至于被告在不得起诉期限内向人民法院提出诉讼请求的,则不受本条款的限制,人民法院应当受理。

⑧ 原告提供被告的姓名或者名称、住所等信息具体明确,足以使被告与他人

相区别的，可以认定为有明确的被告。起诉状列写被告信息不足以认定明确的被告的，人民法院可以告知原告补正。原告补正后仍不能确定明确的被告的，人民法院裁定不予受理。

⑨ 在人民法院首次开庭前，被告以有书面仲裁协议为由对受理民事案件提出异议的，人民法院应当进行审查。经审查符合下列情形之一的，人民法院应当裁定驳回起诉：1）仲裁机构或者人民法院已经确认仲裁协议有效的；2）当事人没有在仲裁庭首次开庭前对仲裁协议的效力提出异议的；3）仲裁协议符合仲裁法第 16 条规定且不具有仲裁法第 17 条规定情形的。

⑩ 当事人重复起诉的，裁定不予受理；已经受理的，裁定驳回起诉，但法律、司法解释另有规定的除外。当事人就已经提起诉讼的事项在诉讼过程中或者裁判生效后再次起诉，同时符合下列条件的，构成重复起诉：1）后诉与前诉的当事人相同；2）后诉与前诉的诉讼标的相同；3）后诉与前诉的诉讼请求相同，或者后诉的诉讼请求实质上否定前诉裁判结果。需要注意的是，原审原告在第二审程序或者再审程序中撤回起诉后重复起诉的，人民法院也不予受理；尽管第二审法院或者再审法院在准许撤回起诉时，应当一并裁定撤销一审或者原审裁判。

3. 受理的法律效力

人民法院受理原告的起诉后，主要产生以下三方面的法律效力：

（1）受理的人民法院享有对该案件的审判权。人民法院受理原告起诉后，就获得了对该案件专有的审理和裁判的权力，当事人不得就同一诉讼向其他人民法院再次提起诉讼。同时人民法院也必须履行审理和裁判该案件的职责，非法定原因，不得拒绝或者停止对该案件的审判。

（2）确定了当事人的诉讼地位。人民法院受理原告的起诉后，双方当事人随之产生，原告、被告的诉讼地位予以确定。原、被告双方平等地享有诉讼权利、承担诉讼义务。

（3）审限开始计算。人民法院受理原告的起诉后，意味着民事诉讼程序正式开启。此时，一审程序的审判期限便开始计算。

第三节　审理前的准备

一、审理前准备的概念和意义

民事诉讼审前准备，是指人民法院受理原告起诉后，在正式开庭审理之前，为了保证开庭审理的顺利进行，由人民法院、当事人以及其他诉讼参与人参加的，以确定当事人诉争焦点、当事人收集整理证据、人民法院确定审判组织等程序性准备工作为内容的诉讼程序。民事诉讼审前准备是普通程序中开庭审理的一个法定的必经阶段，为开庭审理的顺利进行提供了基础保障。

合理的审前准备程序对于保障诉讼公正和效率价值的实现具有显著作用。在审前程序中以程序规范和强制措施保证当事人及其诉讼代理人之间能够充分地相互交换证据和诉讼主张，获取更多的证据，确定争点和审判对象，这样一方面可以避免诉讼上的突然袭击给当事人带来的不利和对庭审过程顺利进行造成的障碍，另一方面也体现了当事人的意思自治和法官中立。另外，在审前准备程序中可以对双方当事人认可的证据和事实予以确认，在庭审中便不再用辩论裁决，只需要对当事人有争议的诉讼请求、证据和事实进行审理，进而能够大大地提高了诉讼效率，减少或避免重复开庭和拖延诉讼。

但是，从目前审判实践来看，法学理论界和实务界认识到，由于当初民事诉讼法立法的历史局限性，使得审理前的准备阶段更多地体现了人民法院职权的积极运作，而忽视了当事人诉讼主观能动性的发挥，让这一阶段成为了开庭审理的一个缩影或者局部，对诉讼公正的实现产生了一系列负面影响。因此，对现行审理前的准备阶段进行改革，已经成为了一种主流的观点。2001 年 12 月 31 日，最高人民法院颁布《民事证据规定》，明确了举证期限和证据交换制度，为审前准备阶段进行完善奠定了必要的基础。

二、审理前准备阶段的工作内容

（一）送达起诉状副本与被告答辩

《民事诉讼法》第 125 条规定："人民法院应当在立案之日起五日内将起诉状副本发送被告，被告应当在收到之日起十五日内提出答辩状。答辩状应当记明被告的姓名、性别、年龄、民族、职业、工作单位、住所、联系方式；法人或者其他组织的名称、住所和法定代表人或者主要负责人的姓名、职务、联系方式。人民法院应当在收到答辩状之日起五日内将答辩状副本发送原告。被告不提出答辩状的，不影响人民法院审理。"

所谓答辩，是指被告针对原告提出的诉讼请求及事实和理由，予以口头或者书面回答、辩解、反驳的一种诉讼行为。书面的答辩材料，称为答辩状。答辩是法律赋予被告的针对原告起诉的一项重要的诉讼权利。在民事诉讼中，原告和被告享有平等的诉讼权利，原告有权提起诉讼，被告就有权对具体的诉讼请求、事实和理由进行有针对性的回答和辩解。人民法院受理起诉后，必须将原告的起诉状副本发送被告①，被告才能获得相关信息，答辩权才能得以实现。当然，被告进行书面

① 如果原告以口头方式提起诉讼，没有书面起诉书，那么人民法院应将口述笔录送达被告。

答辩后，人民法院也应当将答辩状送达给原告，使得双方当事人都能清楚、明确地了解对方的意见和看法，为后续审理程序的顺利开展，打下良好的基础。因此，送达起诉状和答辩状不仅是人民法院的职责，也是当事人双方平等享有诉讼权利原则的具体体现和落实。需要指出，不论是原告的起诉状还是被告的答辩状，人民法院都应当据实予以送达，根据最高人民法院《民诉解释》的规定，如果当事人在诉状中有谩骂和人身攻击之词，送达副本可能引起矛盾激化，不利于案件解决的，人民法院应当说服其实事求是地修改；坚持不修改的，可以送达起诉状副本。

另外，如果被告在法定期限内没有提出答辩状，对人民法院的审理没有影响。因为答辩是被告享有的一项诉讼权利，而非诉讼义务，他可以对自己的权利进行处分，选择使用。但是《民事证据规定》第 32 条规定："被告应当在答辩期届满前提出书面答辩，阐明其对原告诉讼请求及所依据的事实和理由的意见。"这一规定表明被告人提出书面答辩具有义务性质。"此项义务的确立显然已超出了民事诉讼法的现有规定，且其实际履行亦缺乏有效的制度保障。因为，《民事证据规定》并没有为被告拒不按期提出答辩状的不作为提供任何否定性的评价机制，故从相当意义上说，此种义务的确立实际上处于形同虚设的尴尬状态，数年来的诉讼实践已充分证明了这一点。"[①]并且从法律效力原理来看，作为法律的民事诉讼法的效力明显高于作为司法解释的《民事证据规定》，《民事证据规定》的这一规定与上位法相冲突，应当是无效的。

根据《民诉解释》第 223 条的规定，当事人在提交答辩状期间提出管辖异议，又针对起诉状的内容进行答辩的，人民法院应当依照民事诉讼法第 127 条第 1 款的规定，对管辖异议进行审查。当事人未提出管辖异议，就案件实体内容进行答辩、陈述或者反诉的，可以视为受诉人民法院有管辖权，但违反级别管辖和专属管辖规定的除外。

(二)法院告知当事人有关事宜

(1)告知当事人享有的诉讼权利和承担的诉讼义务。《民事诉讼法》第 126 条规定："人民法院对决定受理的案件，应当在受理案件通知书和应诉通知书中向当事人告知有关的诉讼权利义务，或者口头告知。"这是为了保障当事人正当行使诉讼权利、履行诉讼义务的必备工作。诉讼具有相当程度的专业性，大部分当事人，特别是没有委托专业律师代理的，对于法律知识和诉讼程序的了解十分有限，因此，人民法院有义务告知双方当事人，让他们对自己的权利义务有一个基本的了解，为下面诉讼程序的进行做好准备。"有关的诉讼权利"，指在开庭审理前，当事

① 江伟主编：《民事诉讼法》，高等教育出版社、北京大学出版社 2004 年版，第 271 页。

人为准备诉讼所应当享有的诉讼权利，主要包括委托诉讼代理人的权利、提出回避申请的权利、收集提供证据的权利、使用本民族语言文字进行诉讼的权利、被告提出反诉的权利等。至于当事人享有的请求调解的权利、进行辩论的权利、提起上诉的权利，胜诉一方当事人有申请执行的权利，原告有提出撤诉、放弃和变更诉讼请求的权利、被告有承认或者反驳原告诉讼请求的权利等，可以根据实际情况的需要，在开庭审理时告知，或者立案时告知。人民法院告知权利义务时，可以书面告知，也可以口头告知。实践中以书面告知为主，口头告知主要是在庭审过程中当庭告知。《第一审经济纠纷案件适用普通程序开庭审理的若干规定》第 1 条规定："人民法院对决定受理的案件，应当在受理案件通知书和应诉通知书中，向当事人告知有关的诉讼权利义务，或者口头予以告知。如果已经确定开庭日期的，应当一并告知当事人及其诉讼代理人开庭的时间、地点。"进一步明确了人民法院告知当事人权利义务的方式和途径。

（2）告知当事人合议庭组成人员。《民事诉讼法》第 128 条规定："合议庭组成人员确定后，应当在三日内告知当事人。"依照第一审普通程序审理的案件，必须组成合议庭审理。无论是由审判员单独组成合议庭，还是由审判员和陪审员共同组成合议庭，合议庭组成人员确定后，应当在三日内告知当事人。告知时，人民法院一般采用"合议庭组成人员通知书"的形式。根据《第一审经济纠纷案件适用普通程序开庭审理的若干规定》第 1 条的规定，告知后，因情事变化，必须调整合议庭组成人员的，应当于调整后三日内告知当事人。在开庭前三日内决定调整合议庭组成人员的，原定的开庭日期应予顺延。及时将合议庭组成人员的姓名及有关情况告知当事人，主要为了使得当事人了解该案件的审判人员同本案的关系，以便于当事人及时决定是否提出回避申请，避免当事人当庭提出回避而引起的不必要拖延。

（三）审核诉讼材料与调查收集必要的证据

《民事诉讼法》第 129 条规定："审判人员必须认真审核诉讼材料，调查收集必要的证据。"这里的"诉讼材料"，是指原、被告双方向受诉人民法院提交的起诉状、答辩状以及各自的证据。"必要的证据"，是指当事人及其诉讼代理人因客观原因不能自行收集，按规定程序向人民法院提出申请收集，或者是人民法院认为案件审理所需要的证据。审判人员通过对相关诉讼材料和原、被告双方提交的证据进行审查，对案件事实有一个初步的了解，熟悉案件情况，把握案件性质，以便组织、形成开庭工作的大纲和梗概，在指挥、引导庭审时做到"心中有数"，保证开庭审理的顺利进行。同时对于必要证据进行收集，尽可能避免在开庭过程中当事人临时提出调取新的证据、传唤新的证人到庭的情况而引起的诉讼时限的拖延，提高诉讼效率。

需要指出，审判人员对诉讼材料的核实应当局限于程序上和形式上的审核，不能进行实质性的核查，例如相关的诉讼材料是否齐备，在形式上是否规范等。特别是在证据的收集调查上，法院不能主动对证据进行调查收集，其调查收集仅仅是对当事人收集证据"不能"的一种补充，并且有严格的程序限制，调查收集证据的审判人员与案件审理的审判人员应当予以分离。否则，人民法院的这一审前准备工作，会导致法官产生先入为主印象，使得开庭审理过程流于形式。法官主动地、过多地参与实质性的证据调查工作，对法官理性的判断会产生不当的干扰，对裁判的公正性和正确性都会造成负面的影响。人民法院可以依职权调查收集证据，也可以根据当事人的申请调查收集证据；可以直接调查，也可以委托调查。人民法院调查收集证据详见"民事诉讼证据"一章的内容。

（四）追加当事人

追加当事人，是指必须共同进行诉讼的当事人没有参加诉讼，人民法院根据当事人的申请或依职权通知其参加诉讼的行为。

依照《民诉解释》第 73 条的规定，必须共同进行诉讼的当事人没有参加诉讼的，人民法院应当通知其参加；当事人也可以向人民法院申请追加。人民法院对当事人提出的申请，应当进行审查，申请理由不成立的，裁定驳回；申请理由成立的，书面通知被追加的当事人参加诉讼。

追加当事人有两种情况：一是追加共同原告，二是追加共同被告。追加共同原告，是指必须共同进行诉讼的原告，没有参加诉讼，根据当事人的申请或人民法院依职权，通知其参加诉讼的诉讼行为。追加被告，是指必须共同进行诉讼的被告，没有参加诉讼，根据当事人的申请或人民法院依职权，通知其参加诉讼的诉讼行为。除此之外，审判实践中，人民法院在阅卷和调查中，发现必须共同进行诉讼的第三人没有参加诉讼时，应当及时书面通知其参加诉讼，以便正确处理案件。

人民法院无论是追加共同原告，还是追加共同被告，追加后，应通知其他当事人。人民法院发出追加通知后，被追加的当事人参加诉讼，则诉讼程序继续进行。如果被追加的当事人不愿意参加诉讼，则视不同情形分别处理：

（1）追加的共同原告明确表示放弃享有的实体权利的，可不予追加，诉讼程序继续进行。如果该原告既不放弃实体权利，又不愿意参加诉讼，仍应追加为共同原告；其不参加诉讼，不影响人民法院对案件的审理和依法作出判决。

（2）追加的共同被告，人民法院通知其参加诉讼，如果该被告属必须到庭的，经两次传票传唤，无正当理由拒不到庭的，可对其采取拘传措施，强制其到庭。如果被追加的被告不是必须到庭的被告，经传票传唤拒不到庭的，直接缺席判决。从审判实践来看，抚养、赡养、抚育案件等被告不到庭就不容易查清案件事实的案件，其被告属于必须到庭的被告。

(五)庭审前的程序分流处理

《民事诉讼法》第133条确立了开庭前的程序分流机制:

(1)当事人没有争议,符合督促程序规定条件的,可以转入督促程序。详见"督促程序"一章的内容。

(2)开庭前可以调解的,采取调解方式及时解决纠纷。详见"法院调解"一章的内容。

(3)根据案件情况,确定适用简易程序或者普通程序。详见"第一审简易程序"一章的内容。

(4)需要开庭审理的,通过要求当事人交换证据等方式,明确争议焦点。详见"民事诉讼证据"一章的内容。

(六)其他的准备工作

根据民事诉讼法和《民事证据规定》和《民诉解释》的相关规定,人民法院的审前准备阶段还应当进行以下工作:

(1)向当事人送达举证通知书。根据《民事证据规定》的相关规定,人民法院应当在送达案件受理通知书和应诉通知书的同时向当事人送达举证通知书。举证通知书应当载明举证责任的分配原则与要求、可以向人民法院申请调查取证的情形、人民法院根据案件情况指定的举证期限以及逾期提供证据的法律后果。《民诉解释》第99条规定:"人民法院应当在审理前的准备阶段确定当事人的举证期限。举证期限可以由当事人协商,并经人民法院准许。人民法院确定举证期限,第一审普通程序案件不得少于十五日,当事人提供新的证据的第二审案件不得少于十日。举证期限届满后,当事人对已经提供的证据,申请提供反驳证据或者对证据来源、形式等方面的瑕疵进行补正的,人民法院可以酌情再次确定举证期限,该期限不受前款规定的限制。"

(2)决定是否巡回办案。《民事诉讼法》第135条规定,人民法院审理民事案件,根据需要进行巡回审理,就地办案。所谓"巡回审理,就地办案",是指人民法院审理民事案件根据实际需要,组成法庭,到当事人所在地或案件发生地实行巡回审理,就地或就近办案的一种审理形式。这是我国司法工作的一项优良传统,是我国民事诉讼法的重要特征之一,它体现了便利人民群众诉讼、便利人民法院审判工作的"两便原则"。所谓人民法院"根据需要",主要考虑采取巡回审理、就地办案的方式,以有利于人民法院查明案情、分清是非、正确及时处理纠纷,避免诉讼参加人往返住所地和人民法院之间造成的不必要浪费以及教育案件发生地广大群众为主导因素。派出的法庭可以是人民法院临时组成的法庭,也可以是基层人民法院常设的派出法庭。需要指出的是,虽然《民事诉讼法》第135条的规定设置在“开庭审理”这一节,但是从其内容来看,必须在开庭审理前完成,属于审前准备工作。

(3)确定开庭时间,并通知诉讼参与人。《民事诉讼法》第136条规定:“人民法院审理民事案件,应当在开庭三日前通知当事人和其他诉讼参与人。公开审理的,应当公告当事人姓名、案由和开庭的时间、地点。”《民诉解释》第227条进一步规定:“人民法院适用普通程序审理案件,应当在开庭三日前用传票传唤当事人。对诉讼代理人、证人、鉴定人、勘验人、翻译人员应当用通知书通知其到庭。当事人或者其他诉讼参与人在外地的,应当留有必要的在途时间。”

(4)证据保全。根据《民诉解释》第98条的规定,当事人申请证据保全的,可以在举证期限届满前书面提出。证据保全可能对他人造成损失的,人民法院应当责令申请人提供相应的担保。

(5)召开庭前会议。人民法院可以在答辩期届满后,通过组织证据交换、召集庭前会议等方式,作好审理前的准备。根据案件具体情况,庭前会议可以包括下列内容:①明确原告的诉讼请求和被告的答辩意见;②审查处理当事人增加、变更诉讼请求的申请和提出的反诉,以及第三人提出的与本案有关的诉讼请求;③根据当事人的申请决定调查收集证据,委托鉴定,要求当事人提供证据,进行勘验和证据保全;④组织交换证据;⑤归纳争议焦点;⑥进行调解。人民法院应当根据当事人的诉讼请求、答辩意见以及证据交换的情况,归纳争议焦点,并就归纳的争议焦点征求当事人的意见。

综上,民事诉讼中审前准备的内容十分庞杂,不仅涉及民事诉讼法第12章第2节“审理前的准备”的规定,还涉及民事诉讼法的其他规定,以及诸多司法解释的规定。因此,人民法院和当事人应当高度重视这一阶段,并严格按照法律和司法解释的规定完成准备阶段的各自任务,以确保开庭审理阶段的顺利进行,为法院的最终裁决打下坚实基础。

第四节 开庭审理

一、开庭审理的概念和意义

开庭审理,又称为法庭审理,是指人民法院在完成审理前的各项准备后,于确定的期日,在当事人及其他诉讼参与人的参加下,依照法律规定的形式和程序,在法庭上对案件进行实体审理的诉讼活动。

开庭审理是包括普通程序在内的所有审理程序的必经阶段,这一阶段的主要任务是通过法庭调查和法庭辩论,全面审查核实证据,查明案情,分清是非责任,在此基础上适用法律，通过合议庭评议后作出裁判，以确认双方当事人之间的权利义务，制裁民事违法行为，保护当事人的合法权益，维护法律的威严。在这一阶段中，民事诉讼法律关系的所有主体都将汇集在一起，共同参加诉讼活动，民事诉讼中的各项基本原则和制度也将集中体现；双方当事人面对面地直接交锋，他们所享有的众多诉讼权利将得到充分行使。可见，开庭审理是对民事案件进行审理的中心环节，是普通程序中最基本、最重要的诉讼阶段，在整个民事诉讼活动中具有极其重要的意义：

第一，开庭审理是人民法院顺利完成审判任务、作出公正裁判的重要保障。人民法院裁判应当以事实为依据，在对民事案件进行开庭审理过程中，经过当事人、证人及其他诉讼参与人的陈述、作证及互相质证，可以全面地审查核实各种证据，辨明真伪，查明案件事实，依法对案件作出公正的裁决。

第二，开庭审理能使审判人员依法办案，提高审判质量及办案效率。依法对案件开庭审理，将人民法院的审判工作置于广大群众的监督之下，可以增强审判人员的责任心，防止徇私舞弊、枉法断案，是促使审判人员高质量地完成审判工作的重要保证。

第三，开庭审理可以保障当事人充分行使诉讼权利。开庭审理的过程，既是人民法院依法行使审判权的过程，也是当事人充分行使法律赋予自己的各项诉讼权利的重要阶段。在法庭上，诉讼参加人依法享有的各项诉讼权利行使得是否充分，直接关系到其自身的权益。因此，面对人民法院的审判人员，出于维护自己合法权益的目的，当事人应将法庭作为行使诉讼权利的重要场所。当事人通过申请回避、提供证据、质疑证据、进行辩论、采取程序性诉讼策略、依法处分权利等，充分展示自己的主张和观点，反驳对方的诉求，说服法官支持自己的主张，以维护和争取自己的权益。因此，开庭审理对当事人来讲有着极为重要的意义。

第四，开庭审理有利于进行法制宣传教育。开庭审理，尤其是公开审理，法庭成为了进行法制宣传教育的课堂，无论是诉讼参加人，还是旁听群众都能受到生动深刻的法制教育。这对于防止纠纷、减少诉讼，提高公民守法意识有着重要作用。

二、开庭审理的方式

根据《民事诉讼法》第134条的规定，开庭审理可分为公开审理和不公开审理两种方式。

所谓公开审理，是指人民法院审理民事案件，除合议庭评议案件外，将审判的全过程向社会公众和媒体公开，允许群众旁听，允许新闻媒体采访报道。

所谓不公开审理，是指依照法律规定，在特殊情况下，人民法院审理民事案件时，除了当事人、其他诉讼参与人外，法庭审理的全过程（宣判阶段除外）不向社会公众和媒体公开，不允许群众旁听，也不允许新闻媒体采访报道。不公开审理的案件包括两类：一是法定不公开审理的案件，包括涉及国家秘密、涉及个人隐私的案件；二是当事人申请，由人民法院决定不公开审理的案件，包括离婚案件、涉及商业秘密的案件。

人民法院公开审理和不公开审理的案件，依据《民事诉讼法》第148条的规定，宣告判决一律公开进行。

需要说明的是，不论采取公开审理的方式，还是不公开审理的方式，人民法院都应当开庭审理，开庭审理是第一审程序（包括第一审普通程序和第一审简易程序）审理的唯一和必经途径。

三、开庭审理的程序

根据民事诉讼法的有关规定，开庭审理可分为开庭准备、法庭调查、法庭辩论、休庭评议和宣告判决几个阶段。根据《民诉解释》第230条的规定，人民法院根据案件具体情况并征得当事人同意，可以将法庭调查和法庭辩论合并进行。

（一）开庭准备

开庭准备，是指在事先确定的开庭期日到来时，正式进入实体审理前，为保证案件审理的顺利进行，由受诉人民法院进行并完成的准备活动。开庭准备是开庭审理的最初预备阶段，它不同于"审理前的准备"。根据《民事诉讼法》第137条的规定，开庭审理前，应当准备以下工作：

（1）查明当事人及其他诉讼参与人是否到庭，宣布法庭纪律。

查明当事人及其他诉讼参与人是否到庭及向当事人及旁听群众宣布法庭纪律，均由书记员进行。当事人或者其他诉讼参与人没有到庭的，应当将情况及时向审判长报告，并由合议庭确定是否需要延期审理或者中止诉讼。决定延期审理的，应当及时通知当事人和其他诉讼参与人；决定中止审理的，应当制作裁定书，发给当事人。原告经传票传唤无正当理由拒不到庭的，可以按撤诉处理；被告经传票传唤无正当理由拒不到庭的，可以缺席判决。当事人提供的证人在人民法院通知开庭的日期，没有正当理由拒不到庭的，由提供该证人的当事人承担举证不能的责任。当事人和其他诉讼参与人均已按时到庭的，或者虽有当事人或者其他诉讼参与人没有按时到庭，但合议庭确定不需要延期开庭，或者中止诉讼，或者按撤诉处理的，书记员应当宣布当事人及其他诉讼参与人入庭。

当事人及其他诉讼参与人入庭后，书记员应当宣布法庭纪律。根据《中华人民共和国人民法院法庭规则》第7条、第9条和第10条的规定，法庭纪律主要包括：第一，诉讼参与人应当遵守法庭规则，维护法庭秩序，不得喧哗、吵闹；发言、陈述和辩论，须经审判长或者独任审判员许可。第二，旁听人员不得录音、录像和摄影；不得随意走动和进入审判区；不得发言、提问；不得鼓掌、喧哗、哄闹和实施其他妨害审判活动的行为。第三，新闻记者旁听应遵守本规则。未经审判长或者独任审判员许可，不得在庭审过程中录音、录像和摄影。

(2)核对当事人，宣布案由，宣布审判人员、书记员名单，告知当事人有关的诉讼权利义务，询问当事人是否提出回避申请。

书记员在宣读完法庭纪律后，应当提示全体起立，请审判长、审判员(或者人民陪审员)入庭，然后书记员应当向审判长报告当事人及其诉讼代理人的出庭情况，审判长核对当事人。该项准备工作可以防止出现冒名顶替当事人的情况。核对当事人主要包括查明原告、被告、诉讼代表人、第三人及其诉讼代理人的姓名、性别、年龄、职业、住所等基本情况。查明诉讼代理人是否持有授权委托书、委托权限如何。告知当事人的有关诉讼权利和义务以保证当事人充分行使其权利、承担其义务。如果当事人提出回避申请，人民法院依法审查作出准予或不准予的决定。没有提出回避申请的，法庭审理进入法庭调查阶段。

(二)法庭调查

法庭调查，是指审判人员在法庭上通过审查双方当事人提交的证据，来确认案件事实，为正确裁判奠定事实基础的诉讼活动。法庭调查，是法庭审理的重要阶段，是开庭审理的中心环节。法庭调查在审判人员的主持和指挥下进行，原告陈述诉讼请求、事实和理由，被告进行答辩，双方均以言辞方式提交各种证据，来证明其主张或者答辩；并且对对方提交的证据提出意见和看法，进行质疑。审判人员通过听取双方当事人的陈述或者主动调查，来查明案件事实。

《民事诉讼法》第138条规定："法庭调查按照下列顺序进行：(一)当事人陈述；(二)告知证人的权利义务，证人作证，宣读未到庭的证人证言；(三)出示书证、物证、视听资料和电子数据；(四)宣读鉴定意见；(五)宣读勘验笔录。"

1. 当事人陈述

当事人向法庭进行陈述是法庭调查的第一步。当事人陈述，是指当事人在开庭审理中对案件情况所作的叙述。从词性的角度来讲，这里的当事人陈述表明的是一种诉讼行为，而不是一个作为证据种类的名词。开庭时，一般按照原告先陈述、被告后陈述，最后第三人陈述的顺序来进行。

原告陈述的内容主要包括：向人民法院提出的具体的诉讼请求、根据的事实和理由、提供的证据种类及证据的来源。原告有诉讼代理人的，诉讼代理人也可以在原告陈述后作适当补充。被告陈述的内容主要包括：提出答辩的主张及事实和证据。提出反诉的，说明反诉的具体请求以及根据的事实和理由。被告有诉讼代理人的，诉讼代理人在被告陈述后可作补充陈述。第三人陈述可分为两种情况：有独立请求权的第三人应说明其提出诉讼的具体请求，根据的事实和理由，提供的证据情况，对原、被告陈述的意见。无独立请求权的第三人应向人民法院说明参加诉讼的原因、与案件及有关当事人的关系等。

当事人陈述完毕后，审判人员可以就争执的焦点或不明确的问题再次向当事人进行询问，引导当事人对案件事实和争议的问题进一步补充陈述或争论。

2. 当事人举证质证

证据应当在法庭上出示，由当事人质证。未经质证的证据，不能作为认定案件事实的依据。当事人当庭举证时，法庭应当指示当事人出示证据并进行说明。说明的内容包括证据的名称、种类、来源、内容以及证明对象等。质证时，当事人应当围绕证据的真实性、关联性、合法性，针对证据证明力有无以及证明力大小，进行质疑、说明与辩驳。举证质证按下列顺序进行：第一，原告出示证据，被告、第三人与原告进行质证；第二，被告出示证据，原告、第三人与被告进行质证；第三，第三人出示证据，原告、被告与第三人进行质证。人民法院依照当事人申请调查收集的证据，作为提出申请的一方当事人提供的证据。人民法院依照职权调查收集的证据应当在庭审时出示，听取当事人意见，并可就调查收集该证据的情况予以说明。由法庭调取的证据由法庭或者申请调取该证据的当事人出示并说明。举证质证一般情况下是一证一举一质，但是审判人员也可以根据案情的实际需要，对一组证据举证完毕后，再对这一组证据进行质证。

当事人举证质证，一般按照下列证据种类的顺序来进行。

(1)对证人证言进行举证质证。证人应当出庭作证，接受当事人的质询。证人在人民法院组织双方当事人交换证据时出席陈述证言的，可视为出庭作证。证人出庭作证时，应当首先查明证人的姓名、年龄、职业和住所等情况，告知证人的权利义务，说明作伪证应负的法律责任。然后，由证人陈述所了解的案件情况。出庭作证的证人应当客观陈述其亲身感知的事实。证人为聋哑人的，可以以其他表达方式作证。证人作证时，不得使用猜测、推断或者评论性的语言。审判人员和当事人可以对证人进行询问。询问证人不得使用威胁、侮辱及不适当引导证人的言语和方式。证人不得旁听法庭审理，询问证人时，其他证人不得在场。人民法院认为有必要的，可以让证人进行对质。对于确有困难不能出庭的证人[①]，前款情形，经人民法院许可，证人可以提交书面证言或者视听资料或者通过双向视听传输技术

① 《民事证据规定》第56条规定："《民事诉讼法》第七十条规定的'证人确有困难不能出庭'，是指有下列情形：(一)年迈体弱或者行动不便无法出庭的；(二)特殊岗位确实无法离开的；(三)路途特别遥远，交通不便难以出庭的；(四)因自然灾害等不可抗力的原因无法出庭的；(五)其他无法出庭的特殊情况。"

手段作证。其证人证言由审判人员当庭宣读,允许当事人提出意见或异议。当事人在法庭上也可以提出新的证据。当事人要求重新进行调查,是否准许,由人民法院决定。

(2)对书证、物证、视听资料和电子数据进行举证质证。对书证、物证、视听资料进行质证时,当事人有权要求出示证据的原件或者原物。但有下列情况之一的除外:第一,出示原件或者原物确有困难并经人民法院准许出示复制件或者复制品的。第二,原件或者原物已不存在,但有证据证明复制件、复制品与原件或原物一致的。可以不出示原件或者原物的,应当出示复制件或者复制品。对电子数据进行质证时,应当说明电子数据的取得途径和出处。质证时,当事人应当围绕上述证据的真实性、关联性、合法性,针对证据证明力有无以及证明力大小,进行质疑、说明与辩驳。

(3)对鉴定意见进行举证质证。鉴定人应当出庭接受当事人质询。鉴定人宣读其鉴定意见前,审判人员应当告知鉴定人的权利和义务,以及故意作错误的鉴定应负的法律责任。鉴定人宣读过程中,应就鉴定的方法、过程及依据向法庭予以说明。经法庭许可,当事人可以向鉴定人发问。询问鉴定人不得使用威胁、侮辱及不适当引导证人的言语和方式。当事人可以向人民法院申请由一至二名具有专门知识的人员出庭就案件的专门性问题进行说明。人民法院准许其申请的,有关费用由提出申请的当事人负担。审判人员和当事人可以对出庭的具有专门知识的人员进行询问。经人民法院准许,可以由当事人各自申请的具有专门知识的人员就有案件中的问题进行对质。具有专门知识的人员可以对鉴定人进行询问。当事人申请重新进行鉴定的,由人民法院决定是否准许。鉴定人不得旁听案件审理。鉴定人确因特殊原因无法出庭的,提供鉴定意见的一方当事人应当当庭出示并宣读鉴定意见书,由对方当事人进行质证;经人民法院准许,可以书面答复当事人的质询。

(4)对勘验笔录进行举证质证。法律没有规定勘验人应当出庭接受当事人的质询,但是如果有勘验人出庭的,勘验笔录的举证质证参照证人、鉴定人出庭的规定进行。勘验人没有出庭的,由审判人员宣读勘验笔录。

当事人在庭审中对其在审理前的准备阶段认可的事实和证据提出不同意见的,人民法院应当责令其说明理由;必要时,可以责令其提供相应证据。人民法院应当结合当事人的诉讼能力、证据和案件的具体情况进行审查;理由成立的,可以列入争议焦点进行审理。

3. 发问和回答

审判人员根据案件审理的需要,可以组织双方当事人相互发问。审判人员从原告开始逐一询问当事人双方是否需要向对方发问。当事人有问题需要向对方发问的,对方当事人应当予以回答。双方当事人相互发问和回答时,不得使用威胁、侮辱的言语和方式。审判人员没有组织双方当事人相互发问的,当事人可以向法院提出发问申请。

双方当事人发问完毕,审判人员根据案件审理的需要,也可以向当事人发问,以便查清案件事实。

4. 当庭认证

证据经当庭举证、质证后,合议庭可以当庭对证据进行审查核实并作出认证结论,也可以在辩论结束后休庭评议时进行认证。

认证结论应当在判决书中予以载明,其表述主要有以下两种方式:

(1)确认证据足予采信的,认证结论为:经合议庭评议确认,……(证据名称)内容真实,形式合法,可以作为认定……(案件事实)的根据。

(2)确认证据不予采信的,认证结论为:经合议庭评议确认,……(证据名称),因……(不予采信的理由),故不能作为本案认定事实的根据(不予采信)。

证据不予采信的理由包括:一是证据缺乏真实性、合法性、关联性,以致没有证明效力,故不能作为本案认定事实的根据;二是该证据虽然有证明效力,但与其他证据相冲突,经比较证明力大小而不予采信,故不能作为本案认定事实的根据。完整的认证结论包括两部分内容:一是确认证据的证据能力和证明力;二是确认证据的证明对象。

5. 总结调查事实,归纳案件争议焦点,宣布法庭调查结束

经确认双方当事人没有新的证据提供和其他事实需要调查后,审判人员认为案情已经查清,即可结束法庭调查,进入法庭辩论阶段。

在宣布法庭调查结束之前,审判人员一般会对法庭调查所查清的事实予以总结,确认双方当事人都认可的案件事实,并归纳案件的争议焦点,为后面的法庭辩论有重点地进行做好准备。审判人员归纳出案件争议焦点后,应当征询双方当事人的意见,双方当事人对争议焦点有意见的可以进行补充和变更。

(三)法庭辩论

法庭辩论,是指双方当事人在审判人员的主持下,就法庭调查阶段所调查的事实和证据,对如何认定案件事实和适用法律,提出自己的意见和看法,以再次申明己方的主张,反驳对方的观点,并相互展开辩驳的诉讼活动。

法庭辩论的目的是在法庭调查的基础上,通过当事人发表辩论意见,提出法律依据,分清是非责任。双方当事人应当围绕本案双方当事人争议的焦点问题及法庭确认的事实和证据,提出支持自己诉讼主张或反驳对方诉讼主张的辩论意见。在辩论中,双方当事人享有平等的权利,人民法院必须为双方当事人提供均等的发

言机会，不允许任何一方享有特权，人民法院也不得无故干扰双方当事人正当行使辩论权。在法庭辩论过程中，有权参加辩论的主体是原告、被告、第三人及其诉讼代理人。

法庭辩论按照下列顺序进行：(1)原告及其诉讼代理人发言；(2)被告及其诉讼代理人答辩；(3)第三人及其诉讼代理人发言或者答辩；(4)互相辩论。

原告及其诉讼代理人、被告及其诉讼代理人、第三人及其诉讼代理人依次进行辩论发言，叫对等辩论。对等辩论按轮进行，一轮辩论结束，法庭可根据实际情况决定是否进行下一轮辩论；如进行下一轮辩论的，应强调发言的内容不宜重复。对等辩论结束后，双方当事人可以进行互相辩论，当事人针对对方的具体辩论意见和内容，进行有针对性的补充发言。互相辩论是对对等辩论的强调和补充。但是未经许可而进行自由无序的辩论发言或者辩论发言的内容重复的，法庭应予以制止。

法庭辩论阶段，发现有关案件事实需要重新或者进一步进行调查的，或者需要对有关证据进行审查的，应当宣布中止法庭辩论，恢复法庭调查。法庭调查结束后，宣布恢复法庭辩论，可以对重新调查的内容展开辩论。对于在法庭辩论过程中，出现一方当事人侮辱、谩骂、攻击另一方当事人的，审判长应及时制止，给予批评教育。对于以辩论为借口哄闹法庭，扰乱法庭秩序，审判人员制止无效的，视情节轻重，依据民事诉讼法的相关规定，对其采取强制措施。在确认双方当事人辩论意见陈述完毕后，法庭应当宣布辩论终结。

法庭辩论终结，由审判长按照原告、被告、第三人的先后顺序征询各方最后意见。审判人员应当认真、耐心听取当事人陈述，一般不宜打断当事人的发言。但其陈述过于冗长，法庭应当予以引导；当事人陈述的内容简单重复多次的，或者陈述的内容与案件没有直接关联的，法庭应以适当的方式予以制止。

在法庭辩论结束后，一般情况下审判人员都会根据案件审理的情况，征询当事人是否同意在法庭的主持下进行调解。如果双方当事人都同意调解的，法庭应当主持和组织调解；有一方当事人不同意调解的，法庭不再组织调解，应当终止调解程序，休庭评议后当庭宣判或者择日宣判。法庭调解时应当休庭，采用灵活机动的方式组织调解，可以同时对双方当事人进行劝解、解释和斡旋，也可以单独、分别征询一方当事人的意见。双方当事人经调解达成协议的，法庭应当宣布调解结果，告知当事人调解协议经双方当事人签字后即具有法律效力。经调解不能达成协议的，法庭应当宣布终止调解程序。

（四）评议宣判

评议宣判是开庭审理的最后一个阶段。法庭辩论终结后，审判长宣布休庭，标志着评议宣判阶段的开始。这一阶段的主要任务是合议庭通过对案件审理的情况进行秘密集体评议，以达到正确适用法律，确定案件事实、分清是非，讨论案件将得出何种裁判，制作和宣告判决的目的。

1. 评议

评议，是指人民法院在经过法庭调查、法庭辩论，对证据、案件事实全面了解和掌握后，由合议庭进行的秘密思考、分析、讨论、评价并作出最终裁判的诉讼活动。评议由审判长主持进行，书记员记录，非合议庭成员不得参加。评议时，全体成员根据法庭调查和法庭辩论查证核实的证据和查明的案情，对如何认定事实、如何适用法律进行讨论，发表看法，提出处理意见。对物证的处理、诉讼费用如何负担问题也由合议庭讨论决定。合议庭评议案件，采取少数服从多数的原则表决，少数人的意见也应如实记入笔录。评议结束至判决宣告，合议庭成员不得向当事人和其他有关人员泄漏合议庭对案件的评议情况。评议记录由全体评议人员签名。评议记录连同案件卷宗存档备查。对于重大、疑难的案件，合议庭评议难于得出结论的，提交审判委员会讨论决定。审判委员会的决定，合议庭必须执行。

2. 宣判

宣判，是指合议庭通过公开的方式，把对该起民事案件的裁判结果予以宣告。《民事诉讼法》第 148 条规定："人民法院对公开审理或者不公开审理的案件，一律公开宣告判决。当庭宣判的，应当在十日内发送判决书；定期宣判的，宣判后立即发给判决书。宣告判决时，必须告知当事人上诉权利、上诉期限和上诉的法院。宣告离婚判决，必须告知当事人在判决发生法律效力前不得另行结婚。"根据《民诉解释》第 253 条的规定，当庭宣判的案件，除当事人当庭要求邮寄发送裁判文书的外，人民法院应当告知当事人或者诉讼代理人领取裁判文书的时间和地点以及逾期不领取的法律后果。上述情况，应当记入笔录。

人民法院对专利权属纠纷案件审理后，判决变更专利权属的，应当将判决书副本抄送国家专利局，以便变更著录项目。

四、法庭笔录

法庭笔录，是指在开庭审理时，由人民法院书记员制作的，反映法庭审判活动全部真实情况的记录。

法庭笔录是案件卷宗的主要组成部分，是审理案件过程中的一项重要的诉讼文书。法庭笔录生动地再现了人民法院开庭审理的全部过程，并且随同案件的卷宗存档备查，对人民法院的审判工作具有重要的意义。首先，它是原审人民法院处理案件、制作判决书的依据。其次，它是上诉人民法院和再审人民法院审理上诉案件和再审案件必不可少的诉讼文书。最后，它是人民法院审判工作水平高低的体现,也是上级人民法院对它进行审判业务检查、指导的基础。

依据《民事诉讼法》第 147 条的规定,书记员应当将法庭审理的全部活动记入笔录,由审判人员和书记员签名。法庭笔录应当当庭宣读,也可以告知当事人和其他诉讼参与人当庭或者在五日内阅读。当事人和其他诉讼参与人认为对自己的陈述记录有遗漏或者差错的,有权申请补正。如果不予补正,应当将申请记录在案。法庭笔录由当事人和其他诉讼参与人签名或者盖章。拒绝签名盖章的,记明情况附卷。

五、审理期限

审理期限,是指某一民事案件从人民法院立案受理到作出裁判的法定期间。《民事诉讼法》第 149 条规定:"人民法院适用普通程序审理的案件,应当在立案之日起六个月内审结。有特殊情况需要延长的,由本院院长批准,可以延长六个月;还需要延长的,报请上级人民法院批准。"审理期限是从立案的次日起至裁判宣告、调解书送达之日止的期间。公告期间、鉴定期间、双方当事人和解期间、审理当事人提出的管辖权异议以及处理人民法院之间的管辖争议期间不计算在内。

第五节　撤诉和缺席判决

一、撤诉

(一)撤诉的概念

民事诉讼中的撤诉,是指原告在人民法院受理案件后宣告判决前,申请撤回起诉,不再要求人民法院对案件进行审理的行为。

撤诉是法律赋予当事人的一项重要的诉讼权利。依照民事诉讼的处分原则,当事人有权处分自己所享有的实体权利和诉讼权利。原告有权向人民法院提起诉讼,也有权撤回起诉。当事人对这一权利的行使,人民法院应当尊重并予以保障。

(二)撤诉的种类

1. 申请撤诉和按撤诉处理

以撤诉是否是当事人主动提出为标准,撤诉分为申请撤诉和按撤诉处理。申请撤诉,是指人民法院受理当事人的起诉后,一审判决前,当事人主动向人民法院申请撤回起诉,不再要求人民法院对该案继续进行审理的诉讼行为。申请撤诉由当事人主动提出,对行为的发出者当事人而言,这一行为属于积极的处分行为。按撤诉处理,是指当事人未向法院主动提出撤诉申请,但出现了法律规定的特殊情形,人民法院依此主动撤销案件,终止审理的诉讼行为。按撤诉处理通常是人民法院对当事人消极的不作为进行推定的结果，对当事人而言，这是一种默示撤诉行为，也是消极的处分行为。

2. 撤回起诉和撤回上诉

以撤回的诉所在的不同诉讼阶段为标准，撤诉分为撤回起诉和撤回上诉。撤回起诉发生在民事诉讼一审程序中，撤回上诉则发生在民事诉讼二审程序中。但是，在第二审程序或者再审程序中，原审原告申请撤回起诉，经其他当事人同意，且不损害国家利益、社会公共利益、他人合法权益的，人民法院可以准许。准许撤诉的，应当一并裁定撤销一审裁判。一审原告在二审、再审审理程序中撤回起诉后重复起诉的，人民法院不予受理。本节对撤诉的论述，只涉及撤回起诉，撤回上诉在第二审程序中讲解。

3. 撤回原告起诉、撤回被告反诉和撤回第三人参加之诉

以撤诉的不同主体为标准，撤诉分为撤回原告起诉、撤回被告反诉和撤回第三人参加之诉。撤回起诉行为由原告当事人发出，撤回反诉行为由被告发出，而撤回参加之诉行为则由诉讼中有独立请求权的第三人发出。

（三）申请撤诉的条件

申请撤诉虽然是当事人对自己诉讼权利的一种处分，但是处分权并不是绝对的而是相对的，需要接受法律的约束和干预。人民法院对于当事人的撤诉申请，应当依法进行审查，以确认当事人的撤诉行为是否存在规避法律的情况，是否损害国家、集体或他人的合法权益，以及是否违反公序良俗。人民法院审查后，作出准予撤诉或不准予撤诉的裁定。

根据《民事诉讼法》第 145 条的规定，原告在人民法院宣判之前，有权申请撤诉，是否准许，由法院审查决定。据此，撤诉应当符合下列条件：

（1）申请撤诉的主体。有权提出撤诉申请的包括原告（提出反诉的被告，实际是反诉中的原告）、有独立请求权的第三人、经过原告特别授权的诉讼代理人、无行为能力的原告的法定代理人。

（2）申请撤诉的时间。申请撤诉的主体必须在人民法院受理案件后，宣告判决前提出。人民法院经过对案件的审理，公开宣告判决后，表明当事人双方争议的法律关系已经得到确定，责任归属已经明确，矛盾已经得到解决。因此，超过这一期限，提出撤诉已失去意义，申请撤诉的主体便不能再行使这一诉讼权利。但是，法庭辩论终结后原告申请撤诉，被告不同意的，人民法院可以不予准许。

（3）申请撤诉的方式。申请撤诉的主体，可以口头或者书面的方式向人民法院提出撤诉申请。

（4）申请撤诉的目的。申请撤诉的主体向人民法院申请撤诉，目的必须正当，

不得规避法律,损害国家、集体、他人的合法权益。

(5)申请撤诉的意思真实。申请撤诉的主体向人民法院申请撤诉,必须是其意思的真实表示,行为出于自愿,不得受外力胁迫。

(四)按撤诉处理的适用情形

根据《民事诉讼法》第143条规定以及《民诉解释》的相关规定,人民法院对于下列情形,可以按撤诉处理:

(1)原告经传票传唤,无正当理由拒不到庭或者未经法庭许可中途退庭的,可以按撤诉处理。

(2)原告为无民事行为能力人,其法定代理人经传票传唤,无正当理由拒不到庭的,可以按撤诉处理。

(3)原告应当预交而未预交案件受理费,人民法院通知其预交后仍不预交或者申请减、缓、免未获人民法院批准而仍不预交的,裁定按撤诉处理。

(4)有独立请求权的第三人经人民法院传票传唤,无正当理由拒不到庭或者未经法庭许可中途退庭的,可以对该第三人按撤诉处理。

(五)撤诉的法律后果

人民法院裁定准许当事人申请撤诉或人民法院按撤诉处理后,人民法院停止对该案进行审理,已经开始的诉讼程序立即终结,撤诉申请人不得再要求人民法院就原诉讼程序对案件继续进行审理。自人民法院作出准予撤诉的裁定之日起,诉讼时效重新开始计算。但是,当事人申请撤诉或者依法可以按撤诉处理的案件,如果当事人有违反法律的行为需要依法处理的,人民法院可以不准许撤诉或者不按撤诉处理。

二、缺席判决

(一)缺席判决的概念

缺席判决,是指人民法院开庭审理案件时,因一方当事人无正当理由拒不到庭或者未经法庭许可中途退庭的,人民法院仅就到庭的一方当事人进行询问、调查、核对证据、听取意见,审查未到庭一方当事人的起诉状或答辩状及有关证据后,依法作出的判决。

缺席判决是相对于对席判决而言的。缺席判决的规定,有利于保护当事人的诉讼权利,维护法律的权威性。缺席判决的作出,不是对未到庭的一方当事人的惩罚和歧视,人民法院不得省略诉讼程序,也不得因此对未到庭的一方当事人作出不公正的对待。在一方当事人不到庭的情况下,人民法院还是依据事实和法律对案件进行审理,经过合议庭集体评议后作出判决。缺席判决与对席判决一样,对双方当事人均产生法律效力。

（二）缺席判决的适用情形

依据《民事诉讼法》第 143 条、第 144 条和第 145 条的规定以及最高人民法院《民诉解释》的相关规定，适用缺席判决的情形有下列几种：

（1）原告经传票传唤，无正当理由拒不到庭的，或者未经法庭许可中途退庭的，被告提出反诉时，可以缺席判决。

（2）被告经传票传唤，无正当理由拒不到庭的，或者未经法庭许可中途退庭的，可以缺席判决。

（3）人民法院裁定不准撤诉的原告和被人民法院追加参加诉讼的必要共同原告，经传票传唤，无正当理由拒不到庭的，可以缺席判决。

（4）被告为无民事行为能力人，其法定代理人经传票传唤，无正当理由拒不到庭的，可以缺席判决。

（5）无独立请求权的第三人经人民法院传票传唤，无正当理由拒不到庭，或者未经法庭许可中途退庭的，可以缺席判决。

（6）被告下落不明，但未被宣告失踪，用其他方式无法送达，在公告送达以后不出庭的，可以缺席判决。

第六节　延期审理、诉讼中止和终结

一、延期审理

（一）延期审理的概念

延期审理，是指人民法院在开庭审理的过程中，由于出现了法律规定的特殊情况，在确定开庭审理的期日无法继续进行，另行确定期日对案件进行审理的一种诉讼活动。

延期审理与休庭后的庭审不同，休庭后的庭审是在庭审进行中间暂时休止，无需特定的理由，是休庭以前的审理的继续，休止结束后，接着原来的阶段审理，不涉及前阶段的程序问题。而延期审理是因为开庭前的准备工作失误或者开庭审理时出现了某些预料不到的情况而产生的。所以，延期审理是个制度问题，休庭后的庭审是个工作程序问题。确立延期审理制度，既有利于保护当事人的合法权益，彻底查明案情，分清是非，又可以保证人民法院审判活动的正常进行。

（二）延期审理的适用情形

根据《民事诉讼法》第 146 条的规定，发生下列情形之一的，法院可以决定延期审理：

（1）必须到庭的当事人和其他诉讼参与人有正当理由没有到庭的。如果不是必须到庭的当事人和其他诉讼参与人无正当理由没有到庭的,可以缺席判决或采取其他方法,无须延期审理。必须到庭的当事人一般包括追索赡养费、扶养费、抚育费、抚恤金、医疗费、劳动报酬以及解除婚姻关系等案件的当事人。必须到庭的其他诉讼参与人主要包括审理案件所必需的证人、翻译人员等。他们不到庭,人民法院无法查清案情,无法审查证据,尤其对于审理需要翻译人员协助的案件。因此,出现这种情况,人民法院有权决定延期审理。

(2)当事人临时提出回避申请的。提出回避申请,是当事人依法享有的权利。从提出的时间上看,可以在开庭审理前提出,也可以在开庭审理时提出,还可以在法庭辩论终结前提出。属第一种情况的,即便作出回避决定,也不影响人民法院对案件的审理。而后两种情况,人民法院会措手不及,必须暂停审理,对当事人的回避申请进行认真审查,作出决定。

(3)需要通知新的证人到庭,调取新的证据,重新鉴定、勘验,或者需要补充调查的。开庭审理过程中,当事人有权提出新的证据,有权要求重新进行调查、鉴定或者勘验。如果人民法院准许,开庭审理便无法继续进行,人民法院则可以作出延期审理的决定。

(4)其他应当延期的情形。开庭审理时,如果发生上述情况,人民法院可以决定延期审理,当事人也可以申请延期。上述情形消除后,法院应当恢复诉讼的进行。延期审理无法律明确规定的期限,但实践中不宜过长。

二、诉讼中止

(一)诉讼中止的概念

诉讼中止,是指在诉讼进行中,由于出现法定情况,致使诉讼程序无法继续进行而暂时停止诉讼,待中止障碍消除后,再恢复诉讼程序的一种诉讼制度。

一般情况下,民事诉讼程序开始后,无特殊情况,应按照法定程序连续进行,直至结束对案件的审理,作出并宣告判决。但审判实践中,往往出现一些使诉讼程序不能或不宜继续进行的情形。因此,必须暂停对案件的审理,等待特殊情形消失后,继续进行。

(二)诉讼中止的适用情形

根据《民事诉讼法》第150条的规定,有下列情形之一的,人民法院应当中止诉讼:

(1)一方当事人死亡,需要等待继承人表明是否参加诉讼的。按照法律的规定,当事人的诉讼权利能力始于出生、终于死亡。在诉讼中,原告或被告死亡,其诉讼权利能力自然终止。但如果案件是有关财产继承的,就需要等待继承人继承财产,承担诉讼。

(2)一方当事人丧失诉讼行为能力,尚未确定法定代理人的。民事诉讼进行中,本来有诉讼行为能力的人丧失行为能力,无法参加诉讼,如果其法定代理人及时参加诉讼,则不涉及诉讼中止。但如果确定其法定代理人需要有一段时间,则应从一方当事人丧失诉讼行为能力时起至其法定代理人得到确定时止这段期间,暂停诉讼,即诉讼中止。

(3)作为一方当事人的法人或者其他组织终止,尚未确定权利义务承受人的。诉讼中,作为一方当事人的法人或其他组织因种种原因终止,便相当于自然人的死亡,其因此丧失当事人的资格。在没有确定权利义务承受人之前,同样应暂停诉讼,直到权利义务承受人得以确定,再继续进行诉讼程序。法人因破产、撤销而终止的,由其清算组织承担诉讼,法人因合并而消灭的,需等待合并后的新法人承担诉讼。

(4)一方当事人因不可抗拒的事由,不能参加诉讼的。不可抗拒的事由,一般指非人力所能预见、克服和避免的事件。如战争、意外疾病或事故、地震、洪水造成交通中断或通信不能等。当事人因此不能出庭参加诉讼的,诉讼应暂时中止,待不可抗拒事由消除后再继续诉讼程序。

(5)本案必须以另一案的审理结果为依据,而另一案尚未审结的。这就是说,本案与他案存在必然的联系,本案的解决必须以另一案件的处理结果为前提和条件,如果另一案件无审理结果,则本案无法进行审理和作出正确的判决。此时,必须中止诉讼,等待作为依据的另一案件审理终结后,再恢复诉讼程序的进行。此处所说的"另一案",既可以是另一民事案件,也可以是另一刑事或者行政案件。

(6)其他应当中止诉讼的情形。这是一项兜底条款,由人民法院在审判实践中依据具体情况灵活运用。

(三)诉讼中止裁定的法律效力

诉讼进行中,出现应当中止诉讼的情形,人民法院应当以裁定的方式作出。诉讼中止的裁定具有以下法律效力:

(1)中止诉讼的裁定一经作出,立即生效,当事人不得提出上诉,不得申请复议。

(2)裁定生效后,一切属于本案范围内的活动都应立即停止。

(3)中止诉讼的障碍消除后,可由当事人向人民法院申请,也可由人民法院依职权恢复诉讼程序。从恢复之日起,该裁定自行失效。中止诉讼前,当事人的诉讼行为仍然有效,并对承继者也有约束力。

三、诉讼终结

(一)诉讼终结的概念

诉讼终结,是指在诉讼进行中,由于发生某种特殊情况,使诉讼程序继续进行已不可能或失去意义，从而最终结束诉讼程序的一种诉讼制度。

诉讼终结，是一种非正常的结束诉讼程序，同诉讼中止一样，均不是民事案件的必经程序。但二者有本质上的差别：诉讼中止是一种暂时停止诉讼程序进行的制度，待中止情形消除后，仍应恢复原来的诉讼程序。恢复的诉讼程序，在原来的程序基础上继续进行，直至人民法院结束对案件的审理，作出并宣告判决。而诉讼终结则不然，案件一旦出现法定的终结诉讼的情形，人民法院作出终结裁定后，诉讼程序最终结束，不再恢复。

（二）诉讼终结的法定情形

根据《民事诉讼法》第151条的规定，有下列情形之一的，人民法院应当终结诉讼：

（1）原告死亡，没有继承人，或者继承人放弃诉讼权利的。民事诉讼程序是由原告提起诉讼，人民法院决定受理而开始的。如果在诉讼进行中，提起诉讼的原告死亡，便涉及诉讼程序是应当中止，还是终结的问题。若原告死亡，留有遗产的，诉讼又是涉及原告财产权利的，原告继承人明确表示不放弃继承权，愿意参加诉讼，诉讼则不能终止，只能中止，等待继承人参加诉讼。但如果原告死亡，没有继承人，该项财产争议消失，诉讼继续进行已无必要，诉讼必然要终结。若原告死亡，虽有继承人，但继承人明确表示放弃诉讼权利，也就是权利主体放弃与被告对财产的争议，诉讼同样要终结。

（2）被告死亡，没有遗产，也没有应当承担义务的人的。在诉讼进行中，被告死亡，既没有遗产，又没有应当承担义务的人，从一定角度上看，可以说，原告的起诉已没有被告，已失去了向人民法院提起诉讼的条件，这种情况下，诉讼必然要终结，而且，即使原告有胜诉的可能，其胜诉也已失去意义。所以，诉讼必须终结。

（3）离婚案件一方当事人死亡的。离婚案件，是一种涉及身份关系的案件，它不同于涉及财产权益之争的案件。财产权利可以继承，而身份关系则不能。在诉讼中，如果离婚案件一方当事人死亡的，其婚姻关系随当事人的死亡而自然终结，这种情况下，继续进行诉讼程序已变得毫无必要，也毫无意义。因此，法院没有必要为是否解除他们之间的婚姻关系而继续进行诉讼程序，必须终结诉讼。

（4）追索赡养费、扶养费、抚育费以及解除收养关系案件的一方当事人死亡的。这也是一种涉及身份关系的案件。案件的权利人和义务人都是特定的。这类特殊类型案件，随着一方当事人的死亡，赡养关系、扶养关系、抚育关系、收养关系随之自然解除，因此，这种情况下，继续进行诉讼同样变得无必要也无意义，只能终结诉讼程序。

(三)诉讼终结裁定的法律效力

诉讼终结由人民法院以裁定的方式作出。终结诉讼的裁定有以下效力:

(1)诉讼终结裁定一经作出,立即生效,当事人不得提出上诉,也不得申请复议。

(2)裁定生效以后,诉讼程序即告终结,当事人不得再次以同一理由向人民法院提起诉讼。

第七节　判决、裁定和决定

一、民事判决

(一)民事判决的概念

民事判决,是指法院对于民事案件和非讼案件审理终结时对案件的实体问题所作出的终局性的判定。作出判决是人民法院行使审判权的最终体现,其他任何国家机关、社会团体和个人都无权作出。民事判决体现了国家意志对民事权益的干预,具有权威性,对社会有普遍约束力,任何人都不得推翻或者违反判决所认定的事实和法律关系。

(二)民事判决的种类

1. 给付判决、确认判决和形成判决

根据判决所裁决的诉的不同种类或者不同的性质,民事判决分为给付判决、确认判决和形成判决。给付判决,是指在认定原告请求权存在的基础上,法院判令义务人履行金钱、财物和一定行为义务的判决。给付判决还可再分为现在给付判决和将来给付判决。确认判决,是指单纯确认当事人之间存在或不存在某种民事权利义务或者法律事实的判决。确认存在的判决是积极的确认判决;确认不存在的判决是消极的确认判决。形成判决,是指变动现有法律关系的判决。形成判决确定之后,不需要通过强制执行即可发生法律状态的效果。例如,解除或者撤销合同,解除婚姻关系、收养关系等。

2. 诉讼判决和非讼判决

根据判决处理的案件性质的不同,分为诉讼判决和非讼判决。诉讼判决处理的是诉讼案件,诉讼案件涉及双方当事人之间就民事权益或者法定事实发生争议的案件。非讼判决处理的是非讼案件,非讼案件不存在对立的双方当事人,案件没有争议性,在非讼案件中,法院的任务是确认某种法律事实是否存在,例如宣告失踪、认定公民无行为能力、认定财产无主等。由于处理案件的性质不同,诉讼判决与非讼判决在许多地方都不相同,诉讼判决可以依法上诉或者申请再审,但是非讼判决不得上诉或者申请再审。

3. 对席判决和缺席判决

根据判决是否为双方当事人到庭的情况下所作出的,分为对席判决和缺席判决。对席判决,是指在双方当事人都出庭参加诉讼后所作出的判决。当事人出庭参加诉讼,除了当事人本人亲自出庭外,也包括当事人未能到庭,而是由其诉讼代理人出庭代为进行诉讼的情形,当然当事人及其诉讼代理人可以同时出庭。缺席判决,是指一方当事人没有出庭进行诉讼所作出的判决。一般而言,民事诉讼通常是在当事人双方对席的情形下进行的,但是,审判实践中的确存在当事人缺席庭审的情形。为保证诉讼的顺利进行和当事人的合法权益,人民法院依法可以作出缺席判决。

4. 全部判决和部分判决

根据是否对案件全部诉讼请求作出判决,分为全部判决和部分判决。全部判决,是指当案件审理结束后,法院对该案的全部诉讼请求或者实体问题所作出的判决。部分判决,是指在诉讼过程中,为了防止过分拖延,对诉讼请求或者实体问题中可分的部分所作出的判决。部分判决通常发生在诉讼请求合并审理的案件中,如原告提出两个以上的诉讼请求,法院可以对其中之一个诉讼请求作出部分判决,对其他的诉讼请求,另行作出。《民事诉讼法》第 153 条规定:“人民法院审理案件,其中一部分事实已经清楚,可以就该部分先行判决。”至于是否作出部分判决,由法院裁量决定。在我国的民事诉讼实践中很少有作出部分判决的,大多数情况下,法院作出的是全部判决。

5. 原判决和补充判决

根据判决作出的时间不同,分为原判决和补充判决。原判决,是指人民法院在案件审理终结时最初作出的判决。补充判决,是指法院对于应当裁判的事项没有判决,而在一部分判决宣告或者送达之后予以补充的判决。

(三)民事判决书的内容

民事判决书,是指对民事判决进行书面记载的一种法律文书。根据《民事诉讼法》第 152 条的规定和相关司法解释,民事判决书包括下列内容:

1. 当事人和诉讼代理人的基本情况

判决书中应当写明原告、被告和第三人的姓名、性别、年龄、民族、籍贯、工作单位、职业和住所等基本情况。有诉讼代理人的应当写明上述情况。当事人是法人或者其他组织时,除应当写明该法人或其他组织的基本情况外,还须写明法定代表人或者主要负责人的基本情况。

2. 案由、诉讼请求、争议的事实和理由

案由是根据案件的性质,是对案件所作的高度概括。根据最高人民法院 2011

年 3 月修改后的《民事案件案由规定》，民事案件的案由分四级：第一级案由 10 个，第二级案由 42 个，第三级案由 424 个，第四级案由 367 个。一级案由分为人格权纠纷，婚姻家庭继承纠纷，物权纠纷，合同、无因管理、不当得利纠纷，劳动争议与人事争议，知识产权与竞争纠纷，海事海商纠纷，与公司、证券、保险、票据等有关的民事纠纷，侵权责任纠纷，适用特殊程序案件案由，共十大部分。

诉讼请求，包括原告的诉讼请求、被告的反诉请求和有独立请求权的第三人提出的诉讼请求。诉讼请求是法院予以裁判的基础，法院通常基于当事人诉讼请求的范围作出裁判，除非法律另有规定，否则法院不得就当事人未请求的实体事项或者超出当事人诉讼请求作出裁判。

争议的事实，就是当事人之间发生争议的案件事实，包括原告在诉状或诉讼上主张的事实，即支持诉讼请求的案件事实；被告在答辩状中或者诉讼上反驳原告的事实主张或诉讼请求而提出的案件事实。所谓理由，主要是指支持原告、被告诉讼主张的根据，包括证据以及有关证据和证明的法律规定。

3. 判决认定的事实、理由和法律根据

判决是基于对案件事实正确认定的前提之上，判决认定的事实与理由则是经过法庭辩论和法庭审查所确认的事实和理由。判决的法律根据包括法院判决所依据的实体法律规范和程序法律规范等。根据法治国家的一般原理，法院不得拒绝裁判。尤其是在西方国家，法院作为社会正义的最后一道防线，不得将诉讼拒之门外。即便是在法律规定出现漏洞之场合，表面上看虽然属于“无法可依”，但法院仍然须根据法治原则或者基于宪法之精神，作出公正判决。

4. 判决结果

判决结果即判决的主文部分。判决结果是法院经过审理后根据所认定的事实理由和法律规范，对当事人诉讼请求或者上诉请求作出的正式判定。判决结果既可能是全部或者部分确认当事人的诉讼请求，也可能是全部或者部分否定（驳回）当事人的诉讼请求。

5. 诉讼费用的负担

案件处理之后，法院还根据案件判决结果，按照诉讼费用负担原则，在当事人之间确定诉讼费用的具体负担。

6. 上诉期间、上诉途径和上诉法院

对于依法可以上诉的判决，在判决书中应当写明上诉期间、上诉途径和上诉的法院。除了最高人民法院作出的一审判决和适用特别程序审理作出的判决外，地方各级人民法院作出的一审判决均是可以上诉的判决，因此，在制作这些判决书时，应当写明上诉的有效期间和相应的上诉法院，以便于当事人行使上诉权。

判决书末尾应由审判员和书记员署名,注明判决日期,并加盖法院印章。

(四)民事判决的效力

民事判决的效力,是指民事判决生效后所具有的法律约束力。在民事判决宣告后还未生效前,民事判决虽然也具有一定的约束力,包括作出该判决的人民法院不得改变或者撤销判决;在上诉期内,当事人可以向上一级人民法院提起上诉,但是从严格意义上讲,民事判决的效力发生在其生效后。根据大陆法系判决效力理论,将判决的效力分为三种:判决的原有效力、判决的附随效力和判决的事实效力。

1. 判决的原有效力

判决的原有效力,是指判决在本质上所具有的效力,是判决最直接和最基本的效力。原有效力包括判决的羁束力、确定力、形成力和执行力。

(1)判决的羁束力。判决的羁束力,是指判决宣告后,法院原则上不得任意撤销或变更该判决。这种羁束力对作出判决法院的约束力,又被称为自我拘束力、自缚力。判决是法院运用审判权的判断,一旦对外宣告,就不得任意撤销或变更。作为判决首先产生的效力,羁束力的意义就在于维持判决的稳定性、权威性和安定性。对于判决的羁束力,我国民事诉讼法没有作出规定,是立法上的漏洞。与羁束力和确定力密切关联的问题是,我国将“确定判决”称为“生效判决”是不合理的。因为任何判决一旦宣告,首先具有的即羁束力,也就是生效判决,生效判决包括未确定判决和确定判决,而确定判决当然是生效判决,并且是不得上诉的判决。

(2)判决的确定力。确定力包括形式(外部)的确定力和实质(内部)的确定力(既判力)。既判力在下文阐释,在此仅介绍形式的确定力。形式的确定力,又称判决的不可撤销性,是判决对当事人的效力,即当事人不得以上诉方式请求撤销或变更判决。形式确定力发生之时,即判决确定之时。在德国和日本等国,与羁束力不同,判决的既判力、形成力和执行力等发生于判决确定之时,在我国是指判决生效之时。但是,根据美国《联邦地区民事诉讼规则》第 58 条的规定,判决由书记官在诉讼记录簿上登记后即产生既判力、执行力等效力;法国《民事诉讼法》第 480 条规定,判决主文一宣布即产生既判力、执行力等效力。之所以如此,主要是因为美国和法国把法官行使审判权视为是当事人的委托,判决一旦登记或宣布,即意味着当事人对法官所委托的事项结束,判决当然即刻生效。而德国、日本及我国,不认可当事人的审判委托,而强调法官对民事案件作出判决是代表国家行使审判权,所以认为判决什么时候确定(生效)合适,国家法律就规定判决什么时候确定(生效)。

(3)判决的形成力。判决的形成力,又称判决的创设力,在我国被称为判决的变更力,是指确定判决具有使原民事实体法律关系变更或使新民事实体法律关系产生的效力。只有形成判决才有形成力。判决的形成力于判决确定之时发生,但是,形成判决一旦确定,根据民事实体法的具体规定,其效力可能溯及既往,例如,婚姻无效的判决、收养关系无效的判决等,其效力溯及到行为发生之时;另外也可能向将来发生,比如,解除婚姻关系的判决等。一般情况下,判决的形成力及于当事人和任何第三人,但既判力仅及于当事人及其诉讼继受人或特定第三人。非讼案件的判决通常无既判力,但有形成力。关于形成力发生的根据,有不同观点。有人主张,是国家的处分行为或意思表示使法律关系发生变动;有人主张,因判决的既判力将法律关系加以确定而成为不可争执的状态,从而使形成的效果同时发生不能争执的结果;有人主张,形成判决的存在是法律关系变动的法律要件,形成判决使原有法律状态转变为新的法律关系。

(4)判决的执行力。判决的执行力,是指判决的内容可通过强制执行实现的效力。给付判决所确定的义务,如果义务人不自动履行,权利人可申请法院强制其履行义务。只有给付判决才有执行力。执行力一般发生在判决确定之时,但也有例外,比如,在将来给付判决中执行力发生在判决确定之后。执行力一般只及于本案当事人的财产和行为,但是也有例外,比如,被执行人不能清偿债务,但是被执行人对第三人享有到期债权,法院根据申请执行人和被执行人申请可对该第三人财产进行强制执行。

2. 判决的附随效力

判决的附随效力,是指依附于判决原有效力而产生的其他效力。包括参加效力、反射效力和争点效力。

(1)参加效力。参加效力,是指在被辅助的当事人败诉时,判决在辅助参加人与被辅助的当事人之间产生一种拘束效力,即他们彼此不得主张如果更充分地进行诉讼,就不会产生不当判决。辅助参加人(从诉讼参加人)及其辅助的当事人共同进行诉讼而被辅助的当事人败诉时,只由被辅助的当事人承担诉讼进行责任而辅助参加人若无其事,则是不公平的。参加效力旨在辅助参加人与被辅助的当事人之间公平分担诉讼进行责任。

参加效力与既判力不同:其一,既判力的发生,不分诉讼的胜败情形均发生,其目的之一在于避免前后判决的矛盾。但是参加效力仅在被辅助的当事人败诉时才发生,其主要目的是在被辅助的当事人败诉时,在被辅助的当事人与辅助参加人之间分担诉讼进行责任。其二,既判力的有无是法院依职权调查的事项。参加效力则不属法院职权调查的事项,仅于当事人主张参加效力时,法院才进行调查。其三,既判力的客观范围原则上包括判决主文,而参加效力的范围包括判决主文和判决理由,因为辅助参加人在诉讼中实施了必要的诉讼行为,在其范围内就应受判决理由的约束,否则对于诉讼进行责任的公平分担毫无意义。

(2)反射效力。反射效力,又称为波及效力,是指本案判决对本案以外的第三人的实体权利义务所产生的影响。反射效力并不直接影响第三人的实体权利义务,只有确定判决对第三人实体权利义务产生影响时,反射效力才产生。事实上,反射效力对于与当事人存在一定实体关系的第三人才有意义。例如,债权人与债务人之间的诉讼,债务人胜诉判决(债务不存在)确定后,如果债权人对债务人的保证人起诉请求履行保证债务时,保证人可基于保证债务的从属性,引用债务人胜诉判决,请求法院驳回债权人的请求。这种前诉判决效力反射到后诉而影响后诉当事人胜败的作用,即判决的反射效力。

国外学者一般认为,反射效力不同于既判力。其一,既判力系诉讼法上的效力,仅能在诉讼法上进行程序抗辩,但是反射效力不仅能在诉讼法上进行程序抗辩,而且也能在实体法上进行实体抗辩,从而能够产生实体法效果。其二,既判力属法院职权调查事项,而反射效力则须由当事人主张援用。其三,在第三人参加诉讼中,既判力及于独立参加诉讼人而不能及于从参加诉讼人,反射效力却仅及于从参加诉讼人。其四,给付之诉中,既判力伴有执行力,而反射效力不伴有执行力。其五,既判力及于判决主文,而反射效力及于判决主文和判决理由的判断。

(3)争点效力。争点效力,又称为争点效,在美国称为争点排除效力(issue preclusion),或者间接禁反言(collateral estoppel),是指在前后不同案件中,当事人对于同一案件事实应当作出一致的主张,判决中的理由在特定情况下具有约束力。这是诚实信用原则在判决中的体现。通常情况下,判决理由没有既判力,这意味着后诉法院可能对前诉判决的理由作出不同判断,也可能因此推翻前诉法院判决。对此,许多国家在特定情况下规定了判决理由的约束力。例如,德国《民事诉讼法》第314条规定:"判决书中记载的事实,关于当事人的口头陈述部分,可作为证据。这种证据,只能根据法庭记录,才能失去其证明力。"再如,根据我国最高人民法院《民诉解释》第93条和《民事证据规定》第9条中的规定,对于已为法院生效裁判所确定的事实,具有预决效力,在以后的诉讼中当事人无需举证证明。

前诉判决确定的案件事实对于后诉产生争点效力需要符合下列条件:其一,后诉的争点必须和前诉的争点相同;其二,争点必须真实地在前诉中论证过;其三,在前诉中对该争点的判决必须是全部判决中的必要组成部分;其四,其争点被排除的当事人必须是前诉的当事人或与前诉当事人有"利益关系"的人。

既判力与争点效不同:既判力的客观范围限于判决主文,而争点效的客观范围是判决理由中的判断;既判力强调前诉与后诉当事人和诉讼请求的同一性,在美国后诉中主张前诉争点效力的当事人，未必是前诉的当事人。

(五)判决的既判力

1. 既判力的含义

既判力，就是判决的实质(内部)的确定力，是指法院作出的终局判决一旦生效，当事人与法院皆受到判决内容的拘束，当事人不得在以后的诉讼中主张与该判决相反的内容，法院也不得在以后的诉讼中作出与该判决冲突的判断。判决在确定(生效)之时即产生既判力。

既判力的效力及于当事人和后诉法院。对当事人而言，对于既判的案件不得再为争执，即提出相异或者相同的诉讼主张，在制度上体现为禁止当事人重复起诉(包括反诉)，如果重复起诉则应予驳回。这就是既判力的"禁止反覆"的作用，或称为既判力的消极效果(作用)。对法院而言，在处理后诉案件时应受确定判决的拘束，即法院应以确定判决中对诉讼标的的判断为基础来处理后诉，不得作出相异的判决。这是既判力的"禁止矛盾"的作用，或称为既判力的积极效果(作用)。

既判力是现代诉讼上的一项重要原则。它诞生于古罗马时期，罗马法上最早有"一案不二讼"规则，判决作出之后，即意味着诉权已经行使完毕，就不得再行使第二次，判决即为事实审理之终点。公元2世纪，罗马法学家在"一案不二讼"的基础上发展成"一事不再理"规则，该规则又称为"既决案件"规则。此项规则的主要内容是：当事人，无论是原告还是被告，他们对已经正式判决的案件，均不得申请再审。[①] "一事不再理"规则认为判决具有既决效力，从而成为既判力理论生长的基础。

"一事不再理"规则后为近现代诉讼学说所继承与发展，在诉讼法学者们的努力下，"一事不再理"规则得到进一步的发展与完善并被赋予了丰富的内涵。判决的既决效力在立法上也逐步得以确认。法国《民事诉讼法》第1351条规定："判决具有真情推定的效力。"判决既已作出，则被推定为真实可信，不得随意推翻；唯有在证据确凿、充分并经过法定之正当程序，判决方得以被推翻。德国《民事诉讼法典》第322条规定："(一)判决中，只有对于诉或反诉而提起的请求所为的裁判，才有确定力。(二)被告主张反对债权的抵消，而裁判反对债权不存在时，在主张抵消的数额内，判决有确定力。"第327条规定："(一)在遗嘱执行人与第三人之间、关于属于遗嘱执行人管理的权利所为的判决，不论对继承人有利或不利，均对继承人发生效力。(二)在遗嘱执行人与第三人之间、关于遗产提出的请求的判决，如

① 周枏：《罗马法原论》，商务印书馆1994年版，第902页。

果遗嘱执行人有权进行诉讼时，不论对继承人有利或无利，均对继承人发生效力。”[①]日本《民事诉讼法》第 201 条规定：“(1)确定判决对当事人、口头辩论终结后的承受人或为了当事人及其承受人的利益而占有请求标的物的人，有其效力。(2)对于为了他人的利益而担当原告或被告的确定判决，对于该他人也有效力。”[②]

我国《民事诉讼法》第 155 条规定：“最高人民法院的判决、裁定，以及依法不准上诉或者超过上诉期没有上诉的判决、裁定，是发生法律效力的判决、裁定。”第 175 条规定：“第二审人民法院的判决、裁定，是终审的判决、裁定。”上述两个法律条文虽然没有出现“既判力”一词，但无疑是我国民事裁判既判力的法律依据。

2. 既判力的范围

既判力的范围，是指既判力在什么时间、什么情况下、对什么人产生效力，主要包括既判力的时间范围、客观范围和主观范围。

(1)既判力的时间范围。既判力的时间范围，又称既判力的时间界限，是指法院确定终局判决所判断的当事人之间讼争事实状态或权利状态存在的特定时间点，或者说判决对实体权利义务关系状态的判断自何时开始对后诉当事人和法院产生既判力。既判力的时间范围对于既判力效力范围的界定至关重要，如果说既判力的客观范围决定了法院判决对什么事产生约束力，主观范围决定了对什么人产生约束力，那么既判力的时间范围决定着前诉判决自何时起开始对后诉产生约束力，三者从不同角度共同划定了既判力效力范围的界限。确定既判力的时间范围，其意义主要在于：在时间界限上明确确定判决在何时所确定的实体权利义务对后诉有拘束力，由于法院的判断是针对既判力标准时权利义务关系的判断，因此，只有发生在标准时以前的事实才具有排斥作用，而在标准时之后出现的事实便不具有排斥作用，不发生既判力效果。诉讼法上将发生于标准时之后的事实称之为“新事由”。“新事由”可以成为当事人在后诉中启动诉讼的依据。

既判力的时间维度应当定于何处，或者说何时可以成为既判力的时间界限呢？大陆法系国家无论在理论上或者制度上都将事实审言词辩论终结时作为其判决既判力的标准时。将标准时定位于事实审言词辩论终结之时，其根据在于法庭裁判仅仅是事实审言词辩论终结以前的事实裁判的事实依据，以此确定有争议的权利义务关系。

(2)既判力的客观范围。既判力的客观范围，即确定判决中哪些判断事项具有既判力。判决书内容主要包括案件事实、判决理由和判决主文等，而判决既判力

① 沈达明编著：《比较民事诉讼法初论》(上册)，中信出版社 1991 年版，第 156—159 页。

② [日]兼子一、竹下守夫：《民事诉讼法》，白绿铉译，法律出版社 1995 年版，第 296 页。

的客观范围原则上仅以判决主文为限。所谓判决主文，是指判决中对诉讼标的的判断部分，即判决结论部分。因此，既判力的客观范围就是本诉的诉讼标的。

判决主文内容就是法院关于权利或者法律关系存在与否的裁决，既判力客观范围仅仅限于已经裁判的法律关系，未经裁判的法律关系就不发生判决的既判力。判决对已经裁判的权利或者法律关系有既判力，必须是指原告在言词辩论程序中所主张的权利或者法律关系。根据辩论主义原则，法官裁判的范围仅仅限于当事人所主张的范围之内。原则上，既判力不及于判决的理由是确定既判力客观范围的基本要求。判决理由是法官居于不偏不倚的立场，对双方的争执作出的公正判断，这些判断没有既判力的效果。

(3)既判力的主观范围。既判力的主观范围，是指既判力作用的主体范围，即哪些"人"受到既判力的拘束。作出确定判决的法院应当包含于既判力主观范围之内。除法院以外，既判力的主体范围原则上只限于当事人之间，这是因为民事诉讼是解决当事人之间的民事争议，判决的对象是当事人之间的实体争议，所以既判力理应作用于当事人之间。当事人具体包括原告、被告、上诉人、被上诉人、共同诉讼人以及诉讼第三人等。但在某些特定条件下，案外第三人可能与本案诉讼产生密不可分的关系，而且这种关系对于法的安全性和权利的稳定性明显不利，这就需要法律在适当的情形下扩大既判力适用的主观范围。具体来说，既判力扩大的主观范围可及于以下主体：

第一，最后辩论终结后当事人的承继人。这里的承继人，是指在本案辩论终结后，承继当事人实体权利义务的人。承继人可分为：一般承继人和特定承继人。前者是指作为当事人的自然人死亡、法人和其他组织消灭或合并后，承担当事人实体权利义务的人。后者是指在最后辩论终结后因特定的法律行为（如债权债务移转等）承担当事人实体权利义务的人。

第二，法律规定的对他人实体权利义务或者财产拥有管理权或处分权的人。例如财产管理人、遗产管理人、遗嘱执行人、破产管理人、享有代位权和撤销权的债权人等，这些人虽非争讼的实体权利义务人，但法律规定他们拥有对争讼的实体权利义务或者财产拥有管理权或处分权。这种情况存在于，诉争的实体权利义务人作为诉讼当事人（实体诉讼当事人）而对其实体权利义务或者财产作出了判决，该判决的既判力及于上述人员，这些人员不得以形式诉讼当事人的身份，就已经判决的他人的实体权利义务或者财产再次提起诉讼。

第三，诉讼担当时的实体权利义务的归属人。在诉讼担当情况中，非争讼的实体权利关系主体（比如财产管理人、遗产管理人、遗嘱执行人、破产管理人、享有代位权和撤销权的债权人、股东代位诉讼的股东等），代替争讼的实体权利关系主体，以形式诉讼当事人身份进行诉讼而得到的判决，由于实体权利义务仍归属于争讼的实体权利关系主体，所以，该判决的既判力及于争讼的实体权利关系主体。当然，该判决的既判力也及于遗产管理人等形式的诉讼当事人。

（六）判决书的查阅

公民、法人或者其他组织申请查阅发生法律效力的判决书的，应当向作出该生效判决书的人民法院提出。申请应当以书面形式提出，并提供具体的案号或者当事人姓名、名称。对于查阅判决书的申请，人民法院根据下列情形分别处理：(1)判决书、裁定书已经通过信息网络向社会公开的，应当引导申请人自行查阅；(2)判决书未通过信息网络向社会公开，且申请符合要求的，应当及时提供便捷的查阅服务；(3)判决书尚未发生法律效力，或者已失去法律效力的，不提供查阅并告知申请人；(4)发生法律效力的判决书不是本院作出的，应当告知申请人向作出生效判决书的人民法院申请查阅；(5)申请查阅的内容涉及国家秘密、商业秘密、个人隐私的，不予准许并告知申请人。

二、民事裁定

（一）民事裁定的概念

民事裁定，是指人民法院对民事诉讼和执行程序中程序问题以及个别实体问题作出的权威性判定。程序问题是指不涉及实体法律权益的问题，例如诉讼中止和诉讼终结的裁定等。民事裁定主要用于解决程序问题。民事诉讼过程中，经常会出现一些需要裁定及时处理程序上的问题，从而保障民事诉讼程序能够正常进行。在个别情形下，裁定也可能被用来解决实体问题，如财产保全、先予执行等。需要注意的是，此类裁定的作出虽然涉及实体问题，但却并非对实体问题的最终处理。

民事裁定的形式有两种：口头形式和书面形式。口头裁定的，应当记入笔录。民事裁定的书面形式，称为民事裁定书。民事裁定书由当事人及诉讼参与人基本情况、事实、理由和结论等组成。其中，“事实”是指程序进行过程中发生的需要裁定的客观情况；“理由”是指法律所规定的可以裁定的理由；“结论”是指法院根据事实和理由作出的是否同意的判断。裁定书应当写明裁定结果以及作出该裁定的理由。民事裁定书末尾应当由审判员、书记员署名，加盖法院印章。凡法律规定允许当事人上诉的裁定还须注明上诉期间和上诉法院。

民事裁定与民事判决一样，都是人民法院对诉讼中的问题作出判断，但是二者存在明显不同：

(1)适用的对象不同。裁定解决的是诉讼过程中的程序问题，目的是使法院有效地指挥诉讼，清除诉讼中的障碍，推进诉讼的进程。判决解决的是当事人双方争执的实体权利义务问题，即实体法律关系，目的是解决民事权益纠纷，使当事人之间的争议得以解决。一般情况下，一个案件通常只有一份判决，而一个案件可能有几份裁定。

(2)作出的法律依据不同。裁定根据的事实是程序性事实，依据的法律是民事诉讼法，可以在诉讼过程中的任何阶段作出。判决根据的事实是法院认定的民事法律关系发生、变更和消灭的事实，依据的法律是民法、婚姻法、继承法、经济法等实体法，判决一般只能在案件审理的最后阶段作出。

(3)形式不同。裁定可以采取口头形式或者书面形式；而判决必须采取书面形式。

(4)上诉范围和上诉期限不同。除了不予受理、对管辖权有异议和驳回起诉的裁定外，裁定一经作出立即生效。准许当事人上诉的裁定的上诉期为送达后10日。除了少数适用特别程序作出的判决外，判决都能够上诉。判决上诉期限为送达后的15日。

(5)法律效力不同。裁定的效力及于程序，随程序性事实的改变，裁定可以相应改变，如对中止执行的裁定，在中止执行的原因消除后，应作出恢复执行程序的新裁定；而判决的效力及于实体，非经法定再审程序不得改变。

(二)民事裁定的适用范围

民事裁定的适用范围，是指法院在何种情形下可以适用民事裁定。根据《民事诉讼法》154条的规定，下列情况可以适用民事裁定：

(1)不予受理。这是指人民法院根据《民事诉讼法》第119条规定及其他规定，对当事人不符合起诉条件的起诉和属于不予受理的起诉，所作出的裁定。

(2)对管辖权有异议的。人民法院受理民事案件后，如果被告对管辖权提出异议，受诉法院应进行审查。审查后，认为异议不成立的，应作出裁定，驳回其异议；异议成立的，则应将案件移送给有管辖权的人民法院。

(3)驳回起诉。驳回起诉是指人民法院依据程序法的规定，对已经立案受理的案件在审理过程中，发现原告的起诉不符合法律规定的起诉条件，因而对原告的起诉予以拒绝的司法行为。这种裁定的意义在于否定当事人在诉讼程序意义上的诉权。还有，在诉讼过程中，如果发生新的法律事实致使原告起诉的根据丧失，原告未撤诉的，人民法院也应裁定驳回起诉。

(4)保全和先予执行。保全和先予执行属于民事诉讼中的应急措施，它不属于实体问题而属于程序方面的问题，目的是为了保证诉讼活动的顺利进行，所以应以裁定形式作出。

(5)准许或者不准许撤诉。原告起诉后，在人民法院作出判决之前要求撤回起诉,这是当事人的一种诉讼权利。一般来说,经人民法院审查后,只要合法,都应该允许。允许与不允许决定着诉讼程序的继续进行或终结,所以人民法院应作出裁定。

(6)中止或者终结诉讼。这是指在民事诉讼中,如果出现了法律规定的中止或者终结诉讼的情形,人民法院就应作出中止或者终结诉讼程序的裁定。待中止诉讼的原因消除后,人民法院还应作出恢复诉讼程序的裁定。

(7)补正判决书中的笔误。笔误是由于审判人员的疏忽导致法律文书误写、误算,诉讼费用漏写、误算和其他笔误,但不涉及实体问题。只要出现这种笔误,人民法院都应作出裁定,补正其失误。如果判决的错误已涉及当事人的实体权利义务,则不能用裁定,而应当用补充判决弥补。

(8)中止或者终结执行。这是指在民事执行程序中如果出现中止或终结执行的特殊情况,人民法院应依法作出中止或终结执行的裁定,当中止执行的情形消灭后,再作出恢复执行的裁定。

(9)撤销或者不予执行仲裁裁决。生效的仲裁裁决是人民法院执行的根据之一,但有些仲裁裁决经人民法院执行机构审查后,认为有不合法之处,决定撤销或者不予执行时,则应作出撤销或者不予执行裁决的裁定。

(10)不予执行公证机关赋予强制执行效力的债权文书。这是指人民法院认为公证机关赋予强制执行效力的债权文书有错误,决定不予执行时作出的裁定。

(11)其他需要裁定解决的事项。

(三)民事裁定的效力

民事裁定的效力,是指它在何时对何事何人产生法律上的效力。

(1)裁定的时间范围。根据民事诉讼法的相关规定,裁定的时间范围是:最高人民法院和第二审人民法院作出的民事裁定一经送达即发生法律效力;地方各级人民法院作出的第一审民事裁定,除不予受理、管辖权异议、驳回起诉等裁定可以上诉之外,其他的裁定一经送达即发生效力,当事人不服的,不能上诉;地方各级人民法院作出的有上诉期的民事裁定,在上诉期间内,当事人不上诉的,在上诉期间届满后生效。

(2)裁定的主观范围。由于裁定的事项不同,受拘束的主体范围也不完全一致。一般而言,裁定对法院和当事人及其他诉讼参加人有拘束力,对诉讼外的第三人没有拘束力。先予执行裁定的主体范围相同于判决既判力的主体范围。财产保全裁定对于占有保全财产的第三人也有拘束力。

(3)执行力。民事裁定生效之后,当事人必须执行裁定。如果作出裁定所依据的客观情况发生变化或者消失的,法院可以自行变更原裁定,当事人等也可请求法院变更或者撤销原裁定。

(四)裁定书的查阅

裁定书的查阅比照判决书的查阅。

三、民事决定

(一)民事决定的概念

民事决定,是指人民法院对诉讼中某些特殊事项依法作出的判定。特殊事项,是指在诉讼程序中出现的既非案件实体问题又非纯程序问题的,关系到诉讼顺利进行的事项。

民事决定有口头和书面两种形式。书面形式的民事决定就是民事决定书。民事决定书应当写明法院名称、决定书种类和案号,决定所依据的事实、理由和决定内容,最后应注明是否准予申请复议。民事决定书应加盖法院印章。

民事决定所解决的事项不涉及案件的实体问题。因此,民事决定与民事判决存在根本差异。所有的民事决定都是不能上诉的,而且,民事决定的对象主要与处理诉讼障碍和消除诉讼阻却事项有关,这些特点决定了民事决定与民事裁定又有所不同。

民事决定与民事判决都是人民法院对特定事项的判定,但二者存在重大区别:(1)决定用于某些特定事项,而判决用于处理案件的实体问题;(2)判决在案件审理的最后阶段作出,而决定在案件审理过程中的任何阶段都可以作出;(3)判决必须采用书面形式,但是决定可以采用书面形式,也可以采用口头形式。

民事决定和民事裁定都存在人民法院对特殊程序性问题作出判断的情况,但二者的区别十分明显:(1)决定用于处理某些特定事项,裁定用于处理程序性的问题;(2)决定的主要作用在于排除诉讼中的障碍,裁定的主要作用在于指挥诉讼活动,推进诉讼的进程。

(二)民事决定的适用范围

根据民事诉讼法的相关规定,民事决定主要适用于下列事项:

(1)是否决定回避。申请回避是当事人的一项诉讼权利,但是否构成回避则须对照法定条件。人民法院认为符合法定条件者应决定其回避,否则应决定不予回避。

(2)采取强制措施。妨害民事诉讼的行为是一种不法行为,其干扰诉讼的顺利进行。诉讼参与人以及案外人的行为是否构成妨害民事诉讼的行为,是否要对其采取强制措施,对其采取何种强制措施,人民法院用决定的方式作出判定。

(3)是否同意期限顺延。当事人因不可抗拒的事由或者其他正当理由耽误期限的，可以在障碍消除后的10日内申请顺延期限，是否准许，人民法院用决定方式判定。

(4)是否同意当事人缓、减、免交诉讼费用。当事人在法定条件下，可向法院申请缓交、减交或免交诉讼费用，人民法院审查后是否同意当事人的申请，用决定的方式作出。

(5)解决重大疑难问题。人民法院审判委员会对重大疑难问题的解决，用决定的方式。

(三)民事决定的效力

民事决定一经作出，立即发生法律效力，对人民法院和当事人有约束力。有些决定可以申请复议一次，但复议期间不停止决定的执行。如驳回申请回避的决定，当事人可以申请复议一次，但在复议期间，被申请回避的主体不停止诉讼活动。

拓展思考题

1. 如何理解一审普通程序在我国民事审判程序体系中的地位?
2. 我国《民事诉讼法》规定的起诉条件有哪些？其中是否存在缺陷?
3. 如何理解我国《民事诉讼法》上的立案登记制?
4. 如何理解审前准备程序对庭审程序的价值?
5. 缺席判决在我国司法实践中有无滥用的可能性？为什么?
6. 如何理解既判力的含义?
7. 裁定和决定的适用有何区别?

第十三章

第一审简易程序

【内容提要】

一般而言，当事人进行诉讼的期望主要有二：一是案件得到公正审理；二是案件得到及时审理。即司法公正和司法效率是当事人的诉讼目标。虽然传统意义上的司法公正是诉讼程序设计的主要追求，但在现代社会基于事实案件的高发、司法资源的有限以及人民群众维权意识的高涨等多重因素的影响，司法效率已经被提到与司法公正同等的高度。为了有效维护当事人的合法权益和及时化解社会矛盾，《民事诉讼法》在第一审普通程序之外单独规定了“简易程序”，以此满足人民群众对司法效率的要求。因此，简易程序与普通程序共同构成了民事第一审程序。简易程序相对普通程序而言，是普通程序的简化，是基层人民法院及其派出法庭审理简单的民事案件所适用的一种简便易行的程序。为了便于当事人诉讼，便于人民法院办案，我国《民事诉讼法》以及最高法院的司法解释都对民事简易程序的具体适用作了明确规定。

第一节　简易程序概述

一、简易程序的概念

简易程序相对普通程序而言，是普通程序的简化，是基层人民法院及其派出法庭审理简单的民事案件所适用的一种简便易行的程序。

民事简易程序有广义和狭义之分。广义上的简易程序既包括通常程序中的简易程序和小额诉讼程序，也包括特别程序中的简易程序。学理上认为，我国民事简易程序指的是狭义上的简易程序，“它不仅排除了民事诉讼中的其他简易化程序，如督促程序、缺席判决等，而且也排除了小额诉讼这种更为简易化的简易程序。”[①]但就我国现行立法体例看，虽然特别程序、督促程序等仍不属于民事简易程序的范畴，但 2012 年修改的《民事诉讼法》“简易程序”中包括了新增的小额诉讼程序。

二、简易程序的意义和功能

对简单的民事案件适用简易程序进行审理，既有利于化解社会矛盾，又符合提高诉讼效率的要求，因此具有重要的现实意义。具体包括：

第一，简易程序充分体现了便于群众诉讼和便于人民法院办案的“两便原则”。

第二，简易程序是在人民司法工作经验的基础上，继承和总结了人民司法诉讼程序制度的优良传统和成功经验。

第三，在审判实践中，大量简单的民事案件适用简易程序能够得到彻底、及时的解决，节省了时间和费用，有利于群众的生产和生活，同时也有利于人民法院集中力量处理重大、复杂的民事案件。

简易程序具有以下功能：

(1)有利于降低诉讼成本，节约司法资源。一方面，简易程序通过简化起诉、受理、送达、庭审等诉讼方式，使当事人可以较低的诉讼成本尽快完成诉讼，减轻当事人的诉讼负担，符合当事人对于诉讼效率的要求。

(2)有利于树立司法权威。简易程序的适用可以实现人民法院对案件的繁简分流，让人民法院有更多的时间和精力去处理一些重大、复杂、疑难的案件，以确保案件的审判质量，从而增强人民群众对司法公正的信任，树立司法权威。

(3)充分保障当事人的诉讼权利。简易程序使得司法救济途径变得简单明了，对于那些欠缺法律知识和诉讼行为能力的人能够更加方便地接近司法资源，从而使其诉讼权利得到更加有效的保障。

三、简易程序与普通程序的区别

普通程序是简易程序的基础，简易程序是普通程序的简化。与第一审普通程序相比，二者的区别主要表现为：(1)适用的范围不同。“事实清楚、权利义务关系明确、争议不大的简单的民事案件”一般应适用简易程序；除此之外的其他案件都要适用普通程序进行审理，除非当事人双方选择适用简易程序。(2)起诉方式不同。对适用简易程序审理的案件，当事人可以口头起诉或者当事人双方同时到法院请求解决纠纷；而适用普通程序审理的案件，当事人起诉必须向法院递交起诉状，只有在法律规定的特殊情形下，才可以口头起诉。(3)审判主体不同。适用简易程序审理的案件，可以由审判员一人独任审理；而适用普通程序审理的案件，则

① 江伟主编：《民事诉讼法》，高等教育出版社、北京大学出版社 2004 年版，第 300 页。

必须组成合议庭。(4)举证期限不同。适用简易程序案件的举证期限由人民法院确定,也可以由当事人协商一致并经人民法院准许,但不得超过15日;而适用普通程序审理的案件,举证期限一般为30日。(5)庭审程序不同。法律对简易程序的庭前准备、庭审顺序都没有严格的限定;而普通程序则要遵守严格的庭审流程的规定。(6)审限不同。适用简易程序的案件,应当在立案之日起3个月内审结。审理期限到期后,双方当事人同意继续适用简易程序的,由本院院长批准,可以延长审理期限。但延长后的审理期限累计不得超过6个月。而适用普通程序审理的案件,审理期限一般是6个月,有特殊情况的,报请本院院长批准还可以延长6个月。(7)是否可以转换不同。适用简易程序审理的案件,遇到特殊情形不宜适用简易程序审理的,可以转入普通程序进行;但已经按照普通程序审理的案件,在开庭后不得转为简易程序审理。

四、简易程序的适用范围

简易程序的适用范围主要包括两个方面:一是适用简易程序的人民法院;二是适用简易程序审理的案件范围。

(一)适用简易程序的人民法院

适用简易程序的人民法院,只限于基层人民法院和它的派出法庭。所谓派出法庭,是指派驻在乡、镇或者街道的人民法庭和基层人民法院临时派出的审判组织。

人民法庭是基层人民法院的派出机构和组成部分。人民法庭制作的判决书、裁定书、调解书,必须加盖基层人民法院印章,不得用人民法庭的印章代替基层人民法院的印章。

(二)适用简易程序审理的民事案件

根据《民事诉讼法》第157条的规定,适用简易程序审理的案件包括两类:

1. 事实清楚、权利义务关系明确、争议不大的简单民事案件

最高人民法院《民诉解释》第256条对简单的民事案件的具体内涵作了详细说明。所谓"事实清楚",是指当事人对争议的事实陈述基本一致,并能提供相应的证据,无须人民法院调查收集证据即可查明事实;"权利义务关系明确",是指能明确区分谁是责任的承担者,谁是权利的享有者;"争议不大",是指当事人对案件的是非、责任承担以及诉讼标的争执无原则分歧。

从司法实践来看,下列案件属于简单的民事案件,基层人民法院和它派出的法庭,可以适用简易程序审理:(1)当事人婚前患有法律规定不准结婚的疾病的离婚案件或者结婚时间短、财产争议不大的离婚案件;(2)权利义务关系明确,只是给付时间和金额上有争议的赡养费、扶养费和抚育费案件;(3)确认或者变更收养、

抚养关系，争议不大的案件；(4)借贷关系明确、证据充分、金额不大的债务案件；(5)遗产和继承人范围明确、讼争遗产数额不大的继承案件；(6)事实清楚、责任明确、赔偿金额不大的损害赔偿案件；(7)事实清楚、情节简单、是非分明、争议焦点明确、讼争金额不大的其他案件。

2. 当事人双方约定适用简易程序审理的案件

根据《民事诉讼法》第157条第2款之规定，基层人民法院和它派出的法庭审理前款规定以外的民事案件，当事人双方也可以约定适用简易程序。可见，2012年新民事诉讼法进一步扩大了简易程序的适用范围。民事法律关系是一种平权的法律关系，意思自治的理念应该自私法领域向公法领域渗透，即使本应该适用普通程序审理的案件，如果双方当事人合意选择简易程序审理，法院在向当事人说明法律后果后也应尊重当事人的选择，而不论案件诉讼标的额的大小及案件性质的轻重。

最高人民法院《民诉解释》第264条进一步明确，当事人双方约定适用简易程序的，应当在开庭前提出。口头提出的，记入笔录，由双方当事人签名或者捺印确认。但对于不得适用简易程序的案件，当事人约定适用简易程序的，人民法院不予准许。

（三）不得适用简易程序审理的案件

虽然《民事诉讼法》将民事简易程序强制适用的案件类型限定在事实清楚、权利义务关系明确、争议不大的简单民事案件，且对当事人选择适用的案件类型未作任何限制，但这并不意味着任何民事案件都可适用民事简易程序进行审理。根据最高人民法院《民诉解释》第257条的规定，下列案件不得适用简易程序：

(1)起诉时被告下落不明的；(2)发回重审的；(3)当事人一方人数众多的；(4)适用审判监督程序的；(5)涉及国家利益、社会公共利益的；(6)第三人起诉请求改变或者撤销生效判决、裁定、调解书的；(7)其他不宜适用简易程序的案件。

第二节 简易程序的特点

一、简便的起诉方式

依照《民事诉讼法》第158条第1款规定："对简单的民事案件，原告可以口头起诉。"可见，就起诉方式而言，适用简易程序审理的案件起诉方式较适用普通程序审理的案件起诉方式相对宽松。但需要注意的是，《最高人民法院关于适用简易程序审理民事案件的若干规定》对原告采取口头方式向人民法院起诉的情形给予了一定的限制。只有当原告本人不能书写起诉状，委托他人代写起诉状确有困难的，可以口头起诉。虽然如此,就民事诉讼立法的根本宗旨与民事审判实践的具体运作来看,简易程序中对原告所采取的起诉方式仍然贯彻简便易行的原则。根据最高人民法院《民诉解释》第265条的规定:"原告口头起诉的,人民法院应当将当事人的姓名、性别、工作单位、住所、联系方式等基本信息,诉讼请求,事实及理由等准确记入笔录,由原告核对无误后签名或者捺印。对当事人提交的证据材料,应当出具收据。"

二、简便的受理程序

人民法院按照简易程序受理的案件,不受《民事诉讼法》第123条规定的受案期间的限制。基层人民法院和它派出的法庭,对当事人的起诉符合条件的,当时就可以决定受理,并告知当事人的诉讼权利和诉讼义务。

当事人双方可以同时到基层人民法院或者它派出的法庭,请求解决纠纷。如果双方当事人均表示不需要举证期限、答辩期间的,人民法院可以立即开庭审理或者确定开庭日期。

如果被告没有到庭或者其他原因,也可以另定日期审理。对不符合起诉条件的,应告知当事人不予受理,如果当事人坚持起诉的,应当作出裁定不予受理。当事人对裁定不服的,可以提起上诉。

人民法院按照简易程序受理的案件,对符合《民事诉讼法》第119条规定的起诉,必须受理。但遇有《民事诉讼法》第124条规定的起诉,应按该规定,分别情况,予以处理。

三、简便的传唤方式和送达方式

基层人民法院和它派出的法庭适用简易程序审理案件,人民法院可以采取捎口信、电话、短信、传真、电子邮件等简便方式传唤双方当事人、通知证人和送达裁判文书以外的诉讼文书,不受《民事诉讼法》第136条"人民法院审理民事案件,应当在开庭三日前通知当事人和其他诉讼参与人"规定的限制。但以简便方式送达的开庭通知,未经当事人确认或者没有其他证据证明当事人已经收到的,人民法院不得缺席判决。

四、案件实行独任审判

基层人民法院和它派出的法庭审理简单的民事案件,由审判员一人独任审理,由书记员担任记录。审判员不得自审自记。

五、简便的审理程序

广义上的案件审理程序既包括庭前准备,又包括开庭审理。

(一)简化庭前准备

适用简易程序审理的案件,在开庭前已经书面或者口头告知当事人诉讼权利义务，或者当事人各方均委托律师代理诉讼的，审判人员除告知当事人申请回避的权利外，可以不再告知当事人其他的诉讼权利义务。

在简易程序中，举证期限由人民法院确定，也可以由当事人协商一致并经人民法院准许，但不得超过15日。被告要求书面答辩的，人民法院可在征得其同意的基础上，合理确定答辩期间。但人民法院应当将举证期限和开庭日期告知双方当事人，并向当事人说明逾期举证以及拒不到庭的法律后果，适用简易程序审理案件，可以简便方式进行审理前的准备。

（二）简化庭审程序

根据《民事诉讼法》第160条规定，基层人民法院和它派出的法庭审理简单的民事案件不受本法第136条、第138条、第141条规定的限制，但应当保障当事人陈述意见的权利。

可见，适用简易程序审理的案件，可以不受普通程序开庭审理阶段的法庭调查、法庭辩论顺序的限制，在法庭调查时可以同时就案件的事实和证据问题进行法庭辩论，调查与辩论可以穿插进行，调查中有辩论，辩论中也可以进行调查。但为了保障庭审程序的顺利进行，《民诉解释》第268条特别规定，对没有委托律师、基层法律服务工作者代理诉讼的当事人，人民法院在庭审过程中可以对回避、自认、举证证明责任等相关内容向其作必要的解释或者说明，并在庭审过程中适当提示当事人正确行使诉讼权利、履行诉讼义务。

适用简易程序审理的民事案件，应当一次开庭审结，但人民法院认为确有必要再次开庭的除外。

（三）简化裁判文书的制作

根据《民诉解释》第270条规定，适用简易程序审理的案件，有下列情形之一的，人民法院在制作判决书、裁定书、调解书时，对认定事实或者裁判理由部分可以适当简化：

（1）当事人达成调解协议并需要制作民事调解书的；

（2）一方当事人明确表示承认对方全部或者部分诉讼请求的；

（3）涉及商业秘密、个人隐私的案件，当事人一方要求简化裁判文书中的相关内容，人民法院认为理由正当的；

（4）当事人双方同意简化的。

六、案件的审限较短

《民事诉讼法》第161条规定："人民法院适用简易程序审理案件，应当在立案之日起三个月内审结。"审理期限到期后，双方当事人同意继续适用简易程序的，由本院院长批准，可以延长审理期限。延长后的审理期限累计不得超过6个月。

第三节 关于简易程序的几个特别规定

一、简易程序与普通程序之间的转化

关于简易程序与普通程序之间的转化,主要表现为:简易程序转化为普通程序和普通程序转化为简易程序两种情形。

(一)简易程序转化为普通程序的情形

根据《民事诉讼法》第163条规定:人民法院在审理过程中,发现案件不宜适用简易程序的,裁定转为普通程序。根据最高人民法院《司法解释》的规定,简易程序转化为普通程序主要表现为以下几种情形:

(1)人民法院在适用简易程序审理案件的过程中,发现案情复杂,需要转为普通程序审理的。《民诉解释》第258条第2款规定:人民法院发现案情复杂,需要转为普通程序审理的,应当在审理期限届满前作出裁定并将合议庭组成人员及相关事项书面通知双方当事人。

(2)当事人就案件适用简易程序提出异议,异议成立的。根据《民诉解释》第269条规定,当事人就案件适用简易程序提出异议,人民法院经审查,异议成立的,裁定转为普通程序;异议不成立的,口头告知当事人,并记入笔录。转为普通程序的,人民法院应当将合议庭组成人员及相关事项以书面形式通知双方当事人。

(3)适用简易程序审理的案件,审理期限到期后,双方当事人不同意继续适用简易程序的。

(二)普通程序转化为简易程序的情形

为了全面贯彻落实程序主体性原则、尊重当事人诉讼处分权,根据《民事诉讼法》第157条第2款的规定:基层人民法院和它派出的法庭审理前款规定以外的民事案件,当事人双方也可以约定适用简易程序。这是普通程序转化为简易程序的法律依据。但《民诉解释》第260条却明确规定:已经按照普通程序审理的案件,在开庭后不得转为简易程序审理。

(三)简易程序与普通程序之间转化的其他规定

案件转为普通程序审理的,审理期限自人民法院立案之日计算。

转为普通程序前,双方当事人已确认的事实,可以不再进行举证、质证。

二、简易程序中的调解前置

《最高人民法院关于适用简易程序审理民事案件的若干规定》第14条特别规定了某些简单民事案件审理过程中的调解前置程序,规定人民法院在开庭审理时应当先行调解。具体包括下列民事案件:(1)婚姻家庭纠纷和继承纠纷;

(2)劳务合同纠纷;(3)交通事故和工伤事故引起的权利义务关系较为明确的损害赔偿纠纷;(4)宅基地和相邻关系纠纷;(5)合伙协议纠纷;(6)诉讼标的额较小的纠纷。

最高人民法院之所以将这些纠纷的解决规定了调解前置的程序,主要是基于这些纠纷的自身性质考虑,如果单纯依赖法律规范去解决,一方面过于机械,不利于彻底化解矛盾;另一方面,如果按照正常的诉讼程序解决,可能不利于纠纷的迅速解决,以至于会造成对当事人的二次侵害。当然,在处理具体案件中,还需要结合每起案件的性质、当事人的具体情况来考虑,如果确实属于不能调解的案件,也不能强迫调解,违背当事人自愿的原则。

三、第一审简易程序中的送达

简易程序中,对于当庭宣判的案件,除当事人当庭要求邮寄送达的以外,人民法院应当告知当事人或者诉讼代理人领取裁判文书的期间和地点以及逾期不领取的法律后果。人民法院已经告知当事人领取裁判文书的期间和地点的,当事人在指定期间内领取裁判文书之日即为送达之日;当事人在指定期间内未领取的,指定领取裁判文书期间届满之日即为送达之日,当事人的上诉期从人民法院指定领取裁判文书期间届满之日的次日起开始计算。当事人因交通不便或者其他原因要求邮寄送达裁判文书的,人民法院可以按照当事人自己提供的送达地址邮寄送达。人民法院根据当事人自己提供的送达地址邮寄送达的,邮件回执上注明收到或者退回之日即为送达之日,当事人的上诉期从邮件回执上注明收到或者退回之日的次日起开始计算。定期宣判的案件,定期宣判之日即为送达之日,当事人的上诉期自定期宣判的次日开始计算。当事人在定期宣判的日期无正当理由未到庭的,不影响该上诉期间的计算。当事人确有正当理由不能到庭,并在定期宣判前已经告知人民法院的,人民法院可以按照当事人自己提供的送达地址将裁判文书送达给未到庭的当事人。

第四节　小额诉讼程序

近年来我国出现了大量涉及消费者权益保护、农民工讨薪、简单的民间借贷、小额金融借款以及交通肇事纠纷等小额财产损害纠纷案件,根据一些地方的试点,并借鉴国外的做法,此次修改民事诉讼法新增设立了小额诉讼制度。《民事诉讼法》第162条规定:"基层人民法院和它派出的法庭审理符合本法第一百五十七条第一款规定的简单的民事案件,标的额为各省、自治区、直辖市上年度就业人员年平均工资百分之三十以下的,实行一审终审。"

一、小额诉讼程序的概念

关于小额诉讼程序的概念，立法并没有明确的界定。一般将其分为广义和狭义两种。广义上的小额诉讼程序与一般的简易程序并无严格的区别，二者仅仅是诉讼标的额和审理上的简易化有所不同而已，可以将其视为一般简易程序的再简化。狭义上的小额诉讼程序则被认为是为了使一些零星简单的纠纷得到快捷处理而产生的一种新型民事诉讼程序。在我国，小额诉讼程序是指基层法院和它的派出法庭适用比一般简易程序更加简易化的诉讼程序审理数额较小的案件所进行的各种诉讼活动，以及由其所产生的各种诉讼关系的总和。

二、小额诉讼程序的适用条件

根据《民事诉讼法》第 157 条和第 162 条的有关规定，适用小额诉讼程序审理的案件必须符合以下两个条件：

第一，事实清楚、权利义务关系明确、争议不大的简单的民事案件。小额案件冲突一般并不尖锐，事实通常比较清楚，所涉法律关系相对简单，因此当事人希望低成本迅速化解纠纷。所谓"事实清楚"，是指当事人对争议的事实陈述基本一致，并能提供相应的证据，无须人民法院调查收集证据即可查明事实；"权利义务关系明确"，是指能明确区分谁是责任的承担者，谁是权利的享有者；"争议不大"，是指当事人对案件的是非、责任承担以及诉讼标的争执无原则分歧。

第二，标的额为各省、自治区、直辖市上年度就业人员年平均工资百分之三十以下的。考虑到我国各地区经济发展仍不均衡，城乡之间、东西部地区之间仍存有差异，故《民事诉讼法》并未采用"一刀切"的方式，而是以"标的额为各省、自治区、直辖市上年度就业人员年平均工资百分之三十以下"作为参考。《民诉解释》进一步明确，"上年度就业人员年平均工资"，是指已经公布的各省、自治区、直辖市上一年度就业人员年平均工资。在上一年度就业人员年平均工资公布前，以已经公布的最近年度就业人员年平均工资为准。

三、小额诉讼程序的适用范围

小额诉讼程序的适用范围，是指小额诉讼程序的适用法院和适用的案件。

（一）适用小额诉讼程序的人民法院

根据《民事诉讼法》第 162 条的规定，小额诉讼程序适用于基层人民法院和它派出的法庭。但近年来，全国海事法院受理案件数量普遍上升，为了适应海事案件持续、较快的增长态势，《民诉解释》第 273 条专门规定："海事法院可以审理海事、海商小额诉讼案件。案件标的额应当以实际受理案件的海事法院或者其派出法庭所在的省、自治区、直辖市上年度就业人员年平均工资百分之三十为限。"

（二）适用小额诉讼程序审理的案件范围

根据《民诉解释》第274条的规定，下列金钱给付的案件，适用小额诉讼程序审理：(1)买卖合同、借款合同、租赁合同纠纷；(2)身份关系清楚，仅在给付的数额、时间、方式上存在争议的赡养费、抚育费、扶养费纠纷；(3)责任明确，仅在给付的数额、时间、方式上存在争议的交通事故损害赔偿和其他人身损害赔偿纠纷；(4)供用水、电、气、热力合同纠纷；(5)银行卡纠纷；(6)劳动关系清楚，仅在劳动报酬、工伤医疗费、经济补偿金或者赔偿金给付数额、时间、方式上存在争议的劳动合同纠纷；(7)劳务关系清楚，仅在劳务报酬给付数额、时间、方式上存在争议的劳务合同纠纷；(8)物业、电信等服务合同纠纷；(9)其他金钱给付纠纷。

但根据《民诉解释》第275条的规定，下列案件不得适用小额诉讼程序进行审理：(1)人身关系、财产确权纠纷；(2)涉外民事纠纷；(3)知识产权纠纷；(4)需要评估、鉴定或者对诉前评估、鉴定结果有异议的纠纷；(5)其他不宜适用一审终审的纠纷。

四、小额诉讼程序的审理特点

1. 小额诉讼程序适用简易程序进行审理

人民法院受理小额诉讼案件，应当向当事人告知该类案件的审判组织、一审终审、审理期限、诉讼费用交纳标准等相关事项。小额诉讼案件的举证期限由人民法院确定，也可以由当事人协商一致并经人民法院准许，但一般不超过7日。被告要求书面答辩的，人民法院可以在征得其同意的基础上合理确定答辩期间，但最长不得超过15日。当事人到庭后表示不需要举证期限和答辩期间的，人民法院可立即开庭审理。小额诉讼案件的裁判文书可以简化，主要记载当事人基本信息、诉讼请求、裁判主文等内容。

2. 小额诉讼程序实行一审终审

小额诉讼程序实行一审终审，意味着按照该程序审理的案件，法院一旦作出裁判立即生效，不允许当事人双方提起上诉。根据《民诉解释》第278条和第279条的规定，当事人对小额诉讼案件提出管辖异议的，人民法院应当作出裁定。对于人民法院受理的小额诉讼案件，如果发现不符合《民事诉讼法》规定的起诉条件的，裁定驳回起诉。上述裁定一经作出立即生效。

3. 小额诉讼程序的转化

小额诉讼程序的转化有以下两种情形：一种是在小额诉讼程序的审理过程中，因当事人申请增加或者变更诉讼请求、提出反诉、追加当事人等，致使案件不符合小额诉讼案件条件的，分别适用简易程序的其他规定进行审理或按照普通程序进行审理。但如果案件应当适用普通程序审理的，人民法院应当裁定转为普通程序。

另一种是当事人对按照小额诉讼程序审理的案件，在开庭前提出异议的，经人民法院审查异议成立的，适用简易程序的其他规定进行审理。但在适用简易程序的其他规定或者普通程序审理前，双方当事人已确认的事实，可以不再进行举证、质证。

五、小额诉讼程序的学理探讨

普通程序与简易程序作为对第一审民事诉讼程序的进一步划分，通过对诉讼程序进行繁简分流，优化司法资源的配置，来体现公正与效率价值的衡平。英美法系的大多数国家并未在普通程序之外设立专门的简易程序，而是采用系统化规定的模式直接设立了小额诉讼程序，其中最为突出的代表即为"美国式"的小额程序。韩国、日本以及我国台湾地区等大陆法系的成员也均将之作为范本，构建起了由普通程序、简易程序和小额诉讼程序组成的一审程序格局。①

在我国，不断攀升的民事案件数量与有限的司法资源之间的矛盾日益凸显，小额诉讼程序的设置是顺势而为。本次修改《民事诉讼法》，在简易程序之外用一个条文(《民事诉讼法》第 162 条)对小额诉讼程序进行了规定，简单的条文和粗略性规定显然不符合一个新建程序所需的最起码要求，虽然 2015 年 2 月公布的《民诉解释》对小额诉讼的案件范围、审理方式等内容作了必要的补充和完善，但理论上仍存在诸多需要探讨的问题。

(一)小额诉讼的程序选择权和激励机制

小额诉讼程序虽然快捷、便利，但它毕竟是一个要素不完整的诉讼程序。因此，小额诉讼制度的启动是以牺牲当事人的部分程序利益为前提的，有鉴于此，最高人民法院在小额速裁试点中对程序的启动以当事人的程序选择权为基础，由当事人选择，结合人民法院的职权予以启动。但是如果没有相应的机制引导当事人选择该程序，在当今中国语境下，将会产生因当事人的抵制而限制小额诉讼程序的适用。但若采取法定的或司法裁量的强制性模式，则有剥夺当事人处分权之嫌。因此，有学者建议，在赋予当事人程序选择权的同时，应当设立配套的机制激励当事人选择小额诉讼，防止当事人滥用程序选择权以达到拖延诉讼的目的。如一方当事人在符合小额诉讼程序条件时而拒绝选择，在进入正式程序后由此增加的全部费用(包括律师费用)，由拒绝选择小额程序且败诉的一方当事人承担。② 此外，适用小额诉讼程序进行审理，其目的是为了节约司法成本，因此，为了鼓励更多的当事人选择适用小额诉讼程序快速审理案件，小额诉讼案件在收取诉讼费用上应当体现出灵活性和鼓励性。对于适用小额诉讼程序审理的案件应当是象征性地收

① 参见章武生：《我国民事简易程序的反思与发展进路》，《现代法学》2012 年第 2 期。

② 李江蓉：《论小额诉讼制度的司法困境与制度构建》，《法律适用》2012 年第 8 期。

取固定的诉讼费用。对于经济确有困难的当事人,还应积极予以司法救助,减缓、免收诉讼费。

(二)小额诉讼程序中法官职权主义的作用

从各国小额法庭审判的实践看,不同程度地体现了程序保证不充分的特点,当事人主义弱化,法官职权主义比较明显。这主要是考虑适用小额法庭审理的案件,大多由当事人自己参加庭审,虽然最高人民法院的《关于部分基层人民法院开展小额速裁试点工作的指导意见》并没有明确禁止律师参与小额案件的庭审,但从节约当事人的诉讼支出和节省诉讼时间考虑,我国可以参照域外的通行做法,即以不提倡律师参与审理为原则。但是,由于当事人的各自情况不同,法律意识不同,为体现庭审的公平,法官在庭审中应发挥主导作用,法官应享有较大的自由裁量权,这种自由裁量权,不仅体现为法官可以直接向双方询问、调取证据并且促成双方达成和解,也体现在对当事人某些诉讼权利的限制上,如限制转庭和禁止拆案诉讼等。

(三)小额诉讼的调解以及履行

据统计,美国的小额法庭判决的自动履行率在一些法院徘徊在40%—60%之间。引入小额诉讼程序审理小额案件,目的就在于通过某些程序的简化求得对小额权利的迅速救济。如果案件审结后迟迟得不到执行,或者再进入旷日持久的执行程序,无疑会使民众对小额诉讼程序产生不信任,从而抵制适用该诉讼程序。在我国,民事判决执行难的问题是不争的事实,那么如何保证小额案件的迅速处理以及及时履行应是首先考虑的问题。由于小额案件标的额较小,当事人诉争的利益不大,因此相互间更容易协商解决,有鉴于此,调解解决有利于当事人的自觉履行。因此,小额诉讼的案件应当贯彻调解优先原则,尽可能促成当事人达成调解协议,促使当事人自觉履行,以减少案件进入执行程序的比例。①

(四)小额诉讼程序的救济

小额诉讼的案件实行一审终审,但为了保障当事人的权利不因程序的简化而丧失救济的机会,法律应该赋予小额诉讼案件当事人一定的救济途径。但从各国立法情况看,一般都对不服小额诉讼程序裁判的救济加以限制,以避免降低小额诉讼程序解决纠纷的效率。这种限制主要表现为两种方式:一种是对适用小额诉讼程序的裁判不服不能上诉,只能提出异议。例如,日本《民事诉讼法》就规定,对于小额诉讼的终局判决不得提出控诉,但可在判决书或笔录送达之日起两周内向作出裁判的法院提出异议。异议合法时,诉讼恢复到口头辩论终结前并按照普通程序进行审判。另一种是仅允许对适用小额诉讼程序的特定裁判不服提出上诉。例

① 参见张艳:《我国小额诉讼程序构建若干问题探讨》,《法律适用》2012年第6期。

如，我国台湾地区“民事诉讼法”规定，对于小额诉讼程序的第一审裁判，只有以违背法令为理由才得上诉或抗告于管辖法院。可见，大陆法系国家或地区的立法对适用小额诉讼程序的上诉救济途径大多采取了较为严格的态度。

考虑到我国案多人少的现状和当前诚信观念的缺失，立法采纳了禁止小额诉讼当事人提出上诉的态度。但这是否意味着小额诉讼案件当事人就没有救济的机会和权利了呢？当然不是。根据我国相关法律的规定，无论是小额诉讼的判决书、裁定书还是调解书，在符合法律规定的情况下，如果确有错误，可以按照审判监督程序申请再审。至于有些学者提出的“当事人对于人民法院适用小额诉讼程序审理作出的裁判不服，允许当事人提出异议申请”的立法建议，并没有得到立法者的积极回应。虽然在 2015 年 2 月公布实施的《民诉解释》中涉及允许当事人提出异议，但也只是当事人对按照小额诉讼程序进行审理提出的异议，而并非针对当事人不服小额诉讼程序作出的裁判提出的异议，这不能不说是立法的一大缺憾。

拓展思考题

1. 如何理解一审简易程序的适用范围？
2. 你认为一审简易程序之“简易”的程序底限有哪些？
3. 如何理解小额诉讼程序与一审简易程序的关系？
4. 从比较法的视角谈谈我国民事诉讼简易程序的改革趋势。

第十四章

第二审程序

【内容提要】

我国实行两审终审制。第二审程序是以当事人的上诉权为基础的一种审判程序。上诉的提起需要具备法定条件,撤回上诉也需要具备法定程序。二审程序的审理适用合议制,包括开庭审理与不开庭审理两种审理方式。二审程序可以适用调解,并且与一审调解既有相同点又有所区别。二审法院对上诉案件的裁判,基于一审判决和一审裁定的划分而有所区别。

第一节　第二审程序概述

一、第二审程序的概念

第二审程序,是指当事人不服地方各级人民法院的第一审未生效的判决、裁定,在法定期限内向上一级人民人民法院提起上诉,上一级人民法院对上诉案件进行审理时所适用的程序。因人民法院适用第二审程序审理的是上诉案件,又因我国人民法院审理案件实行两审终审制,二审法院对上诉案件审理后所作出的裁判就是终审的裁判,故第二审程序又称上诉审程序或终审程序。

上述概念表明,第二审程序之所以发生,一是基于当事人的上诉权,二是基于上级人民法院的审判监督权。二者共同构成了第二审程序的发生基础,缺少哪一方面,第二审程序都不能发生。但第二审程序的启动,首先在于当事人行使上诉的权利。

所谓上诉,是指当事人对第一审未生效的裁判,在法定期限内声明不服,要求上一级人民法院通过审理撤销或者变更一审裁判的诉讼行为。它和起诉一样,都是当事人行使诉权,要求人民法院进行审判,以保护自己的民事权益的作为。起诉

权与上诉权虽然均为当事人享有的诉讼权利。但是,上诉和起诉有着根本区别。其具体表现为:

(1)行为所针对的对象不同。起诉所针对的是与对方当事人发生争议的民事法律关系,上诉所针对的是第一审法院的裁判。

(2)行为的直接目的不同。起诉的直接目的是当事人要求法院通过审判方式解决所发生的争议,保护自己的合法民事权益;上诉的直接目的是当事人要求上一级人民法院撤销或者变更原裁判,重新作出有利于自己的裁判以维护自己的合法权益。

(3)能否选择受诉法院不同。原告可在几个有管辖权的法院中选择一个法院起诉;上诉不能选择法院,只能向第一审法院的上一级人民法院提出。

(4)引起的法律后果不同。符合法定条件的起诉,能引起第一审程序的发生;符合法定条件的上诉,能引起第二审程序的发生。

(5)法律要求的提出期限不同。起诉必须在法定的诉讼时效期限内提出,否则,权利人的胜诉权消灭,诉讼请求将被依法驳回;而上诉应在法定的上诉期限内提出,超过上诉期限的上诉,除超越期限有正当理由的以外,人民法院不再受理。

(6)主体范围不同。起诉的主体,是声称其权利受到侵害或与他人发生争执的民事法律关系的当事人;而上诉的主体,是对一审裁判不服的诉讼当事人。

对第二审程序的性质,诉讼法学界存在一定的争议。有学者持"复审制说",即认为二审程序是与一审程序毫无关系的重新审理案件的程序;有学者持"事后审说",即认为二审程序仅以一审的诉讼资料为据,仅就案件进行法律审;有学者持"续审制说",即认为二审程序是一审程序的继续和发展。综合各种观点,结合民事诉讼审判的实际,第三种主张相对而言更为合理。因为二者不仅都是人民法院审理案件的程序,而且是审理同一案件的相继过程,都是对同一法律关系、同一案件事实的审判。第一审程序是第二审程序的前提和基础,没有第一审程序也就没有第二审程序;第二审程序是第一审程序的继续和发展,没有第二审程序对上诉案件的继续审理,第一审正确的裁判将得不到肯定和维持,错误的裁判将得不到监督和纠正。

二、第二审程序与第一审程序的关系

第二审程序与第一审程序都是当事人依法行使诉权而发生的诉讼程序,二者存在密切的联系。第一审诉讼程序与第二审程序同属于诉讼案件的审判程序。经过第一审诉讼程序审理的民事案件,如果当事人不服提起上诉的,二审法院适用第二审程序对案件进行审理。第二审人民法院审理上诉案件,首先运用第二审程序

的有关规定；第二审程序没有规定的，要适用普通程序的有关规定。

但二者也有许多区别，主要表现在：

(1)程序发生的原因不同。一审诉讼程序的发生，基于当事人的起诉权和法院的管辖权；而二审程序的发生是基于当事人的上诉权和二审法院对一审法院的审判监督权。

(2)审级不同。第一审诉讼程序是案件在一审法院审理适用的程序；而第二审程序是案件在二审法院审理的程序，它是一审案件受诉法院的上一级法院在审理上诉案件时适用的程序。

(3)审判组织不同。一审法院适用第一审诉讼程序审理民事案件的组织形式有两种，即合议制和独任制。实行合议制的，合议庭可以由审判员组成，也可以由审判员和陪审员共同组成；而二审法院适用第二审程序审理上诉案件只能采取合议制，并且合议庭必须由审判员组成，不能有陪审员参加。

(4)审理的对象不同。第一审诉讼程序是以原告的起诉状和被告的答辩状为基点展开的，审理的对象是双方当事人之间的民事权益争议，而第二审程序是以一审裁判为基点，对当事人上诉请求的有关事实和适用的法律进行审查，审理对象是一审法院的裁判。

(5)审理的方式不同。适用第一审程序审理民事诉讼案件，法院只能采取开庭审理的方式；而适用第二审程序审理民事上诉案件，法院可以根据案件事实是否已经清楚等实际情况，选择采取开庭审理或者径行判决的方式。

(6)裁判的效力不同。适用第一审诉讼程序审结后的判决，在上诉期间，是未发生法律效力的裁判；适用第二审程序审结后的裁判，是发生法律效力的裁判，当事人不得提起上诉。

三、第二审程序的意义

我国民事诉讼中的第二审程序，对于维护当事人的合法权益，加强上级人民法院对下级人民法院审判工作的监督，保证案件的审判质量，均有重要意义。

首先，第二审程序可以实现当事人的上诉权，维护当事人的合法权益。上诉权是法律赋予当事人的一项重要诉讼权利。有了第二审程序，当事人就可以通过行使上诉权，使案件获得第二次审理的机会。在第二审程序中，当事人可以进一步陈述理由，提供新的事实或证据，要求上级法院审查第一审判决或裁定的正确性与合法性，从而有利于维护其合法权益。

其次，通过第二审程序，维持正确的裁判，纠正错误的裁判，维护法律的尊严。第二审人民法院通过对案件的审理，如若认定第一审人民法院所作的判决、裁定正确无误，则驳回上诉，维持原判；如发现第一审人民法院对案件的判决、裁定在认定事实上或适用法律上有错误，或违背法定程序，可能影响案件公正审理，则发回重审或依法改判，使错误判决、裁定得以纠正，从而起到维护法律尊严的作用。

最后，通过二审程序，有利于实现上一级人民法院对下一级人民法院审判案件的监督，上级人民法院可以更好地指导下级人民法院的工作。

第二节　上诉的提起、受理和撤回

一、上诉的提起

《民事诉讼法》第164条规定，当事人不服地方人民法院第一审判决的，有权在判决书送达之日起十五日内向上一级人民法院提起上诉。当事人不服地方人民法院第一审裁定的，有权在裁定书送达之日起十日内向上一级人民法院提起上诉。

当事人对于法律赋予自己的上诉权是否行使有权自行决定，任何人不得干涉。当事人决定行使上诉权的，任何人不得随意限制。但是，当事人行使上诉权，提起上诉，必须具备实质上和形式上的要件，上诉的主体、客体、期限、形式、方法等都必须合格，即必须符合法律的规定。

二、提起上诉的条件

（一）提起上诉的主体合格

提起上诉的主体合格，是指提起上诉的人必须具有法定的上诉人资格。根据法律规定，在第一审程序中，享有实体权利、承担实体义务的当事人，具有上诉人资格。包括第一审程序中的原告、被告、共同诉讼人、诉讼代表人、有独立请求权的第三人、法院在一审判决中确认其承担义务的无独立请求权的第三人。他们在民事诉讼中居于诉讼主体地位，当然具有上诉人资格，有权提起上诉。法人或者其他组织的上诉权，应由其法定代表人或其主要负责人行使。

一审程序中的一方当事人提起上诉，则对方当事人、有独立请求权的第三人或法院确认其承担义务的无独立请求权的第三人，为被上诉人。被上诉人也均为在第一审程序中享有实体权利、承担实体义务的人。对于上诉人与被上诉人的确定，有如下几个方面的规则：

（1）双方当事人和第三人都提出上诉的，均为上诉人。

（2）在必要共同诉讼的案件中，一人或部分当事人提出上诉的，按下列情况处理：①该上诉是对与对方当事人之间权利义务分担有意见，不涉及其他共同诉讼人利益的，对方当事人为被上诉人，未上诉的同一方当事人依原审诉讼地位列明。

②该上诉仅对共同诉讼人之间权利义务分担有意见,不涉及对方当事人利益的,未上诉的同一方当事人为被上诉人,对方当事人依原审诉讼地位列明。③该上诉对双方当事人之间以及共同诉讼人之间权利义务承担有意见的,未提出上诉的其他当事人均为被上诉人。

(3)普通的共同诉讼,提起上诉的人为上诉人,被提起上诉的人为被上诉人。未提起上诉或未被提起上诉的其他普通共同诉讼人,不被追加为上诉人,也不被追加为被上诉人。

(4)无民事行为能力人、限制民事行为能力人的法定代理人,可以代理当事人提起上诉,但上诉人仍为被代理的当事人。经过当事人特别授权的委托诉讼代理人,向人民法院提交特别授权委托书的,可以代理被代理人行使上诉权,但上诉人仍是被代理人。

(二)上诉客体合格

上诉客体,是指当事人依法行使上诉权,请求上一级人民法院予以纠正的判决、裁定。法律允许对之提出上诉的判决、裁定是合格的上诉客体。根据民事诉讼法规定,可以对之提出上诉,作为合格上诉客体的判决、裁定有:(1)地方各级人民法院按普通程序、简易程序审理民事案件后所作的判决;(2)第二审人民法院发回原审人民法院重新审理的案件所作的判决;(3)第一审人民法院按照审判监督程序提起再审所作的判决;(4)地方各级人民法院所作的不予受理的裁定、驳回起诉的裁定和对管辖权有异议的裁定。

基层人民法院按照特别程序审理的案件实行一审终审,所作的裁判不得提起上诉;中级、高级、最高人民法院的二审裁判,当事人不得提起上诉;最高人民法院所作的第一审裁判是终审裁判,不得提起上诉;对调解协议不能上诉;除不予受理、驳回起诉、管辖权异议这三种裁定以外的其他民事裁定,不得提出上诉。

(三)上诉期限合格

《民事诉讼法》第164条规定,对判决提起上诉的期限为15日,对裁定提起上诉的期限为10日。上诉期限从当事人接到第一审人民法院判决书、裁定书的次日起计算。在法定的上诉期限内,当事人没提起上诉,第一审判决、裁定就发生法律效力,当事人不得再对其提起上诉。

关于上诉的期限,在共同诉讼中,因必要共同诉讼和普通共同诉讼的不同而存在不同的要求。必要的共同诉讼,应以共同诉讼人中最后收到判决书、裁定书的时间为准计算上诉期限;普通的共同诉讼,应以共同诉讼人各自收到判决、裁定的时间计算上诉期限。

当事人在上诉期间内，如果因为不可抗拒的事由或者其他正当理由耽误了上诉期间的，在阻碍消除后10日内，可以申请顺延期间，是否准许由人民法院决定。

（四）上诉形式合格

上诉形式合格，是要求上诉必须提交上诉状。一审宣判时或判决书、裁定书送达时，当事人口头表示上诉的，人民法院应告知其必须在法定上诉期间内提出上诉状。未在法定上诉期间内递交上诉状的，视为未提出上诉。

根据《民事诉讼法》第165条第1款规定，上诉状的内容应当包括当事人的姓名，法人的名称及其法定代表人的姓名或者其他组织的名称及其主要负责人的姓名；原审人民法院名称、案件的编号和案由；上诉的请求和理由。

（五）上诉途径合格

根据《民事诉讼法》第166条规定，上诉状应当通过原审人民法院提出，并按照对方当事人或者代表人的人数提出副本。法律也允许当事人直接向第二审人民法院上诉。当事人直接向第二审人民法院上诉的，第二审人民法院应当在5日内将上诉状移交原审人民法院。

当事人通过原审人民法院提出上诉，是上诉的原则方法和基本途径。这有利于上诉人及时补正被原审人民法院审查发现上诉状中的欠缺，有利于第二审人民法院对上诉案件的及时审理，从而使当事人的合法权益得到及时保护。当事人直接向第二审人民法院提出上诉，这只是上诉的一种例外的方法。

三、上诉的受理

上诉的受理，是指第二审人民法院对上诉案件的受理，即指第二审人民法院对当事人不服一审裁判的上诉案件，依法审查，在认为符合法定条件时，决定立案审理的诉讼活动。

第二审人民法院受理上诉案件的程序是：

（1）原审人民法院收到上诉人向其递交的或由上级人民法院移交的上诉状后，应对上诉状进行审查，发现有欠缺的，要求当事人在限期内补正，发现超过上诉期限，又无正当理由的，直接决定不予受理。

（2）原审人民法院对收到的无需补正，又不超过上诉期限的上诉状，应当在5日内将上诉状副本送达对方当事人，对方当事人在收到之日起15日内提出答辩状。人民法院应当在收到答辩状之日起5日内将副本送达上诉人。对方当事人不提出答辩状的，不影响人民法院审理。

（3）原审人民法院收到上诉状、答辩状，应当在5日内连同全部案卷和证据，报送第二审人民法院。

(4)第二审人民法院收到原审人民法院报送的材料后，经审查，认为符合法律规定的上诉条件的，予以立案，并通知上诉人在指定的期限内缴纳诉讼费用。至此，第二审人民法院受理上诉案件的程序结束，将开始审理前的准备工作。

应当明确的是，上诉案件的立案受理权属于第二审人民法院。尽管民事诉讼法规定，当事人提起上诉原则上应当通过原审人民法院提出，同时还规定，要由原审人民法院向对方当事人送达上诉状副本、接受对方当事人提出的答辩状，但这些工作，在性质上应属于第二审人民法院受理工作的一部分，只是基于原审人民法院去做比较方便，法律才作出如此规定。对此，可以理解为这是原审人民法院对第二审人民法院在工作上的一种协助，而绝不能因此就认为原审人民法院享有上诉案件的受理权。

四、二审中的撤回上诉与撤回起诉

(一)撤回上诉

撤回上诉，是指第二审人民法院受理上诉案件后至对上诉案件的判决宣告之前，上诉人放弃诉讼请求的一种诉讼行为。它是当事人行使处分权的一种表现。《民事诉讼法》第173条规定："第二审人民法院判决宣告前，上诉人申请撤回上诉的，是否准许，由第二审人民法院裁定。"据此，撤回上诉虽然是当事人行使处分权的表现，但必须符合一定的条件：

第一，撤回上诉的时间，必须在第二审人民法院宣判之前。在第二审人民法院对上诉案件作出裁判或调解协议送达之后，因裁判和调解协议已发生法律效力，当事人便无权申请撤诉。

第二，撤回上诉应由上诉人或经上诉人特别授权的诉讼代理人向人民法院提出申请。提出申请的方式，一般是递交撤回上诉申请书，也可以口头向人民法院提出申请，由人民法院记入笔录。

第三，撤回上诉必须经第二审人民法院审查后作出裁定批准。

在我国，当事人行使处分权不是绝对的，必须受人民法院的审查。人民法院有责任对当事人申请撤回上诉的行为进行审查，并作出准予撤回上诉或者不准撤回上诉的裁定。在一般情况下，只要当事人申请撤回上诉符合形式要件，当事人对权利的处分不违背国家法律、政策，不损害国家、集体、他人的合法权益，二审法院审查后，应裁定准许撤回上诉。但是，经审查，如果发现下列情形之一的，第二审人民法院应作出不允许撤回上诉的裁定：(1)法院经审查认为一审判决确有错误的；(2)双方当事人恶意串通损害国家利益、社会公共利益及他人合法权益的。

第二审人民法院准予撤回上诉的裁定，必须采取书面形式，即制作裁定书。上诉人撤回上诉，一经人民法院准许即产生两个法律后果：一是第一审人民法院的判决或者裁定立即发生法律效力;二是当事人丧失了对本案的上诉权。第二审人民法院裁定不准撤诉的,第二审程序继续进行。

(二)撤回起诉

原则上,原告撤回起诉应当在一审程序中。但是,《民诉解释》也有二审中撤回起诉的特别规定。根据《民诉解释》第338条之规定,一审原告在二审中的撤回起诉需要具备以下程序要求:

(1)二审程序中,一审原告申请撤回起诉,经其他当事人同意,且不损害国家利益、社会公共利益、他人合法权益的,法院可以准许。

(2)二审法院准许撤回起诉的,裁定一并撤销一审判决。

(3)一审原告在二审程序中撤回起诉后重复起诉的,法院不予受理。

(三)二审达成和解后的撤诉

根据《民诉解释》第339条之规定,在二审中当事人可以和解,达成和解协议的,有两种选择:(1)请求法院对双方达成的和解协议进行审查并制作调解书;(2)申请撤诉。经审查符合撤诉条件的,人民法院应予准许。和解后的撤诉,既可是撤回起诉,也可是撤回上诉,此处要看当事人的选择。若是撤回起诉,则一审原告不得再重复起诉。若是撤回上诉,在撤回上诉后一方当事人不履行和解协议,另一方当事人可以直接申请执行一审判决。

第三节 对上诉案件的审判

一、对上诉案件的审理

根据我国《民事诉讼法》第174条的规定,第二审人民法院审理上诉案件,多采用第一审普通程序,如审理前的准备、开庭审理、法庭调查等,但又有其自身的程序特点:

(一)合议庭的组成

第二审人民法院审理上诉案件,采用合议制,不能适用独任制。按照《民事诉讼法》第40条第1款的规定,人民法院审理第二审民事案件,由审判员组成合议庭,陪审员不得参加合议庭审理案件。

(二)审理的范围

《民事诉讼法》第168条规定:"第二审人民法院应当对上诉请求的有关事实和适用法律进行审查。"这说明,二审人民法院不必审查上诉人的上诉请求未涉及的案件事实和法律适用,审查应以上诉请求为限。但是,一审判决违反法律禁止性规定,或者损害国家利益、社会公共利益、他人合法权益的除外。

(三)审理的方式

根据《民事诉讼法》第169条第1款的规定,第二审人民法院审理上诉案件有两种方式:一是开庭审理,二是不开庭审理。

开庭审理,是指人民法院按法定程序,传唤当事人、证人以及其他诉讼参与人到庭,进行法庭调查、法庭辩论,然后经合议庭评议作出裁判,直至最后宣判的诉讼过程。开庭审理是第二审人民法院审理案件的原则方式。但由于我国地域辽阔,有不少地方交通不便,加之第二审人民法院管辖范围过大等原因,民事诉讼法允许第二审人民法院对某些上诉案件,可以采取不开庭的审理方式。

我国民事诉讼法规定的第二审程序中的不开庭审理与国外一些国家法律规定的"书面审理"有严格区别。"书面审理"是指不开庭、不调查、不询问当事人和证人,只是通过审查第一审的案卷材料及上诉材料就作出裁判的审理方式。而我国民事二审程序中的不开庭审理是对二审法院开庭审理这一原则方式的补充,只有在少数例外情况下才可以不开庭审理。因此,它只能在特定的条件下进行,以此来简化二审开庭审理的程序。但是不开庭审理的案件,其他开庭审理应为的活动,也需照例进行。

根据《民事诉讼法》第169条规定,不开庭审理的基本条件包括:(1)审判人员必须经过阅卷、调查和询问当事人;(2)上诉人没有提出新的事实、证据或者理由;(3)经合议庭讨论,认为不需开庭审理。《民诉解释》第333条又专门规定了可以不开庭审理的案件情形:(1)不服不予受理、管辖权异议和驳回起诉裁定的;(2)当事人提出的上诉请求明显不能成立的;(3)原审裁判认定事实清楚,但适用法律错误的;(4)原判决严重违反法定程序,需要发回重审的。

(四)上诉案件的审理地点

按照我国《民事诉讼法》第169条第2款的规定,第二审人民法院审理上诉案件,可以在本院进行,也可以到案件发生地或者原审人民法院所在地进行。审判实践中,第二审人民法院对于径行判决、裁定的案件,一般选择在本院审理。对于开庭审理的案件,一般依据案件的实际情况选择到案件发生地或原审法院或本院进行。

(五)上诉案件审理中的调解

《民事诉讼法》第172条规定:"第二审人民法院审理上诉案件,可以进行调解。调解达成协议,应当制作调解书,由审判人员、书记员署名,加盖人民法院印章。调解书送达后,原审人民法院的判决即视为撤销。"这一规定,不仅确立了我国民事二审程序中的调解制度,也体现了我国民事诉讼法的特点。其他一些国家民事诉讼法,在二审程序的规定上排除调解结案的方式,只规定当事人可以和解，而没有调解的规定。我国民事诉讼法规定第二审程序中可以调解结案，有利于民事纠纷地彻底解决，是民事诉讼法中合法自愿调解原则在第二审程序中的具体体现。

第二审程序中的调解与第一审程序中的调解在原则、方法、程序上基本相同，但也有区别：

(1)在第一审程序中，调解达成协议的，原则上要制作调解书，送达双方当事人。但也有一些案件可以不制作调解书，只将双方当事人达成的协议内容记入笔录备案。而在第二审程序中，凡是调解达成协议的，一律要制作调解书送达双方当事人。

(2)在第一审程序中，调解不成的，无论是否追加新的当事人，均应直接进行裁判；而在第二审程序中，如果追加新的当事人，调解不成，应发回原审法院重审，不应直接进行二审裁判。

(3)在第二审程序中，原审原告增加独立的诉讼请求或原审被告提出反诉的，第二审人民法院可以根据当事人自愿的原则就新增加的诉讼请求或反诉进行调解，调解不成的，告知当事人另行起诉。而第一审程序中，发生原告增加独立的诉讼请求或被告提出反诉的情况时，调解不成的，应及时进行判决。

第二审调解书的结构、内容与写法基本同于第一审调解书。但值得注意的是，在第二审程序中，调解书中不需要写明"撤销原判"的字样。因为《民事诉讼法》第172条的规定中已经明确，调解书送达后，原审人民法院的判决即视为撤销。因此，没有必要再予以附加。同时，若写明"撤销原判"，不仅会使人误认为原判有错误，而且以当事人自愿达成的协议来撤销人民法院行使审判权所作出的判决，这在一定程度上有损于法律的尊严。

(六)上诉案件的审限

我国《民事诉讼法》第176条规定："人民法院审理对判决的上诉案件，应当在第二审立案之日起三个月内审结。有特殊情况需要延长的，由本院院长批准。人民法院审理对裁定的上诉案件，应当在第二审立案之日起三十日内作出终审裁定。"

二、对上诉案件的裁判

第二审人民法院审理上诉案件后，应根据对上诉案件的审理结果，分别情况，加以处理。

(一)对不服一审判决的上诉案件的处理

根据我国《民事诉讼法》和《民诉解释》的相关规定，第二审人民法院对不服一审判决的上诉案件经过审理，应分别情况，作如下处理：

1. 驳回上诉、维持原判

第二审人民法院对上诉案件进行审理后,如认为原审判决认定事实清楚,适用法律正确,应当判决驳回上诉、维持原判。之所以驳回上诉、维持原判要用判决而不用裁定,是因为驳回上诉、维持原判,是上级人民法院对下级人民法院判决的正确性与合法性的一种肯定,也即是上级人民法院对下级人民法院判决确认的当事人之间的权利义务关系的一种认可,这属于对案件实体问题的确认,与第一审程序中解决程序问题的驳回起诉是截然不同的,不能将二者混为一谈。

2. 依法改判

依法改判适用于三种情况:

(1)原判决认定事实清楚、证据充分,但适用法律有错误的,应当依法改判。这里所说的"法律",指的是实体法。这里所说的"改判",既包括对原审法院适用法律全部错误的改判,又包括对原审法院适用法律部分错误的改判。

(2)原判决认定事实错误的,应当依法改判。

(3)原判决认定基本事实不清的,可以在查清事实后改判。

3. 撤销原判、发回重审

首先应当指出,根据《民事诉讼法》第 170 条第 2 款之规定,原审人民法院对发回重审的案件作出判决后,当事人提起上诉的,第二审人民法院不得再次发回重审。也就是说,案件发回原审人民法院重审的,对同一案件,只能发回重审一次。

根据《民事诉讼法》第 170 条第 1 款之规定,二审法院裁定发回重审的情况有:

(1)原判决认定基本事实不清的,可以裁定撤销原判决,发回原审人民法院重审。如果第一审人民法院重审后,当事人又一次提起上诉,第二审人民法院仍然认为原判决基本事实不清的,应当查清事实后依法改判,不得再次发回重审。需要注意的是,第二审人民法院根据一方当事人提出的新证据对案件改判或者发回重审的,应当在判决书或者裁定书中写明对新证据的确认,不应当认为是第一审裁判错误,并且对于发回重审的,对方当事人有权要求其补偿误工费、差旅费等费用。①

(2)原判决遗漏当事人或者违法缺席判决等严重违反法定程序的,应当裁定撤销原判决,发回原审人民法院重审。需要指出的是,此处构成发回重审的理由需要严重违反法定程序的情形,一般的程序违法则不构成。严重违反法定程序的情形主要包括:①遗漏当事人;②违法缺席判决;③审判组织的组成不合法;④应当回避的审判人员未回避;⑤无诉讼行为能力人未经法定代理人代为诉讼;⑥违法剥夺当事人的辩论权利。

① 最高人民法院《审判方式改革规定》第 38 条、第 39 条。

另外，根据《民诉解释》的相关规定，二审法院适用撤销原判、发回重审的情形还有：

(1)当事人在一审中已经提出的诉讼请求，原审人民法院未作审理、判决的，第二审人民法院可以根据当事人自愿的原则进行调解，调解不成的，发回重审。

(2)必须参加诉讼的当事人或者有独立请求权的第三人在一审中未参加诉讼，第二审人民法院可以根据当事人自愿原则予以调解，调解不成的，发回重审。

(3)一审判决不准离婚的案件，上诉后，第二审人民法院认为应当判决离婚的，可以根据当事人自愿的原则，与子女抚养、财产问题一并调解，调解不成的，发回重审。经双方当事人同意的，二审法院可一并进行审理。也就是说，此处可通过双方当事人的合意来放弃两审终审制的审级利益。

根据我国《民事诉讼法》第40条之规定，发回重审的案件，原审人民法院应当按照第一审程序另行组成合议庭，不得适用简易程序，也不能采用独任制的组织形式；同时，原合议庭组成人员或者独任审判员，不得参加另组成的合议庭。发回重审的案件，仍为第一审案件，经人民法院重审后所作的判决仍为第一审判决，当事人如果对该判决不服，仍可依法提起上诉。

4. 撤销原判、驳回起诉

人民法院依照第二审程序审理的案件，认为依法不应由人民法院受理的，可以由第二审人民法院直接裁定撤销原判，驳回起诉。

5. 告知当事人另行起诉

在第二审程序中，原审原告增加独立的诉讼请求或原审被告提出反诉的，第二审法院可以根据当事人自愿的原则就新增加的诉讼请求或反诉进行调解，调解不成的，告知当事人另行起诉。经双方当事人同意的，二审法院可一并进行审理。也就是说，此处可通过双方当事人的合意来放弃两审终审制的审级利益。

(二)对不服一审裁定的上诉案件的处理

《民事诉讼法》第171条规定："第二审人民法院对不服第一审人民法院裁定的上诉案件的处理，一律使用裁定。"据此，第二审人民法院对不服第一审人民法院裁定的上诉案件审理后，无论是维持原裁定，还是撤销原裁定，都不能使用判决，而只能使用裁定。

根据《民事诉讼法》第154条的规定，不予受理的裁定、对管辖权有异议的裁定、驳回起诉的裁定都是可以提起上诉的裁定。第二审人民法院对当事人不服上述裁定的上诉案件进行审理后，如认为一审裁定正确，应裁定驳回上诉，维持原裁定；如认为一审裁定有错误，应裁定撤销或者变更原裁定。

分别不同裁定的情况而言，具体有三种处理方式：

(1)第二审人民法院查明第一审人民法院作出的不予受理裁定有错误的,应在撤销原裁定的同时,指令第一审人民法院立案受理。

(2)查明第一审人民法院作出的驳回起诉裁定有错误的,应在撤销原裁定的同时,指令第一审人民法院进行审理。

(3)查明第一审人民法院作出的对管辖权有异议的裁定有错误的,应在撤销原裁定的同时,重新作出正确的裁定。

三、第二审人民法院的宣判和裁判效力

第二审人民法院宣告判决可以自行宣判,也可以委托原审人民法院或者当事人所在地人民法院代行宣判。

《民事诉讼法》第175条规定:“第二审人民法院的判决、裁定,是终审的判决、裁定。”终审判决、裁定的法律效力具体表现为:

(1)不得对裁判再行上诉。我国目前实行两审终审制,第二审法院的裁判就是对当事人权利义务的最终判定。判决、裁定一经宣告或送达,即发生法律效力,当事人不得再行上诉。

(2)当事人不得以同一标的、事实和理由再行起诉。因为二审裁判为终审裁判,双方当事人的诉讼标的已经得到了解决,所以任何一方当事人不得以同一标的、事实和理由再行起诉。

(3)具有强制执行力。二审终审判决具有给付内容的,如果义务人无正当理由拒不履行的,权利人有权申请人民法院强制执行。

第二审人民法院制作的调解书,送达双方当事人签收之后即产生法律效力。其法律效力与第二审人民法院判决、裁定的法律效力相同。

拓展思考题

1. 如何理解我国民事诉讼二审程序的审理范围?
2. 请正确区分二审程序中的撤回上诉和撤回起诉。
3. 如何理解二审程序中的不开庭审理方式?如何有效避免它在司法实践中的滥用?
4. 如何理解二审法院对上诉案件的处理方式?

第十五章

审判监督程序

【内容提要】

审判监督程序,是人民法院对已经发生法律效力的裁判,依照法律规定由法定主体提起,对案件进行再审的程序。审判监督程序的设立,对于保障司法公正,保证案件裁判的质量,保护当事人的合法权利,完善民事诉讼程序体系都具有重要的意义。本章对审判监督程序的概念、特点以及法院行使监督权对案件的再审、检察院抗诉案件的再审和当事人申请再审的具体程序等内容进行阐述,构建了审判监督程序系统完整的知识体系。

第一节　审判监督程序概述

一、审判监督程序的概念

审判监督程序,又称再审程序,是指人民法院对已经发生法律效力的判决、裁定或调解书,如果发现确有错误,依法对案件再次进行审理所适用的程序。

审判监督程序是一种特殊的程序,不是民事案件普遍经过的程序。根据一事不再理原则和既判力,已经发生法律效力的判决或者裁定,不得变更或撤销,以维护裁判的权威性和稳定性。但是,在审判实践中,由于存在种种特殊情况,生效后的民事判决、裁定或调解书可能存在事实上或法律上的错误。以实事求是作为民事诉讼法的指导思想和基本原则,就要求有错必纠,于是,设立审判监督程序作为纠正生效判决、裁定或者调解书的机制。

审判监督程序又称为再审程序,这是大多数人达成的共识,但是,有学者认为审判监督程序和再审程序并不是同一个概念。“审判监督程序和再审程序虽然紧密相关,但是二者之间有着明确界限,彼此不能混同。审判监督程序是开启再审程序必备的前置程序，它的全部作用集中体现为引起再审程序的发生与进行，但其本身并不能够直接使确有错误的生效裁判得以纠正；再审程序则是审判监督程序的后续程序，它的开启必须以审判监督程序的进行为前提，但它具有使确有错误的生效裁判得到纠正的独特功能。由此可见，审判监督程序和再审程序并不是同一程序的不同叫法。”[①]这一观点值得商榷。

首先，我国民事诉讼立法已明确体现了审判监督程序和再审程序内涵和外延上的同一性。众所周知，再审是人民法院的一种审判行为，是审判权的具体体现。我国民事诉讼法在第十六章“审判监督程序”之中使用“再审”一词，简单讲审判监督程序就是用来调整再审这种审判行为的特殊程序。通观我国民事诉讼法的规定，并无“再审程序”字样的表述，但从其确指的对象范围上看，再审程序应该是规范、制约再审行为的程序。可见，二者确指的对象范围同一，那么，二者的外延便同一。而从审判监督程序与再审程序所反映的程序的本质属性上看，二者是同一的，那么，二者的内涵就是同一的。既然二者的内涵和外延是同一的，二者的概念就是同一的。

其次，从程序的作用和顺序角度看，审判监督程序的全部作用并非“集中表现为引起再审程序的发生与进行”，而是为纠正人民法院已经生效，但又确有错误的判决、裁定和调解书。其根本作用在于对审判机关审判错误的修正，进而使当事人的合法权益不受侵犯。它本身虽然“不能够直接使确有错误的生效裁判得到纠正”，但在民事诉讼中，它是纠正错误的生效裁判得以再审的唯一的程序保障。这与第一审程序在一审中、第二审程序在二审中以及再审程序在再审中所发挥的程序保障功能是一致的。因此，审判监督程序和再审程序的功能是相同的。而且，审判监督程序与再审程序并非是“前提程序和后续程序”的关系。审判监督程序的开启，同时也就是再审程序的开启，二者同时运作，不能也无法进行先后顺序的划分。如果做这样的划分是不合理、不科学的，也不符合我国民事诉讼法的立法本意。

最后，从我国《民事诉讼法》第 207 条的规定看，立法规定了人民法院按照审判监督程序再审的案件的程序适用、裁判效力以及审判组织的形式。这是审判监督的程序，也是再审的程序。二者在程序的启动、运行、程序参与的主体、裁判的效力、审判组织的组成等方面所受的立法制约相同。综上所述，将审判监督程序和再审程序看作是同一程序的不同表述应该更为合理。

二、审判监督程序的特点

从民事诉讼的审判程序来看，我国的民事诉讼审判监督程序与第一审程序、第

① 江伟主编：《民事诉讼法学原理》，中国人民大学出版社 1999 年版，第 668 页。

二审程序相比，有以下几个特点：

(1)提起诉讼的主体不同。提起审判监督程序的主体，只能是各级人民法院院长和审判委员会、上级人民法院、最高人民法院、最高人民检察院和上级人民检察院。而第一审程序，由当事人，主要是原告提起。第二审程序，由原告、被告、有独立请求权的第三人、判决承担义务的无独立请求权的第三人提起。

(2)审理的对象不同。审判监督程序的审理对象是已经发生法律效力的，但确有错误的判决、裁定或调解书。而第一审程序审理的对象，是当事人之间发生争议的民事权利义务关系。第二审程序审理的对象，是各级人民法院尚未生效的判决或裁定。

(3)提起诉讼的理由不同。提起审判监督程序是因为发现已经生效的判决、裁定或调解协议确有错误，或依法符合当事人申请再审的条件，为了纠正错误而提起。提起第一审程序是因为民事权益受到侵犯或者与他人发生争议。提起第二审程序是由于当事人不服一审判决或裁定。

(4)提起诉讼的时间不同。提起审判监督程序，对有权提出再审的人民法院和人民检察院，无法定时间限制；但当事人申请再审，通常情况下，应在判决、裁定或者调解书发生法律效力后6个月内提出。提起一审程序，受实体法规定的诉讼时效的限制，一般情况下诉讼时效为知道或者应当知道其权利受到侵害之日起二年内提出，特殊情况下可以延长，最长不得超过20年。提起二审程序，受法定的上诉期限的严格限制。不服判决的上诉期限为15日，不服裁定的上诉期限为10日。从法律文书送达之次日起计算。

(5)审理的法院不同。审理再审案件的法院可以是原审法院，也可以是原审法院的上级法院。审理第一审案件，由依法有管辖权的人民法院审理。审理第二审案件，由原审法院的上一级人民法院进行。

(6)适用的程序不同。审判监督程序没有独立的程序，根据审判的对象来确定是适用第一审程序，还是适用第二审程序。发生法律效力的判决、裁定或者调解书是由第一审人民法院作出的，按照第一审程序审理；是由第二审人民法院作出的，或者是上级法院按照审判监督程序提审的，按照第二审程序审理。

(7)程序的性质不同。审判监督程序不是每个民事案件都必经的程序，也不是民事诉讼程序的审级，是一种特殊程序。第一审程序是每一个民事案件的必经程序。第二审程序不是每个民事案件的必经程序，但是第二审程序是民事诉讼程序的审级，属于正常的审判程序。

三、审判监督程序的意义

民事诉讼法在规定对民事诉讼案件实行两审终审制的同时，又规定了审判监督程序,将审判监督程序作为我国民事诉讼中的一项重要程序,无论对民事诉讼立法体系,还是对人民法院的审判实践,以及对当事人合法权益的保护,都有极其重要的意义:

第一,审判监督程序的设立,成为我国两审终审制度的必要补充,是民事诉讼法合理机制的重要组成部分,进一步完善了我国民事诉讼立法体系。

第二,审判实践中,人民法院对确有错误的生效的法律文书,通过审判监督程序予以及时纠正,可以树立人民法院在群众心目中的威信和地位,体现法律的公止、裁判的权威。有助于增强公民的守法意识,减少诉讼,维护社会秩序的稳定。

第三,审判监督程序,既可以增加发现错误的机会,又可以为人民法院的这种错误提供一种补救。这不仅可以保证人民法院审理案件的质量,又能够切实保护当事人的合法权益,贯彻以事实为根据,以法律为准绳的原则。

第二节 审判监督程序的提起

一、人民法院基于自我审判监督权而提起的再审

人民法院发现已经发生法律效力的判决、裁定确有错误,基于审判监督权应当决定对案件再行审理。人民法院对审判权的行使可以进行自我监督,在发现原生效裁判或调解书有损害国家利益、社会公共利益或者他人利益等错误情形时,应当提起再审,不以当事人申请再审或人民检察院抗诉为前提条件,属于人民法院运用监督权自纠自查的结果。人民法院自我监督提起再审时,不受时限限制,只要发现原审裁判或者调解书确有错误后都可以提起再审。

根据《民事诉讼法》第 198 条规定,人民法院进行自我审判监督而提起再审的主体包括:各级人民法院院长及审判委员会、上级人民法院和最高人民法院。提起再审的主体不同,提起的程序也有所不同。

(一)由本院院长及审判委员会提起的再审

人民法院对民事案件作出判决,一经宣告和送达,即产生法律效力,不得随意撤销、变更。如果裁判确有错误,只能通过再审程序进行纠正。在本院行使审判监督权的是本院院长和审判委员会,对本院审判人员和合议庭的审判工作进行监督。因此,本院院长认为已发生法律效力的判决、裁定或者调解书确有错误,需要再审的,应当提交本院审判委员会讨论决定。本院审判委员会依据法律规定的条件和情形,对本院院长提交再审的案件进行审查,认为符合再审条件的,启动审判监督程序再审案件。决定再审时,应当同时裁定中止原判决、裁定或调解书的执行。各

级人民法院院长和审判委员会对本案生效裁判或者调解书提起再审的，同一案件只能提起一次。

（二）由最高人民法院和上级人民法院提起的再审

最高人民法院对地方各级人民法院已经发生法律效力的判决、裁定或调解书，上级人民法院对下级人民法院已经发生法律效力的判决、裁定或调解书，发现确有错误的，有权提审或者指令下级人民法院再审。可见，最高人民法院和上级人民法院提起再审有两种方式：提审和指令再审。

1. 提审

提审，是指对下级法院已经审结但裁判确有错误的案件，最高人民法院或者上级人民法院认为由自己对案件进行再审更为适宜，以提高案件审级的方式，由最高人民法院或者上级人民法院直接再审，进而启动审判监督程序的一种方式。上级人民法院提审的案件只能是其辖区内的人民法院审结的案件，最高人民法院可以提审全国范围内的案件。提审的上级人民法院可以是原审人民法院直接的上级人民法院，也可以是间接的上级人民法院。提审是上级人民法院对下级人民法院审判活动进行审判监督的具体表现，也是审判权统一由人民法院行使原则的贯彻落实。在这种情况下，提起再审程序的人民法院与审理再审案件的人民法院具有同一性。

根据审判实践，以下几种情况人民法院一般采取提审的方式来启动再审程序：第一，下级人民法院对已经生效的裁判、调解书确有错误没有发现，而被最高人民法院或者上级人民法院发现的；或者虽然发现错误，但是院长和审判委员会之间是否提起再审认识不一致的，可以提审。第二，最高人民法院或者上级人民法院指令下级人民法院再审而下级人民法院不再审时，可以提审。第三，最高人民法院或者上级人民法院认为自己对案件的审理更为合适，可以提审。

最高人民法院或上级人民法院决定提审案件时，应作出提审裁定，通知下级人民法院和案件当事人，并调取卷宗材料，为再审做好准备。同时，在提审裁定中同时写明中止原判决、裁定、调解书的执行；情况紧急的，可以将中止执行的裁定口头通知负责执行的人民法院，并在口头通知后十日内发出裁定书。但追索赡养费、扶养费、抚育费、抚恤金、医疗费用、劳动报酬等案件，可以不中止执行。

2. 指令再审

指令再审，是指对下级法院已经审结但裁判确有错误的案件，上级法院（或者最高人民法院）认为应当再审，根据案件的影响程度以及诉讼参与人的情况，从便利当事人行使诉讼权利和便利人民法院行使审判权角度考虑，指定原审人民法院或者与原审人民法院同级的其他人民法院再审，进而启动审判监督程序的一种方式。在这种情况下，提起再审程序的人民法院与审理再审案件的人民法院不具有同一性。

最高人民法院或上级人民法院指令下级人民法院再审时，应作出指令再审裁定，指令下级人民法院再审。同时，在指令再审裁定中同时写明中止原判决、裁定、调解书的执行；情况紧急的，可以将中止执行的裁定口头通知负责执行的人民法院，并在口头通知后10日内发出裁定书。但追索赡养费、扶养费、抚育费、抚恤金、医疗费用、劳动报酬等案件，可以不中止执行。下级人民法院接到上级人民法院的裁定后，应根据裁定内容进行再审，并将再审结果上报发出指令的上级人民法院或最高人民法院。

二、人民检察院基于法律监督权而提起的再审

（一）人民检察院提起再审的方式：抗诉

人民检察院是法律监督机关，对人民法院民事审判活动进行检察监督是其职责所在。对于人民法院生效的判决、裁定或者调解书发现确有错误的，人民检察院应当要求人民法院对案件再审，以纠正错误，维护法律的公正。人民检察院通过抗诉来提起再审，实现对民事审判活动的检察监督。

抗诉，是指人民检察院依法行使法律监督职权，对人民法院作出的发生法律效力的判决、裁定或者调解书认为确有错误，提出重新审理要求的一种诉讼行为。抗诉对于人民检察院法律监督职能的实现和保障人民法院正当行使审判权都有十分重要的意义。一方面，它是人民检察院各种法律监督形式中最有效的形式之一，具有极大的权威性，可以增强人民法院在审理民事案件中的责任感，保证办案质量，切实维护当事人的合法权益。另一方面，从更为宏观的角度看，通过抗诉来实现对审判权的制约，最终达到司法公正的目的。

（二）人民检察院提起抗诉的法定情形

人民检察院的抗诉，必定引起审判监督程序的发生。作为行使法律监督权的国家专门机关，抗诉是一个严肃的诉讼行为，必须严格依法进行，不能任意为之。只有符合法律规定条件的抗诉，才能达到抗诉之目的，实现抗诉的价值，否则不仅会造成司法资源的浪费，还会产生滥用权力之嫌，干扰正常的审判活动。因此，法律对人民检察院的抗诉条件进行了明确界定。根据《民事诉讼法》第200条、第208条的规定，只要符合下列情形之一的，人民检察院应当提出抗诉：

（1）有新的证据，足以推翻原判决、裁定的。根据司法解释的规定，新的证据是指：①在原审庭审结束前已经存在，因客观原因于庭审结束后才发现的；②在原审庭审结束前已经发现，但因客观原因无法取得或者在规定期限内不能提供的；③在原审庭审结束后形成，无法据此另行提起诉讼的；④原审庭审结束后原作出鉴定结论、勘查笔录者重新鉴定、勘验，推翻原结论的；⑤当事人在原审中提供的主要证据，原审未予质证、认证，但足以推翻原判决、裁定的。

(2)原判决、裁定认定的基本事实缺乏证据证明的。所谓基本事实，即对原判决、裁定的结果有实质影响，用以确定当事人主体资格、案件性质、具体权利义务和民事责任等主要内容所依据的事实。

(3)原判决、裁定认定事实的主要证据是伪造的。

(4)原判决、裁定认定事实的主要证据未经质证的。当事人对原判决、裁定认定事实的主要证据在原审中拒绝发表质证意见或者质证中未对证据发表质证意见的除外。

(5)对审理案件需要的主要证据，当事人因客观原因不能自行收集，书面申请人民法院调查收集，人民法院未调查收集的。

(6)原判决、裁定适用法律确有错误的。有下列情形之一，导致判决、裁定结果错误的，应当认定为原判决、裁定适用法律确有错误：①适用的法律与案件性质明显不符的；②确定民事责任明显违背当事人约定或者法律规定的；③适用已经失效或者尚未施行的法律的；④违反法律溯及力规定的；⑤违反法律适用规则的；⑥明显违背立法原意的。

(7)审判组织的组成不合法或者依法应当回避的审判人员没有回避的。

(8)无诉讼行为能力人未经法定代理人代为诉讼或者应当参加诉讼的当事人，因不能归责于本人或者其诉讼代理人的事由，未参加诉讼的。

(9)违反法律规定，剥夺当事人辩论权利的。原审开庭过程中有下列情形之一的，应当认定为剥夺了当事人的辩论权利：①不允许当事人发表辩论意见的；②应当开庭审理而未开庭审理的；③违反法律规定送达起诉状副本或者上诉状副本，致使当事人无法行使辩论权利的；④违法剥夺当事人辩论权利的其他情形。

(10)未经传票传唤，缺席判决的。

(11)原判决、裁定遗漏或者超出诉讼请求的。包括一审诉讼请求、二审上诉请求，但当事人未对一审判决、裁定遗漏或者超出诉讼请求提起上诉的除外。

(12)据以作出原判决、裁定的法律文书被撤销或者变更的。包括：①发生法律效力的判决书、裁定书、调解书；②发生法律效力的仲裁裁决书；③具有强制执行效力的公证债权文书。

(13)审判人员在审理该案件时有贪污受贿，徇私舞弊，枉法裁判行为的。这种行为是指已经由生效刑事法律文书或者纪律处分决定所确认的行为。

另外，人民检察院针对调解书的抗诉，主要是发现调解书有损害国家利益、社会公共利益的情形。

(三)人民检察院抗诉的程序

根据《民事诉讼法》第208条的规定,有权提起抗诉的人民检察院包括最高人民检察院和被抗诉人民法院的上级人民检察院。

1. 最高人民检察院对各级人民法院提起的抗诉

最高人民检察院是国家的最高检察机关,享有最高的检察监督权。无论哪一级别的人民法院,只要出现法定的抗诉情形,最高人民检察院均应按照审判监督程序提出抗诉,引发再审程序。人民检察院行使的法律监督权对于任何机关均应适用,无论何种级别的机关,均不能游离于这种法律监督权之外行事。最高人民法院虽然是国家最高审判机关,它的民事审判活动,同样要受到最高人民检察院的检察监督,只要出现法定抗诉情形,最高人民检察院同样可以对它提出抗诉。当然,这种抗诉从级别上看不是自上而下的监督,而是一种平级的监督,这是由于人民法院和人民检察院的组织体系都会存在一个最高级别,因此,同级人民检察院不能以此为由对同级人民法院直接提出抗诉,实行监督。这是我国法律监督权中的一种特殊情况。

2. 上级人民检察院对下级人民法院提起的抗诉

这是检察机关对审判机关的民事审判活动实行检察监督的最常见方式。同样,此处所说的上级人民检察院和下级人民法院,必须是处于同一行政区划之内,有直接的审级关系。例如,江苏省人民检察院对江苏省范围内的中级人民法院审结的案件,可以提起抗诉;对安徽省范围内的中级人民法院审结的案件,就不可以提出抗诉,而由安徽省人民检察院提出。

3. 地方各级人民检察院对同级人民法院的审判监督

地方各级人民检察院对同级人民法院已经发生法律效力的判决、裁定,发现有《民事诉讼法》第200条规定情形之一的,或者发现调解书损害国家利益、社会公共利益的,可以向同级人民法院提出检察建议,并报上级人民检察院备案;也可以提请上级人民检察院向同级人民法院提出抗诉。不得直接对同级人民法院提出抗诉。

(四)人民检察院抗诉的法律后果和方式

1. 抗诉的法律后果

《民事诉讼法》第211条规定:“人民检察院提出抗诉的案件,接受抗诉的人民法院应当自收到抗诉书之日起三十日内作出再审的裁定。”《民诉解释》第417条进一步补充到:“人民检察院依当事人的申请对生效判决、裁定提出抗诉,符合下列条件的,人民法院应当在三十日内裁定再审:(一)抗诉书和原审当事人申请书及相关证据材料已经提交；（二）抗诉对象为依照民事诉讼法和民诉解释规定可以进行再审的判决、裁定；（三）抗诉书列明该判决、裁定有民事诉讼法第二百零八条第一款规定情形；（四）符合民事诉讼法第二百零九条第一款第一项、第二项规定情形。不符合前款规定的，人民法院可以建议人民检察院予以补正或者撤回；不予补正或者撤回的，人民法院可以裁定不予受理。”可见，人民检察院提出抗诉后必定产生启动审判监督程序，引发人民法院再审的法律后果。

2. 抗诉的方式

《民事诉讼法》第 212 条规定：“人民检察院决定对人民法院的判决、裁定、调解书提出抗诉的，应当制作抗诉书。”可见，人民检察院对人民法院的判决、裁定、调解书提出抗诉，应当采取书面形式。

抗诉书是一种法律文书，应当写明抗诉理由和法律根据，载明抗诉案件的原审人民法院及案号。指明人民法院的裁判在认定事实、适用法律或审判人员在审理过程中行为上的错误，提出纠正意见。根据《民事诉讼法》第 213 条和《民诉解释》的相关规定，人民检察院提出抗诉的案件，人民法院再审时，应当在开庭 3 日前通知人民检察院、当事人和其他诉讼参与人。同级人民检察院或者提出抗诉的人民检察院应当派员出庭。

三、当事人基于诉权而提起的再审

（一）当事人向人民法院申请再审

1. 申请再审的概念和特点

当事人申请再审，是指当事人对已经发生法律效力的判决、裁定或者调解书，认为有错误，向人民法院提出申请，请求再次审理，以达到启动审判监督程序来纠正错判的一种诉讼行为。

当事人提出的再审申请，与当事人的起诉、上诉、申诉相比，有以下特点：

（1）行为提起的条件不同。当事人申请再审，必须符合《民事诉讼法》第 200 条规定的条件，人民法院才予以再审。当事人提起诉讼，必须符合《民事诉讼法》第 119 条规定的条件，人民法院才予以受理。当事人提起上诉，民事诉讼法除对当事人的上诉期限予以硬性要求外，对上诉的条件没有特别限定。当事人提起申诉，只要认为人民法院的裁判不符合自己的意愿即可发动，法律没有特别规定条件。

（2）行为提起的期限不同。当事人申请再审，通常情况下，应当在判决、裁定或者调解书发生法律效力后 6 个月内提出。当事人提起诉讼，应当在诉讼时效期限内提出。当事人提起上诉，对判决不服提出上诉的期限为 15 日，对裁定不服提出上诉期限为 10 日，从送达判决书、裁定书的次日起计算。至于民事申诉的提出期限问题,我国法律未作期限上的限制。①

(3)行为引发的法律后果不同。当事人申请再审符合法定条件的,引起审判监督程序。当事人起诉符合法定条件,引发第一审程序。当事人上诉符合法定条件的,引起第二审程序。当事人申诉,如果经复查发现申诉有理,由法院院长提交审判委员会讨论决定。

此外,根据《民事诉讼法》第199条的规定,当事人对已经发生法律效力的判决、裁定,认为有错误的,向人民法院申请再审的,不停止判决、裁定的执行。

2. 当事人申请再审的条件

(1)申请再审的主体合格。根据民事诉讼法的规定,有权提出再审申请的是原审中的当事人,即原审中的原告、被告、有独立请求权的第三人和判决其承担义务的无独立请求权的第三人以及上诉人和被上诉人。另外,根据《民诉解释》第375条规定:"当事人死亡或者终止的,其权利义务承继者可以根据民事诉讼法第一百九十九条、第二百零一条的规定申请再审。判决、调解书生效后,当事人将判决、调解书确认的债权转让,债权受让人对该判决、调解书不服申请再审的,人民法院不予受理。"

(2)申请再审的对象合格。当事人可以对已经发生法律效力的判决、裁定、调解书申请再审。可以申请再审的判决包括:地方各级人民法院作为第一审法院作出的依法可以上诉,但当事人在法定期间内未提起上诉的判决;第二审人民法院作出的终审判决以及最高人民法院作出的第一审判决。可以申请再审的裁定包括各级人民法院作出的不予受理和驳回起诉的裁定。可以申请再审的调解书包括一审法院、二审法院在当事人达成调解协议的基础上制作的调解书。需要指出,按照督促程序、公示催告程序、企业法人破产还债程序审理的案件以及依照审判监督程序审理后维持原判的案件,当事人不得申请再审。当事人对已经发生法律效力的解除婚姻关系的判决、调解书,也不得申请再审。

(3)在法定期限内提出再审申请。根据《民事诉讼法》第205条和《民诉解释》第384条的规定,当事人申请再审,应当在判决、裁定、调解书发生法律效力后6个月内提出。此处,6个月的期限不适用诉讼时效中止、中断和延长的规定。但是,下列四种情形即使超过6个月的申请期限,当事人有权自知道或者应当知道之日起6个月内提出。这四种情形是:①有新的证据,足以推翻原判决、裁定的。②原

① 按照审判机关的说法,在民事审判实践中,"现在申诉没完没了,叫做'四无限',即申诉的时间没有限制、次数没有限制、申诉的法院级别没有限制、案件的种类没有限制。这'四无限'给法院带来很大压力。"参见最高人民法院民事诉讼法培训班编:《民事诉讼法讲座》,法律出版社1991年版,第52—53页。

判决、裁定认定事实的主要证据是伪造的。③据以作出原判决、裁定的法律文书被撤销或者变更的。④审判人员在审理该案件时有贪污受贿、徇私舞弊、枉法裁判行为的。当事人对调解书申请再审的时间，民事诉讼法未直接作出规定。但从立法的精神看，对调解书申请再审的期限与对判决、裁定申请再审的期限应该是一致的。

(4)申请再审符合法定情形。根据《民事诉讼法》第201条的规定，当事人申请再审的法定情形除了上文中人民检察院提起抗诉的法定情形之外，还包括当事人对已经发生法律效力的调解书，提出证据证明调解违反自愿原则或者调解协议的内容违反法律的。

(5)申请再审的人民法院符合法律规定。根据《民事诉讼法》第199条的规定，当事人对已经发生法律效力的判决、裁定，认为有错误的，可以向上一级人民法院申请再审；当事人一方人数众多或者双方为公民的案件，也可以向原审人民法院申请再审。当事人一方人数众多或者当事人双方为公民的案件，当事人分别向原审人民法院和上一级人民法院申请再审且不能协商一致的，由原审人民法院受理。根据《民诉解释》第376条的规定："民事诉讼法第一百九十九条规定的人数众多的一方当事人，包括公民、法人和其他组织。民事诉讼法第一百九十九条规定的当事人双方为公民的案件，是指原告和被告均为公民的案件。"另外，根据《民诉解释》第423条的规定："根据民事诉讼法第二百二十七条规定，案外人对驳回其执行异议的裁定不服，认为原判决、裁定、调解书内容错误损害其民事权益的，可以自执行异议裁定送达之日起六个月内，向作出原判决、裁定、调解书的人民法院申请再审。"

3. 当事人申请再审的程序

(1)当事人提出再审申请。根据《民诉解释》第377、378条的规定，当事人申请再审，应当提交下列材料：①再审申请书，并按照被申请人和原审其他当事人的人数提交副本。②再审申请人是自然人的，应当提交身份证明；再审申请人是法人或者其他组织的，应当提交营业执照、组织机构代码证书、法定代表人或者主要负责人身份证明书。委托他人代为申请的，应当提交授权委托书和代理人身份证明。③原审判决书、裁定书、调解书。④反映案件基本事实的主要证据及其他材料。前款第2项、第3项、第4项规定的材料可以是与原件核对无异的复印件。再审申请书应当记明下列事项：①再审申请人与被申请人及原审其他当事人的基本信息。②原审人民法院的名称，原审裁判文书案号。③具体的再审请求。④申请再审的法定情形及具体事实、理由。再审申请书应当明确申请再审的人民法院，并由再审申请人签名、捺印或者盖章。人民法院应当自收到符合条件的再审申请书等材料之日起5日内向再审申请书人发送受理通知书，并向被申请人及原审其他当事人发送应诉通知书、再审申请书副本等材料。对方当事人应当自收到再审申请书副本之日起15日内提交书面意见；不提交书面意见的，不影响人民法院审查。人民法院可以要求申请人和对方当事人补充有关材料，询问有关事项。

（2）人民法院审查再审申请。人民法院应当自收到再审申请书之日起3个月内完成对再审申请的审查，有特殊情况需要延长的，由本院院长批准。但是对于延长的时间，法律没有规定。参照立法原理，我们认为，延长时间也不应该超过3个月。审查围绕当事人申请再审的条件展开。人民法院在审查时，可以询问当事人、查阅卷宗、询问证人、调查核实证据，可以要求当事人补充有关材料或者补正相关手续。新的证据可能推翻原判决、裁定的，人民法院应当询问当事人。

审查再审申请期间，被申请人及原审其他当事人依法提出再审申请的，人民法院应当将其列为再审申请人，对其再审事由一并审查，审查期限重新计算。经审查，其中一方再审申请人主张的再审事由成立的，应当裁定再审。各方再审申请人主张的再审事由均不成立的，一并裁定驳回再审申请。审查再审申请期间，再审申请人申请人民法院委托鉴定、勘验的，人民法院不予准许。审查再审申请期间，再审申请人撤回再审申请的，是否准许，由人民法院裁定。再审申请人经传票传唤，无正当理由拒不接受询问的，可以按撤回再审申请处理。人民法院准许撤回再审申请或者按撤回再审申请处理后，再审申请人再次申请再审的，不予受理，但有《民事诉讼法》第200条第1项、第3项、第12项、第13项规定情形，自知道或者应当知道之日起6个月内提出的除外。

（3）人民法院作出处理。人民法院审查再审申请后，认为当事人主张的再审事由成立，且符合《民事诉讼法》和《民诉解释》规定的申请再审条件的，应当裁定再审。当事人主张的再审事由不成立，或者当事人申请再审超过法定申请再审期限、超出法定再审事由范围等不符合《民事诉讼法》和《民诉解释》规定的申请再审条件的，应当裁定驳回再审申请。对于下列情形，人民法院可以裁定终结审查：①再审申请人死亡或者终止，无权利义务承受人或者权利义务承受人声明放弃再审申请的。②在给付之诉中，负有给付义务的被申请人死亡或者终止，无可供执行的财产，也没有应当承担义务的人的。③当事人达成执行和解协议且已履行完毕的，但当事人在执行和解协议中声明不放弃申请再审权利的除外。④他人未经授权以当事人名义申请再审的。⑤原审或者上一级人民法院已经裁定再审的。⑥再审申请被驳回后再次提出申请的，但人民法院应当告知当事人可以向人民检察院申请再审检察建议或者抗诉，但因人民检察院提出再审检察建议或者抗诉而再审作出的判决、裁定除外。⑦当事人之间的争议应当另案处理的。

需要指出，对小额诉讼案件的判决、裁定，当事人以《民事诉讼法》第200条规定的事由向原审人民法院申请再审的，人民法院应当受理。申请再审事由成立的，应当裁定再审，组成合议庭进行审理。作出的再审判决、裁定，当事人不得上诉。当事人以不应按小额诉讼案件审理为由向原审人民法院申请再审的，人民法院应当受理。理由成立的，应当裁定再审，组成合议庭审理。作出的再审判决、裁定，当事人可以上诉。

(二)当事人向人民检察院申请再审检察建议或者抗诉

1. 当事人申请再审检察建议或者抗诉的概念

检察建议，是指人民检察院在履行法律监督职责的过程中，根据法律的授权，对民事诉讼活动以及民事审判活动进行法律监督，就已经发现的违法行为，向有关机关或个人发出建议，要求其纠正违法或者改进工作，以保障法律正确实施和防止违法情况再次发生的一种法律监督方式。再审检察建议就是人民检察院向人民法院提出的以启动再审程序为内容的建议。

再审检察建议与抗诉都是人民检察院行使法律监督职能的表现形式和手段，但是二者存在较大区别：其一，再审检察建议的法律效力弱于抗诉。抗诉的法律后果是引起审判监督程序的启动，而再审检察建议并不直接导致人民法院启动审判监督程序，仅仅是给人民法院提出建议，督促其纠正违法行为，最终是否能够提起再审，由人民法院决定。其二，二者在法律程序上的表现不同。地方各级人民检察院可以向同级人民法院提出再审检察建议。再审抗诉除了最高人民检察院可以对最高人民法院实行平级抗诉外，其他级别的只能由上级人民检察院对下级人民法院生效的裁判提出抗诉；地方各级人民检察院发现同级人民法院已经发生法律效力的判决、裁定或者调解书确有错误的，可以提请上级人民检察院向同级人民法院提出抗诉，而自己不能直接提起再审抗诉。

当事人向人民检察院申请再审检察建议或者抗诉，是指当事人对已经生效的判决、裁定或者调解书认为有错误的，应当进行再审；但是在特定情况下，不能向人民法院申请再审，当事人依法可以向人民检察院提出请求，要求人民检察院向人民法院提出再审检察建议，建议人民法院启动再审程序；或者要求人民检察院直接抗诉而启动再审程序，以维护其合法权益的一种诉讼行为。

当事人向人民检察院申请再审检察建议或者抗诉是对当事人向人民法院申请再审的一种必要补充，也是完善人民检察院法律监督权对人民法院审判权进行检察监督的有效手段。人民法院是否提起再审程序，是审判权的应然范围，当然也应当纳入人民检察院的法律监督之下。因此，当当事人向法院申请再审而法院不依法审查，或者审查后不依法决定再审，或者在再审过程中存在违法行为等情况出现的时候，赋予当事人向人民检察院提出申请的权利，进而引起人民检察院的关注，为检察权的正当和充分行使提供了有利的帮助。

2. 当事人申请再审检察建议或者抗诉的条件

(1)申请再审检察建议或者抗诉的主体合格。有权提出再审检察建议或者抗诉申请的是原审中的当事人，即原审中的原告、被告、有独立请求权的第三人和判决其承担义务的无独立请求权的第三人以及上诉人和被上诉人。另外，当事人死亡或者终止的，其权利义务承继者可以申请再审，当然也可以申请再审检察建议或者抗诉。

(2)申请再审检察建议或者抗诉的对象合格。当事人可以对已经发生法律效力的判决、裁定、调解书申请再审检察建议或者抗诉。另外，按照督促程序、公示催告程序、企业法人破产还债程序审理的案件以及依照审判监督程序审理后维持原判的案件，当事人不得申请再审检察建议或者抗诉。当事人对已经发生法律效力的解除婚姻关系的判决、调解书，也不得申请再审检察建议或者抗诉。

(3)符合法定申请次数。虽然民事诉讼法没有规定当事人申请再审检察建议或者抗诉的时间，但是对申请次数作出了规定，当事人只能申请一次。人民检察院审查当事人的申请后不予提出检察建议或者抗诉的，或者人民检察院提出检察建议或者抗诉，人民法院再审后当事人仍然不服的，当事人都不得再次向人民检察院申请检察建议或者抗诉。

(4)申请检察建议或者抗诉符合法定情形。根据《民事诉讼法》第209条的规定，有下列情形之一的，当事人可以向人民检察院申请再审检察建议或者抗诉：①人民法院驳回再审申请的；②人民法院逾期未对再审申请作出裁定的；③再审判决、裁定有明显错误的。

3. 当事人申请再审检察建议或者抗诉的程序

(1)当事人提出再审检察建议或者抗诉申请。当事人提出申请时，应当提交再审申请书，已经发生法律效力的判决书、裁定书、调解书，人民法院驳回再审申请的裁定，人民法院逾期未对再审申请作出裁定的证明，身份证明及相关证据材料等。

(2)人民检察院审查申请。人民检察院对当事人的申请应当自收到申请书之日起3个月内完成对申请的审查。人民法院在审查时，可以询问当事人、询问证人、调查核实证据或者向案外人调查核实有关情况。

(3)人民检察院作出处理。人民检察院审查申请后，认为符合法律规定的，作出提出再审检察建议或者抗诉的决定；不符合法律规定的，作出不予提出再审检察建议或者抗诉的决定。

(4)人民法院对检察建议的处理。《民诉解释》第419条规定，人民法院收到再审检察建议后，应当组成合议庭，在3个月内进行审查，发现原判决、裁定、调解书确有错误，需要再审的，依照《民事诉讼法》第 198 条规定裁定再审，并通知当事人；经审查，决定不予再审的，应当书面回复人民检察院。

人民法院对检察建议分别处理：①人民检察院检察委员会讨论决定提出再审检察建议的，人民法院应予受理。②人民检察院依照《民事诉讼法》第 209 条第 1 款第 3 项规定对有明显错误的再审判决、裁定提出再审检察建议的，人民法院应予受理。③地方各级人民检察院依当事人的申请对生效判决、裁定向同级人民法院提出再审检察建议，符合下列条件的，应予受理：1）再审检察建议书和原审当事人申请书及相关证据材料已经提交；2）建议再审的对象为依照《民事诉讼法》和《民诉解释》规定可以进行再审的判决、裁定；3）再审检察建议书列明该判决、裁定有《民事诉讼法》第 208 条第 2 款规定情形；4）符合《民事诉讼法》第 209 条第 1 款第 1 项、第 2 项规定情形；5）再审检察建议经该人民检察院检察委员会讨论决定。不符合前款规定的，人民法院可以建议人民检察院予以补正或者撤回；不予补正或者撤回的，应当函告人民检察院不予受理。

第三节　再审案件的审判

一、再审审理的管辖法院

再审审理的法院，一般是作出再审裁定的法院。在人民法院自行启动再审程序的案件中，即为决定再审的法院；在人民检察院抗诉启动再审程序的案件中，即为受理抗诉并决定再审的法院；在当事人申请再审的案件中，即为受理审查再审申请并决定再审的法院。

当决定再审的法院是原审人民法院的上级法院或是最高人民法院时，决定再审的法院可以根据案件的实际情况，指定原审人民法院，或与原审人民法院同级的其他人民法院再审。下级法院再审审理完毕后，应将再审结果上报发出指令的上级法院。但是指令再审应符合下列规定：

（1）人民检察院提出抗诉的案件，原则上不得指令再审，符合《民事诉讼法》第 200 条第 1 项至第 5 项规定情形之一的，可以交下一级人民法院再审，但经该下一级人民法院再审的除外。①

① 《民事诉讼法》第 200 条第 1 项至第 5 项规定的情形如下：（1）有新的证据，足以推翻原判决、裁定的；（2）原判决、裁定认定的基本事实缺乏证据证明的；（3）原判决、裁定认定事实的主要证据是伪造的；（4）原判决、裁定认定事实的主要证据未经质证的；（5）对审理案件需要的主要证据，当事人因客观原因不能自行收集，书面申请人民法院调查收集，人民法院未调查收集的。

(2)根据《民事诉讼法》第204条的规定,因当事人申请裁定再审的案件由中级人民法院以上的人民法院审理,因此,当事人申请裁定再审的,只能由最高人民法院和高级人民法院指令再审,中级人民法院不能指令下级人民法院再审。但是,当事人一方人数众多或者双方为公民的案件,当事人选择向原审基层人民法院申请再审的时候,中级人民法院可以指定下级人民法院再审。

二、再审案件的审判程序

人民法院审理再审案件,没有独立适用的审判程序,根据原审案件和再审审理法院的审级来确定审判程序,要么适用第一审程序,要么适用第二审程序。

(一)适用第一审程序审理再审案件

根据《民事诉讼法》第207条的规定,人民法院按照审判监督程序再审的案件,发生法律效力的判决、裁定是由第一审法院作出的,按照第一审程序审理,所作的判决、裁定,当事人可以上诉。

(二)适用二审程序审理再审案件

根据《民事诉讼法》第207条的规定,人民法院按照审判监督程序审理下列再审案件,按照第二审程序审理,所作的判决、裁定,是发生法律效力的判决、裁定。

(1)发生法律效力的判决、裁定是由第二审法院作出的,不论是原审人民法院决定再审,还是上级人民法院裁定指令再审,按照第二审程序审理。

(2)最高人民法院或者上级人民法院按照审判监督程序提审的,按照第二审程序审理。

三、再审审理的特别规定

(一)裁定中止原判决、裁定、调解书的执行

根据《民事诉讼法》第206条的规定,按照审判监督程序决定再审的案件,裁定中止原判决、裁定、调解书的执行,情况紧急的,可以将中止执行裁定口头通知负责执行的人民法院,并在通知后10日内发出裁定书。但追索赡养费、扶养费、抚育费、抚恤金、医疗费用、劳动报酬等案件,可以不中止执行。

(二)另行组成合议庭

根据《民事诉讼法》第207条的规定,人民法院审理再审案件,应当另行组成合议庭。这表明,审理再审案件,无论适用第一审程序还是适用第二审程序,都只能采取合议庭的审判组织来审理。并且,由原审法院审理的再审案件,原审法院应当另行组成合议庭,原来参加合议庭的成员不得再参加再审合议庭。

(三)再审审理范围

根据《民诉解释》第405条的规定,人民法院审理再审案件应当围绕再审请求进行。当事人的再审请求超出原审诉讼请求的,不予审理;符合另案诉讼条件的,

告知当事人可以另行起诉。被申请人及原审其他当事人在庭审辩论结束前提出的再审请求，并有下列情形之一的，人民法院应当一并审理：(1)有新的证据，足以推翻原判决、裁定的；(2)原判决、裁定认定事实的主要证据是伪造的；(3)据以作出原判决、裁定的法律文书被撤销或者变更的；(4)审判人员审理该案件时有贪污受贿，徇私舞弊，枉法裁判行为的。人民法院经再审，发现已经发生法律效力的判决、裁定损害国家利益、社会公共利益、他人合法权益的，应当一并审理。

申请再审或申请抗诉的当事人在再审中提交新的证据致使再审改判，因再审申请人或者申请检察监督当事人的过错未能在原审程序中及时举证，被申请人等当事人请求补偿其增加的交通、住宿、就餐、误工等必要费用的，人民法院应当予以支持。但被申请人无权在再审审理中，请求申请人赔偿其因此扩大的直接损失，而应当另行提起诉讼解决。

（四）再审审理时当事人的确定

再审案件的当事人应为原审案件的当事人。原审案件当事人死亡或者终止的，其权利义务承受人可以申请再审并参加再审诉讼。

因案外人申请人民法院裁定再审的，需要根据案外人的诉讼地位分别确定：一是，案外人是必要的共同诉讼当事人的，在按第一审程序再审时，应追加其为当事人，作出新的判决；在按第二审程序再审时，经调解不能达成协议的，应撤销原判，发回重审，重审时应追加案外人为当事人。二是，案外人不是必要的共同诉讼当事人的，再审时仅审理其对原判决提出异议部分的合法性，并应根据审理情况作出撤销原判决相关判项或者驳回再审请求的判决；撤销原判决相关判项的，应当告知案外人以及原审当事人可以提起新的诉讼解决相关争议。

（五）再审审理的方式

按照第一审程序审理再审案件，应当采取开庭审理方式；按照第二审程序审理的，有特殊情况或者双方当事人已经通过其他方式充分表达意见，且书面同意不开庭审理的，可以不开庭审理。

对于人民检察院提出抗诉的案件，人民法院应当通知人民检察院派员出席法庭，以监督人民法院对案件的处理。人民检察院应当派员出席法庭，使检察监督权得以完整地实现。

（六）撤回抗诉、撤回再审申请和撤回起诉

在再审审理过程中，诉讼可能因为人民检察院撤回抗诉，当事人撤回再审申请或撤回起诉而告终结。

抗诉的撤回有两种情形：第一，人民检察院撤回抗诉的，人民法院应当准许。第二，在再审过程中，申请抗诉的当事人经传票传唤，无正当理由拒不到庭的，或者未经法庭许可中途退庭的,在不损害国家利益、社会公共利益或第三人利益的条件下,人民法院应当裁定终结再审程序。因抗诉撤回而终结再审程序时,人民法院裁定中止执行的原生效判决自动恢复执行。

再审申请的撤回也有两种情形:第一,申请再审人在再审期间撤回再审申请的,是否准许由人民法院裁定。裁定准许的,应终结再审程序。第二,申请再审人经传票传唤,无正当理由拒不到庭的,或者未经法庭许可中途退庭的,可以裁定按自动撤回再审申请处理。因再审申请的撤回而终结再审程序时,人民法院裁定中止执行的原生效判决自动恢复执行。

根据《民诉解释》第410条的规定,再审审理中可以撤回起诉,一审原告在再审审理程序中申请撤回起诉,经其他当事人同意,且不损害国家利益、社会公共利益、他人合法权益的,人民法院可以准许。裁定准许撤诉的,应当一并撤销原判决。一审原告在再审审理程序中撤回起诉后重复起诉的,人民法院不予受理。

再审审理中撤回起诉是指,按照第一审程序审理再审案件时,第一审原告申请撤回起诉的,是否准许由人民法院裁定。裁定准许的,应当同时裁定撤销原判决、裁定、调解书。

(七)离婚案件中财产分割问题的再审

当事人就离婚案件中的财产分割问题申请再审的,如涉及判决中已分割的财产,人民法院应依照《民事诉讼法》第200条的规定进行审查,符合再审条件的,应当裁定再审;如涉及判决中未作处理的夫妻财产,应告知当事人另行起诉。

(八)对因违反法定程序引起的再审的处理

根据《民诉解释》第422条的规定,必须共同进行诉讼的当事人因不能归责于本人或者其诉讼代理人的事由未参加诉讼的,可以根据《民事诉讼法》第200条第8项规定,自知道或者应当知道之日起6个月内申请再审,但符合《民诉解释》第423条规定情形的除外。人民法院因前款规定的当事人申请而裁定再审,按照第一审程序再审的,应当追加其为当事人,作出新的判决、裁定;按照第二审程序再审,经调解不能达成协议的,应当撤销原判决、裁定,发回重审,重审时应追加其为当事人。

(九)再审判决、裁定和调解书的作出

人民法院经再审审理认为,原判决、裁定认定事实清楚、适用法律正确的,应予维持;原判决、裁定认定事实、适用法律虽有瑕疵,但裁判结果正确的,应当在再审判决、裁定中纠正瑕疵后予以维持。原判决、裁定认定事实、适用法律错误,导致裁判结果错误的,应当依法改判、撤销或者变更。

按照第二审程序再审的案件,人民法院经审理认为不符合《民事诉讼法》规定的起诉条件或者符合《民事诉讼法》第124条规定不予受理情形的，应当裁定撤销一、二审判决，驳回起诉。

人民法院对调解书裁定再审后，按照下列情形分别处理：（1）当事人提出的调解违反自愿原则的事由不成立，且调解书的内容不违反法律强制性规定的，裁定驳回再审申请；（2）人民检察院抗诉或者再审检察建议所主张的损害国家利益、社会公共利益的理由不成立的，裁定终结再审程序。前款规定情形，人民法院裁定中止执行的调解书需要继续执行的，自动恢复执行。

第四节　审判监督程序的改革与完善

一、2012年《民事诉讼法》对审判监督程序的修订

2012年《民事诉讼法》对于审判监督程序作出了较大的修订，主要表现为：

（1）扩大当事人申请再审的途径，不仅可以向人民法院申请再审，还可以向人民检察院申请再审检察建议或者抗诉，实际上是加大了检察机关对民事审判活动的检察监督力度。

（2）当事人申请再审的期限从判决、裁定或者调解书生效之日起的二年内缩短到六个月，以督促当事人尽快行使诉讼权利。

（3）扩大当事人提出再审申请的人民法院的范围，当事人一方人数众多或者双方为公民的案件可以向原审法院申请再审，也可以向上级人民法院申请再审。

（4）明确生效的调解书如果确有错误的，也作为再审的对象。

（5）进一步明确人民法院对当事人再审申请的审查义务，以及人民法院审查后决定的条件只有法律的规定。

（6）增加同级人民检察院通过检察建议的方式向人民法院提出再审建议的监督途径。

（7）增加人民检察院因履行法律监督职责提出检察建议或者抗诉的需要，可以向当事人或者案外人调查核实有关情况的权力。

这些修订对当事人权利的增强，人民检察院检察监督力度的加大，以及规范审判监督程序都起到了十分重要的作用，对于审判监督程序的完善有十分突出的意义。但是，我们注意到，上述的这些修订主要是对制度或者规定细节的补充，没有涉及审判监督程序的法律定位和法理原则方面。从审判实践经验来看，设立审判监督程序发挥的"纠正错误"基础功能的期望常常落空，而其与基本法律原则的冲突，对个人权利的过分干预，以及人民法院的中立地位和不告不理被动性要求的矛盾却日益突出。因此，对审判监督程序的存废争论，并未随着法律的修订

而停止。

二、审判监督程序现存问题分析

(一)“实事求是,有错必纠”的设置原则与裁判确定力之间的冲突

从诉讼的原理来看,设立诉讼程序的基本目的在于通过公权力对个人的权利纠纷的干预,实现定分止争,重塑法律关系,维护社会秩序的安定性。法院的裁判是诉讼的终点,裁判生效后即具有确定力,从形式上不得变更和撤销;从实质上要求当事人不得提出与该判决相反的内容的主张,后诉法院也不得在以后的诉讼中作出与该判决相冲突的判断。这是裁判权的终局性和权威性的内在需要,也是法律关系和社会秩序稳定的必然主张。然而“实事求是,有错必纠”原则要求,无论什么时候发现生效裁判的错误都应当予以纠正。“实事求是是我们党的思想路线,人民法院审理一切案件,必须贯彻这一思想路线,认识案件事实的本来面目,严格遵循法律规定,按照法律规定的精神处理问题,解决争议。生效裁判错了,背离了实事求是的思想路线,认定事实有错误,适用法律不正确,应本着有错必纠的原则,坚决纠正过来。”①这样一来,法院的裁判面临随时被否定或者推翻的局面,程序的安定性被严重破坏,裁判所确定的法律关系、重塑的社会秩序也就无所适从,最终导致社会的不稳定和动荡不安。

诉讼活动并不是一个探究真理的过程,它有自己的特点和规律,人民法院审判案件,应当依照证据规则以及程序规定,审查案件事实,即案件发生时所形成的证据,依据这些证据之间的关联性推导裁判结果。因此,可能产生法律事实和客观事实的不一致,加上法律的原则性和法官对法律的理解和适用上的差别,由此造成了人民法院裁判只能是相对正确,不可能达到“实事求是”的客观真实状态。因此,为了维护生效裁判的确定力,进而维护裁判的权威性和社会关系的稳定性,有的国家不允许提起再审,如美国;有的国家如日本、德国虽然允许提起再审,但对此都规定了十分严苛的适用条件,而并非像我国较为普遍的适用再审程序。

(二)公权力扩张与当事人诉权、处分权行使之间的冲突

我国现行再审程序的提起基于三种情况:一是基于审判监督权,由人民法院提起;二是基于当事人诉权提起;三是基于检察监督权,由人民检察院抗诉提起。对权利的处分是民事诉讼的基本原则,也是权利本质的要求,不能自主处分的权利其实与义务无异。当事人有权决定起诉、撤诉或和解、调解,只要当事人的这些处分权利的行为符合诉讼要件,法院就不加干涉。当事人可以行使其程序性和实体性处分权,在一定范围内选择解决纠纷的途径、方式,决定如何取舍自己的程序利益

① 柴发邦主编:《体制改革与完善诉讼制度》,中国人民大学出版社 1991 年版,第 273 页。

和实体利益，以避免因使用该解决纠纷的途径、方式的不同而导致不必要费用的增加和实体利益的减少。再审程序作为民事诉讼中的一种特殊程序，应当遵循民事诉讼"私权自治""不告不理"的原则，也应当遵守当事人对其诉讼权利享有处分权的原则。人民法院自纠自查，基于审判监督权而主动启动的民事再审程序；或者人民检察院对审判权进行检察监督，通过抗诉来启动民事再审程序，都是对当事人的诉权和处分权的侵犯，也是明显违背不告不理原则的。这种再审启动权的公权化还造成当事人的申请再审权常常被无限期搁置，使得当事人的救济权不能得到及时落实。

三、对审判监督程序改革和完善的构想

鉴于此，对于审判监督程序的改革和完善势在必行，尽管2012年《民事诉讼法》的修改已经有所进步，但是仍然存在上述根本性的缺陷。关于审判监督程序的改革主要有两种观点：第一种观点认为应当取消审判监督程序，取消二审终审制，设立三审终审制，以维护裁判的安定性和权威性为价值选择。第二种观点认为在我国继续保留两审终审外加再审程序的审判模式，这是与我国法律制度和法官素质相配套的，单纯地通过废除再审程序而采取上诉审来纠正错误，这种做法在目前难以实现，但是，应当积极推进审判监督程序的改革与完善。笔者赞同第二种观点。

（一）取消人民法院主动提起再审

取消人民法院主动发动再审的理由是：首先，人民法院主动再审不符合民事诉讼中的处分原则。原审法院裁判生效后，当事人未申请再审，表明双方当事人均认可了裁判的结果；即使不认可，当事人放弃申请再审，选择接受裁判所确定的权利义务关系，也是当事人处分权的应有之义。法院不得越俎代庖，主动启动纠错程序。其次，法院主动提起再审违背不告不理、诉审分离的基本诉讼原则。审判权是一种被动性的权力，其目的是为了保障裁判的中立性和公正性。因此，人民法院不得主动启动审判程序，没有当事人的告诉，法院不得主动介入纠纷的处理。在法院审判终结后，除非当事人提出再审请求，否则法院不得以生效裁判有错误为由而主动提出重新审理。最后，法院主动再审不利于民事法律关系的稳定。法院裁判生效后，发生争议的民事关系因确定裁判的效力而重新趋于稳定，法院主动再审会重新燃起已平息了的纠纷。

（二）限制检察院发动再审程序的范围

对检察监督权的抗诉启动的再审程序，应当有一定的限制，要区分公权和私权，也就是说检察机关认为生效裁判有错误提起要求再审的抗诉时，这个再审对象，即生效裁判所涉及的权益是属于国家权力和公共权力的范畴，还是仅仅涉及个人权利？如果涉及国家和公共权益，检察机关可以主动提出抗诉，否则检察机关不得主动抗诉，这是对个人私权利的尊重和“私权自治”原则的遵守。民事诉讼所涉及的纠纷主要是个人私权利的争议，涉及国家和公共权力的是个别现象。所以，对检察机关基于对国家和公共权力的维护提起抗诉而引发再审程序的情况，应当明确规定；法律没有规定的，检察机关不得提起。当事人如果向人民检察院提出要求其抗诉的请求，人民检察院根据法律规定的抗诉条件审查认为符合的，可以提起抗诉，而不论抗诉涉及什么权力（权利）。这一点，新修订的民事诉讼法予以了采纳，新增规定了当事人可以向人民检察院申请再审检察建议或者抗诉，但是还没有取消人民检察院不加区分而主动抗诉的做法。

需要指出，人民检察院对仅涉及个人权利的生效裁判不得主动抗诉，并不排斥人民检察院对于人民法院的民事审判活动进行检察监督。如果人民检察院发现人民法院在审判活动中有徇私舞弊、枉法裁断、违反程序法等行为时，而当事人又没有提出申请要求抗诉时，人民检察院可以通过检察建议要求人民法院予以改正；情节严重，触犯刑法的，依法追究刑事责任。

拓展思考题

1. 我国民事诉讼再审程序的启动途径有哪些？请做些实质性的比较。
2. 如何判定再审案件的管辖法院？
3. 如何理解适用一审程序审理再审案件与原一审程序的区别？
4. 请结合我国《民事诉讼法》和相关司法解释谈谈再审程序的审理范围。
5. 我国现行《民事诉讼法》的再审程序有无缺陷？如何加以改革完善？

特殊程序论

第十六章

特别程序

【内容提要】

特别程序，是指与通常诉讼程序相对应的、人民法院审理某些非民事权益争议案件所适用的特殊审判程序。人民法院适用特别程序审理的案件包括四种：一是选民资格案件。选民资格案具有诉讼的性质，但与一般的诉讼案件不同，它不涉及当事人之间的民事权益之争，只涉及某公民是否具有选民资格。二是非讼案件。包括宣告公民失踪、宣告公民死亡案，认定公民无民事行为能力、限制民事行为能力案，认定财产无主案。这类案件没有民事权益争议，不具备双方当事人。三是确认调解协议案件。四是实现担保物权案件。

第一节　特别程序概述

一、特别程序的概念

特别程序，是指与通常诉讼程序相对应的、人民法院审理某些非民事权益争议案件所适用的特殊审判程序。

特别程序在性质上属于审判程序。它是人民法院行使审判权确认一定的法律事实或者当事人权利义务现实状态的一种程序规范。特别程序是与通常诉讼程序相对应的特殊审判程序。审判程序由诉讼程序与非讼程序两种不同性质的程序构成，但特别程序并不是与诉讼程序相对应的非讼程序，而只是与通常诉讼程序相对称的特殊审判程序，这意味着特别程序中必然既有诉讼程序，也有非讼程序。特别程序只适用于审理某些非民事权益争议的案件。

二、特别程序的适用范围

特别程序是相对于通常诉讼程序而言的，它仅适用于审理某些非民事权益争议的案件。根据我国《民事诉讼法》第 177 条的规定，特别程序适用于审理以下六种类型的案件：

（一）选民资格案件

选民资格案件，是指公民不服选举委员会针对选民资格申诉所作的处理决定，向人民法院起诉的案件。

（二）宣告公民失踪和宣告公民死亡案件

公民下落不明满一定期间后，与公民存在法律上或者事实上利害关系的人，根据法律的规定，申请人民法院宣告该公民失踪或者死亡的案件，称为宣告失踪或者宣告死亡案件。

（三）认定公民无民事行为能力和限制民事行为能力案件

此类案件是指公民的近亲属或者利害关系人根据法律的规定，申请认定该公民为无民事行为能力人或者限制民事行为能力人的案件。

（四）认定财产无主案件

公民、法人或者其他组织根据法律的规定，申请人民法院认定某一具体财产为无主财产的案件，称为认定财产无主案件。

（五）确认调解协议案件

确认调解协议的案件，是指民事纠纷经由人民调解委员会或其他调解组织处理后所达成的调解协议，调解协议的双方当事人可在一定时间内向法院申请司法确认，调解协议经法院确认有效的，当事人可以申请强制执行。

（六）实现担保物权案件

实现担保物权的案件，是指由担保物权人以及其他有权请求实现担保物权的人依照法律规定，向担保财产所在地或者担保物权登记地基层人民法院提出申请，要求拍卖、变卖担保财产，以实现担保物权的利益。

三、特别程序的特点

与通常诉讼程序相比较，特别程序具有以下特点：

（一）只确认某种法律事实是否存在或者某种权利的实际状况

依特别程序对案件进行审理，并不解决民事权利义务关系争议，而只是确认某种法律事实存在与否，或者确认某种权利的实际状况。

（二）没有利害关系相冲突的双方当事人

特别程序的发动，除了选民资格案件由起诉人起诉外，其他案件均由申请人提出申请而开始。申请人或者起诉人不一定与本案有直接的利害关系，而且没有对方当事人，因此依特别程序审理的案件没有利害关系相冲突的原告与被告。

（三）审判组织特别

特别程序的审判组织除选民资格案件或者重大、疑难的非讼案件由审判员组成合议庭审理外，其余均由审判员一人独任审理。其中选民资格案件的合议庭也不适用陪审制，只能由审判员组成。

（四）实行一审终审

依特别程序审理的案件，实行一审终审，判决书一经送达就发生法律效力，申请人或者起诉人不得对之提出上诉。但当事人、利害关系人认为适用特别程序作出的判决、裁定有错误的，可以向作出该判决、裁定的人民法院提出异议。人民法院经审查，异议成立或者部分成立的，作出新的判决、裁定撤销或者改变原判决、裁定；异议不成立的，裁定驳回。

（五）审结期限较短

依特别程序审理的案件，审结期限一般较短，且没有统一规定。根据《民事诉讼法》第 180 条及第 182 条的规定，选民资格案件必须在选举日前审结；其他适用特别程序审理的案件必须在立案之日起 30 日内或者公告期满 30 日内审结，有特殊情况需要延长的，由本院院长批准。

（六）适用法院特殊

特别程序只限于基层人民法院适用，中级以上人民法院不受理依特别程序审理的案件。

（七）不适用审判监督程序

依特别程序审理的案件，如果发现生效判决有错误，只能由作出该生效判决的法院，根据有关人员的申请撤销原判决，作出新判决，而不适用审判监督程序对案件进行再审。

（八）免交案件受理费

依特别程序审理案件，申请人或者起诉人免交案件受理费，只需交纳实际支出的费用。

第二节　选民资格案件

一、选民资格案件的概念

选民资格案件，是指公民对选举委员会公布的选民资格名单有不同意见，向选举委员会申诉后，对选举委员会就其申诉所作的决定仍然不服，而向人民法院提起诉讼的案件。

二、选民资格案件审理程序的特点

选民资格案件的审理程序除与特别程序中其他案件的审理程序存在共同之处外，还具有以下特点：

(1)选民资格案件的审理程序是一种特殊类型的诉讼程序。

(2)选民资格案件的审理程序以公民对选民名单向选举委员会的申诉为前置程序。

(3)选民资格案件的审理程序仅解决选民资格问题。

(4)选民资格案件的起诉与裁判均有时间限制。起诉须在选举日的5日以前，裁判须在选举日前作出。

三、审理选民资格案件的程序规定

(一)选民资格案件的管辖

根据《民事诉讼法》第181条的规定，选民资格案件由选区所在地基层人民法院管辖。

(二)选民资格案件的起诉人

根据《民事诉讼法》第181条的规定，不服选举委员会对选民资格的申诉所作的处理决定的公民，可以在选举日的5日以前向人民法院提起诉讼。因此，选民资格案件起诉人的范围非常广泛。首先，起诉人并不一定是选民名单涉及的公民本人。其次，起诉人并不一定与本案有直接利害关系。凡是认为选民名单有错误的公民，无论是否与选举资格直接相关，都可以作为起诉人提起选民资格诉讼。

(三)选民资格案件的诉讼参加人

根据《民事诉讼法》第182条的规定，选民资格案件的诉讼参加人包括起诉人、选举委员会的代表以及有关公民。

(四)选民资格案件的审判组织

《民事诉讼法》第178条规定，选民资格案件或者重大、疑难的案件，由审判员组成合议庭审理；其他案件由审判员一人独任审理。由于涉及公民重大的政治权利，因此，选民资格案件必须由审判员组成合议庭进行审理与裁判。

(五)选民资格案件的裁判

从裁判的形式看，选民资格案件应当适用判决而不得适用裁定。

从判决的内容看，选民资格案件的判决既要对起诉人的起诉作出裁断，又要对选举委员会的申诉处理决定作出裁断。其中，经过审理，人民法院认为起诉人的起诉理由成立的，应当判决撤销选举委员会对申诉所作的处理决定；认为起诉人的起诉理由不成立的，应当判决驳回起诉人的起诉，肯定选举委员会对申诉所作的处理决定。

从裁判的效力看，人民法院对选民资格案件所作的判决一经送达就立即发生法律效力，当事人不得提起上诉。实行一审终审有利于案件的迅速审结，也是选举活动顺利进行的必然要求。

此外，由于人民法院对选民资格案件所作的判决涉及有关公民是否能够行使选举权和被选举权的问题，所以，《民事诉讼法》第 182 条规定，人民法院的判决书，应当在选举日前送达选举委员会和起诉人，并通知有关公民。首先，判决书应当送达选举委员会和起诉人，并通知有关公民。对选举委员会和起诉人应当送达判决书，而对有关公民是通知而不是送达。其次，判决书必须在选举日前送达或者通知，一旦超过选举日，送达判决书或者通知有关公民就失去了意义。

第三节　宣告公民失踪和宣告公民死亡案件

一、宣告公民失踪案件的审理程序

(一)宣告公民失踪案件的概念

公民离开其最后居住地不知去向、下落不明，经过法律规定的期限仍无音讯，人民法院经利害关系人申请，判决宣告该公民失踪，并为其指定财产代管人的案件，称为宣告公民失踪案件。人民法院审理宣告公民失踪案件的程序，称为宣告失踪程序。

(二)宣告公民失踪的条件

根据民法通则和《民事诉讼法》第 183 条的规定，宣告公民失踪必须同时具备以下几个条件：

(1)存在宣告公民失踪的法律事实。根据民法通则的规定，公民下落不明满 2 年的，利害关系人可以向人民法院申请宣告其为失踪人。

(2)由利害关系人提出申请。利害关系人，是指与下落不明的公民有人身关系或者民事权利义务关系的人，包括下落不明人的配偶、父母、子女、兄弟姐妹、祖父母、外祖父母、孙子女、外孙子女，以及其他与之有民事权利义务关系的人。

(3)申请采取书面形式提出。申请书应当载明失踪的事实、时间和申请人的请求，并附公安机关或者其他有关机关关于该公民下落不明的书面证明。

(4)受申请的人民法院对案件有管辖权。宣告失踪的案件，由被宣告失踪人住所地的基层人民法院管辖。住所地与居住地不一致的，由最后居住地的基层人民法院管辖。

(三)宣告公民失踪案件的审理

基层人民法院审理宣告公民失踪案件,一般要经过以下几个阶段:

(1)申请与受理。宣告公民失踪,必须由利害关系人提出申请。符合法律规定的多个利害关系人提出宣告失踪申请的,列为共同申请人。人民法院经审查,认为申请符合法定条件的,应当受理;认为申请不合法或者不具备宣告失踪条件的,应当以裁定驳回申请。

(2)发出寻找下落不明人的公告。人民法院受理宣告失踪案件后,应当发出寻找下落不明人的公告,公告期间为3个月。根据《民诉解释》第347条规定,寻找下落不明人的公告应当记载下列内容:①被申请人应当在规定期间内向受理法院申报其具体地址及其联系方式,否则被申请人将被宣告失踪、宣告死亡;②凡知悉被申请人生存现状的人,应当在公告期间内将其所知道情况向受理法院报告。

(3)作出判决。公告期满,公民仍然下落不明的,受理案件的人民法院应当确认申请宣告失踪的事实存在,并依法作出宣告该公民失踪的判决。在公告期间,被申请宣告失踪的公民出现或者已知其下落的,受理案件的人民法院则应当作出驳回申请的判决。

(4)指定失踪人的财产代管人。人民法院在作出宣告公民失踪判决的同时,应当依法为失踪人指定财产代管人。根据民法通则的规定,失踪人的财产由其配偶、父母、成年子女或者关系密切的其他亲属、朋友代管。对代管有争议的,没有以上规定的人或者以上规定的人无能力代管的,由人民法院指定的人代管。

(5)宣告公民失踪申请的撤回。《民诉解释》第348条规定,人民法院受理宣告失踪案件后,作出判决前,申请人撤回申请的,人民法院应当裁定终结案件,但其他符合法律规定的利害关系人加入程序要求继续审理的除外。

(四)宣告公民失踪的法律后果

下落不明人被人民法院判决宣告失踪后,该下落不明人即成为失踪人。失踪人的财产,应当由其财产代管人代管。代管人的职责是管理和保护失踪人的财产。因此,宣告失踪后,代管人可以以失踪人的财产清偿失踪人所欠税款、债务和应付的其他费用以及代为诉讼。

被宣告为失踪人后,公民的民事权利能力并不因宣告失踪而消灭,具有民事行为能力的公民在被宣告失踪期间实施的民事法律行为有效,与失踪人人身有关的民事法律关系,如婚姻关系、收养关系等,也不发生变化。

(五)被宣告失踪的公民重新出现的处理

人民法院判决宣告公民失踪,只是根据法律规定的条件认定该公民不知去向、杳无音讯的事实,该公民完全有可能重新回到原居住地或者与利害关系人取得联系，也就是有可能重新出现。根据法律规定，被宣告失踪的公民重新出现或者确知其下落的，本人或者利害关系人有权向原审人民法院提出申请，请求撤销宣告失踪的判决，以恢复其正常的权利义务状态。原审人民法院审查属实的，应当作出新判决，撤销原判决。宣告失踪的判决撤销后，财产代管人的职责终止，无权再代管财产，并应负责对原代管的财产进行清理，返还原财产及其收益。为管理和保护失踪人财产所支出的必要费用，财产代管人有权要求偿付。

二、宣告公民死亡案件的审理程序

（一）宣告公民死亡案件的概念

公民离开其最后居住地或者因意外事故下落不明已满法定期限，或者因意外事故下落不明经有关机关证明该公民不可能生存，人民法院根据利害关系人的申请，依法判决宣告该公民死亡的案件，称为宣告公民死亡案件。人民法院审理宣告公民死亡案件的程序，称为宣告死亡程序。

（二）宣告公民死亡的条件

宣告公民死亡的法律后果与公民自然死亡基本相同，宣告公民死亡对被宣告死亡的公民及其利害关系人的权利义务都将产生重大影响，因此，人民法院宣告公民死亡必须严格依照法律规定的条件与程序进行。根据《民法通则》和《民事诉讼法》第 184 条的规定，宣告公民死亡应当同时具备以下几个方面的条件：

（1）必须存在公民下落不明的事实。宣告公民死亡，必须首先存在公民下落不明、生死未卜的事实。确知公民的下落或者确知公民已经死亡的，均不能宣告死亡。根据《民事诉讼法》第 184 条的规定，宣告公民死亡的法律事实包括三种情况：一是正常情况下公民离开其居住地下落不明；二是因意外事故下落不明；三是因意外事故下落不明，经有关机关证明该公民不可能生存。只要具备以上三种情况之一且符合其他法定条件的，利害关系人就可申请宣告死亡。

（2）公民下落不明必须达到法定期限。根据《民事诉讼法》第 184 条的规定，作为宣告公民死亡条件的下落不明必须达到一定的期限。该期限分为三种情况：第一，在正常情况下，公民下落不明满 4 年；第二，因意外事故下落不明满 2 年；第三，因意外事故下落不明，经有关机关证明该公民不可能生存。

（3）有利害关系人提出书面申请。宣告公民死亡，必须有利害关系人提出申请。根据《最高人民法院关于贯彻执行〈中华人民共和国民法通则〉若干问题的意见（试行）》的规定，申请宣告死亡的利害关系人的顺序是：①配偶；②父母、子女；③兄弟姐妹、祖父母、外祖父母、孙子女、外孙子女；④其他有民事权利义务关系的人。同一顺序的利害关系人，有的申请宣告死亡，有的不同意宣告死亡的，人民法院应当宣告死亡。

(4)利害关系人申请宣告死亡应当采取书面的形式,不得口头申请宣告死亡。申请书应当写明下落不明的事实、时间和请求,并附有公安机关或者其他有关机关关于该公民下落不明的书面证明。

(5)宣告失踪不是宣告死亡的必经程序。公民下落不明,只要符合宣告死亡的条件,利害关系人可以不经申请宣告失踪而直接申请宣告死亡。由此也可以看出,宣告失踪程序与宣告死亡程序是两种相互独立而完整的程序制度。

(6)受申请的人民法院对案件有管辖权。宣告死亡,由下落不明人住所地的基层人民法院管辖。

(三)宣告公民死亡案件的审理

人民法院审理宣告公民死亡的案件,一般要经过以下几个阶段或者步骤:

(1)申请和受理。宣告公民死亡,必须由利害关系人向有管辖权的人民法院提出书面申请。符合法律规定的多个利害关系人提出宣告死亡申请的,列为共同申请人。对利害关系人的申请,人民法院应当进行审查,认为手续不完备且无法补正的,驳回申请;认为手续完备的,受理案件,进行审理。人民法院受理申请后,可以根据申请人的请求,清理下落不明人的财产,并指定审理期间的财产管理人。

(2)发出寻找下落不明人的公告。人民法院受理宣告死亡案件后,必须发出寻找下落不明人的公告。被申请宣告死亡的公民下落不明满 4 年或者因意外事故下落不明满 2 年的,公告期间为 1 年;被申请宣告死亡的公民因意外事故下落不明,经有关机关证明其不可能生存的,公告期间为 3 个月。

(3)判决。在寻找下落不明人的公告期间,被申请宣告死亡的公民出现,或者确知其下落的,人民法院应当作出驳回申请的判决,终结案件的审理。公告期间届满,下落不明人仍未出现,宣告死亡的事实得到确认的,人民法院应当作出宣告该公民死亡的判决。判决书除应当送达申请人外,还应当在被宣告死亡的公民的住所地和人民法院所在地公告。判决一经宣告,即发生法律效力。判决宣告的日期,就是被宣告死亡的公民的死亡日期。

(4)宣告公民死亡申请的撤回。《民诉解释》第 348 条规定,人民法院受理宣告死亡案件后,作出判决前,申请人撤回申请的,人民法院应当裁定终结案件,但其他符合法律规定的利害关系人加入程序要求继续审理的除外。

(四)宣告公民死亡的法律后果

公民被宣告死亡与其自然死亡的后果基本相同。具体来说,该公民的民事权利能力因宣告死亡而终止,其与配偶的婚姻关系自宣告死亡之日起消灭,继承因宣告死亡而开始。但是,宣告死亡毕竟只是法律上的推定死亡,如果该公民在异地生存,其仍然享有民事权利能力,具有民事行为能力的公民在被宣告死亡期间实施的民事法律行为有效。

(五)被宣告死亡的公民重新出现的处理

宣告死亡只是推定死亡,被宣告死亡的公民完全有可能重新出现或者确知其没有死亡。被宣告死亡的公民重新出现或者确知其没有死亡的,经本人或者利害关系人申请,人民法院应当作出新判决,撤销原判决。

人民法院作出新判决后,被撤销死亡宣告的公民的人身和财产关系依照下列方法处理:

(1)其因宣告死亡而消灭的人身关系,有条件恢复的,可以恢复。被撤销死亡宣告的公民的配偶尚未再婚的,夫妻关系从撤销死亡宣告之日起自行恢复;其配偶已再婚,或者再婚后又离婚,或者再婚后配偶又死亡的,则不得认定夫妻关系自行恢复。在被宣告死亡期间,子女被他人收养,死亡宣告被撤销后,被撤销死亡宣告的公民仅以未经本人同意而主张收养关系无效的,一般不应当准许,但收养人和被收养人同意的除外。

(2)被撤销死亡宣告的公民有权请求返还财产。其原物已被第三人合法取得的,第三人可以不予返还。但依继承法取得原物的公民或者组织,应当返还原物或者给予适当补偿。利害关系人隐瞒真实情况使他人被宣告死亡而取得财产的,除应当返还原物及孳息外,还应当对造成的损失予以赔偿。

第四节　认定公民无民事行为能力和限制民事行为能力案件

一、认定公民无民事行为能力和限制民事行为能力案件的概念

认定公民无民事行为能力、限制民事行为能力案件,是指人民法院根据利害关系人的申请,对不能辨认或者不能完全辨认自己行为的精神病人、痴呆病人,按照法定程序,认定并宣告该公民为无民事行为能力人或者限制民事行为能力人的案件。人民法院审理认定公民无民事行为能力、限制民事行为能力案件的程序,称为认定公民无民事行为能力、限制民事行为能力程序。

认定公民无民事行为能力或者限制民事行为能力程序,是认定已经达到完全民事行为能力或者限制民事行为能力的年龄标准,但智力不健全、精神不正常的精神病人的实际民事行为能力状况的非讼程序。通过这种非讼程序,从法律上认定和宣告那些因患精神病或者其他病症丧失了全部或者部分民事行为能力的公民是否具有民事行为能力,并为其指定监护人,不仅有利于维护该公民的合法权益,而且有利于维护其利害关系人、民事活动对方当事人的合法权益。因此,认定公民无

民事行为能力或者限制民事行为能力程序对于确保民事流转安全以及维护正常的社会、经济秩序具有十分重要的意义。

二、认定公民无民事行为能力和限制民事行为能力案件的审理

（一）申请与受理

人民法院审理认定公民无民事行为能力或者限制民事行为能力案件，应当尊重利害关系人的意愿，只有利害关系人提出申请的，人民法院才能启动认定公民无民事行为能力或者限制民事行为能力程序。未经利害关系人申请，人民法院不能依职权作出认定。我国《民事诉讼法》第187条规定，申请认定公民无民事行为能力或者限制民事行为能力，由其近亲属或者其他利害关系人向该公民住所地基层人民法院提出。利害关系人包括：(1)公民的配偶或者其他近亲属；(2)被认定无民事行为能力人或者限制行为能力人的债权人、债务人等。根据《民法通则》及《民事诉讼法》的相关规定，申请人的申请必须符合下列条件：(1)具有认定公民无民事行为能力、限制民事行为能力的法定事由；(2)利害关系人提出书面申请；(3)受申请人民法院对案件有管辖权。

对于符合条件且手续完备的申请，人民法院应当受理，并按特别程序立案审理；对于不符合条件且不能补正的申请，应当裁定不予受理。

（二）诉讼代理

根据《民事诉讼法》第189条的规定，人民法院审理认定公民无民事行为能力或者限制民事行为能力案件，应当由该公民的近亲属为代理人，但申请人除外。近亲属互相推诿的，由人民法院指定其中一人为代理人。在审理中，该公民健康状况许可的，还应当询问本人意见。《民诉解释》进一步明确，如果被申请人没有近亲属的，人民法院可以指定其他亲属为代理人。被申请人没有亲属的，人民法院可以指定经被申请人所在单位或者住所地的居民委员会、村民委员会同意，且愿意担任代理人的关系密切的朋友为代理人。如果也没有前面提到的代理人的，由被申请人所在单位或者住所地的居民委员会、村民委员会或者民政部门担任代理人。代理人可以是一人，也可以是同一顺序中的两人。

（三）司法鉴定

人民法院受理利害关系人的申请后，必要时应当对被请求认定无民事行为能力或者限制民事行为能力的公民进行司法精神病学鉴定或者医学诊断、鉴定，以取得科学依据。申请人已提供鉴定结论的，应当对鉴定结论进行审查，对鉴定结论有怀疑的，可以重新鉴定。对被申请认定为无民事行为能力人或者限制民事行为能力人进行鉴定，并不是审理此类案件的必经程序，只有人民法院认为必要时才进行司法精神病学鉴定或者医学诊断、鉴定。

（四）审判形式

人民法院决定受理申请人认定公民无行为能力或者限制行为能力的申请后，对于重大、疑难案件应当由审判员组成合议庭进行审理，对于一般的案件由审判员一人独任审理。

（五）作出判决

人民法院经过审理，如果认为申请人的申请符合法律规定，申请成立的，应当作出判决，认定该公民无民事行为能力或者限制民事行为能力，并为其指定监护人。被指定的监护人不服指定，应当自接到通知之日起30日内向人民法院提出异议。经审理，认为指定并无不当的，裁定驳回异议；指定不当的，判决撤销指定，同时另行指定监护人。判决书应当送达异议人、原指定单位及判决指定的监护人。

如果认为申请人的申请没有根据或者根据不足的，应当作出判决，驳回申请人的申请。

公民无民事行为能力或者限制民事行为能力的时间从判决生效之日开始，判决生效以前公民所为的行为，其效力不受判决的影响。

三、认定公民无民事行为能力和限制民事行为能力判决的撤销

我国法律规定，被认定为无民事行为能力人或者限制民事行为能力人的公民恢复正常的理智、能够正确辨认自己的行为后，该公民本人或者其监护人，可以向人民法院提出撤销原判决的申请。人民法院根据该公民本人或者其监护人的申请，经查证属实，证实造成该公民无民事行为能力或者限制民事行为能力的原因已经消除的，应当作出新判决，撤销原判决，从法律上恢复该公民的民事行为能力，同时撤销对他的监护。判决一经宣告，立即发生法律效力。同样，原被认定为无民事行为能力的公民，经治疗已经部分恢复，可以部分辨认自己行为的，该公民的利害关系人可以申请认定其为限制民事行为能力人。人民法院经过审理，认为其申请有理由的，应当作出新判决，撤销原判决，认定该公民为限制民事行为能力人。

第五节　认定财产无主案件

一、认定财产无主案件的概念

认定财产无主案件，是指人民法院根据公民、法人或者其他组织的申请，依照法定程序将某项归属不明或者失去所有权人的财产判决认定为无主财产，并将其收归国家或者集体所有的案件。人民法院审理认定财产无主案件的程序，称为认定财产无主程序。

二、申请认定财产无主的条件

根据《民事诉讼法》第191条至第193条的规定,申请认定财产无主必须同时具备以下条件:

(1)申请认定的财产必须是有形财产。无形财产或者精神财富,不能成为此类案件的认定对象。

(2)财产确实失去了所有人或者所有人不明,权利归属长期无法确定。实践中常见的是以下几种类型的财产:第一,没有所有人或者所有人不明的财产;第二,所有人不明的埋藏物和隐藏物;第三,拾得的遗失物、漂流物、失散的饲养动物,经公安机关或者有关单位公告招领满1年无人认领的财产;第四,无人继承的财产。

(3)财产没有所有人或者所有人不明的持续状态已满法定期间。不满法定期间的,即使财产所有人已经消失或者一时不清,也不能认定为无主财产。

(4)必须有申请人提出书面申请。申请人既可以是公民,也可以是法人或者其他组织。

(5)必须向有管辖权的人民法院提出申请。认定财产无主的案件,由财产所在地基层人民法院管辖。

三、认定财产无主案件的审理

(一)申请和受理

认定财产无主案件的审理程序,应当由公民、法人或者其他组织向财产所在地基层人民法院提出书面申请而启动。没有人提出申请,人民法院不得依职权启动认定财产无主程序。申请人的范围包括任何公民、法人或者其他组织,只要认为财产无主或者财产所有权归属不明,就可以向人民法院提出申请。申请应当采取书面形式,申请书应当写明财产的种类、数量以及要求认定财产无主的根据。对于符合条件的申请,人民法院应当受理,并立案审理;对于不符合条件且不能补正的申请,人民法院应当裁定不予受理。

(二)公告

《民事诉讼法》第192条规定,人民法院受理认定财产无主申请后,经审查核实,应当发出财产认领公告,寻找该财产的所有权人。认领财产的公告期间为1年。该期间是等待财产所有权人认领财产的法定期间,人民法院不得延长或者缩短。如果公告期间有人对财产提出请求的,人民法院应当裁定终结特别程序,告知申请人另行起诉,适用普通程序审理。

(三)判决

公告期满,无人认领财产的,人民法院应当作出判决,认定该财产为无主财产,并将其收归国家或者集体所有。判决书送达后立即发生法律效力,交付执行。财产由他人非法占有的,执行机构应当责令非法占有人交出财产,拒绝交出的,强制执行。公告期间,有人对财产提出请求的,人民法院应当裁定终结特别程序,告知申请人另行起诉,受诉人民法院应当适用普通程序进行审理。

四、认定财产无主判决的撤销

人民法院作出的认定财产无主判决,实质上仍只是对财产无主的一种推定,可能与客观情况并不相符,财产的所有权人或者所有权人的继承人可能出现。因此,我国法律规定,认定财产无主的判决作出后,财产的原所有人或者继承人有权在诉讼时效期间内对财产提出权利主张,请求恢复所有权。人民法院查证属实后,应当作出新判决,撤销原判决。原判决撤销后,已被国家或者集体取得的财产,应当返还给原所有权人或者原所有权人的继承人。原财产还存在的,应当返还原财产;原财产不存在的,可以返还同类财产,或者按照原财产的实际价值折价返还。财产的原所有权人或者原所有权人的继承人超过法定的诉讼时效期间提出权利主张的,人民法院不予支持。

第六节　确认调解协议案件

一、确认调解协议案件的概念

确认调解协议的案件,是指民事纠纷经由人民调解委员会或其他调解组织等处理后所达成的调解协议,调解协议的双方当事人可在法定期间内向法院申请司法确认,调解协议一经法院确认有效,当事人可以申请强制执行的案件。

二、申请法院确认调解协议的条件

根据《民事诉讼法》第194条和《民诉解释》的相关规定,申请法院确认调解协议的案件必须同时具备以下条件:

(1)申请主体合法。确认调解协议的申请应当由调解协议的双方当事人本人或者其委托的代理人共同向法院提出申请。

(2)在法定期限内提出申请。确认调解协议的申请需在调解协议生效之日起30日内提出。

(3)申请法院有管辖权。当事人申请确认调解协议的,需向调解组织所在地基层人民法院或者人民法庭提出申请。对于两个以上调解组织参与调解的,各调解组织所在地基层人民法院均有管辖权。双方当事人可以共同向其中一个调解组织所在地基层人民法院提出申请;双方当事人共同向两个以上调解组织所在地基层人民法院提出申请的,由最先立案的人民法院管辖。

三、确认调解协议案件的程序

(一)申请和受理

当事人申请司法确认调解协议,可以采用书面形式或者口头形式。当事人口头申请的,人民法院应当记入笔录,并由当事人签名、捺印或者盖章。当事人提出申请时,应当向人民法院提交调解协议、调解组织主持调解的证明,以及与调解协议相关的财产权利证明等材料,并提供双方当事人的身份、住所、联系方式等基本信息。当事人未提交上述材料的,人民法院应当要求当事人限期补交。

根据《最高人民法院关于人民调解协议司法确认程序的若干规定》(以下称《司法确认程序若干规定》)的规定,人民法院收到当事人司法确认申请的,应当在3日内决定是否受理。人民法院决定受理的,应当编立“调确字”案号,并及时向当事人送达受理通知书。双方当事人同时到法院申请司法确认的,人民法院可以当即受理并作出是否确认的决定。

但有下列情形之一的,人民法院裁定不予受理:(1)不属于人民法院受理范围的;(2)不属于收到申请的人民法院管辖的;(3)申请确认婚姻关系、亲子关系、收养关系等身份关系无效、有效或者解除的;(4)涉及适用其他特别程序、公示催告程序、破产程序审理的;(5)调解协议内容涉及物权、知识产权确权的。

人民法院受理申请后,发现有上述不予受理情形的,应当裁定驳回当事人的申请。

(二)法院审查与司法确认

根据《司法确认程序若干规定》的规定,人民法院受理司法确认申请后,应当指定1名审判人员对调解协议进行审查。

《民诉解释》第358条进一步明确规定,人民法院审查相关情况时,应当通知双方当事人共同到场对案件进行核实。人民法院经审查,认为当事人的陈述或者提供的证明材料不充分、不完备或者有疑义的,可以要求当事人限期补充陈述或者补充证明材料。必要时,人民法院可以向调解组织核实有关情况。

经审理,符合法律规定的,以裁定的形式确认调解协议有效。当事人必须按照调解协议的内容履行。

经审查,调解协议有下列情形之一的,人民法院应当裁定驳回申请:(1)违反法律强制性规定的;(2)损害国家利益、社会公共利益、他人合法权益的;(3)违背公序良俗的;(4)违反自愿原则的;(5)内容不明确的;(6)其他不能进行司法确认的情形。

(三)司法确认申请的撤回

确认调解协议的裁定作出前,当事人撤回申请的,人民法院可以裁定准许。

当事人无正当理由未在限期内补充陈述、补充证明材料或者拒不接受询问的，人民法院可以按撤回申请处理。

(四)履行与异议

人民法院作出调解协议有效的裁定具有法律执行力。如果一方当事人拒绝履行或者未全部履行的，对方当事人可以向人民法院申请执行。对于人民法院裁定驳回申请的，当事人可以通过重新申请调解，以变更原调解协议，或者当事人双方自愿达成新的调解协议。此外，当事人也可以就原纠纷向人民法院提起诉讼。

人民法院审理的申请确认调解协议案件，实行一审终审制。即不论是确认调解协议有效的裁定，还是驳回申请的裁定，双方当事人均不得对此裁定提起上诉。对人民法院作出的确认调解协议的裁定，当事人有异议的，应当自收到裁定之日起15日内提出；利害关系人有异议的，自知道或者应当知道其民事权益受到侵害之日起6个月内提出。

第七节　实现担保物权案件

一、实现担保物权案件的概念

实现担保物权的案件，是指由担保物权人以及其他有权请求实现担保物权的人依照法律规定，向担保财产所在地或者担保物权登记地基层人民法院提出申请，要求拍卖、变卖担保财产，以实现担保物权利益的案件。

实现担保物权的案件是基于担保物权的纠纷而引起的，包括抵押权纠纷、质权纠纷、留置权纠纷等。

二、实现担保物权案件的程序

(一)案件的申请启动

按照《民事诉讼法》第196条的规定，实现担保物权案件由担保物权人以及其他有权请求实现担保物权的人依照物权法等法律，向担保财产所在地或者担保物权登记地基层人民法院提出申请。《民诉解释》第361条规定：担保物权人，包括抵押权人、质权人、留置权人；其他有权请求实现担保物权的人，包括抵押人、出质人、财产被留置的债务人或者所有权人等。例如在留置权案件中，债务人急于让留置权人对留置物进行拍卖或变卖来实现留置权，且归还留置物剩余部分的价值，便可以作为申请人向法院提出。另外，《民诉解释》第366条还规定，同一财产上设立多个担保物权，登记在先的担保物权尚未实现的，不影响后顺位的担保物权人向人民法院申请实现担保物权。

根据法律规定，申请人向法院提出实现担保物权申请的，应当提交下列材料：

(1)申请书。申请书应当记明申请人、被申请人的姓名或者名称、联系方式等基本信息,具体的请求和事实、理由。(2)证明担保物权存在的材料,包括主合同、担保合同、抵押登记证明或者他项权利证书,权利质权的权利凭证或者质权出质登记证明等。(3)证明实现担保物权条件成就的材料。(4)担保财产现状的说明。(5)人民法院认为需要提交的其他材料。

(二)管辖与受理

实现担保物权的案件由担保财产所在地或者担保物权登记地基层人民法院管辖。对于实现票据、仓单、提单等有权利凭证的权利质权案件,可以由权利凭证持有人住所地人民法院管辖;无权利凭证的权利质权,由出质登记地人民法院管辖。实现担保物权案件属于海事法院等专门人民法院管辖的,由专门人民法院管辖。如果同一债权有多个担保物且所在地不同,申请人分别向有管辖权的人民法院申请实现担保物权的,人民法院应当依法受理。

此外,依照《物权法》第176条的规定,被担保的债权既有物的担保又有人的担保,当事人对实现担保物权的顺序有约定,实现担保物权的申请违反该约定的,人民法院裁定不予受理;没有约定或者约定不明的,人民法院应当受理。

(三)送达

人民法院受理申请后,应当在5日内向被申请人送达申请书副本、异议权利告知书等文书。被申请人有异议的,应当在收到人民法院通知后的5日内向人民法院提出,同时说明理由并提供相应的证据材料。

(四)审查与处理

实现担保物权案件可以由审判员一人独任审查。担保财产标的额超过基层人民法院管辖范围的,应当组成合议庭进行审查。人民法院审查实现担保物权案件时,可以询问申请人、被申请人、利害关系人,必要时可以依职权调查相关事实。

审查的内容包括:主合同的效力、期限、履行情况,担保物权是否有效设立、担保财产的范围、被担保的债权范围、被担保的债权是否已届清偿期等担保物权实现的条件,以及是否损害他人合法权益等。对于被申请人或者利害关系人提出的异议,人民法院应当一并审查。

根据《民诉解释》第372条的规定,人民法院审查后,按下列情形分别处理:

(1)当事人对实现担保物权无实质性争议且实现担保物权条件成就的,裁定准许拍卖、变卖担保财产;

(2)当事人对实现担保物权有部分实质性争议的,可以就无争议部分裁定准许拍卖、变卖担保财产;

(3)当事人对实现担保物权有实质性争议的,裁定驳回申请,并告知申请人向人民法院提起诉讼。

（五）执行与异议

受理该案件的人民法院一旦作出裁定，准许拍卖、变卖担保财产的，当事人可以依据该裁定向人民法院申请执行。

对于人民法院受理的实现担保物权案件，无论法院作出何种裁定，当事人均不得上诉。对人民法院作出的准许实现担保物权的裁定，当事人有异议的，应当自收到裁定之日起15日内提出；利害关系人有异议的，自知道或者应当知道其民事权益受到侵害之日起6个月内提出。

拓展思考题

1. 如何理解我国特别程序的现行立法体系？你认为还有哪些方面的案件可以纳入这一体系？

2. 选民资格案件的起诉人是否仅限于选民本人？为什么？

3. 请结合我国的诉讼外调解制度，谈谈确认调解协议程序在司法实践中的适用空间。

第十七章

督促程序

【内容提要】

督促程序是人民法院根据债权人的申请，以支付令的方式，催促债务人在法定期间内向债权人履行给付金钱和有价证券义务，如果债务人在法定期间内未履行义务又不提出书面异议，债权人可以根据支付令向人民法院申请强制执行的程序。适用条件：债权人请求债务人给付金钱、有价证券；已到期且数额确定；债权人与债务人没有其他债务纠纷；支付令能够送达债务人；债权人有权向债务人住所地人民法院申请。债务人可以提出异议，提出异议的方式是书面形式。异议的时间：收到支付令之日起15日。异议的内容：必须是实体上的拒绝。对清偿能力、清偿期限、清偿方式等提出不同意见的，不影响支付令的效力。异议的效果：无需审查异议是否有理由，应当直接裁定终结督促程序。

第一节 督促程序概述

一、督促程序的概念和意义

督促程序，是指人民法院根据债权人的申请，以支付令的方式，催促债务人在法定期间内向债权人履行给付金钱和有价证券义务，如果债务人在法定期间内未履行义务又不提出书面异议，债权人可以根据支付令向人民法院申请强制执行的程序。

督促程序是一种简易、快速催促债务人清偿债务的程序，司法实践中存在一些债权债务关系明确的给付金钱和有价证券的案件，双方当事人对他们之间的债权债务关系并没有争议，只是债务人不自动履行义务，或者没有能力清偿债务。这些案件如果完全按照通常的诉讼程序来解决的话，会增加诉讼成本，有悖诉讼经济和诉讼效率的原则。人民法院对这类案件适用督促程序进行处理，通过书面审查即可催促债务人履行给付义务，如果债务人在法定期间内不履行债务又没有提出书面异议，债权人可以向人民法院申请强制执行，从而使债务纠纷方便快捷地得到解决。因此，督促程序对方便当事人诉讼和方便法院办案，提高诉讼效率，节约当事人实现债权的成本，及时保护当事人的合法权益具有重要的意义。

二、督促程序的特点

督促程序与其他民事审判程序相比较，具有以下特点：

（一）督促程序的非讼性

督促程序与解决民事争议案件的一般审判程序不同，它以当事人之间不存在实体上的债权债务纠纷为前提，当事人不直接进行对抗。债权人是申请人而不是原告，其权利请求仅限于向人民法院申请以支付令的方式催促债务人履行到期债务。督促程序因债权人的申请而开始，没有对立双方当事人参加诉讼。因此，督促程序并不解决当事人之间的民事权益争议，具有非讼的特点。

（二）督促程序适用范围的特定性

督促程序仅适用于请求给付金钱和有价证券的案件，并附有一定条件限制，如债权人没有对待给付义务、支付令能送达债务人等。它不像处理民事争议案件的审判程序对民事案件具有普遍的适用性。所谓金钱，是指作为流通手段和支付手段的货币，通常是指人民币，在特定的情况下也包括外国货币。所谓有价证券，是指汇票、本票、支票、股票、债券、国库券以及可以转让的存款单。

（三）督促程序的可选择性

债权人请求债务人给付金钱、有价证券，符合条件的，可以适用督促程序。但是，法律并没有强制规定这类案件必须适用督促程序，当事人可以选择诉讼程序或督促程序来解决，只是选择诉讼程序时间更长，不利于问题的快捷简便解决。如果当事人选择了诉讼程序的，就不能再选择督促程序。选择诉讼程序的，适用第一审普通程序或者简易程序进行审理。可见，督促程序不是解决这类案件的必经程序或唯一程序，法律赋予了当事人以程序选择权。

（四）督促程序审理的简捷性

人民法院适用督促程序审理案件，仅对债权人提出的申请和债权债务关系的事实和证据进行书面审查，不传唤债务人，也无需开庭审理。对符合条件的，人民法院直接发出支付令；不符合条件的，人民法院驳回债权人的申请，并且不能提出上诉。审判组织采用独任制的形式。因此，与诉讼程序相比，督促程序具有简便、快捷的特点。

第二节　支付令的申请和受理

一、支付令的申请

(一)申请支付令的条件

根据《民事诉讼法》第214条和最高人民法院《民诉解释》第429条规定,债权人申请支付令必须符合下列条件:

(1)债权人请求给付的标的物仅限于金钱或者汇票、本票、支票以及股票、债券、国库券和可转让的存款单等有价证券。以其他财产或行为为内容的债权,即使超过债务履行期,债务人没有履行,债权人也可以向有管辖权的法院提起诉讼,请求法院判令债务人履行,不能申请支付令。

(2)请求给付的标的物已经到期且数额确定。

(3)债权人与债务人之间没有其他债务纠纷,也称债权人没有对待给付义务,债务关系是单向的。如果债权人与债务人存在互有给付的义务,则不能适用督促程序。

(4)债务人在我国境内且未下落不明。如果债务人下落不明,不适用督促程序,不能申请支付令。

(5)支付令能够送达债务人。支付令能够送达债务人是指法院能够依照法定方式送达,且债务人能够直接收到。只有在直接送达存在困难的时候,才可以采取委托送达和邮寄送达的方式。在债务人拒绝接收时,法院也可以留置送达。

(6)收到申请书的人民法院有管辖权。

(7)债权人未向人民法院申请诉前保全。

(二)申请支付令的方式

债权人申请支付令,应当提交申请书,并附有债权文书。债权人不得采用口头方式申请支付令。书面的支付令申请书应当写明下列事项:

(1)债权人和债务人的姓名、性别、年龄、民族、职业、工作单位和住所或经常居住地,法人或其他组织的名称、住所地和法定代表人或主要负责人的姓名、职务,有诉讼代理人的,也一并写明。

(2)债务人应当给付的金钱、有价证券的种类、数量和请求给付所依据的事实、证据。包括引起债权发生的事实以及证明债权存在并已到期的事实和相关证据,并写明债权人与债务人之间没有其他债务纠纷。

(3)请求人民法院发出支付令。申请人要明确表达请求法院发出支付令,而不是提起诉讼的意思表示。

二、案件管辖

(一)级别管辖

根据《民事诉讼法》第 214 条的规定,适用督促程序处理的案件,由基层人民法院管辖。这是世界上绝大多数国家的做法。与通常诉讼案件的级别管辖不同的是,基层人民法院受理债权人依法申请支付令的案件,不受争议金额的限制。

(二)地域管辖

《民事诉讼法》只规定了债权人申请支付令案件的级别管辖,没有规定地域管辖。根据《民诉解释》和《最高人民法院关于适用督促程序若干问题的规定》的规定,申请支付令案件的地域管辖法院是债务人住所地的基层人民法院管辖。债务人住所地与经常居住地不一致的,由经常居住地人民法院管辖。共同债务人住所地、经常居住地不在同一基层人民法院辖区,各有关基层人民法院都有管辖权的,债权人可以向其中一个基层人民法院申请支付令。债权人向两个以上有管辖权的基层人民法院申请支付令的,由最先立案的人民法院管辖。

三、对支付令申请的审查和处理

(一)对支付令申请的立案审查

1. 审查的内容

审查内容包括:(1)申请人是否具备申请资格和申请能力;(2)申请是否符合法定条件和方式;(3)申请手续是否完备;(4)申请是否应由本法院管辖。经过审查,如果认为申请符合上述要求的,应按《民事诉讼法》第 215 条的规定予以受理,并在 5 日内通知债权人。

2. 审查的期限

人民法院收到债权人的支付令申请书后 5 日内通知债权人是否受理。

3. 审查后的处理

(1)符合规定的,基层人民法院应当受理,并在收到支付令申请书后五日内通知债权人。认为申请书不符合要求的,可以通知债权人限期补正。

(2)不符合规定的,人民法院应当在收到支付令申请书后 5 日内通知债权人不予受理。

(二)受理后的审查

人民法院受理了支付令申请后,由审判员 1 人进行审查。这种审查应在法院决定受理申请之日开始,并在 15 日内作出是否发布支付令的决定。

1. 审查内容

审查内容包括:(1)进一步查实申请人提供的事实和证据;(2)债权债务关系是否明确;(3)债权债务关系是否合法。这种审查只采用书面方式,不需开庭审查。

2. 审查后的处理

(1)经过审查,人民法院如果认为债权债务关系明确、合法,应当在受理申请之日起15日内直接向债务人发布支付令。

(2)经审查,有下列情形之一的,裁定驳回申请:①申请人不具备当事人资格的;②给付金钱或者有价证券的证明文件没有约定逾期给付利息或者违约金、赔偿金,债权人坚持要求给付利息或者违约金、赔偿金的;③要求给付的金钱或者有价证券属于违法所得的;④要求给付的金钱或者有价证券尚未到期或者数额不确定的。

人民法院受理支付令申请后,发现不符合受理条件的,应当在受理之日起15日内裁定驳回申请。

第三节　支付令的制作、发出和效力

一、人民法院对支付令的制作和发出

(一)支付令的制作

支付令是人民法院根据债权人的申请,向债务人发出的督促其限期清偿债务的法律文书。支付令应当记明以下事项:(1)债权人、债务人姓名或名称、住所等基本情况;(2)债务人应当给付的金钱、有价证券的种类和数量以及事实和理由;(3)债务人清偿债务或者提出异议的期限;(4)债务人在法定期间不提出异议的法律后果。

支付令由审判员、书记员署名,加盖人民法院印章。

(二)支付令的发出

向债务人本人送达支付令,债务人拒绝接收的,人民法院可以留置送达。

二、支付令的效力

支付令一经送达债务人,即产生督促的法律效力。支付令的效力包括两个方面:

(1)督促债务人清偿债务。债务人应当自收到支付令之日起清偿债务,或者向人民法院提出书面异议。这里的“清偿”既包括债务人实际履行了义务,也包括债务人与债权人达成了和解协议。

(2)督促债务人提出书面异议。债务人在收到法院签发的支付令后,可以就支付令确认的债务本身提出异议,债务人自收到支付令之日起15日内,既不提出有效异议又不清偿债务的,则15日期满后支付令发生强制执行力,债权人可以向人民法院申请强制执行。

第四节　支付令的异议和督促程序的终结

一、债务人异议

债务人异议,是指债务人向签发支付令的人民法院申明不同意支付令确定的给付义务的法律行为。这是债务人维护自己合法权益的救济手段。支付令是法院以债权人一方提出的主张和理由为根据,未经债务人答辩,为了维护债务人利益,给债务人的程序性权利。

(一)债务人异议成立的条件

1. 债务人异议成立的条件

根据《民事诉讼法》第217条规定,债务人提出的支付令异议要成立,必须符合以下条件:

(1)异议必须由债务人提出。其他人提出的不构成支付令异议。

(2)异议必须在法定期限内提出。债权人对支付令的异议必须在收到支付令之日起15日内提出。超过法定期限提出异议的,异议不成立,人民法院可以裁定驳回异议。

(3)异议必须以书面方式提出。债务人以口头方式提出异议的无效。

(4)异议必须针对债权人的请求,即债务关系本身提出。

2. 应当认定异议成立的情形

根据《民事法解释》第437条规定,经形式审查,债务人提出的书面异议有下列情形之一的,应当认定异议成立,裁定终结督促程序,支付令自行失效:

(1)本解释规定的不予受理申请情形的;

(2)本解释规定的裁定驳回申请情形的;

(3)本解释规定的应当裁定终结督促程序情形的;

(4)人民法院对是否符合发出支付令条件产生合理怀疑的。

(二)无效异议的法定情形

人民法院对债务人在法定期间内提出的书面异议,无需审查异议是否有理由,即不必进行实体审查而直接裁定终结督促程序。但从程序上讲,应对异议进行形式上的审查,提出的异议,遇有下列情况,按无效处理:

(1)债务人对债务本身无异议只是提出缺乏清偿能力的,不影响支付令效力。

(2)债务人异议必须具备法定书面形式,在书面异议书中写明拒付的事实和理由,口头异议无效。

(3)债务人在收到支付令后,未在法定期间提出书面异议,而向其他人民法院起诉的，不影响支付令的效力。债务人超过法定期间提出异议的，视为未提出异议。

(4)债权人基于同一债权债务关系，在同一支付令申请中向债务人提出多项支付请求，债务人仅就其中一项或者几项请求提出异议的，不影响其他各项请求的效力。

(5)债权人基于同一债权债务关系，就可分之债向多个债务人提出支付请求，多个债务人中的一人或者几人提出异议的，不影响其他请求的效力。

(6)对设有担保的债务的主债务人发出的支付令，对担保人没有拘束力。债权人就担保关系单独提起诉讼的，支付令自人民法院受理案件之日起失效。

(三)债务人异议成立的法律后果

根据《民事诉讼法》第217条规定，债务人对支付令提出的异议一旦成立，即产生两个方面的法律后果：一是人民法院应当裁定终结督促程序；二是支付令自行失效。

(四)督促转诉讼的处理

(1)支付令失效后，申请支付令的一方当事人不同意提起诉讼的，应当自收到终结督促程序裁定之日起7日内向受理申请的人民法院提出。申请支付令的一方当事人不同意提起诉讼的，不影响其向其他有管辖权的人民法院提起诉讼。

(2)支付令失效后，申请支付令的一方当事人自收到终结督促程序裁定之日起7日内未向受理申请的人民法院表明不同意提起诉讼的，视为向受理申请的人民法院起诉。债权人提出支付令申请的时间，即为向人民法院起诉的时间。

(五)支付令申请的撤回

人民法院作出终结督促程序或者驳回异议裁定前，债务人请求撤回异议的，应当裁定准许。债务人对撤回异议反悔的，人民法院不予支持。

二、督促程序的终结

督促程序的终结是指由于发生特定的原因，或者由于督促程序各个阶段的任务已经完成，从而结束督促程序。

(一)终结督促程序的情形

(1)人民法院受理债权人提出的支付令申请后，经审查，申请不成立的，应当裁定予以驳回，终结督促程序。

(2)人民法院作出终结督促程序或者驳回异议裁定前，债务人请求撤回异议的，人民法院应当裁定终结督促程序。

(3)债务人在法定期间对支付令提出书面异议，支付令自行失效，人民法院应当终结督促程序。

(4)债务人在收到人民法院发出的支付令后,在法定的期间履行了债务,督促程序自然终结。

(5)有下列情形之一的,人民法院应当裁定终结督促程序,已发出支付令的,支付令自行失效:①人民法院受理支付令申请后,债权人就同一债权债务关系又提起诉讼的;②人民法院发出支付令之日起30日内无法送达债务人的;③债务人收到支付令前,债权人撤回申请的。

(二)对生效支付令的救济

人民法院院长对本院已发生法律效力的支付令,发现确有错误,认为需要撤销的,应当提交审判委员会讨论决定后,裁定撤销支付令,驳回债权人的申请,终结督促程序。对人民法院驳回支付令申请的裁定和终结督促程序的裁定,一经送达即发生法律效力,不能提出上诉或者申请复议。

拓展思考题

1. 如何理解督促程序在司法实践中适用的局限性?
2. 支付令的法律效力有哪些方面?
3. 债务人对支付令可以提出哪些方面的异议?
4. 如何理解法院对支付令中债务人异议的审查?

第十八章

公示催告程序

【内容提要】

公示催告的适用范围:按照规定可以背书转让的票据;依照法律规定可以申请公示催告的其他事项。申请原因:票据被盗、遗失或者灭失。申请人:票据持有人。管辖:票据支付地的基层人民法院管辖。法院决定受理申请,应当同时通知支付人停止支付,并在3日内发出公告,催促利害关系人申报权利。公示催告的期间,由人民法院根据情况决定,但不得少于60日。在法定期间,利害关系人依法申报权利的,法院应当裁定终结公示催告程序;无人申报权利的,根据当事人的申请,法院作出除权判决。

第一节　公示催告程序概述

一、公示催告程序的概念

公示催告程序,是指人民法院根据申请人的申请,以公示的方法,告知并催促不明确的利害关系人在一定期限内申报权利,到期无人申报权利的,则根据申请人的申请依法作出除权判决的程序。公示催告程序是随着社会的发展,为满足社会经济生活的需要而逐渐发展起来的。公示催告程序是用来解决可以背书转让的票据或者其他事项,在出现被盗、遗失、灭失情形时,对权利人予以相应救济的程序,其核心在于通过公示催告,催促不特定的利害关系人申报权利,如果无人申报或者申报被驳回,则根据申请人的申请作出无效判决。这一程序主要具有以下几个方面的功能:维护失票人的合法权益;对利害关系人的合法权益进行救济;确保票据流通的安全。

二、公示催告程序的特征

与通常诉讼程序相比较而言,公示催告程序具有以下几个显著特征:

（一）程序的非讼性

从性质来看，公示催告程序属于非讼程序。适用这一程序并不能解决当事人之间因民事权利义务关系发生的纠纷，而只能确认申请人申请公示催告并在一定期限内无人申报权利这一事实。在公示催告程序中，申请人根本无法知道有无利害关系人，更不知道利害关系人是谁，因此，公示催告案件也就没有明确的被告或者被申请人。一旦明确了利害关系人，公示催告程序就因失去了存在的基础而必须终结，申请人可以向人民法院提起民事诉讼，通过诉讼程序解决纠纷。

（二）适用范围的特定性

根据我国《民事诉讼法》第 218 条第 1 款的规定，从案件范围来看，公示催告程序仅适用于可以背书转让的票据被盗、遗失或者灭失的案件以及法律规定可以申请公示催告的其他事项。不能背书转让的票据被盗、遗失或者灭失的案件以及不属于法律规定可以申请公示催告的事项，都不能适用公示催告程序。

（三）程序制度的独特性

公示催告程序在具体的审理制度上具有明显不同于诉讼程序及其他非讼程序的独特性。主要体现为：公示催告程序由公示催告和除权判决两个阶段构成。程序的两个阶段均由申请人申请启动。公示催告程序的两个阶段可以由两个不同的审判组织进行审理。公示催告程序主要采取书面审查和公告的方式进行审理。

三、公示催告程序的适用范围

公示催告程序的适用范围，解决的是公示催告程序的适用对象，即明确哪些事项可通过公示催告程序来处理。我国《民事诉讼法》第 218 条对公示催告程序的适用范围作出了规定。我国公示催告程序的适用范围包括票据和其他事项两个方面。

（一）可以背书转让的票据被盗、遗失、灭失的案件

票据是一种载明具体金额，用作流通和支付手段的有价证券。在我国，票据包括汇票、支票和本票三种。汇票是出票人签发的，委托付款人在一定期间内向持票人或收款人支付票面金额的票据。汇票又可分为银行汇票和商业汇票、即期汇票和远期汇票。汇票一律记名。本票的出票人即为付款人，本票和支票都需要委托他人代为付款。本票一般为银行本票，且一律记名。支票是由出票人签发的，委托银行见票时向票据持有人或收款人支付票面金额现金的一种有价证券。支票分为转账支票和现金支票两种。可申请公示催告的票据仅限可背书转让的汇票、本票和支票，对于不可背书转让的票据不可申请公示催告。

（二）依法可以申请公示催告的其他事项

1. 记名股票丧失时的公示催告

《中华人民共和国公司法》第 144 条规定："记名股票被盗、遗失或者灭失，股东可以依照《中华人民共和国民事诉讼法》规定的公示催告程序，请求人民法院宣告该股票失效。"依据这一条款的规定，只有丧失记名股票时，才可以申请公示催告，而对于无记名股票，即使发生被盗、遗失或者灭失情况时，也不能依公示催告程序申请公示催告。

2. 提单等提货凭证丧失时的公示催告

提单是指用以证明海上货物运输合同和货物已经由承运人接收或者装船，以及承运人保证据以交付货物的单证。它是一种代表一定物权的有价证券，其合法持有人对提单上记载的货物享有所有权，凭单可以要求承运人交付货物，承运人亦负有向提单持有人交付的义务。提单持有人如果因提单被盗、遗失或灭失等原因而失去对提单的占有时，其提货权就难以实现。鉴于此，《中华人民共和国海事诉讼特别程序法》第 100 条规定："提单等提货凭证持有人，因提货凭证失控或者灭失，可以向货物所在地海事法院申请公示催告。"依据这一规定，在公示催告期间如果无人申报权利，海事法院即可依法作出判决，从而使申请人对提单等提货凭证所享有的权利得以恢复。

第二节　公示催告申请的提起与受理

一、公示催告的申请

公示催告程序作为一种权利救济的制度与程序，只有权利人提出申请才能启动。人民法院不得依职权主动启动公示催告程序。

（一）申请公示催告的主体

根据民事诉讼法的规定，公示催告程序的申请主体即申请人必须是按照规定可以背书转让的票据持有人或法律规定可以申请公示催告的其他事项的拥有人。就票据而言，只有可以背书转让的票据被盗、遗失或者灭失时，失票人才能通过公示催告的程序实现票据与权利的分离，获得权利的救济；对于不可以背书转让的票据，失票人只能通过诉讼的方式寻求权利的救济。同时，根据最高人民法院《民诉解释》的规定，票据持有人是指票据的最后持有人，即在票据流转过程中最后占有票据的人，也就是票据记载的最后被背书人。

（二）申请公示催告的事项

申请人申请公示催告的事项，必须属于公示催告程序的适用范围。我国公示催告程序仅适用于可以背书转让的汇票、本票和支票以及法律规定可以公示催告的其他事项。

(三)申请公示催告的原因

申请人申请公示催告所依据的一定事由,就是申请的原因。根据民事诉讼法的规定,就票据公示催告来说,申请人申请公示催告的事由只能是票据被盗、遗失或者灭失。因为只有票据被盗、遗失或者灭失时,才会发生利害关系人不明确的状况,才有必要通过公示催告程序实现票据与权利的分离,恢复失票人的权利。不是基于以上三种原因之一的,便不会发生利害关系人不明确的状况,案件就不符合公示催告程序的适用条件,申请人也就不可以申请公示催告。

(四)案件管辖

对于当事人的公示催告申请,民事诉讼法规定由票据支付地的基层人民法院管辖。从级别管辖来看,公示催告案件一般由基层人民法院管辖,中级以上的人民法院不得管辖此类案件;从地域管辖来看,公示催告案件由票据支付地的人民法院管辖。所谓票据支付地,就是票据载明的付款地,如承兑或付款银行的所在地、收款人开户银行所在地等,票据未载明付款地的,以票据付款人的住所地或主要营业地为票据支付地。由票据支付地的基层人民法院管辖,能够确保受理案件的法院与付款人保持最近的空间距离,便于当事人提出申请,也便于受理案件的人民法院及时通知付款人停止支付,防止票据被冒领而发生损失。

对于依据《中华人民共和国海事特别程序法》第 100 条规定申请公示催告的案件,由货物所在地的海事法院管辖。

(五)申请公示催告的方式

根据《民事诉讼法》第 218 条第 2 款规定,申请公示催告应当采取书面方式,即申请人应当向人民法院递交申请书。申请书应当写明票面金额、发票人、持票人、背书人等票据主要内容和申请的理由、事实。

申请人依据《中华人民共和国海事诉讼特别程序法》第 100 条的规定向海事法院申请公示催告的,应当递交申请书。申请书应当载明:提单等提货凭证的种类、编号、货物品名、数量、承运人、托运人、收货人、承运船舶名称、航次以及背书情况和申请的理由、事实等。有副本的应当附有单证的副本。

二、对公示催告申请的审查与受理

人民法院对申请人提出的公示催告申请,应当立即进行审查并决定是否受理。审查的内容主要包括:申请人是否具备主体资格,申请的对象是否属于公示催告程序的适用范围,申请的事由是否符合法律规定,受理申请的人民法院是否有管辖权,申请的形式是否合法完备等。因票据丧失申请公示催告的,人民法院应结合票据存根、丧失票据的复印件、出票人关于签发票据的证明、申请人合法取得票据的证明、银行挂失止付通知书、报案证明等证据，决定是否受理。

经审查，认为申请人的公示催告申请符合法定的条件和程序，即符合受理条件的，通知予以受理，并同时通知付款人停止支付；认为不符合受理条件的，应当在7日内裁定驳回申请。

三、公示催告

（一）确定审判组织

在公示催告阶段，可以独任审判；在除权判决阶段，应由合议庭审理。

（二）发出止付通知

人民法院决定受理申请的，应当同时通知支付人停止支付，并在3日内发出公告。付款人收到停止支付通知后，应当停止支付。支付人收到停止支付通知后拒不止付的，人民法院除可依照《民事诉讼法》第111条、第114条规定采取强制措施外，在判决后，支付人仍应承担付款义务。

（三）发出公告

1. 公告的内容

人民法院依照《民事诉讼法》第219条规定发出的受理申请的公告，应当写明下列内容：

（1）公示催告申请人的姓名或者名称；（2）票据的种类、号码、票面金额、出票人、背书人、持票人、付款期限等事项以及其他可以申请公示催告的权利凭证的种类、号码、权利范围、权利人、义务人、行权日期等事项；（3）申报权利的期间；（4）在公示催告期间转让票据等权利凭证，利害关系人不申报的法律后果。

2. 公告的方式和地点

公告应当在有关报纸或者其他媒体上刊登，并于同日公布于人民法院公告栏内。人民法院所在地有证券交易所的，还应当同日在该交易所公布。

3. 公告期间

公告期间不得少于60日，且公示催告期间届满日不得早于票据付款日后15日。公示催告的期间，其实就是等待利害关系人申报权利的期间。为了保证利害关系人有足够的时间知晓公示催告的内容，便于利害关系人申报权利，充分保护其合法权益，我国《民事诉讼法》规定了较长的公示催告期间。

4. 公示催告产生的效力

（1）限制票据流通。民事诉讼法规定，在公示催告期间，转让票据权利的行为无效。这具有财产保全的作用，体现了程序法独特的功能，与票据法的法理并不相悖。

(2)推定排除其他利害关系人。经过公示催告公告规定的申报权利期间,仍无人申报权利的,就可以推定本案所涉及的票据没有其他利害关系人存在,票据权利为申请人享有。

海事法院决定受理公示催告申请的,应当同时通知承运人、承运人的代理人或者货物保管人停止交付货物,并于3日内发出公告,敦促利害关系人申报权利。公示催告的期间由海事法院根据情况决定,但不得少于30日。承运人、承运人的代理人或者货物保管人收到海事法院停止交付货物的通知后,应当停止交付,至公示催告程序终结。公示催告期间,转让提单的行为无效;有关货物的存储保管费用及风险由申请人承担。公示催告期间,国家重点建设项目待安装、施工、生产的货物,救灾物资,或者货物本身属性不宜长期保管以及季节性货物,在申请人提供充分可靠担保的情况下,海事法院可以依据申请人的申请作出由申请人提取货物的裁定。

(四)申报权利

申报权利,是指受公示催告的利害关系人,在公示催告期间内向人民法院主张票据权利的行为。申报权利是利害关系人防止自己的权利免受人民法院宣告票据无效损害的重要方式,是否有人申报权利也是人民法院查明票据有无利害关系人、是否应当作出宣告票据无效的除权判决的重要标准。

1. 申报权利的条件

必须同时具备两个条件:(1)必须与票据存在利害关系;(2)必须是持票人。

2. 申报权利的地点与期间

根据民事诉讼法的规定,利害关系人应当向发出公示催告公告的人民法院申报权利,利害关系人向其他人民法院申报权利的,不能发生申报的法律后果。申报权利的期间,就是利害关系人申报权利的时间限制。利害关系人在公示催告期间以及公示催告期间届满后、除权判决作出前申报权利都是可以的。

3. 申报权利的形式与内容

利害关系人向人民法院申报权利,应当采取书面形式,即应当向人民法院提交票据权利申报书。申报书应当写明申报权利请求、理由和事实等事项,并应当向人民法院出示票据正本或者法律规定的证据。

4. 利害关系人申报权利的处理

公示催告期间,利害关系人申报权利的,人民法院应当通知其向法院出示票据,并通知公示催告申请人在指定的期间查看该票据。(1)符合权利申报条件的,应当裁定终结公示催告程序,并通知申请人和支付人。申请人或者申报人可以向人民法院起诉。(2)公示催告申请人申请公示催告的票据与利害关系人出示的票据不一致的,应当裁定驳回利害关系人的申报。

依海事特别程序申请公示催告的,公示催告期间,利害关系人可以向海事法院申报权利。海事法院收到利害关系人的申报后,应当裁定终结公示催告程序,并通知申请人和承运人、承运人的代理人或者货物保管人。申请人、申报人可以就有关纠纷向海事法院提起诉讼。

第三节 除权判决

一、除权判决的概念

公示催告期间届满后,无利害关系人申报权利,或者申报依法被驳回的,在法定期间内,人民法院应根据申请人的申请,作出宣告票据无效的判决。这种判决被称为除权判决。除权判决有两方面的含义:(1)宣告票据无效进而排除申请人以外的其他人对该票据享有权利,故称之为“除权”;(2)通过在指定期间内无人申报权利的事实,推定票据权利归申请人所有。

二、除权判决的程序

(一)申请

在申报权利的期间没有人申报,或者申报被驳回的,公示催告申请人应当自申报权利期间届满的次日起1个月内申请人民法院作出判决。逾期不申请判决的,终结公示催告程序。公示催告与除权判决是相互衔接但又相互独立的两个阶段,从公示催告阶段不能自动过渡到除权判决阶段。因此,公示催告期间届满后,申请人必须在法定期间内重新提出申请,人民法院才能作出除权判决。申请人未在法定期间内申请除权判决的,人民法院应当终结公示催告程序,此后申请人无权再申请除权判决,人民法院也不会依职权主动作出除权判决。

申请除权判决,应当符合以下条件:

(1)申请人必须在法定期间内提出申请,即必须在申报权利期间届满的次日起1个月内提出申请。

(2)在公示催告期间无人申报权利,或者申报被依法驳回。在公示催告期间,有人申报权利且申报成立的,人民法院应当裁定终结公示催告程序,申请人也就不能申请作出除权判决。

申请人必须向原受理公示催告申请的人民法院提出。除权判决与公示催告的管辖法院是一致的,因此,申请人必须向原受理案件的人民法院提出申请。

(二)审判组织

法院应当组成合议庭审理,不能采用独任审判的方式。

（三）除权判决的作出与公告

申请人在法定期间内向人民法院提出除权判决申请的，人民法院应当组成合议庭对申请进行审查与评议。审查的主要内容就是申请人的申请是否符合法定的条件，是否具备作出宣告票据无效的判决的条件。

合议庭经审查和评议，确信除申请人外没有其他利害关系人的，应当作出判决，宣告票据无效。除权判决应当公告，并通知支付人。除权判决一旦作出并公告，票据权利即与票据本身相分离。同时，公告除权判决是使票据权利与票据本身相分离的法定形式，也是这种分离产生公信力的基础，因此，公告除权判决是公示催告程序必不可少的内容。

（四）除权判决的效力

人民法院根据申请人的申请作出的除权判决产生的法律后果，就是除权判决的效力。根据民事诉讼法的规定，除权判决具有以下法律效力：

1. 票据失去效力

除权判决的主要内容就是宣告原票据无效，因此，除权判决作出后，被申请公示催告的票据就失去效力，票据付款人可以拒绝向持票人支付。

2. 失票人恢复权利

除权判决作出后，丧失票据的权利人（即公示催告申请人）虽不持有票据，但其恢复了票据权利。因此，即使失票人不占有该票据，也可凭除权判决向票据付款人请求支付，票据付款人不得拒绝支付。也就是说，除权判决作出后，票据付款人与不持有票据的失票人之间产生了债权债务关系，除权判决是失票人恢复票据权利的最终程序。但是，应当注意的是，除权判决并不直接确认申请人享有票据权利，而是通过宣告票据无效的方式间接承认申请人享有票据权利。因此，在内容上，除权判决只是宣告票据无效，而不能确认申请人享有票据权利。这也正是公示催告程序中的裁判称为“除权判决”而不是“确认判决”的原因。

3. 公示催告程序终结

人民法院作出并公告除权判决后，公示催告程序终结。此后，利害关系人主张票据权利的，只能向人民法院起诉，而不能以申报权利的方式主张权利，也不能请求通过审判监督或再审的方式寻求救济。

海事特别程序中，公示催告期间无人申报的，海事法院应当根据申请人的申请作出判决，宣告提单或者有关提货凭证无效。判决内容应当公告，并通知承运人、承运人的代理人或者货物保管人。自判决公告之日起，申请人有权请求承运人、承运人的代理人或者货物保管人交付货物。

三、对利害关系人权利的救济

由于除权判决只是根据在公示催告期间无人申报权利这一事实，对票据权利人作出的一种推定，即推定票据的权利人就是公示催告的申请人。这种推定可能与事实并不相符，该票据的真正持有人可能并不是公示催告的申请人，其真正持有人可能由于某种客观的原因未能在公示催告期间内申报权利。为了对利害关系人的权利进行救济，民事诉讼法规定，没有申报权利的利害关系人不服人民法院宣告票据无效的除权判决，在法定期间内，可以向作出除权判决的人民法院另行起诉。根据《民事诉讼法》第 221 条、第 223 条之规定，利害关系人另行起诉必须同时具备下列条件：

(1)利害关系人在判决前没有向人民法院申报权利。如果利害关系人在除权判决前已经向人民法院申报权利，只是其申报被依法驳回的，该利害关系人就不得另行起诉。

(2)利害关系人没有申报权利有正当理由。利害关系人没有在法定期间内申报权利，必须具有正当的理由，并由利害关系人为此承担举证责任。利害关系人故意或者因过失未能在公示催告期间申报权利的，不得另行起诉。正当理由包括：①因发生意外事件或者不可抗力致使利害关系人无法知道公告事实的；②利害关系人因被限制人身自由而无法知道公告事实，或者虽然知道公告事实，但无法自己或者委托他人代为申报权利的；③不属于法定申请公示催告情形的；④未予公告或者未按法定方式公告的；⑤其他导致利害关系人在判决作出前未能向人民法院申报权利的客观事由。

(3)利害关系人必须在知道或者应该知道判决公告之日起 1 年内另行起诉。超过该期间的，不得另行起诉。

(4)利害关系人必须向作出除权判决的人民法院提起诉讼。

(5)利害关系人只能以公示催告申请人为被告另行起诉。利害关系人另行起诉，其实质是请求人民法院行使审判权，就其与公示催告申请人之间因票据产生的纠纷进行裁判，因此，利害关系人另行起诉的对方只能是公示催告申请人。

人民法院受理利害关系人的另行起诉后，经审理认为利害关系人的起诉理由成立的，应当判决撤销除权判决，并确认票据的权利人；利害关系人仅诉请确认其为合法持票人的，人民法院应当在裁判文书中写明，确认利害关系人为票据权利人的判决作出后，除权判决即被撤销；认为利害关系人的另行起诉理由不成立的，应当判决驳回起诉。

另外，在海事特别程序中也规定，利害关系人因正当理由不能在公示催告期间向海事法院申报的，自知道或者应当知道判决公告之日起 1 年内，可以向作出判决的海事法院起诉。

拓展思考题

1. 如何理解公示催告程序的适用条件?
2. 请结合公告和除权判决两个阶段,谈谈公示催告程序的详细建构。
3. 在除权判决阶段,法院是否可以作出不除权的判决?为什么?
4. 如何全面理解利害关系人在公示催告程序中的救济方式?

第十九章

涉外民事诉讼程序

【内容提要】

涉外民事诉讼程序是指人民法院审理具有涉外因素的民事案件适用的程序。本章主要内容包括:涉外民事诉讼程序的一般原则,管辖的种类,期间、送达,涉外民事诉讼的证据问题,一般司法协助,对外国法院裁判的承认与执行。

第一节　涉外民事诉讼程序概述

一、涉外民事诉讼程序的概念

一般认为,涉外民事诉讼,是指具有涉外因素的民事诉讼。涉外民事诉讼程序,是指人民法院受理、审判及执行具有涉外因素的民事案件所适用的程序。涉港、澳、台的民事案件,也是可以参照适用涉外民事诉讼程序。所谓涉外因素具有以下三种情况之一:

(1)诉讼主体涉外,即诉讼一方或者双方当事人是外国人、无国籍人或者外国企业和组织;人民法院在审理国内民商事案件过程中,因追加当事人或者第三人而使得案件具有涉外因素的,也属于涉外民商事案件。

(2)作为诉讼标的的法律事实涉外,即当事人之间的民事法律关系发生、变更、消灭的事实发生在国外。如双方当事人争议的合同签订地在国外。

(3)诉讼标的物涉外,即当事人之间争议的标的物在国外。如涉诉的财产、资金在国外。

具备上述三个因素之一的民事诉讼就属于涉外民事诉讼。

二、涉外民事诉讼的特征

涉外民事诉讼因在诉讼主体、诉讼标的以及标的物方面具有涉外因素,使其与

国内民事诉讼相比较具有不同的特征。其特征主要表现在以下四个方面:

(1)涉外民事诉讼与国家主权有密切联系。在涉外民事诉讼中,不仅仅涉及当事人与法院之间的法律关系,也涉及国家与国家之间的主权关系。因此,在案件的处理上,既要维护我国的司法主权,又要尊重他国司法主权。

(2)涉外民事诉讼期间较长。在涉外民事诉讼中,有的当事人在中华人民共和国领域内没有住所,有的证据存在于国外。因此,在送达诉讼文书、调查取证、传唤证人、起诉、答辩、上诉等诉讼行为上,需要较长的时间,否则难以完成诉讼。这些客观因素决定了涉外民事诉讼期间的特殊规范。

(3)审理涉外民事案件时,存在适用法律的选择问题。审理国内民事案件只能适用我国的法律。但审理涉外民事案件则存在适用法律的选择问题。选择表现在两个方面:一是选择适用程序法,二是选择适用实体法。如果我国参加或缔结的国际条约中有有关程序的特殊规定时,则须首先选择适用该项国际条约,称为"信守国际条约原则"。当然,我国声明保留的条款除外。

(4)人民法院进行涉外民事诉讼,有时需要外国法院的司法协助。例如,合同关系,适用当事人协议选择的法律或与合同有最密切联系国家的法律;调查取证有时要委托外国法院协助完成;判决生效后,有时请求外国法院执行。

三、涉外民事诉讼程序的立法体例

根据我国民事诉讼法第四编的规定,涉外民事诉讼程序主要包括以下内容:一般原则,管辖,送达、期间、仲裁、司法协助等。

涉外民事案件不同于一般民事案件。人民法院审理涉外民事案件时,涉外民事诉讼程序有特别规定的,适用特别规定;没有特别规定的,适用民事诉讼法的一般规定。涉外民事诉讼程序的特别规定,同民事诉讼其他程序的一般规定,都是以民事诉讼法的基本原则为指导,贯彻基本原则的精神。

四、涉外民事诉讼的一般原则

涉外民事诉讼的一般原则,既是人民法院审理涉外民事案件的基本准则,也是涉外民事案件当事人以及诉讼参加人必须遵循的基本准则。

(一)适用我国民事诉讼法原则

审理涉外民事案件在适用程序方面,按照国际上公认的属地主义原则,应当适用法院所在地国家的程序法。我国《民事诉讼法》第259条规定:"在中华人民共和国领域内进行涉外民事诉讼,适用本编规定。本编没有规定的,适用本法其他有关规定。"因此,我国法院审理涉外民事案件,必须适用我国民事诉讼法。这一原则在民事诉讼中包括以下三项基本要求:

(1)外国人、无国籍人、外国企业和组织在我国起诉、应诉,适用我国民事诉讼法。

(2)凡属我国人民法院管辖的案件,人民法院均享有司法管辖权。凡属民事诉讼法规定的专属管辖权的案件,外国法院无管辖权。

(3)任何外国法院的裁判和外国仲裁机构的裁决,必须经我国人民法院审查并承认后,才能在我国发生法律效力。对当事人申请或者外国法院请求我国人民法院承认和执行的外国法院的判决或者仲裁裁决,我国人民法院应当依照我国法律,或者根据我国缔结或者参加的国际条约的规定进行审查,裁定予以承认后,才具有效力,需要执行的,可依照我国民事诉讼法的规定予以执行。

(二)信守国际条约原则

信守国际条约原则是指在涉外民事诉讼中,应当遵守我国参加或缔结的国际条约。我国《民事诉讼法》第260条规定:“中华人民共和国缔结或者参加的国际条约同本法有不同规定的,适用该国际条约的规定,但中华人民共和国声明保留的条款除外。”

信守国际条约主要有两个方面:一是对于我国参加或缔结的国际公约、双边条约,我国应当遵守其规定,承担相应的义务。如果在其中有关处理涉外民事案件规定的,应当适用。二是我国参加或者缔结的国际公约或条约中的有关规定和我国的规定有所不同的,适用该公约或条约的规定。这也是主权国家对国际公约的普遍态度,在国内法和国际公约、条约发生冲突时,优先适用国际条约。

对于国际公约而言,主权国家并不是完全承认和接受的。对于我国而言,只有我国参加或缔结的国际公约或条约在我国领域内才有效,如果不是我国参加订立的或明确宣布参加的,对我国不具有约束力。另外,对于我国所参加或缔结的国际公约,可以对其中的某些条款声明保留。对我国已经声明保留的条款,在我国领域内不具有效力。

(三)司法豁免原则

司法豁免权是外交特权的一种,是指一个国家根据本国法律或者参加、缔结的国际条约,对在本国的外国代表和组织赋予的免受司法管辖或者司法审判的权利。司法豁免权是从国家主权中引申出来的权利。“平等者之间无裁判权”是公认的国际规则,外交代表作为国家或国际组织的象征,赋予其司法豁免权,不仅是表示对派遣国或国际组织的尊重,也确保其能有效地执行职务。

1. 民事豁免的法律规定

民事豁免的法律规定包括两个方面:首先是国内法,我国《民事诉讼法》第261条规定:“对享有外交特权与豁免的外国人、外国组织或者国际组织提起的民事诉讼,应当依照中华人民共和国有关法律和中华人民共和国缔结或者参加的国际条约的规定办理。"这里所说的有关法律规定,是指1986年我国制定的《中华人民共和国外交特权与豁免条例》和《中华人民共和国领事特权与豁免条例》等规定。其次是我国缔结或者参加的国际条约,包括我国参加的1946年《联合国特权与豁免公约》,1949年《联合国各专门机构特权与豁免公约》,1961年《维也纳外交公约》以及1963年《维也纳领事关系公约》等。

2. 享有司法豁免权的主体

享有司法豁免权的主体包括:外交代表及与其共同生活的配偶和未成年子女;使馆的行政技术人员;领事官员和领馆的行政技术人员;来我国访问的外国国家元首、政府首脑、外交部长及其他具有同等身份的人;以及其他依照我国法律和参加的国际公约、条约享有司法豁免权的外国人、外国组织或国际组织。

3. 民事豁免权的内容

司法豁免原则包括刑事司法豁免和民事司法豁免。刑事司法豁免权是完全的司法豁免权,外交代表即使触犯驻在国刑法,也不受驻在国的刑事司法管辖。民事司法豁免权包括管辖豁免、民事诉讼程序豁免和执行豁免。管辖豁免是指不能对享有司法豁免权的人提起民事诉讼,即使提起,法院也不应受理。诉讼程序豁免是指享有司法豁免权的人即使同意法院受理案件,法院在诉讼过程中,也不能对其采取强制措施。执行豁免是指享有司法豁免权的人即使参加诉讼并败诉,法院也不能对其强制执行。这三种豁免是相互独立的,放弃哪一种豁免权必须明确表示。与刑事豁免相比较民事司法豁免权是不完全的、有限制的。民事司法豁免权的有限性表现在:享有司法豁免权的人因其所属主管机关宣布放弃司法豁免的;或者享有司法豁免权的人因私人事务涉及诉讼的;或者享有司法豁免权的人向驻在国起诉引起反诉的,均不享有司法豁免权。

具体而言,对外国驻我国的外交代表和与外交代表共同生活的配偶及其未成年子女提起的民事诉讼,我国人民法院不能受理。但下列情形除外:(1)享有司法豁免权的外国人,其所属主管机关明确宣布放弃司法豁免权的,驻在国法院有权受理对其提起的民事诉讼;(2)外交代表以私人名义涉及在中国的不动产的诉讼;(3)外交代表以私人身份作为遗嘱执行人、遗产管理人、继承人或者受遗赠人所引起的诉讼;(4)外交代表在中国境内从事公务范围以外的活动或者商业活动引起的诉讼;(5)因车辆、船舶或者航空器在中国境内造成的事故而引起的诉讼;(6)外交代表本人主动提起诉讼,因而引起对方当事人反诉的。

(四)委托中国律师代理诉讼原则

我国《民事诉讼法》第263条规定:"外国人、无国籍人、外国企业和组织在人民法院起诉、应诉,需要委托律师代理诉讼的,必须委托中华人民共和国的律师。"

在涉外民事诉讼中，外籍当事人需委托代理人进行诉讼的，可以委托本国人为诉讼代理人，也可以委托本国律师以非律师身份担任诉讼代理人。外国驻华使、领馆官员，受本国公民的委托，可以以个人名义担任诉讼代理人，但在诉讼中不享有外交特权与豁免权。

涉外民事诉讼中，作为当事人的外国国民不在我国领域内的情况下，外国驻华使、领馆可以授权其本馆官员，以外交代表身份为其本国国民在我国聘请中国律师或者中国公民代理民事诉讼。

外国当事人委托中国律师或者其他人代理诉讼的，必须根据我国法律规定，办理有关授权委托手续。《民事诉讼法》第264条规定："在中华人民共和国领域内没有住所的外国人、无国籍人、外国企业和组织委托中华人民共和国律师或者其他人代理诉讼，从中华人民共和国领域外寄交或者托交的授权委托书，应当经所在国公证机关证明，并经中华人民共和国驻该国使领馆认证，或者履行中华人民共和国与该所在国订立的有关条约中规定的证明手续后，才具有效力。"

（五）使用我国通用的语言、文字原则

审理涉外民事案件使用本国通用的语言、文字，是国家主权原则的具体体现，也是世界各国通用的准则。我国《民事诉讼法》第262条规定："人民法院审理涉外民事案件，应当使用中华人民共和国通用的语言、文字。当事人要求提供翻译的，可以提供，费用由当事人承担。"

人民法院审理涉外民事案件，使用我国通用的语言、文字，是维护国家主权和尊严，体现人民法院行使司法权的严肃性的重要内容。根据该原则，外国当事人提交诉状时，必须附具中文译本。外国当事人在诉讼中必须使用中国通用的语言、文字。外国当事人要求提供翻译的，可以提供，费用由当事人负担。此外，同等与对等原则也是涉外民事诉讼的一项原则，由于民事诉讼法把它作为一项基本原则，已在前面论述，在此就不赘述。

第二节　涉外民事诉讼管辖

一、涉外民事诉讼管辖的概念和意义

涉外民事诉讼管辖权，是指一国法院处理涉外民商事案件的权限或者资格，是一种国际民事管辖权。与国内民事管辖权不同，涉外民事管辖权中的有些依据如国籍，是国内管辖权所没有的；同时，涉外管辖权意味着一国法院可能适用外国法。涉外民事诉讼的管辖问题，是人民法院受理涉外民事案件、行使审判权的前提。它往往与维护国家主权相关。由于对同一涉外民事案件由不同的国家法院管辖和审

理，所适用的法律不同，判决结果也有很大的出入。当事人为了获得有利于自己的判决，往往都愿意选择对自己有利的国家的法院管辖，各国往往也希望扩大自己的管辖权。不过，近年来，由于经济全球化的趋势越来越强，贸易保护主义被打破，国际经济关系出现了互惠合作、平和礼让、解决纠纷趋于和平、非对抗性以及低成本等态势，表现在国际法律上，就是近年来海牙国际私法会议在组织拟订有关管辖权的公约时，已出现了限制"长臂管辖"的趋势，甚至将可扣押财产之地、合同签订地等连接点也在考虑限制的范围内。由于我国与国际经济交往越来越频繁，已经融入国际社会，所以，也应当在不损害国家主权和本国当事人利益的前提下，对管辖问题作出灵活的处理。一方面，我国人民法院应当积极行使对涉外民事案件的管辖权；另一方面，也要加强国际间管辖权冲突的协调，既达到有利于维护国家主权的目的，又要与外国司法机关平等协商减少管辖冲突，达到维护当事人正当利益、促进国际贸易和交流的目的。

我国十分重视对涉外民商事案件的管辖和审理工作，最高人民法院专门确立了对涉外商事案件集中在部分中级人民法院管辖的制度，以实现公正、有效地审理涉外民事案。

二、确定涉外民事诉讼管辖的原则

确定涉外民事诉讼管辖的原则要考虑到维护国家主权，以减少冲突为目的的管辖权国际协调、便利管辖法院审理和当事人意思自治等因素。

（一）属地原则

属地原则主张以案件的事实和当事人双方与有关国家地域联系作为确定法院涉外司法管辖权的标准，强调一国法院基于领土主权的原则，对其所属国领域内的一切人和物以及法律事件和行为具有管辖权限。诉讼中的案件事实和双方当事人与法院国的地域上的联系包括：当事人的住所、诉讼标的所在地、被告财产所在地等对法院管辖权具有决定意义的连接点。美国、德国、奥地利和北欧国家都是以此作为确定涉外民事管辖权的基本原则。我国民事诉讼法也确认了属地管辖原则。根据《民事诉讼法》第265条规定，因合同纠纷或者其他财产权益纠纷，对在中华人民共和国领域内没有住所的被告提起的诉讼，如果合同在中华人民共和国领域内签订或者履行，或者诉讼标的物在中华人民共和国领域内，或者被告在中华人民共和国领域内有可供扣押的财产，或者被告在中华人民共和国领域内设有代表机构，可以由合同签订地、合同履行地、诉讼标的物所在地、可供扣押财产所在地、侵权行为地或者代表机构住所地人民法院管辖。

（二）属人原则

属人原则主张以当事人双方与有关国家的法律联系作为确定法院涉外司法管

辖权的标准,强调一国法院对本国国民有管辖权限。属人原则侧重于以当事人的国籍作为确定管辖权的标准。在法国和意大利等拉丁法系国家,当事人国籍对法院管辖权有决定作用。如法国法规定,在涉及合同债务的案件中,如果原告和被告是法国国民,由法国法院管辖;但是如果当事人双方都是外国人,则一般都排除法国法院的管辖权。不过,意大利法规定,外国人相互之间的诉讼,原则上并不排除意大利法院的管辖权。

(三)专属管辖原则

专属管辖原则主张一国法院对与其本国利益有密切联系的特定涉外民事案件具有管辖权,排除其他国家对该涉外案件的管辖权。我国《民事诉讼法》第266条规定,因在中华人民共和国履行中外合资经营企业合同、中外合作经营企业合同、中外合作勘探开发自然资源合同发生纠纷提起的诉讼,由中华人民共和国人民法院管辖。涉外民事案件行使专属管辖权,是维护国家主权原则的突出表现。

(四)协议管辖原则

协议管辖原则是指允许当事人合意选择确定国内或者国外的管辖法院,是当事人意思自治原则在涉外民事诉讼中的具体体现。协议管辖原则是目前国际民事诉讼中普遍采用的一项原则。涉外民事诉讼协议管辖与国内民事诉讼协议管辖一样,都适用我国《民事诉讼法》第34条的规定。另外,涉外民事诉讼的协议管辖,除了按照我国国内民事诉讼协议管辖之规定进行处理外,还可以选择与争议有实际联系地点的外国法院管辖。

三、我国涉外民事诉讼管辖的特殊规定

根据民事诉讼法和相关司法解释,涉外民事诉讼管辖的特别规定主要包括特殊地域管辖、专属管辖和集中管辖。

(一)特殊地域管辖

我国民事诉讼法关于涉外民事诉讼中的特殊地域管辖,主要涉及涉外合同纠纷和其他财产权益纠纷的管辖。因合同纠纷或者其他涉外财产权益纠纷,对在我国领域内没有住所的被告提起的诉讼,根据《民事诉讼法》第265条规定,应按下列几种情况确定管辖法院:因合同纠纷或者其他财产权益纠纷,对在中华人民共和国领域内没有住所的被告提起的诉讼,如果合同在中华人民共和国领域内签订或者履行,或者诉讼标的物在中华人民共和国领域内,或者被告在中华人民共和国领域内有可供扣押的财产,或者被告在中华人民共和国领域内设有代表机构,可以由合同签订地、合同履行地、诉讼标的物所在地、可供扣押财产所在地、侵权行为地或者代表机构住所地人民法院管辖。

(二)专属管辖

专属管辖,是指与法院地的公共政策密切相关的案件,只能由法院地国的法院行使司法管辖权。包括物权诉讼以及一些非讼程序,如遗嘱检验程序遗产案件、破产案件和不动产的强制处分案件。根据我国《民事诉讼法》第 266 条规定,属于我国人民法院专属管辖的涉外民事案件有:(1)在我国履行的中外合资经营企业合同纠纷;(2)在我国履行的中外合作经营企业合同纠纷;(3)在我国履行的中外合作勘探开发自然资源合同纠纷。

(三)集中管辖

根据 2002 年 3 月 1 日起实施的《最高人民法院关于涉外民商事案件诉讼管辖若干问题的规定》,我国对涉外民商事案件受理进行了一定的调整,将以往分散在基层、中级人民法院的案件集中由少数受理案件多、审判能力强的法院管辖。这是因为我国加入 WTO 后,司法机关越来越多地介入国际贸易问题,审理涉及 WTO 规则的贸易纠纷案件,中国法院在适用 WTO 规则时将遇到许多技术性的困难,并且将面临 WTO 规则司法救济的严峻挑战。在现阶段,一些基层人民法院,尤其是边远地区的基层人民法院显然缺乏应对能力。为此,适当集中涉外民商事案件的管辖权确有必要。

上述规定适用于下列五类案件:(1)涉外合同与侵权纠纷案件;(2)信用证纠纷案件;(3)申请撤销、承认与强制执行国际仲裁裁决的案件;(4)审查有关涉外民商事仲裁条款效力的案件;(5)申请承认和强制执行外国法院民商事判决、裁定的案件。以上案件由下列法院管辖:一是国务院批准设立的经济技术开发区人民法院;二是省会、自治区首府、直辖市所在地的中级人民法院;三是经济特区、计划单列市中级人民法院;四是最高人民法院指定的其他中级人民法院;五是高级人民法院。

第三节　涉外民事诉讼的期间、送达和证据

一、涉外民事诉讼期间的特殊规定

在涉外民事诉讼中,当事人在我国领域内没有住所的,期间就应当相应延长。为了便于涉外民事诉讼当事人充分地行使诉讼权利,我国民事诉讼法对涉外民事诉讼期间作出了特别规定。

(一)被告提出答辩的期间

我国《民事诉讼法》第 268 条规定:“被告在中华人民共和国领域内没有住所的,人民法院应当将起诉状副本送达被告,并通知被告在收到起诉状副本后三十日内提出答辩状。被告申请延期的,是否准许,由人民法院决定。”涉外民事案件一方

当事人在国内有住所,而另一方当事人在国内没有住所的,对国内当事人适用诉讼期间的一般规定,对国外当事人则适用涉外期间的特别规定。

(二)当事人上诉和答辩的期间

我国《民事诉讼法》第269条规定:"在中华人民共和国领域内没有住所的当事人,不服第一审人民法院判决、裁定的,有权在判决书、裁定书送达之日起三十日内提起上诉。被上诉人在收到上诉状副本后,应当在三十日内提出答辩状。当事人不能在法定期间提起上诉或者提出答辩状,申请延期的,是否准许,由人民法院决定。"当事人双方分别居住在我国领域内和领域外,对第一审人民法院判决、裁定的上诉期有不同的要求,居住在我国领域内的分别为15日和10日;居住在我国领域外的为30日。双方的上诉期均已届满没有上诉的,第一审人民法院的判决、裁定即发生法律效力。

(三)审理期限

与国内民事诉讼相比,涉外民事诉讼在调查取证、送达诉讼文书等方面都具有一定难度和复杂性,当事人进行诉讼期间和法院审理期间也较长。《民事诉讼法》第270条规定:"人民法院审理涉外民事案件的期间,不受本法第一百四十九条、第一百七十六条规定的限制。"即第一审案件应当在6个月内审结、第二审案件应当在3个月内审结、对裁定的上诉案件应当在30日内审结的限制,都不适用于涉外民事案件。

二、涉外民事诉讼送达的特殊规定

涉外民事诉讼中的送达,是指人民法院在涉外民事诉讼中,依照法定方式,将诉讼文书送交当事人或者其他诉讼参与人的行为。涉外民事诉讼的送达,包括涉外民事诉讼文书的域内送达和域外送达。当事人在我国领域内有住所地或者经常居住地的,按国内民事诉讼送达方式送达。当事人在我国领域内无住所地或者经常居住地的,应根据我国《民事诉讼法》第267条的规定,分为不同情况,采用如下送达方式:

(一)依照受送达人所在国与中华人民共和国缔结或者共同参加的国际条约中规定的方式送达

《海牙公约》是多边国际条约,1992年1月1日起在我国生效。根据该公约,全国人民代表大会常务委员会确定我国司法部为中央机关和有权接收外国通过领事途径转递的文书的机关,有关的送达程序是:我国法院如果请求公约成员国向该国公民或第三国公民或者无国籍人送达民商事司法文书,由有关中级人民法院将请求书和所送达的司法文书,送有关高级人民法院转最高人民法院,由最高人民法院送司法部,转送给该国指定的中央机关;必要时,也可由最高人民法院送我国驻该国使领馆，转送给该国指定的中央机关。这一途径，用简化方式表示为：有关中级人民法院—高级人民法院—最高人民法院—司法部—成员国指定的中央机关；或者有关中级人民法院—高级人民法院—最高人民法院—我国驻有关成员国使领馆—成员国指定的中央机关。

（二）对具有中华人民共和国国籍的受送达人，可以委托中华人民共和国驻受送达人所在国的使领馆代为送达

对具有中华人民共和国国籍但在我国境内没有住所的受送达人，可以由我国司法机关直接委托我国驻受送达人所在国使领馆代为送达。根据《海牙公约》，我国法院如果要向公约成员国内的中国公民送达民商事司法文书，可以委托我国驻该国使领馆代为送达，委托书和所送达司法文书应当由有关中级人民法院或者专门人民法院送有关高级人民法院转最高人民法院，由最高人民法院径送或者经司法部转送我国驻该国使领馆，送达给当事人。送达证明按原途径退回有关法院。我国参加的《维也纳领事关系公约》也规定，受诉国法院可以委托其驻外使领馆向其本国当事人送达诉讼文书。采用该送达方式须符合下列两个条件：第一，受送达人是我国公民；第二，受送达人在我国没有住所。

（三）通过外交途径送达

如果受送达人所在国与我国没有签订司法协助条约或者协定，也不是《海牙送达公约》的成员国，人民法院可以通过外交途径送达有关诉讼文书。即可以经我国省、自治区、直辖市的高级人民法院，将应当送达当事人或者其他诉讼参与人的诉讼文书送交我国外交机关，由我国外交部领事司送交当事人所在国驻我国的外交机构，再由其转交给该国的外交机关，然后按照该国法律规定的方式送达。用简化的方式表示为：有关中级人民法院—高级人民法院—司法部—外交部—被请求国外交部—被请求国司法部—被请求国法院。《最高人民法院、外交部、司法部关于我国法院和外国法院通过外交途径相互委托送达法律文书和调查取证费用收支办法的通知》，对我国人民法院通过外交途径向国外当事人送达诉讼文书的程序作出了具体要求。外交途径环节较多，需要的时间长，有的多达一两年时间，在当前商业交往特别频繁和快捷的情况下，外交途径送达不能适应国际民事诉讼的需要。中央机关途径正是在这种情况下产生的。不过，外交途径仍然是其他任何途径的重要补充。目前，我国和其他有双边司法协助关系的国家以及和我国共同加入《海牙公约》的国家之间均采用中央机关的途径；但没有国际条约关系的，正式的送达仍需要通过外交途径进行。

（四）向受送达人委托的有权代其接受送达的诉讼代理人送达

向受送达人委托的代理人送达诉讼文书是国际上通行的一种办法。受送达人

有委托诉讼代理人，并在授权委托书中明确表示由其代理人代收诉讼文书的，人民法院可以向其代理人送达。

（五）向受送达人在我国领域内设立的代表机构或者有权接受送达的分支机构、业务代办人送达

这种送达方式主要是针对受送达人是外国企业或者组织的情形下采取的。外国企业或者组织在我国境内无住所时，可以通过受送达人在我国领域内设立的代表机构或者有权接受送达的分支机构、业务代办人或者办事处送达。境外当事人在我国境内设立的分公司、全资子公司可以视为境外当事人在我国设立的代表机构，人民法院可以向其送达诉讼文书。但对于有商务代理关系的代理机构，则需要经过境外当事人明确授权才可以进行送达。如果未经授权，则不能由商务代理关系的代理机构送达。至于留置送达，必须对有权接受诉讼文书的有关机构方可适用。这种送达方式简便易行，是国际上通行的一种送达方式。

（六）邮寄送达

涉外民事诉讼中采用邮寄送达方式，须以受送达人所在国法律允许为前提。根据我国《民事诉讼法》第 267 条的规定，受送达人所在国的法律允许邮寄送达的，可以邮寄送达，自邮寄之日起满 3 个月，送达回证没有退回，但根据各种情况足以认定已经送达的，期间届满之日视为送达。

（七）电子送达

根据我国《民事诉讼法》第 267 条的规定，涉外送达也可以采用传真、电子邮件等能够确认受送达人收悉的方式送达。但是，根据民事诉讼法第 87 条规定，判决书、裁定书、调解书除外。采用电子送达方式的，以传真、电子邮件等到达受送达人特定系统的日期为送达日期。

（八）公告送达

我国《民事诉讼法》第 267 条明确规定，通过公约、外交、诉讼代理人、代表机构或者邮寄、电子送达等途径不能送达的，可以公告送达。但是，对于通过其他途径送达长期没有回音的，有关法院根据案件的有关情况能够合理地推断已经不能送达的，应当公告送达。公告送达时，应当通过国内外公开发行的报纸或者其他新闻媒体进行。自公告之日起满 3 个月的，即视为送达。对不在我国领域内居住的被告，经公告方式送达起诉状或者传唤，公告期满不应诉，人民法院缺席判决后，仍应送达裁判文书。自公告送达裁判文书满 3 个月的次日起经过 30 日的上诉期，当事人没有上诉的，一审判决即发生法律效力。

应当注意，《海牙送达公约》并不排除缔约国采用其他有效途径送达诉讼文书。我国民事诉讼法规定的几种送达方式，除公告送达外，其他几种方式不分先后

次序，只要不与公约相冲突，人民法院可以使用我国民事诉讼法规定的其他途径送达。只有公约与我国法律相冲突的，才优先适用公约的规定。

三、域外调查取证和涉外民事诉讼证据的特殊规定

（一）域外调查取证的特殊规定

我国涉外民事诉讼域外调查取证主要通过三种途径进行：一是依照我国缔结或者参加的国际条约所规定的途径进行；二是没有条约关系的通过外交途径进行；三是对居住在国外的我国公民进行调查取证，可以通过使领馆进行。人民法院在请求外国法院进行调查取证时，应该查对我国与被请求国之间有无司法协助协议，是否共同参加共同的国际公约，以及各自保留的内容和要求。

1. 国际公约中有关域外取证的程序

我国1997年加入《关于从国外调取民事或商事证据的公约》（下称《取证公约》），该公约规定，每一缔约国的司法机关可以根据该国的法律规定，通过提出请求书的方式，请求另一缔约国主管机关调取有关民商事司法程序所需要的证据。每一缔约国应指定一个中央机关负责接收来自另一缔约国司法机关的请求书，并将其转交给执行请求的主管机关。全国人民代表大会常务委员会指定司法部为负责接收来自另一缔约国司法机关的请求书，并将其转交给执行请求的主管机关的中央机关。请求书应直接送交执行国中央机关，无需通过该国任何其他机关转交。请求书应载明：(1)请求执行的机关和被请求执行的机关；(2)诉讼当事人的姓名和地址，及其代理人的姓名和地址；(3)需要调取的证据的性质，及有关的一切必要资料。必要时，请求书还应特别载明：(1)需询问的人的姓名和地址；(2)需向被询问人提出的问题或者对需询问的事项的说明；(3)需检查的文书或者其他财产，包括不动产或动产；(4)证据需经宣誓或者确认的任何要求，以及应使用的任何特殊格式；(5)需采用的特殊方式或者程序。如果中央机关认为请求书不符合本公约的规定，应立即通知向其送交请求书的请求国机关，指明对该请求书的异议。

执行请求书的司法机关应当适用其本国法规定的方式和程序。但是，该机关应采纳请求机关提出的采用特殊方式或者程序的请求，除非其与执行国国内法相抵触，或者因其国内惯例和程序，或者存在实际困难而不可能执行。在执行请求时，被请求机关可以采取适当的强制措施。在请求书的执行过程中，有拒绝作证的特权或者义务的有关人员，可以拒绝提供证据：根据执行国法律，或者根据请求国法律，并且该项特权或者义务已在请求书中列明，或者应被请求机关的要求，已经请求机关另行确认。

2. 驻外使领馆的域外调查取证

我国对《取证公约》第二章“外交官员、领事代表和特派员取证”，几乎全部作

了保留,但是第15条却独属例外。根据该条规定,在民事或者商事案件中,我国的外交官员或者领事代表在另一缔约国境内其执行职务的区域内,可以向具有中华人民共和国国籍的当事人在不采取强制措施的情况下调取证据,以协助我国法院正在进行的诉讼。同样,我国也允许缔约国的外交官员或者领事代表实施的取证行为。《民事诉讼法》第277条第2款已经规定:“外国驻中华人民共和国的使领馆可以向该国公民送达文书和调查取证,但不得违反中华人民共和国的法律,并不得采取强制措施。”除《取证公约》规定的涉外调查取证和使领馆对本国公民的调查取证外,我国不允许外国机关或者个人在我国境内直接送达文书和调查取证,但是经过我国主管机关批准的除外。

(二)涉外民事诉讼证据的特殊规定

(1)起诉时要证明案件为涉外案件。由于实行涉外案件集中管辖,当事人在提起涉外诉讼时就应当提交有关证据。原告是境外当事人的,应当提供自己的基本情况及主体存在的证明;被告是境外当事人的,人民法院应在受理原告起诉后依法送达。送达后,如果对被告的主体资格产生疑问,应当要求被告提供其主体存在、变化的证明。被告没有在法定期限内应诉答辩或者送达不能的,人民法院应当依法缺席审判。

(2)在域外形成的证据要经过公证。最高人民法院《民诉证据规定》第11条规定:“当事人向人民法院提供的证据系在中华人民共和国领域外形成的,该证据应当经所在国公证机关予以证明,并经中华人民共和国驻该国使领馆予以认证,或者履行中华人民共和国与该所在国订立的有关条约中规定的证明手续。”但是对于用于国际流通的商业票据、我国驻外使领馆取得的证据材料以及当事人没有异议的证据材料,则无需办理公证认证或者其他证明手续。

人民法院在审理涉外商事案件中,对于当事人提供的境外证据,即使已经履行了公证认证或者其他证明手续,也应当在庭审中质证,以确定有关证据材料的证明力。

不过,在下列情况下,境外当事人提供的证据材料无需办理公证认证或者其他证明手续:第一,在我国境内有住所的境外当事人提交的授权委托书、法定代表人(代表人)身份证明;第二,外国自然人作为原告亲自到庭起诉而提交的个人身份证明;第三,境外当事人在办案人员面前签署的授权委托书;第四,通过双边司法协助协定或者外交途径取得的证据材料;第五,通过我国驻外使领馆取得的证据材料。

(3)证据必须附中文译本。当事人为诉讼目的而提供的所有外文资料,均需要附中文译本。对于当事人未附中文译本的外文资料,人民法院可以不作为证据使用。

(4)举证责任的分配应当适用法院地法。我国司法实践认为,诉讼中的举证责任属于程序问题。涉外商事纠纷案件的当事人虽然在合同中约定了准据法,但举证责任及其后果均应当适用法院地法,而不应当适用当事人约定的合同准据法。

(5)外国法院判决认定的事实不能直接作为我国法院认定事实的依据。对于外国法院作出的民商事判决,除有关判决已为人民法院承认或者当事人认可外,人民法院不能直接采用外国法院判决所认定的事实。

第四节　司法协助

一、司法协助概说

所谓司法协助,是指不同国家的法院之间,根据本国缔结或者参加的国际条约,或者按照互惠原则,彼此之间相互协助,为对方代为一定诉讼行为或者相互承认、执行判决和仲裁裁决的行为。司法协助分为两类:一是一般司法协助,即代为送达文书、调查取证和提供法律资料等行为,前述涉外民事诉讼程序中的域外送达和取证就是一般司法协助。二是特殊的司法协助,指两国法院相互承认并执行对方法院的裁判和涉外仲裁机构裁决。也有学者把司法协助分成广义的司法协助和狭义的司法协助。广义的司法协助指诉讼程序方面所有的合作事项,既包括代为送达文书和调查取证等,也包括对外国法院裁判和仲裁裁决的承认和执行。狭义的司法协助仅包括代为送达文书和调查取证等行为。本节专门对特殊的司法协助进行论述。

我国《民事诉讼法》第 276 条规定:“根据中华人民共和国缔结或者参加的国际条约,或者按照互惠原则,人民法院和外国法院可以相互请求,代为送达文书、调查取证以及进行其他诉讼行为。”《民事诉讼法》第 280 条规定:“人民法院作出的发生法律效力的判决、裁定,如果被执行人或者其财产不在中华人民共和国领域内,当事人请求执行的,可以由当事人直接向有管辖权的外国法院申请承认和执行,也可以由人民法院依照中华人民共和国缔结或者参加的国际条约的规定,或者按照互惠原则,请求外国法院承认和执行。”因此,司法协助都应当具备下列前提条件之一:

(1)国家间缔结或者参加有关双边或者多边司法协助条约。我国已与几十个国家订立了包含民商事司法协助内容的双边条约,大都包括了相互承认和执行对方国家法院判决的内容。我国于 1987 年参加了《承认和执行外国仲裁裁决公约》(《纽约公约》),该公约规定,每一个缔约国应该承认其他缔约国的仲裁裁决有约束力,并且依本国法律承认或者执行其他缔约国的仲裁裁决。

(2)两国间存在互惠关系。所谓互惠,是指两国间在互利互益基础上对某种特许或者特权的相互交换,给予对方以方便的条件。如果国家与国家之间没有司法协助协议,但在事实上存在司法互惠关系,两国法院可以根据互惠原则,互为对方为一定的诉讼行为。我国与许多国家一样,将互惠关系作为承认和执行外国法院判决的根据和条件之一。

最高人民法院《民诉解释》第549条规定:"与中华人民共和国没有司法协助条约又无互惠关系的国家的法院,未通过外交途径,直接请求人民法院提供司法协助的,人民法院应予退回,并说明理由。"例如,美国田纳西州法院对一案件作出生效判决后,胜诉人(美国进口商)曾经向广东省东莞市中级人民法院提出承认和执行该判决的申请。请求书认为,"尽管两国没有相互承认和执行对方判决的协议,但两国间仍然有双方互利基础",要求中国法院执行被告方(东莞土产进出口公司)因出口产品责任给美国进口商人造成的损失,中国法院拒绝了这一申请,理由是:中美之间尚没有相互承认和执行对方法院判决的司法协助条约;在司法协助方面,两国之间也没有双方互惠关系。

虽然互惠关系一般是通过外交途径以国家或者政府名义书面承诺的,但国家之间事实上的互惠关系并没有明确的外交承诺,适用的程序灵活性大。在不影响国家主权或者公共政策的情况下,绝对要求以国际条约和互惠关系为承认和执行判决的前提,否则就一律拒绝承认外国判决,将会对我国市场信用或者本国当事人的利益造成损害。近些年来,国际上有些国家也不再将互惠作为承认与执行外国法院判决的条件。如德国法规定,对与财产有关的案件,才要求存在互惠关系,而对于其他类型的外国法院判决(主要是涉及身份关系案件)的承认不要求互惠。匈牙利及瑞士的苏黎世州法规定,互惠只是执行判决的前提条件,而不是承认判决的条件。意大利《民事诉讼法》第797条关于承认判决的条件中,也没考虑到互惠原则。

我国司法实践中,人民法院对承认一些涉外案件采取了灵活态度,特别是对涉及我国公民人身关系的判决和确认财产权属的判决,并不是一律不予承认和执行。如果承认或者执行一项外国法院的判决,并不构成对我国主权的侵犯;或者依照中国的法律程序,也会得出相同或者相近的判决结果,对与我国无司法协助也无互惠关系的对方国家法院的判决,可以予以承认。如果不予以承认,让当事人重新起诉离婚或者提起确认之诉,这对当事人和我国司法机关来说,都是不必要的和不经济的,因为这类案件只涉及承认外国判决而不涉及执行问题,当事人双方已接受了这个判决结果,只希望我国人民法院根据我国法律,赋予这种结果以法律效力。

1991 年《最高人民法院关于中国公民申请承认外国法院离婚判决程序问题的规定》指出，对与我国没有订立司法协助协议的外国法院作出的离婚判决，中国籍当事人可以根据本规定向人民法院申请承认该外国法院的判决。这一规定承认，在无司法协助协议也无互惠关系条件下，原则上承认外国法院的离婚判决。但它同时规定：该当事人之间的离婚案件，我国法院正在审理或者已经作出判决，或者第三国法院对该当事人之间作出的离婚案件的判决已为我国法院所承认的除外。

二、承认和执行外国法院裁判

（一）各国承认和执行外国裁判制度概说

各国承认和执行外国裁判的制度，大概可以分为三类：

1. 德国法系国家的规定

德国法系国家规定，由本国的法院审查确定外国裁判是否符合有关条件，就承认和执行外国裁判的问题作出裁定（也称"宣告性决定"或"执行令"）。根据德国《民事诉讼法》第 328 条规定，只要外国法院判决符合一定的条件，当事人就可以向德国法院申请发给执行令。德国法院在颁发执行令时，对外国法院判决不进行实质审查。

2. 法国法系和拉丁法系国家的规定

法国法系和拉丁法系国家规定，对某些类型的外国裁判，如形成判决、与身份有关的判决和指定破产管理人的判决，采取依法承认的制度；而对于其他一些裁判，则要有承认外国判决的裁定书。

3. 普通法系国家的规定

以英国为代表的普通法系国家，承认和执行外国裁判制度，根据是否与英国订有相互承认和执行判决的条约或安排，分为两种不同的制度。有条约或者安排的国家和地区，适用 1920 年的《司法条例》和 1933 年的《外国判决（相互执行法）》，根据其规定，为了承认某一外国判决，应当进行登记，但是适用这一制度的国家有限。而没有条约或者安排的国家，有关胜诉人不能持判决要求在英国直接获得承认和执行，应当将外国法院判决看成是在当事人之间成立的一种债务，向英国法院提起一项新的诉讼，要求债务人履行外国法院判决中所确定的债务。[①] 美国在承认和执行外国法院裁判方面没有统一的联邦法律，而是由各州自行决定，大多数州在受理承认和执行外国法院判决时，采取与英国相同的做法。即除非有条约规定，否则不直接承认和执行外国法院判决，而是要求胜诉人重新起诉。

---

① 常怡主编：《比较民事诉讼法》，中国政法大学出版社 2002 年版，第 880 页。

(二)各国相互承认和执行外国法院裁判的一般条件

民事判决的法律效力具有地域性,承认外国判决保证了一国司法裁判在国外的诉讼法效力和实体法效力。不过,承认还不能保证外国法院裁判的执行,根据国际司法实践,执行还需要另外的条件。

在国际民事诉讼的实践中,承认和执行外国法院裁判,应当符合以下条件:

(1)作出裁判的外国法院有管辖权。其管辖权一般是根据承认和执行地国家的内国法为标准来确定的。

(2)诉讼程序公正。内国法院在承认和执行外国裁判时,要对其作出判决的诉讼程序公正性进行审查,如败诉方应当得到合法传唤,从而出庭陈述自己的主张;败诉方在没有诉讼行为能力时得到适当的代理等。如不满足这些要求,就可以拒绝承认和执行外国法院裁判。

(3)外国法院裁判是确定的裁判。对实体法和程序法问题都作出终局的裁判,并且要遵从既判力规则,即该裁判不能为外国法院随意撤销。

(4)外国法院裁判是合法的裁判。运用欺诈手段获得的外国法院裁判不能在内国法院得到承认和执行。

(5)外国法院裁判不能与其他有关的法院裁判相抵触。

(6)外国法院适用了适当的准据法。这里是以被请求国冲突规范所指定的准据法为依据来确定的。

(7)一般需要存在条约或者互惠关系。

(8)不能与内国法院所在地的公共政策相抵触。

(三)我国承认和执行外国法院裁判的制度

1. 裁定承认外国法院裁判和发出执行令

我国法律对外国法院裁判承认和执行制度比较接近德国法的规定。根据我国《民事诉讼法》第282条规定,承认外国判决需要进行形式审查,在存在条约或者互惠关系的前提下,外国判决不违反我国法律的基本原则和国家主权、安全和社会公共利益的,裁定承认其效力。需要执行的,发出执行令。

2. 管辖法院和有关程序

承认和执行外国法院裁判的法院是被执行人住所地或者财产所在地的有关中级人民法院,并且根据《最高人民法院关于涉外民商事案件诉讼管辖若干问题的规定》,申请承认和强制执行外国法院民商事判决、裁定的案件应当是最高人民法院指定的、具有集中管辖涉外案件权限的有关中级人民法院。对于我国法院和外国法院都有管辖权的案件,一方当事人向外国法院起诉,而另一方当事人向中华人民共和国人民法院起诉的,人民法院可以受理。判决后,外国法院申请或者当事人请求人民法院承认和执行外国法院对本案作出的判决、裁定的，不予准许；但双方共同参加或者签订的国际条约另有规定的除外。同时，当事人在我国领域外使用人民法院的判决书、裁定书，要求我国人民法院证明其法律效力的，以及外国法院要求我国人民法院证明判决书、裁定书的法律效力的，我国作出判决、裁定的人民法院，可以以本法院的名义出具证明。

3. 不予承认和执行外国法院裁判的情形

(1)无条约或互惠关系的。对与中华人民共和国没有缔结或者没有共同参加国际条约，也没有互惠关系的外国裁判，当事人向我国有管辖权的中级人民法院申请承认和执行该生效裁判的，除前述婚姻案件外，我国法院一般不予以承认和执行，当事人可以向人民法院起诉，由有管辖权的人民法院作出判决，予以执行。

如果该外国法院未通过外交途径，直接请求我国法院承认和执行的，我国法院应当予以退回，并说明理由。

(2)违反我国公共秩序。在审理涉外民事案件时，我国法院排除有关外国法的适用是运用公共秩序保留的一个重要手段。运用公共秩序保留，对于防止执行外国裁判给我国带来不良后果也具有重要的意义。即使两国之间存在条约或者互惠关系，请求承认和执行的外国法院裁判和涉外仲裁机构裁决，也不能违反我国法律的基本原则或者国家主权、安全、社会公共利益。

(3)与我国有管辖权冲突或者违反了我国专属管辖规定。当某一外国法院对某一案件已作出裁判，请求我国法院承认，如果该案件已在我国法院受理，判决还未完成，就不能承认外国法院裁判。如《中华人民共和国和波兰人民共和国关于民事和刑事司法协助的协定》第20条规定："承认或者执行裁决的缔约一方境内的法院对于相同当事人之间就同一诉讼标的的案件，已经作出了发生法律效力的裁决，或者正在进行审理，或者已承认了第三国法院对该案件所作的发生法律效力的裁决的，可以不予承认和执行。"

在我国法院对案件有专属管辖权时，外国法院不得行使管辖权，如果外国法院不考虑中国的专属管辖权而作出裁判，当事人在裁判后请求我国法院执行的，我国法院应当裁定不予承认和执行外国法院裁判。如中国和法国、中国和波兰等双边司法协助协定规定，按照将承认与执行裁判的缔约一方的法律，如裁判是由无管辖权的法院作出的，将不予承认和执行。

(4)其他情形。根据司法协助条约和国际民事诉讼的实践，前述相互承认和执行外国法院裁判的一般条件，也是我国法院承认和执行外国法院裁判时应当注意审查的内容。人民法院对当事人或者外国法院提出的请求进行审查，认为请求不符合条件的，应当裁定驳回申请，不予执行外国裁判。

拓展思考题

1. 如何理解涉外民事诉讼管辖之于国内民事诉讼管辖的特殊之处？

2. 如何理解涉外民事诉讼期间和送达的特别规定？

3. 如何理解我国涉外民事诉讼程序的发展趋势？

4. 外国人或无国籍人在我国进行民事诉讼活动时的诉讼代理制度有何特别规定？

执行程序论

第二十章

民事执行程序总论

【内容提要】

执行程序的一般规定包括：执行机构、执行根据、执行管辖、执行异议、委托执行、执行和解、执行担保、执行承担、执行回转；执行启动的方式和执行措施，执行中止与执行终结。其中应重点掌握执行案件的管辖、执行异议、参与分配、特定财产的执行等。

第一节 执行程序概述

一、民事执行的概念

（一）民事执行的概念

民事执行，也称民事强制执行或者强制执行，是指人民法院的执行组织依照法定程序，对已发生法律效力的法律文书确定的给付内容，以国家强制力为后盾，依法采取的，迫使义务人履行义务的法律活动。民事执行中，有权根据生效法律文书向人民法院申请执行的人，称为申请执行人；对方当事人，称为被执行人。由于申请人在实体权利义务关系中是债权人，而被申请人则是实体权利义务关系中的债务人，所以，执行当事人双方也分别被称为债权人和债务人。

民事执行包括以下条件：(1)民事执行以生效的法律文书为依据。法律文书只有生效，方能申请执行；如果未生效，那么该文书的效力还没有确定。(2)民事执行根据必须具备给付内容。根据诉的种类，确认之诉确认的是某种权利或者法律关系是否存在，变更之诉是指原告请求法院变更某一法律关系。这两种诉讼一经判决，就达到了定分止争的目的，无须申请强制执行。(3)民事执行必须以义务人无正当理由拒不履行为前提。民事义务人在法定或者合理期限内自觉履行义务的,权利人无须申请执行;只有无正当理由拒不执行时,才可以申请强制执行。

(二)民事执行程序与民事审判程序的关系

二者的联系表现在:(1)在基本原则和制度方面,二者有某些相同之处;(2)民事审判和民事执行的目的都是为了保护当事人的合法权益;(3)审判程序与执行程序相互交叉。

民事执行与民事审判存在以下区别:(1)二者在诉讼程序中的地位不同;(2)二者适用范围不同;(3)二者的任务不同;(4)行使民事执行权与民事审判权的职能部门不同;(5)民事执行的特殊性质决定了它的价值追求有别于民事审判,在公平与效率之间,执行更多地倾向于效率。

二、民事执行的分类

依据不同的标准,可以将民事执行作以下分类:

(一)终局执行与保全执行

依据执行的效果划分,分为终局执行与保全执行。终局执行也称满足执行,是指使债权人的债权获得实现或者满足的执行。保全执行是指维持债务人财产现状,以保证将来的终局执行的执行。比如对债务人财产的查封、扣押、冻结等限制债务人处分其财产的行为。民事执行原则上指终局执行,保全执行为其例外。

(二)金钱执行与非金钱执行

执行根据所载债权的性质来划分,可分为金钱执行与非金钱执行。金钱执行是指实现执行根据上所记载的金钱债权的执行。为满足金钱债权的请求权,可以对债务人的财产或者人身进行执行。非金钱执行是指非为实现金钱债权请求权而进行的执行,包括交付物的请求权的执行和完成行为的执行。金钱执行与非金钱执行,因实现的权利性质有所不同,它们的执行方法也有所不同。

(三)直接执行、间接执行与替代执行

以民事执行方法为标准划分,可分为直接执行、间接执行与替代执行。直接执行是指执行机构直接以强制力实现债权人的权利的执行,间接执行是指执行机构不直接以强制力实现债权人的权利,而课以义务人一定的不利后果,迫使义务人履行债务的执行。如拘留债务人或者拘传债务人的法定代表人。替代执行是指执行机构命第三人代义务人履行义务,而由义务人负担费用的执行。

(四)对人执行与对物执行

以执行标的为标准进行分类,可分为对人执行与对物执行。对人执行是以义务人或者应当为义务人清偿债务者的身体、名誉或者自由等为执行对象,从心理上迫使其履行义务。对物执行是以义务人的财产权为执行标的。对物的执行中有执行标的物,而对人执行中却无执行标的物。

（五）一般执行与个别执行

以执行义务人财产范围为划分，可分为一般执行与个别执行。一般执行是指义务人的财产不足以清偿总债权时，全体债权人就债务人的全部财产所进行的执行。个别执行是指债权人为满足或者保全其个别债权，而对义务人财产所为的执行。个别执行的实施，无须债务人不能清偿。我国现行民事诉讼法所规定的民事执行即为个别执行。

三、民事执行的基本原则

民事执行的基本原则是指在整个民事执行程序中起指导作用的行为准则。它既是立法原则，也是司法活动的原则。根据民事诉讼法基本原则及民事执行的特点，民事执行应当遵守以下原则：

（一）执行合法原则

执行合法原则，是指执行活动必须以生效的法律文书为依据，并且依照法定程序和方式进行。执行合法原则要求法院的执行活动既要符合实体法，又要符合程序法。

（二）执行当事人不平等原则

执行当事人不平等原则，是指执行程序中的债权人和债务人地位不平等，双方的权利义务有差别。在民事执行程序中，双方当事人之间的民事权利与义务已明确，因此不宜也无法使权利义务人平等。

（三）依法保护权利人合法权益与适当照顾被执行人利益相结合原则

人民法院在保护权利人合法权益的同时也应当适当照顾债务人的实际需要，如生产与生活的必需。

（四）执行及时原则

执行及时原则体现了民事执行程序的基本价值要求。民事执行是一种司法强制行为，追求效率应是民事执行的最高追求。因此，民事执行程序要尽量缩短周期，在执行实践中要尽可能迅速及时地满足债权人的利益。

（五）执行穷尽原则

执行穷尽原则，是指人民法院根据债权人的请求，在法律授权的范围内，穷尽各种执行方法、措施、手段和途径，对被执行人的财产进行了必要的调查、审计，依法采取了查封、扣押、冻结、拍卖、变卖等执行行为，在履行了上述程序后仍不能满足债权人权利的，法院才能裁定终结执行程序。

四、民事执行法

民事执行法是规定执行机关的组织，及其运用强制力实施执行行为的程序规范的总和。包括执行法院的组织、权限，执行当事人的能力、资格，执行行为的程序、要件等内容。我国没有单列的民事执行法。

我国现行做法是将执行程序作为民事诉讼程序的一部分，在民事诉讼法中单列一编规定民事执行程序。1991 年的民事诉讼法在第三编中规定执行程序，关于执行的条款达 30 条。2007 年 10 月 28 日全国人民代表大会常务委员会《关于修改〈中华人民共和国民事诉讼法〉的决定》，对执行程序进行了修改，将执行程序的条款增加至 34 条。2012 年 8 月 31 日新修订的民事诉讼法增加至 35 条。同时第 9 章、第 10 章、第 26 章、第 27 章也都涉及执行内容。另外，最高人民法院先后发布《民诉解释》《执行工作规定》等司法解释，加强和完善了法院执行的依据。

第二节 执行主体和执行标的

一、执行主体

（一）执行主体的概念

执行主体，是指在执行程序中，依照执行法律规定，享有权利和承担义务，并能够引起执行程序发生、变更或者终结的组织或者个人。执行活动是由人民法院、执行当事人和协助执行人、见证人的参加下进行的，人民法院、执行当事人和其他执行参与人是执行主体。

（二）执行机构

1. 执行机构的设置

执行机构，是指依法负责执行法律文书的职能机构。根据民事诉讼法规定，各级人民法院根据需要，都可以设立执行机构——执行庭或者执行局。

2. 执行机关的组成人员及职责

执行机关行使民事执行权，是通过具体的人员进行的。执行机构通常由人民法院院长、执行庭（局）长、执行员、书记员和司法警察组成。

（1）院长负责执行员实施的拘传、拘留、罚款、中止执行等程序行为的审查批准。实施搜查也必须由院长签发搜查令。对于重大事项的办理，应有 3 名以上执行员讨论，并报院长批准。

（2）各级法院执行庭（局）长除办理执行案件外，还要主持重大执行事项的讨论，监督属下执行人员，处理有关行政事务。

（3）执行员是执行机构的主要成员，其职责是办理法院执行案件，在执行工作中，依法实行回避。

（4）书记员负责记录案件的执行情况及其他日常性工作，协助执行员办理执行事项。

(5)司法警察接受执行员的指挥,负责维护执行工作中的秩序,并协助执行工作的进行。在采取重大执行措施时,必须由司法警察参加。必要时可请求公安、武警等机关予以援助。

3. 执行争议的协调

两个或者两个以上人民法院在执行相关案件中发生争议的,应当协商解决。协商不成的,逐级报请上级法院,直至报请共同的上级法院协调处理。执行争议经高级人民法院协商不成的,由有关的高级人民法院书面报请最高人民法院协调处理。上级法院协调下级法院之间的执行争议所作出的处理决定,有关法院必须执行。上级法院协调处理有关执行争议案件,认为必要时,可以决定将有关款项划到本院指定的账户。

4. 执行监督

上级人民法院依法监督下级人民法院的执行工作。最高人民法院依法监督地方各级人民法院和专门法院的执行工作。

监督权限:①指令纠正;②裁定纠正;③裁定不予执行;④责令限期执行;⑤提级或指定执行;⑥依审判监督程序处理;⑦通知暂缓执行;⑧追究责任。

(三)执行当事人

1. 执行当事人的含义

所谓执行当事人,就是执行程序中的权利人和义务人,是法院判决、裁定、仲裁裁决等具有给付性质的执行根据上所确定的债权人与债务人。

2. 执行承担

执行根据的效力,原则上只及于法律文书所确定的权利人和义务人。一般条件下,只有法律文书确定的权利人和义务人是执行当事人,人民法院也只对法律文书确定的义务人实施强制执行。执行程序中,案外人因实体法原因承受执行当事人地位,享有申请执行人的权利或者承担被执行人的义务,就是执行承担。执行承担包括执行程序中权利的继受和义务的承担两个方面。权利的继受比较简便,而义务的承担则比较复杂。为保障债权人在法律文书中的合法利益得到实现,民事诉讼法和《执行工作规定》对被执行主体的变更和追加的情形作了具体的规定。被执行人发生执行承担的情形有:

(1)当事人死亡。债权人死亡的,需等待继承人继承权利的,法院应当裁定中止执行。无须等待继承人继承权利的,可继续执行,以保护债权人合法权益。债务人死亡的,执行程序依下列规定处理:①对遗产进行执行或者终结执行。作为被执行人的公民死亡的,以其遗产偿还债务。如被执行人无遗产,除继承人自愿偿还外，不负无限清偿责任，法院应当裁定终结执行。②变更继承人为被执行人。作为被执行人的公民死亡，其遗产继承人没有放弃继承的，法院可以变更被执行人，由该继承人在遗产继承的范围内偿还债务。

(2)作为法人、组织的被执行主体的变更或者追加的情形。包括下述一些情形：①组织终止。作为法人、其他组织终止的，由其权利义务承受人履行义务。如果权利义务的承受人没有确定，法院应当裁定中止执行。若无权利义务承受人的，应按破产或清算程序处理。②组织分立、合并。执行程序中，被执行人分立、合并的，以权利义务由变更后的法人、组织承受；被撤销的，如有权利义务承受人的，可以裁定该权利义务承受人为被执行人。作为被执行人的法人和其他企业合并或被兼并的，法院应当裁定变更该其他企业为被执行人。被执行法人分立的，分立后的企业按照比例对债务承担责任。③组织名称变更。法院可裁定变更后的法人或者组织为被执行人。④法人分支机构不能清偿债务。法院在企业分支机构不能清偿债务时，可以裁定企业法人为被执行人。⑤独资企业。被执行人是独资企业，无能力履行义务的，法院可裁定执行该企业业主的其他财产。对于一人有限责任公司的股东如不能证明公私财产独立于自己的财产，应当对公司债务承担连带责任。但是该责任的承担，应通过审判程序确定下来，不直接进入执行程序。⑥合伙组织。被执行人是合伙组织或者合伙型联营企业，不能履行法律文书所确定的债务时，法院可追加合伙人或者联营法人为被执行人。⑦开办单位。被执行人无财产清偿债务，如开办单位对其开办时投入注册资金不实或抽逃注册资金，可裁定追加或者变更其开办单位为被执行人。作为被执行的法人歇业或者被撤销的，上级主管部门或者开办单位无偿接受被执行人财产的，法院可裁定主管机关或开办单位在接受财产的范围内承担责任。

(四)执行参与人

执行参与人，是指人民法院和执行当事人以外的参与执行工作的组织和个人。包括协助执行人、执行见证人、被申请执行人的家属以及代理人和翻译人员等。

在执行程序中，按照人民法院的协助执行通知书配合执行机构进行执行工作的单位和个人，称为协助执行人。如金融机构及其管理部门、房地产管理部门、海关、税务、公安、工商部门、用人单位等都有依法协助的义务。

在执行程序中，人民法院采取某些执行措施时，到场亲自对执行活动进行观察和监督，证实执行情况的人，称为执行见证人。可以成为执行见证人的人员主要有：(1)被执行人成年家属；(2)被执行人为公民时，其工作单位或者财产所在地基层组织指派参加执行的人员；(3)被执行人为单位时，其法定代表人或者主要负责人。

二、执行标的

(一)执行标的的概念

法院强制执行行为所指向的对象,为执行标的,又称执行客体。执行标的有以下两个重要的特点:(1)执行标的具有非抗辩性;(2)执行标的具有法定性。

民事执行依执行标的的不同,分为财产执行和人身执行。财产执行是以债务人所有的物或者有财产价值的权利为执行标的。人身执行是以人的身体或者债务人的自由权为执行标的。法院执行原则上只针对财产执行,只有在特殊情况下才以义务人的身体、劳动、自由为执行标的。

(二)财产执行的执行标的

财产执行的执行标的有两类,一类是财产(包括有体物和无形财产权),另一类是可以替代的行为。根据法律文书的内容,法院需要完成的执行活动可能是要求债务人给付金钱、物品、有价证券等财产,也可能是要求债务人为一定的行为或者不为一定的行为。下面就分别讨论作为执行标的财产和可以替代的行为。

1. 有体物

被执行人的财物,应当是其享有所有权或者有权处分的物。对物的执行通常指有金钱价值的一切物与权利,一般分为有体物与无体物。有体物依其可否移动又可以分为动产和不动产。作为执行的不动产包括:土地使用权、房屋、林木等。作为执行的动产包括:船舶、航空器、机动车辆、有价证券等。

2. 无形财产权

无形财产权是指被执行人所享有的包括存款、债权、工资收入、用益物权、知识产权、股权及其他权利在内的财产权。作为到期债券也可以成为执行的标的。作为执行标的的无形财产权,必须是债务人独立的财产权利,具有财产价值和可转让性。作为执行标的的无形财产包括:存款、农村土地承包经营权、建设土地使用权、宅基地使用权、其他自然资源使用权、专利权、商标权、著作权、股权、有价证券等。

3. 不得作为执行标的的财产

被执行人的财产,原则上均可以被强制执行。但实体法和程序法基于保障社会安全或者债务人的生存、维护社会公益或者第三人利益、促进社会文化发展等方面考虑,对于被执行人的特定财产,执行法院不得采取执行措施,此即为豁免执行的财产。

关于有体物的执行豁免范围。根据法律规定,下列有体财产不得成为执行标的:(1)被执行人及其所抚养的人所必需的衣食住行必备的物品;(2)被执行人及其所扶养的家属所必备的生活所需。当地有最低生活标准的,必需的生活费以该标准确定;(3)被执行人及其所抚养的人完成义务教育所必需的物品;(4)未公开的发明与未发表的著作;(5)被执行人及其所扶养的家属用于身体缺陷所必需的辅助工具、医疗器械;(6)被执行人所得的勋章及其他荣誉表彰的物品,以及为维护公序良俗而不得执行的财产;(7)根据《中华人民共和国缔结条约程序法》,以中华人民共和国、中国政府或者中国政府部门名义同外国、国际组织缔结的条约、协定和其他具有条约、协定性质的文件中规定免予查封、扣押、冻结的财产;(8)法律或者司法解释规定的其他不得查封、扣押、冻结的财产。如银行机构的办公场所、医院的医疗设施、禁止流通物、禁止转让物等。

关于无形财产权的执行豁免范围。法律或者司法解释规定对某些财产权利不得执行或者只有具备一定条件才能执行的情形主要有:(1)信用证开证保证金;(2)证券经营机构清算账户资金;(3)证券、期货交易保证金;(4)银行承兑汇票保证金;(5)旅行社质量保证金;(6)粮棉油收购专项资金;(7)商业银行根据国家政策向特定企业发放的具有特定用途的贷款;(8)社会保险基金和社会基本保障资金;(9)国防科研试制费;(10)金融机构存款准备金;(11)军费(但军队工厂、农场、马场、军人服务部、省军区以上单位实现企业经营的招待所和企业的上级财务主管部门等单位开设的军队"特种企业存款"除外);(12)征用土地补偿费、安置补偿费(《土地管理法》第47条、《土地管理法实施条例》第26条);(13)单位和职工缴纳的住房公积金(《住房公积金管理条例》第2条、第3条);(14)由地方财政部门管理、主要用于社会公益的各项附加收入即财政预算外资金。(15)民法通则规定的专属于债务人所有的权利,如健康权、姓名权、肖像权、名誉权等都不得成为执行标的。

(三)行为执行的标的

完成行为的执行中,执行标的是被执行人的作为或者不作为。

我国《民事诉讼法》第252条规定,对判决、裁定和其他法律文书指定的行为,被执行人未按执行通知履行的,人民法院可以强制执行或者委托有关单位或者其他人完成,费用由被执行人承担。

(四)人身执行的执行标的

在现代法治国家,仅允许在例外情况下以人身为执行标的的是人的自由,我国法律为促使债务人履行债务(尤其是不可以替代的行为),允许以人的自由权为执行标的,采取拘传、拘留、限制出境、罚款等间接执行措施。比如,当事人不履行法律文书确定的行为,如果该项行为义务只能由被执行人完成,人民法院可以依照民事诉讼法的规定,以拒不履行判决、裁定为由,对义务人(包括单位主要负责人和直接责任人员)予以罚款、拘留,构成犯罪的,追究刑事责任。

第三节　执行根据和执行管辖

一、执行根据

(一)执行根据的概念和特征

执行根据是执行机关据以执行的法律文书,是由有关机构依法出具的、载明权利人享有一定权利,权利人可以据以请求执行的法律文书。

执行根据具有以下法律特征:(1)它是一种法律文书。(2)它是已经生效的法律文书。(3)它具有权利义务主体明确、给付内容明确、法律规定属于法院强制执行的法律文书。不具有给付内容,或者虽有给付内容但法律规定不属于法院强制执行的法律文书,不能成为执行根据。(4)它是依法向法院申请执行或者由法院移送执行的法律文书。

(二)执行根据的种类

根据法律文书制作者的不同,执行根据可以分为三种类型:

(1)人民法院制作的法律文书,包括民事判决、裁定、调解书、支付令和法院许可执行的裁定或者命令以及刑事判决、裁定中的财产部分等。

(2)法律规定由人民法院执行的其他法律文书,包括仲裁裁决书和公证债权文书。

(3)人民法院制作的承认并执行外国法院判决、裁定或者外国仲裁机构裁决的裁定书。

二、执行管辖

执行管辖是指将执行案件、执行事务和执行中的命令及裁判事务决定由哪一家法院执行的权限划分,其中包括级别管辖和地域管辖。

(一)级别管辖

(1)由基层人民法院管辖的执行案件有:①基层人民法院作为一审法院作出的生效法律文书;②中级人民法院制作的生效法律文书;③国内仲裁中的财产保全执行和证据保全执行,由被申请人住所地或者被申请保全的财产所在地和申请保全的证据所在地的基层人民法院执行;④公证机关作出的依法赋予强制执行效力的债权文书,依诉讼案件的级别管辖由基层人民法院管辖的,应确定由基层人民法院执行;⑤上级人民法院依法指定基层人民法院管辖的案件;⑥其他案件,包括外地法院委托执行的案件和其他案件。

(2)由中级人民法院管辖的执行案件有:①中级人民法院作为一审法院作出的生效法律文书;②高级人民法院制作的二审生效法律文书;③国内仲裁机构制作

的发生法律效力的仲裁裁决，依级别管辖规定，确定由中级人民法院管辖的；④公证机关作出的依法赋予强制执行效力的债权文书，依诉讼案件的级别管辖由中级人民法院管辖的；⑤中国仲裁机构作出的涉外仲裁裁决；⑥经当事人申请，我国法院承认其效力的外国法院判决、仲裁裁决；⑦外地法院委托执行的案件；⑧上级法院指定执行的案件；⑨专利管理机关依法作出的处理决定和处罚决定，由被执行人住所地或者财产所在地的省、自治区、直辖市有权受理专利纠纷案件的中级人民法院执行；⑩国务院各部门、各省、自治区、直辖市人民政府和海关依照法律、法规作出的处理决定和处罚决定，由被执行人住所地或者财产所在地的中级人民法院执行。

(3)高级人民法院管辖的执行案件有：①高级人民法院为一审法院作出的生效法律文书的执行；②最高人民法院制作的二审生效法律文书；③最高人民法院指定执行的案件。

(二)地域管辖

所谓执行程序中的地域管辖，是指被执行案件应当由执行标的物所在地或者被执行人应当履行的行为地法院管辖。如果应当执行的标的物所在地或者被执行人应当履行的行为地不明确的，则由被执行人住所地法院管辖。《民事诉讼法》第224条规定，发生法律效力的民事判决、裁定，以及刑事判决、裁定中的财产部分，由第一审人民法院或者与第一审人民法院同级的被执行的财产所在地人民法院执行。发生法律效力的实现担保物权裁定、确认调解协议裁定、支付令，由作出裁定、支付令的人民法院或者与其同级的被执行财产所在地的人民法院执行。认定财产无主的判决，由作出判决的人民法院将无主财产收归国家或者集体所有。法律规定由人民法院执行的其他法律文书，由被执行人住所地或者被执行的财产所在地人民法院执行。

两个以上人民法院都有管辖权的，当事人可以向其中一个人民法院申请执行；当事人向两个以上人民法院申请执行的，由最先接受申请的人民法院管辖。对两个以上人民法院都有管辖权的执行案件，人民法院在立案前发现其他有管辖权的人民法院已经立案的，不得重复立案。立案后发现其他有管辖权的人民法院已经立案的，应当撤销案件；已经采取执行措施的，应当将控制的财产交先立案的执行法院处理。

两个人民法院之间因执行管辖权发生争议的，由双方协商解决；协商不成的，报请双方共同的上级人民法院指定管辖。基层人民法院和中级人民法院管辖的执行案件，因特殊情况需要由上级人民法院执行的，可以报请上级人民法院执行。

第四节 执行和解与执行担保

一、执行和解

(一)执行和解的概念

执行和解是指在执行过程中,申请执行人与被执行人自愿协商,达成协议,并经人民法院审查批准后,结束执行程序的行为。执行和解是当事人行使处分权的行为,只要双方当事人意思表示真实,内容不损害国家、集体和他人利益,不违反法律规定,法院应当允许。执行和解是当事人行使自己民事权利和诉讼权利的行为,在执行和解中,执行员不能进行调解。

(二)执行和解的内容和效力

1. 执行和解的内容

根据民事诉讼法规定,在执行中,双方当事人自行和解达成协议的,人民法院的执行员应当将协议内容记入笔录,由双方当事人签名或者盖章。和解协议包括:①变更履行的主体;②标的物及其数额的变更;③履行期限的延长;④履行方式的改变。

2. 执行和解的效力

执行和解协议一经法院批准,就对双方当事人产生拘束力。但是,和解协议是民事协议,并不具备法定的强制执行力,也不能改变原生效法律文书的执行力。因此,如果一方当事人不履行和解协议,对方当事人只能申请法院恢复原执行依据的执行,但和解协议已履行部分应当扣除。执行和解协议已履行完毕的,人民法院应当裁定终结执行,不予恢复执行。

自觉履行完毕产生终结执行程序的效力。申请人因受欺诈、胁迫与被执行人达成和解协议,或者当事人不履行和解协议的,人民法院可以根据当事人的申请,恢复对原生效法律文书的执行。申请恢复执行原生效法律文书,适用《民事诉讼法》第239条申请执行期间的规定。申请执行期间因达成执行中的和解协议而中断,其期间自和解协议约定履行期限的最后一日起重新计算。

二、执行担保

(一)执行担保的概念及条件

执行担保是指在执行程序中,经执行权利人的同意,执行义务人或者第三人,为实现法律文书所确定的权利而向人民法院提供保证,人民法院可以决定暂缓执行的制度。执行担保制度在大陆法系的德国、日本及我国的台湾地区都有所规定。

执行担保应当具备以下条件:①由被执行人向执行法院提出书面申请。申请包括提供担保的申请和暂缓执行的申请。②担保的方式可以是提供财产担保,也可以是第三人保证。义务人提供财保的,应将财产移交法院或者到有关机关办理登记手续。第三人提供保证的,应提交书面的保证书,担保人应具有代为履行或者代为赔偿的能力。③执行担保须征得执行权利人的同意。④须经法院许可。

(二)执行担保的法律效力

(1)执行担保并不必然引起暂缓执行的法律后果,是否暂缓执行由法院决定。

(2)法院决定暂缓执行产生以下法律效力:①已开始的执行行为全部停止,同时不再采取新的执行措施和新的执行行为;②已实施的执行行为依然有效,不因暂缓执行而失效;③暂缓执行期间,如果担保是有期限的,暂缓执行的期限应当与担保期限一致,但最长不得超过1年。被执行人或者担保人对担保的财产在暂缓执行期间有转移、隐藏、变卖、毁损等行为的,人民法院可直接执行担保财产;④暂缓执行期间,义务人履行义务的,则执行完毕,执行程序结束。

(3)义务人逾期仍不履行的法律后果:被执行人在人民法院决定暂缓执行的期限届满后仍不履行义务的,人民法院可以直接执行担保财产,或者裁定执行担保人的财产,但执行担保人的财产以担保人应当履行义务部分的财产为限。

第五节 委托执行与协助执行

一、委托执行

(一)委托执行的概念与条件

委托执行是执行法院因特殊情况,依法将本院执行的案件委托有关人民法院代为执行的一种活动。依照民事诉讼法规定,债务人或者被执行的财产在外地的,负责执行的法院可以自己直接到当地执行,也可以委托当地人民法院代为执行。委托执行是人民法院间的一种重要的司法互助制度。

委托执行的条件包含以下五个方面:一是被执行人或者被执行的财产全部或者部分在外地。二是受托法院是被执行人或者被执行财产所在地法院。三是委托法院应在立案后1个月内办妥委托执行手续,超过此期限,须经受托法院同意。四是委托执行原则上是同级法院之间进行,不得随意提高或者降低受托法院级别,但受托法院同意的除外。被执行人是军队企业的,可委托当地的军事法院执行;执行标的物是船舶的,可委托海事法院执行。五是委托法院须向受托法院出具书面委托函,并附执行依据的副本、立案审批表复印件及有关情况说明。

（二）不得委托执行案件的范围

1. 禁止委托的事由

委托法院明知被执行人有下列情形之一的，应及时依法裁定中止执行或者终结执行，不得委托当地法院执行：①被执行人无确切住所或者长期下落不明，又无财产可供执行的；②有关法院已经受理以被执行人为债务人的破产案件或已经宣告破产的。

2. 不得委托执行的情形

有下列情形之一的，不可委托执行：①被执行人在不同辖区内有财产，且任何一个地方的财产不足以单独清偿债务的；②分布在不同法院辖区的多个被执行人对清偿债务的承担有一定关联的；③需要裁定变更或者追加本辖区以外的被执行人的；④案件审理中已对外地的财产进行保全，异地执行更为方便的；⑤因其他特殊情况不便委托执行，经高级人民法院批准的。

（三）委托执行的程序

在委托执行中，受托法院在接到委托函后，委托执行开始并应当遵守下列程序：

（1）受托人民法院在接到委托函后，无权对委托执行的生效的法律文书进行实体审查；执行中发现据以执行的法律文书有错误的，受托人民法院应当及时向委托人民法院反映。

（2）受托法院应当严格按生效法律文书的规定和委托法院的要求执行。对债务人履行债务的时间、期限和方式需要变更的，应当征得申请执行人的同意，并将变更情况及时告知委托法院。

（3）受托法院遇有需要中止或者终结执行的情形，应当及时函告委托法院，由委托法院裁定，在此期间，可以暂缓执行。受托法院不得自行裁定中止或者终结执行。

（4）委托执行中，案外人对执行标的提出异议，受托法院应当函告委托法院，由委托法院通知驳回或者作出中止执行的裁定。在此期间，暂缓执行。

（5）受托法院在收到函件后，必须在15日内开始执行。执行完毕以后，应当将执行结果及时函复委托法院；在30日内如果还未执行完毕，也应当将执行情况函告委托法院。

（6）受托法院自收到函件之日起15日内不执行的，委托法院可以请求受托法院的上级人民法院指令受托法院执行。受托法院的上一级人民法院在接到委托法院的指令执行请求后，应当在5日内书面指令受托法院执行，并将这一情况及时告知委托法院。受托法院在接到上一级人民法院的书面指令后，应当立即执行，将执行情况报告上一级人民法院，并告知委托法院。

二、协助执行

(一)协助执行的概念

协助执行有狭义和广义之分。狭义的协助执行是指人民法院内部的一种司法协助;广义的协助执行,除了人民法院之间的协助执行外,还包括有关单位的协助执行和公民个人的协助执行。因此,协助执行的概念可以归纳为:受理执行案件的人民法院通知有关单位、个人或者请求有关人民法院协助执行生效法律文书所确定的内容的一种法律制度。

(二)人民法院之间的协助执行

1. 人民法院协助执行的特征

协助执行主要有三个特征:①被执行人或者被执行财产在辖区外;②受理执行申请的法院直接到辖区外执行;③当地法院辅助执行。协助执行中,执行法院以自己的名义采取执行措施,实施执行行为,当地法院只是起配合、支持、帮助等辅助作用。

2. 人民法院协助执行的程序要求

执行法院异地直接执行案件时,应当主动请求当地法院协助执行,同时应当出具协助执行公函、介绍信,出示执行公务证,并可以主动介绍案情和准备采取的执行方案,同时阐明要求协助的内容。

对执行法院的协助执行请求,当地法院应当积极配合,积极办理,不得借故推脱,不得消极应付,不得设置障碍,更不得与当地被执行人串通,对抗外地法院执行。遇有执行人员受围攻等紧急情况,当地法院应当积极协调解围,在报告当地党委、政法委的同时,妥善处理。

(三)人民法院以外的其他单位和个人的协助执行

1. 协助行为的类型

实施民事执行还需要有关单位或者个人的协助,主要有下列情形:

(1)登记机关按照协助执行通知书所实施的行为。主要包括:协助查询、协助查封或者预查封登记、协助办理轮候查封登记、协助办理财产权证照转移过户登记。

(2)金融机构和其他有储蓄业务的单位依法协助法院执行的行为。法院有权向金融机构查询被执行人的存款情况,有权冻结、划拨被执行人的存款,但不应超出被执行人应当履行义务的范围。

(3)用人单位的协助执行。被执行人未按规定履行义务,法院有权扣押、提取被执行人应当履行义务部分的收入。法院作出裁定,并发出协助通知书,被执行人所在单位有义务协助人民法院执行。

(4)标的物持有人的协助。有关单位持有法律文书指定交付的财物或者票证的,应当根据法院的协助执行通知书转交,并由被交付人签收。

(5)接受投资企业的协助执行。对于股权、股息或者红利的执行,有关企业应协助执行。对被执行人在企业中的投资权益或者股权,执行法院可以采取冻结措施。

(6)有关机关的协助。包括行政主管机关的协助,仲裁机构、公证机构调阅卷宗的协助执行,以及公安机关派员见证和防止暴力抗拒执行等协助。

2. 有关单位和个人协助执行的程序

执行法院要求有关单位和个人协助执行时,应当发出协助执行通知书,协助执行通知书中应当载明所需要协助的具体事项。

3. 对拒不协助执行的处理

根据民事诉讼法规定,有义务协助调查、执行的单位有下列行为之一的,人民法院除责令其履行协助义务外,并可以予以罚款和拘留:①有关单位拒绝或者妨碍人民法院调查取证的;②银行、信用合作社和其他有储蓄业务的单位接到人民法院协助执行通知书后,拒不协助查询、冻结或者划拨存款的;③有关单位接到人民法院协助执行通知书后,拒不协助扣留被执行人的收入,办理有关财产权证照转移手续,转交有关票证、证照或者其他财产的;④其他拒绝协助执行的。

此外,最高人民法院《执行工作规定》还对违反法院协助执行通知,协助被执行人转移财产或者擅自向被执行人支付或者清偿所应当承担的民事赔偿责任或者国家赔偿责任作出了规定。违反义务行为包括:金融机构擅自解冻致冻结款项被转移,在法院责令追回的限期内未追回的;有关单位擅自支付,在法院限期追回的期限内未追回的;有关企业擅自支付股息或者红利,或者擅自办理已冻结股权的转移手续,造成财产无法追回的。

第六节　妨害执行的强制措施

一、妨害执行的强制措施的概念

所谓妨害执行的强制措施,是指人民法院对于妨害民事执行活动的行为人采取的制裁措施,为妨害民事诉讼强制措施的一种,目的在于维护执行程序的顺序进行。因此,妨害执行的行为人所实施的行为,即使没有发生阻止执行的实际效果,也应当承担责任。

二、妨害执行行为的种类

妨害执行行为主要有如下几大类:

(一)拒不到场行为

对必须到人民法院接受询问的被执行人或者被执行人的法定代表人或者负责人,经两次传票传唤,无正当理由拒不到场的,人民法院可以对其进行拘传。

(二)一般妨害执行行为

被执行人或者其他人有下列拒不履行生效法律文书或者妨害执行行为之一的,人民法院可以依照《民事诉讼法》第111条的规定处理:①隐藏、转移、变卖、毁损向人民法院提供执行担保的财产的;②案外人与被执行人恶意串通转移被执行人财产的;③故意撕毁人民法院执行公告、封条的;④伪造、隐藏、毁灭有关被执行人履行能力的重要证据,妨碍人民法院查明被执行人财产状况的;⑤指使、贿买、胁迫他人对被执行人的财产状况和履行义务的能力问题作伪证的;⑥妨碍人民法院依法搜查的;⑦以暴力、威胁或者其他方法妨碍或者抗拒执行的;⑧哄闹、冲击执行现场的;⑨对人民法院执行人员或者协助执行人员进行侮辱、诽谤、诬陷、围攻、威胁、殴打或者打击报复的;⑩毁损、抢夺执行案件材料、执行公务车辆、其他执行器械、执行人员服装和执行公务证件的。

(三)不协助执行的行为

有义务协助调查、执行的单位有《民事诉讼法》第114条规定的行为之一的,人民法院除责令其履行协助义务外,并可以予以罚款和拘留。

三、妨害执行的强制措施的种类及其适用

对于妨害执行行为,主要有以下几种制裁措施:

(一)拘传

拘传是指在执行程序中,强制被执行人到庭接受调查的一种强制措施。

1. 拘传应当具备的条件

(1)被拘传人是必须到庭的被执行人或者被执行单位的法定代表人、负责人、者实际控制人;

(2)经两次传票传唤,却拒不到场;

(3)被拘传人无正当理由拒不到场。

2. 适用拘传应当注意的问题

(1)人民法院应当及时对被拘传人进行调查询问,调查询问的时间不得超过8小时;情况复杂,依法可能采取拘留措施的,调查询问的时间不得超过24小时。

(2)人民法院在本辖区以外采取拘传措施时,可以将被拘传人拘传到当地人民法院,当地人民法院应予协助。

(二)拘留和罚款

罚款与拘留是两种较重的制裁措施,二者在适用条件、程序及救济措施上与妨害民事诉讼的拘留与罚款相同。在此,不再赘述。

四、妨害执行的刑事责任

(一)妨害执行构成犯罪的条件

对于妨害民事执行的行为,行为人应承担刑事责任还是被处以拘留或者罚款,由行为人侵害执行秩序、损害司法权威和司法尊严的轻重程度而定。《民事诉讼法》第111条、第117条及《刑法》第313条都有所规定。

(二)追究刑事责任的程序

《刑法》中与妨害民事执行行为有关的罪名主要是第277条规定的妨害公务罪,第313条规定的拒不执行判决、裁定罪,第314条规定的非法处置查封、扣押、冻结的财产罪。按照刑事诉讼法的规定,这些犯罪行为都属于公诉案件,由检察机关向法院提起公诉,法院进行审判。

第七节 执行竞合与执行救济

一、执行竞合

(一)执行竞合的概念

竞合是指两个或者两个以上的事物在一方面或者几个方面重合且又相互排斥的一种状态。执行竞合是指两个或者两个以上权利人,同时或者先后以不同的执行名义对同一义务人的特定财产申请法院强制执行,而各权利人之间的请求相互排斥,很难同时获得完全满足的一种竞争状态。义务人的特定财产,既然仅能满足债权人中一人或数人的强制执行,其他债权人的强制执行必然遭受排斥。在此情形下,何种债权人的强制执行有排斥其他债权人的效力,这些问题需要认真探讨。

(二)民事执行之间的竞合

1. 民事执行竞合的适用条件

民事执行竞合的适用条件包括:①须有两个或者两个以上的权利人存在;②执行对象须为同一义务人的同一特定标的物;③数个权利人所持的执行根据必须是各自独立的法律文书;④各个不同执行根据的执行发生在同一特定时期;⑤多份生效法律文书的执行内容须为金钱给付或者交付财物的执行;⑥被执行人的财产不足以清偿全部债务。

2. 民事执行竞合的类型及处理

民事执行竞合的形态有三种,即终局执行之间的竞合、财产保全与终局执行的竞合、财产保全之间的竞合。

(1)终局执行之间竞合的处理。终局执行之间的竞合,原则上有法定优先权的优先。如无法定优先权的，则可分两种情况处理：第一种情况，债务人能够清偿所有债务的。如果是金钱债权给付与特定物交付执行竞合时，应当以交付特定物优先。第二种情况，债务人不能够清偿所有债务的。这时需要区分债务人主体，其可分为是公民或其他组织和企业法人两种主体。如果是公民或其他组织的，则按比例分配；如果是企业法人的，则可以通过破产程序得到解决。

(2)财产保全与终局执行的竞合。终局执行在先、保全执行在后的竞合情况，终局执行优先。但如果反过来，保全执行在先，终局执行在后，在先的保全执行有阻止后来的终局执行的效力，但必须排除债权人可以申请进行破产分配的法定情形。

(3)财产保全之间的竞合。存在两种情况：一是不同保全措施之间的竞合。各执行标的物均无担保的，采取保全措施在先的优先受偿。二是同种保全措施之间的竞合。采取后保全无效的处理方法。

二、执行救济

(一)执行救济的概念

执行救济是指在执行程序中，当事人或者利害关系人，对法院因执行行为违法或者不当侵害其利益时，依照法律规定提出异议或者进行诉讼的法律制度。我国的民事诉讼法将执行救济分为三类：程序上的救济、实体上的救济以及程序实体的双重救济。其中，程序上的救济指的是执行异议；实体上的救济指的是执行异议之诉；双重救济指的是执行回转。

就执行救济手段而言，因各国的基本诉讼制度理论和执行机构的设置不同，各国的立法体例和救济方式也各不相同。从立法角度来看，英国、美国等英美法系国家法律中涉及执行救济的内容规定较少，更未区分程序上的救济方法与实体上的救济方法。比如美国，由于其执行实施权由联邦或州的执行官负责，因此，执行中有关异议的解决由法官来裁判。大陆法系的德国、日本和我国台湾地区有关执行救济的规定则较为系统和集中，都明确区分了程序上的救济和实体上的救济两种不同的方法。

(二)执行异议

1. 执行异议的概念

执行异议是指当事人或者利害关系人认为执行程序、执行措施违反法律规定，请求法院予以救济的制度。从概念来看，执行异议应当包括以下内容：①执行异议的主体包括当事人和利害关系人。这里的当事人指的是执行程序中的权利人与义务人；利害关系人指的是当事人以外，其法律上的权益受到侵害的人。②执行法院存在违法或者不当之处。

2. 执行异议的主体

提出执行异议的主体包括当事人或者利害关系人,异议的主体认为执行行为侵犯其合法权益时,可向执行法院提出书面异议。当事人和利害关系人都可以对法院的执行行为提出质疑,从而要求法院变更或者停止执行行为。对于案外人来讲,还可以针对执行标的提出执行异议,从而要求法院停止或者变更执行。

3. 执行异议的事由

当事人或者利害关系人在下列情况下可向法院提出执行异议:

(1)对执行命令不服。是指对执行法院关于执行发出的各种命令不服。例如,责令被执行人报告其财产状况、责令提供担保等。

(2)对执行措施不服。包括三种:一是执行法院对被执行人的财产采取的查封、扣押、冻结等;二是应当实施一定的执行行为而没有实施,债权人有权申请执行法院为一定的行为;三是执行法院实施强制措施的方法有违法或者不当之处,当事人或者利害关系人不服可以提出异议。

(3)执行行为违反法定程序。执行法院在执行过程中的执行行为没有依程序进行。

(4)其他侵害利益的情形。除上述事由外,其他任何违反执行法律制度规定,侵害当事人或者利害关系人利益的情形,均可以提出异议。

4. 执行异议的程序

(1)异议的提出方式。异议由当事人或者利害关系人以书面方式向执行法院提出,口头无效。

(2)提出执行异议的时间。异议应当在执行程序开始后,程序终结前提出。

(3)管辖法院对于执行异议,实行专属管辖,由执行法院行使管辖权。在委托执行时,则由受托法院行使管辖权。

(4)执行异议的审查与处理。对于法院执行行为的异议,执行法院应当自收到书面异议之日起15日内进行审查,理由成立的,裁定予以改正与撤销;理由不成立的,裁定驳回。执行过程中,案外人对执行标的提出书面异议的,人民法院应当自收到书面异议之日起15日内审查,理由成立的,裁定中止对该标的的执行;理由不成立的,裁定驳回。

(5)对裁定的救济。当事人、利害关系人对裁定不服,可以在裁定送达之日起10日内向上一级法院申请复议。复议程序:①当事人、利害关系人申请复议应当采取书面形式。②上一级人民法院对当事人、利害关系人的复议申请,应当组成合议庭进行审查。③执行异议审查和复议期间,不停止执行。

案外人、当事人对裁定不服,认为原判决、裁定错误的,依照审判监督程序办理；与原判决、裁定无关的，可以自裁定送达之日起十五日内向人民法院提起诉讼。

（三）申请变更执行法院

执行实践中，存在着执行不力而非执行不能的现象。针对这个问题，民事诉讼法将“监督型的提级执行”转化为“权力型的更换执行法院”。《民事诉讼法》第226条规定：“人民法院自收到申请执行书之日起超过六个月未执行的，申请执行人可以向上一级法院申请执行。上一级人民法院经审查，可以责令原人民法院在一定期限内执行，也可以决定由本院执行或者指令其他人民法院执行。”这为权利人变更执行法院提供了立法依据。

1. 申请条件

（1）人民法院自收到申请执行书之日起超过6个月未执行的，申请执行人可以向上一级人民法院申请执行。据此，申请执行人申请变更执行法院的条件为，案件超过6个月未执行。对申请条件的理解，应注意以下几点：一是6个月期间的起算点。《民事诉讼法》第226条规定的6个月期间是从人民法院收到申请执行书之日起算，而非从执行案件立案之日起算。二是6个月期间中应扣除的时间。应扣除的时间主要包括：执行中的公告期间、评估鉴定期间、审理当事人提出的管辖权异议、处理人民法院之间执行争议期间、处理案外人异议期间，以及暂缓执行、中止执行期间等。

（2）执行法院无正当理由。正当理由是指因法定阻却事由的出现，导致执行法院暂时不宜或难以采取执行措施。被执行人或第三人提供执行担保，当事人之间达成执行和解等都会导致案件暂缓或中止执行。上述情况即是阻却执行的法定事由，属正当理由范畴。案件超过6个月未执行，执行法院有正当理由的，申请执行人不能申请变更执行法院。

（3）被执行人有履行能力。如果被执行人客观上无财产可供执行，变更执行法院只能增加当事人和人民法院的负担，对案件执行无任何意义。也就是说，并不是所有案件超过6个月未执行的案件，即允许申请执行人向上一级人民法院申请执行。只有那些有条件执行而被无正当理由拖延执行的案件，申请执行人才能向上一级人民法院申请执行。

2. 审查处理

督促执行和变更执行法院不涉及实体争议，属程序性事项，应由上一级人民法院执行机构具体负责处理。经审查，上一级人民法院对申请执行人的申请可以作出三种不同的处理：一是督促执行，责令原人民法院在一定期限内执行；二是提级执行，决定由本院执行；三是指定执行，指令其他人民法院执行。上一级人民法院应根据案件的具体情况选择合适的处理方式。

(1)督促执行。上一级人民法院经审查发现原人民法院的执行案件在规定的期限内未能执行结案的,应当作出裁定、决定、通知而不制作的,或应当依法实施具体执行行为而不实施的,可以督促原人民法院限期执行,及时作出有关裁定等法律文书或采取相应措施。上一级人民法院责令原人民法院执行的,应当向其发出督促执行令,并将有关情况书面通知申请执行人。

(2)提级执行。上一级人民法院应作出决定由本院执行的裁定并送达当事人和有关人民法院。原人民法院接到由上一级人民法院执行的裁定后,应将执行案卷全部移送至上一级人民法院,并告知当事人。

(3)指定执行。上一级人民法院应作出指令其他人民法院执行的裁定并送达当事人和有关人民法院。原人民法院收到裁定后,应将执行案卷全部移送至上一级人民法院,并告知当事人。然后,由上一级人民法院再将执行案卷移交被指定执行的下级人民法院。上一级人民法院作出指定执行裁定后,原人民法院不再享有该案件的执行管辖权,不得对该案件继续执行,由依指定执行取得案件管辖权的人民法院予以立案执行。原人民法院在指定执行前采取的执行措施仍然有效。

3. 执行权利人行使更换执行院的事由

(1)债权人申请执行时被执行人有可供执行的财产,执行法院自收到申请执行书之日起超过6个月对该财产未执行完结的。

(2)执行过程中发现被执行人可供执行的财产,执行法院自发现财产之日起超过6个月对该财产未执行完结的。

(3)对法律文书确定的行为义务的执行,执行法院自收到申请执行书之日起超过6个月未依法采取相应执行措施的。

(4)其他有条件执行超过6个月未执行的。

(四)执行中的诉讼救济

1. 执行异议之诉的概念

执行异议之诉是指债务人对于执行的法律依据所载明的请求权,有消灭或者妨碍权利人请求的事由,请求法院判决排除执行依据的执行力,停止执行依据的强制执行。《民诉解释》第304条规定:“根据民事诉讼法第二百二十七条规定,案外人、当事人对执行异议裁定不服,自裁定送达之日起十五日内向人民法院提起执行异议之诉的,由执行法院管辖。”执行异议之诉包括案外人执行异议之诉和申请人执行异议之诉。

2. 案外人异议之诉

(1)案外人异议之诉是指案外人向法院提出的书面执行异议被法院驳回后,仍然认为执行标的物与原裁判无关,在法定期限内向法院提起的排除该标的物的强制执行的形成之诉。《民事诉讼法》第 227 条规定："执行过程中,案外人对执行标的提出书面异议的,人民法院应当自收到书面异议之日起十五日内审查,理由成立的,裁定中止对该标的的执行;理由不成立的,裁定驳回。案外人、当事人对裁定不服,认为原判决、裁定错误的,依照审判监督程序办理;与原判决、裁定无关的,可以自裁定送达之日起十五日内向人民法院提起诉讼。"

(2)案外人异议之诉的构成要件

① 案外人异议之诉的当事人:案外人提起执行异议之诉的,以申请执行人为被告。被执行人反对案外人异议的,被执行人为共同被告;被执行人不反对案外人异议的,可以列被执行人为第三人。

② 原告起诉的理由:是对执行标的物享有所有权或者其他阻止标的物转让、交付的权利。原告足以排除强制执行的权利包括:所有权、用益物权、担保权、占有、孳息收支权、债权及依法保全的标的物。

③ 前置条件及期限:案外人提起异议之诉的前提是案外人提出的执行异议被驳回,并且是在异议驳回的裁定送达后 15 日内提起。案外人依照《民事诉讼法》第 227 条规定提起诉讼的,由执行法院管辖。执行法院应当依照诉讼程序审理。经审理,理由不成立的,判决驳回其诉讼请求;理由成立的,根据案外人的诉讼请求作出相应的裁判。诉讼期间,不停止执行。

3. 申请人异议之诉

(1)申请人异议之诉的条件。申请执行人提起执行异议之诉,除符合《民事诉讼法》第 119 条规定外,还应当具备下列条件:①依案外人执行异议申请,人民法院裁定中止执行;②有明确的对执行标的继续执行的诉讼请求,且诉讼请求与原判决、裁定无关;③自执行异议裁定送达之日起 15 日内提起。人民法院应当在收到起诉状之日起 15 日内决定是否立案。

(2)申请人异议之诉的当事人。申请执行人提起执行异议之诉的,以案外人为被告。被执行人反对申请执行人主张的,以案外人和被执行人为共同被告;被执行人不反对申请执行人主张的,可以列被执行人为第三人。

4. 法院对被执行人提出异议之诉的处理

申请执行人对中止执行裁定未提起执行异议之诉,被执行人提起执行异议之诉的,人民法院告知其另行起诉。

5. 执行异议之诉的审理程序

人民法院审理执行异议之诉案件,适用普通程序。

6. 执行异议之诉的举证责任分配

案外人或者申请执行人提起执行异议之诉的,案外人应当就其对执行标的享有足以排除强制执行的民事权益承担举证证明责任。

7. 人民法院对执行异议之诉的处理

(1)人民法院对案外人异议之诉的处理。对案外人提起的执行异议之诉,人民法院经审理,按照下列情形分别处理:①案外人就执行标的享有足以排除强制执行的民事权益的,判决不得执行该执行标的;②案外人就执行标的不享有足以排除强制执行的民事权益的,判决驳回诉讼请求。案外人同时提出确认其权利的诉讼请求的,人民法院可以在判决中一并作出裁判。对案外人执行异议之诉,人民法院判决不得对执行标的执行的,执行异议裁定失效。

(2)人民法院对申请人异议之诉的处理。对申请执行人提起的执行异议之诉,人民法院经审理,按照下列情形分别处理:案外人就执行标的不享有足以排除强制执行的民事权益的,判决准许执行该执行标的;案外人就执行标的享有足以排除强制执行的民事权益的,判决驳回诉讼请求。对申请执行人执行异议之诉,人民法院判决准许对该执行标的执行的,执行异议裁定失效,执行法院可以根据申请执行人的申请或者依职权恢复执行。

8. 案外人异议之诉与原执行程序的关系

案外人执行异议之诉审理期间,人民法院不得对执行标的进行处分。申请执行人请求人民法院继续执行并提供相应担保的,人民法院可以准许。被执行人与案外人恶意串通,通过执行异议、执行异议之诉妨害执行的,人民法院应当依照《民事诉讼法》第 113 条的规定处理。申请执行人因此受到损害的,可以提起诉讼要求被执行人、案外人赔偿。

(五)执行回转

1. 执行回转的概念

执行回转是指在执行中或者执行完毕后,因原执行根据被依法撤销,执行机构根据新的法律文书采取措施将被执行的财产返还给被执行人,恢复到未执行前状态的救济制度。执行回转是审判监督程序必要的配套措施。

在司法实践中,发生执行回转的情形大致有如下几种:

第一,人民法院制作的判决、裁定已经执行完毕,但该判决、裁定被本院或者上级法院经审判监督程序进行再审后依法撤销,权利人可以以发生法律效力的再审判决、裁定为依据,申请执行回转。

第二,人民法院制作的先予执行的裁定,在执行完毕后,被本院的生效判决或者上级法院的终审判决所撤销,因先予执行而取得财物的一方当事人应当将执行所得返还给对方当事人。

第三,其他机关制作的由人民法院强制执行的法律文书,在执行完毕后,又被制作机关或者上级机关依法撤销的，也应当由人民法院采取执行回转措施，责令一方当事人将原执行所得财产返还给对方当事人。

2. 执行回转的条件

《民事诉讼法》第 233 条和《执行工作规定》第 109 条规定，执行回转须具备下列条件：①根据被依法撤销或者变更；②法院执行回转也要有执行根据；③原法律文书已经为人民法院执行完毕；④执行回转只适用于原申请人取得财产的情况。

3. 执行回转的程序

执行回转程序的启动可以根据当事人的申请，也可以是法院依职权进行。根据执行回转裁定，原申请执行人应当返还已取得的财产及其利息。拒不返还的，强制执行。执行回转应当重新立案，适用执行程序的有关规定。执行回转时，已执行的标的物系特定物的，应当退还原物。不能退还原物的，可以折价抵偿。

第八节　执行程序通则

一、执行开始

根据我国《民事诉讼法》第 236 条规定，执行程序的开始有两种形式，即申请执行和移送执行。债权人是否申请执行，应当由当事人处分决定。所以执行程序一般只有申请人提出申请以后才开始，这就是申请执行；在特别情况下不依当事人的申请，而是法院依职权开始，这就是移送执行。

（一）申请执行

1. 当事人申请执行的条件

当事人申请执行应当符合以下条件：①要有以给付为内容的执行根据。②债务人逾期不履行或者拒绝履行法律文书确定的义务。③在法定的执行时效内提出。申请执行的期间为二年，申请执行时效的中止、中断，适用法律有关诉讼时效中止、中断的规定。这里的期间是从法律文书规定履行期间的最后一日起计算；法律文书规定分期履行的，从规定的每次履行期间的最后一日起计算；法律文书未规定履行期间的，从法律文书生效之日起计算。④向有管辖权的法院提出。

2. 当事人申请执行应当提交的文件和证件

当事人申请执行，应当向人民法院提交下列文件和证件：(1)申请执行书。写明申请执行的理由、事项、执行标的以及申请执行人所了解的被申请人的财产状况；(2)生效法律文书副本；(3)申请执行人的身份证明；(4)继承人或者权利承受人申请执行的，应当提交继承或者承受权利的证明文件；(5)其他应当提交的文件或者证件。

申请执行仲裁机构的仲裁裁决,应当向人民法院提交有仲裁条款的合同书或者仲裁协议书。申请执行国外仲裁机构的仲裁裁决的,应当提交经我国驻外使领馆认证或者我国公证机关公证的仲裁裁决书中文本。

申请人民法院强制执行的费用,法院执行后缴纳,不由申请执行人预交费用。

当事人委托代理人申请执行,应当向人民法院提交经委托人签字或者盖章的授权委托书,写明委托事项和权限。委托代理人代为放弃、变更诉讼请求、代为执行和解,或者代为收取执行款项的,应当有委托人的特别委托授权。

(二)移送执行

人民法院在作出裁判后,因为情况特殊而认为有必要时,不待当事人的申请,直接交执行机关执行的叫移送执行。

人民法院可以依职权移送执行的案件,有三类:①发生法律效力的具有给付赡养费、扶养费、抚育费内容的法律文书;②民事制裁决定书;③刑事附带民事判决、裁定、调解书。

二、执行案件的受理与调查

(一)执行案件的受理

人民法院受理执行案件应当符合下列条件:①申请或者移送执行的法律文书已经生效;②申请执行人是生效法律文书确定的权利人或者其继承人、权利承受人;③申请执行人在法定期限内提出申请;④申请执行的法律文书有给付内容,且执行标的和被执行人明确;⑤义务人在生效法律文书确定的期限内未履行义务;⑥属于受申请执行的人民法院管辖。

法院应当在7日内决定是否立案,不符合上述条件的,裁定驳回。

(二)被执行人财产的查明

执行效果很大程度取决于被执行人的履行能力,造成人民法院"执行难"的因素有很多,其中很重要的一点就是,有些被执行人的财产状况难以查清、被执行人的履行能力难以认定,导致在司法实践中无法采取有效的执行措施。对于当事人的财产状况的查明,可以从以下三方面入手:

1. 由申请执行人提供线索

强制执行主要是对被执行人财产的执行,申请人的合法权益能否实现以及在多大程度上能够实现,不是取决于人民法院执行人员的主观良好愿望,而是取决于被执行人的财产状况,因此查找被执行人的财产是一个案件执行成功与否的关键。在司法实践中,举证被执行人财产状况的义务应当成为申请执行人的一项重要职责,即申请执行人应当向人民法院提供其了解的被执行人的财产状况及线索。

2. 被执行人对自己财产的申报

《执行工作规定》第 28 条规定："被执行人必须如实向人民法院报告其财产状况。"即执行程序开始后，被执行人不能自觉按照法律文书确定的内容履行义务时，人民法院应要求被执行人对自己的财产状况进行申报，被执行人有义务和责任如实向法院申报自己现有的财产状况。人民法院对被执行人的申报应要求他们做到具体明确，并指出应申报的财产范围。如对法人机构，应明确要求其提供单位的资产负债表、现金流量表、固定资产清单等能直接反映企业财务状况的材料。法院针对其申报材料，确认其可供执行的财产范围，从而认定其履行能力。

人民法院在执行过程中可以采取直接传唤被执行人或其法定代表人、负责人到法院接受询问其财产状况的方法，来搞清被执行人的财产状况；对被执行人的询问应力主让其说清楚，执行人员要掌握询问艺术，善于倾听、善于发现其漏洞，以便真正查清被执行人的财产归属。接受传唤的被执行人不能回避法院对其财产状况了解的权力，否则可以视为拒不履行法院的判决、裁定，情节严重的，还可以追究其刑事责任。

3. 人民法院依职权对被执行人的财产进行调查

《执行工作规定》第 28 条第 2 款明确了人民法院在执行案件中的调查权，人民法院在执行中，应当在权力范围内对被执行人本人的财产情况向被执行人本人、有关机关、社会团体、企事业单位、其他公民进行广泛调查，查明被执行人的财产状况。有关单位应配合、协助人民法院的执行工作，对拒不协助的，可以以妨害民事诉讼的行为对其采取强制措施，如罚款等。

三、暂缓执行

暂缓执行是指人民法院在执行程序中依申请或者依职权决定在一定期限内暂时停止执行措施。暂缓执行一般适用于在执行中发现据以执行的生效法律文书确有错误而正在按审判监督程序处理中，或者正在进行的执行程序、执行行为违反法律规定等情形。

1. 暂缓执行适用的情形

在执行程序中，主要有三种情形适用暂缓执行：

(1) 被执行人提供担保。根据《民事诉讼法》第 231 条规定："在执行中，被执行人向人民法院提供担保，并经申请执行人同意的，人民法院可以决定暂缓执行及暂缓执行的期限。"

(2) 委托执行中委托法院决定暂缓执行。受委托人民法院遇有需要中止或者终结执行的情形，应当及时函告委托人民法院，由委托人民法院作出裁定，在此期间，可以暂缓执行。委托执行中，案外人对执行标的提出异议的，受委托人民法院应当函告委托人民法院，由委托人民法院通知驳回或者作出中止执行的裁定，在此期间，暂缓执行。

(3)上级法院决定暂缓执行。上级法院决定暂缓执行的情形包括以下几种：一是上级法院发现下级法院在执行中作出的裁定、决定、通知或具体执行行为不当或有错误的，应当及时指令下级法院纠正，并可以通知有关法院暂缓执行。二是上级法院在监督、指导、协调下级法院执行案件中，发现据以执行的生效法律文书确有错误的，应当书面通知下级法院暂缓执行，并按照审判监督程序处理。三是上级法院在申诉案件复查期间，决定对生效法律文书暂缓执行的，有关审判庭应当将暂缓执行的通知抄送执行机构。

2. 暂缓执行的效力

暂缓执行实施后，产生相应的法律效果，主要有下列三个方面：

(1)暂停执行程序暂缓执行后，执行机构不得采取新的执行措施，不得再为新的执行行为。

(2)维持原有的执行效果，暂缓执行前的执行行为仍然有效，不因暂缓执行而失效。已采取的执行措施非经执行机构裁定解除，当事人不得自行解除。

(3)有条件地恢复执行，暂缓执行期间内或者暂缓执行期限届满时，当事人履行了法律文书确定的义务的，则执行程序完结。如逾期仍不履行义务的，除非延长暂缓执行期限，否则执行机构可以径行恢复执行，继续原来的执行程序。

3. 暂缓执行的期限

暂缓执行的期限应当与执行担保的期限一致，最长不得超过 1 年。最高人民法院《执行工作规定》第 135 条则规定，暂缓执行的期限一般不得超过 3 个月。有特殊情况需要延长的，应当报经院长批准，但对延长次数未予以明确。《最高人民法院关于正确适用暂缓执行措施若干问题的规定》则对暂缓执行期间问题作了进一步明确的规定，暂缓执行的期间不得超过 3 个月，因特殊事由需要延长的，可以适当延长，但延长的期限不得超过 3 个月。即最长暂缓执行期间为 6 个月。若超过 6 个月，执行法院可以恢复执行。

四、执行中止

人民法院依法执行案件，由于出现某种特殊情况需要暂时停止执行程序，待特殊情况消失后，恢复执行程序，继续进行执行的，叫做中止执行。中止执行分为整个执行程序的中止和个别执行行为的中止两种情况。前者是指由于发生中止执行的原因，整个执行程序都不能继续进行，后者是仅对执行标的物的一部分中止执行。

依照《民事诉讼法》256条规定,有下列情形之一的,人民法院应当裁定中止执行:

(1)申请执行人表示可以延期执行的。

(2)案外人对执行标的提出确有理由的异议的。

(3)作为一方当事人的公民死亡,需要等待继承人继承权利或者承担义务的。

(4)作为一方当事人的法人或者其他组织终止,尚未确定权利义务承受人的。

(5)按照审判监督程序决定再审的。人民法院按照审判监督程序提审或者再审的案件,法院应当根据上级人民法院或者本院作出的中止执行裁定书中止执行。

(6)人民法院认为应当中止执行的其他情况。根据最高人民法院《执行工作规定》,人民法院认为应当中止执行的其他情况有:①人民法院已受理以被执行人为债务人的破产申请的;②被执行人确无财产可供执行的;③执行的标的物是其他法院或者仲裁机构正在审理的案件争议标的物,需要等待该案件审理完毕确定权属的;④一方当事人申请执行仲裁裁决,另一方当事人申请撤销仲裁裁决的;⑤仲裁裁决的被申请执行人依据民事诉讼法的规定向人民法院提出不予执行请求,并提供适当担保的。

中止执行裁定书应当写明中止的理由和法律依据。中止执行的情形消失后,执行法院可以根据当事人的申请或者依职权恢复执行。恢复执行应当书面通知当事人。

五、执行终结

执行终结是指在执行程序中,因发生法律规定的事由,执行程序没有必要或者不可能继续,因而依法结束执行程序。

(一)终结执行的法定情形

执行终结的法定情形包括:(1)申请人撤销申请的;(2)据以执行的法律文书被撤销的;(3)作为被执行人的公民死亡,无遗产可供执行,又无义务承担人的;(4)追索赡养费、抚养费、抚育费案件的权利人死亡的;(5)作为被执行人的公民因生活困难无力偿还借款,无收入来源,又丧失劳动能力的;(6)人民法院认为应当终结执行的其他情形。

(二)终结本次执行

经过财产调查未发现可供执行的财产,在申请执行人签字确认或者执行法院组成合议庭审查核实并经院长批准后,可以终结本次执行程序。依照规定终结执行后,申请执行人发现被执行人有可供执行财产的,可以再次申请执行。再次申请不受申请执行时效期间的限制。

中止执行或者终结执行裁定书都要由执行员、书记员署名,加盖人民法院印章。裁定书送达当事人后立即生效。由第二审人民法院终审的判决、裁定和调解书，需要中止、终结执行的，应当由执行员将中止、终结执行的书面报告和意见，报经第二审人民法院或者上级人民法院执行组织签署意见并备案后，制作裁定书。受托人民法院对委托执行的案件，发现应当中止、终结执行的，应当出具书面报告，函请委托人民法院裁定。

六、不予执行

（一）不予执行的概念和案件范围

不予执行，是指人民法院在对仲裁裁决、公证债权文书的申请执行书或者承认和执行外国法院的判决、裁定的申请书予以审查或者执行过程中，因出现法定的原因，裁定停止执行并结束执行程序的行为。

依照民事诉讼法的规定，只有对仲裁裁决、公证债权文书的执行，外国法院的判决、裁定的承认和执行，才存在不予执行的问题。

（二）不予执行裁定的适用

1. 不予执行仲裁裁决

根据我国《民事诉讼法》第237条规定，当事人申请执行国内仲裁裁决，被申请人提出证据证明仲裁裁决有下列情况之一的，经人民法院组成合议庭审查核实，裁定不予执行：①当事人在合同中没有订有仲裁条款或者事后没有达成书面仲裁协议的；②裁决的事项不属于仲裁协议的范围或者仲裁机构无权仲裁的；③仲裁庭的组成或者仲裁的程序违反法定程序的；④裁决所根据的证据是伪造的；⑤对方当事人向仲裁机构隐瞒了足以影响公正裁决的证据的；⑥仲裁员在仲裁该案时有贪污受贿，徇私舞弊，枉法裁决行为的。

如果人民法院认为执行该裁决违背社会公共利益，则不需要被申请人提出申请，依职权即可裁定不予执行。

无论是依申请还是依职权作出的裁定，不予执行仲裁裁决的裁定书都应当送达双方当事人和仲裁机构。仲裁裁决被人民法院裁定不予执行的，当事人可以根据双方达成的书面仲裁协议重新申请仲裁，也可以向人民法院起诉。

2. 不予执行公证债权文书

我国《民事诉讼法》第238条规定，作为执行根据的公证债权文书确有错误的，人民法院裁定不予执行，并将裁定书送达双方当事人和公证机关。

下列情形应当认定为公证债权文书有错误不予执行：(1)公证债权文书属于不得赋予强制执行效力的债权文书的；(2)被执行人一方未亲自或者未委托代理人到场公证等严重违反法律规定的公证程序的；(3)公证债权文书的内容与事实不符或者违反法律强制性规定的；(4)公证债权文书未载明被执行人不履行义务

或者不完全履行义务时同意接受强制执行的。

3. 不予执行外国法院的判决、裁定

当事人向人民法院申请承认和执行外国法院的判决、裁定,如果该判决、裁定违反了我国法律的基本原则或者国家主权安全、社会公共利益,不予承认和执行。

(三)不予执行的法律效果

不予执行裁定生效后,该执行程序即告结束。原执行根据丧失了执行力,不仅不能依其进行新的执行行为,已为的执行行为也应当予以撤销。

七、执行结案

根据最高人民法院《执行工作规定》,执行结案的方式包括人民法院裁定不予执行、裁定执行终结、执行当事人之间达成执行和解协议并已履行完毕、生效法律文书确定的内容全部执行完毕等。人民法院执行生效法律文书,一般应当在立案之日起6个月内执行结案,但是中止执行的期间应当扣除。确有特殊情况需要延长的,由本院院长批准。

第九节 参与分配

一、参与分配的概念

参与分配,是指在执行程序中,因债务人的财产不足以清偿各债权人的全部债权,申请执行人以外的其他债权人凭有效的执行根据也申请加入已开始的执行程序,各债权人从执行标的物的变价中获得公平清偿的制度。

被执行人为公民或者其他组织,在执行程序开始后,被执行人的其他已经取得执行依据的债权人发现被执行人的财产不能清偿所有债权的,可以向人民法院申请参与分配。对人民法院查封、扣押、冻结的财产有优先权、担保物权的债权人,可以直接申请参与分配,主张优先受偿权。

二、参与分配的适用条件

(1)被执行人为同一人。同一个被执行人是参与分配制度适用的最基本的前提,如果被执行人不是同一人,那么各个案件为各自独立的案件,根本不会产生参与分配制度适用的可能。

(2)存在多个执行申请人。如果只有一个执行申请人,则不论被执行人财产能否清偿全部债权,都不会产生比例分配或顺位分配的问题。

(3)被执行人财产不足以清偿全部债权。参与分配制度之所以有存在的必要,目的就是为了解决被执行人财产不足的问题,如果被执行人的财产不存在执行不能的问题,那么立法者根本没有必要另外设置参与分配制度。

(4)其他被执行人须已经取得债权执行依据。法院没有职责审查被执行人的债权存在的状况,因此各申请人应主动向人民法院提交自己已经取得的执行法律文书,否则法院对其申请不予审查。

(5)须在被执行财产分配完毕前提出。申请人提出参与分配的目的就是为了取得财产,如果被执行人的财产已经合法地分配完毕,即便执行程序没有结束,此时再提出参与分配的申请也已经没有任何意义。因此,参与分配申请必须在被执行人财产分配完毕前提出。

在此还要特别指出,参与分配一定要与同一份判决中存在的多个执行申请人的案件分开。前者指的是"多份"判决,后者指的是"一份"判决,两者不可混淆。

三、参与分配的程序

(一)参与分配的申请

申请参与分配,申请人应当提交申请书。申请书应当写明参与分配和被执行人不能清偿所有债权的事实、理由,并附有执行依据。参与分配申请应当在执行程序开始后,被执行人的财产执行终结前提出。

(二)主持分配的法院

对参与被执行人财产的具体分配,应当由首先查封、扣押或者冻结的法院主持进行。首先查封、扣押、冻结的法院所采取的执行措施如系为执行财产保全裁定,具体分配应当在该院案件审理终结后进行。

(三)参与分配方案

执行法院应当根据参与分配的债权数额以及被执行人可供执行的财产范围制作分配表,准备实施分配。参与分配执行中,执行所得价款扣除执行费用,并清偿应当优先受偿的债权后,对于普通债权,原则上按照其占全部申请参与分配债权数额的比例受偿。具体来讲,参与分配依照下列顺序进行:第一,从被执行财产中优先拨付执行费用。第二,优先权人优先受偿。第三,被执行人所欠税款。第四,被执行人所欠职工工资和劳动保险费用。第五,申请执行人和其他参与分配的债权人的债权。不足清偿同一顺序的清偿要求的,按比例分配。普通债权人按比例分配。

(四)参与分配方案异议及其处理

(1)多个债权人对执行财产申请参与分配的,执行法院应当制作财产分配方案,并送达各债权人和被执行人。债权人或者被执行人对分配方案有异议的,应当自收到分配方案之日起15日内向执行法院提出书面异议。

(2)债权人或者被执行人对分配方案提出书面异议的,执行法院应当通知未提出异议的债权人、被执行人。未提出异议的债权人、被执行人自收到通知之日起

15 日内未提出反对意见的，执行法院依异议人的意见对分配方案审查修正后进行分配；提出反对意见的，应当通知异议人。异议人可以自收到通知之日起 15 日内，以提出反对意见的债权人、被执行人为被告，向执行法院提起诉讼；异议人逾期未提起诉讼的，执行法院按照原分配方案进行分配。诉讼期间进行分配的，执行法院应当提存与争议债权数额相应的款项。

（五）参与分配期间被执行人发生破产的处理

（1）在执行中，作为被执行人的企业法人符合《企业破产法》第 2 条第 1 款规定情形的，执行法院经申请执行人之一或者被执行人同意，应当裁定中止对该被执行人的执行，将执行案件相关材料移送被执行人住所地人民法院。

（2）被执行人住所地人民法院应当自收到执行案件相关材料之日起 30 日内，将是否受理破产案件的裁定告知执行法院。不予受理的，应当将相关案件材料退回执行法院。

（3）被执行人住所地人民法院裁定受理破产案件的，执行法院应当解除对被执行人财产的保全措施。被执行人住所地人民法院裁定宣告被执行人破产的，执行法院应当裁定终结对该被执行人的执行。被执行人住所地人民法院不受理破产案件的，执行法院应当恢复执行。

（4）当事人不同意移送或者被执行人住所地人民法院不受理破产案件的，执行法院就执行变价所得财产，在扣除执行费用及清偿优先受偿的债权后，对于普通债权，按照财产保全和执行中查封、扣押、冻结财产的先后顺序清偿。

（六）参与分配后的剩余债务的处理

清偿后的剩余债务，被执行人应当继续清偿。债权人发现被执行人有其他财产的，可以随时请求人民法院执行。

拓展思考题

1. 如何理解执行和解制度的法律意义？
2. 如何理解案外人异议制度和执行异议之诉制度？请举例分析之。
3. 如何理解参与分配制度的适用条件？

第二十一章

民事执行程序分论

【内容提要】

本章是关于各类执行措施的介绍，其中包括：执行措施的概念与分类、金钱债权的执行、非金钱债权的执行等。金钱债权的执行是整个执行工作中案件数量最多、适用频率最高、执行任务最为繁重、意义最为重大的一部分。执行机构为满足债权人的权利，也可以对债务人的其他财产进行执行。给付金钱执行可以采取拍卖、变卖、以物抵债的措施。物的交付是指将指定交付的物由被执行人的直接占有，转移为债权人的直接占有或者支配，亦即要求被执行人为一定行为。对行为请求权的执行，是指根据生效法律文书一方当事人有义务履行一定的行为而拒不履行的，债权人请求人民法院强制该当事人履行一定的作为义务。近年来的民事诉讼立法和司法解释对执行制度进行了革新，主要包括立即执行制度、财产报告制度、执行威慑机制、限制高消费制度等。

第一节　金钱债权的执行

一、金钱债权执行的概念和意义

（一）金钱债权执行的概念

金钱债权，又称金钱给付请求权，指以给付一定数额金钱为内容的请求权。金钱的表现形式是货币，而人民币是我国境内的法定支付工具，故金钱债权一般是指要求支付人民币的债权，在法律有规定的情况下可以是外币。

（二）金钱债权执行的意义

金钱债权的执行是整个执行工作中案件数量最多、适用频率最高、执行任务最为繁重、意义最为重大的一部分。除了当事人之间的金钱给付义务外，关于诉讼费用的执行，罚金、罚款的执行等也适用关于金钱债权的执行程序；非金钱债权的执行在一定情况下也可以转化为关于金钱债权的执行。如对可以替代行为的执行中，法院责令他人代为履行并由债务人支付费用；对于不可以替代行为的执行，法院命债务人赔偿损失；对于代为履行费用和赔偿损失费用的执行都转化为对金钱债权的执行。

给付金钱的执行一般经历三个阶段：①以查封、扣押、冻结为主的控制性执行活动；②以拍卖、变卖和以物抵债为主的变价性执行活动；③以参与分配为主的债权受偿。这一部分在上一章已经讲过，在此不再赘述。

二、查封、扣押、冻结

（一）查封、扣押、冻结的概念和特点

查封是指人民法院将作为执行对象的财产加贴封条就地或者异地予以封存，禁止被执行人转移处分的一种执行措施。扣押是指人民法院将作为执行对象的财产运送到有关的场所，从而使被执行人不能占有、使用和处分的执行措施。冻结是人民法院通知银行、信用合作社或者其他有储蓄业务的单位，保证被执行人不能提取或者转移、处分其存款的一种执行措施。

查封、扣押、冻结具有以下三个特点：①都是临时性、控制性的执行措施，都是为今后拍卖和变卖做准备的；②其实质在于限制被执行人对执行标的物的处分权；③解除了被执行人对执行标的物的占有。

（二）查封、扣押、冻结的原则

1. 程序法定原则

执行过程也就是程序过程，只有程序公正才是真正的公正。既然是国家强制力，那么当我们在使用这些强制性措施时，就必须严格遵循程序原则，否则就有可能侵犯当事人合法权益，甚至出现错误执行的情况发生。具体包括：①制作并送达裁定书；②通知有关人员到场；③造具财产清单并制作笔录。

2. 保护当事人合法权益原则

保护当事人合法权益原则，是指人民法院在强制执行工作中，既要通过强制义务人履行义务来保障法律文书所确定的权利人合法权益得以实现，又要对被执行人或第三人的利益给予应有的保障。包括：①保护申请执行人权益；②维护被执行人的合法权益；③保护第三人合法权益。

3. 价值相当原则

法院查封、扣押被执行人财产，应以其价额足以清偿法律文书确定的债权额及执行费用为限，不得明显超过。但对于不可分物的查封、扣押，不受价值相当原则的限制。

4. 禁止重复查封、扣押原则

禁止重复查封、扣押原则是指执行法院依法对被执行人的财产查封、扣押后，任何单位包括其他法院不得对该执行标的物再行查封、扣押，否则后来的查封、扣押行为无效。

（三）查封、扣押、冻结的程序

1. 查封、扣押、冻结财产的范围

人民法院可以查封、扣押、冻结被执行人占有的动产、登记在被执行人名下的不动产、特定动产及其他财产权。未登记的建筑物和土地使用权，依据土地使用权的审批文件和其他相关证据确定权属。对于第三人占有的动产或者登记在第三人名下的不动产、特定动产及其他财产权，第三人书面确认该财产属于被执行人的，人民法院可以查封、扣押、冻结。可见，可以查封、扣押、冻结的财产应当是实质上属于被执行人本人的财产。

2. 不可以查封、扣押、冻结财产的范围

人民法院对被执行人的下列财产不得查封、扣押、冻结：(1)被执行人及其所抚养家属生活所必需的衣服、家具、炊具、餐具及其他家庭生活必需的物品；(2)被执行人及其所抚养家属必需的生活费用，当地有最低生活保障标准的，必需的生活费用依照该标准确定；(3)被执行人及其所抚养家属完成义务教育所必需的物品；(4)未公开的发明或者未发表的著作；(5)被执行人及其所抚养家属用于身体缺陷所必需的辅助工具、医疗物品；(6)被执行人所得的勋章及其他荣誉表彰的物品；(7)根据《中华人民共和国缔结条约程序法》，以中华人民共和国、中华人民共和国政府或者中华人民共和国政府部门名义同外国、国际组织缔结的条约、协定和其他具有条约、协定性质的文件中规定免于查封、扣押、冻结的财产；(8)法律或者司法解释规定的其他不得查封、扣押、冻结的财产。

3. 财产的保管

(1)查封、扣押的财产不宜由人民法院保管的，人民法院可以指定被执行人负责保管；(2)不宜由被执行人保管的，可以委托第三人或者申请执行人保管。由人民法院指定被执行人保管的财产，如果继续使用对该财产的价值无重大影响的，可以允许被执行人继续使用；由人民法院保管或者委托第三人、申请执行人保管的，保管人不得使用。

4. 查封、扣押的效力

(1)查封、扣押的效力及于查封、扣押物的从物和天然孳息。(2)查封地上建筑物的效力及于该地上建筑物使用范围内的土地使用权，查封土地使用权的效力及于地上建筑物，但土地使用权与地上建筑物的所有权分属被执行人与他人的除外。地上建筑物和土地使用权的登记机关不是同一机关的，应当分别办理查封登记。

5. 轮候查封、扣押与冻结

对已被人民法院查封、扣押、冻结的财产，其他人民法院可以进行轮候查封、扣押、冻结。查封、扣押、冻结解除的，登记在先的轮候查封、扣押、冻结即自动生效。

6. 查封、扣押、冻结的期限

（1）人民法院冻结被执行人的银行存款的期限不得超过1年。

（2）查封、扣押动产的期限不得超过2年。

（3）查封不动产、冻结其他财产权的期限不得超过3年。

申请执行人申请延长期限的，人民法院应当在查封、扣押、冻结期限届满前办理续行查封、扣押、冻结手续，续行期限不得超过前款规定的期限。人民法院也可以依职权办理续行查封、扣押、冻结手续。

三、拍卖、变卖

（一）拍卖与变卖财产的方式

人民法院在执行中需要拍卖被执行人财产的，可以由人民法院自行组织拍卖，也可以交由具备相应资质的拍卖机构拍卖。交拍卖机构拍卖的，人民法院应当对拍卖活动进行监督。人民法院在执行中需要变卖被执行人财产的，可以交有关单位变卖，也可以由人民法院直接变卖。对变卖的财产，人民法院或者其工作人员不得买受。

（二）抵偿债务

经申请执行人和被执行人同意，且不损害其他债权人合法权益和社会公共利益的，人民法院可以不经拍卖、变卖，直接将被执行人的财产作价交申请执行人抵偿债务。对剩余债务，被执行人应当继续清偿。

（三）以物抵债

拍卖成交或者依法定程序裁定以物抵债的，标的物所有权自拍卖成交裁定或者抵债裁定送达买受人或者接受抵债物的债权人时转移。

（四）拍卖优先于变卖

财产被查封、扣押后，执行员应当责令被执行人在指定期间履行法律文书确定的义务。被执行人逾期不履行的，人民法院应当拍卖被查封、扣押的财产；不适于拍卖或者当事人双方同意不进行拍卖的，人民法院可以委托有关单位变卖或者自行变卖。国家禁止自由买卖的物品，交有关单位按照国家规定的价格收购。

四、搜查

民事执行中的搜查是指为了收集被执行人隐匿的资料,对有关人的身体、物品、住处和其他有关的地方进行搜索和检查的措施。

(一)搜查的内容

被执行人隐匿财产、会计账簿等资料的,人民法院除可依照《民事诉讼法》第111条第1款第6项规定对其处理外,还应责令被执行人交出隐匿的财产、会计账簿等资料。被执行人拒不交出的,人民法院可以采取搜查措施。

(二)搜查的程序

(1)搜查人员应当按规定着装并出示搜查令和工作证件。

(2)人民法院搜查时禁止无关人员进入搜查现场;搜查对象是公民的,应当通知被执行人或者他的成年家属以及基层组织派员到场;搜查对象是法人或者其他组织的,应当通知法定代表人或者主要负责人到场。拒不到场的,不影响搜查。搜查妇女身体的,应当由女执行人员进行。

(3)搜查中发现应当依法采取查封、扣押措施的财产,依照《民事诉讼法》第245条第2款和第247条规定办理。

(4)搜查应当制作搜查笔录,由搜查人员、被搜查人及其他在场人签名、捺印或者盖章。拒绝签名、捺印或者盖章的,应当记入搜查笔录。

五、对被执行人到期债权的执行

(1)申请。申请人申请或者被执行人申请。

(2)异议及法院的处理。第三人接到履行通知后,如果对履行通知有异议,其异议一般应当以书面形式提出,口头提出的,执行人员应记入笔录,并由第三人签字或者盖章。第三人在履行通知指定的期间内提出异议的,人民法院不得对第三人强制执行,对第三人提出的异议不进行审查。利害关系人对到期债权有异议的,人民法院应当按照《民事诉讼法》第227条规定处理。对生效法律文书确定的到期债权,该他人予以否认的,人民法院不予支持。

(3)部分异议的处理。第三人对人民法院通知其履行义务的一部分提出异议的,对于未提出异议的部分,可以执行;对其提出异议的部分,人民法院不审查并不得执行。

(4)擅自履行的法律后果。第三人收到人民法院要求其向申请执行人履行到期债务的通知后,擅自向被执行人履行,造成已向被执行人履行的财产不能追回的,第三人除在已履行的财产范围内与被执行人承担连带清偿责任外,可以追究其妨害执行的责任。

第二节　交付物与完成行为的执行

一、物的交付请求权的执行

（一）物的交付请求权的执行的概念和分类

物的交付是指将指定交付的物由被执行人的直接占有，转移为债权人的直接占有或者支配，亦即要求被执行人为一定行为。物之交付请求权可以是根据所有权产生的，如租赁合同届期；也可以是根据债权债务关系产生的，如加工承揽合同，判决债务人向债权人交付工作成果。应当交付之物，无论是否有经济价值，只要符合生效法律文书的指定，就可以成为执行标的物。与行为请求权的执行不同，物的交付请求权的执行以实现物的占有转移为目的，以物的交付本身为执行内容，并以交付之物为执行标的物。而对行为请求权的执行，只是被执行人单纯的行为，没有执行标的物。因此，对物的交付请求权的执行，是实现行为请求权的特殊执行形式。

根据执行根据中指定交付物的不同，对交付财产请求权的执行可以分为交付动产的执行和交付不动产的执行。《民事诉讼法》第249条关于交付指定交付的财物或者票证的规定属于交付动产的执行，第250条关于强制迁出房屋或者强制退出土地的规定属于交付不动产的执行。现分别对这两种执行方法加以说明。

（二）交付动产的执行

1. 被执行人占有执行标的物时

《民事诉讼法》第249条第1款规定，法律文书指定交付的财物或者票证，由执行员传唤双方当事人当面交付，或者由执行员转交，并由被交付人签收。对交付财物或者票证的执行，属于交付动产的执行。义务人拒不履行时，具体的执行方法如下：

（1）直接交付当事人。如果标的物为被执行人占有，可以由执行员传唤当事人于指定时间及处所，由被执行人当面将执行标的物交付于债权人。当面交付时，应当由法院制作执行笔录，双方当事人签字。当面交付的地点可以是在法院，也可以是在当事人一方所在地或者标的物所在地。

（2）转交当事人。即由被执行人将执行标的物交付执行员，再由执行员转交债权人或者其委托的代理人，转交时应当由债权人或者其指定的代收人签收，出具收条，并将收条附卷。生效法律文书确定被执行人交付特定标的物的，应当交付原物。原物被隐匿或者非法转移的，人民法院有权责令其交出。原物确已变质、损坏或者灭失的，应当裁定折价赔偿或者按标的物的价值强制执行被执行人的其他财产。

2. 由第三人占有执行标的物时

(1)有关单位持有时。《民事诉讼法》第249条第2款规定,有关单位持有该项财物或者票证的,应当根据人民法院的协助执行通知书转交,并由被交付人签收。

(2)有关公民持有时。《民事诉讼法》第249条第3款规定,有关公民持有该项财物或者票证的,人民法院通知其交出。拒不交出的,强制执行。但持有人持有的标的物已合法取得所有权的,则不得依本规定执行。

(3)有关单位或者公民占有执行标的物产生的相应赔偿责任。《执行工作规定》第58条规定:"有关单位或者公民持有法律文书指定交付的财物或者票证,在接到人民法院协助执行通知书或者通知书后,协同被执行人转移财物或者票证的,人民法院有权责令其限期追回;逾期未追回的,应当裁定其承担赔偿责任。"同时,除债务人应当交付的物为可替代物外,有关单位和个人持有法律文书指定交付的财物或者票证,因其过失被毁损或者灭失的,人民法院可以责令持有人赔偿;拒不赔偿的,人民法院可以按被执行的财物或者票证的价值强制执行。由此,对物的交付请求权的执行转化为对于金钱债权的执行。

(三)交付不动产的执行

交付不动产的执行,是指执行法院强制解除债务人对不动产的占有并将该不动产交付债权人的执行措施。《民事诉讼法》第250条关于强制迁出房屋或者退出土地的执行就是关于交付不动产的执行。

所谓"强制迁出房屋或者退出土地",是指执行机构强制被执行人取走在特定房屋内或者土地上的财物,并将该房屋或者土地交付权利人的执行程序。强制被申请执行人迁出房屋或者退出土地属于交付不动产的执行。这一执行不但要将执行标的物占有转移给债权人,而且还要将房屋内的或者土地上的不属于执行标的之动产除去,让被申请执行人或者居住的人迁出或者退出土地。这类执行方法是将房屋或者土地的支配权转移给债权人。具体的执行措施包括:

1. 限期履行

《民事诉讼法》第250条第1款规定,强制迁出房屋或者强制退出土地,由院长签发公告,责令被执行人在指定期间履行。被执行人逾期不履行的,由执行员强制执行。限期履行是给债务人一次自动履行的机会。

2. 通知当事人及有关单位派人到场

《民事诉讼法》第250条第2款规定,强制执行时,被执行人是公民的,应当通知被执行人或者他的成年家属到场;被执行人是法人或者其他组织的,应当通知其法定代表人或者主要负责人到场。该法条的目的在于让被执行人取走执行标的物上的财物，或者由执行人员取走并交其接收。但执行机构已通知而拒不到场的，不影响执行。《民事诉讼法》第 250 条第 2 款规定，被执行人是公民的，其工作单位或者房屋、土地所在地的基层组织应当派人参加。以便了解执行进程，并协助执行。

3. 解除被执行人的占有

强制被执行人交付不动产，应当解除其占有。至于强制迁出的房屋内搬出的财物，如被执行人或者其成年家属未到场或者在场而拒绝接收，《民事诉讼法》第 250 条第 3 款规定："强制迁出房屋被搬出的财物，由人民法院派人运至指定处所，交给被执行人。被执行人是公民的，也可以交给他的成年家属。因拒绝接收而造成的损失，由被执行人承担。"

4. 交付申请人占有

解除被执行人对于房屋或者土地的占有后，执行人员应当将该房屋或者土地立即交付申请人占有，并结束执行程序。

5. 作成执行笔录

执行完毕后，"执行员应当将强制执行情况记入笔录，由在场人签名或者盖章"。

6. 被执行人再占有不动产的处理

实践中还有被执行人在交付不动产后，又再次非法占有该不动产的情况发生。各国强制执行法上一般规定，对这种重复侵权的行为，债权人可以申请继续执行。我国民事诉讼法对此没有专门的规定。但是，在人民法院执行完毕后，被执行人或者其他人对已执行的标的有妨害行为的，人民法院应当采取措施，排除妨碍，并可以依《民事诉讼法》第 111 条的规定处理。因妨害行为给申请执行人或者其他人造成损失的，受害人可以另行起诉。

二、对行为请求权的执行

（一）对行为请求权执行的概念

对行为请求权的执行，是指根据生效法律文书一方当事人有义务履行一定的行为而拒不履行的，债权人请求人民法院强制该当事人履行一定的作为义务。我国《民事诉讼法》第 251 条规定，在执行中，需要办理有关财产权证照转移手续的，人民法院可以向有关单位发出协助执行通知书，有关单位必须办理。第 252 条规定了作为、不作为请求权的执行。被执行人拒不履行生效法律文书中指定的行为的，人民法院可以强制其履行。行为请求权没有执行标的物的，不能采用直接强制的方法，而在被执行人拒绝履行行为义务时，只能通过法定的方法迫使被执行人履行义务。它分为可替代行为的执行和不可替代行为的执行两种形式。

（二）对可替代行为的执行

此种情况是指法律文书指定履行的行为属于可替代行为。被执行人不履行生效法律文书确定的行为义务，该义务可由他人完成的，人民法院可以选定代履行人；法律、行政法规对履行该行为义务有资格限制的，应当从有资格的人中选定。必要时，可以通过招标的方式确定代履行人。申请执行人可以在符合条件的人中推荐代履行人，也可以申请自己代为履行，是否准许，由人民法院决定。

代履行费用的数额由人民法院根据案件具体情况确定，并由被执行人在指定期限内预先支付。被执行人未预付的，人民法院可以对该费用强制执行。代履行结束后，被执行人可以查阅、复制费用清单以及主要凭证。

（三）对不可替代行为的不作为义务的执行

不可替代行为，是指只能由被执行人完成的行为。不可以替代的行为与被执行人的身份有关，属于必须由被执行人本人实施的行为，如赔礼道歉、命名演员表演或者名作家撰稿以及父母离婚后一方探望子女等，由第三人代为履行在法律上或者事实上是不可能的。

1. 法院登报

拒不履行赔礼道歉等行为的执行：侵权人拒不执行生效判决，不为对方恢复名誉、消除影响的，人民法院可以采取公告、登报等方式，将判决的主要内容和有关情况公布于众，费用由被执行人负担。

2. 处以罚款或者拘留

对不可替代行为的执行方法，一般是说服被执行人主动履行，但是经教育被执行人仍拒不履行的，人民法院应当按照妨害执行行为的有关规定处理，如拘留和罚款等强制手段，对被执行人采取此手段后，并不因此免除被执行人的义务。当事人不履行法律文书确定的行为义务，如果该项行为义务只能由被执行人完成的，人民法院可以依照《民事诉讼法》第111条第1款第6项的规定处理。《执行工作规定》第60条第3款也规定，对于只能由被执行人完成的行为，经教育，被执行人仍拒不履行的，人民法院应当按照妨害执行行为的有关规定处理。

3. 支付迟延履行金

我国《民事诉讼法》第253条规定，被执行人未按判决、裁定和其他法律文书指定的期间履行非金钱给付义务的，应当支付迟延履行金。支付迟延履行金以不给申请执行人造成损失为条件。已造成损失的，双倍补偿申请执行人已受到的损失；没有造成损失的，迟延履行金可以由人民法院根据具体案件决定。因此，被执行人拒绝履行不可替代行为义务时，执行法院可以决定由被执行人支付迟延履行金给债权人。它不同于罚款，因为它不是上交国库，也不同于损害赔偿金，因为它不以造成损失为前提,也不因此免除被执行人的行为义务。

第三节　民事诉讼法修改后的新执行制度

我国《民事诉讼法》在2007年和2012年进行了两次修改。为破解“执行难”问题,其中确立了几项新的执行制度,为执行当事人和有关利害关系人提供了更为充分的救济途径。新的执行制度主要体现在以下几个方面:

一、立即执行制度

立即执行,是指执行员接到执行申请书或者移交执行书,可以不受执行通知的限制,立即采取执行措施控制被执行人财产的法律制度。立即执行可以有效地防止被执行人隐匿、转移或者损毁财产,保护申请执行人的合法权益,有效惩治被执行人的赖债行为,执行人员应当充分合法地运用立即执行法律制度。

《民事诉讼法》240条规定,执行员接到申请执行书或者移交执行书,应当向被执行人发出执行通知,并可以立即采取强制执行措施。

二、财产报告制度

财产报告制度,是指被执行人未按执行法院发送的执行通知履行法律文书确定的义务,应当报告其当前以及收到执行通知之日前一年的财产状况。被执行人拒绝报告或者虚假报告的,执行法院可以根据情节轻重对被执行人或者法定代表人、有关单位的主要负责人或者直接责任人予以拘留、罚款的法律制度。实行财产报告制度,对于提高执行效率,维护国家司法权威,破解“执行难”问题提供了强有力的法律保障。人民法院执行机构要充分运用好财产报告法律制度,推动执行工作良性发展。近几年来,由于社会信息体系建设尚未完成,财产监管制度不健全等诸多原因,被执行人财产难查成为困扰法院执行工作的突出问题。《民事诉讼法》第241条规定:“被执行人未按执行通知履行法律文书确定的义务,应当报告当前以及收到执行通知之日前一年的财产情况。被执行人拒绝报告或者虚假报告的,人民法院可以根据情节轻重对被执行人或者其法定代理人、有关单位的主要负责人或者直接责任人员予以罚款、拘留。”具体情况如下:

(一)确定报告财产期限

执行法院责令被执行人报告财产期限要根据个案决定一个合理期限。公民为被执行人的申报期限可以控制在2至10日之内,法人一般财产较多,清理申报财产状况需要多一点时间,可以控制在3至15日之内为宜。

(二)申报财产状况范围

执行法院向被执行人发出报告财产通知书,同时附财产申报表,要求被执行人逐项申报收到执行通知书时和一年前所拥有的下列财产:①银行存款、现金、有价证券;②土地使用权、房屋等不动产;③交通工具、机器设备、产品、原材料等动产;④债权、股权、知识产权等权利;⑤其他应当申报的财产;⑥收到执行通知时至一年之前的财产变动情况。同时告知被执行人在执行期间内,首次申报财产后有新增财产的,必须自取得该财产之日起5日内向执行法院补充申报。但是首次申报的财产能够清偿债务除外。

(三)告知法律责任

执行员在向被执行人送达报告财产通知书时,应当告知被执行人在执行法院指定申报期限内拒不申报,将要承担拘留,并处以罚款的法律责任。执行法院指定报告期限届满,被执行人没有申报财产或者没有呈报财产申报表和如实申报财产保证书,可以视为被执行人拒绝报告。

(四)中止报告财产

被执行人在执行法院发出执行通知指定履行期限和申报财产期限内,被执行人主动履行全部债务或者与被执行人达成执行和解协议并已履行完毕,可以书面申请中止报告财产。

中止报告财产必须具备以下两个条件:一是被执行人在执行法院指定履行期限内主动按照执行通知履行了全部债务;二是主动同申请执行人达成和解协议,并且履行完毕。被执行人中止报告财产应当书面申请,执行法院应当将该书面申请发送申请执行人,申请执行人回复被执行人已经履行了全部债务,执行法院方可同意中止报告财产。

(五)延长报告财产期限

延长报告财产期限是指被执行人在执行法院指定报告财产期限内,客观原因不能按期申报财产,申请延长报告财产期限的法律制度。被执行人在执行法院指定履行期限届满,没有报告其财产状况的,视为拒绝申报财产,可以对其予以处罚。因此,设立延长报告财产期限法律制度就有其必要。被执行人及法定代表人或者直接责任人因自然灾害、重大疾病或者出国等非主观原因不能在执行法院指定期限内申报财产状况,可以申请执行法院延长报告财产期限。

三、执行威慑机制

执行威慑机制,是指国家立法和司法机关通过加大执行力度、增加被执行人责任、提高被执行人强制执行成本等途径,增强强制执行对尚未进行执行程序的债务人的威慑力,促使其自动履行债务,使绝大多数生效裁判通过债务人主动履行而不是强制执行实现,以提高生效裁判履行率,节省司法资源,维护司法权威和社会稳定,最终在全社会解决“执行难”问题的法律机制。

《民事诉讼法》第255条规定，被执行人不履行法律文书确定的义务的，人民法院可以对其采取或者通知有关单位协助采取限制出境，在征信系统记录、通过媒体公布不履行义务信息以及法律规定的其他措施。

执行威慑机制本质上是一种法律机制，它既不是法律规范，也不是社会规范。它是围绕着解决法院"执行难"而人为构建的一种法律机制；是一种长效机制，其目的是通过加大执行力度，增加被执行人责任，提高被执行人强制执行的成本等途径，促使未进入强制执行程序的生效法律文书确定的债务得以自动履行，其最终目的是为了彻底解决法院"执行难"问题；是以国家立法和司法机关为主导，以其他相关部门广泛参与和密切配合为基础的法律机制；有利于提高生效裁判的履行率，培育群众的法律信仰，节省司法资源，维护司法权威和社会稳定。

（一）限制出境

（1）限制出境的启动：对被执行人限制出境的，应当由申请执行人向执行法院提出书面申请；必要时，执行法院可以依职权决定。

（2）限制出境的对象：被执行人为单位的，可以对其法定代表人、主要负责人或者影响债务履行的直接责任人员限制出境。被执行人为无民事行为能力人或者限制民事行为能力人的，可以对其法定代理人限制出境。

（3）限制出境措施的解除：在限制出境期间，被执行人履行法律文书确定的全部债务的，执行法院应当及时解除限制出境措施；被执行人提供充分、有效的担保或者申请执行人同意的，可以解除限制出境措施。

（二）其他措施

依照《民事诉讼法》第255条的规定，执行法院可以依职权或者依申请执行人的申请，将被执行人不履行法律文书确定义务的信息，通过报纸、广播、电视、互联网等媒体公布。媒体公布的有关费用，由被执行人负担；申请执行人申请在媒体公布的，应当垫付有关费用。

建立国家执行威慑机制，就是通过全国法院执行案件信息管理系统这个平台，将执行案件信息予以公开，并通过将该系统与金融、工商登记、房地产、交通、出入境管理等部门以及其他社会信用体系网络相连接，逐步从法律、经济、政治、生活、舆论等方面对被执行人进行制约，促使其自动履行义务。

四、限制高消费

为了解决"执行难"问题，最高人民法院于2010年5月通过了《最高人民法院关于限制被执行人高消费的若干规定》。

（一）限制高消费的对象

限制高消费主要是针对那些有清偿能力却拒不履行义务的被执行人。这里的被执行人包括：被执行人、企事业单位组织的法定代表人、主要负责人、直接责任人。人民法院在决定采取限制高消费措施时，应当考虑被执行人履行义务的态度和履行能力。被执行人有拒不申报财产或者申报不实、拒不配合法院查找财产等消极履行的行为、规避执行的行为或者抗拒执行的行为时，法院有权对其采取限制高消费措施。相反，如果被执行人如实申报了财产，且积极配合法院查找财产的，法院则一般不必限制其高消费。

（二）高消费的范围

被执行人为自然人的，被限制高消费后，不得有以下以其财产支付费用的行为：

（1）乘坐交通工具时，选择飞机、列车软卧、轮船二等以上舱位；

（2）在星级以上宾馆、酒店、夜总会、高尔夫球场等场所进行高消费；

（3）购买不动产或者新建、扩建、高档装修房屋；

（4）租赁高档写字楼、宾馆、公寓等场所办公；

（5）购买非经营必需车辆；

（6）旅游、度假；

（7）子女就读高收费私立学校；

（8）支付高额保费购买保险理财产品；

（9）其他非生活和工作必需的高消费行为。

（三）限制高消费的方式

限制高消费的启动有两种方式：一是当事人申请；二是法院依职权启动。一般情况下，限制高消费应由申请执行人向法院提出书面申请，法院审查决定。申请执行人申请限制被执行人高消费的，可以在向法院申请执行时一并提出，也可以在执行通知书指定的履行期限届满后提出。

"限制高消费"的施行，让那些有偿还能力的"老赖"无处遁形，让他们"有钱花不了、有钱不敢花"，降低被执行人的社会公信度，迫使其自动履行法律文书确定的义务，缓解法院执行工作的压力。法院设置举报电话、信箱、邮箱或网站，接受申请执行人和社会公众对限制高消费令执行情况的监督与举报。与消费有关的管理机关或机构，应建立定期的限制高消费的执法检查制度。通过社会成员监督、举报，和法院相互配合，促使当事人增强信用理念，清偿债务，维护司法权威，从而维护社会稳定。限制高消费对"老赖"是一种心理上的震慑。要从根本上解决"执行难"问题，还需要考虑它的执行落实条件，以及国情、人情和道德规范。法院对被执行人不可能实现全天候跟踪监督，因此难以完全了解掌握其高消费的行为，获取其进行高消费的证据。当前，限制高消费令只是一种督促手段，只有在整个社会建立起完善的个人信用体系，才能从根本上解决欠债不还的问题。

拓展思考题

1. 如何理解对金钱债权和非金钱债权的执行措施的区分?

2. 如何理解给付金钱执行中的拍卖、变卖制度?谈谈其在司法实践中的运用。

3. 你认为我国“执行难”问题的主要成因有哪些?近年来民事司法改革中有哪些应对“执行难”的举措?并进一步谈谈你的认识。